聚焦"双一流"建设
推动研究生教育高质量发展

北京交通大学研究生教育研究与改革论文集（2018）

（上册）

U0740158

主　编　余祖俊

副主编　李国岫

北京交通大学出版社
·北京·

内 容 简 介

为总结学校研究生优质核心课程与教育教学研究项目研究成果，同时鼓励广大研究生导师、研究生授课教师与研究生教学管理人员积极开展研究生教学及教学管理的研究、建设和改革，学校组织编辑出版《北京交通大学研究生教育研究与改革论文集（2018）》。本论文集精选辑录了 160 余篇文章，共有 7 个专题："双一流"建设理论与实践研究，立德树人、研究生思想政治教育研究，研究生教育质量保证与评价研究，研究生教育国际化研究，研究生培养模式与管理模式研究，研究生课程建设，研究生教学模式改革。

收录的论文或是对研究生教育实践中产生问题的思考，或是经过试点实践后有针对性的解决问题，或是对其他同类高校先进做法的分析与借鉴，对于探索新时期研究生教学研究与改革，寻找提高研究生教学质量的途径和方法有着积极的指导意义。

图书在版编目（CIP）数据

北京交通大学研究生教育研究与改革论文集. 2018：聚焦"双一流"建设 推动研究生教育高质量发展 / 余祖俊主编. — 北京：北京交通大学出版社，2019.10
ISBN 978-7-5121-4099-8

Ⅰ. ① 北…　Ⅱ. ① 余…　Ⅲ. ① 研究生教育–教育研究–北京–2018–文集　② 研究生教育–教育改革–北京–2018–文集　Ⅳ. ① G643–53

中国版本图书馆 CIP 数据核字（2019）第 248714 号

北京交通大学研究生教育研究与改革论文集（2018）——聚焦"双一流"建设　推动研究生教育高质量发展
BEIJING JIAOTONG DAXUE YANJIUSHENG JIAOYU YANJIU YU GAIGE LUNWENJI (2018)
—JUJIAO "SHUANGYILIU" JIANSHE　TUIDONG YANJIUSHENG JIAOYU GAOZHILIANG FAZHAN

责任编辑：郭东青

出版发行：北京交通大学出版社　　　　电话：010-51686414　　http://www.bjtup.com.cn
地　　址：北京市海淀区高梁桥斜街 44 号　邮编：100044
印　刷　者：北京虎彩文化传播有限公司
经　　销：全国新华书店
开　　本：203 mm×280 mm　　印张：53.75　　字数：1517 千字
版　　次：2019 年 10 月第 1 版　　2019 年 10 月第 1 次印刷
书　　号：ISBN 978-7-5121-4099-8/G·1916
定　　价：258.00 元

本书如有质量问题，请向北京交通大学出版社质监组反映。对您的意见和批评，我们表示欢迎和感谢。
投诉电话：010-51686043，51686008；传真：010-62225406；E-mail：press@bjtu.edu.cn。

聚焦"双一流"建设
推动研究生教育高质量发展

北京交通大学研究生教育研究与改革论文集（2018）

（上册）

主　编　余祖俊

副主编　李国岫

北京交通大学出版社
http://www.bjtup.com.cn

编　委　会

前言

　　研究生教育作为国民教育的顶端和国家创新体系的生力军，承担着"高端人才供给"和"科学技术创新"的双重使命，也是国家发展战略的重要支撑。习近平总书记在党的十九大报告中指出，建设教育强国是中华民族伟大复兴的基础工程，要进一步加快一流大学和一流学科建设，实现高等教育内涵式发展。随着"双一流"建设的推进，对我国研究生教育的改革和发展提出了更高的要求。

　　站在新的历史起点上，切实提高研究生教育培养质量，提升研究生聚焦经济社会发展与服务经济社会发展的能力成为教育的重中之重。这就要求高校研究生教育工作者在认真学习领会、全面准确把握习近平总书记关于教育的重要论述的科学内涵和精神实质的基础上，明确教育事业发展面临的新形势、新任务，结合工作实际，积极发挥主观能动性，完善研究生教育培养与管理模式，提升研究生培养质量。

　　北京交通大学在"双一流"的建设过程中，始终坚持以"服务需求，提高质量"为发展主线，抢抓机遇、深化改革、稳中求进，切实推进实施一流研究生教育建设计划，培养德智体美劳全面发展的社会主义合格建设者和可靠接班人。长期以来，我校一直积极探索高层次人才的培养模式，充分发挥"双一流"建设的引领作用，多途径多方面深化研究生教育改革，切实加强研究生创新能力的培养，为社会输送综合能力强、素质高的创新型人才。在此过程中，形成了一大批研究生教育改革与实践的研究成果。

　　本论文集共有 7 个专题，精选辑录了 160 余篇文章，既有对研究生教育观念的宏观探讨，又有对研究生教育工作实践的微观反思。希望本书能够成为我校广大教师及教学管理人员展示教改成果及交流经验的平台，进一步完善我校研究生培养与管理制度，切实提高研究生培养质量。

2019 年 9 月

目录（上册）

I

研究生培养模式与管理模式研究

"双一流"建设理论与实践研究

推进一流研究生教育建设计划，深入落实立德树人根本任务

李国岫

（北京交通大学研究生院，北京 100044）

摘　要：以立德树人为根本，以"双一流"建设为依托，以服务需求和提高质量为核心，以培养拔尖创新人才为目标，推进实施一流研究生教育建设计划。通过建立研究生思想政治教育长效机制和导师责权机制等关键机制，推进研究生招生选拔机制和培养机制改革等重要改革，构建研究生培养全过程质量监控与保障体系，全面深化改革，加强内涵建设，深入落实立德树人根本任务，促进研究生教育高质量发展，全力助推学校"双一流"建设。

关键词：一流研究生教育　立德树人　"双一流"建设　思想政治教育

习近平总书记在全国教育大会上明确指出，坚持把立德树人作为根本任务，培养德智体美劳全面发展的社会主义建设者和接班人。研究生教育是高等教育人才培养的最高层次，是我国社会主义现代化建设拔尖创新人才培养的重要渠道[1]。立德树人是教育的根本任务，更是研究生教育的根本任务，要以"育人为本、德育为先"的理念，将落实立德树人根本任务贯彻到学校研究生教育各方面工作中。建设世界一流大学和一流学科，是党中央、国务院在新的历史时期做出的重大战略决策。"双一流"建设对新时代研究生教育提出了新的更高要求，一流研究生教育是"双一流"建设的重要内容，是世界一流大学的重要标志[2]。

以习近平新时代中国特色社会主义思想为指导，深入贯彻落实党的十九大精神、全国教育大会精神和全国高校思想政治工作会议精神，围绕学校建设特色鲜明世界一流大学的总体发展目标，以立德树人为根本，以"双一流"建设为依托，以服务需求和提高质量为核心，以培养拔尖创新人才为目标，提出并推进实施了一流研究生教育建设计划。建设目标是实现四个一流，即实现一流的质量、一流的导师、一流的生源、一流的管理。建设思路是建立关键机制、推进重要改革、构建保障体系，即建立研究生思想政治教育长效机制和导师责权机制等关键机制，推进研究生招生选拔机制改革、研究生培养机制改革和博士生教育综合改革等重要改革，构建研究生培养全过程质量监控与保障体系。通过推进实施一流研究生教育建设计划，在研究生思想政治教育、招生选拔、培养机制、学位管理、导师职责和质量保障等各方面，全面深化改革，加强内涵建设，建立并完善管理机制，深入落实立德树人根本任务。

一、建立研究生思想政治教育长效机制，深入推进铸魂育人

研究生思想政治教育是研究生教育的重要组成部分，加强研究生思想政治教育是提高研究生思想政治素质和促进研究生全面发展的需要，是培养德智体美劳全面发展的社会主义建设者和接班人的需要。要在研究生中深入开展理想信念教育、爱国主义教育和社会主义核心价值观教育，

引导和帮助学生把握好人生方向。以"价值引领、质量提升、增强实效、打造品牌"为工作思路，构建了学校研究生思想政治教育工作体系，设立并实施"六大工程"，包括：研究生心理健康与安全教育工程、研究生科学道德与学风建设工程、研究生党员教育培训工程、研究生学术与创新能力提升工程、研究生导学关系建设工程、研究生未来领军人物培育工程。

（1）研究生心理健康与安全教育工程。重新编制了《研究生心理健康及安全教育知识手册》，全面加强研究生日常心理健康教育和安全教育，提高研究生健康和安全意识，培育研究生阳光健康心理，重点关注研究生心理危机个案，做到早预防、早发现、早干预。维护校园安全稳定，每年印发《研究生安全稳定工作手册》，做好重要时间节点的安全稳定教育工作，营造校园安全和谐环境。

（2）研究生科学道德与学风建设工程。制定研究生科学道德与学风建设教育工作方案，举办科学道德与学风建设教育系列活动，做到全覆盖、制度化、重实效。在研究生入学、考试、毕业等关键环节加强学术诚信教育，培养优良学风。

（3）研究生学术与创新能力提升工程。依托"院士校园行"、"与大师面对面"名师讲坛、"慧光杯"研究生学术文化节等品牌活动，积极营造校园学术创新氛围；制定研究生科技竞赛项目管理实施办法，组织申报参加"中国研究生创新实践系列大赛"各主题赛事，积极开展研究生暑期社会实践和志愿服务等活动，提高研究生创新实践能力。

（4）研究生党员教育培训工程。进一步强化校、院、党支部三级党员教育培训制度。理论教育和实践锻炼相结合，开展党支部书记培训。注重加强党员党纪教育，强化党员在安全稳定教育、学风建设等工作中以身作则、模范遵守校纪校规的责任意识，强化价值引领。同时全面加强研究生党支部建设，深入落实学校关于加强研究生党支部建设的实施意见，推动学院党委加强研究生基层党建对标争先建设，促进党支部工作规范化。

（5）研究生导学关系建设工程。深入探索研究生辅导员与导师协同育人的有效机制与途径，每年依托"导学关系建设月"、优秀导学团队评选、"师生情"研究生毕业晚会等系列活动，积极营造师生相宜、和谐发展的良好导学关系氛围，促进和谐师生关系。

（6）研究生未来领军人物培育工程。以培养理想崇高、信念坚定、具有创新精神的未来领军人物为目标，开展红色革命教育和企事业单位调研，开展领导力和人文素养等培训，引导学生接触领域前沿、拓宽视野、提升能力。

通过全面开展理想信念教育以及实施六大工程，以价值引领和质量提升为核心，坚持育人为本、德育为先，着力引导研究生成长成才，把社会主义核心价值观融入研究生教育全过程，用习近平新时代中国特色社会主义思想铸魂育人。

二、建立研究生导师责权机制，全面落实导师立德树人职责

研究生导师是研究生培养第一责任人，立德树人是研究生导师的首要职责[3]。通过建立导师常态化培训机制和全方位评价考核与激励体系，全面落实研究生导师立德树人职责。引导研究生导师遵循研究生教育规律，增强责任意识，创新指导方式，提升指导能力，全过程育人、全方位育人，做研究生成长成才的指导者和引路人[3]。

（1）强化研究生导师立德树人职责。深入落实学校关于全面落实研究生导师立德树人职责的实施细则，要求各学院制定具体的研究生导师立德树人职责落实措施与工作计划，认真总结本单位研究生导师立德树人职责落实情况。构建研究生导师与研究生辅导员的定期沟通机制，为导师履行立德树人职责营造良好的工作氛围并提供相应的保障条件。

（2）建立研究生导师常态化培训机制。成立"知行"导师学校，构建校院两级导师培训体系，

全面建立导师培训制度。出台了《北京交通大学研究生导师培训管理办法》，进一步规范导师培训内容、组织形式与考核方式，培训内容设置政策解读、学术规范、经验分享、导学关系等四个模块。全面开展导师培训工作，每年在学校、学院层面定期组织召开导师工作会议，开展新增导师培训、专题培训以及经验交流与研讨等，在岗位职责、管理政策、学术规范、师德师风、指导经验等方面深入进行培训与交流，全面提升导师指导能力和加强师德师风建设。

（3）建立研究生导师评价考核与激励机制。探索建立以师德师风、培养质量和学术水平为核心的导师评价考核与激励体系，引导和促进学校导师队伍整体水平的提高。探索制订导师评价考核管理办法，重点考察导师立德树人职责落实情况，强化导师作为研究生培养第一责任人的职责，实行导师队伍动态管理，严格执行师德"一票否决制"。探索开展优秀导师评选工作，激发导师育人积极性。

三、推进研究生招生选拔机制和培养机制改革，为立德树人夯实坚实基础

研究生招生和培养是研究生教育的重要环节，加强招生选拔机制和培养机制的改革，对于提高研究生教育质量具有重要作用。2019年教育部印发了关于进一步加强和规范研究生培养管理与研究生考试招生工作的两个重要通知[4-5]，分别针对研究生考试招生和培养管理工作提出更加严格的要求。通知中明确提出，严格考试组织管理，强化自命题规范管理，切实规范复试工作；加强培养过程管理，对研究生教学活动全过程和教学效果进行监督。

（1）建立硕士研究生优秀生源选拔长效机制。进一步完善暑期夏令营、校内选拔、校外宣传等三种招生宣传和优秀生源选拔方式。加大宣传力度，多渠道宣传学校、学科特色，扩大学校影响力。完善推免生接收工作办法，优化推免生生源结构，充分调动学院及导师招收推免生的积极性，进一步提高生源质量。在接收推免生工作中，高度重视、提前布置、快速反应、及时接收。2017年以来每年接收推免生都超过1 400人，接收人数屡创新高，现在接收推免生人数已接近硕士生招生总数的45%，推免生已成为硕士生的主体部分，显著提高了硕士生招生质量。同时加强学校研究生招生考试自命题工作规范化管理，促进研究生招生复试工作规范化和制度化，全面提升学校研究生招生选拔质量。2018年学校获评"北京市全国硕士研究生招生考试工作"先进单位。

（2）优化硕士生招生指标分配机制。依据学校"双一流"建设方案和"十三五"规划，建立学科导向及质量优先的全日制硕士生招生指标分配机制，将学科建设、培养质量、科研条件、师资力量、生源质量、生源结构等因素纳入指标分配办法，实现全日制硕士生招生指标的合理配置和动态调整。综合考虑学院培养条件、导师数量、生源质量等因素，建立非全日制专业学位研究生招生指标分配机制。制定了学校硕士生招生指标分配办法，以学科为导向，按学科进行硕士生招生指标分配和优化调整，改革硕士生招生指标分配机制，实现了学院硕士生招生指标的动态调整，促进学科水平和培养质量提升。

（3）全面深化博士研究生招生机制改革。统筹优化各类型博士研究生招生方式，形成了以直博生、本硕博连读生、硕博连读生和应届硕士毕业生等为主体的博士生招生选拔模式。以学校"双一流"建设和培养质量为导向，建立完善博士研究生招生指标动态分配机制，进一步提高博士研究生招生质量。进一步完善博士研究生招生申请考核制，制定了学校博士研究生申请考核制招生实施办法，强化导师、团队和学科在招生中的自主权，同时加强招生过程监督和管理，规范学院和导师在博士生招生选拔与录取中的作用，提高科学规范选拔人才的能力。

（4）深化硕士研究生分类培养模式改革。以服务需求、提高质量为主线，以培养创新和实践能力为导向，分类推进学术学位型与专业学位型研究生培养模式改革，探索突出职业需求导向的非全日制研究生多类型开放式培养模式。对接"双一流"建设，坚持德育为先、能力为重、全面

发展、追求卓越的理念，遵循不同类型、不同层次研究生教育规律，加强科教融合和产学结合，突出高质量高标准人才培养导向，突出人文素养和科学精神培养，突出培养全过程质量监控与保障，制定各类型研究生新培养方案，将立德树人落实到研究生所有培养环节中。

（5）建立拔尖创新人才培养特区。围绕学校"双一流"建设，依托我校国家创新平台，紧密结合交通领域国家重大科研任务和产业发展前沿，服务国家交通强国战略，完善科教融合的博士研究生培养机制，坚持问题导向、需求导向和目标导向，强化价值引领和创新精神培育，优化与完善制度体系，创新人才培养机制，建立拔尖创新人才培养特区。制定了学校拔尖创新人才培养特区建设实施办法，对培养特区建设提供各方面支持，鼓励进行培养特区建设的团队在博士研究生选拔、科研育人、国际合作等方面进行机制创新。"十三五"期间，全校拟建设十个左右拔尖创新人才培养特区，目前已立项建设六个培养特区。

（6）加强研究生课程质量建设。通过设立教改专项，大力推动以思政课程和课程思政为核心的研究生课程教学改革，推动社会主义核心价值观融入教书育人全过程。实施研究生优质核心课程建设，出台了学校研究生优质核心课程建设管理办法，充分发挥课程学习在研究生培养中的基础性作用，每年重点建设 60 门左右优质核心课程，强化研究生课程的系统性和前沿性，实现研究生课程教学理念、教学方法、教学内容和教学成果的全面提升。实施研究生示范课程与教学名师引领计划，制订示范课程认定办法，每年择优建设 10 门示范课程，认定 10 名研究生课程教学名师，鼓励教师热爱教学，在教学工作中追求卓越。进一步完善研究生课程质量认证体系，大力加强研究生课堂教学秩序检查和教学效果评估，完善研究生课程质量评价体系。2018 年出台了学校研究生课堂教学秩序管理办法，组织修订了学校研究生课程管理规定，进一步完善了研究生课程教学管理制度。通过加强课程质量建设，将立德树人融入研究生课程建设和教学全过程。

四、构建研究生培养全过程质量监控体系，为立德树人提供有力保障

2019 年教育部印发了《教育部办公厅关于进一步规范和加强研究生培养管理的通知》[4]，明确提出要突出立德树人根本任务和要求，严格执行培养制度；全面梳理和健全内部质量保证体系，加强培养过程管理和学业考核；狠抓学位论文和学位授予管理，强化学位论文抽检结果使用。提高质量是研究生教育改革和发展最核心最紧迫的任务[6]，加强研究生培养过程质量监控和保障体系建设，对于强化内涵建设、促进研究生教育高质量发展具有重要作用，能够为落实立德树人根本任务提供有力保障。

（1）加强研究生培养全过程管理与质量监控。全面构建了以过程管理、环节监控、要素引导为核心的研究生教育质量监控与保障体系。2017 年出台了《北京交通大学关于加强硕士研究生培养过程质量监控及提高学位论文质量的规定》、《北京交通大学关于加强博士研究生培养过程质量监控的规定》和《北京交通大学关于建立研究生学术例会制度的规定》等三个重要管理文件。这三个文件是学校研究生教育质量保障体系的核心，在课程教学、开题报告、中期考核、论文评审、论文答辩等主要环节，均设置有效的监控措施和控制节点，畅通分流退出渠道，严格实行末位延期制度，抓住主要环节，注重关键要素，加强学风建设，强化学校研究生培养全过程管理，取得了良好效果，对提高研究生培养质量起到重要作用。

（2）完善学位论文后评估机制。严格执行学校学位论文质量后评估实施办法，坚持学位论文抽检范围覆盖到全校所有学位点。全面分析在国家、北京市和学校的学位论文后评估结果中发现的问题，及时反馈给相关学院和导师，提出研究生培养工作改进措施，激发提高质量的内生动力。对后评估结果存在问题的学位论文，根据学校规定，对相关学院、学位授权点和导师做出相应处理。通过加强学位论文后评估工作，进一步在学校、学院和导师中强化研究生教育的质量意识，

切实保障和提高学位授予质量。

（3）建立学位授权点评估及动态调整机制。围绕学校"双一流"建设，结合国家社会需求，服务学校发展战略，优化学科布局和人才培养的类型结构，制定学校学位授权点动态调整管理办法，建立健全学校学位授权点动态调整长效机制，全面开展学位授权点合格评估和专项评估。2018年组织申请成功了工程博士专业学位授权类别，工程博士学位授权点是培养行业工程技术领域领军人才的重要平台，对于学校的发展具有重要意义和长远影响。明确办学方向与特色，做好工程博士、硕士已有领域对应类别调整工作。以各类学位授权点评估为抓手，以评促建，确保人才培养质量。2018年全面组织完成了学校所有学位授权点的自我评估工作，在此基础上，根据实际情况对学位授权点进行调整，自主撤销了多个硕士学位授权点。通过建立学位授权点评估及动态调整机制，提高学位授权点建设水平，为研究生成长成才提供重要基础。

通过推进实施一流研究生教育建设计划，建立研究生思想政治教育长效机制和导师责权机制，推进研究生招生选拔机制和培养机制改革，构建研究生培养全过程质量监控与保障体系，深入落实立德树人根本任务，促进研究生教育高质量发展，全力助推学校"双一流"建设。

参考文献

［1］教育部. 教育部关于进一步加强和改进研究生思想政治教育的若干意见［EB/OL］.（2010-11-17）. http://old.moe.gov.cn/publicfiles/business/htmlfiles/moe/s6875/201210/xxgk_142974.html.

［2］刘延东. 刘延东副总理在国务院学位委员会第三十三次会议上的讲话［J］. 学位与研究生教育，2017（4）：1-6.

［3］教育部办公厅. 教育部办公厅关于全面落实研究生导师立德树人职责的意见［EB/OL］.（2018-01-17）. http://www.moe.gov.cn/srcsite/A22/s7065/201802/t20180209_327164.html.

［4］教育部办公厅. 教育部办公厅关于进一步规范和加强研究生培养管理的通知［EB/OL］.（2019-02-26）. http://www.moe.gov.cn/srcsite/A22/moe_826/201904/t20190412_377698.html.

［5］教育部办公厅. 关于进一步规范和加强研究生考试招生工作的通知［EB/OL］.（2019-02-26）. http://www.moe.gov.cn/srcsite/A15/moe_778/s3261/201904/t20190412_377699.html.

［6］国务院学位委员会，教育部. 国务院学位委员会　教育部关于加强学位与研究生教育质量保证和监督体系建设的意见［EB/OL］.（2014-01-29）. http://old.moe.gov.cn/publicfiles/business/htmlfiles/moe/s7065/201403/165554.html.

"双一流"背景下北京交通大学开展学科国际评估的探索

喻秋梅 郑 伟 绳丽惠

（北京交通大学研究生院，北京 100044）

摘 要：在"双一流"建设背景下，学科国际评估是检验世界一流学科建设水平的必要手段和重要选择。在分析学科评估、学科国际评估对"双一流"建设重要意义的基础上，详细探讨了北京交通大学实施学科国际评估的流程和细节。

关键词：双一流 世界一流学科 学科国际评估

2015 年 11 月，《国务院关于印发统筹推进世界一流大学和一流学科建设总体方案的通知》（国发〔2015〕64 号）提出，要加快建成一批世界一流大学和一流学科，提升我国高等教育综合实力和国际竞争力，为实现"两个一百年"奋斗目标和中华民族伟大复兴的中国梦提供有力支撑。指出要加强学科布局的顶层设计和战略规划，重点建设一批国内领先、国际一流的优势学科和领域。同时提出推进国际交流合作的改革任务：加强与世界一流大学和学术机构的实质性合作，将国外优质教育资源有效融合到教学科研全过程，开展高水平人才联合培养和科学联合攻关；加强国际协同创新，积极参与或牵头组织国际和区域性重大科学计划和科学工程；营造良好的国际化教学科研环境，增强对外籍优秀教师和高水平留学生的吸引力；积极参与国际教育规则制定、国际教育教学评估和认证，切实提高我国高等教育的国际竞争力和话语权，树立中国大学的良好品牌和形象。

2017 年 1 月和 9 月，教育部、财政部、国家发展改革委先后发布《统筹推进世界一流大学和一流学科建设实施办法（暂行）》（教研〔2017〕2 号）、《教育部 财政部 国家发展改革委关于公布世界一流大学和一流学科建设高校及建设学科名单的通知》（教研函〔2017〕2 号），正式启动了我国世界一流大学和世界一流学科的建设。北京交通大学入选"双一流"建设高校名单。

要想建设世界一流大学和世界一流学科，离不开世界一流的学科评估体系[1]。在大力推进高等教育国际交流合作趋势的影响下，我们必须要用国际化的视野来诊断学科，提高学科的国际知名度与国际竞争力。

一、学科评估及学科国际评估

（一）学科评估

学科评估是对高校学科的人才培养质量、科学研究、师资队伍与资源、社会服务与学科声誉等进行综合评价或估量的过程，其结果可反映学科的状况和水平[2]。教育部学位与研究生教育发展中心组织开展的学科评估，是按照国务院学位委员会和教育部颁布的《学位授予和人才培养学科目录》的学科划分，对具有研究生培养和学位授予资格的一级学科进行的整体水平评估，并根据评估结果进行聚类排位。此项工作于 2002 年首次在全国开展，至今已完成四轮评估。学科评估作为高校内部质量保障体系的重要组成部分，在学科建设中起到基础性的作用。学科评估结果可为高校明确学科优势、发现不足与差距，对学科现状分析、学科规划及有针对性地开展学科建设具有重要意义[1]。

（二）学科国际评估

学科国际评估是学科评估的一种重要方式，是以世界一流大学学科发展水平为标准，以国际同行专家评议为手段，以促进学科建设为目的的"诊断式"评估。早在 2014 年，国务院学位委员会、教育部下发了通知，鼓励有条件的单位和学位授权点开展国际评估。

学科的国际评估，是参评学科或学校与世界交流和沟通的一个重要机会[2]，通过学科国际评估，参评学科能够找准在国际上的定位以及与世界一流水平的差距，明确学科的优势与不足，从而更好地确立学科发展战略。通过评估，在院系形成学科建设和评估的主体意识，在学校形成统筹管理、主动规划的综合机制，为学校建设和发展提供依据。学科国际评估是学科建设和高校自我评估的重要组成部分。

二、"双一流"背景下开展学科国际评估的重要意义

建设世界一流大学和一流学科，是党中央、国务院做出的重大战略决策。各"双一流"建设高校均制定了完整的建设方案。然而，如何评价所建设学科达到了"世界一流"，具有较强的国际竞争力？显然，学科的国际竞争力必须在国际化的评价体系下加以检验才好，我国现行的评估模式及评价标准的国际可比性不强，与建设世界一流学科、培养拔尖创新人才的需求存在差距[3]，难以完全适应"双一流"建设的需求。因此，建立具有国际视野的高等教育评估体系，以具有国际视野的高等教育评估体系来评价，是建设世界一流大学、一流学科的重要环节。建成世界一流大学和世界一流学科的使命以及推进国际交流合作的改革任务加强了各"双一流"建设高校对学科国际评估的研究、关注与实施步伐。

从国际视角对学科目标定位、学科方向、师资队伍、人才培养、科学研究、国际交流、资源配置等方面进行综合评价；用国际视角梳理学科的特色和优势、凝练学科方向，进一步明确学科存在的问题、瓶颈和解决问题的突破口；学习国际一流学科建设的经验，以评估为助力，推动建设世界一流学科理念转变与改革措施的实施；通过学科评估，为学科发展整合国际资源，提升学科的知名度和影响力；建立一支能够与国际接轨的学术队伍和管理队伍。通过学科的国际"诊断式"评估，检验学科发展水平，找准学科当前所处的位置和问题，拓展国际视野与学术交流，提升学科国际声誉，有力地推动学科的国际化发展。

此外，实施学科国际化评估，将促使学校与学科加强与国际机构及一流大学教授的联络，这将为学校在双一流建设中完成推进国际交流合作的改革任务提供重要的契机和手段。

三、北京交通大学开展学科国际评估的探索

2016 年，北京交通大学在 "十三五"学科建设规划中首次提出要引进国际标准，开展重点学科国际评估，将国际一流学科作为学科建设的参照系，用国际一流学科标准评估我校重点学科现状。

2017 年，学校进入国家"双一流"建设行列，被教育部确定为一流学科建设高校，确定围绕系统科学、交通运输工程、信息与通信工程等优势特色学科，重点建设"智慧交通"世界一流学科领域。

2018 年，学校构建学科常态化自我评估机制，提出建立学科动态自我监测系统，实行学科建设年度汇报制度和学科建设中期评估制度，开展重点学科国际化评估。至此，学科国际评估作为

服务学校"双一流"建设的重要手段提上日程。以下为我校开展学科国际评估的初步方案。

（一）我校学科国际化评估目标

1. 检视学科发展水平

以国际一流学科为参照，采用国际化的评估标准，通过学科评估树立起国际化的视野，检验学科在国际层面上的建设和发展水平，增强学科和教师的国际化竞争意识。

2. 促进学科建设和发展

通过学科的国际化"诊断式"评估，了解学科发展的不足之处，明确制约学科发展的瓶颈问题，为学科的建设和发展提供客观依据。促进学科以评估为助力，学习国际一流学科建设的经验，推动学科向国际化水平发展。

3. 优化学科布局与资源配置

利用学科评估为学校协调、配置学科建设资源提供依据，通过调整优化学科布局，合理配置各类资源，提升学科建设整体水平。

（二）我校学科国际化评估总体原则

1. 客观性

评估的结果应该能客观、真实地反映学科在国际领域内的发展水平，学科评估要做到客观公正，一是要保证评估指标体系科学、合理，并且需要与国际上的学科评估标准接轨，以此保证评估结果；二是评估专家的选择，评估专家应该是学科领域内具有一定的影响力、熟悉学科的发展状况，从而能够做出客观、理性的判断；三是评估的数据采集应该真实有效，学科的划分要客观、合理，避免为了评估而评估。

2. 导向性

学科评估是一种有理性的规范性的工作，其评估指标体系的设计和评估结果最终服务于学科评估的目标，因而评估目标奠定了整个评估工作的基调，对评估指标体系的设置和评估工作具有很强的导向作用。因而要根据学校的发展战略确定合适的评估目标，甚至可以在不同的阶段动态地调整评估目标。此外，评估指标体系的设计要完全服务于评估目标，不能大而全，应该保持精练、独立。

3. 差异性

学科的设置涵盖的范围较广，不同领域的学科或同一领域的不同学科都具有各自的特点，有些偏重实践和应用，有些偏重理论性；此外，不同学校的学科发展也各具特色。因此，在评估指标的设置和权重分配中应考虑学科的差异性，鼓励突出和强化学科特色。

4. 长效性

学科国际化评估应该以建设和发展为目的，有效利用学科评估中的相关信息输出反馈，认清学科在国际中的地位，了解与国际一流学科的差异，并以此作为学科发展规划制定的依据，用于被评学科的工作改进。从而使得评估工作不只是局限于证明功能，还有利于促进学科提高不断改进的自觉性和责任心，进一步建立自我评估的长效机制、健全学科规划发展体系，促进学科良好、持续性的发展。

（三）我校学科国际化评估实施流程

1. 评估组织

学校统筹学科评估工作，组建评估工作小组，制定合格评估工作总体方案和具体实施细则，指导监督合格评估工作，审核评估数据。

　　各学院统筹协调本学院学科评估工作，指导学科评估工作，组建评估专家队伍，组织专家进校现场考察座谈，监督检查评估的落实、学科制定、执行发展规划。

　　学科负责人具体组织实施学科评估工作，包括协助组建评估专家队伍、与专家沟通评估指标、采集和分析评估数据、完成自评报告等。

　　2. 评估流程

　　学科国际化评估的流程包括准备阶段、实施阶段以及改进阶段。在准备阶段，学校、学院、学科分工协作制定详细的实施方案；实施阶段由参评学科准备评估材料和自评报告，学院和学校负责资料的审核把关、协调组织专家现场评审；在改进阶段，参评学科根据专家反馈意见形成整改方案、制定学科发展规划，并按照规划认真执行，落实评估成效。

　　参评学科在评估前、评估过程中和评估后都应与评估专家保持及时沟通，充分调动专家的积极性，最大限度地发挥专家在学科评估中的作用。

　　1）准备阶段

　　（1）制定实施方案。参评学科制定详细的实施方案，包括分工、进度、预算、实施细则等。

　　（2）遴选评估专家，组建评估专家团队。评估专家应为知名度较高的一流学者，在该学科具有一定的权威性及较高的学术声誉，活跃在学术前沿，有很高的诚信度和相关经验。原则上应选择国外专家，出于有利于沟通或熟悉情况方面的考虑，可选择个别海外华人专家，但比例不超过20%。评估专家团队一般应有 5～7 人。

　　跟各位专家沟通协调：组长和专家组成员的职责、评估的流程和环节、主要环节的时间节点、现场评估的具体时间。

　　（3）沟通、完善评估指标及评判标准。组织专家会谈讨论评估指标体系、评判标准等细节；评估工作小组根据专家意见修改、完善评估指标，形成最终的方案并依此执行。

　　（4）与评估专家讨论现场评估的行程及重点考察内容。与评估专家讨论现场评估的行程及重点考察内容；评估工作小组提前根据考察内容准备相应的材料及活动安排。

　　2）实施阶段

　　（1）收集数据，形成自评报告。学科根据评估方案及学科国际化评估指标体系的要求，开展评估数据收集和自评活动；在自评基础上根据自评报告大纲形成学科自评报告。

　　（2）审核评估数据。学院和学校负责对学科收集整理的客观数据及材料进行审核，保证数据的准确、真实、有效；确保学科之间分界明确，研究成果、资源、人员等没有重复计算；数据收集统计的标准与国际标准接轨，方便在国际层面的比较。

　　（3）发送自评报告给评估专家审阅。在现场评估前 1 个月的时间将报告发送给评估组的各位专家审阅，根据评估专家的修改与补充意见，对自评报告进行完善。

　　（4）专家现场评估。专家组赴学校进行现场考察评估，听取学科总体报告和主要研究方向工作报告；评估专家自由采取深入访谈、现场听课、查阅材料、考察座谈等形式，了解、考察被评估学科的发展状况。

　　（5）评估专家形成评估报告。评估专家参照学校自评报告、数据分析以及其他支撑材料，结合现场考察的实际情况，撰写审核评估的个人书面报告；专家组综合各位专家的个人书面意见，整合形成《审核评估报告》。

　　（6）双方交流阶段。专家与参评学科沟通评估结果及专家意见；参评学科就评估结论及意见与专家组沟通、讨论，如有必要可以保持与专家的远程交流。

　　3）改进阶段

　　以专家评估意见为依据，学科负责人制定未来 3～5 年的学科发展规划及实施方案，经过学校讨论修改形成正式的发展规划，并由学科负责人监督执行，在规划的中期和末期学校与学科相关人员一起回顾规划的执行情况，并着手下一阶段的评估工作，通过周期性的评估诊断促进学科不断发展。整改阶段是学科评估整个过程的最后阶段，是评估工作能在多大程度上帮助学科取得实效或进步的关键阶段，它与之前学科自评、专家评估等主要阶段相辅相成，构成一个完整的评估过程，共同服务于保障和促进教学质量提高、学科竞争力提升的目标。

（四）自评报告内容

自评报告的内容应该包含学科的定位和发展目标、学科在教学和科研方面的工作、评估学科的各项数据、对学科工作的一个自我评价。其中评估学科的各项数据不只是单独的计算结果，还应包括这些数据的定义、计算及分析，从而保证专家能准确、直观地理解各项数据。自我评价一方面是对学科发展状况的评价、现有工作是否达到预期发展目标的论述，另一方面是进一步地讨论学科存在的主要问题以及针对这些问题将采取的措施。

在评估数据的收集过程中要遵循以下几点：

（1）针对各个学科列出符合高水平论文的期刊目录；

（2）研究成果应只统计最近 5 年或一个评估周期内的数据（论文引用数据可不局限于此时间限制）；

（3）数据不应只看重数量而不看重质量，因此在一些受人数因素影响的指标上要采取平均化或归一化计算；

（4）利用 InCites，Scoptus，Web of Science 等科学引文数据平台获取论文及相关的数据和分析结果；

（5）数据不能只包含结果，应包括这些数据的定义、计算以及分析，通过横向、纵向对比，保证评估专家能够清楚地分辨数据背后的含义。

参考文献

[1] 刘海涛."双一流"建设视角下高校开展学科国际评估的探析［J］. 黑龙江高教研究，2017（5）：68－72.

[2] 孙鹤，陈志华，韩金玉. 学科评估在高校学科建设中的作用探析［J］. 中国研究生，2009（1）：50－52.

[3] 蒋笑莉，王征. 研究型大学学科国际评估的探索与实践：以浙江大学为例［J］. 学位与研究生教育，2013（10）：44－48.

"双一流"背景下理工类院校外语学科发展思考*

郝运慧

（北京交通大学语言与传播学院，北京 100044）

摘　要："双一流"建设为重点理工类院校外语学科发展带了机遇，也带来了巨大挑战。在新的历史机遇下，作为理工类院校"非优势特色学科"的外语学科需要回归学科内涵本位，对接需求、做好支撑，同时寻求学科交叉、形成特色，并参与海外传播与争取国际学术话语权，构建外语学科发展共同体。

关键词：双一流　理工院校　外语学科　建设路径

外语学科是我国学科门类的重要组成部分，在提高国民的外语素质，培养外语专业人才，文化交流与传播等方面发挥着重要的作用。自 1978 年国务院实行学位制度以来，外语学科在过去的近 40 年的时间里，特别是在近 10 年的时间里，在自身的学科建设方面取得了长足发展。截止 2017 年国务院学位办公布了新一轮学位点审批，截至 2017 年，外语学科共有外国语言文学一级学科博士点 49 个，一级学科硕士点达到 220 个，其中理工类院校外语学科博士点 7 个，分别是清华大学、上海交通大学、同济大学、北京航空航天大学、北京科技大学、中南大学和中国海洋大学。截至 2019 年 9 月，人力资源社会保障部、全国博士后管理委员会联合印发公布新设的博士后科研流动站（人社部发〔2019〕105 号），目前外语学科共有一级学科博士后流动站 38 个。在我国，理工类院校的外语学科是整个外语学科建设的重镇之一，全国"211 工程"涵盖的 112 所院校中，理工特色明显的院校有 37 所，其中绝大多数设有外语学科。全国 137 所"双一流"院校之中，理工特色明显的院校近 50 所，其中绝大多数设有外语学科。从外语学科所占的比例来讲，"211 工程"和 "双一流"院校之中，外语学科所占比例均已达到三成以上，毋庸置疑是全国外语学科的重要组成部分。因此，理工类院校的外语学科建设具有广泛而代表性的意义。

一、理工类外语学科的现状与困境

改革开放之初，外语学科凭借其学科特点，率先发声。四十年来为推动中外文化交流、提升国民国际素养、促进国家经济发展及拓展国家软实力等方面做出了重要贡献。总体而言，理工类院校的外语学科在复合型人才、基于本学科和跨学科的科学研究等方面做出了有益的尝试。

吴格非指出，大部分重点理工科高校的英语专业人才培养理念和课程体系建设能够充分考虑校本特点，依托本校学科优势，顺应社会需求，合理定位，促进英语专业与其他相关学科特别是本校优势学科的交叉、渗透、融合。定位为培养高素质、应用型、复合型为主体，培养具有扎实英语基本功、宽广知识面、一定的理工科专业知识、较强能力和较高素质、能够解决对外交往和生产实际中具体问题的高水平英语人才。在培养模式和课程体系方面，大部分理工类院校采取了

* 本文为北京交通大学 2019 年度研究生教育教学重点支持项目"学术引领、需求驱动、产出导向、平台支撑——研究生公共英语课程体系构建探索"和江苏省研究生教育教学改革项目（项目编号 JGZZ19_062）的阶段成果。

"英语+文化素质类课程+科技、商务、新闻等英语类课程"的模式，强调"重基础、宽适应、强实践、促创新"。[1]

但是，理工类院校的外语学科建设也存在诸多困难与问题。秦秀白指出，我国三分之一的英语专业点设置在理工类院校。整体而言，理工类院校的外语学科突出"工具性"和"应用型人才的培养"，忽视其学科专业性和人文性。另外，理工类院校的外语学科发展历史短，学科起步晚，学术梯队建设薄弱，缺乏学科带头人。理工类院校的外语学科建设亟待加强[2]。文军从历史原因、行政管理原因、学校的外部环境和外语学科的内部环境等方面分析了我国理工类院校外语学科博士点明显偏少这一问题，并从学科建设的主要内容，学科建设需要长时间的坚持、需要相应的制度保障，以及学术交流与"入流"三个角度指出了加强外语学科建设的路径[3]。

在当前"双一流"建设以及新的学科评估导向的背景之下，理工类院校的外语学科发展遇到了更大的挑战，同时也带来了新的发展机遇。戴炜栋指出，"双一流"方案为我国外语学科发展提供了机遇和挑战。他分析了一流大学、一流学科的内涵，以及一流外语学科的内涵及发展战略。他指出，一流大学涉及一流学生、一流师资、一流学术、一流资源、一流管理、一流服务等，其中学生、师资、学术为共性部分；其次，一流学科主要体现在人才、研究、师资、服务方面，一流学科管理提供了制度和资源保障。最后，他从一流人才培养、一流学术研究、一流师资队伍、一流社会服务、一流科学管理五个方面探讨了一流外语学科的建设[4]。彭青龙从第四轮学科评估的新趋势和当前内涵式发展的大背景出发，指出外语学科目前的困境并提出了若干加强外语学科建设的路径。他指出，外语学科在理工类高校等基本上是不受重视的"边缘学科"，在教育资源配置上往往无法享受同等待遇。另外，近几年媒体过度渲染"红牌"英语专业，使得外语学科的生存发展环境变得更为严峻，评估结果也不容乐观。外语学科主要存在四个方面的问题。其一，人才培养质量整体不高，主要指学术型和专业学位研究生的培养质量。其二，科研自主创新能力薄弱，科研成果影响力较小。其三，国际化程度不高，基本处于学生和教师单向流动、教学科研合作表面化和形式化的阶段。其四，激励机制尚未完全建立，教师投身教学和科研的动力没有被充分激发出来。他指出新形势下，外语学科的建设路径如下：外语学科内涵建设应主动对接国家社会经济发展需求，以提升人才培养质量为核心，以特色化的标志性学术成果为重要指标，以创新驱动、协同发展为途径，以多元评价的激励机制为手段，以国际化战略为支撑，有计划、有步骤地争创区域性、全国性和世界性一流外语学科[5]。

二、理工类外语学科建设路径思考

虽然外语学科多为理工类院校的"非优势特色"学科，但是外语学科在"双一流"建设中作为支撑学科的作用是不可或缺的。在双一流建设的新的历史机遇下，作为"非优势特色学科"的外语学科需要进一步深挖学科内涵本位，对接需求、做好支撑，寻求学科交叉、形成特色，参与海外传播与争取国际学术话语权，以及在构建理工类外语学科共同体等方面探讨强化学科建设的路径。

1. 加强外语学科本位的建设与研究，深化学科内涵，谋划并建设成为具有一级学科博士授予权的单位

在目前拥有外国语言文学一级学科学位授予权的 50 所院校中，理工类院校为 7 所。重点理工类院校在 211 院校中占比 33%，在双一流院校中也占有相近比例，理工类院校外语学科的博士点占全部博士点的 14%。一级学科博士点是提高办学层次，突破学科发展瓶颈的关键所在，而目前理工类院校的外语学科博士点明显偏低，因此，深化学科内涵，加强学科本位，提高学位授予层次是理工类外语学科建设的首要任务。《学位与研究生教育发展"十三五"规划》中指出："稳步发展博士研究生教育。适度扩大博士研究生教育规模"。2017 年，国务院学位委员会启动了新一轮的学位申请政策，制定了最新的外国语言文学一级学科博士点的申请标准。从目前的标准看，多数没有一级学科博士点的理工类外语学科达不到这一准入门槛，但是标准的设立无疑为理工类外语学科的进一步发展指明了建设方向与高度。这些外语学科在凝练学科方向、规划学术梯队、聚焦代表性高水平成果、提高学生的培养质量、增强国际交流等方面将有新的规划。

2. 对接学校战略需求，为"双一流"建设做好语言与文化支撑，在支撑同时做强学科

周光礼指出，一流学科的标准包括一流的学者队伍、一流的学生质量、一流的科学研究、一流的学术声誉、一流的社会服务[6]。外语学不仅肩负着本学科的人才培养，而且肩负着全校的语言能力与人文素养的重要使命。在"双一流"建设中，理工类院校的外语学科在一流的学生培养质量、一流的科学研究以及一流的国际化方面起到重要的支撑作用。重点理工类院校，特别是优势特色学科，学生生源十分优秀，国际交流频繁，学生科研潜力良好，外语学科在学生的语言素养提高、跨文化交流能力培养，国际视野和国际化思维塑造方面发挥着不可替代的作用。同时，外语学科以其语言优势助力高水平科研成果的发表。在支撑优势特色学科的同时，外语学科可以不断挖掘新的教学与科研增长点，做强自身学科。

寻求与所在院校优势特色学科的交叉融合，形成学科特色。第四轮学科评估遵循"质量、成效、特色、分类"的原则，更加"凸显学科特色和强化学科分类"。根据第四轮学科评估的新趋向，扶优扶强扶新扶特已成为新的特点。理工类院校的外语学科不属于优势学科，不属于强势学科，但是理工类院校的外语学科可以通过学科交叉建出特色，错位竞争，特色发展。戴曼纯通过对外语人才的抽样调查指出，加强外语院系与其他专业之间的协同创新，搭建高端外语人才培养平台是外语学科发展的路径之一[7]。各重点理工院校都有自己的优势特色学科，且这些学科都有发展成为一流学科的潜质。外语学科可寻求与这些学科的交叉，寻找新的学术增加点。语言与人文社会科学学科的交叉，相对容易，部分理工院校的外语学科本身没有独立的学院建制，学院内部即可实现交叉融合，如语言与传播学科，在"一带一路"和中国文化"走出去"的大背景下，如何使中国的文化走出去需要语言与传播学科的交叉努力。语言与理工类学科的合作，探求专门用途英语（ESP）教学与研究的特色之路。开发各具特色 ESP 著作与论文。同时，在博士点的规划与建设上，可以在国家适度扩大博士生教育规模和自主设置二级学科的政策规划下，加强与本校优势特色学科或国家社会急需学科的联系，通过跨学科博士生的培养加强学科建设。

以高度的文化自觉、文化自信参与中国文化的海外传播，积极争取中国文化、中国学术的海外话语权[8]。一流外语学术研究意味着一方面要进行外语语言文学前沿领域研究，引领发展趋势；另一方面要立足外语教育教学现状，结合我国语言文学文化特色，进行对比研究、翻译研究、本土化研究等，发现新问题、新趋势，提出新观点并构建新理论，向国际学术界推介研究成果[9]；此外，还要对接国家和社会需求，加强多语种跨学科的区域国别研究，从国际视角讲好中国故事，促进中外人文交流。外语学科可以借助理工类高校与海外高校与机构的广泛联系，利用语言上的优势积极谋划中国文化 "走出去"；同时，利用对文化的深入理解，助推中国文化"走进去"；通过搭建优势平台，支撑中国文化"走上去"。积极参与海外学术交流，争取海外文化与学术话语权，形成代表性的学术成果，反哺学科建设。

参考文献

[1] 吴格非. 内涵式发展视域下"211"工程理工科高校英语专业人才培养理念与课程体系建设的现状、缺失与对策 [J]. 外语研究，2015（5）：37-43.

[2] 秦秀白. 理工院校英语专业应该加强学科建设 [J]. 外语界，2006（1）：2-6.

［3］ 文军. 理工科院校外语学科建设：现状与思考［J］. 广东外语外贸大学学报，2009，20（1）：92−94.

［4］ 戴炜栋，王雪梅. "双一流"背景下的我国外国语言文学学科发展战略［J］. 北京第二外国语学院学报，2016（5）：1−13.

［5］ 彭青龙. 论学科评估新确实和外语学科内涵建设新路径［J］. 外语界，2016（3）：34−41.

［6］ 周光礼. 世界一流学科的中国标准是什么［J］. 光明日报，2016（2）：16.

［7］ 戴曼纯. 我国外语人才需求抽样调查［J］. 外语教学与研究，2016，48（4）：614−624.

［8］ 胡开宝. 国际化视域下的外语学科发展：问题与路径：以上海交通大学外语学科建设为例［J］. 外语教学，2017，38（2）：1−6.

［9］ 郭英剑. "双一流"建设之于外语学科的意义［J］. 当代外语研究，2018（4）：1−2.

"双一流"背景下计算机大类专业高端人才培养综合改革探索

林友芳　赵宏伟　周　亮　袁中兰　董晓娜

（北京交通大学计算机与信息技术学院，北京 100044）

摘　要：研究生教育是"双一流"建设的重要内容，也势必带动研究生教育综合实力的提升。积极应对国际竞争、适应科技变革。着力提升研究生教育创新能力，理顺质量标准和特色发展的关系，解决好当下研究生教育质量保障与教学服务问题，是新形势下高校研究生创新人才培养改革不断探索的重要课题。本文探讨了研究生人才培养改革的现状和问题，在充分分析"双一流"背景下研究生高端人才培养各关键要素及其关系的基础上，从研究生招生生源质量优化、核心课程改革、科研实践能力提升、培养过程管理、学位论文质量监控、导师队伍建设等几个方面提出了若干改革措施。

关键词：双一流　研究生培养　改革措施

【中图分类号】G643.2　　　　　　【文献标识码】A

一、引言

刘延东副总理在国务院学位委员会第三十三次会议上指出，研究生教育作为国民教育的顶端和国家创新战略的后备军，是科技第一生产力、创新第一动力、人才第一资源的重要结合点，而一流的研究生教育是"双一流"建设的重要内容，也势必带动研究生教育综合实力的提升[1]。准确把握新时代我国研究生教育面临的新形势新要求，切实增强责任感紧迫感，成为当前高校研究生教育的紧要任务。如今，我国在信息技术领域的产业规模与水平已经逐渐站在世界的前列，研究生培养如何能应对国际竞争、适应科技变革，着力提升研究生教育创新能力，理顺质量标准和特色发展的关系，解决好当下研究生教育质量保障问题、服务能力问题、校风学风问题，是新形势下高校信息技术领域研究生创新人才培养改革不断探索的重要问题。北京交通大学计算机与信息技术学院在多年的研究生教育培养实践中，不断摸索研究生人才培养规律，积极对接新时代国家、行业高端人才培养需求，近年来开展了多项人才培养改革举措，逐步形成了适用于计算机相关专业研究生高层次创新人才培养的全流程管理体系，各方面工作取得明显成效。

二、研究生人才培养中面临的常见问题和挑战

（一）吸引一流生源方面的挑战

研究生招生是研究生教育的首要环节，提高研究生生源质量对于提高研究生培养质量，推进研究生教育综合改革具有重要作用[2]。世界范围内高校间普遍存在激烈的优质生源竞争，我国高校有大批优秀学生流向国外一流高校，同时以推荐免试研究生为代表的优秀研究生生源向国内名

校集中的现象日趋明显。优质生源分布不平衡的问题一方面体现为国外一流高校和国内高校之间的不平衡，以及国内高校之间的校际不平衡，同时还体现为校内导师之间的不平衡问题。如何吸引优质生源留在国内、留在校内、引入校内，成为我国高校一流研究生培养的首要问题。同时，非全日制研究生的并轨招生也为研究生招生工作带来了新的挑战。

（二）一流课程体系建设的挑战

众所周知，世界上具有一流研究生培养实力的高校，都有一组高水平的核心骨干课程，这些课程内容要求高、实验要求高，这些高质量课程是一流高校研究生培养的核心内涵之一和培养质量的基本保障。然而，国内高校对研究生课程体系、内容和平台建设普遍存在重视不够，重形式轻内容的问题。具体表现为课程体系规划不够系统，课程内容重复交叉，学术前沿更新不足，课程要求低，实验缺失，课程内容对科研与学生就业的相关性弱，科研团队被迫在实验室内开小课，重要课程缺乏有效的教学梯队建设，年轻教师缺乏锻炼机会，任课教师对课程重视不够等众多问题。

（三）研究生培养研究导向与平台支撑不足

科学研究、创新能力的培养是一流研究生人才培养的关键一环。如何让研究生尽早进入研究状态，获得具有研究能力和良好的科研条件与导师密切指导，导师是真正实现高端人才培养定位的关键要素。然而，现实中即使是我国较高层次高校仍然存在学科科研培养条件不足，导师学术研究能力与科研指导能力严重不平衡，研究生进入科研状态晚或几乎不做实质性研究实践的问题，从而影响培养质量。

（四）过程管理与论文质量监控措施不够完善

目前各高校的研究生人才培养过程管理体系，普遍存在有环节缺监管、有规定缺执行的问题。如研究生学位论文开题、中期环节考核力度不够，流于形式，关键环节缺乏整体规划，未能在研究生论文初期阶段协助导师进行有效的监督等。过程监督的缺失或不足影响了学位论文质量和研究生人才培养质量。

（五）导师指导力度不够，导师队伍建设有待加强

我国大部分高校实行研究生导师负责制，导师指导能力和投入的指导精力、力度和强度对研究生的培养质量有直接影响。现实中导师队伍水平参差不齐，部分导师本身指导能力和创新能力有限；也有部分导师自身学术能力很强，但缺乏责任心与立德树人意识，专注于自己的社会活动，对所带学生采取放任自流的方式，导致研究生逐渐丧失科学研究和创新的内在动力。同时导师遴选机制不够完善，队伍建设缺乏规划，对导师缺乏有效的监督考核也导致导师队伍建设难以满足当前研究生高端人才培养需求。

二、"双一流"背景下研究生人才培养关键要素

研究生教育是国家人才竞争和科技竞争的集中体现，肩负着培养拔尖创新人才与发展创新科学技术的重要使命，是建设高等教育强国的重要组成部分，也是引领"双一流"建设向纵深发展的关键因素[3]。因此，高水平的研究生教育是国内一流大学创建特色鲜明的世界一流大学的重要内容和必然选择[4]。坚持学术为基、育人为本，立德树人，面向世界学术前沿和国家重大战略需求，以学科、学位点建设为基本着力点，坚持质量标准，立足特色发展，完善质量保障、提升服务能力，着力开展导师队伍建设、研究生人才培养体系建设，培养具有强烈社会责任感和使命感、热爱祖国，具有创新素质和国际竞争力，引领科技创新、行业发展、社会进步的高端人才，是一

流研究生教育创新改革的必然之路（见图1）。

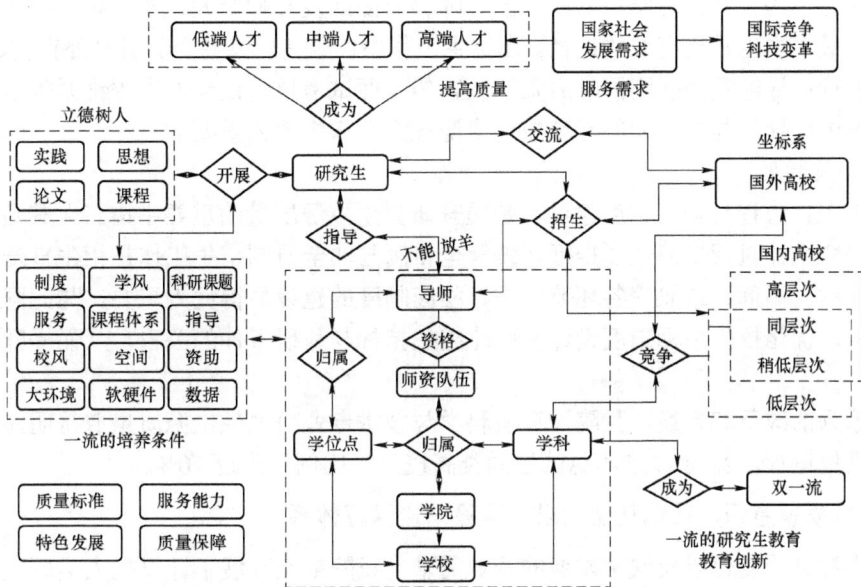

图1 "双一流"背景下研究生人才培养关键要素

三、研究生高层次人才培养综合改革探索

面对研究生高层次人才培养的迫切需求，北京交通大学计算机与信息技术学院以"双一流"学科建设为驱动，以研究生教学培养改革项目为依托，以提高研究生创新型人才培养质量为核心，在广泛的行业需求调研的基础上，围绕研究生招生改革、课程体系与核心课程建设、研究生科研能力提升、培养过程管理与学位论文质量监控、导师队伍建设与考核评价等方面开展了一系列创新人才培养改革的探索。

（一）明确主体定位，制度建设先行，着力提升生源质量

1. 明确工作定位

在不断改革的过程中，进一步明确了学院在研究生招生工作中的定位，设立招生工作领导小组，以服务于高质量的人才培养和科学研究为工作核心，以质量导向、公平、公正、公开为总则，协助导师和团队开展候选人才综合评价，主要工作体现在组织、督促、宣传、制度设计、辅助评价学生、设置门槛、争取资源等方面（见图2）。

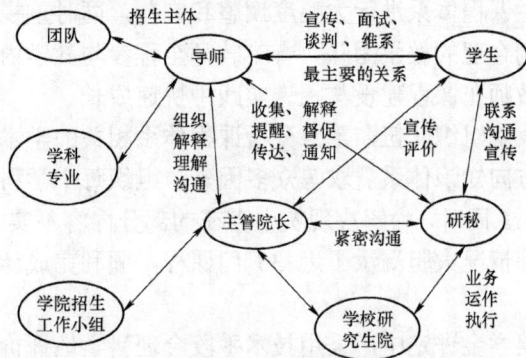

图2 研究生招生工作主体关系

2. 明确招生主体

明确招生主体为分布在各学科专业内的导师科研团队及导师个人，发动导师的招生主动性是吸纳优质生源最根本也是最有效的途径。在招生工作中，学院一级主要负责对外宣传、政策解释、招录系统的执行；导师及团队则同时肩负团队宣传、面试考核、谈判、生源维系等多项职能，在众多角色关系中，导师与学生间的互动成为生源维系工作中至为重要的一环。

3. 完善相关制度

完善招生工作流程与相关制度建设，是提升研究生生源质量的重要举措。尤其是 2017 年以来非全日制研究生并轨招生的全面推行，统筹全日制与非全日制招生工作在招生宣传、暑期夏令营、研究生复试、调剂、录取等各环节，进行相应制度的建设显得尤为重要。与此同时，结合招生录取新形势，优化招生指标制度设计，强化招生指标与科研条件的关系，从而提升公平性，引导优质生源。

通过一系列的改革和建设，我院计算机科学与技术专业研究生生源质量取得明显提升，招生分数线多年高位运行，2018 级推荐免试生同类高校生源比例达到近 70%。

（二）提升质量意识，紧贴社会需求，建设一流课程体系

为适应生源结构变化以及快速发展的行业需求，我院重点开展了计算机大类研究生培养计划修订，课程体系改革，特色专业核心大课建设等（见图3）。

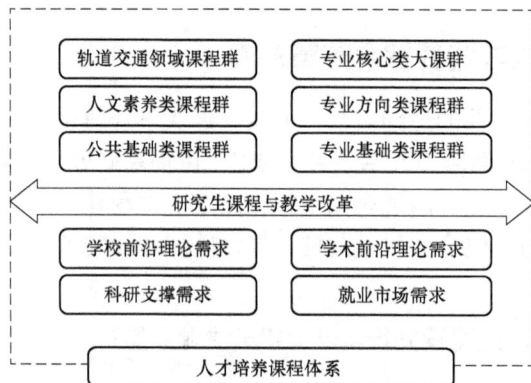

图 3　计算机创新人才培养课程体系

1. 稳步推行研究生培养方案调整，大刀阔斧开展研究生教学改革[4]

为全面提升我院研究生人才培养质量，通过综合分析招生变化、课程质量、课程体系、学生方面和师资方面等课程建设相关方面存在的问题和挑战，我院提出按世界一流大学的研究生课程内容与质量要求，对研究生课程体系进行大幅度调整和完善，同时重视青年教师的培养，对重点核心课程设立了老中青结构合理的教学团队，青年教师全程参与教学内容研讨、教学方案制定，承担授课任务，保证青年教师在课程建设与授课实践中快速成长。

在课程体系设计中，我院组织队伍，重点分析课程体系相关的学术前沿性需求、科研支撑需求、就业市场需求、学科方向知识体系需求等众多因素，组织每个学科方向教师队伍反复研讨并设计学科方向相关课程体系。同时，为解决现实中存在的部分内容不实、要求不高的研究生课程，我院根据课程后评估和选课情况大胆淘汰了近 30 门课程，顺利完成计算机大类课程体系的重建工作。

在学生引导方面，在奖学金评定中，采用技术手段合理科学地评价学生课程成绩。结合培养方案设计，对高要求的核心骨干专业特色课程实施最低门数选课要求。顺利解决部分学生为片面

追求高分和轻松通过而选修"水课"的问题，对学风引导起到积极作用。

2. 对接国家社会需求，高质量开展专业特色大课建设

我院在充分调研的基础上，通过深入分析专业内涵，结合人工智能、机器学习、云计算、大数据、互联网+、物联网等领域的发展趋势、行业需求与学科特色，按世界一流目标与标准，规划并逐步建设一批受众面广、国内领先，向国际水平看齐的专业特色骨干课程。

我院首批开出的专业特色骨干课程包括机器学习、数据仓库与大数据工程、算法设计与分析、并行与分布式处理、机器视觉基础、高级计算机网络。专业特色课程要求成立课程组多头开设，不区分全日制、非全日制和留学生，按世界一流前沿标准统一要求课程内容，严格课程实验要求和考核要求，同时探索多层次、高质量、统一标准、协同创新的研究生课程大课建设模式，建成了具有一流的师资队伍、课程内容和课程实验平台的示范性课程体系。形成了一批体现最新学术前沿、理论与实践并重、具有明显专业特色的大课课程群。

新的课程体系受到研究生的广泛好评和欢迎，在面向 2017 级开出的首批专业特色课中，机器学习、算法设计与分析课程选课人数都达到 300 人以上，都开出 5 个以上课头。数据仓库与大数据工程、并行与分布式计算等课程在 200 人以上。这些高要求课程的开设，大大缓解了许多科研团队因课程体系满足不了学术研究或科研项目需求而在团队内部开设"小课"的情况。

（三）保障科研条件，搭建支撑平台，加强科研实践引导

完善的实验教学体系和坚实的教学、科研平台支撑是研究生学术科研与工程实践能力培养的基础[5]。我院从行业创新人才培养的特点出发，构建了案例教学、实验教学内容体系。设立了高级软件开发、Web 开发等基础实践开发案例教学实验群，在此基础上，设立了人工智能、高性能计算、大数据分析与挖掘、网络空间安全和高速铁路信息技术等多个专业实践案例教学实验群。

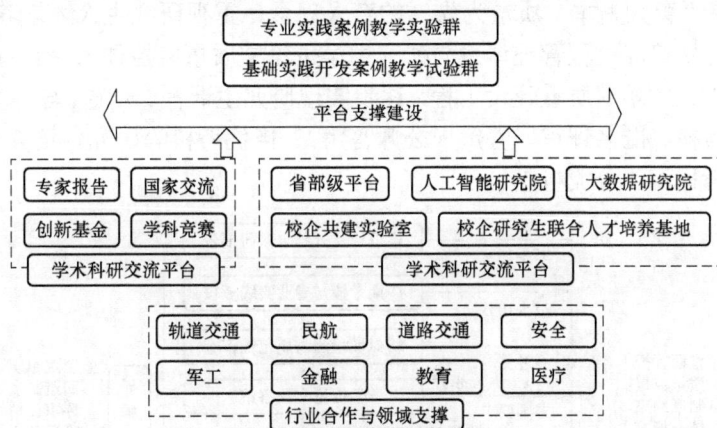

图 4　科研实践支撑平台建设

1. 搭建"四位一体"的研究生高水平学术科研交流平台

在学术科研交流方面，积极开展国际合作、企业合作，同时加强研究生品牌活动建设。通过建立专家报告、国际交流、创新基金、科技竞赛"四位一体"的研究生高水平学术科研交流平台，有效促进了研究生学术创新能力的提升。

（1）通过重点实验室、共建实验室和以教师的对外学术交流为依托，建设"大师面对面""院士校园行""博士论坛"等品牌活动，邀请国内外知名专家开展学术报告。

（2）通过鼓励研究生申请联合培养国家公派出国联合培养项目、参加校院导师多级资助的国际会议，以及出国进行国际短期交流访学等多种形式，推动研究生参与国际高水平学术交流，开

拓拓展学术视野。

（3）鼓励学生通过申报研究生创新项目，经过院内专家评审与遴选与专家评定评审，每年资助一定数量的博士、硕士研究生开展稳定数额的研究生创新基金的申请，以高水平论文、创新成果转化作为评审引导目标指标，推动研究生的创新研究工作。

（4）鼓励并资助研究生参与国内外学术科技竞赛，通过与业内高校师生竞赛比拼，激发学生开展学术科研实践的兴趣，培养学生的创新能力、实践能力与团队合作能力。

2. 搭建具有行业特色的高水平企业实践平台

计算机专业实践性较强，研究生阶段着重科研实践与创新意识的培养，需要有良好的科研实验条件支撑[6]。依托高水平学科建设能力，我院与轨道交通、民航、道路交通、安全、军工、金融业、教育等众多行业企业长期开展了人才培养和科研项目合作，积累了丰富的行业资源与培养经验。近年来，我院以现有省部级以上平台、校人工智能研究院、校大数据研究院、校企共建实验室、研究生联合培养基地为基础，整合教学与科研实验资源，不断深化校企合作人才培养的广度和深度，通过资源整合、持续建设、构建运作高效的行业领域计算机创新人才培养实验平台。

通过高水平实践平台的搭建，将科研团队的最新科研成果融入研究生实验教学中，培养过程中更加注重学生创新能力与实践能力的培养，强调研究生参加科研项目的深度与广度，切实提高研究生科研创新能力与团队协作能力，为研究生各行业工作提供了良好的基础。

在研究生开题、中期等环节，强化研究生参与导师科研项目情况的考核，针对硕士生考核第一学年参与导师科研项目的情况，引导研究生尽早进入科研状态。

（四）重视过程管理，全程质量监督，构建环节监控体系

建立完善的人才培养质量监控体系和过程控制机制，是确保人才培养质量符合培养目标的重要抓手[7]。我院坚持"育人为本、质量为先"的育人理念，重视研究生人才培养过程管理与质量监控，以一流的研究生培养过程管理体系与研究生学位论文质量监控体系为目标。从制度设计到实行全面开展研究生人才培养质量建设工程，逐步实现研究生课程、开题、学术型硕士中期考核、工程硕士专业学位考核、匿名评审、答辩（公开答辩）、申优考核等研究生培养全流程质量监测，健全研究生评优、考核淘汰分流机制。

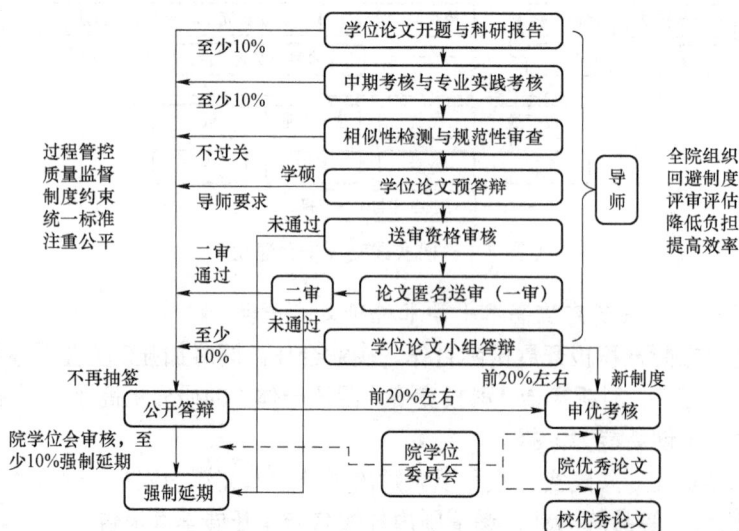

图5　研究生学位论文过程管理、质量监控与淘汰分流体系

通过全流程质量监督体系的强力实施，特别是强制延期、过程考核全匿名评审制度的有效实施，我院硕士生论文质量得到大幅提升，学位论文匿名评审通过率大幅提升，优秀论文数量明显提升，强制延期制度推出后最终延期学生反而大幅减少，有效降低了管理成本，提高过程管理效率。

（五）强化立德树人，重视导师考核，推行学术例会制度

1. 开展全方位研究生导师考核评价

导师可以看成是研究生教育的内核，所有的制度与措施，最后都需要通过这个内核起作用[8]。改革传统资格性导师认定及考核标准体系，强化立德树人意识，除重视导师的学术水平和能力以外，更加注重导师的师德表现和育人能力。从学生管理、人才培养各环节挖掘研究生导师人才培养基础数据，建立科学的评价指标体系，从研究生人才的角度，开展对导师的全方位评价考核。

2. 推行学术例会制度促进师生交流

学术例会制度旨在为促进研究生导师与研究生交流沟通，加强导师的指导与内部学术交流。制度的推行有效地促进了导师对研究生培养指导的规范性与常态性。

四、结语

高等学校担负着培养和造就高素质创造性人才的历史使命，建立创新机制、培养创新人才是摆在高校面前的一项迫切任务。通过积极开展人才培养调研，结合我院几年来计算机专业创新型人才培养改革的探索与实践，开展全方位的人才培养改革，取得了一定的成果和经验，仍有诸多不足，将在今后的改革实践过程中逐步完善。

参考文献

[1] 刘延东. 在国务院学位委员会第三十三次会议上的讲话 [N]. 中国教育报，2017 – 03 – 12（1）.

[2] 金宁，李思，温全. 以提升生源质量为目标的硕士研究生招生宣传方式的探究 [J]. 科教导刊（电子版），2017（4）：16.

[3] 方岱宁，"双一流"背景下研究生教育改革的创新探索 [J]. 北京教育（高教）. 2018（1）：43 – 45.

[4] 赵纪宁. 浅谈对"双一流"建设的认识 [J]. 北京教育（高教），2017（1）：20 – 23.

[5] 王伟，孟祥贵，安寅. "创新人才培养模式"下的实验教学改革探索 [J]. 成才之路，2016（26）：5 – 6.

[6] 杨燕，李天瑞，张翠芳，等. 轨道交通专业计算机创新人才培养探索 [J]. 实验科学与技术，2015，13（2）：154 – 156.

[7] 隋竹翠，徐新，贺赛先，等. 电子信息大类人才培养教学过程管理与质量控制 [J]. 实验科学与技术，2016，14（4）：15 – 17.

[8] 汪发元. 高校硕士研究生导师考核评价指标体系的构建分析 [J]. 高教学刊，2016（3）：4 – 6.

立德树人、研究生思想政治教育研究

社会实践视角下研究生综合能力提升研究

郭祎华　董敬祝　刘吉强

（北京交通大学计算机与信息技术学院，北京 100044）

摘　要： 新时代研究生教育的重要目标之一就是提升研究生综合能力，培养研究生将所学知识技能应用到实际，更好地服务社会、服务国家。计算机学院多年来大力加强研究生社会实践工作的宣传、立项、实施和考核工作，形成工作体制机制，并将社会实践作为课堂教育的延伸和素质教育的载体，合理利用社会资源，促进研究生了解国情、服务社会、增长才干，成为人才培养不可忽视的重要环节以及研究生综合能力提升的有效手段之一。

关键词： 研究生综合能力　社会实践　研究生综合素质教育计划

社会实践是大学生思想政治教育的重要环节，对于促进大学生了解社会、了解国情，增长才干、奉献社会，锻炼毅力、培养品格，增强社会责任感具有不可替代的作用。[1]教育部思政司在 2010 年发布的《教育部关于进一步加强和改进研究生思想政治教育的若干意见》（教思政〔2010〕11 号）文件中要求"强化研究生社会实践教育环节，将社会实践纳入研究生培养方案"。教育部等部门也提出要求"以强化实践教学有关要求为重点，以创新实践育人方法途径为基础，以加强实践育人基地建设为依托，以加大实践育人经费投入为保障，积极调动整合社会各方面资源，形成实践育人合力，着力构建长效机制，努力推动高校实践育人工作取得新成效、开创新局面。"[2]从这里，我们可以清晰地看到研究生社会实践对专业学习的提高、服务精神的培养、就业问题的解决以及创新科学精神的养成都具有积极的作用。

一、研究生社会实践的教育功能

（一）研究生社会实践有利于专业知识的学习

早在 20 世纪 30 年代，被毛泽东同志称为"伟大的人民教育家"的陶行知先生就指出"生活即教育、社会即学校"[3]。苏霍姆林斯基也说过："学生的周围世界是生动的思想的源泉。"随着经济新常态发展，研究生教育更倾向于创新创造能力的培养，将主要精力放在提高教育对象综合素质与能力尤其是创新能力上。而运用知识发现、分析、解决实际问题就是社会实践，离开社会实践的联结，理论知识不能指向客观世界，培养运用知识的能力也只能是纸上谈兵。

目前社会大众普遍认为，部分研究生在求职就业过程中眼高手低、夸夸其谈而无实际操作能力。社会实践则可以培养研究生脚踏实地、实事求是，一切从实际出发的科学态度和工作作风。在社会实践中，研究生不仅可以拓宽知识面，而且可以将自己学到的东西在实践中检验、创新，从而提高自身的文化素质和水平。另外，社会实践活动有效地动员了社会的力量，多年的社会实践成果已经证明：社会实践活动是研究生了解社会、认识自我的有效途径，也是促进专业知识学习的良好形式。

（二）研究生社会实践有助于健全人格的形成

由于时代的发展和变化，90后的研究生群体思想与理念与老一辈中国人有很大的不同，虽然被大众定义为"玩得酷靠得住"的一代，但是成长环境造就了部分研究生一切以我为中心的心态，他们中也会出现个别经受不起挫折、对待老师同学没有谦让之心、懒散、眼高手低等现象。

一个人良好品德的养成必须通过与社会的接触，亲身感受，亲身经历，才能最终实现。一方面，研究生同学通过服务社会可以进一步正视自身价值，取得社会的承认，对于他们的心理、智能等方面的开发具有强烈的刺激作用，这种作用会很快转化为勤于思考、锐意进取、勇于实践的无穷动力，增强其将来更好地为社会服务的信心。另一方面，研究生在接触社会的过程中，又可以检验一下自己的知识结构、专业技能、沟通能力、团队协作和解决问题的综合能力，正确自我认知，形成良好的人格。

（三）研究生社会实践有助于团队精神的培养

随着科学技术的高度综合化，科研工作向着协作化的方向发展，作为组织灵魂的团队精神，对于现在进行科学研究工作的研究生尤其重要，它能够形成合力，产生组织大于个体相加的力量，能够增强解决问题能力，能够改善师生、生生关系，培养研究生合作与协作能力。在校研究生是正在培养中的、未来社会的高层次人才，他们毕业后无论从事科学研究工作，还是从事企业管理工作，都必须具备良好的团队精神，才能在现代化建设事业中发挥好自己的作用。

研究生在实践活动中，常常通过教师指导，分工合作，共同面对困难，解决问题。在这样的过程中，必要的协作使他们取长补短，互相学习，成为"你中有我，我中有你"；过去那种以自我为中心的心态久而久之就淡化了，"团结才有力量"成为研究生同学的共识。社会实践活动通常以团队为单位来共同完成某一项既定目标，作为团队里的每一个成员都必须互相配合、紧密合作才能有效地完成任务。在完成任务的这一过程中，通过一段时间的团队共同生活，共同工作，能够使学生养成合作意识和团队精神，认识到合作与集体的重要性。

（四）研究生社会实践有利于科学创新的提高

在研究生培养中，创新意识和科学精神的培养是一项系统工程。目前，研究生中一些同学缺乏创新意识，更可怕的是缺少科学精神。研究生作为我国现代化建设的高层次、高素质的接班人，其是否具备与时代要求相适应的创新意识和科学精神，有着非常重要的现实意义。研究生要研究探索科学真理，要解决技术问题，要写出具有相当水平的科学论文，必须从实际出发，进行研究、对比、探索。加强社会实践教育，是塑造科学精神、培养创造性人才的重要环节。在社会实践过程中遇到问题，常常需要反复琢磨，特别是对于有些问题不是自己所学学科的范畴，就得去翻阅很多的资料，这样潜移默化地使他们养成一种积极上进，不断探索的精神，也促使他们自觉自主地学习。只有通过积极地参与各种形式的社会实践活动，才能不断地深化研究生对科学社会功能的认识，才能培养出研究生对科学的情感，才能最终塑造成研究生的科学精神。

（五）研究生社会实践有益于就业创业的推进

现今高校创新创业教育的主要任务是：完善人才培养质量标准；创新人才培养机制；健全创新创业教育课程体系；改革教学方法和考核方式；强化创新创业实践；改革教学和学籍管理制度；加强教师创新创业教育教学能力建设；改进学生创业指导服务；完善创新创业资金支持和政策保障体系。[4]

事实也证明，很大一部分的研究生最后的就业单位是他们曾经在那里实习或实践的单位。许多研究生的社会实践成了正式工作的前奏。他们在社会实践的过程中懂得了承担责任，也明白面对选择必须有所取舍，在以后的工作中会更加顺利地承担起自己的职责，做好工作。2003 年开始，国家陆续出台了鼓励大学毕业生自主创业的政策，研究生可以在社会实践中发现商机、积累管理经验、拓展人脉、储备资金条件等，他们可以有效利用学校这样的平台去成就自己，发展自己。

二、研究生社会实践落实举措

（一）发动导师，加强全院师生对研究生社会实践重要性的再认识

首先，计算机学院从贯彻马克思列宁主义、毛泽东思想、邓小平理论、"三个代表"重要思想、科学发展观和习近平新时代中国特色社会主义思想的指导思想出发，目标是树立研究生正确的世界观和方法论，确立科学的发展观高度，全面地认识推进研究生社会实践意义，充分认识社会实践在人才培养、社会发展中的作用。其次，计算机学院研究生工作组高度重视社会实践项目的组织和实施，向全体研究生导师开展宣传倡导，统一导师思想，传达社会实践是高等教育中不可缺少的有机组成部分，是重要的教学形式，也是高校实施专业教育的要求，积极鼓励导师参与研究生社会实践，参与的导师逐年增加，并联合学院青年教师联合会，共同进行实践活动。再次，积极发动导师联系有合作关系、相关行业的高校、科研院所及企事业单位，在研究生社会实践中积极推进实践基地建设和研究生联合培养工作，使其持续提供研究生社会实践的机会无疑是对研究生学生、高校和企事业单位都有益的举措。一方面学生可以得到社会实践的机会、锻炼自己的能力、提前了解自己的工作内容和意向，另一方面单位也在社会实践中发现适合自己单位的人才，通过接触确定双方意向，提升招聘成功率。

（二）拓宽实践视野，丰富社会实践活动的内容

计算机学院力争社会实践的组织形式灵活多样，每次立项均广泛征求各方意见，尤其是研究生和导师的意见；敞开思路，结合自身学科专业特点，发挥所长，把实践活动切实放到社会需求和研究生兴奋点的交点上来；根据社会实践的目的，确定实践活动的形式、内容。例如，社会考察、社会调查让研究生获得对社会的感性认识；科技文化服务、挂职锻炼让研究生参与实际工作，在工作过程中更直接地了解工作，加深与人民群众的感情；科研合作与企业走访，让研究生深切体会不同工作的不同要求，增强研究生社会责任感、合作观念，提高他们解决问题的能力；创业实践、助教助管能培养学生自强自立的精神，等等。因此，研究生社会实践包括岗位实习、科技竞赛和发明、创业等，服务社会相关的活动包括志愿服务、公益活动、挂职锻炼、科技咨询等，学校内部的活动包括各类助教助管助研和社会工作等。丰富的内容和形式可以使研究生在不同的领域得到锻炼，也可以帮助研究生找到他们最感兴趣的领域，为以后的发展道路确定方向。

（三）重视长效机制，确保社会实践效果持续发挥

多年来，计算机学院在开展社会实践活动中，应注重与合作单位建立长期的联系，着重推动传承项目的开展，建立一批社会实践基地。近年来，计算机学院与香港理工大学、台湾淡水大学、澳门大学、武汉水生生物研究所、哈工大深研院、华为公司、中兴公司、铁路总公司等企事业单位共建社会实践基地，作用十分明显。通过社会实践，大学生受到了教育，锻炼了能力，同时实现了高校与基地单位的双赢。社会实践是高校人才培养过程中不可或缺的一个环节，基地建设为学生将来顺利适应社会提供了重要平台。因此，在组织社会实践过程中，要多考虑把社会实践与研究生毕业就业相结合，借助社会实践为学生创造更多的机会，研究生社会化程度得到加深。要加强高校与基地的合作，树立创新意识，不断拓展合作内涵，保证基地的生命力和稳定性。另外，

还可以聘请一些优秀青年教师和导师共同参与，加强立项指导力量，尤其是计算机和信息学院的导师们，在基地建设中可以提供技术服务和智力支持。严密的社会实践活动组织工作，完备的服务体系，在近年来获得了显著的经济效益和社会效益，开创了一条高层次人才培养和产学研结合的新路子，实践育人、科技转化和服务经济的目的也逐渐达成。

（四）强化学科特色，做到点面结合

计算机学院院领导每年都亲自落实并参与社会实践活动，从各个系主任入手，动员研究生导师特别是青年教师从科研方向出发寻找实践机会和项目，强调科技服务的社会实践任务，鼓励教师积极参与研究生社会实践项目，担任指导教师。每年的社会实践立项期间，根据社会热点及学校等上级部门要求，研究生工作组明确目标、确定主题，通过各种渠道宣传并讲解社会实践项目，号召研究生参与到社会实践中去，突出学科特色，完成社会实践的目标。与此同时，学院研究生社会实践尽量做到点面结合，相当数量的研究生不以团队形式、正式立项途径进行社会实践，而是单独选择实习实践单位和内容，或者组队参加各类的学科竞赛，学院也配合导师进行过程管理，通过组织保障和机制来鼓励和约束他们。学院在最后的考核评比和总结交流时，重视研究生的实践成果，关注研究生的个人收获和实践单位的意见反馈，调动师生参加社会实践的积极性和主动性，使社会实践规范化和制度化。在社会实践经费和奖励上，学院专项拨款保证研究生社会实践的组织和实施，为社会实践活动的开展提供强有力的激励。

综上，人的创新离不开实践。创新是一个国家和民族发展进步的动力，研究生是国家建设的后备力量，而创新精神和创新能力是研究生培养的核心所在。当前研究生主要以间接经验为主，缺乏现实社会的检验，社会实践不仅可以检验理论知识，而且使理论与现实相结合，使创新设想成为现实。与专业特点相结合的社会实践，给研究生提供了广阔的学习机会和空间，可以提高他们对所学专业的认识和理解，使他们认识到理论与社会需求之间的差距，激发学习激情，促使他们有针对性地获取知识，调整知识结构，实现个人综合素质的提高。社会实践使研究生更多地接触到社会，促使他们去思考实践中遇到的困难和问题，同时社会实践为研究生的发展创造了机会，使他们的积极性得以充分发挥，创新意识也可以不断地被激发。

参考文献

[1] 中国共产党中央、国务院. 关于进一步加强和改进大学生思想政治教育的意见. ［2015-11-03］. http:// www.moe.gov.cn/s78/A12/szs_lef/moe_1407/moe_1408/tnull_20566.html.

[2] 教育部，中宣部，财政部等七部门. 教育部等部门关于进一步加强高校实践育人工作的若干意见.［2012-01-10］. http://www.moe.edu.cn/srcsite/ A12/moe_1407/s6870/201201/t20120110_142870.html.

[3] 方明. 陶行知的教育名篇［M］. 北京：教育科学出版社，2005.

[4] 国务院办公厅. 国务院办公厅关于深化高等学校创新创业教育改革的实施意见.［2015-05-14］. http://www.gov.cn/ xinwen/2015-05/13/content_2861327.htm.

论我国社会发展需求与马克思主义理论学科建设任务

李效东

（北京交通大学马克思主义学院，北京 100044）

摘　要：每个学科都有自己独特的知识，每个学院都能为学生提供独特技能，这是一个学科和学院存在的根本理由。马克思主义理论学科传播马克思主义的立场、观点和方法，马克思主义学院为学生提供开展思想政治工作的独特技能。加强思想政治工作的必然要求是思想政治工作的专业化和职业化，这是马克思主义理论学科和马克思主义学院大发展的社会基础。最终，马克思主义学院将成为培养政工师的摇篮。

关键词：思想政治工作　职业化　马克思主义理论　社会需求　政工师

马克思主义理论学科和马克思主义学院的建设发展，这些年受到了中共中央和国务院的高度重视，进而也受到了社会各界的高度关注。从根本上来说，这并不是党和政府的主观意愿，而是经济社会发展带来的必然要求。

一、马克思主义理论学科的社会需求

一个学科之所以能够建立和蓬勃发展，说到底是由社会对不同学科知识的需要和这门学科的知识解决社会需要的能力决定的。社会总是处于不断发展变化之中，满足社会需要的学科会兴起并成为热门，不能满足社会需要的学科会衰落并失去优秀的师资和生源。随着知识经济时代的来临，知识对解决社会问题的影响力越来越大，运用知识服务社会也成为知识分子越来越重要的社会责任。

找到社会某方面的特殊需要并为此培养和输送人才，这是任何学科和学院发展的前提。我们看看美国哈佛大学的建制就很清楚，商学院为企业发展培养管理人才，政府管理学院为政府管理培养人才，法学院为全社会培养法律人才，医学院培养医学人才，神学院培养神职人员。适应知识经济时代发展的需要，哈佛现在也建立了工程学院。新闻与传播除了文学知识以外，还需要专门的经济、政治等专业知识，所以尽管有人提出大笔捐赠提议建立学院，哈佛始终把这个专业挂靠在政府管理学院。但是，因为它能为社会培养记者这一职业的专门人才，所以有很多美国大学也设立新闻与传播学院，并且发展得不错。越好地满足社会需要的学院就会发展得越好，哈佛大学政府管理学院就是一个典型的代表。但凡政府管理所涉及的问题，哈佛大学政府管理学院都能提供知识培训服务或人才培养服务。哈佛大学政府管理学院就有政治学、行政管理、社会政策、政治经济学、传播学等众多的学科和学者。国际政治和国际关系在我国是独立的学院，在哈佛则归属政府管理学院。著名国际政治学教授约瑟夫·奈，就曾长期担任政府管理学院院长。这种设置突出了哈佛大学服务社会的使命感，它的学校建制完全以更好地服务社会为原则。

党政军民学，东西南北中，党是领导一切的。党的领导首先是思想领导和政治领导，改善党的领导必然要求加强马克思主义理论和思想政治教育。当前，各级党的组织、各级政府部门以及军队、民间组织、学校都需要掌握马克思主义理论和思想政治工作技能的党建和思想政治工作的人才，这是马克思主义大发展的坚实基础。

党中央和地方各级党委办公厅/室、组织部、宣传部、统战部、政策研究室等部门都需要掌握马克思主义理论的专门人才，党中央直属事业单位中央党校、中央文献研究室、中央党史研究室、中央编译局、人民日报社、求是杂志社、光明日报社、中国浦东干部学院、中国井冈山干部学院、中国延安干部学院以及地方各级党校、党报、党刊也同样需要大量受过专门马克思主义理论教育的人才，尤其是事业单位，随着信息化时代和知识经济时代的来临，所需要的马克思主义理论人才只会越来越多。比如中央编译局的职能和机构就不断扩大，如今中央编译局不仅是马克思主义经典著作编译，中央文献对外翻译，马克思主义理论与重大现实问题研究，马克思主义文献信息资源建设，以及马克思主义理论的宣传普及的专门机构，它还包括所属单位中央编译出版社，并主管中国马克思恩格斯研究会、中国国际共运史学会、中国索引学会等3个全国性学会以及《马克思主义与现实》《当代世界与社会主义》《经济社会体制比较》《国外理论动态》《俄罗斯研究》《中国治理评论》等期刊杂志社。其他党校、党报的职能和机构，也在以同样甚至更快的速度扩张。

除了中央和各级党组织以外，各级人民代表大会和政治协商会议，各级人民法院和检察院，以及国务院各部门，也都需要开展党的理论学习、宣传和思想政治工作，都需要马克思主义理论和思想政治教育的人才。"坚持党的领导、加强党的建设，是我国国有企业的光荣传统，是国有企业的'根'和'魂'，是我国国有企业的独特优势"[1]，它也意味着对马克思主义理论和思想政治教育人才的需求。"党的领导，是人民军队始终保持强大的凝聚力、向心力、创造力、战斗力的根本保证。党对军队的绝对领导是中国特色社会主义的本质特征，是党和国家的重要政治优势，是人民军队的建军之本、强军之魂。"[2]从中央军委到部队基层党支部，都需要有掌握马克思主义理论和思想政治工作技能的政治工作干部，才能"充分发挥政治工作对强军兴军的生命线作用"[3]。

学校思想政治工作，尤其"高校思想政治工作关系高校培养什么样的人、如何培养人以及为谁培养人这个根本问题"，"我们的高校是党领导下的高校，是中国特色社会主义高校。办好我们的高校，必须坚持以马克思主义为指导，全面贯彻党的教育方针"。办好我国高等教育，必须坚持党的领导，牢牢掌握党对高校工作的领导权，使高校成为坚持党的领导的坚强阵地。党委要保证高校正确办学方向，掌握高校思想政治工作主导权，保证高校始终成为培养社会主义事业建设者和接班人的坚强阵地。各级党委要把高校思想政治工作摆在重要位置，加强领导和指导，形成党委统一领导、各部门各方面齐抓共管的工作格局。

马克思主义学科要长久立足，就必须找到自己的社会需求。如果没有专门的社会需求而只有必修的教学要求，那它就不应该设立为一级学科而只应该是一门或几门课程，也不应该建立一个学院而只应该设立教研室或教学部。长期以来，思想政治理论课都只是学院下属的教学部，甚至只是教研室。这是因为长期以来思想政治理论教育只是完成几门课程的教学，所以根据这些课程设立几个教研室完全符合科学逻辑，把这些相关联的课程组合成一个教学部也符合科学逻辑。如果经济学只是提供经济学原理的教学，没有自己的学生，那么设立一个经济学原理教研室就足够了。但是，因为社会对经济学人才有广阔的需求，经济学专业有众多的学生，经济学人才的培养需要多方面的知识，所以，经济学就必须是一个专业的院系。学院有别于研究院和教学部，在于它不只是从事科学研究的机构，也不只是从事教学的机构，它是通过研究和教学培养专门人才的机构。它的最终目的是通过向社会输送专门人才满足社会某方面的特殊需要。

二、按照服务社会原则加强马克思主义学科建设

马克思主义是研究社会发展规律的科学，我们一定要认清知识经济时代来临的社会大趋势。未来知识将越来越不能只按自身的逻辑发展，社会需求越来越成为知识发展的动力。而且社会需求呈现出专业化和综合化两种趋势齐头并进，社会问题呈现出需要综合性的专业化解决的要求。马克思主义学科要长远发展，就必须从内向转为外向、从封闭转为开放，从以学科自身的发展为指导原则转向以承担社会责任为指导原则。

哈佛政府管理学院只是适应社会发展这种要求的一个典型代表，它代表的是一种普遍趋势和必然规律。比如说商学院，它面对的是企业发展的需要。因此，在商学院，可能管理学和经济学仍然是主要的学科。但是，今天社会要求企业承担更多的社会责任，比如爱护职工、公平竞争、建设社区、服务国家，因此心理学或组织行为学、伦理学、社会学、法学等学科也成为必不可少的学科，心理学、哲学、法学这些学科的教师也是商学院的重要成员。正如邓小平说的，经济是最大的政治，今天政府管理学院如果不能提供经济发展和就业方面的知识教育，它就已经没有存在的必要了。同样的，新闻已经成为美国人说的"第四权力"，医疗和社会保障则成为世界各国政府工作的重点议题，经济学、传播学、社会学都成为政府管理学院的重要学科，这些学科的教师都成为学院的核心成员。哥伦比亚大学新闻与传播学院为了更好地为社会输送人才，通过和商学院、法学院等学院合作培养学生，否则他们根本就不可能培养一流的财经、时政方面的专栏作家。

马克思主义是我们党和国家建设的指导思想，马克思主义学科的发展应该有极其广阔的社会需求。马克思主义学院应该为全社会培养有关党的领导和国家建设的思想理论人才，社会主义国家的马克思主义思想政治工作这至少应该像资本主义国家的神职人员一样遍布社会每个角落，它们应该用传道士一样的神圣使命感和坚定意志感染人，应该向美国的牧师一能够帮助国家解决众多的社会基层的问题。我们一定要认识到思想政治教育不可能一劳永逸，仅仅在大学接受了相关教育是远远不够的，只满足于改进大学思想政治课的教学是马克思主义学院的失职。比起美国人普遍频繁地去教堂坚定新教伦理和资本主义精神，我们的思想政治教育和社会主义精神教育极其苍白无力。而且，社会上大多数从事思想政治工作的人员基本上还都没有接受过专业教育，它们对这项工作也是羞羞答答应付了事，甚至领导干部也觉得这是"务虚"工作，言下之意是"无需"的工作，走走过场应付一下就行了。如果我们对照一下资本主义国家的神职人员和经济、政治、文化精英对新教伦理和资本主义精神的热情，我们就不能不为社会主义精神担忧。事实上，在资本主义国家为了重振雄风而重新呼唤新教伦理的时候，我们根本还不知道社会主义精神是什么，我们国家很多人的思想因为多种思潮的冲击而一片混乱，我们的人民因为精神迷茫而受法论功邪教组织的误导和伤害。马克思主义学院有实现人类自由发展的神圣的历史使命，更有实现探索国家复兴、社会和谐、人民幸福安康的紧迫的社会责任。只有马克思主义学院才是综合全面地培养优秀的社会主义思想理论人才的地方，这是马克思主义研究院、党校和社会主义学院都代替不了的，马克思主义学院的建设必须看得更远，必须定位更高。

马克思主义理论学科培养应该是从事马克思主义理论研究、宣传和运用的专门人才，也就是思想政治工作的专门人才。就像企业营销面对的只是潜在的市场，真正的市场需要靠企业来开发。马克思主义学院的社会需求也只是潜在的，需要自己开拓途径满足社会需求。也像企业没有市场就必然灭亡一样，马克思主义学院如果不能在社会上寻找到自己发展的肥沃土壤也必然难以发展。应该说，任何社会机构如果不能承担社会责任，它就没有存在的理由。就像商学院面对企业管理者、法学院面对律师、政府学院面对政府管理、新闻与传播学院面对记者，马克思主义学院

也必须找到自己的服务对象。毫无疑问，大学里的思想政治工作者，包括党组织及其下属机构的工作人员、思想政治理论课的教师、学生辅导员、团组织的工作人员、工会组织的工作人员，都是很好的服务对象。但是，如果马克思主义的服务对象仅仅限于大学，甚至仅仅限于大学生思想政治理论课的改进和思想政治理论课教师的培养，马克思主义学院必然被社会认为是大学校园里令人难以理解的怪物。

三、把马克思主义学院建设成为培养政工师的摇篮

马克思主义学院必须发掘社会需求，向社会输送马克思主义理论和思想政治工作的专门人才，才能使学校和社会的思想政治工作具有连贯性，才能使整个社会形成一种社会主义的伦理道德和精神风范。党务工作应该是马克思主义学院提供服务的主要对象，党的领导干部可以在党校得到培训，普通党务工作者可以从马克思主义学院获得需要的理论知识。各级团组织的工作人员，他们日常最重要的工作内容也是和党的理论宣传有关，因此也是马克思主义学院服务的重要对象。自从改革开放以来，企业职工的思想政治工作就被忽视了，尤其是随着非国有经济蓬勃发展，这种忽视也就越来越明显了。工人阶级是马克思主义政党的阶级基础，马克思主义学院必须为企业的工会组织提供知识培训和管理人才。而且，对工会组织的知识服务，必须和企业文化和社会责任的宣传结合起来，着眼于构建社会主义和谐职工和企业关系。另外，还有社区或社会工作者，他们是最基层的工作人员，马克思主义理论的宣传必须借助他们传播到分散和流动的群众。工会工作和社区工作是最基本的，如果马克思主义学院不承担起这方面的社会责任，马克思主义学院所可能培养出来的最优秀人才也就是王明那样的教条主义者。

马克思主义学院提供的知识服务没有必要从本科开始，单纯的马克思主义理论教育很容易使人脱离实践。它应该像法律硕士、工商管理硕士、工程硕士、教育硕士一样，本科接受的是其他学科的教育，硕士课程是职业教育。当然，还有专门为从事马克思主义理论研究做准备的博士研究生教育。目前的情况是，大学校园里的党务工作者、团务工作者、学生辅导员和工会组织工作人员，绝大多数都没有接受过马克思主义理论教育，都是依靠大学时代的思想政治教育在实践工作中摸索。在大学校园以外，党务工作者、团务工作者和工会工作者、社区工作者，他们的工作都有很大一部分内容就是马克思主义理论宣传和思想政治工作，但是他们在这方面的教育和培训甚至更少。我们必须认识到马克思主义理论研究、宣传和思想政治工作也是具有很强专业性的工作，它不像管理工作一样，你可以自己办企业按自己的想法干，它必须贯彻党的理论、路线、方针、政策，所以必须像法律工作、医务工作一样使之职业化。甚至可以设想像司法考试一样组织从业资格考试，恢复"政工师"之类的称号。未来从事党务、团务、学生辅导员、工会、社区等宣传和思想政治工作的从业人员，都必须具有"政工师"资格。

马克思主义学院建设的最初目标是加强大学生思想理论课教学，但是，要达到这个目标恰恰需要加强理论研究和联系实践。拓宽马克思主义的学科领域和服务对象，就是加强理论研究和联系实践的基本途径。在学科领域和服务对象拓宽以后，马克思主义学院的规模会变得更大。事实上，相对于马克思主义作为党和国家指导思想的重要性，特别是相对于它所应当承担的重大的社会责任，马克思主义学院的规模理当更大。它至少应当和法学院、商学院、政府管理学院一样大，具有自己独立的学院大楼、图书资料和其他设备，拥有众多的教师和学生。如果马克思主义学院有200名学业专攻的教师，他们分成多个教学团队，每人各自承担一次马克思主义哲学、政治经济学、历史、社会学等自己所学专业的教学，大学生思想政治理论课还会上不好吗？到那时，只有最优秀的教师才能给大学生上公共课，大多数教师的大多数时间应该从事马克思主义理论研究工作。为党的思想理论创新服务，这是指引社会主义前进道路的战略性工作，理当投入最多的人

力，教学工作应该是成果展示。当然，脱离实践永远不会有理论创新，思想政治理论课和思想政治工作是理论联系实践的直接途径。老师们的理论成果应该通过教学掌握学生，并通过向社会输送学生掌握群众。马克思说："理论只要说服人，就能掌握群众；而理论只要彻底，就能说服人。所谓彻底，就是抓住事物的根本。"（《马克思恩格斯选集》第 2 版第 1 卷第 9 页）老师们再也不能喋喋不休地推销陈旧的教条，学生和人民群众却不闻不问。如果一个促销员因为顾客不理睬她的宣传或者一个推销员因为顾客不购买他的产品就指责顾客不识货，那岂不是很荒谬？但我们的很多思想政治理论课教师，可能就是这样的党的理论宣传员或推销员。我们不能只想着促销和推销，我们要多想想我们宣传和推销的是什么？为什么学生和群众不喜欢。我们要把更多的精力用于研究现实问题，通过实践来检验自己的理论，只有这样才能掌握学生和群众。党的理论如果能够掌握群众，党就能领导群众，马克思主义学院就完成了党需要我们承担的历史使命，也完成了一个教学机构所应承担的社会责任。

马克思主义学院是兼具学术性和政治性社会主义特色的学院，它的发展不仅要在学校党委的直接领导下，而且要和各级党委尤其是宣传部、文化和旅游部以及各级团组织和工会建立良好的关系，最好是联合培养党的理论宣传和思想政治工作的人才。虽然目前还有党校、团校等组织在承担类似的知识服务工作。但是，这些学校尤其是基层和部门性的相关学校，基本上可以说是知识海洋中的孤岛，而大学马克思主义学院却置身知识的汪洋大海。大学政府管理学院和马克思主义学院，能够更好地承担行政管理和党的理论培训工作。因此，长远来说，各级党、政府和部门的党校、行政管理干部学院和社会主义学院应该进行教学资源整合，以建立科学规范的政府管理学院和独具特色的马克思主义学院。

马克思主义学院的建设尤其应该有世界的眼光。因为中国是世界上最大的社会主义国家，可以说是社会主义的旗帜。随着中国经济的发展和国际地位的提高，一定会有很多人重新对马克思主义感兴趣。他们可能会到中国来学习马克思主义理论知识，学习中国共产党治理国家的方略。他们绝对不只对马克思主义理论感兴趣，他们一定对运用马克思主义理论解决国家发展问题更感兴趣。我们的马克思主义学院不应是研究马克思主义教条的地方，我们的马克思主义学院也不能为其他国家输送王明这样的教条主义者。我们的马克思主义学院应该拥有一流的运用马克思主义理论解决经济、政治、文化和社会等问题的学者，他们既可以和世界一流的经济学家、政治学家、哲学家和社会学家交流，也能为发展中国家的发展提供切实可行的智力支持。

总之，只有马克思主义学院确实能够培养满足社会需要的人才，只有马克思主义理论确实能掌握群众，马克思主义学院才能不断发展壮大，马克思主义政党才能巩固执政地位，马克思主义才能逐步为世界越来越多的人所接受。

参考文献

[1] 习近平. 习近平治国理政（第二卷）. 北京：外文出版社，2017：176.
[2] 习近平. 习近平治国理政（第二卷）. 北京：外文出版社，2017：415-416.
[3] 习近平. 习近平治国理政（第二卷）. 北京：外文出版社，2017：401.

习近平立德树人思想的生成逻辑、精神内核与实践进路*

陈树文　林柏成

（北京交通大学马克思主义学院，北京 100044）

摘　要： 作为习近平新时代中国特色社会主义思想的重要组成部分，习近平立德树人思想脉络清晰、内涵丰富，具有重要的理论价值与实践指导意义。深刻领会习近平的立德树人思想，必须梳理其生成逻辑，把握其精神内核，思考其实践进路。研究认为，习近平立德树人思想的生成逻辑包含理论与现实两个维度，"立什么德"与"树什么人"是其精神内核之要义所在，在实践进路上要求我们既要坚持基本原则，也要明确关键举措，全面推动习近平立德树人思想的贯彻落实。

关键词： 习近平　立德树人　思想　生成逻辑　精神内核　实践进路

党的十八大以来，以习近平同志为核心的党中央把发展教育与人才培养工作摆在突出位置，特别是在全国高校思想政治工作会议上，总书记从新的时代特点出发，站在民族复兴的战略高度，围绕着做好立德树人工作提出的一系列极富创见的新理念、新思考与新论断，深刻回答了高校"培养什么样的人、如何培养人及为谁培养人"这个根本性问题。在十九大报告中，他还强调："要全面贯彻党的教育方针，落实立德树人根本任务，发展素质教育，推进教育公平，培养德智体美全面发展的社会主义建设者和接班人。"[1]习近平的一系列重要论述，形成了富有新时代特征的立德树人思想，为我国教育事业的改革发展和人才培养工作明确了遵循指针与奋斗方向。深刻领会习近平的立德树人思想，梳理其生成逻辑，把握其精神内核，思考其实践进路，是加强和改进思想政治工作的内在要求，也是坚定社会主义办学方向、有效实现人才培养目标的必然选择，这对于更好地推进新时代中国特色社会主义建设、实现"两个一百年"奋斗目标与中国梦具有重大而深远的意义。

一、习近平立德树人思想的生成逻辑

要深刻理解习近平立德树人思想，必须首先弄清习近平立德树人思想的生成逻辑。只有知其所以然，方可了解缘由、理清脉络，进而才能做到深入领悟、融会贯通，获得现实坚持的启迪与力量。探究生成逻辑，就是要搞清楚习近平立德树人思想的逻辑起点是什么，即什么样的理论与现实关切促使习近平提出立德树人思想？换言之，习近平的立德树人思想是怎么形成的？它有怎样的理论逻辑与现实逻辑。

（一）理论逻辑

习近平立德树人的思想具有与时俱进的理论质地，展现出传承与超越的恢宏气度。具体来看，我们可从马克思主义人学理论、历代中国共产党人德育思想与中国优秀传统德育文化中探寻习近平立德树人思想的理论渊源。

* 基金项目：本文系教育部人文社会科学研究专项任务项目"中国特色社会主义文化自信的内在逻辑研究"（项目号：17JD710005）与北京交通大学博士基金项目"马克思恩格斯社会发展动力理论及当代启示研究"（项目号：L17JB00040）的阶段成果。

1. 借鉴与创新了马克思主义人学理论

马克思恩格斯以唯物史观为基础，建立自己的人学思想，其人学研究的主题为"揭露人的异化和实现人的解放，探寻人的解放和发展的实现方式"[2]。探讨人的本质，关注人的生存境遇与发展实践等，是马克思主义人学一直强调的议题。实现人的自由而全面发展是马克思人学理论的最终目标与价值旨归。习近平立德树人思想，始终把"人"摆正第一位，强调思想政治教育工作要突出学生的主体性，应尊重学生需求与个性，引导学生树立正确的价值观，为实现学生全面发展创造条件。比如，他强调："提升思想政治教育的亲和力和针对性，满足学生成长发展需求和期待，是新形势下提高高校思想政治工作时效性的关键。"[3]这在一定程度上是借鉴了马克思主义关于人的需求理论的原理。又如，习近平强调青年学生要将个人的理想与国家民族的前途命运相结合，激励大家在为国家富强、民族振兴与人民幸福的奋斗中实现自我价值，这本身就是对马克思主义人的价值理论的一种继承与创新。同时，总书记还指出："高校思想政治工作要不断提高学生思想水平、政治觉悟、道德品质、文化素养，让学生成为德才兼备、全面发展的人才。"[4]这又体现了马克思主义人的全面发展理论在当代中国的应用与创新。

2. 继承与发展历代中国共产党人的德育思想

中国共产党人历来重视人才培养工作，并都把德育摆在重要地位。在不同的历史时期，我们党围绕做好德育工作这个主题，在不同的层面上提出了一系列的理念与主张，形成了比较系统的德育思想。毛泽东就曾说："青年应该把坚定正确的政治方向放在第一位。"[5]并强调德育的中心内容应是进行政治教育，尤其是要对人民进行共产主义理想教育，普及马克思主义，还提出了在教育方式上应以说服教育为主的原则。邓小平指出，"学校应该永远把坚定正确的政治方向放在第一位"[6]，还提出要加强对青年人的理想教育。江泽民的德育思想体现在"以德治国"的战略中，他认为德治与法治应是相辅相成、相互促进的关系，强调二者应充分结合，更好地推进社会主义道德建设。胡锦涛提出，"要坚持育人为本、德育为先，把立德树人作为教育的根本任务，努力培养德智体美全面发展的社会主义建设者和接班人"[7]，并结合社会转型期的时代特征，提出了要加强共同理想教育和社会主义荣辱观教育。习近平立德树人思想与历代中国共产党人的德育思想是一脉相承的，又体现出新的特征，如他指出"四为"是思想政治工作的目的，明确了立德树人是高校"立身之本"与"中心环节"，阐述了新时代的人才标准，论述了立德树人与中国优秀传统文化、社会主义核心价值观的关系，还对立德树人的方式原则做了新补充，提出了协同、全程、全员、全方位育人等这些概念。这些都是对历代中国共产党人德育思想的继承与发展，展现出新时代中国特色社会主义德育观的鲜活风采与强劲活力。

3. 汲取了我国优秀传统德育文化的思想涵养

"重教崇德"是中华民族源远流长的优良传统，西周时期古人就把教育的内容定为"六艺"，并将"礼"放在首位。孔子曰："道之以德，齐之以礼，有耻且格。"[8]孟子认为，人与禽兽之间存在的本质区别在于，人有道德原则而禽兽没有；他主张"明人伦"更应该"教之以伦"，应在后天的教育中注重良好品德的培养。荀子亦强调后天进行品德教育的重要性，指出长期的道德教育能让那些"道德品质缺乏的人"变成"好人"。在理想信念上，古代先贤们就有高尚的道德追求与家国情怀，"先天下之忧而忧，后天下之乐而乐"是一种人生志向，"立德立功立言"是一种精神追求，"为天地立心，为生民立命，为往圣继绝学，为万世开太平"则是一种事业境界。在道德规范上，中国传统文化表现为以"仁"为核心的取向；在育人方法上，如古人们因材施教、内省慎独、教学相长、知行合一等方式，都值得当代教育所借鉴。习近平立德树人思想深受中华传统文化的影响，从多方面汲取了德育文化的精华。比如，他指出青年人要有理想有担当，国家民族才有希望，又勉励青年学生"要立志报效祖国、服务人民，这是大德，养大德者方可成大业"[4]，要求在全社会弘扬社会主义核心价值观，强调"自强不息、厚德载物的思想，支撑着中华民族生生不息、薪火相传，今天依然是我们推进改革开放和社会主义现代化建设的强大精神力量。"[4]……这些都是习近平崇德的突出体现，饱含殷殷期许，利于树人成人目标的实现，这是对教育本性的理性回归与正本清源。习近平充分吸收中华传统德育文化的精髓，坚持古为今用、推陈出新的原则，赋予了立德树人思想崭新的元素内涵，实现了对传统德育文化的创造性转化与创新性发展。

（二）现实逻辑

任何一种思想不会凭空产生，必然有其生长的土壤与环境。习近平立德树人思想深情回应了人民群众对教育的新期待新要求，对当前思想政治教育工作进行了深刻反思，它深深地植根于中国特色社会主义的德育实践中，并随着时代的发展而不断丰富完善。

1. 当今世界人才竞争日趋激烈，搞好人才培养工作至关重要

当今世界正处于发展变革调整的关键时期，经济全球化、世界多极化向纵深推进，科技进步一日千里，人才在国际竞争中凸显出越来越重要的地位和作用。习近平强调："综合国力竞争说到底是人才竞争。人才资源作为经济社会发展第一资源的特征和作用更加明显，人才竞争已经成为综合国力竞争的核心。谁能培养和吸引更多优秀人才，谁就能在竞争中占据优势。"[9]人才就是兴国之本、富民之基、发展之源，人才强则民族强，人才兴则民族兴，要在激烈的综合国力竞争中立于不败之地，就不得不搞好人才培养工作。当前，全国上下正在为实现"两个一百年"奋斗目标而努力，时代赋予我们艰巨而伟大的使命，历史上任何时期都从未像今天这样接近实现中华民族伟大复兴的宏伟目标，历史上任何时期也没有像今天这样那么渴求人才。实现民族复兴，需要一代代青年持续奋斗，中国特色社会主义新时代的事业，要求我们聚天下英才而用之，并且要特别重视人才培养的方向、质量与水平。因此，解答好为谁培养人，培养什么人，如何培养人等问题，是搞好人才培养工作的前提。基于这样的时代背景与潮流趋势，习近平立德树人思想应运而生，它既对教育的根本问题做出了回答，也对人才培养进行了具体谋划，为全面提升人才素质，建设人才强国提供了纲领指南。

2. 新时代人民群众对教育提出了更高的要求

改革开放40年来，我国教育事业取得了举世瞩目的发展成就，在教育理念、教学模式、科学研究、人才培养、社会服务、文化传播等方面成绩喜人。尤其是在高等教育方面，我们基本完成了从精英化教育阶段向大众化教育阶段迈进的任务，为我国经济社会发展与人类文明进步培养和输送了大量的高质量人才。另一方面，我们应看到，进入新时代，我国教育事业的发展离人民群众的满意程度还有一定的差距。民众对教育的需求越来越强烈，对教育的期待越来越高，他们渴望接受均衡的、多样化且优质的教育，希望能遇到好的老师，盼望能减轻负担、降低接受教育的成本；此外，随着自媒体技术的发展，一些教育难点问题，其表现特征更加复杂，成因也更难全面掌控；由于国内优质教育资源缺乏，中国内地考生也纷纷往国外名校求学，出国留学的人数也在逐渐增大。要进一步提升中国教育的水平，实现教育的更高质量发展，就必须找到症结、确立思路、做好部署，习近平立德树人思想就是基于这样的呼声和期盼而产生，人民群众对教育发展的新要求新希望是其思考未来的诉求出发点。实践证明，只有坚持习近平立德树人思想，以更高站位、更广视野来谋划教育事业发展，我们才能在发展人民满意的教育上取得更大佳绩，才能使得党和国家的事业后继有人、蒸蒸日上。

3. 当前高校思想政治教育工作面临新挑战

"小麦的灌浆期"是习近平总书记对大学时期的形象比喻，他还强调，如果"这时候阳光水分跟不上，就会耽误一季的庄稼"。大学生在高校的时期是其世界观、人生观和价值观形成和发

展的关键阶段，他们在校的时间少则 3~4 年，多则有 9~10 年，这一时期周围环境与社会思潮的变化会直接影响着大学生的思想观念、行为实践。若是高校思想政治工作搞不好，那么对学生及其人生的负面影响将是巨大的。因此，高校是思想政治教育不可或缺的重要阵地，做好高校思想政治工作，给予青年学生精神上的"阳光雨露"，引导其树立正确的"三观"，对其成长成才至关重要。改革开放这 40 年来，我国高校思想政治教育工作成果丰硕，党的教育方针得到了极大的贯彻落实，在主流上，绝大部分师生的思想是积极向上的。但是随着改革开放的深入，社会发生了深刻而复杂的变化，日趋多元化的标准逐渐反映到人们的思想观念上来。由于市场经济的负面影响，大学生极其容易受到各种不良社会思潮（享乐主义、拜金主义、功利主义等）的侵蚀。理想信念不强、社会责任感弱化、道德水准有待提高、诚信缺失、实用主义倾向过于明显等问题，在部分大学生当中时有体现。尤其是随着信息技术的迅速发展，人们使用网络更加频繁（其中学生群体的参与度最高），这使得当前高校思想政治教育工作面临的挑战增多、难度加剧，这迫切要求我们正视现实与困难，积极探索有益的解决路径，迫切要求符合实际的科学理论的指导，以提升高校思想政治教育工作的境界。习近平立德树人思想是当前做好高校思想政治教育的重要指导思想，它在思考现实问题中萌发，在解决现实问题中发展，是指导当代中国教育事业与人才发展的鲜活理论，必将能对思想政治工作起到全面的促进作用。

二、习近平立德树人思想的精神内核

洞悉精神内核是研究习近平立德树人思想的中心任务。所谓"精神内核"指的是一种理论或思想的精髓和本质，突出的是最关键的内容部分。作为"立德树人"思想的两个基本维度，"立德"和"树人"之间是辩证统一的，前者是后者的前提，后者是前者的目标，二者内嵌于中国特色社会主义教育发展实践当中。在推进中国教育的过程中，我们具体要"立什么德"？究竟应"树什么人"？解答好这两个问题，我们就可以清楚地弄懂习近平立德树人思想的精神内核。

（一）中国教育具体要"立什么德"

《左传·襄公二十四年》最早对"立德"一词进行了记载："太上有立德，其次有立功，其次有立言，虽久不废，此之谓不朽。""立"谓之为"树立"，折射出古人价值观的向度，其基本导向是强调"立德"的第一位置。进入中国特色社会主义教育发展的语境，"立德"的内涵主要表现在以下三个方面。

1. 立"大德"

所谓"大德"，是站在国家民族的宏观高度而看待的"德"，具体指向"理想信念维度"，即"共产主义远大理想与中国特色社会主义共同理想"。理想信念蕴含与标识着人的价值追求，是思想的总开关，是行动的总闸门。没有理想信念作导航，人就容易迷失方向，就会缺少了行进人间的筋骨和脊梁，事业也会失去前行的精神动力。一个政党的衰落，往往也是从思想领域开始的，苏联共产党的垮台，苏联的解体，其中一个重要原因就在于党员干部在理想信念上没有把好关，其教训不可谓不深刻。中国共产党自成立以来，就把实现共产主义作为最终的奋斗目标，正是在这一远大理想的引领激励下，我们党以高度的理论自觉与强烈的历史担当，始终肩负起为人民谋幸福、为民族谋复兴的伟大使命。同时，我们党在探索改革和建设的过程中，也明确了中国特色社会主义共同理想，胜利地实现了一个又一个既定目标。"革命理想高于天，共产主义远大理想和中国特色社会主义共同理想，是中国共产党人的精神支柱和政治灵魂。"[1]远大理想与共同理想，分别指向党的最高纲领与基本纲领，二者统一于中国特色社会主义当中，历史无可辩驳地表明，这是通向民族复兴的不二选择与唯一正确路径。中国教育要立德，首先就是要立理想信念之大德，要教育广大青少年树立共产主义的理想明灯，使之理解什么是资本主义、什么是共产主义，进而能清楚人类社会发展的客观规律性，懂得社会未来的走向，明白人类最美好的制度是什么；同时要引导青少年们坚定中国特色社会主义信念，使之明白中国特色社会主义从哪里来、到哪里去，进而增强"四个自信"，矢志不渝地做中国特色社会主义共同理想的积极拥护者、忠实信仰者、坚定实践者。

2. 立"公德"

所谓"公德"，是指影响社会风气与发展的"中观"之德，它与国家民族的"宏观"之德、个人发展的"微观"之德相对应，其内涵具体指向社会主义道德，主要包括三个方面。一是要让青少年学生树立为人民服务的意识，要教育他们时刻坚持人民立场，学会以人民福祉为念来思考问题、处世干事，营造维护人民利益光荣、损害人民利益可耻的社会风尚，使青少年将此内化于心、外化于行。二是要让青少年坚持集体主义原则，形成大局观念，树立全局意识，懂得正确处理个人与集体的关系，在利益发生冲突时，知道要个人服从集体，心中要有社会与国家，这是社会主义国家的青少年特别应该注重树立的原则，也是我们区别于资本主义国家青少年的重要特征。三是要弘扬和践行社会主义核心价值观。社会主义核心价值观是时代先进精神和中华民族传统文化的最凝练概括，是中国人民价值追求的最大公约数。青少年立"公德"，就必然要学习和弘扬社会主义核心价值观，这是当代学子进步成才的必然选择，也是培养合格公民的重要途径。习近平嘱咐青年学生要做社会主义核心价值观的弘扬者与践行者，并解释"我为什么要对青年讲讲社会主义核心价值观这个问题？是因为青年的价值取向决定了未来整个社会的价值取向，而青年又处在价值观形成和确立的时期，抓好这一时期的价值观养成十分重要"。[10]要以时不我待、只争朝夕的精气神，把握住青少年成长的关键期，将核心价值观的内容融入高校教学实践中，渗透于学生的日常生活之处，这样才能形成春风化雨、润人心田的良好氛围，进而达到立"公德"的真正成效。

3. 立"私德"

所谓"私德"，是指个人习惯、作风、品行等表现出来的德性，它是"大德"和"公德"的基点与前提。"道德之于个人、之于社会，都具有基础性意义，做人做事第一位的是崇德修身"。[11]一个人，如果不搞好个人的道德建设，就没有立足社会、成人发展的根基与底气，就不可能创造出业绩，不可能赢得社会与他人的肯定。今天我们讲的立"私德"，更多强调的是要立中华优秀传统美德。在五千年的文明发展史中，中华民族形成了丰富的道德理念，从纵向看，我们先秦时期就有以"仁义礼智信"为核心的思想美德；到了近现代，我们有自力更生、艰苦朴素、乐于助人等美好道德情操；从横向看，我们有职业美德（团结、奉献等）、家庭美德（孝顺父母、和睦相处等），也有个人道德（慎独、廉洁等）。时间在流逝，但镶嵌在中华民族传统美德中的思想精髓和道德追求是不变的，它们穿越历史长河，融进时代潮流，成为人们推崇而遵守的基本规范，对公民的价值观与行为产生着潜移默化的影响。我们要教育青少年继承中华民族的优良传统美德，使之时刻省察自身，不断增强个人修养。正如习近平总书记所谈到的那样，他要求青年学生"见善则迁，有过则改，踏踏实实修好公德、私德，学会劳动、学会勤俭，学会感恩、学会助人，学会谦让、学会宽容，学会自省、学会自律"[4]。这是习近平对青年人的嘱托与希望，也是我们立"私德"应该努力的方向与指南。

（二）中国教育究竟应"树什么人"

《管子·权修》最早对"树人"进行了记载："一年之计，莫如树谷；十年之计，莫如树木；终身之计，莫如树人。"所谓"树人"，就是培养、塑造人才。作为"立德树人"的目的，"树人"

的内容要符合当今中国特色社会主义教育发展的实际，要立足基本国情，符合教育规律。我们究竟要培养什么样的人？具体来看，主要有以下三个方面的内容。

1. 培养社会主义建设者与接班人

按照本国的政治要求来培养塑造人，是任何国家搞教育的重要原则。在 2018 年全国教育大会上，习近平强调，"我国是中国共产党领导的社会主义国家，这就决定了我们的教育必须把培养社会主义建设者和接班人作为根本任务，培养一代又一代拥护中国共产党领导和我国社会主义制度、立志为中国特色社会主义奋斗终身的有用人才。"[12]我们走的是中国特色社会主义教育发展道路，我们要培养的人，首先就应该是符合我国国情和时代特征的人才，换言之，可称是中国特色社会主义事业的建设者和接班人。培养这样的建设者和接班人，必然要突显"社会主义"的特征，这也是"中国特色"的意蕴之一。具体来说，一方面要让学生学习和理解马克思主义，形成辩证思维与科学方法，并自觉地运用马克思主义的立场、方法和观点去分析解决问题，还要结合中国具体情况，学会用马克思主义中国化理论来武装头脑、指导实践。另一方面要让学生信仰共产主义远大理想和中国特色社会主义共同理想，这也与"立大德"相呼应。只有青年学生都坚定理想信念，拥护党的领导、党的纲领、党的理念，拥护社会主义制度，在思想、政治与行动上与以习近平同志为核心的党中央保持高度一致，才能更好地成为社会主义的劳动者与建设者，承担起应有的义务和责任，这样"大德"才能落到实处，真正实现"树人"的国家目的。

2. 培养具有世界视野与中国情怀的时代新人

在国际竞争日益激烈的大格局下，机遇与挑战并存，各国发展面临的风险增多，特别需要具有世界视野的人才。世界视野是一种能跨越地域与国界认识问题的思维，要求学生具有开放包容的胸怀，要学会站在全球发展的视域去观察思考问题，把握时局发展大势。具体说就是要教育学生学会用动态的眼光看待世界，密切关注当今世界的大变革；要学会用整体的眼光看待世界，从纵向来说，既要看到世界发展的过去，也要看到现在，更要关注未来；从横向来说，要看到不同区域之间的发展差距；要善于把握历史规律，善于透过世界历史现象看到事件的本质；还要教育学生正确对待人类文明的一切成果，正确对待中西方文化与制度差异。唯其如此，青年学生才能更好地审时度势、站稳脚跟，更好地应对世界形势的变化。同时在新时代，我们还应培育具有"中国情怀"的人才，一是要培养学生的爱国情怀，增强大家作为中国人的民族自尊心与自豪感，让大家学会关心祖国的荣辱兴衰，将个人对祖国的感情融入国家改革发展的洪流中；二是要让学生熟知中国历史，尤其是近现代史，使之增强历史责任感，自觉地抵制历史虚无主义思潮的腐蚀；三是要让学生了解中华优秀传统文化，增强文化自觉和文化自信。没有世界视野，人才培养就没有高度和宽度；没有中国情怀，人才塑造就缺少了温度与地气。只有把二者结合起来，我们的人才方可更好地要肩负起建设祖国与为世界做贡献的使命责任。

3. 培养知识能力过硬并能为社会造福的有用之人

我们培养的人，除了要求政治素质与思想素质良好之外，还必须是知识技能过硬的，且能为社会造福的。在谈到青年学生学习的问题上，习近平强调要兼顾几个方面，既"扎实打牢基础知识"又"及时更新知识"，既"刻苦钻研理论"又"积极掌握技能"，既"勤学书本知识"又"多学课外知识"，还需"勤于思考，多想多问，培养创造精神"。实际上，塑造知识技能过硬的人才，具体是要培养人才三个方面的能力，首先，是良好的学习能力，这是人生存发展的基础能力。要引导学生学好专业知识，打牢知识基础，既要在书本中学，也要在实践中学，既要自动自主学，也要善于向他人学；要激发学习兴趣，养成有规律的学习习惯，探索科学的学习方法，形成合理的学习模式；还要注重学习的效果，注重总结思考，举一反三，构建良好的知识结构体系。其次，是要有良好的抗压能力，总书记指出："青年时期多经历一点摔打、挫折、考验，有利于走好一生的路。要历练宠辱不惊的心理素质，坚定百折不挠的进取意志，保持乐观向上的精神状态，变挫折为动力，用从挫折中吸取的教训启迪人生，使人生获得升华和超越。"[4]只有这样，青少年学生才能更好地适应环境，才能以良好的风貌走好事业和人生的道路。再次，是要具备创新能力，创新既是民族进步的灵魂，也是人才持续发展的动力。要培养学生的问题意识和质疑思维，为学生创新能力的提升提供良好的平台和条件。培养人才，不仅要注重质量，还要注重效果。衡量教育出来的人有没有用，很重要的一点就是要看他是否为社会做出贡献。受教育者只有不断突破自我并很好地反哺社会，才能实现个人价值与社会价值的统一。应引导人才积极为社会造福，为国家民族的利益而奋斗，并健全激励机制与保障机制，促进全社会人尽其才、各得其所生动局面的形成与发展，这是树人工作的重要任务与落脚点。

三、习近平立德树人思想的实践进路

思考习近平立德树人思想的实践进路，就是要在明确教育"为谁培养人"与"怎么样培养人"的基础上，进一步理清思路，谋划举措，在现实中推动习近平立德树人思想的贯彻落实。这需要我们既要坚持党的领导和马克思主义的指导地位，坚持全员、全过程、全方位育人，也需要在提升师德师风、探索创新教育方式手段与营造良好育人氛围上做出努力。

（一）基本原则

所谓"基本原则"，就是管方向、管长远、管根本的东西，在推进中国特色社会主义教育事业的发展过程中，要做好立德树人工作，就要牢牢把握好三大基本原则。

1. 坚持和加强党的领导，确保社会主义办学沿着正确方向前行

中国共产党是我国各项事业的领导核心，立德树人的工作是教育方面的重要工作，这是习近平总书记亲自谋划、亲自部署的重大战略，是以习近平同志为核心的党中央高度重视、高效落实的重要事业。总书记指出："我国高等教育肩负着培养德智体美全面发展的社会主义事业建设者和接班人的重大任务，必须坚持正确政治方向。"[13]要保证立德树人工作不偏离正确的轨道，要保证人才培养目标的顺利实现，就必须坚持和加强党对教育事业的领导。无论社会发展到什么程度，不管形势发生了怎样的变化，坚持党的领导这一条绝不能丢。这是经过实践和历史检验的真理。纵观我国大学一路走来的历史，我们深刻地认识到，只有深深扎根于中国大地办教育，将党的领导贯穿始终，切实做好"四个服务"，才能使高校发展与国家发展同频共振，中国特色社会主义大学发展之路才能越走越宽、越走越好。在当前新的历史方位下，我们就是要旗帜鲜明、坚定不移地突出党对高校工作的领导，紧紧把牢高校党委办学治校的主体责任，应增强工作主动性、前瞻性与实效性，既要创新体制机制，搞好基层党组织的各方面建设，坚持立德树人工作到哪里、党支部的战斗堡垒作用就发挥到哪里；也要加强党员队伍管理，严格把关，按规定按程序做好发展师生党员的工作。还要在党的领导下将以人民为中心的发展理念贯彻到推进高校的改革发展中去，把"两个一百年"奋斗目标与实现中国梦的愿景融入教学育人过程中。只有这样，才能突显中国特色社会主义高校的"鲜亮旗帜"，才能保证社会主义办学沿着正确方向阔步向前。

2. 坚持马克思主义的指导，牢牢把握好高校意识形态领域工作的领导权、主动权和话语权

马克思主义是科学的世界观和方法论，是认识世界和改造世界的伟大思想武器，是指导我们党和国家不断从胜利走向胜利的理论法宝，也是做好立德树人工作、把牢高校意识形态领域指导地位的根本指导思想。我们必须清醒地认识到，在推进改革开放和社会主义建设过程中，我们取得了举世瞩目的成就，但是唱衰中国共产党、否定社会主义制度等声音依然存在，意识形态领域的渗透行径不仅没有消停，反而不时还有愈演愈烈的态势。作为立德树人的重要场所和意识形态

的前沿阵地，高校既是思想的汇聚地，也特别容易成为各类思潮的策源地，高校意识形态工作在新形势下面临一系列新情况新问题，这足以引起我们的高度重视。因此，坚持马克思主义的指导，把牢高校意识形态领域工作的领导权、主动权与话语权，就显得尤为重要。习近平强调，"办好我们的高校，必须坚持以马克思主义为指导，全面贯彻党的教育方针。要坚持不懈传播马克思主义科学理论，抓好马克思主义理论教育，为学生一生成长奠定科学的思想基础。"[13]具体来看，一是要对全校师生加强政治理论教育，使之深入学习马克思主义、毛泽东思想与中国特色社会主义理论体系，特别是要用习近平新时代中国特色社会主义思想武装头脑，提高抵制错误思潮的辨识力；二是要加强党史国史教育，通过生动的史实与案例，增强大学生的中国特色社会主义认同感和自信心；三是要加强形势政策教育，将思想政治教育工作与大学生的所见所闻结合起来，为之正确客观地解答社会难点热点问题，回应学生关切；三是要加强理论研究与创新，在资金、资源和政策上提供条件，促进马克思主义理论学科建设上台阶；四是要及时准确地把握师生思想动态，发挥好传统载体与新媒体的功能，提升舆论引导的研判能力与话语水平，有效传播主旋律与正能量。

3. 把思想政治教育工作贯穿教育教学各领域全过程诸方面，构建全员、全程、全方位育人大格局

总的来说，就是要把握规律性与整体性，强化主体、细化过程、优化资源，构建立德树人的科学体系和长效机制。关于全员育人，就是要构建齐抓共管的组织体系，校党委要发挥总揽全局、组织协调的作用，学校各部门、各学院、各机构要围绕发展实际，制定科学合理的发展规划与思想政治教育方案，明确职责，细化分工，所有干部职工、教师专家、管理人员、服务人员等都自觉承担起相应义务，形成管理育人、教育育人与服务育人的强大合力。关于全过程育人，就是要结合青年学生成长的特点，针对其不同的时期阶段，分别制定采取有针对性的措施，从其入学到上课、到学业过程管理、到考试考核、到实践实习，再到就业服务，采取全程跟踪、全程对接各个环节，全程推进思想政治教育。关于全方位育人，要将思想政治工作贯穿于学校的行政管理、教学科研、生活服务等方面，如既要充分发挥思想政治理论课的主渠道作用，也要深挖其他各类课程的思想政治教育元素，优化资源配置，探索形成跨学科跨专业跨领域的思想政治教育网络；积极鼓励支持引导大学生参加社会实践，组织一批主题鲜明、内涵丰富的社会实践精品活动，建设一批社会实践基地，探索形成保障体系，增强社会实践活动实施的常态化与长效性；善于发挥党团组织优势，加强各级学生社团建设，引导其开展各项活动，丰富校园文化生活，提升学生群体自我教育、管理、约束、服务的能力；同时还要不断完善贫困家庭学生资助体系，进一步抓好大学生的心理健康教育，当然还要构建学校、家庭、社会"三位一体"的育人模式，使得育人实践不留死角、不留空白……只有各方协同联动，各环节连贯有序、各领域精准覆盖，我们才能形成全员、全过程、全方位育人的格局，切实保障立德树人工作获得发展、取得成效。

（二）关键举措

面对新形势新任务，要提高立德树人工作的质量和水平，我们还应从以下几个方面进行努力。这几个方面缺一不可，每一方面都会对育人实践过程与效果产生极大影响。

1. 加强师德师风建设，提升教师队伍思想政治素质

作为人类灵魂的工程师，教师在立德树人实践中的地位特别重要，其专业素养、道德风范与价值理念，能对学生产生直接或间接的影响。邓小平同志就曾指出："一个学校能不能为社会主义建设培养合格的人才，培养德智体全面发展、有社会主义觉悟的有文化的劳动者，关键在教

师。"[6]教师的工作就是要教书育人，既要教授学生知识，也要塑造学生灵魂。良好的师德师风，既是教师安身立命之本，也是其立德树人之基。教师要先"立己德，树本人"，方可真正做到立德树人。习近平总书记对"好老师"提出了四条标准：要有理想信念、要有道德情操、要有扎实学识、要有仁爱之心。同时还指出："要加强师德师风建设，坚持教书和育人相统一，坚持言传和身教相统一，坚持潜心问道和关注社会相统一，坚持学术自由和学术规范相统一，引导广大教师以德立身、以德立学、以德施教。"[13]为此，必须积极响应总书记号召，加强师德师风建设，具体来看，一是教师们要紧跟时代步伐，自觉加强自身理论学习，树立正确的世界观、人生观与价值观，不断提升自身的思想政治素质，自觉地抵制腐朽落后思想的侵蚀，对于不正当的错误言论要敢于站稳立场、敢于划清界限、敢于理智斗争；二是学校应探索建立多元化师德师风考核制度，健全完善评价体系，如可把思想政治表现作为明显指标，纳入教师考评、资格认定、薪酬调整与职称晋升等范围，强化教师的师德师风约束激励举措；三是要以骨干教师和职工党员为旗帜，选拔树立优秀典型，在全校范围内形成榜样示范效应，使之更好地带动其他教师进步，进而促进整体教师思想政治素质的提升；四是要尽量解决教师们的后顾之忧，着力解决与教师利益最相关最直接的现实问题，形成良好保障机制，更好调动教师群体的积极性，使之能更好地投身到教学科研当中去，为推动立德树人的发展奠定队伍基础。

2. 以学生需求为导向，探索创新思政教育的方式手段

了解青年学生是开展立德树人工作的首要前提，不搞清楚对象与发力点，不从学生的实际出发，我们的工作就会盲目而缺乏针对性，其效果也难以保证。习近平总书记要求，要想做到感染青年，高校思想政治工作就必须要运用青年喜爱并接受的话语和活动方式。只有让学生真正认可和接受，那么我们推出的教学与活动才有可能是有效的，学生也才更容易从活动中感知了解其背后的价值观。因此，要搞好立德树人工作，必须要立足学生群体，以其需求为导向，在创新思想政治教育的方式方法上花大力气、下足功夫。具体来看，一是要瞄准青年学生这个对象，探索掌握与学生沟通的艺术，深入其思想、生活、情感等实际，从其切身感受入手，体察了解其需求，倾听其意见建议，围绕其关心的热点话题进行教育引导；二是要创新教学模式，应善用学生喜闻乐见的语言与鲜活形象的事例来讲述理论和原理，将"复杂枯燥"变为"生动易记"，还可运用多种方法来活跃思想政治主课堂的气氛，提升课堂的吸引力与实效性，可结合讲授专题，或以问题式教学增加课堂讨论环节，或以组为单位举行竞赛辩论活动，或播放纪录片或其他影像作品，或穿插安排适当的游戏表演……只有这样，学生才能从被动变为为主动，才能真正成为思政课的主人。三是要充分重视网络资源和多媒体信息技术手段的运用。习近平总书记强调要将信息技术充分运用、高度融合于思想政治工作传统优势中，使思想政治工作联网上线，增强时代感和吸引力。一方面，教师们要熟知和掌握新媒体技术及其运用规律，将它很好地融入思政教学课堂中，让主课堂变得更加可知可感而充满生机活力；另一方面，可优化高校资源配置，探索建设优质网络课程资源库，在网络上开设课堂，打造线上学习的多样化一体式平台，供师生在线上交流沟通、解惑答疑，这会让教师们更易掌握学生的心理与学习特点，使学生充分享受到更丰富更及时的教学成果，对搞好立德树人工作也会起到良好的促进作用。

3. 要搞好校园文化建设，营造育人的良好环境氛围

习近平同志强调，要"注重文化浸润、感染、熏陶，既要重视显性教育，也要重视潜移默化的隐形教育"。[14]推进立德树人工作，不能缺少校园文化这一隐性教育资源。要充分发挥以文化人的育德功能，以校园文化为引领，以校园活动为载体，推动立德树人工作在良好环境氛围中取得进展。要重视校史校风校训的重要作用，校史、校风、校训"是规范、引导、塑造师生员工精神活动和治校育人的有效手段"[15]。高校应充分挖掘自身的校史资源，明确校园标志

建筑、人文景观雕塑等的内涵，高标准高要求建设校史文化馆，将校史图像资料与互联网技术紧密结合，并适当开发虚拟校史馆，使线上线下宣传无缝对接，实体与虚拟相互作用，有效增强校史文化对学生的吸引力；还要积极开发学生喜闻乐见的校史文化产品（如文具用品、纪念品、舞蹈、话剧、歌曲、电影等），将学校的文化基因血脉很好地融入学生的精神世界中。习近平就说过，高校的校风和学风，就犹如阳光和空气决定万物生长一样。学校要加强对大学精神的塑造与宣传，强化校风校训的德育功能，注重对校园治学文化的表现力和固化力，使校园文化在陶冶熏陶学生爱校爱国情怀的过程中，更好地发挥潜移默化引导学生正确价值取向的隐性功能。同时，学校可举办各类丰富多彩、格调高雅的校园文化活动，打造一系列文化活动品牌，既要创新艺术表现形式，又要深化活动内涵，提升活动艺术品位，将传统文化赋予时代新光彩，将中国故事给予校园新阐述，让中华文化的魅力光彩在校园的每一个角落都纵情绽放，使广大学生在感同身受中更好地领悟中国精神、增强文化自信。只有这样，真善美的正能量才能在校园中汇聚，以德为中心的同心圆效应才能在校园中得以最大限度地发挥，我们才能真正营造校园立德树人的良好氛围，真正提升育人质量与效果。

参考文献

[1] 习近平. 决胜全面建成小康社会夺取新时代中国特色社会主义伟大胜利：在中国共产党第十九次全国代表大会上的报告 [EB/OL]. [2017-10-27]. http://politics.gmw.cn/2017-10/27/content_26628091.htm.

[2] 韩庆祥. 马克思人学思想研究 [M]. 郑州：河南人民出版社，1996.

[3] 习近平. 习近平首次点评"95后"大学生 [N]. 人民日报，2017-01-03（2）.

[4] 习近平. 习近平谈治国理政：第2卷 [M]. 北京：外文出版社，2017：377.

[5] 中国共产主义青年团中央团校. 革命领袖论青年和青年工作 [M]. 北京：中国青年出版社，1984.

[6] 邓小平. 邓小平文选：第2卷 [M]. 北京：人民出版社，1994.

[7] 中共中央文献研究室. 十六大以来重要文献选编（下）[M]. 北京：中央文献出版社，2019.

[8] 孔丘. 四书五经 [M]. 北京：北京出版社，2006.

[9] 习近平. 在欧美同学会成立100周年庆祝大会上的讲话 [N]. 人民日报，2013-10-22（2）.

[10] 习近平. 青年要自觉践行社会主义核心价值观：在北京大学师生座谈会上的讲话[EB/OL]. [2014-05-05]. http://www.xinhuanet.com/politics/2014-05/05/c_1110528066_2.htm.

[11] 中共中央文献研究室. 十八大以来重要文献选编（中）[M]. 北京：中央文献出版社，2016.

[12] 人民日报评论员. 全力培养社会主义建设者和接班人：论学习贯彻习近平总书记全国教育大会重要讲话 [N]. 人民日报，2018-09-15（04）.

[13] 习近平. 把思想政治工作贯穿教育教学全过程开创我国高等教育事业发展新局面 [N]. 人民日报，2016-12-09（1）.

[14] 袁新文，董洪亮，赵婀娜，等. 中国教育，把答卷写在人民的心上：党的十八大以来我国教育事业改革发展成就综述 [N]. 人民日报，2017-09-09（06）.

[15] 靳诺. 高校思想政治工作根本任务的科学概括 [J]. 思想理论教育导刊，2017（1）：11.

研究生思想政治教育工作的优化与改进

孙向齐

（北京交通大学法学院，北京 100044）

摘　要：当前的研究生思想政治教育工作存在着目标措施不具体、内容针对性不强、教育手段单一、教育机制不完善等问题。因此，应当针对研究生群体的特殊需要，细化教育目标，强化思想政治教育工作内容的层次性，并充分利用现代化手段丰富教育形式，建立定位清晰、有主有次、统一协调的研究生思想教育工作机制。

关键词：研究生　思想政治教育　教育工作机制

研究生思想政治教育是高等教育人才培养的一个重要组成部分。研究生群体和其他教育对象相比，具有一定的特殊性。一方面，他们的身心发育已达峰值，精力充沛，活力四射，性格与思想趋于稳定，其外部表现已接近于成年人。另一方面，他们即将踏入社会，需要同时面对学习、就业、情感等多方面问题带来的困扰，其思想与行为会表现出较大的不确定性。现行研究生思想教育工作在目标与定位方面存在偏差，教育内容和机制方面也存在不足，为此，本文从研究生思想政治教育工作存在的问题和特殊性入手，着重从实施目标、教育手段和工作机制等方面提出优化与改进研究生思想政治教育工作的具体建议。

一、当前高校研究生思想政治教育工作的实践操作案例及现状分析

为深入贯彻党的十六大精神，中共中央、国务院于 2004 年 10 月 14 日发布了《关于进一步加强和改进大学生思想政治教育的意见》。此后，大学生思想政治教育工作被纳入《国家中长期教育改革和发展规划纲要（2010—2020 年）》，成为国家中长期教育改革与发展的一项重要内容。2010 年 11 月 17 日，教育部发布了《教育部关于进一步加强和改进研究生思想政治教育的若干意见》，研究生群体的政治思想教育工作被提升到了一个新的高度。为贯彻执行教育部的规定，高等院校在开展研究生思想政治教育工作方面做了大量有益的尝试。比如，武汉大学研究生政工干部编撰并出版了《研究生思想政治教育理论与实践》一书，内容包括研究生党建、研究生培养机制改革、研究生学术道德与学术规范建设、创新素质提升与学术科技活动开展、择业观与创业观研究、网络思想政治教育模式的构建、心理健康教育与危机干预工作、工程硕士思想行为特点等方面的调查报告、研究成果，展现了丰富的、探索式的研究生思想政治教育第一手资料[1]。此外，武汉大学还制定了《关于进一步加强和改进研究生思想政治教育的实施意见》对研究生思想政治教育工作提出了具体要求，其主要做法包括：发掘课程教学资源、强化导师育人职责、拓展育人途径、加强研究生党团组织建设和工作队伍建设、加强组织领导和经费、科研保障等。中南财经政法大学定期发布《研究生思想政治教育工作简报》，以简报的形式对研究生思想政治教育工作的工作动态、工作经验、理论探讨等信息进行综合性交流与发布，使研究生思想政治教育工作有了稳定的载体与平台。在实施措施方面，西安交通大学研究生院出台了《关于加强研究生指导教师思想政治教育首要责任的实施办法（试行）》，明确了研究生导师在思想政治教育工作方面的主

要职责、工作要求和保障措施。湘潭大学推进研究生思想政治教育的工作创新，形成了"一个理念、两个基地、三个平台、六项制度"的研究生思想政治教育新模式，并取得良好的效果。其"一个理念"，是指"以学生为本，让学生受益"的理念；"两个基地"是依托该校的哲学社会科学领域的重点研究基地和研究生思政教育创新实践基地；"三个平台"，是指学术科研平台、校园文化平台、就业服务平台；"六项制度"，是指该校建立的研究生思政工作例会制度、激励制度、宿舍走访与服务制度、家庭困难研究生认定与资助制度、心理危机咨询与干预制度和突发事件报告与处理制度[2]。这些探索和尝试均取得了良好的社会效果，对其他科研院校也具有较强的参考和借鉴意义。

二、当前研究生思想政治教育工作存在的几个问题

虽然当前研究生思想政治教育工作取得了一定成绩，但存在的问题仍然较多，本文主要从教育目标、内容、实施手段和实现机制等几个方面进行分析。

（一）研究生思想政治教育工作的目标不够具体

按照中共中央、国务院 2004 年《关于进一步加强和改进大学生思想政治教育的意见》和教育部《教育部关于进一步加强和改进研究生思想政治教育的若干意见》的规定，研究生思想政治教育工作目标是对学生进行道德教育和素质教育，帮助其树立正确的世界观、人生观和价值观，弘扬和培育民族精神。这一目标无疑是正确的，但在实际操作过程中，政治思想教育工作经常被过度理论化、抽象化，将思想政治教育工作目标变成了假、大、空的说教和政治口号，而实现思想政治教育工作目标的措施也经常流于形式。思想政治教育是塑造思想和灵魂的工作，而人的思想和灵魂是无法以某种形式真实再现出来的。因此，制定和落实思想政治教育工作的目标最终都需要有一套具体的行动计划或行为规范，通过行动与行为来判断思想政治工作的效果。要充分利用年轻人追求真、善、美的天性，将政治思想教育工作与个人自我修养和专业培养目标结合起来，将抽象的思想政治教育目标细化为具体的行动目标，将自然科学领域客观、严谨的作风引入到思想政治教育工作目标的制定与实施中，提高思想政治教育工作的实际效果。

（二）思想政治教育工作的内容缺乏层次性和针对性

目前研究生思想政治教育工作的深度、广度在很大程度上与本科生的教育内容接近，内容缺乏系统性和层次性，容易使学生产生轻视与厌倦心理。研究生阶段的学生已经具备了相当的知识储备与分辨能力，客观上需要更加深刻、更加丰富的思想教育内容。思想政治教育内容的同质化、碎片化不仅浪费了教育资源，同时也是学生对思想政治教育工作失去兴趣的主要原因。主流教育思潮认为，取得良好教育效果的关键是教育内容与受教育人的客观需要相契合。系统的、有针对性的教育内容设计，可以激发学习者的兴趣，增加其接受教育的主动性和积极性。思想政治教育工作也是如此，必须要有适合研究生认识水平的思想政治教育素材，并在内容上能够解决研究生阶段学生的思想困惑，满足研究生的实际精神需要，在此基础上提高学生的政治觉悟。另外，我国研究生思想政治教育无论是在内容上还是形式上都普遍缺乏因材施教、因人施策的个性化教育制度，习惯于对研究生群体进行粗放式、"放羊式"管理，忽视和淡化了研究生思想政治教育的个性化特征和研究生导师在思想政治教育工作中的重要地位和角色，不符合教育规律。

（三）实施手段单一，形式化严重

传统的思想政治教育方式过分依赖课程教育和课堂教育，忽视研究生日常行为规范与社会实践教育，将思想政治教育工作变成了理论知识学习和记忆，最终使思想政治教育工作变成一种形式。事实上，无论是哲学社会科学还是思想政治理论、形势与政策课程都不能保证学生真实思想

政治水平的提高。思想政治教育工作最终要依靠综合化、体系化的措施和手段，充分利用各种技术手段，将课堂教育与生活教育、实践教育紧密地结合起来，通过思想宣传、实践体验、模范带动等多种途径，潜移默化地影响人的思想与心灵，使学生自觉自愿地接受并践行党的基本理论，自觉自愿地树立起正确的世界观、人生观和价值观。

（四）思想政治教育机制不完善

研究生思想政治教育工作是一个多主体参与、多因素影响的系统工程，既包含学校层面的领导机制，也包含研究生院、各院系工作机制，既包含指导教师对学生的指导教育，也包含学生个人的自我学习与体会和各种环境要素的影响，既有行政性的领导与管理，也有来自各级党委的指导与监督。实践中，这些主体的职能与定位经常发生重叠、空缺或错乱，各个机制之间的衔接不够顺畅，责任不够明确。这些问题不解决就很难发挥各个主体与机制的协同效力，不利于提高研究生思想政治教育工作的效率。

三、研究生思想政治教育工作面对的主要挑战

研究表明，现阶段研究生群体的主流心态是积极健康向上的。但同时，本阶段的学生并未完全摆脱生理上的"叛逆期"，空洞的说教与宣传反而会让其产生反感甚至敌对情绪。这种叛逆主要表现在对思想政治教育内容的价值抱有质疑的态度，对教育者所做的思想政治教育工作存在排斥心理或不信服、不信任的倾向[3]。对教育者的教条式说教和在思想政治教育工作中蕴含的价值观等表现出反感和厌恶的倾向，在具体的工作实践中，受教育者与教育者在接触的时候更多地表现出厌烦、拒绝、不支持、不配合的情绪，甚至故意逃避思想政治教育工作，这给研究生思想政治教育工作带来一定的难度。

其次，由于社会环境发生了变化，网络与各类媒体使学生与外界进行思想交流的机会大大增加，学生获取信息与资源的能力大为提高，高校已不再是传统意义上的"象牙塔"。接触面的扩大与信息爆炸的冲击，使学生很容易被不健康的思想诱导或污染。为"博眼球"和获取"点击率"，一些网站或自媒体平台甚至有计划、有组织地制作、传播虚假信息。错误与虚假信息的传播对学生信息识别能力提出了严峻挑战。当出现与教科书不同的观点与信息时，许多学生宁愿相信具有煽动性或刺激性的假信息，从而形成错误的认识和政治观念。这也增加了思想政治教育工作的难度[4]。

另外，中国正处于变革和转型的关键时期，拜金主义的盛行、贫富分化以及智能机器时代带来的就业竞争的加剧让研究生群体感受到了前所未有生存和就业压力。大量社会不公平现象和"富二代""官二代"的出现、贪腐行为的曝光等都会影响学生正确价值观的形成，再加上社会上负面信息的冲击和某些自媒体片面、过激言论的宣传，很容易使学生产生心理失衡和焦虑。房价和房租暴涨产生大量的"房奴"，渗透到校园中的非法网贷、校园贷、非法集资等，让许多家庭不够富裕的年轻人陷入生活危机中，甚至"戒"掉了理想，成为"佛系"青年。除此之外，大部分研究生还要面对毕业论文和社会实践等活动的压力，心理障碍或心理疾病的发生率呈逐年大幅上升的趋势[5]。

四、优化和改进研究生思想政治教育工作的几点建议

（一）通过制定行动计划和行为规范，细化思想政治教育工作目标

思想政治教育工作目标要细化为行动纲领和行为规范才具有可操作性和可评价性。在道德教育和素质教育方面，要通过学习贯彻《公民道德建设实施纲要》，广泛开展社会公德、职业道德

和家庭美德教育，积极开展道德实践活动，把道德实践活动融入研究生学习生活之中。通过修订、完善《研究生行为准则》，引导研究生从身边的事情做起，从具体的事情做起，培养良好的道德品质和文明习惯。通过加强研究生民主法制教育，增强遵纪守法观念，促进研究生思想道德素质、科学文化素质和健康素质协调发展。在爱国主义教育和培养民族精神方面，要把爱国主义教育和民族精神教育与时代精神教育结合起来，通过参加观摩、实习、扶贫等社会实践活动，引导研究生在时代和社会的发展进步中汲取营养，培养爱国情怀、改革精神和创新能力，始终保持艰苦奋斗的作风和昂扬向上的精神状态。在理想教育方面，要结合基本国情和形势政策教育，引导研究生研究探讨中国国情问题，使其能够正确认识社会发展规律，认识国家的前途命运，认识自己的社会责任，将自己所学的专业知识与社会主义建设的伟大实践结合起来，引导其树立共产主义的远大理想，确立马克思主义的坚定信念。

（二）以人为本，提高思想政治教育内容的针对性和科学性

研究生思想政治教育的内容要坚持以人为本，从研究生生理和心理特点出发，设计针对研究生群体的思想政治教育内容体系。一方面，研究生思想政治教育素材应当在本科生教育内容的基础上，加深层次，提高前沿性、争议性问题学习和讨论的比重，以共同研究、共同探索的方式引导学生进行思考。思想教育工作者应当利用辩证思维，鼓励学生提出质疑，积极组织学生开展辩论。让学生通过深入思考、辩论自行得出结论，自觉自愿地接受社会主义核心价值观，从内心认同党的政治思想路线。要避免在思想政治教育过程中生搬硬套，牵强附会，使用空洞的理论强迫接受式教育。另一方面，思想政治教育工作的内容要紧密结合实际，特别是结合研究生最为关心的现实问题，利用生动的案例来诠释抽象的理论，避免重复刻板的教条。思想政治教育是塑造灵魂的伟大工程，需要更多高层次人才付出艰苦的劳动，依靠精致的程序设计和巧妙的鼓励引导，才能达到触及灵魂、改变思想的目的。学校要围绕立德树人的根本任务，改变思想政治教育工作中存在的形式主义和教条主义倾向，不断优化提高思想政治教育工作的科学性和合理性，不能在抽象的理论层面玩文字游戏，而是要不断加强思想政治体系优化与完善，做到理论精湛，逻辑自足，靠先进的思想感召人，靠科学的论证说服人，使思想政治教育成为研究生自我学习、自我发现、自我完善的过程。

（三）利用多种教育手段，做好课堂外思想政治教育工作

信息网络时代的来临，使人与人之间的沟通变得非常便捷与频繁，师生之间的信息传递模式也发生了很大的变化，课堂外的教育不仅是一种必要，也是一种可能。学校和学院要充分利用现代多媒体教学系统进行授课和宣传，进一步提升思想观念比较多元化的研究生对思想政治理论课的认同感和其自身的灵活性。充分利用高校各类信息服务平台、校园广播等新媒体传播方式扩大研究生思想政治教育的辐射力，运用研究生所喜闻乐见的方式进行教育，将能够在研究生群体中间引发广泛讨论并具有争议的社会热点和时事新闻作为思想政治教育的切入点，充分调动研究生的参与热情和积极性，适时对其传递正确的价值观念，引导其克服不良思想，纠正错误行为。通过技术手段将思想政治教育工作渗透到日常生活中。比如，通过设置专业人员运营校内网站，通过网络进行各种形式的思想政治教育宣传和普及；利用新媒体加强高校文化育人建设，营造健康活泼、和谐友善、乐观向上的校园文化环境，开展形式各样、丰富多彩的校园文化活动，增强新媒体环境下高校研究生思想政治教育的吸引力和感召力等。通过积极主动地利用新媒体平台与学生进行平等、轻松、友善的交流沟通，消除彼此之间的距离感与年龄代沟，使教育者真正走进研究生个体的内心世界，用心捕捉和感受他们真实的内心想法并了解其关注点和兴趣点；还可以利用 QQ、微信等即时媒体向研究生推荐高品位书籍或励志视频来提升其道德修养，教导研究生坚

定政治立场、发扬爱国主义精神，帮助研究生树立阳光自信、乐观积极、奋发向上的积极心态，培育研究生的社会道德感和历史责任感，避免他们出现过度沉迷网络虚假成功感的不良现象，进而从根本上提升研究生思想政治教育的质量，加强研究生思想政治教育的实效性[6]。

（四）建立定位清晰，有主有次，统一协调的思想教育工作机制

研究生思想政治教育工作是一个系统工程，需要发挥社会、机构、个人的协同作用，做到定位清晰，分工科学，职责明确，优化组织，综合管理。改变思想政治工作机制不协调，职责分工不明确的现状，发挥学校、院系、导师、辅导员和学生本人的合力作用，建立完善的研究生思想政治教育工作机制。

1. 学校层面对研究生思想政治教育工作的统一领导与支持

学校方面应当关注研究生群体思想政治教育及管理的科学定位与宏观指导，做好大局的把控。学校方面还要落实建立起以研究生导师和辅导员为主体的研究生思想政治教育工作队伍，明确专门的党政干部和共青团干部负责组织协调研究生思想政治教育工作，充分发挥思想政治理论课和哲学社会科学课教师在研究生思想政治教育中的相应作用。要结合实际工作需要，选聘一定数量的硕士学位以上优秀毕业生专职从事研究生辅导员工作，加强培养培训，使他们成为研究生辅导员的骨干，支持他们把研究生思想政治教育作为专业去建设、作为职业去发展、作为事业去追求，成为专门人才。要充分利用青年教师资源，作为研究生辅导员配备的重要补充。明确研究生思想政治教育的责任落实，学校党委应当授权研究生工作部门具体负责全校研究生思想政治教育工作，研究生工作部门对思想政治教育结果负责。要在大学生思想政治教育年度经费预算中安排研究生思想政治教育经费。要把研究生思想政治教育作为对高等学校办学质量和水平评估的重要指标，列入高等学校党建和研究生教育评估体系，一并检查评估[7]。

2. 明确各院、系方面对研究生思想政治工作的主体责任

各院系负责研究生思想政治教育及管理的贯彻执行，要把思想政治教育渗透到研究生培养和管理的各个环节，贯穿到研究生培养和管理的全过程，做到思想政治教育与业务培养紧密结合，努力形成全员育人、全方位育人、全过程育人的格局。分管本院研究生的思想政治教育工作和党建工作的副书记，应当统筹安排本院系研究生思想政治工作计划，具体布置各项工作的分工与实施。研究生导师和辅导员应当在书记的指导下，加强对研究生就业、学习等各方面的问题的解答指导，并对分管书记负责[8]。

3. 明确研究生导师的首要责任人地位，发挥研究生导师在指导与塑造学生思想政治工作中的主体作用

研究生导师与学生关系密切，是研究生培养的重要参与者和首要负责人，在研究生思想政治教育工作中发挥着主体性和不可替代性作用。高校研究生管理部门要结合自身实际加快相关制度建设，逐步建立导师参与下的研究生思想政治教育工作机制。不断明确导师在研究生思想政治教育工作中的任务和要求，根据思想政治教育工作相关规律探索考核机制，将考核结果纳入到导师奖惩体系。导师应该充分认识自己在研究生思想政治教育工作中的主体地位，积极主动地对研究生日常生活进行了解，时刻掌握其思想动态，加强价值观引导，转变以往单纯地关注学术指导的思想观念。导师在指导学生学习的过程中，要结合自己实际，融入真实感情，充分发挥其主体作用。

4. 充分调动和发挥研究生自我教育的积极性、主动性

研究生文化水平高、民主参与意识突出、自我管理能力较强，在思想政治素质的培养和成长成才的过程中，更应体现自身的主动性、自觉性和参与性。在研究生思想政治教育工作中要注入民主因素，发扬民主精神，不断改进研究生思想政治教育活动的设计方案和实施内容，让研究生在活动前参与思想政治教育工作的设计，结合调查而来的研究生需求进行针对性的活动设计，增加活动的多样性，增强研究生思想政治教育集体活动的组织者和社会之间的合作与互动。高等学校要充分发挥研究生团体组织和班级在教育、团结和联系研究生方面的优势，针对研究生特点，开展富于思想性、教育性的各类活动，浓厚学术氛围，丰富校园文化，为广大研究生成长成才服务。只有活动充分触动学生的思想和利益，密切结合时代背景和社会发展趋势，借鉴过去、现在以及其他活动的一些经验，才能制定出行之有效的思想政治教育实施方案。

五、结语

研究生思想政治教育及管理是一项综合性的工作，需要各部门的配合，而配合的关键是各部门职责的明确，思想的重视，通过提高思想政治教育工作的针对性，提高研究生自我教育的主动性；通过优化和提高思想政治教育体系的科学性和合理性，提高思想政治教育可接受性；通过丰富教育形式，将研究生思想政治教育工作落到实处；通过多元合力的教育管理模式进行有效探讨，优化思想政治教育的协同机制，明确职责，多管齐下，从而促进研究生思想政治教育及管理措施的贯彻落实，确保研究生群体沿着正确的行为规范和价值导向前进。

参考文献

[1] 王传中. 研究生思想政治教育理论与实践 [M]. 武汉：武汉大学出版社，2011.

[2] 周益春，张海良，谭志君. 湘潭大学积极探索研究生思想政治教育新模式 [J]. 学位与研究生教育，2011（8）：56-59.

[3] 陈法江，陈彩云，郑楚萍. 探索硕士研究生思想政治教育逆反心理及其疏导 [J]. 教育现代化，2017（7）：217-218.

[4] 肖秋霜. 研究生学习与思想状况及存在问题的实证研究 [D]. 广州：华南理工大学，2018.

[5] 于永伟. 思想政治教育视阈下研究生心理特点和变化规律研究 [J]. 决策探索，2018(5)：87-88.

[6] 吴俣. 微文化视域下研究生社会主义核心价值观培育研究 [D]. 北京：中国地质大学，2017.

[7] 陈南坤，周彬. 研究生思想政治教育队伍建设的困境及对策研究 [J]. 对策参考，2018（9）：79-82.

[8] 任丽洁. 研究生思想政治教育中导师与辅导员协同育人有效机制的探索 [J]. 教育教学论坛，2018（10）：57-58.

把握"四个关系" 推动习近平新时代中国特色社会主义思想进课堂

陈树文　施光欣

（北京交通大学马克思主义学院，北京 100044）

摘　要：习近平新时代中国特色社会主义思想是指导党和国家全部工作的强大思想武器，是夺取新时代中国特色社会主义伟大胜利的科学行动指南。学懂、弄通、践行习近平新时代中国特色社会主义思想是高校师生当前和今后一个时期首要的政治任务。积极推动习近平新时代中国特色社会主义思想进课堂工作，必须处理好整体把握和重点突破相互统一、内因和外因相互作用、直接经验和间接相互依存、理论教学和实践讨论相互结合四个关系。

关键词：习近平　新时代中国特色社会主义思想　思政课堂教学　教师　学生

在坚持和发展中国特色社会主义的接力探索中，以习近平同志为核心的党中央锐意进取、大胆创新，紧紧围绕着和平与发展的时代主题，凝聚亿万人民不断奋斗和创造，提出一系列相互关联的重要理论观点，构成了一个完整的科学思想体系——习近平新时代中国特色社会主义思想。思政课堂教学是学懂、弄通、践行习近平新时代中国特色社会主义思想的主渠道、主阵地，关系到"培养什么样的人、如何培养人以及为谁培养人"。[1]高校师生不能坐着等、站着看，必须把握方向、明确目标，做到定位清晰、重点突出、措施精准，携手推动价值引领和知识习得同频共振。在思政课堂教学中，始终存在着整体把握和重点突破相互统一、内因和外因相互作用、直接经验和间接经验相互依存、理论教学和实践讨论相互结合四个关系，这些关系的背后隐藏着思政课堂教学的内在联系。深刻认识和正确处理这些关系，既是打造高质量思政课堂教学的内在要求，更是事关学懂、弄通、践行习近平新时代中国特色社会主义思想的重大政治任务和基础战略工程。

一、整体把握和重点突破相互统一

无论是认识世界，还是改造世界，必须善于在独一无二、千头万绪的事物和物质世界的普遍联系中抓住主要矛盾和矛盾的主要方面，同时必须善于把握平衡，在事物的普遍联系和永恒发展中形成合力，不断提高研究纷繁情况、解决复杂问题的能力。在思政课堂教学中，整体把握和重点突破习近平新时代中国特色社会主义思想是首要前提。

习近平新时代中国特色社会主义思想需要深入的理论研究和系统的科学阐释，整体把握从系统论的角度突出学懂、弄通、践行这一思想。学术界对习近平新时代中国特色社会主义思想框架体系有多种表述，其中最具代表性之一的是北京交通大学韩振峰教授的简要概括，他从六个维度对这一思想的主要内容进行解读：一个主题——"坚持和发展中国特色社会主义"；二个判断——"进入新时代和形成新矛盾"；三大任务——"2020—2035—21 世纪中叶三大任务"；四个重点——"四个全面战略布局"；五条路径——"五位一体总体布局"；六大目标——"治党治国治军全面推动"。

习近平新时代中国特色社会主义思想具有鲜明的时代特色、实践特色、理论特色、民族特色，重点突破从关键问题上强调学懂、弄通、践行这一思想。中国人民大学秦宣教授提出必须重点回答九个"为什么"：为什么要提出并强调实现中华民族伟大复兴的中国梦？为什么要坚定中国特色社会主义道路自信、理论自信、制度自信和文化自信？为什么要全面建成小康社会？为什么要全面深化改革？为什么要全面依法治国？为什么要全面从严治党？为什么要树立创新、协调、绿色、开放、共享的新发展理念？为什么要协调推动"五位一体"的总体布局？为什么要走和平发展道路，构建人类命运共同体？[2]

整体把握定位一般和全面，着眼事物的普遍性、整体性，重点突破立足个别和重点，肯定事物的特殊性、重要性。两者既相互区别、相互对立，又相互联系、相互促进。没有一般和全面，工作就不可能根本改变，取得整体性转变；没有个别和重点，工作就不可能打开缺口，取得突破性进展。习近平新时代中国特色社会主义思想进课堂工作必须处理好重点突破和整体把握的关系，既不能只抓重点突破而忘记整体把握，也不能面面俱到，放弃和忽视重点突破。高校师生要强化问题意识、树立问题导向，一方面，必须整体把握习近平新时代中国特色社会主义思想这一当代中国马克思主义、21世纪马克思主义，因为这一思想坚持把马克思主义基本原理与当代中国基本国情和新的时代特征相结合，在富于创造性的中国实践中与时俱进地丰富和发展马克思主义。另一方面，必须从辩证唯物主义和历史唯物主义、中国特色社会主义政治经济学、科学社会主义三个维度重点突破习近平新时代中国特色社会主义思想，充分认识到这一思想是引领新时代、谱写新篇章、领航社会主义现代化强国建设的伟大旗帜，必须倍加珍惜、始终遵循、付诸行动。

二、内因和外因相互作用

唯物辩证法认为矛盾推动着事物从低级到高级持续发展，从简单到复杂不断变化。内因即内部矛盾，外因为外部矛盾，"外因是变化的条件，内因是变化的根据，外因通过内因而起作用。"[3]在思政课堂教学中，教学目标的实现、课堂实效的提升关键在内因，在于明确人的观念、能力和干劲，而且要发挥外因条件，就是借助和运用一定教学手段。

从微观层面考察，人的因素就是高校师生，双方具有能动性和创造性，是丰富的、多样的人，是不断发展的人。高校师生的主观能动性通过思政课堂教学表现出来，同时在思政课堂教学中得到丰富和发展。思政课堂教学是一个充满变化和诸多不确定因素的活动，能够激发和维持高校师生的认知兴趣和学习（教学）动机，引导和调节高校师生的行为强化和自我实现。习近平新时代中国特色社会主义思想进课堂工作没有现成模式可以照搬照抄，依赖于高校师生创造力最大限度地发挥。高校师生在共同理解和深入探究习近平新时代中国特色社会主义思想的过程中，视野得以开阔，交往走向深入，思考实现升华。双方能够进一步明确中国将怎么走，自己需要做什么，使自己成为中国特色社会主义伟大事业的推动者和实践者。

教学手段是高校师生进行教学活动的方法和路径，影响着教师的教学方式、学生的学习方式以及双方的思维方式。思政课堂教学要以教学大纲和中央文件为依据，以现行教材和必备材料为基础，以教师预设和学生实际为前提，着重师生交往、积极互动、共同发展。按照教学实践活动的发展历程，教学手段可分为传统教学手段和现代化教学手段。传统教学手段便于操作，能够展现教师教学魅力，训练学生抽象思维，使教学重点、难点、疑点、焦点一目了然。现代化教学手段则丰富了课堂教学的信息容量，改变了教学内容单一枯燥的呈现方式，共同刺激了高校师生多种感官，有利于教学兴趣的激发和教学效果的提高。在习近平新时代中国特色社会主义思想进课堂工作中，高校师生要坚持物为人用、以人为本的理念，结合学校实际、师生特点和课程要求，综合运用多种教学手段，构建生活化、高效化、现代化的思政课堂。

人的因素和教学手段是充分发挥人的主观能动性和合理利用一定物质条件的有机统一。教学手段依靠人来运用以发挥作用，人则利用教学手段来高效学习。既不能只顾推陈出新，标新立异，而不问高校师生使用效果以及各种教学手段结合程度；也不能思想僵化，墨守成规，忽视甚至无视教学手段的与时俱进。只有既关注人的因素，又重视教学手段，密切联系思政课堂教学的具体情境，使人力和物力有效结合，形成合理配置，才能使思政课堂教学高效、管用。高校师生必须在尊重思政课堂教学规律和人的发展规律的基础上，充分发挥教师的主导作用和学生的主体作用，合理利用传统教学手段和现代化教学手段在教授习近平新时代中国特色社会主义思想中的优势，采取多样化途径推动这一思想进课堂工作。

三、直接经验和间接经验相互依存

由于具体的主体的生命和能力是有限的，而且认识或理论本身也具有历史继承性，所以主体可以而且应该通过直接经验和间接经验的有机结合来获得认知，实现发展。在思政课堂教学中，直接经验强调感受性和具体性，间接经验突出简约性和概括性，二者不仅涉及教学内容的设计，而且涉及教学方法的选择，是教学顺利进行的必要条件。

思政课堂教学中直接经验的获得主要包括教师直接经验和学生直接经验的交互与碰撞。教师要以自身学习体验、教学经验、生活阅历为参照，增强主业主课主责意识，牢牢把握意识形态工作主动权，坚决守护新时代意识形态阵地，紧密结合建设社会主义现代化强国的具体实际，把和习近平新时代中国特色社会主义思想相关的内容科学合理地融入思政课堂教学，积极引导学生树立和践行正确的政治思想、价值观念、道德规范。与人类实践活动中直接经验的获得方式不同，思政课堂教学更加突出直接经验输入的典型化和简约化，主要通过图片展示、视频呈现、在线浏览、模拟情景等方式，让学生来感知、探究、发现习近平新时代中国特色社会主义思想的历史地位和指导意义，促进学生进行自主思考、自主学习、自主改造。

思政课堂教学本质上是间接经验的传递和输送，旨在解决已知和自知之间的矛盾，使学生快速理解和高效掌握被党的十八大以来生动实践证明了的正确理论原则和经验总结。间接经验的传递和输送以思政教材为基本载体，以教师讲授、学生体验为主要形式，注重教学内容基础性、层次性、民族性、时代性的有机统一。在新教材刚刚走入思政课堂的背景下，两卷本《习近平谈治国理政》和十九大报告等一系列重要读本是思政课堂教学的必备素材和重要参考。这些材料一方面有助于高校师生深入理解和系统把握习近平新时代中国特色社会主义思想的思想精髓和核心要义，另一方面有助于高校师生自觉关注马克思主义理论发展的最新动态，努力学习掌握这一科学的理论、人民的理论、实践的理论、不断发展的开放的理论。[4]

直接经验和间接经验在思政课堂教学中相互联系、相互作用。直接经验依赖于已经获得的间接经验，其运用已经获得的知识储备和生活体验，在已有科学理论方法指导下进行新的认知实践和学习活动。间接经验的获得需要以一定的直接经验为基础，完全脱离个体直接经验的认知实践和学习活动是不存在的。对直接经验和间接经验关系的把握以及在实践中的处理，既要防止过分偏重直接经验的积累，又要克服忽视间接经验的传授。在思政课堂教学中，直接经验和间接经验是教材运用、教师备课和目标实现的有机结合，不可偏废、缺一不可。具体而言，教材是教学目标、教学内容、教学原则、教学方法的系统化和具体化，具有科学性、逻辑性、针对性、可读性等特点。教师是思政教材的使用者和执行者，需要认真思考和专门研究选择什么为突破口，如何串联新旧知识，采取什么样的教学方法和教学步骤授课等课堂教学问题。目标是构建学生真心喜爱、终身受益的思政课，实现教材知识和学生需求的具体联系，让学生不仅学到理论知识，而且可以解决问题、指导实践。

四、理论教学和实践讨论相互结合

任何教学的顺利实施都离不开内容的科学性、逻辑的严密性和话语的专业性，也离不开形式的灵活性、操作的多样性和方法的选择性。理论教学和实践讨论相互结合既是实现高校师生良性互动的积极探索，又是激发教师教学动机和学生学习动机的有益尝试。在思政课堂教学中，理论教学和实践讨论都是常用形式，明确了高校师生在其中的地位和作用。

目前理论教学主要采取大班授课的形式，节约了教学资源，提高了教学效率，实现了师生之间和生生之间多向互动。但由于教学方法不够灵活、教学管理相对宽松、学生出勤过分随意、考核标准整齐划一等问题普遍存在，导致教师投入产出不成比例、学生人到心不到等困境，使大班授课广受诟病。大班授课的不足是多方面原因造成的，仅以师资力量为例，根据历年全国教育事业发展统计公报，普通高校生师比由 1997 年的 9.81:1[5]猛增至 2016 年的 17.07:1[6]。为了有效克服大班授课的不足，教师必须在课堂特定的动态环境中明确努力方向，关注师生情感，结合时事材料，巧设问题情境，灵活组织教学，使理论教学在不断改进中加强，将习近平新时代中国特色社会主义思想潜移默化地融入教学内容，增强思政课堂教学的吸引力、说服力和感染力。

实践讨论能够彰显学生个性，激发其主动学习、深入探究，鼓励其积极参与课程设计、资源开发、教学实施和课程评价，提升其认知水平和综合能力，促进其社会交往，实现其全面发展。实践讨论集科学性、人文性和艺术性于一身，尊重人的差异性和创造性，关注人的全面发展，为高校师生展现自我构建了广阔平台。与理论教学相比，实践讨论对教师提出了更高、更严的要求，这一模式更加注重教师对教学活动有效组织、正确引导，特别强调评价标准的制定实施清晰明确、科学合理。习近平新时代中国特色社会主义思想绝不是习近平总书记系列重要讲话的简单堆砌或十九大报告的机械复制，这就要求教师在实践讨论中话语实在、深入、接地气，准确解思想之渴，及时答实践之惑，做到既权威又易懂、既有深度又有温度，使师生双方都有获得感和成就感。

在思政课堂教学中，明确师生各自地位、发挥师生各自作用要求理论教学和实践讨论两种形式同向同行、协同发力。如果只关注理论教学，学生主动性可能不被充分调动；如果只聚焦实践讨论，教学效果也许大打折扣。理论教学和实践讨论要把统一标准和因材施教统一起来，把各自专长和集体智慧统一起来，把知识传授和自学研讨统一起来，把双向沟通和多边互动统一起来。如何用喜闻乐见的课堂形式深入系统又通俗生动地宣传习近平新时代中国特色社会主义思想，既是一项巨大的挑战，也是一件有意义的工作。理论教学和实践讨论是对教育资源紧张和小班教学需求的积极回应和努力探索，思政课堂教学也不例外。思政课堂教学是在高校师生共建、共管、共治、共享中完成的，无论是理论教学，还是实践讨论，高校师生不只是付出、奉献，其也在收获，而且是巨大的收获。

认识到问题，才会积极解决；认识到规律，才会主动适应。习近平新时代中国特色社会主义思想进课堂工作感染力和说服力的增强，思想政治教育亲和力和针对性的提升，教师职业期望和人生价值的实现，学生发展需求和成长期待的满足，都植根于思政课堂教学这一主渠道、主阵地之中。无论是关注理论阐述的讲授式教学，还是侧重总结点评的案例式教学，无论是聚焦理论提升的研讨式教学，还是着眼真实情境的现场式教学，都必须处理好整体把握和重点突破相互统一、内因和外因相互作用、直接经验和间接相互依存、理论教学和实践讨论相互结合四个关系。这四个关系既有各自具体内容和相对独立性，又相互联结、相互制约，四者统一于高校师生自觉、丰富、生动的思政课堂教学实践。在深入理解和系统把握习近平新时代中国特色社会主义思想的基础上，高校师生要自觉增强自己的历史使命感和社会责任感，坚定道路自信、理论自信、制度自信、文化自信，勇做新时代奋进者、开拓者、奉献者，让青春在实现中国梦的伟大实践中焕发出绚丽的光彩。

参考文献

[1] 习近平在全国高校思想政治工作会议上强调　把思想政治工作贯穿教育教学全过程　开创我国高等教育事业发展新局面 [N]. 人民日报，2016-12-09（1）.

[2] 秦宣. 习近平新时代中国特色社会主义思想的理论创新 [J]. 北京教育（德育），2018（1）：6-9.

[3] 毛泽东. 毛泽东选集：第一卷 [M]. 北京：人民出版社，1991.

[4] 习近平. 在纪念马克思诞辰200周年大会上的讲话 [N]. 人民日报，2018-05-05（2）.

[5] 中华人民共和国教育部. 1998 年全国教育事业发展统计公报 [EB/OL]. [1999-05-01]. http://www.moe.edu.cn/s78/A03/ ghs_left/s182/moe_633/tnull_842.html.

[6] 中华人民共和国教育部. 2017 年全国教育事业发展统计公报 [EB/OL]. [2018-07-19] .http://www.moe.edu.cn/jyb_sjzl/sjzl_ fztjgb/201807/t20180719_343508.html.

实施"三轮驱动"综合改革 提升思想政治理论课实效性

（北京交通大学马克思主义学院，北京 100044）

2018 年 10 月 8 日，教育部网站在"一线采风"栏目刊发《北京交通大学"三轮驱动"推进思想政治理论课综合改革》报道，介绍了北京交通大学以"三轮驱动"推进思想政治理论课综合改革与建设的做法和经验，在高校引起积极反响。

北京交通大学马克思主义学院，自 2012 年以来在面向研究生和本科生的思想政治理论课教育教学实践中实施"三轮驱动"即"学科带动·科研拉动·教学推动"综合改革，逐步实现了思政课教学与学科建设、科学研究的有机结合，形成了思政课教育教学"学科带动、科研拉动、教学推动"的良性运行机制，有效提升了思想政治理论课的实效性。

马克思主义学院现有教职工 55 人，其中高级职称人员共 37 人，博士生导师 9 人，硕士生导师 27 人。学院现有国家"万人计划"首批哲学社会科学领军人才、全国宣传文化系统"四个一批"人才、马克思主义理论研究与建设工程专家、国务院政府特殊津贴专家、国家社科规划基金评审专家、教育部教学指导委员会委员等高层次专家学者。

马克思主义学院设有研究生公共思想政治理论课、马克思主义基本原理、毛泽东思想与中国特色社会主义理论体系、思想品德修养与法律基础、中国近现代史等 5 个教研部（中心），设有北京市习近平新时代中国特色社会主义思想研究中心北交大研究基地、中国马克思主义与文化发展研究院、首都大学生思想政治教育研究基地等十余个研究中心和研究所。

学院现设有马克思主义理论一级学科博士点和马克思主义理论博士后流动站；设有马克思主义基本原理、马克思主义中国化、思想政治教育、马克思主义发展史等四个二级学科博士点；设有马克思主义理论一级学科硕士点和六个二级学科硕士点。北京交通大学已成为全国理工科院校中少数具有马克思主义理论一级学科博士点和博士后流动站的重点高校之一。

一、实施思政课"三轮驱动"综合改革的主要做法

从 2012 年以来，北京交通大学马克思主义学院被批准设立了马克思主义理论一级学科博士点和马克思主义博士后流动站。正是从那时开始，学院开始实施思政课"三轮驱动"综合改革，通过几年来的实践探索，取得了良好收效。

（一）通过"学科带动"，推进思政课教学上水平

思政课教师教学能力的提升与学科平台建设有着十分密切的关系。加快马克思主义理论学科建设是提高思政课教师教学水平、增强思政课教学效果的学科支撑。北京交通大学现设有马克思主义理论一级学科博士点和马克思主义理论博士后流动站，设有马克思主义理论四个二级学科博士点和马克思主义理论硕士一级学科和六个二级学科，这为我们通过"学科带动"、推进思政课

教学上水平奠定了基础。

为不断提升思政课教学质量和水平，从 2012 年开始我们重点实施了"学科带动"改革举措：①通过把马克思主义理论一级学科博士点四个二级学科方向与思政课四个教研部教学有机结合，实现了学科与教学的有机融合；②通过用马克思主义理论学科引领思政课四门主课教学，实现了学科方向与思政课教学方向的有机结合，以此提升思政课教学质量和水平；③通过科学规划马克思主义基本原理、马克思主义中国化、思想政治教育等二级学科方向的学科梯队，让每个思政课教师都有自己的学科"定位"，增加思政课教师的学科归属感和职业荣誉感，以此激励思政课教师的教学积极性和主动性，以此带动和提升思政课教师的教学责任心和自豪感。

通过实施"学科带动"式改革措施，一是使思政课教师人人有了学科归属感和职业荣誉感，大大增强了思政课教师的教学动力，明确了努力方向；二是有效地提升了思政课教学质量，提升了思政课的学理性和实效性。

（二）通过"科研拉动"，推进思政课教学上台阶

科学研究是提高教学质量尤其是提升思政课教师教学能力和水平的重要手段。近年来，我们注重实施"科研拉动"改革，鼓励思政课教师结合思政课教学进行科学研究，以科研激励教学，以科研带动教学，使思政课教学在"科研拉动"下不断向高水准迈进。

在实施"科研拉动"改革措施方面，我们的主要做法是：①通过科研成果"拉动"教学水平提升：学院每年设立思政课专项科研课题，这些课题主要围绕思政课教学中的热点难点问题设立，旨在通过研究解决这些热点难点问题不断提升思政课的教学质量和水平；②通过科研机构"拉动"教师教学能力提升：学院先后成立了十多个研究中心和研究所，这些研究中心和研究所每年都要推出一批研究成果，这些成果对思政课教学起到了积极的推进作用；③通过科研活动"拉动"教学质量提升：学院每年组织"思政课理论热点问题系列讲座"系列性科研活动，以此带动思政课教师教学质量和水平的提升；④通过科研奖励"拉动"教学质量提升：学院制定了与思政课教学直接相关的科研奖励措施，每年评选教学贡献奖、科研贡献奖和优秀教学科研工作者，以此激励思政课教师上水平上层次。

为推进"科研拉动"，学院还制定了一系列有效的配套措施和方法：一是设立专门的思政课和马克思主义理论学科研究课题，鼓励思政课教师积极申报和承担课题研究任务；二是把思政课教学研究成果作为对思政课教师进行职称晋升和考核的重要标准；三是定期组织以教研部为单位的集体学习备课活动，紧密围绕思政课教学过程中发现的热点、难点和疑点问题，组织教师进行讨论和研究，鼓励教师发表高水平论文；四是积极组织和支持教师参加国内外学术会议、学术活动，加强对外学术交流，拓宽思政课教师的学术视野，切实提高思政课教师的科研能力和水平，通过提高科研水平有效带动思政课教师教学综合改革不断向纵深拓展。

（三）通过"教学推动"，促进思政课教学上层次

推进思政课教育教学改革，重在发挥"教学主动"作用。近年来，马克思主义学院在研究生的中国特色社会主义理论与实践，本科生的马克思主义基本原理、毛泽东思想与中国特色社会主义理论体系概论、思想道德修养与法律基础、中国近现代史纲要等课程中，积极发挥教师育人推动作用、教材启发推动作用、教学激励推动作用，有效提升了教学质量，促进了思政课教育教学改革上层次、上水平。

在思政课教学中实施"教学推动"，主要采取了以下措施和方法。

1. 有效发挥教师的"推动作用"

打铁还需自身硬。教师是教学的主体力量，只有教师过硬，才能教出"过硬"的学生。为了

使教师自身素质过硬，我们积极鼓励教师参加国内各种与教学直接相关的培训学习和学术交流，潜移默化地提升思政课教师的思想政治素质和科学文化素质。教师思想和业务"过硬"了，才能真正"激发"学生的学习积极性和主动性。因此，充分发挥教师在教学过程中的主动作用，是提高思政课整体教学水平的重要前提条件。

2. 有效发挥教材的"推动作用"

思政课教材是教学的主要依据，也是教师教学的主要"抓手"。一部好的教材能够极大地提升思政课的教学效果，相反如果使用不规范、低水平的教材就会严重影响思政课的教学效果。为此，我们强调思政课必须根据中宣部、教育部的要求，统一使用中央马克思主义理论研究和建设工程"统编教材"，通过教材的启发和推动作用，促使学生对中国特色社会主义理论与实践，马克思主义基本原理、毛泽东思想与中国特色社会主义理论体系概论、思想道德修养与法律基础、中国近现代史纲要等教材内容"真学、真懂、真信、真践行"。

3. 有效发挥教学过程的"推动作用"

教学过程其实就是一个向学生传播教学理念、教授教学内容、优化教学方法的过程。好的教学理念可以激发学生的学习兴趣，优化学生的思想素质；好的教学内容可以充实学生的知识结构，健全学生的世界观、人生观和价值观；好的教学方法可以打通学生接受专业知识和提升思想素质的途径。我们在思政课教学实践中正是通过优化教学理念、教学内容、教学方法这三大教学过程"因素"，从而使整个思政课教学过程紧紧围绕"教书育人""立德树人"这个根本任务来推进专业知识传播和思想素质提升。为了有效发挥教学过程的"推动作用"，我们先后采取了一系列积极有效的措施，比如通过定期集体备课使教学内容实现最优，通过教学观摩使教学方法实现优化，通过教学示范比赛使教学水平和能力得到不断锻炼和提升。

二、实施思政课"三轮驱动"综合改革的主要成效

通过实施思政课"三轮驱动"综合改革，使思政课教学质量有了明显提升，逐步实现了思政课教学与学科建设、科学研究的有机结合，形成了思政课教学"三结合"的良性运行机制，有效提升了思政课的实效性。

具体来说，通过实施思政课"三轮驱动"综合改革，主要取得了以下几个方面的突出成效和创新。

（一）解决了思政课教学"动力单一"问题

"三轮驱动"综合改革方法实现了思政课教育教学与学科建设、科学研究的有机结合，真正形成了"学科带动·科研拉动·教学推动"三方面有机结合的动力机制，使思政课在很大程度上摆脱了以往那种教学、科研、学科各自"独立为政"的局面。这是"三轮驱动"综合改革的第一个创新点。

（二）解决了思政课教师的学科"归属"问题

以前，思政课教师总把自己当成单纯的"教书匠"，不知道自己应归属于哪个学科。实施"三轮驱动"综合改革措施后，每个教师都成了马克思主义理论一级学科梯队中的一员，不仅可以评教授，而且可以当硕导、当博导，这样就在很大程度上解决了教师们以前没有学科归属感和职业荣誉感的问题，使教师教学有了动力、有了奔头、有了希望。这是"三轮驱动"综合改革的第二个创新点。

（三）解决了思政课教学科研双向促进的问题

以前思政课教师普遍存在一门心思当"教书匠"、对科研不闻不问的状况。实施"三轮驱动"

综合改革措施后，教学与科研实现了有机结合，教学中遇到的难题靠科研来解决，可谓一箭"双雕"、一举"双得"，实现了教学与科研"双向互动"。这是"三轮驱动"综合改革的第三个创新点。

（四）解决了思政课教学自身的内在动力问题

把教学过程中教学理念的激励作用、教学内容的促进作用、教学方法的启发作用有机结合起来，使其共同构成推进思政课教学的三大"内在动力"，这就解决了以往思政课教学自身动力不足和教学理念陈旧、教学内容滞后、教学方法死板的问题，真正实现了教学理念、教学内容和教学方法的优化提升。这是"三轮驱动"综合改革的第四个创新点。

我们实施"三轮驱动"综合改革的做法和经验入选全国高校党建工作会议、全国思政课建设工作会议经验材料；被北京市教育工委确定为北京高校思政课改革示范点；2015 年，北京交通大学马克思主义学院思政课团队荣获全国高校思政课优秀教学科研团队择优支持计划；团队负责人韩振峰教授入选全国高校思政课教师影响力人物。

三、实施思政课"三轮驱动"综合改革的实践及应用

北京交通大学马克思主义学院实施的思政课"三轮驱动"即"学科带动·科研拉动·教学推动"综合改革，对增强思政课实效性、提升思政课教学质量和水平、强化思政课教师教学积极性和主动性，都有着重要的推进作用，也有重要的示范和推广价值。

"三轮驱动"综合改革在北京交通大学马克思主义学院实施以来取得了明显收效。因为有了"学科带动"，使老师们明显具有了学科归属感，心里比以前踏实多了；因为有了"科研拉动"，使老师们对科研重视的程度比以前高多了，教学的深度广度也明显比以前有了明显增强；因为有了"教学推动"，使老师们更加注重提升教学理念、优化教学内容、改进教学方法，明显提升了思政课的实效性。

北京交通大学实施思政课"三轮驱动"综合改革的做法和经验，先后被全国第 20 次高校党的建设工作会议收入会议经验材料；在 2015 年全国高校思政课建设工作会议上被列入经验交流材料；教学科研团队在北京高校思政课建设工作会议上做了经验介绍；由于实施"三轮驱动"综合改革尤其是发挥马克思主义学科引领作用方面成绩突出，北京交通大学思政课教学科研团队入选 2015 年全国高校思政课优秀教学科研团队择优支持计划；思政课"三轮驱动"综合改革入选北京市高校思想政治理论课教学改革示范点。

从 2016 年开始，我们进一步总结了推进实施思政课"三轮驱动"综合改革的做法和经验，先后在北京和部分省市高校进行试点推广，课程教学范围选取了研究生的中国特色社会主义理论与实践，本科生的马克思主义基本原理、毛泽东思想与中国特色社会主义理论体系概论、思想道德修养和法律基础、中国近现代史纲要等思政课进行逐步推广。我们计划经过"十三五"期间的逐步推广和不断总结经验，克服不足，使"三轮驱动"综合改革措施越来越完善，逐步形成高校思政课具有示范意义的综合改革模式。

组织行为学视角下"90后"研究生价值观塑造路径研究

李涛

（北京交通大学交通运输学院，北京 100044）

摘　要：当前"90后"研究生价值观普遍存在过度自我与功利化趋势明显、主流政治信仰弱化以及物质追求与独立经济能力差距较大等特点。本文基于组织行为学的视角，从个体、群体、内部及外部因素来分析其价值观形成的内在机制，并提出自我教育与管理、团队建设、示范作用、文化建设及制度保障等多个维度的价值观塑造途径，为"90后"研究生践行社会主义核心价值观，充分发挥其先进性作用提供了思路。

关键词："90后"研究生　组织行为学　价值观塑造　先进性作用

一、引言

"90后"研究生经常被贴上"任性一族"的标签，这一现象反映了"90后"群体这种张扬、任性、自我的心理及行为表象。从组织行为学视角来看，该现象的本质在于价值观对其个体行为的支配和影响。2014年5月4日，习近平总书记在北京大学考察时指出，"青年的价值取向决定了未来整个社会的价值取向，而青年又处在价值观形成和确立的时期，抓好这一时期的价值观养成十分重要。"

关于青年大学生价值观及教育问题，国内外专家学者进行了广泛研究，其中代际差异理论为研究中国新生代群体的价值观特征提供了研究思路。德国社会学家卡尔·曼海姆最先用"代"（generation）或"代群"（generation cohort）来概括这样一群在社会发展进程中具有相同时代特征的人，他们具有相同的思维、体验及行动模式[1]。美国伊利诺伊大学学者 Dencker et al 认为代与代之间的差异除了年龄不同外[2]，更多表现在价值观差异上。换句话说，具有不同价值观的群体往往在价值判断和行为方式上有所不同。国内学者廖小平则认为中国新生代群体在外部受到社会制度改革巨大冲击的同时，内部也存在共生的多元化价值观[3]。由此看来，"90后"新生代与非新生代之间表现的差异绝大部分体现在因时代变迁而带来的价值观以及个体心理和行为差异上，这无疑为组织和社会管理带来了巨大的挑战。因此，如何结合"90后"研究生的时代特点，灵活运用组织行为学等先进的科学管理理论来进行价值观塑造，不仅是现阶段高等教育工作的一项重要内容，也是国家后备科技力量培养计划中不容忽视的关键性问题。

二、组织行为学与价值观

（一）组织行为学的内涵

组织行为学是一门利用系统分析方法，专注于对人的心理和行为规律进行研究，从而为管理人员预测、引导和控制人的行为提供思路的新学科[4]。其借鉴了心理学、社会学、系统论、教育学等学科理论，系统地从单个或多个组织内个体、群体和组织三个维度来研究人的行为和心理。组织行为学采用系统分析的观点对个体及组织进行研究，不仅体现了学科之间的交叉融合以及理论的指导性，更能转化为社会生产力以促进社会发展。组织行为学理论起源于大工业快速发展时期对生产管理理念与方法的创新，通过研究工业生产中人的行为及心理，以提高社会生产效率。其中20世纪初期著名的霍桑实验最具代表性，其重要成果即为人际关系理论。夸美纽斯认为，"人性不是机器，不能由同一模型铸造，并毫厘不爽地去做为之规定好的工作；他像一棵树，需要生长并从各个方面发展起来，需要按照使它成为活东西的内在力量的趋向生长和发展"[5]。从"人本"理念出发探究人的本质属性，从根本上符合社会发展规律，最终会为社会生产实践服务。

（二）组织行为学与价值观的关联性

价值观是一种外显或内隐的，关于价值的信念、倾向、主张和态度的基本观点，是关于现实的人对全部生活实践所产生意义的一种评价标准、取舍标准的思想体系[6]。从组织行为学的角度来看，价值观是个体行为及心理的一种哲学表现。一方面，价值观对个体行为及心理具有驱动、导向和统摄等作用，间接影响群体及组织的行为。《战国策·齐策三》中描述有"物以类聚，人以群分"，比喻志同道合的人相聚成群；又如唐代著名诗人刘禹锡的《陋室铭》中有"谈笑有鸿儒，往来无白丁"，这都体现了价值观相同的个体可以促成一个群体的诞生。价值观既存在于个人，也存在于群体。在社会发展的历史过程中具有相同处境的一群人，由于所处位置相同使得这些人具有相似的经历及价值取向，进而产生了趋同的思考、体验及行为模式。换句话说，组织价值观和群体价值观体现了个体价值观的共性。对于"90后"研究生来说，其生活在校园、班级、社团、科研团队、宿舍等相互交融的群体和组织中，每位研究生个体的价值观对于身边其他个体，乃至于所在群体及组织的价值观，都存在非常显著的影响。

另一方面，组织、群体、个人等不同主体的不同需求又促使个体价值观不同。美国心理学家马斯洛的需要理论在实践中证明，个体思想的主导因素是不同层次的人的需要，动机一旦产生，一定程度上激励了人在思想行为上的变化。事物是否有价值，取决于满足个体需要的程度。"90后"研究生队伍属于具有敏锐感受力的知识性群体，其渴望在科研上有所造诣，在受到新媒体文化、新潮思想及所在科研环境的影响下，进而表现出特有的思想主张和处事态度。这也体现了价值观是建立在人的基本需要之上，反过来又调节人的需要。

由此看来，组织行为学在对价值观的理解和探讨上已经非常深入，可以为研究"90后"研究生价值观塑造途径提供科学的思路。

三、组织行为学层面研究生价值观的特点及影响因素分析

（一）"90后"研究生价值观的特点

在社会急剧转型的30年间，"90后"研究生的价值观也随之产生新变化、新特点，让高校教育工作者喜忧参半。"90后"研究生的出现，预示着新一代研究生价值观正式进入了"个体化与世俗化"的时期[7]。其特点主要表现在以下几个方面。

1. 过度自我与功利化趋势明显

"90后"是受到国家计划生育政策影响最为严重的一代，大多数都是独生子女，受到家庭各个成员的关注增多，致使自我意识凸显，较为缺乏自我管理。与此同时，社会主义市场经济体制中盛行的"竞争"现象，促使"90后"的个体、群体价值观向个人本位偏移，其价值目标也出现短期化，突出表现为急功近利。多数"90后"研究生通常习惯性地在不损害自身利益的基础上做

出相应的社会回报，并且凡事以利益为先。

2. 主流政治信仰弱化

1992 年以后，中国改革开放由"综合改革"上升至"深化改革"，开始了由政策导向转为体制导向的新阶段。"90 后"研究生受到社会转型期的影响，精神追求和人生意义被不同程度地物化，致使政治信仰在物质泛化、实用主义和理性追求中被弱化。此外，西方资本主义国家不断地进行文化渗透和信仰分化，大肆宣扬人权、自由和民主等思想，为高校思想政治教育工作增加阻力，使得针对"90 后"研究生的主流政治信仰教育逐步产生"危机"。

3. 物质追求欲与独立经济能力差距较大

在经济全球化的巨幕下，本土性的"物欲主义"受到了催化，"出国热""高消费""全民健身"等受到"90 后"的追崇。一方面，大部分"90 后"群体受到家庭的关爱增多，自我关照心理开始膨胀，主要体现在物质享受上；另一方面，"90 后"群体内的相互攀比现象严重，致使个体物质追求欲不断被刺激。然而，"90 后"研究生仍处在受教育的阶段，没有独立的经济能力，直接引发了过高的物质追求欲与较低的经济能力之间的矛盾。究其原因，主要是本土文化及政治信仰层面教育不足，学生受教育意志不坚定。同时，"90 后"所接受的高校教育内容存在偏差，直接或间接地向学生灌输西方优越理论，致使"90 后"群体偏离了社会主义核心价值观的引导。

（二）组织行为学层面研究生价值观影响因素分析

由于高校对"90 后"研究生的价值观教育工作与组织行为学在研究主体（个体、群体和组织）及主体之间联系上有某些相通性，为两者的交叉融合提供了基础。价值观是一种由社会存在决定的社会意识，也反映了不同时期的思想体系特点。"90 后"研究生价值观不仅受到社会变迁、多元文化等催化，还受到来自个体内部、群体、组织以及社会等多维价值观相互之间整合的冲击。

1. 个体影响因素

价值观是以个体的需要为基础的。心理学家赖因认为，所谓"价值"无非是一个人想要的，即需要和动机的对象，或者是一个人觉得应该要的，即值得希望的。离开了需要，就没有价值可言，且不同层次的需要产生不同的价值取向，不同群体或组织的需要引导个体不同的价值取向。组织理论家、实业家巴纳德曾指出，"有强烈愿望、中等或一般愿望、毫无愿望或反感以致憎恨，成为一个逐渐递减的序列。在现代社会中如果不存在激励，大多数人将站在消极的一端"。"90 后"研究生的价值观是以个人的情感、愿望和需要为依托的价值观念，并且随着社会实践范围的扩大和生长年龄的增长，价值观也日趋丰富化。

2. 群体影响因素

群体价值取向是一种群体内所有个体共同认同的行为准则与价值取向，它为所有个体提供一种朝着同一方向努力的意识，也为全体成员日常行为规范提供指导方向，是一个群体产生持久向心力的源泉。群体价值取向引导了个体价值观的发展方向，"90 后"研究生受到学校文化及科研团队的主导价值影响，并受到行为从众性的诱使，不自觉地形成所在研究领域的思维方式和行为方式。在人的一生中，个体要加入各种各样的群体，不同群体对于个体价值观影响还通过群体规范进行制约。而这种制约是通过群体成员间的相互模仿和暗示，逐步内化成为固定的心理模式和生活态度。

3. 内部因素影响

个体的社会认知、道德修养及个性构成是"90 后"研究生价值观的客观反映。首先，"90 后"个体对社会认知构成直接影响了个体自身行为及心理的判断及裁决过程中的价值形成，也决定了一个人理想、信念、生活目标和追求方向的性质。其次，道德修养在一定程度上决定了价值观的高度。黑格尔说过，"精神上的道德力量发挥了它的潜能，举起了它的旗帜，于是我们的爱国热情和正义感在现实中均得以施展其威力和作用"。道德培养个体的行为意识，引导个体的思想及信念，是人们共同生活及其行为的准则和典范。最后，个体在社会实践中会对人、事、物及其他客观世界等方面表明他的观点和态度，这些个性倾向对价值的选择有明显的影响。个性如气质、能力、性格等常常能使处在不同情境下的个体拥有不同的价值判断。

4. 外部因素影响

家庭是个体价值观塑造的第一环境，家庭教育也成为个体价值观塑造的第一线。这是因为，家庭在生活的方方面面对个体产生影响，在教育过程中能逐渐培养个体自身的思想观念以及行为模式。良好的家庭教育能培养"90后"积极的人生观、价值观及世界观。此外，社会、国家、民族等多维价值观也影响着个体价值观。大至一个国家、一个民族，小至一个企业、一个组织都有其相异的价值判断、善恶标准，并以文化形式传播至每一个个体，影响着个体的行为方式及思维模式。"90后"研究生身处在一个复杂多变的网络信息化时代，新媒体的兴起更是使其受到了前所未有的冲击。此外，西方文化的辐射及校园文化的浸润催化了"90后"研究生价值观新时期新特点的萌芽。与此同时，新旧文化、东西方文化的不断碰撞，致使"90后"研究生价值观特点表现出"日新月异""缤纷多呈"的多元化特点。

四、基于组织行为学的"90后"研究生价值观塑造路径

成长于社会转型期的"90后"研究生群体，在受到多元化价值观冲击的同时会伴随着心理世界的失衡，即在价值观变化时，心理也产生了不适应。[8]因此，价值观教育应该与心理教育紧密结合起来。组织行为学的研究内容主要是人的心理活动与行为的规律性，从组织行为学的角度来研究价值观塑造途径问题，不仅使价值观教育富有时代感和针对性，还增加了心理教育的实践价值。

（一）基于自我教育与管理的价值观塑造路径

教育家霍林姆斯认为，"真正的教育乃自我教育"。在"90后"研究生相对自由的学习和生活空间里，学会自我教育与管理是其价值观塑造的基本途径。这是因为，价值观处于个性结构的深层，是个性倾向中高层次的定向系统，只有通过个体内部的自身调节才能引导积极的价值取向。那么，"90后"研究生应如何学会自我教育与管理？①形成合理的金钱意识，树立正确的消费观，要尽可能地把金钱用于知识的获取、技能的提高上，对自己进行合理约束，避免过高的物质欲；②树立崇高的社会主义理想，明晰"90后"研究生在现代社会实践中的地位，养成甘于为社会奉献的精神；③增强自身的自我效能感，在组织中不断地学习，通过学习调整自己的行为；④培养以人为本、全面发展、服务社会的自我管理意识，学会根据外部环境适当调节自身行为，保证知行统一；⑤注重自我道德修养的提高，养成良好的学习与生活习惯，坚决抵制他人不良嗜好的影响；⑥在社会实践活动中培养自身的自律性和情绪管理能力，树立正确的人生态度；⑦培养自强自立的能力，做到身体自立、心理自立、经济自立。

（二）基于团队建设的价值观塑造路径

价值观的塑造离不开群体意识的作用。个体之间会通过群体活动的多重维度，诸如性格、信息和观念等因素的影响，使所在群体的目标和利益方向逐渐趋于一致。良好的团队建设是"90后"研究生价值观塑造的有力保障。针对现阶段研究生队伍中过度自我与功利化趋势明显的状况，通过团队建设可以增强个体的团队意识和团队协作能力。对此，高校教育工作者应该从以下两方面入手：一方面，培养团队的协作力和凝聚力，有利于培养"90后"研究生的大局意识和忠诚度，

注重工作的整体性，避免对个人利益的过分追求；另一方面，通过团队间成员的沟通交流和相互学习来培养个体的责任、执行能力和对他人的信任，增强集体荣誉感。在组织行为学理论的启发下，实际工作中可采用角色途径和任务导向途径相结合的方式来影响处在团队中个体的价值观。例如，可根据"90后"研究生的特点，通过合理分配完成团队工作时的角色和任务，使各个成员各司其职，发挥自身优势，实现自我价值，最大限度地获得工作的成就感，让每位"90后"研究生在履行责任与义务的同时还能得到别人的认可，让大家在组织生活中积极进步，自觉保持较高的工作和学习热情，提升团队整体士气。

（三）基于示范作用的价值观塑造路径

早在1999年，《中共中央关于加强和改进思想政治工作的若干意见》就强调了"注重运用先进典型影响和带动群众"的思想政治教育方法。用鲜活的示范人物来塑造"90后"研究生群体的人生观和价值观，是最生动、最有效的途径之一。虽然受到金钱至上、个人利益为先等消极价值观的影响，但是"90后"研究生仍然认同社会主义核心价值观体系。这就要求高校教育工作需保证"90后"研究生对典型示范的认知程度、情感共鸣度和践行度，符合社会主义核心价值观体系主流，才能使教育效果更加持久、深入和广泛。考虑到"90后"研究生群体的活动区域相对集中，可以充分利用群体规范中的行为导向功能，对于党员中涌现出的先进典型，如：学术道德模范、优秀志愿者楷模等加大宣传力度，充分发挥其示范性作用。高校教育工作者还可以邀请一些"90后"群体中比较突出的个体为全体研究生讲述自己具有典范作用的又与大家息息相关的学习及生活经历，为研究生群体树立起一面先进旗帜，使其他同学能够以优秀研究生为学习的榜样，进而引导其树立正确的人生观、价值观和世界观。

（四）基于文化建设的价值观塑造路径

斯普朗格理论中提到"教育是文化的过程"。这句话揭示了客观的文化价值可以推动受教育者进行思想的共享和交换，形成良好的学习形态。对"90后"的价值观塑造也应从文化建设出发，让沐浴在浓郁文化氛围中的"90后"研究生自觉形成良好的文化人格，并通过个体的学习将传播的文化内化成为一种品质。可以说，文化建设是"90后"研究生价值观塑造的催化剂。

就目前高校育人的方法来看，高校校园文化和社会实践不应再将知识的保存、传递和创新作为教育目的，而应以"文而化之"的方式来健全"90后"研究生的人格，唤醒其创造力。换言之，就是将"知识育人"的方式转化为"文化育人"的方式。"90后"研究生不同于其他大学生的特点主要体现在对学术研究更深一层的探索，这就要求"文化育人"应针对"90后"研究生的特点来采取相应的教学措施。例如，学校的文化建设可以打造一个文化创新平台，在这个平台上，通过学术讨论、课题研究、产学研等方式方法来促进科技创新文化的传播，进而培育"90后"研究生服务社会科技创新的价值观。此外，"文化育人"还应从外部因素考虑。在国际文化的交流和合作中，西方文化的强势入侵所导致的文化冲突已经开始动摇我国文化的根基，尤其是网络新媒体等媒介对"90后"研究生价值观所带来的冲击，已经对高校育人工作形成了巨大的挑战。对此，高校文化建设应开创一种以中国传统文化为主导，多元文化相辅相成的新文化形式，培养"90后"研究生以一种兼容并蓄的姿态自觉地接受世界文化，并主动将卓越的高校学术文化和成果推向世界。

（五）基于制度保障的价值观塑造路径

"文而化之"的管理是一种软管理，不具备规范性，相反，制度建设应该成为"90后"研究生价值观塑造的重要手段。高校的教育制度本身可以起到催生内在制度精神的作用，而这种促进制度精神形成的制度文化可以将高校的价值理念外化成为"90后"研究生群体的自觉行为，从而造就一种难以打破的核心价值观。

无规矩不成方圆。针对"90后"研究生政治素养弱化、责任意识日渐模糊的情况，建立合理规范的规章制度可以起到增强"90后"研究生群体凝聚力和战斗力的作用，其基本要求是：在组织层面建立严格、完善的责任机制，考核机制和监督机制。责任机制用于规范"90后"研究生的职责与义务，能起到强化其良好的工作意识和责任意识的作用，进而做到将先进的科学技术应用于服务人民、服务社会的实践中。考核机制用于对"90后"研究生的日常科研学习进行量化考评，以促进其加强对科学知识的学习，养成不断拓展学习内容、创新学习方法的良好学习习惯。与此同时，考虑到"90后"研究生尚未形成良好的社会防范意识，完善的监督机制可以有效约束其日常行为，培养其形成严格的自律性，保护其免受社会不良因素的侵害，最终全方位地保证其形成积极向上、健康良好的价值观。

参考文献

[1] 陈玉明，崔勋. 代际差异理论与代际价值观差异的研究评述 [J]. 中国人力资源开发，2014（13）：43-48.

[2] DENCKER J C, JOSHI A, MARTOCCHIO J J. Towards a theoretical framework linking generational memories to workplace attitudes and behaviors [J]. Human resource management review，2008，18（3）：180-187.

[3] 廖小平，张长明. 价值观代际分化的多维解读 [J]. 求索，2007（1）：134-137.

[4] 袁凌，雷辉，刘朝. 组织行为学 [M]. 北京：中国人民大学出版社，2011.

[5] 夸美纽斯. 大学教论 [M]. 傅任敢，译. 北京：商务印书馆，1982.

[6] 王涛，戴均. 改革开放30年来大学生价值观变迁的轨迹及其规律研究 [J]. 高等教育研究，2009（10）：6-13.

[7] 辛志勇，金盛华. 大学生的价值观概念与价值观结构 [J]. 高等教育研究，2006（2）：85-92.

[8] 王臣申，钱晓蕾，张陶然. 关于"90后"大学生价值观教育的调查与思考 [J]. 科教文汇（中旬刊），2010（3）：3-5.

研究生教育质量保证与评价研究

新时代研究生导师队伍建设的新途径

——"知行导师学校"的实践与体会

绳丽惠　赵　婧

（北京交通大学研究生院，北京 100044）

摘　要：20 世纪末起我国研究生教育规模进入到快速发展时期，伴随着学位点数量和研究生招生规模的扩大，研究生导师队伍规模日益增加。在新时代研究生教育改革的大背景下，以"知行导师学校"的形式规范研究生导师培训和管理，探索研究生导师队伍建设的新模式，根据成立两年来的实施成效提出优化建议。

关键词：导师　队伍建设　实践

在全国教育大会上，习近平总书记指出"教育大计，教师为本"，国家的兴衰，系于教育，教育的兴衰，系于教师。研究生导师作为研究生培养第一责任人，其指导能力的高低直接决定了研究生的培养质量。在《教育部办公厅关于全面落实研究生导师立德树人职责的意见》中明确研究生导师是我国研究生培养的关键力量，肩负着培养国家高层次创新人才的使命与重任。文件中指出要落实导师是研究生培养第一责任人的要求，坚持社会主义办学方向，坚持教书和育人相统一，坚持言传和身教相统一，坚持潜心问道和关注社会相统一，坚持学术自由和学术规范相统一，以德立身、以德立学、以德施教。遵循研究生教育规律，创新研究生指导方式，潜心研究生培养，全过程育人、全方位育人，做研究生成长成才的指导者和引路人。要求研究生导师必须满足政治素质过硬，师德师风高尚，业务素质精湛三大基本素质。[1]教育部国家发展改革委财政部联合颁布《教育部　国家发展改革委　财政部关于深化研究生教育改革的意见》中指出要"提升指导能力，健全以导师为第一责任人的责权机制"[2]；国务院学位委员会、教育部在《国务院学位委员会　教育部关于加强学位与研究生教育质量保证和监督体系建设的意见》中再次指出"应不断完善导师管理评价机制"[3]。导师队伍建设成效直接关系到学校学科水平和人才培养质量[4]，落实导师责任制，充分调动学校、导师、研究生三者的积极性，是深化研究生教育改革的重要内容。

自 2017 年起，我校探索研究生导师队伍建设的新途径——成立"知行导师学校"，全面系统开展导师培训和交流，为全校导师在岗位职责、管理政策、学术规范、师德师风等方面提供帮助和指导。

1999—2013 年我国研究生教育进入快速发展阶段，随着学位授权点数量增加和研究生招生规模的扩大，研究生导师队伍规模也不断增长。[4]

表 1　我校近 10 年博士生、博士生导师基本情况

类型		2013 年	2014 年	2015 年	2016 年	2017 年	2018 年
博士	博士生招生人数	436	455	458	466	483	520
	博导人数	420	457	524	571	607	639

续表

类型		2013 年	2014 年	2015 年	2016 年	2017 年	2018 年
硕士	硕士生招生人数	2 980	3 045	3 120	3 159	4 111	4 049
	硕导人数	1 048	1 294	1 206	1 328	1 399	1 456

通过对近年来研究生招生数量及导师数量变化的分析，我们可以看出，随着研究生扩招，导师数量随之增加，但导师队伍的数量和质量都难以满足培养创新人才的要求。表现在研究生普遍反映导师投入的精力不够、导学之间出现矛盾，而导师们又普遍反映指导压力太大。产生上述问题的原因主要有以下几个方面。

（1）研究生招生规模扩大后，导师与研究生的关系从"一对一"的师徒式关系发展为 "一对多"的关系，导师对研究生由个性化指导向团队指导转变，研究生的个性化需求不能得到充分满足。

（2）随着研究生教育规模的扩大，研究生管理模式从学校层面统一管理向校、院两级管理过渡，进而向导师负责制过渡。对研究生的管理从过去以管理部门为主体，逐步转向以研究生导师为主体[4]，研究生导师从过去的"被动参与"转变为现在的"主动执行"状态。

（3）近年来，随着研究生教育质量保障体系逐步确立，教育部在质量保证、学位授权点评估、论文抽检等方面相继出台了 6 个文件，得到各方高度认同，普遍认为这些举措标志着研究生教育开始进入以质量为核心的内涵式发展阶段。特别是今年《教育部办公厅关于全面落实研究生导师立德树人职责的意见》及我校实施细则的发布，导师职责进一步明确，监督与问责机制更加清晰，使研究生导师感受到前所未有的压力。

这些变化对研究生导师把握政策的水平、指导能力与管理技巧甚至是心理素质等都提出了比过去高得多的要求。一方面学校要建立有效的沟通交流渠道，关心、关注导师的诉求，进一步增强导师的光荣感、责任感和使命感，另一方面要进一步完善导师培训制度，充分发挥导师在研究生思想政治教育、学科前沿引导、科研方法指导和学术规范教导等方面的责任和作用。

二、做法与成效

进一步加强博士生导师队伍建设，淡化博导身份、强化岗位意识，从研究生导师岗位的设置出发，将导师培训定位于针对研究生导师这个岗位的培训，从岗位职责要求的师德师风，包括热爱研究生教育事业、敬业奉献、教书育人的精神；指导能力包括熟悉研究生培养相关规定、学术规范、导学关系等方面出发设计大会报告、政策解读、经验交流等培训内容，为他们担当好导师打下了基础。

"知行导师学校"活动内容的组织分为两个层面，即学校层面培训与学院层面培训。学校层面培训包括新增博士研究生导师培训、学校导师工作会议和学校专题培训。学院层面培训包括学院导师工作会议、导师工作经验交流与研讨、学院专题培训和新增硕士研究生导师培训。

学校层面培训由研究生院统一组织、规划和管理，学校主要负责制定学校专题培训计划、组织校级导师工作会议、协助各学院培训工作的实施。各学院负责组织能够充分体现所设学科特色的学院层面培训。

培训内容分为四个模块，分别为：政策解读、学术规范、经验分享和导学关系。内容包括：研究生导师立德树人职责、招生录取、培养管理、学业管理、德育教育、学术道德规范、学术不端行为处理等国家与学校研究生教育相关政策和规章制度解读；校内外专家指导经验介绍、教育研究成果分享、国内外研究生教育现状与发展方向解析、和谐导学关系的建立等内容。

学院层面培训每学期至少组织一次，培训内容按模块进行，以年为周期，每年完成全部四个模块的培训。

为加强我校研究生导师培训工作的规范化管理，提高培训质量，保证"知行导师学校"活动有序地进行，学校研究生院出台《北京交通大学研究生导师培训管理办法》。《办法》的出台旨在加强研究生导师队伍建设，不断增强导师自身素质，提升研究生导师教书育人的能力，提高研究生培养质量，促进我校学位与研究生教育事业的可持续发展。

自 2017 年成立"知行导师学校"至今，已经组织培训 27 场，累计 1 289 人次参加培训，是2012 年至 2016 年累计培训人次的 5 倍。

表 2　2017—2018 导师培训情况表

培训年份	场次	人次	其中博士生导师培训会参加人次
2017 年	14	600	64
2018 年	14	754	68
合计	28	1 354	132

近两年，学院通过"知行导师学校"开展培训共 28 场，其中 2017 年 14 场，2018 年 14 场。学院层面培训内容包括全面解读研究生导师立德树人文件，通报学院研究生总体状况，解读和宣传国家、学校最新政策，加强研究生培养过程管理与质量监控环节，导师在研究生培养过程中出现的典型问题分析，提高专业学位研究生创新能力，培养企业急需人才，并对导师在研究生学业、思想、生活、心理等方面的关注和指导提出具体要求。

作为学校层面培训中的重点工作的新增博士生导师培训会，由研究生院组织，2017 年邀请清华大学研究生院副院长张伟教授来我校作题为"博士生导师培训研讨的探索"的主题报告，报告中介绍了清华大学近年来在导师培训工作方面的探索经验。2018 年邀请学位与研究生教育杂志社社长周文辉同志介绍了我校研究生满意度调查情况，周文辉社长运用大量翔实的第一手数据，从课程教学、科研训练、导师指导等方面为参会导师分析了我校研究生满意度调查结果。在专题培训方面，2017 年和 2018 年人才培养工作会中校党委书记、校长均重点强调导师立德树人职责。2017 年会议主题为"深入贯彻落实全国高校思想政治工作会议精神，积极推进'双一流'建设，全面加强立德树人，全面深化综合改革，建立全员全过程全方位的协同育人机制，进一步优化质量保障机制，完善一流人才培养体系，全面提升人才培养能力"。2018 年会议主题为"以本科教学审核评估为契机，坚持立德树人根本任务，强化人才培养中心地位，完善协同育人机制，深化内涵建设和改革创新，全面提升一流人才培养能力"。2018 年学校组织导师收看 2018 年全国科学道德和学风建设宣讲教育报告会。

学院层面培训中，各学院除邀请本院负责研究生教育的副院长、书记和研究生院副院长开展政策宣讲外，还根据所设学科特色邀请院内、国内专家为学院导师进行经验分享，受邀的有交通运输部科学研究院原党委书记兼副院长王晓曼教授、北京航空航天大学王宝辉教授、北京大学吴中海教授、北京国联天成信息技术有限公司的门嘉平博士等一批教育专家和企业专家。借助"知行导师学校"平台，依据直接接触导师群体的特点，以探索育人举措为主要内容，开展坚持立德树人及加强学生思想政治教育工作的思考与举措；加强师德师风建设及激励教师充分发挥育人功能的有效措施；解决导师把关与集体把关衔接问题的探索等一系列围绕学校的发展战略及建设特色鲜明世界一流大学的目标如何做好学院的人才培养的探索性研讨。

通过参加"知行导师学校"的培训，我校研究生导师明确了所在岗位肩负的立德树人职责要求和作为研究生导师应具备的指导能力要求，并在提高指导研究生的学术水平，增强与研究生有效沟通等方面得到有效指导。"知行导师学校"为导师的知识更新创造有利条件，搭建导师学术交流平台，改善导师获得信息渠道。培训活动得到良好反响，参加导师表示希望"知行导师学校"培训工作持续开展，并为全校导师提供更多的学习与交流的途径。

三、政策与建议

1. 积极构建培训考核机制，确保知行导师学校的活动效果

学院管理方式差异及学科特色不同，各学院在导师培训工作方面组织较为零散，培训效果难以保证，特别是对于新增研究生导师培训不足。针对此种问题，校院两级研究生导师管理部门根据导师身份获得年限不同构建相适应的培训考核制度。例如，加大新增研究生导师的培训力度，提出参加培训场次的最低标准，并在活动结束后要求参加导师提交活动心得体会。针对政策解读或规章制度讲解等培训内容，可采用问卷答题形式进行考核，定期举办座谈会，根据导师反馈对培训效果进行评估，进一步完善培训考核机制。

2. 拓展知行导师学校的活动内容

活动内容除模块规定的内容外，可根据学科特色积极拓展，开展更加丰富的内容。

自 2017 年"知行导师学校"成立至今，得到全校导师的广泛好评，但依然处于探索阶段，今后在常规培训内容的基础上，还可增加心理教育、指导方法、学风学术道德等方面内容。例如，心理教育可包括压力疏导、教师心理、教育人际关系处理、情绪控制管理等。指导方法可包括学术学业指导、良好师生关系指导、高水平论文写作方法指导等；学风学术道德可包括师德师风教育、学术诚信教育、科学道德和学风建设等；通过丰富知行导师学校的活动内容，逐步完善导师培训架构，尽量扩宽导师学习培训渠道，提升导师培训内容的实用及丰富程度，为构建系统全面导师培训体系奠定良好基础。

3. 采取多样化的活动方式

由于各学院涵盖学科数量、类别差异性较大，现阶段知行导师学校主要采用集中授课的方式，缺乏授课者与听课导师之间的交流互动。今后，除常规的培训讲座，各学院还可以根据学院特色采用专题研讨、经验交流、小组互动等多种形式，拓展活动方式，充分调动导师参与活动的积极性，为导师提供更加便利的沟通交流渠道。例如，可以组织导师指导经验交流会，聘请有丰富经验的导师为年轻导师介绍经验，发挥老导师的传、帮、带作用，也可以通过邀请研究生代表参与研究生指导方面的专题讨论，使导师更加深入、全面地了解研究生的诉求。

参考文献

[1] 教育部. 教育部办公厅关于全面落实研究生导师立德树人职责的意见 [Z]，2018－1－18.

[2] 教育部，国家发展改革委，财政部. 教育部　国家发展改革委　财政部关于深化研究生教育改革的意见 [Z]，2013－3－29.

[3] 国务院学位委员会，教育部. 国务院学位委员会　教育部关于加强学位与研究生教育质量保证和监督体系建设的意见 [Z]，2014－1－29.

[4] 李娟. 岗位塑造：研究生导师队伍建设的立足点 [J]. 北京工业大学学报（社会科学版），2007（6）：77－80.

硕士学位论文质量的差异及对策研究

——基于北京交通大学学位论文抽检结果的分析

劳群芳　赵　婧

（北京交通大学研究生院，北京 100044）

摘　要：以北京交通大学 4 年 1 153 篇硕士学位论文抽检结果为研究对象，分析了学术学位与专业学位硕士研究生学位论文存在不合格意见的比例差异和出现问题的类型，提出了保障硕士学位论文质量的对策和建议。

关键词：学位论文　抽检结果　不合格　论文质量

一、研究背景

近年研究生教育规模不断扩大，研究生教育已经由规模式发展逐渐转向内涵式发展，提高培养质量是研究生教育改革和发展最核心、最紧迫的任务，教育部在 2014 年出台了《国务院学位委员会　教育部关于加强学位与研究生教育质量保证和监督体系建设的意见》，提出了构建以学位授予单位质量保证为基础，教育行政部门监管为引导，学术组织、行业部门和社会机构积极参与的内部质量保证和外部质量监督体系[1]；制定了《博士硕士学位论文抽检办法》，对连续 2 年均有"存在问题学位论文"，且比例较高或篇数较多的学位授予单位，进行质量约谈；在学位授权点合格评估中，将学位论文抽检结果作为重要指标[2]。

为保证学位论文质量，北京交通大学开展了研究生学位论文抽检工作，制定了《北京交通大学学位论文质量后评估实施办法》，自 2014 年启动了研究生学位论文质量的后评估抽检工作，对博士和硕士学位论文进行了随机抽检和重点抽检。并委托教育部学位与研究生教育发展中心（以下简称学位中心）的论文抽检平台进行评审工作。抽检比例为当年授予博士学位数的 20% 和硕士学位数的 5%，抽检方式为随机抽检与重点抽检相结合的方法，以一级学科为单位进行抽检。对上一年抽检不合格导师指导的研究生继续跟踪抽查，并且覆盖当年所有授予学位的学科。

二、硕士学位论文抽检评议要素与抽检概况

（一）评议要素

抽检论文在送审时已向评审专家说明是学生毕业后的论文质量评估，评审结果不影响学生的毕业和学位授予，这样可以客观地了解学位论文学术水平。在具体操作及指标上的要求如下。

1. 单向匿名评审

对答辩后评估的抽检学位论文采取单向匿名评审，论文作者及导师未做匿名处理，只是不公布评阅专家信息。

2. 评议要素

硕士学位论文质量后评估制定的抽检评议要素分为三大类，一类适用于自然科学类学术学位，一类适用于人文社科类学术学位，还有一类适用于专业学位。三个类别的评价指标都包括选题与综述、创新性及论文价值、基础知识及科研能力、论文撰写规范性四个方面。在各个评价指标方面，三个类别的考察各有侧重。

3. 专家评议

由校外三位同行专家进行通信评议。评议专家从评议要素的四个方面对学位论文给出评议等级，分别对四个分项给出"优秀""良好""合格""不合格"四个档次的评阅意见。在此基础上，对论文质量进行总体评价，总体评价也分为"优秀""良好""合格""不合格"四个档次，并给出论文的总分和评阅意见。

（二）抽检概况

本文研究的学位论文质量后评估的抽检范围为北京交通大学 2014—2017 年授予的各类硕士学位论文，基本按照各学院授予学位数 5%的比例，并考虑覆盖所有学科专业、专业学位类别和上年学校后评估抽检情况，采用随机抽检和重点抽检相结合的方式，共抽检了 1 153 篇硕士学位论文，涉及 38 个一级学科和 32 个专业学位类别及领域。每篇论文送 3 位专家评审，共返回评审意见 3 467 份。具体情况见表1。

表1　2014—2017 年抽检硕士学位论文篇数

年度	抽检总数/篇	评审份数/份			评审总份数/份
		学术硕士	全日制专硕	在职专硕	
2014	300	451	243	213	907
2015	203	258	171	181	610
2016	421	492	357	414	1 263
2017	229	264	192	231	687
合计	1 153	1 465	963	1 039	3 467

注：2014、2015 年有个别硕士学位论文评审专家多于 3 人。

三、硕士学位论文质量现状

（一）学位论文质量总体评价

2014—2017 年抽检的学术硕士学位论文 488 篇，共计返回评审意见 1 465 份，其中有至少一位专家评议总体评价不合格的 32 份，占 2.18%。涉及的一级学科见表2。

表2　2014—2017 年抽检学术学位硕士研究生学位论文情况

一级学科代码	一级学科名称	评审总份数	不合格份数	不合格占比/%
0301	法学	27	1	3.70
0305	马克思主义理论	18	1	5.56
0401	教育学	9	2	22.22
0701	数学	36	2	5.56
0802	机械工程	42	1	2.38

续表

一级学科代码	一级学科名称	评审总份数	不合格份数	不合格占比/%
0803	光学工程	21	1	4.76
0805	材料科学与工程	39	1	2.56
0810	信息与通信工程	147	7	4.76
0811	控制科学与工程	72	2	2.78
0819	矿业工程	15	2	13.33
0823	交通运输工程	210	5	2.38
1201	管理科学与工程	49	2	4.08
1202	工商管理	93	4	4.30
1204	公共管理	12	1	8.33
0101	哲学	15	0	0
0202	应用经济学	81	0	0
0502	外国语言文学	21	0	0
0503	新闻传播学	6	0	0
0702	物理学	18	0	0
0710	生物学	12	0	0
0711	系统科学	24	0	0
0714	统计学	6	0	0
0801	力学	30	0	0
0807	动力工程及工程热物理	18	0	0
0808	电气工程	78	0	0
0809	电子科学与技术	69	0	0
0812	计算机科学与技术	39	0	0
0813	建筑学	9	0	0
0814	土木工程	120	0	0
0816	测绘科学与技术	12	0	0
0817	化学工程与技术	9	0	0
0818	地质资源与地质工程	12	0	0
0830	环境科学与工程	18	0	0
0831	生物医学工程	15	0	0
0833	城乡规划学	6	0	0
0835	软件工程	15	0	0
0837	安全科学与工程	18	0	0
1305	设计学	24	0	0
合计		1 465	32	2.18

　　2014—2017 年抽检的硕士专业学位论文 665 篇，共计返回评审意见 2 002 份，其中有至少一位专家评议总体评价不合格的 115 份，占 5.74%。可以看出，硕士专业学位论文质量比硕士学术学位论文的质量弱一些，对专业学位进一步细化，根据入学考试分类，专家评议总体评价不合格意见中：全日制硕士专业学位论文评审意见 30 份，占 3.12%；在职人员申请硕士专业学位论文

85 份，占 8.18/%。涉及的专业学位类别见表 3。

表 3　2014—2017 年抽检专业学位硕士研究生学位论文情况

代码	专业学位类别	评审总份数	不合格份数	不合格占比/%
0251	金融硕士	6	0	0.00
0252	应用统计硕士	24	2	8.33
0256	资产评估硕士	27	1	3.70
0257	审计硕士	30	1	3.33
0351	法律硕士	27	1	3.70
0551	翻译硕士	24	1	4.17
0851	建筑学硕士	12	0	0.00
0852	工程硕士	1555	84	5.40
1251	工商管理硕士	189	17	8.99
1252	公共管理硕士	18	3	16.67
1253	会计硕士	75	4	5.33
1256	工程管理硕士	12	0	0.00
1351	艺术硕士	3	1	33.33
	汇总	2 002	115	5.74

本文将用归纳分析评价内容的方法对上述 147 位提出不合格意见的专家评阅意见进行详细分析，提炼出有不合格评阅意见的硕士研究生学位论文的共同特征，以期为学位授予单位把关硕士学位论文质量提供参考。

（二）分析评价运用方法

按照抽检原则，学校对每篇硕士研究生学位论文均聘请了三位专家进行评议，只要其中有一位专家给出学位论文总体评价不合格，该篇学位论文的评阅意见就作为这次分析的内容。

本文运用内容分析法对专家评阅意见进行分析，按学术学位和专业学位分别提取评阅意见中关键的词条，并归纳为问题的一级指标，即该学位论文存在的共性问题；将共性问题下的具体的、代表性的问题，进一步归纳总结为问题的二级维度，以此类推。本文仅从专家提出的不合格评阅意见中归纳总结出最具代表性的问题作为典型特征进行讨论[3]。通过上述方法，本文从论文选题与综述、创新性及论文价值、基础知识及科研能力、论文撰写规范性四个方面分别评价分析，不合格意见大致存在"论文创新性和价值性不高"、"写作规范性欠缺"、"科研能力不足、基础知识不扎实"及"论文选题不妥、文献综述质量较低"四类问题，其在全部不合格意见中按占比情况由高到低排列，占比分别为 72.11%、61.22%、60.54% 和 29.93%。

（三）硕士学位论文不合格意见的典型特征

1. 选题与综述方面

在 147 份论文总体评价不合格的评阅意见中，选题与综述的分项成绩不合格有 44 份，占29.93%。其中学术学位的论文占 28.13%，专业学位的论文占 30.43%。论文选题与文献综述出现的问题集中在"论文选题不妥、文献综述质量较低"等方面。

学术学位硕士研究生学位论文主要表现在：①论文选题较大，研究的重点不明确；②选题陈旧，致使论文创新点不足；③对研究课题的国内外情况描述与分析、学术动态的了解及综述不够全面或研究综述太笼统缺少系统深入的梳理和评述；④阅读的文献陈旧，没有代表当前的研究现状。

专业学位硕士研究生学位论文主要表现在以下几方面。①论文选题与专业领域相去太远，与作者的专业不相关。例如，有专家给出的评语如"论文选题应该是有问题的，这一选题属于公共管理范畴，讨论的是相对宏观管理的问题即是深圳市外来务工人员的管理问题。而该论文申请的是工商管理专业学位，该专业学位是研究营利性组织经营活动规律以及企业管理的理论、方法与技术的科学。所以选题应该不符合工商管理领域的论文。"②论文题目显得宽泛，没有明确研究对象。③研究背景及意义的阐述看不出论文选题意义所在。④阅读的文献陈旧或所列参考文献过少，不足以支撑论文内容。⑤文献梳理和概述水平较差，前后衔接缺乏逻辑性；或对相关的国内外研究状况的论述缺乏必要的详细说明。⑥本属于应用开发类型的专业硕士论文，但实际上是按照学术硕士论文方向撰写的，既着力于理论和技术创新又兼顾解决工程实际问题，导致论文偏学术而限制了对工程问题的阐述，院系应当在开题和中期检查时把握好论文范围和方向。

2. 创新性与论文价值方面

在147份论文总体评价不合格的评阅意见中，创新性与论文价值的分项成绩不合格有106份，占72.11%。其中学术学位的论文占71.88%，专业学位的论文占72.17%。创新性与论文价值出现的问题集中在"论文创新性和价值性不高"等方面。

学术学位硕士研究生学位论文主要表现在：①论文缺乏实质性内容，逻辑推演缺乏深度，实证方法没有运用或缺乏必要的实验结果；②仅限于表面描述，体现不出理论方法的创新，也不符合硕士论文的基本结论要求（即使文科专业也要有具体调查及其分析）；③论文中明确提出的创新点不足以为一个硕士研究生论文通过的条件；④论文整体上以介绍为主，缺少学术性，没有自己的研究观点与结论或论点大多是对他人观点的重复没有发现新见解。例如，有专家评语为"论文研究结论等大部分为实际存在的内容综述，从研究角度是大白话，体现不出创新性来"。

专业学位硕士研究生学位论文主要表现在：①工作量偏少，且工作简单，尚停留在概念与应用表层；②论文的整体写法只是一个本科生毕业设计的水平，没有创新点，达不到硕士水平；③论文是一个设计报告，但较多地方缺乏实质性内容，没有实用价值；④论文所展现的内容过于陈旧，距离论文写作时间相差较远。例如，有专家评语为"全文材料均摘自公司相关技术报告和泛泛而谈的综述参考文献，论文基本就是资料的罗列，没有自己的创新工作"。

3. 科研能力与基础知识方面

在147份论文总体评价不合格的评阅意见中，科研能力与基础知识的分项成绩不合格的有89份，占60.54%。其中学术学位的论文占68.75%，专业学位的论文占58.26%。科研能力与基础知识出现的问题集中在"科研能力不足、基础知识不扎实"等方面。

学术学位硕士研究生学位论文主要表现在：①论文结论非常单薄，论文大量的叙述缺乏分析作为支撑，不知道作者如何得到文中的结论，学术研究方面极其不严谨；②论文工作量明显不足，文中内容很难反映作者实质性的研究工作和成果，不能反映作者掌握了本学科扎实的基础理论和系统的专业技能，无法反映作者具有独立从事本专业相关的技术开发、应用工作的能力。

专业学位硕士研究生学位论文主要表现在：①采用了文献综述的方法论述了文章主要内容，没有独立研究的相关过程和数据，对文中的结论也都无法予以证明，造成文章逻辑性和客观性弱；②从论文的叙述中看不出作者对类似问题的一般分析或处理方法，仅仅是一些教科书方法的罗列；③论文研究内容非常单薄，工作难度和工作量都偏低；④对在职工程硕士的论文，导师没有认真审阅或者碍于情面没有指正，不是一篇论文，应该说是工作总结。

4. 论文规范性方面

在 147 份论文总体评价不合格的评阅意见中，论文规范性的分项成绩不合格的有 90 份，占 61.22%。其中学术学位的论文占 56.25%，专业学位的论文占 62.61%。论文规范性出现的问题集中在"写作规范性欠缺"方面。

学术学位硕士研究生学位论文主要表现在：①引文的规范性不足，参考文献与注释不该混用，参考文献标注不规范；②语言不规范，论文语言表达的准确性较差，较多语句不通顺，存在较多错别字，口语化严重；③格式不规范，中英文摘要不够精练，某些措辞不够严谨；关键词不该有重复的词出现，关键词不该过长；文中图表不规范，文字大小不统一，公式大小不一。

专业学位硕士研究生学位论文主要表现在：①从目录到参考文献，均显现出随意，甚至可以认为是初稿；②论文写作不符合学位论文的规范，缺乏严格而专业的学术训练，论文内在逻辑性不强；③论文的撰写不规范，写作混乱，语句不通顺，可读性差，专业术语和图表不规范；④参考文献引用混乱（基本上无法对应），表现出对待学位论文的不严谨。例如，有专家评议为"论文格式问题多，甚至出现与论文不相关内容，体现出作者态度不够认真。需要作者导师确认是否与该校论文规范一致"。

四、解决的对策建议

学位授予单位通过学位论文质量抽检，将抽检结果运用到研究生教育资源分配，如与招生指标挂钩，对保证学位授予质量能起到很大的推进作用。因此，基于北京交通大学学位论文抽检中不合格意见学位论文的特征进行分析总结，对于构建内部质量保障监测机制，探索提高硕士学位论文质量的措施，具有重要参考作用。

1. 建立学位论文后评估反馈机制，强化导师对研究生学位论文质量的重视程度

以北京交通大学为例，为了切实提高研究生学位论文质量，学校将学位论文后评估抽检结果与研究生教育资源分配、学位授权点定期评估直接挂钩。建立了学位论文后评估反馈机制，对导师、学位点和学院分别有相应的处理措施。在当次抽检中，如果 3 位专家中有 2 位及以上评议意见为"不合格"，该论文认定为"存在问题学位论文"。

（1）对指导教师，抽检的学位论文出现"存在问题学位论文"，或当次抽检中出现 2 份"不合格"评审意见，该导师连续 2 年暂缓相应博士或硕士招生。出现 1 份"不合格"评审意见时，对指导教师进行书面告诫，下次重点抽查该导师所指导的学位论文。连续 2 年抽检中均出现"不合格"评议意见时，指导教师从次年起连续 3 年不能申请招生。

（2）对学位授权点，抽检的学位论文每出现 1 份"不合格"评议意见时，下年度该学位点减招 1 人。一次抽检中有"不合格"评议意见的学位论文达到 3 篇，或连续 3 年均有"不合格"评议意见的学位论文，报校学位委员会建议该学位点暂停招生。连续 3 年抽检中均有超过半数的学位论文出现"不合格"评议意见，报校学位委员会建议撤销该学位授权点。

（3）对学院，抽检的学位论文每出现 1 份"不合格"评议意见时，下一年相应核减该学院的 1 个国家奖学金指标。

通过近 4 年的论文抽检及反馈，进一步加强了导师对研究生学位论文质量的重视，促使导师更加专心开展学术研究，全身心指导研究生学位论文。

2. 完善学术学位和专业学位研究生分类培养机制，提升学术学位和专业学位研究生的教育质量

通过对北京交通大学近 4 年学位论文后评估抽检结果分析，专业学位研究生与学术学位研究生的学位论文质量相比具有一定的差距，而教育部文件明确提出学术学位和专业学位两个类型分别制定学位论文评议要素，因此，学位授予单位对学术学位和专业学位研究生的培养方案、学位

授予标准要分别制定，相应的导师队伍建设、学位论文评价指标体系等规章制度也应分别制定，促进分类培养，提升各类研究生的教育质量[4]。

3. 深入开展教学培养改革，推动一流研究生课程体系建设和培养模式创新

通过分析存在不合格评阅意见的学位论文，反映出研究生应该掌握的基本知识和技能存在薄弱环节，论文研究方法不科学等问题。为提高研究生的科研能力，根据近年研究生招生变化，对研究生课程体系、课程质量、学生和师资等课程建设方面存在的问题及挑战进行综合分析，调整和完善研究生课程体系，开展研究生教学改革活动，提高教师对研究生课程的授课质量，提升研究生学科知识和研究技能。

4. 设立研究生创新项目，提高学位论文的创新水平

通过对抽检不合格评阅意见的分析，发现学位论文选题缺乏创新性问题占比较大，学位授予单位设立研究生创新项目既可以提高研究生的创新能力，也能提高学位论文的创新水平。一方面，鼓励教师积极参与当前社会发展较为前沿的课题，导师应及时更新本学科领域的最前沿理论知识，将最新最热的理论带到课堂，这样在进行论文选题的时候才能避免对陈旧话题的重复研究。另一方面，充分发挥学校优势特色学科与各大高校、企业开展合作，研究生通过参加大型科研创新项目的锻炼不仅培养了科研创新意识又提高了科研能力，既加深了对本研究领域专业理论知识的掌握又可以丰富科学研究方法，对于撰写毕业论文有很大的指导作用[5]。

5. 建立以培养质量为导向的考评机制，强化导师立德树人职责意识

导师为了完成科研任务，没有将主要的精力用于培养研究生的基础研究能力和专业素养，使研究生在夯实基础知识方面的训练十分欠缺。如果兼任各种行政职务和社会兼职，会导致指导学生的时间非常有限。强化导师立德树人职责，建立以研究生培养质量为导向的考评机制，将培养质量作为导师招生资格审核的重要依据。建立科学的评价考核体系，督促导师加强指导研究生论文写作，定期组织学术研讨活动，支持研究生参加国内外学术交流，强化导师和研究生对学位论文的质量意识。

6. 强化学位论文过程管理与质量监控，提高研究生学位论文质量

建立研究生培养全过程监控体系，实现从开题答辩、中期考核、匿名评审、答辩等研究生培养全过程质量监测，实行硕士学位论文答辩末位延期制度。学校应制定每个过程具体考核时间，导师应定期检查和指导论文写作进程和写作情况，交流论文写作科学方法。实行论文预答辩制度，把关论文的选题是否属于本专业领域，对论文的创新性、学术水平、论文工作量等做出评价。通过预答辩可以及时纠正出现重大问题的论文，并指导论文的进一步修改，从而保证研究生学位论文质量。

7. 深化校企合作，搭建专业学位企业实践平台

为提高专业学位硕士研究生的学位论文质量，应在学位论文创新性及应用价值方面进行专门训练，注重培养学生解决实际问题的能力。学校通过整合资源，深化校企合作，搭建企业实践平台，真正落实专业学位硕士研究生的实践训练环节。在学位论文选题和撰写过程中，强调选题的实践导向和应用导向，在项目和资金等方面提供更多的支持。

五、结语

本文对硕士学位论文质量的研究是从后评估抽检方面对学位论文存在的问题进行分析，然后提出保障论文质量的对策。学位论文抽检是构建学位与研究生教育质量保证与监督体系的重要组成部分，可以切实了解学位授予单位研究生培养总体情况，客观评价研究生学位论文的水平，掌握各学科研究生的培养质量和导师的指导业务水平，从后评估结果中发现问题和不足，进一步强

化质量观念，提高研究生培养质量。

参考文献

［1］ 国务院学位委员会，教育部. 国务院学位委员会　教育部关于加强学位与研究生教育质量保证和监督体系建设的意见［Z］，2014-01-29.

［2］ 国务院学位委员会，教育部. 国务院学位委员会　教育部关于印发《博士硕士学位论文抽检办法》的通知［Z］，2014-01-29.

［3］ 李敏，陈洪捷. 不合格学术型硕士研究生学位论文的典型特征［J］. 学位与研究生教育，2017（6）：50-55.

［4］ 曹磊，邢蓉，才德昊. 研究生学位论文抽检中的问题预判与解决对策［J］. 学位与研究生教育，2016（1）：52-55.

［5］ 李瑞娇. H大学研究生学位论文质量调查及对策研究［D］. 保定：河北大学，2017.

高水平论文奖励制度对高校研究生科研创新的成效分析

——以北京交通大学为例

张 越

（北京交通大学研究生院，北京 100044）

摘 要：发表高水平论文是提高研究生科研创新能力的重要途径，也可以进一步促进研究生培养质量的提高。通过论文奖励制度，有助于引导研究生发表高水平的学术论文，激发研究生进行科学研究的积极性，进而促进高校科技创新。本文通过分析论文奖励制度的背景和近几年我校实施论文奖励制度的成效，探讨高水平论文发表趋势，调整激励机制，充分发挥奖励制度的优越性。

关键词：高水平论文奖励制度 高校研究生 科研创新

一、高水平论文奖励制度背景

1.1 我校高水平论文奖励制度概述

为支持和鼓励我校研究生撰写和发表高质量的学术论文，促进研究生培养质量的不断提高，根据我校研究生教育发展需要，学校对研究生为第一作者、北京交通大学为第一作者单位和通信作者单位发表或录用的高水平论文进行奖励。奖励金额根据期刊影响因子的高低来划分。我校规定，以 review 或 article 形式公开发表在 *Nature*、*Science* 上且被 SCIE 检索系统收录的学术论文，每篇奖励 12 万元；在学科影响因子前 5%（含）SCIE 或 SSCI/AHCI 收录期刊上公开发表的论文，每篇奖励 9 000 元；在学科影响因子前 5%（不含）和前 20%（含）之间的论文，每篇奖励 6 000 元；在学科影响因子前 20%（不含）和前 50%（含）之间的论文，每篇奖励 3 000 元；在学科影响因子位于后 50%的论文，每篇奖励 1 800 元；被 EI 检索系统收录的论文，每篇奖励 600 元。对于人文社科类，在《中国社会科学》、《求是》、《人民日报》、人大报刊复印资料等期刊报纸发表的学术论文和理论文章，每篇奖励 1 800 元。

1.2 我校高水平论文奖励理论依据

作为科研论文的载体，科技期刊的水平可以间接反映科研论文的质量，因此，如何认定科技期刊的水平成为高水平论文奖励的重要内容。影响因子是对一篇文献或文献集合获得客观响应、反映其重要性的宏观度量[1]。影响因子高的期刊，往往影响力更大，一定程度上反映了更高的学术水平。

为鼓励研究生关注高影响因子期刊，提升论文的质量，我校制定了依据影响因子进行分级奖励的政策。我校认定的高水平论文主要以 SCIE 或 SSCI、AHCI 和 EI 检索为主。SCI 是美国科学引文索引，是国际情报研究机构公认的著名检索机构，SCI（科学引文索引）作为一部国际性索引，主要侧重基础科学，集合了各学科的重要研究成果，收录的数据内容涉及数、理、化、农、林、医、生物等领域，已逐渐成为国际公认的反映基础研究水准的代表性工具，目前 SCI 涵盖自然科学领域内最重要、最具影响力的期刊 5 600 多种。[2]

EI 是美国工程索引，主要收集工程和应用学科领域的文献，数据来自全球 60 多个国家，原文所用语言 20 多种，每年收录的文献包含期刊、会议论文及技术报告等，学科种类涵盖化学、土木、电气等工程领域，是评价研究生科研成绩的重要依据。[3]

SSCI 即社会科学引文索引，是目前世界上可以用来对不同国家和地区的社会科学论文的数量进行统计分析的大型检索工具，内容覆盖包括人类学、法律、经济、历史、地理、心理学等 55 个领域。AHCI 是艺术与人文引文索引，涵盖超过 1 300 份艺术及人文方面的期刊。

对于人文社科类论文，我校综合考虑期刊在学科内的影响力和权威性，根据我校博士研究生攻读学位期间发表学术论文的要求，选定部分期刊进行奖励，鼓励学生发表学科内高水平论文。

二、我校论文奖励制度的实施与效果

2.1 高水平论文数量大幅增加

自 2013 年起，我校对研究生发表高水平论文连续 6 年进行了奖励。2013 年 11 月，研究生院高水平论文奖励评审系统上线，通过电子存档提高论文奖励的效率和资料的保真度，同时，从导师到学院再到研究生院的审核程序设计，保证了数据的真实性和有效性。

自论文奖励制度实施以来，我校研究生发表论文热情有了较大提高，尤其近两年，高水平论文发表篇数增幅明显，实现了论文质与量的快速增长，具体情况见表 1 和图 1。（其中，An1 为 SCI/SSCI 影响因子前 5% 的期刊，An2 为 5%～20% 的期刊，An3 为 20%～50% 的期刊，An4 为后 50% 的期刊，An5 为 EI 收录的文章，As 为我校认定的人文社科类奖励期刊）

表 1　近五年高水平论文奖励总体情况

	An1	An2	An3	An4	An5	As	总篇数	奖励金额/万元
2013	17	47	90	85	66	2	307	90.12
2014	22	89	162	156	111	5	545	157.56
2015	32	122	174	148	126	8	610	190.56
2016	45	126	161	168	128	6	634	203.4
2017	56	156	236	157	157	8	770	254.34
2018	57	230	310	208	113	14	932	330.78

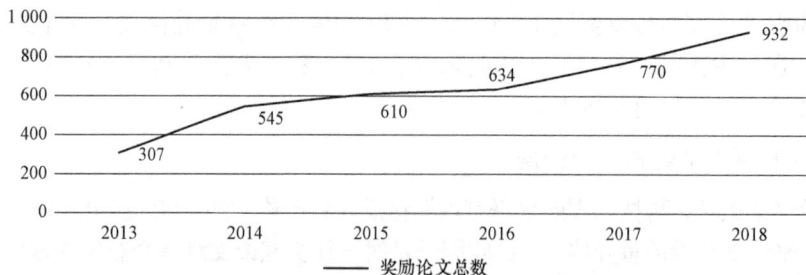

图 1　2013—2018 年论文奖励总篇数对比图

通过表 1 和图 1 可以看出，六年来我校的论文奖励数量呈稳步上升的趋势，从 2013 年的 307 篇到 2018 年的 932 篇，论文奖励数量每年都有很大的突破，其中，2017 年突破 700 篇，2018 年突破 900 篇。相对于 2013 年，2018 年奖励论文总篇数增长了近 2 倍，奖励金额增长了约 2.67 倍。可见，我校实施的论文奖励制度，极大地激发了学生发表论文的积极性，对我校科研创新也起到了良好的促进作用。

2.2 高影响因子论文增幅明显

高影响因子论文是衡量我校研究生培养质量的一个重要内容,发表高级别论文对我校科研水平的提高有着良好的促进作用。根据表2的统计数据可以看出,近两年学科影响因子在前20%(含)的SCI检索论文增幅明显,其中,2018年学科影响因子在前20%(含)的SCI检索论文287篇,比上一年增加了75篇,相比2013年,增加了223篇,增加了约3.48倍。

表2　2013—2018学科影响因子前20%的SCI检索论文情况

	2013	2014	2015	2016	2017	2018
An1	17	22	32	45	56	57
An2	47	89	122	126	156	230
总计	64	111	154	171	212	287

从图2可以看出,自2014年起,学科影响因子在前20%(含)的SCI检索论文数占总论文数的比例逐年增加,到2018年,占比达30.79%。学生发表影响因子在前50%的高水平论文的比例也一直保持在50%以上,见图3。

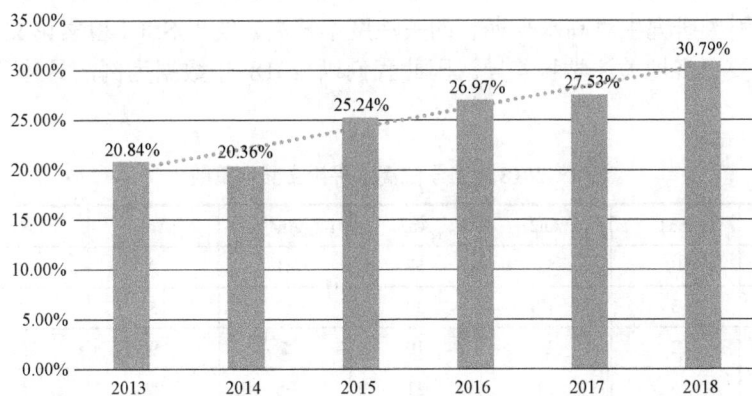

图2　2013—2018年发表An1和An2论文数占总论文数比例

从这个角度可以看出,高水平论文分级奖励,有助于促进学生关注更高影响因子的期刊,促进我校研究生学术能力的提高和科研水平的发展,也进一步反映出我校科研水平正在逐步提高。

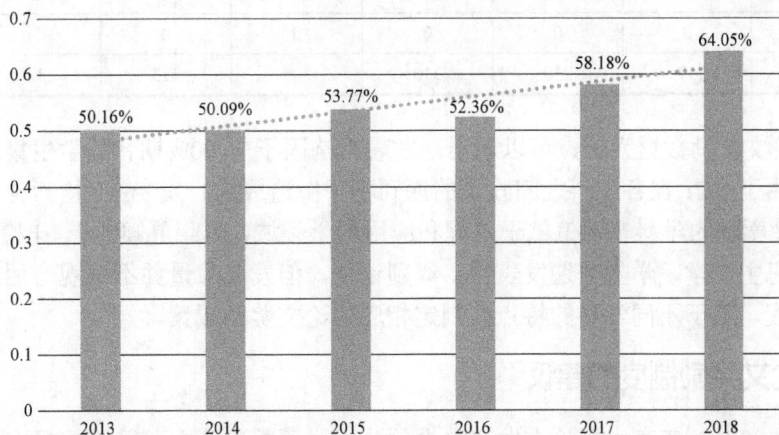

图3　2013—2018年发表影响因子前50%的论文数占总论文数比例

2.3　各学院发表高水平论文水平不均衡

表3　2013—2018年各学院发表高水平论文总体情况

年份/学院	电信学院	计算机学院	经管学院	运输学院	土建学院	机电学院	电气学院	理学院	马克思学院	总计
2013	96	28	4	29	31	21	27	70	1	307
2014	127	48	8	71	61	50	40	137	3	545
2015	142	71	15	59	67	61	34	160	1	610
2016	144	51	9	71	77	80	53	147	2	634
2017	167	52	25	101	122	89	45	169	0	770
2018	169	72	35	124	140	109	66	215	2	932
总计	845	322	96	455	498	410	265	898	9	3 798

　　自 2013 年起，从各学院论文发表总数看，电信学院、运输学院、机电学院、土建学院等理工科学生发表高水平论文篇数每年均有所增加，其中，土建学院增幅明显，2017 年较上一年增幅达 58.44%，较 2013 年篇数增加近 3 倍。理学院和电信学院发表论文占论文总数的比率最高，均超过 20%。由于学科特点等原因，经济管理学院和马克思主义学院发表论文篇数较少。

　　可见，人文社科类研究生对高水平期刊的关注度不够高，发表 SSCI 检索论文的积极性不高，这也提醒论文奖励要更多地关注学科差异。因此我们以 2018 年数据为例，具体分析不同学科发表论文的差异性。

表4　2018年各学院高水平论文奖励篇数

学院	An1	An2	An3	An4	An5	As	总计
电信学院	10	52	57	41	9	0	169
计算机学院	3	17	30	17	5	0	72
经管学院	2	3	10	5	9	6	35
运输学院	6	14	41	36	22	5	124
机电子学院	9	34	30	22	13	1	109
土建学院	4	31	34	26	45	0	140
电气学院	10	15	24	10	7	0	66
理学院	13	64	84	51	3	0	215
马克思主义学院	0	0	0	0	0	2	2
总计	57	230	310	208	113	14	932

　　以 2018 年论文奖励数据为例，可以看出，发表影响因子前 20%期刊的学生集中在理学院和电信学院。这是由于 SCI 在各学科之间收录的期刊不平衡造成的。发表 EI 检索论文最多的学院是土建学院，土建学院的学科普遍偏重于工程和应用科学领域，因此更倾向于 EI 检索论文。经济管理学院和马克思主义学院学生普遍发表 As 级别论文，但发表数量并不乐观。因此，可以考虑完善论文奖励制度，基于不同学科的特点，制定相应的论文奖励政策。

三、完善论文奖励制度的建议

　　通过对 2013—2018 年高水平论文发表数据的分析，可看出论文奖励措施极大地提高了研究生发表高水平论文的积极性，但依然存在一些问题。一是 SCI 刊源滞后性，目前，我校高水平论文奖励政策对录用的文章也进行奖励，但由于统计等原因，现行 SCI 刊源库滞后一年，不能特别准确地定位奖励的级别；二是高水平论文发表学科间不均衡，人文社科类发表 As 类文章较少，六年共奖励 14 篇。通过探讨以上问题，我们提出针对性的改进建议。

3.1　关注学科差异，充分发挥奖励制度的导向作用

目前，我校论文奖励主要依靠 SCI、EI 两大检索系统。虽然这两个检索系统在国际上具有很优秀的影响力，但是依然存在收录期刊不均衡的问题。根据本文 2.3 部分的数据分析，可以看出，SCI 收录的期刊更倾向于理学和理论性更强的学科，EI 更倾向于工程类的学科，因此，可以考虑不完全基于这两大检索系统，向人文社科类的评选标准靠近，基于不同的学科特点制定不同的奖励政策。例如，在计算机领域，有一些高影响因子的会议的国际影响力不亚于 SCI 检索期刊，因此，可以让院学位委员会提供一些相关领域和学科的高水平期刊名单，一定程度上减少学科间奖励的不均衡问题。

3.2　注重奖励形式，充分发挥奖励制度的激励作用

物质奖励一直以来都是促进学生发表高水平论文的一个重要动力，但是通过调研国外高校，我们发现，国外高校更多地鼓励学生形成一种自主做科研的意识。作为一名研究生，只有从内心认定了科研的重要性，才能从根本上促进我校的科研创新。因此，在物质奖励的同时，可以对贡献高水平论文最多的学生进行表彰，促进榜样意识的形成，激发研究生学术贡献潜力。

3.3　关注他引次数，提高奖励制度的科学性

目前，检验一篇文章的影响力，并非只能依靠几大检索系统，我国知网每年会发布他引次数高的高水平文章，论文的引用情况往往更能反映论文水平的高低。因此，在依靠两大检索系统的同时，更应关注单篇论文的引用情况，可以设立单独的高引用频次奖项。

目前我校对录用的 SCI 论文进行奖励，虽然避免了论文见刊周期长等问题，但是 SCI 刊源的滞后性，对于级别认定有一定的局限性，同时，他引次数也无法对这类录用的文章进行衡量。因此，建议取消奖励录用文章，对于见刊且有一定学术影响力的文章设立相应的奖励。

参考文献

[1] 何静，孙琇. 如何看待影响因子？[J]. 中国出版，2006（7）：46−48.

[2] 百度百科. 关于三大检索系统的介绍 [DB /CD]. [2017−07−31]. http：//baike.baidu.com.html.

[3] 百度百科. 关于三大检索系统的介绍 [DB /CD]. [2017−07−31]. http：//baike.baidu.com.html.

基于我校学位授权点合格评估工作的几点思考与建议

孙明东　赵　婧

（北京交通大学研究生院，北京　100044）

摘　要： 学位授权点合格评估作为教育部两大评估之一对学校的长远发展具有重要的意义，学位授权点合格评估以自我评估为基础，每六年开展一次。本文主要就首次学位授权点合格评估工作开展过程中遇到的问题进行梳理，明确学位授权点合格评估与学科评估的不同，针对我校学位授权点合格评估工作开展情况，发现问题，及时总结与思考，旨在探索更适合学校自身发展的学位授权点自我评估方式。

关键词： 学位授权点合格评估　动态调整　基本要求　评估流程及建议

按照国务院学位委员会、教育部《国务院学位委员会　教育部关于印发〈学位授权点合格评估办法〉的通知》（学位〔2014〕4 号）和《关于开展学位授权点合格评估工作的通知》（学位〔2014〕16 号）文件精神，2014—2019 年全国将开展一轮学位授权点合格评估工作。作为教育部三大评估体系之一的学位授权点合格评估按照博士、硕士学位授权点和授权期限分为两类。第一类是面向获得学位授权满 3 年的新增学位授权点开展的专项合格评估，专项合格评估由国务院学位委员会办公室统一组织，委托国务院学位委员会学科评议组和全国专业学位研究生教育指导委员会实施；第二类是面向获得学位授权满 6 年的既有学位授权点，在没有批准撤销的情况下均需参加合格评估。

学位授权点合格评估分为自我评估和教育部随机抽评两个阶段，以学位授权点自我评估为主。自我评估旨在发现学位授权点存在的问题和不足，促进学位授权点建设，为诊断式评估。作为合格评估中最重要的环节，自我评估由各学位授予单位某个部门组织执行。随机抽评由教育部按照一定规则一定比例抽查，一旦抽检不合格将撤销该学位授权点。[1]

一、学位授权点合格评估与学科评估的区别

近年来，各种评估层出不穷，而学科评估和学位授权点合格评估又都是针对博士、硕士学位授权点开展的专门评估，因此，在日常工作当中，经常会有人把二者相混淆，甚至有人误认为它们是完全相同的工作。其实不然，学科评估与学位授权点合格评估二者之间存在着本质的差异和区别，切不可将二者相提并论，混为一谈。

首先评估的组织和意义不同。学科评估是教育主管部门（教育部学位与研究生教育发展中心）面向全国学位授予单位自主开展的服务型评估，增进社会对学位与研究生教育的了解和认识，为考生选择学校、专业提供重要的参考依据，又称学科排名。学位授权点合格评估是对学位授权点学位授予资格进行的评估，着眼于强化自律建设和内涵建设，是我国学位授权审核制度的重要组成部分，分为学位授予单位自我评估和教育行政部门随机抽评两个阶段，并且以自我评估为主，通过自查自纠，帮助推进研究生教育综合改革和质量保障体系建设，又称合格评估。

其次评估的范围不同。学科评估的评估范围均是以学术型学位授权点作为参评的基本单位，

不是所有点都需参评且对于参评学科学位授权获批时间没有任何要求。学位授权点合格评估则要求新增学位授权点和满 6 年的所有学位授权点均需参加评估，覆盖面较全。

最后评估的内容和重点不同。学科评估是对一级学科整体发展水平的检验和评价。重在衡量学科发展水平。学位授权点自我评估是以人才培养为核心，把人才培养质量、特色和效益作为评估内容的重点，检查研究生教育质量和学位授予质量。[2]

二、我校学位授权点合格评估的开展情况

按照教育部文件通知，学校积极布置，制定评估方案，通过征求评估专家组意见，依据国家抽评要素和学校自身特色分别制订适用于学术学位和专业学位授权点的自我评估三级指标体系，同时确定了评估指标体系权重和评估标准，重点突出人才培养质量，在内容上涵盖研究生培养的全部过程。各学位授权点按指标体系逐一对照检查，同时按照要求开展专家评审，发现问题并整改。

学校学位授权点自我评估工作，共分为八个阶段。

第一阶段，研究制定自我评估工作方案。学校多次召开专题会议，研究制定《北京交通大学学位授权点自我评估工作方案》，经学校审议批准后，按时上传至"全国学位与研究生教育质量信息平台"用于公示，同时上报上级部门。

第二阶段，试点评估及修正指标体系。研究确定三个学位授权点进行试评估，组织专家根据试评估结果，对学位授权点自我评估方案及相关指标体系进行修整，形成最终评价指标体系。

第三阶段，学院自我评估。按照修正后的指标体系，各学院组织所有相关学位授权点，开展全面自我评估。各学位授权点梳理资料，形成《学位授权点自我评估分析报告》召开专项评审会，邀请同行专家会评并提出结果和建议。学院评估工作组根据专家意见形成学院评估结论，按时报送至学校办公室。

第四阶段，学位授权点自我对照整改。各学位授权点根据自评估过程中专家提出的问题和不足，再次认真对照博士、硕士学位基本要求，按照学位授权点合格评估抽评要素和学校自我评价体系，逐项逐条的开展相应的整改工作。

第五阶段，学科评议组或专业教指委委员评估。学校组织学位授权点将《总结报告》送国务院学科评议组成员或专业学位教育指导委员会委员函评，根据反馈意见学校组织专家结合抽评要素对总结报告进行多次的修改与完善，最终提交学校学位委员会审议。

第六阶段，学位授权点动态调整及撤销。各学位授权点按照动态调整相关文件，结合学校需求、学位授权点发展现状和前景，自主撤销不符合学校发展的相关学位授权点，并做好相应的学科安置工作。撤销学位授权点需经校学位评定委员会审议通过，自主撤销的学位授权点用于学校统筹。

第七阶段，信息公示与公开。依据自评估工作要求，学校整理完成自评估总结报告及自我评估结果汇总表，上报"全国学位与研究生教育质量信息平台"公示，接受社会监督。

第八阶段，教育部随机抽评。目前学校在等待教育部随机抽评工作，抽评采取随机选取的方式确定抽评点，覆盖所有学位授予单位。抽评比例一般不低于参评博士、硕士学位授权点的 20%。随机抽评一般采取通信评议方式，个别学位授权点会进行实地评估。

三、自我评估存在的主要问题

在自我评估过程中，由于学科发展不均衡，师资及科研经费投入不足等问题学校自主撤销了8 个学位授权点，但通过本次学位授权点自评估工作的组织，也发现学位授权点建设中存在一

些共性的问题。

（一）自我评估意识不够，存在"扬长避短"现象

在此次自我评估中，一些学位授权点对此项工作没有足够重视，认为是一项应付性工作，缺乏对自我评估深远影响和意义的深刻认识。不愿意自我批评，扬长避短，对于专家评审也有走流程，走形式的嫌疑。另外，学位授权点总结报告完成后，一些发展前景明显不足的学位授权点不愿意申请撤销，试图保留。

（二）基础信息数据库有待完善

在此次自我评估中，各学位授权点很重的一块任务就是在采集和处理数据，工作量非常庞大而且繁杂，同时更新某个数据时也需要重新梳理和计算，难以实现评估信息数据的自动获取和共享。

（三）评估工作队伍建设仍需加强

评估工作队伍主要包括评估专家队伍和评估管理队伍。此次自评估的形式审查中，主要是以研究生院部分管理人员为主，由于对外交流和经验不足等因素，对于总结报告整体内容的提升有些乏力，理论水平需要进一步加强。同时评估专家队伍也需要建立长效化、权威化机制。

四、对学位授权点合格评估的几点建议

作为首次学位授权点合格评估，存在一些问题无可厚非，学校在总结此次自评估经验基础上，进一步完善和提升学位授权点合格评估工作，提升工作水平，特提出以下建议。

（一）提高认识，彰显学位授权点自评估成效

自我评估是来发现学位授权点自身的问题和不足，学校应以社会和市场需求为目标，积极改进，动态调整学位授权点。如果仅是应付工作或为了遮丑，必然不会让学位授权点自评估认识到自身的不足与短板，学院和学位授权点需从思想上正视自我评估工作，提高认识，目光长远，结合社会需求与自身特点，及时调整，让学位授权点做出特色和水平。

（二）明确基本要求，保证学位授权点评估质量

目前，在学位授权点合格评估中，我国并没有下达统一的评估方案，但是仍然需要确定其中的基本要求，只有这样才能保证学位授权点合格评估质量，在此过程中，学位授权点需要自己拟定相应的评估方案，该方案必须在国家基本要求之上，也可以要求持平或者更高。这两种情况都能保证最终学位授权点合格评估要求的质量，同时也打破了传统国家统一制学位授权点合格评估基本要求的局面。[3]

（三）及时总结，提升学位授权点管理人员水平

学位授权点合格评估不仅为了得到社会各界对学位授予的认可，同时还能够对学位授权点的特色、培养目标以及培养标准展开认证判断其是否符合相应标准。在学位授权点合格评估之后，相关人员需要展开自我总结，提出相应的修改意见，在此过程中必须保证材料准备的真实性，根据实际情况找出学位授权点合格评估中存在的问题及原因，及时整改，最终达到提升学位授权点合格评估质量的目的。

（四）丰富评估方式，建立学位授权点自我评估监督机制

此次评估中，我们采用了专家会评加函评的方式多层次进行评估，同时也鼓励多样化评估方

式，多角度地对学位授权点情况进行全面及客观的认识，继而更进一步指明未来学位授权点建设方向。建立相应的学位授权点合格评估监督监察机制，对学位授权点合格评估中各个环节都要展开监督管理，保证监督管理的透明及公开。[4]

（五）依托大数据，实现学位授权点评估数据实时联动

学校应该建立一套针对大学科的数据库，大学科数据库可以服务相应的学科和学位授权点，通过前期对数据的规范处理，可以让数据提取和整理的工作量大大减轻。依托现有信息平台，实现资源整合，建立自我评估长效机制。

参考文献

[1] 孙小娜. 地方高校学位授权点自我评估浅析：基于某地方高校学位授权点自我评估实践 [J]. 科教导刊（中旬刊），2018（7）：4−5.

[2] 赵良，刘文丛. 学科评估与学位授权点合格评估的差异性比较分析 [J]. 中国高等教育评估，2018，29（2）：39−41.

[3] 霍清清，朱璐，周雪. 河北省高校研究生培养质量提升路径研究：基于学位点自我评估视角 [J]. 现代营销（创富信息版），2018（10）：203.

[4] 侯利杰，马罗丹. 关于学位授权点合格评估的思考与探索 [J]. 科技风，2018（31）：25.

学位论文匿名评审分配模式研究及系统设计

赵俊铎　姚恩建

（北京交通大学交通运输学院，北京 100044）

摘　要： 学位论文是衡量研究生教育质量的重要指标之一，是研究生教育的重要组成部分和总结性成果。对学位论文的正确评价，关系到对申请人学术水平的综合、全面、系统的考察。本文对学位论文评审分配制度及流程进行了深入了解，针对论文评审分配问题的关键环节进行了研究，围绕论文评审分配模式及相应分配系统的设计开展，实现了论文评审分配工作的准确、高效性。研究结果已经投入使用，成果显著，有效提升了评审分配工作的精度与效率。

关键词： 论文评审　评审分配　评审系统

研究生学位论文是衡量研究生教育质量的重要指标之一，它综合体现了研究生的科研能力、创新能力、掌握和运用知识能力及书面表达能力，是研究生教育的重要组成部分和总结性成果[1~4]。学位论文质量的高低不仅反映了学位申请者本人的科研能力和学术水平，也是学位与研究生教育质量的集中体现。国外学者的有关调查表明，学位论文在研究生教育中的作用，是任何方法所不能替代的[4]。因此，对学位论文的正确评价，不仅是对学位申请人学术成果的鉴定，还是对申请人的实际学术水平是否符合学位授予要求所进行的综合、全面、系统的考察。

本课题针对硕士学位论文评审中的关键问题——"评审分配"展开研究，详细论述了对评审分配工作的改进方案，课题的研究成果已经投入使用，成果显著，有效地提升了评审分配工作的精度与效率。

一、研究背景

（一）现状分析

北京交通大学交通运输学院自 2013 年起，对申请硕士学位的论文采取全部匿名评审，通过"学位论文匿名评审系统"对论文进行网上评阅。同时，学院学位评定委员会出台了硕士学位论文匿名评审规则，详细如下。

交通运输学院硕士学位论文匿名评审分为两个阶段，即评审阶段和再审阶段；评审意见分为同意答辩（A）、修改后答辩（B）、修改后再审（C）、不同意答辩（D）。①评审阶段，学院根据学位论文的研究内容送两位专家评审；②如果两份评审意见均为 A 或 B，则通过匿名评审；③如果两份评审意见中一份为 C 或 D，另一份为 A 或 B，评审结果产生争议，则进入再审阶段进行评审；④如果两份评审意见均为 C 或 D，则未通过本次匿名送审；⑤进入再审阶段的论文在规定期限内进行修改，并再次提交进行评审；⑥再审阶段评审意见为 A 或 B，则通过匿名评审，反之则未通过。

为保证硕士学位论文匿名评审的公平性、公正性、合理性，学位论文与评审教师的准确匹配至关重要。目前，学院年度参评硕士学位论文400篇左右，且相对集中于6月；学院参评教师（获硕士生指导教师资格或副教授及以上专业技术职务的教师）约120余位。由于我院硕士学位论文包括工学、理学、管理学、专业学位4个学位类别（领域）的6个专业，且教师研究内容均围绕交通运输相关领域，研究方向相互之间存在交叉，在学位论文分配过程中存在很大困难。

原有的论文分配方法是根据参评论文的研究领域进行笼统分类，再根据教师的具体研究方向进行细分。这种分配方法存在以下缺点。

①论文具体细分的工作量大，且由于时间限制，工作强度很大。

②分配教师不正确。评审教师对于分配论文的研究内容不熟悉甚至不了解的概率很大。如果评审教师勉强进行评审，对论文评审的公平、公正和合理性有很大程度的影响；如果教师退回评审论文，则二次分配的返工工作量增大。

③个人依赖性较强。该分配方法要求分配工作人员对于全体评审教师的研究方向有详细了解，准备工作量较大；且更换工作人员时，新人入手较慢，对于分配工作人员的依赖性较强。

④分配误差大。当人工分配大量论文时，人员会阶段性出现疲劳期，分配工作存在很大误差。

⑤教师评审数量不均衡。由于人工无法在分配的同时均衡120余位教师的论文评审数量，因此每位教师的工作量也存在较大的不均衡。

（二）研究内容

本文对硕士学位论文评审分配制度及流程进行了深入了解，并调研了其他院校的匿名评审分配制度，针对学院论文评审分配问题的关键环节进行了研究，围绕论文评审分配模式及相应分配系统的设计开展，通过建立维护评审教师数据库、优化匹配方式及相应系统的设计，实现论文评审分配工作的准确性、高效性。

本文将通过五个章节对论文分配优化方法进行论述。第二章节对评审教师数据库的建立与维护进行阐述；第三章节对论文分配匹配方式及评审数量均衡方式的构建进行阐述；第四章节对论文评审分配系统的设计框架进行阐述；第五章节进行总结及研究展望。

二、评审教师数据库的建立与维护

（一）数据库框架结构

数据库表头分为3个部分，分别为基础信息部分、论文信息部分和检索信息部分。基础信息部分包括作者、系所；论文信息部分包括论文题目、论文关键词；检索信息部分包括研究领域、索引词。

其中系所是指作者所属系所，用于匹配时的回避方式使用；论文题目、论文关键词以原文所列为准；研究领域是根据我院特定的专业情况设置的，包括铁路运输、道路交通（包括公路）、城市轨道、运输物流和电子商务5种类别；索引词是指在研究领域的基础上对该论文研究方向的准确描述，以便于后续匹配过程中的精确匹配方式。

（二）数据库内容来源

在评审教师数据库内容的来源筛选上，对于新晋升的硕士生指导教师，选取其未曾独立完成硕士生指导，但是已经具备一定学术研究基础，发表了一定数量的学术论文，且以最能代表研究方向的论文作为基础数据。对于已独立完成硕士生指导的导师来说，其已发表论文可能年代较为久远，不能准确代表其现有研究方向，因此将其完成指导的硕士研究生的学位论文作为代表其研究方向的基础数据。因此，本文将数据库的内容来源确定为两大部分，即发表论文情况和指导论文情况，从而更加准确地反映教师的研究方向。

对于发表论文情况，研究选取了维普、万方、CNKI 等多个中文数据库进行检索，将全部评审教师的发表中文论文情况摘录作为基础数据，摘录后以上述表头形式进行条目记录。被检索教师作为第一作者、第二作者和通信作者的论文均属于该数据库有效记录。[5-8]

对于指导论文情况，将评审教师指导的每位已毕业硕士研究生的学位论文作为该导师的基础数据进行摘录，作者一栏仅为指导教师名字，第二导师也同等认定为指导教师进行摘录。全部我院毕业的硕士生的学位论文均认定为数据库有效记录。[9-11]

（三）数据库更新维护

根据数据库内容的不同，其更新维护也相应地分为两个部分。

对于发表论文情况的更新，由于每年度评审教师会有增减，且已有评审教师会有新论文发表，因此设定每年度进行数据更新。由于学校硕士生指导教师资格遴选时间为每年 4 月，因此将更新时间设定为每年度 5 月。

对于指导论文情况的更新，由于学校每季度会进行硕士学位授予工作，根据硕士每季度的毕业时间，将更新时间设定为每年的 1 月、4 月、7 月、10 月。

三、论文分配匹配方式及评审数量均衡方式的构建

（一）论文索引词的提取

索引词不同于关键词，索引词要求对文章的研究方向有更加精确的描述。由于基础数据库中的关键词和参评论文在关键词的提取中有很大的差异性，单纯地使用关键词进行检索，匹配的概率较小。因此，本课题研究借鉴搜索引擎的索引词的方式，来准确描述论文的研究内容。

索引词一般情况下设置 1~2 个，可以是关键词中的某个词语，也可以是题目中提取的某个词语，或者是经过提炼、能够更加准确描述论文研究内容的词语。[8]

索引词分为数据库索引词和参评论文索引词。数据库索引词中的导师指导论文情况的索引词就是随着数据库的更新由参评论文转化而来的。在检索匹配时，数据库索引词作为精确匹配的参照物，而参评论文索引词作为检索关键词。[8]

（二）论文匹配

在论文匹配检索的过程中，检索结果（即备选项）的数量会直接影响该检索工作是否成功。几乎所有的评审教师发表或者指导的论文不止一篇，在数据库中会存在该教师的多条记录，而其研究的领域方向也相同或相近，在检索时，同时检索到同一教师的多条记录的情况极为常见。但是由于评审规则限定每篇参评论文由两位评审教师进行评审，如果仅检索到一位教师的多条记录，那么该检索工作即为失败。除此之外，检索结果的数量还会影响后续教师评审数量的均衡工作。如果大部分论文仅仅满足检索到两位评审教师，则评审数量的均衡工作将无法进行。因此，检索结果的数量对于论文匹配工作至关重要。

硕士学位论文具有一定的创新性，如果仅用关键词或者索引词进行精确检索，则大部分论文无法找到与之相匹配的多条目标记录。因此，我们设定了 3 种级别的匹配精度，简单分为高级、中级、初级匹配。

高级匹配（即精确匹配方式）是指用参评论文的索引词精确匹配于数据库记录的索引词，或者精确匹配于数据库记录的关键词，或者精确包含于数据库记录的论文标题的匹配方式。该种匹

配的成功记录较少，且大多集中在同一评审教师的记录上。

中级匹配（即一般精确的匹配方式）是指用参评论文的索引词模糊匹配于数据库记录的索引词，或者模糊匹配于数据库记录的关键词，或者模糊包含于数据库记录的论文标题的匹配方式。该种匹配的成功记录较多，评审教师数量较多，是最为常用的匹配方式。

低级匹配（即粗略匹配方式）是指用参评论文的研究方向匹配于数据库记录的研究方向的匹配方式。该种匹配的成功记录数量巨大，且评审教师众多，常用于研究领域较为生僻的论文的分配。

研究将三种匹配方式设定优先级，优先进行高级匹配。如果高级匹配成功选取了两位及以上的评审教师，则记录该评审教师，并将中级匹配的结果作为评审数量均衡工作的备选项；如果高级匹配未成功则采用中级匹配作为匹配结果及评审数量均衡工作的备选项；如果高级匹配和中级匹配均无法成功，则采用低级匹配。

（三）回避方式

交通运输学院教师目前分别归属为 7 个系所（实验室），分别为运输系、交通系、城轨系、物流系、系统所、科学所、国家重点实验室。系所（实验室）内部会根据研究课题或者研究方向自发组成多个团队，团队内部存在研究生协同培养的情况，而各系所（实验室）之间在研究方向上既有交叉、又有区别。

鉴于我院实际情况，在论文评审分配时除了要回避本人指导教师外，还需尽量回避系所。但是如果完全回避系所，在匹配过程中，很难保证高级匹配和中级匹配能够检索到足够数量的记录。因此，本课题采用"导师完全回避"和"系所部分回避"相结合的方式。当高级匹配和中级匹配方式有足够数量的记录时，进行系所回避；当数量不足时，仅回避导师。

（四）评审数量均衡方式

评审工作除了要保证评审的公平性、公正性外，还需考虑评审教师分配的合理性。评审工作也是教师培养工作的一部分，在工作量分配中也需具有一定的合理性和均衡性，因此本课题制定了教师评审数量均衡方式的原则，具体如下。

①以人均评审数量为均值，以均值±1 篇为阈值调整评审教师数量（特殊情况可酌情部分调整为 2 篇）；

②优先调整"已分配篇数−均值"绝对值较大的教师，优先次序依绝对值大小依次递减；

③调整时，优先更换高级匹配成功的备选项；

④调整时，不更换低级匹配成功的备选项。

经实际数据检验，以上均衡方式原则上能够调整 95%以上的评审教师评审数量，剩余个别评审数量较多的教师可以人工进行调整。

四、评审分配系统设计

课题研究拟采用 C#编程语言实现论文评审分配系统，采用 Oracle 数据库存储评审专家信息。

（一）系统功能模块设计

学位论文匿名评审分配系统包括以下 5 个功能模块：论文调用模块、数据库管理模块、评审分配模块、数量均衡模块和人工操作模块。

（二）各功能模块内容设计

各模块内容及实现的功能如下。

1. 论文调用模块

①论文地址输入功能：输入参评论文数据集的地址信息。参评论文数据集以 Excel 形式创建，其中至少包含匿名代码、论文题目、指导教师名称、论文关键词和论文索引词。

②论文数据读取功能：将 Excel 数据集中的信息转换为 C#语言表结构。

2. 数据库管理模块

①数据库地址输入模块：输入数据库信息表的地址。数据库信息表以 Excel 形式创建，包含内容见本文"数据库框架结构"部分。

②数据库添加模块：将读取的 Excel 数据库信息表转化为数据库表结构，并追加至原有数据库中。

③数据库删除模块：将读取的 Excel 数据库信息表转化为数据库表结构，并将原有数据库中与该信息表中匹配的信息删除。

3. 评审分配模块

在评审分配模块中设定两个评审专家名额、20 个备选专家名额；设定 5 个优先级，分别以 0－4 代表，4 的优先级最高，具体优先级划分如表 1 所示。根据优先级 4 至 1 的顺序依次筛选 2 位评审专家和 20 位备选专家名单，直至满足 2 位评审专家和 1 位备选专家的条件后停止；如果该 4 个优先级仍未满足上述条件，则筛选优先级为 0 的条件，并将筛选结果反馈至人工操作模块。

表 1 评审分配模块优先级设定

优先级	匹配等级	是否回避系所
4	高级匹配	是
3	高级匹配	否
2	高级匹配+中级匹配	是
1	高级匹配+中级匹配	否
0	低级匹配	是

4. 数量均衡模块

①均值输入模块：输入设定的教师平均评审篇数。

②异常反馈模块：将未满足数量均衡条件的评审教师名称及其评审篇目反馈至人工操作模块。

5. 人工操作模块

①低级匹配操作模块：读取评审分配模块反馈的低级匹配的论文名称和评审教师备选名单，并进行人工指定。

②数量均衡操作模块：读取数量均衡模块反馈的未满足数量均衡要求的评审教师名称及其评审篇目，并进行人工调整。

五、总结及研究展望

本文对硕士学位论文评审分配制度及流程进行了深入了解，并调研了其他院校的匿名评审分配制度，针对学院论文评审分配问题的关键环节进行了研究，围绕论文评审分配模式及相应分配系统的设计开展，通过建立维护评审专家数据库、优化匹配方式及相应系统的设计，实现论文评审分配工作的准确性、高效性。

课题的研究很大程度提高了论文评审分配的效率和准确程度，但有部分环节尚有待改进，具体如下：

①索引词的选取尚为人工操作，具有一定的工作量；

②数据库的更新维护也无法实现自动化；

③数据库仅包含中文检索源，对于中英文转换尚有待进一步研究。

参考文献

[1] 成龙. 社会科学类研究生学位论文评审制度的研究 [J]. 改革与开放，2011（6）：154－155.

[2] 黄思记，李申申. 俄罗斯副博士学位论文评阅模式及其合理借鉴 [J]. 研究生教育研究，2016（6）：92－95.

[3] 姜凌彦，郭俊仓. 学术论文评审指标体系设计 [J]. 科技情报开发与经济，2004（9）：32－33.

[4] 廖建桥，文鹏，胡凌芳. 我国学术论文评审标准研究 [J]. 科学研究，2010，28（8）：1128－1134.

[5] 刘鹏. 基于 PHP 的论文评审系统设计与实现 [J]. 山东工业技术，2017（9）：227.

[6] 律颖，王凤清，王青. 提高学位论文质量的措施与分析 [J]. 科技文汇（中旬刊），2016（5）：1－4.

[7] 马莉萍. 浅析研究生学位论文评审及主要方法 [J]. 科技管理研究，2005（10）：135－137.

[8] 庞富祥，李彦民. 学术论文评审专家数据库的建设 [J]. 科技与出版，2000（3）：42－43.

[9] 孙多勇，王瑞. 公共管理专业硕士（MPA）学位论文评审指标体系研究 [J]. 高等教育研究学报，2006（2）：74－77.

[10] 许淳熙. 论文评审的历史考察 [J]. 自然辩证法研究，2004（8）：85－87.

[11] 张永军. 图书情报学专业职称论文评审创新体系研究 [J]. 现代情报，2005（4）：144－146＋149.

研究生学位论文写作中常见问题分析

佟庆彬　吴命利　林　飞　郝亮亮

（北京交通大学电气工程学院，北京 100044）

摘　要： 研究生学位论文是整个研究生培养过程中的一项重要组成部分，其质量一定程度上反映了研究生的科研动手能力和创新精神，是衡量研究生培养是否成功和学术水平如何的重要标志。基于近年来评审的研究生学位论文，就其整体质量进行评价，出现了明显下滑的现象。针对研究生学位论文评阅中出现的一些写作中的共性问题，本文研究了学位论文选题、论文文献综述、论文结构和论文规范化存在的一些问题，并对产生这些共性问题的影响因素进行了分析，给出了提升研究生学位论文写作质量的相关建议。

关键词： 学位论文　选题　论文结构　文献综述　写作规范化

一、引言

研究生学位论文是整个研究生培养过程中的一项重要组成部分，撰写学位论文是研究生在攻读学位过程中的核心任务，是对研究生所学的理论知识及创新能力的全面考查。学位论文质量在一定程度上反映了研究生的科研动手能力和创新精神[1]，是衡量研究生培养是否成功和学术水平如何的重要标志，也是评测研究生培养质量的重要手段，对于学科专业的发展也具有重要意义[2]。

影响研究生学位论文质量的问题和因素是多方面的。其中，社会和高校内的科研学术风气浮躁对研究生有所影响，并折射到研究生学位论文质量上；在围绕学位论文展开的教学和科研环节中，由于指导教师在科研方向的把控上不力和科研的深度和广度有所欠缺、研究生自身所具备的科研素养不够、学科专业课程设置有问题等，这些方面都对研究生的培养造成影响，致使学位论文质量出现下滑现象。

从近年来参加评审的研究生学位论文来看，研究生的学位论文在选题、论文结构和撰写等多处环节内都存在一定的问题。从现实意义上讲，研究生学位论文的选题，是学位论文中确定研究方向并解决问题的前提。当前，学位论文在选题上存在着论文标题指向不明确；研究内容和范围过大或过小；标题的语言表达不简练或不规范；英文标题与中文题目不一致等等。在文献综述上，存在着文献引用年限陈旧和数量不够，对研究的问题没有深入分析和调研，致使其对所研究问题的国内外现状流于表相[3]。在结构上，论文存在着前后脱节，内容逻辑比较混乱。在撰写技能上表现欠佳，主要是写作不规范，遗漏标点符号，文献引用不规范、格式不正确，计量单位前后不一致，数据前后矛盾，图的注释与图片内容脱节，错别字等问题[4]。

因此，为了保证研究生学位论文的质量，有必要对研究生学位论文中常见的问题进行分析，探求影响学位论文质量的因素。

二、学位论文审阅中发现的问题

研究生完成学位论文的撰写是其培养过程中的一个重要环节，在研究生的培养过程中，经过一定时间的学科专业系统化学习，就某一科学问题进行分析研究，深入阐释解决问题的方法和手段，并完成学位论文的撰写，最后通过答辩取得学位。在这个培养过程中，研究生对本学科领域的专业问题和方向深入研究，其分析和解决问题的能力得到明显提高。学位论文的撰写，能够使研究生对学科及所研究的问题有全面深入的了解，并提出自己的解决方案。在评阅学位论文过程中，发现有的研究生对所研究的科学问题并没有深入理解，在学位论文撰写过程中存在下面一些共同性问题。

（一）学位论文选题存在的问题

研究生学位论文的选题，是学位论文中研究生确定研究方向并解决研究问题的重要环节。选题是否合适，直接关系到学位论文的质量。如果选题选的不恰当，就缺少学位论文本身应具有的理论和实践意义。许多研究生的学位论文质量之所以不高，其中一个重要的原因，就是选题不当。在一些审阅的学位论文中，发现有些学位论文选题不当，主要表现在[5-7]以下几点。

1. 论文选题盲目求"大"

这是研究生学位论文选题中常见的问题，"大"的选题确实能够展开多方面的研究，但如果论文选题范围过大，研究问题的针对性就不强，对于研究生来讲也是很难驾驭的。另一方面，论文选题范围过大，研究生由于时间和精力有限，对某些问题缺乏深入研究，并不具备研究所需的专业知识，存在研究上的局限性，在能力上也不具备可行性。

2. 论文选题过于求"新"求"异"

这也是研究生学位论文选题中出现较多的问题，这种选题误解选题的学术前沿性，局限了创新性。很多研究生认为，选题"新、异"，才能走在学术研究的前沿，才能使学位论文具有创新性。由于研究生缺乏深厚的理论知识和实践经验，很多情况下的"新"和"异"并不是真正意义上的"新"和"异"，仅仅是不同学科一些简单的拼凑和堆砌，缺乏学科之间合理的关联和整合。这种方式的选题，在很大程度上局限了学位论文的创新性。

3. 论文选题过于平淡，学术价值不高

有些选题过于平淡，缺乏应有的前沿性、挑战性和开拓性。研究生学位论文，选题具有一定的前沿性、挑战性和开拓性，是研究生学位论文的基本要求。学位论文选题过于平淡，研究的问题学术价值不高，研究的内容也就不具有实践意义。

（二）学位论文文献综述存在的问题

文献综述，是在对研究的问题进行深入分析、广泛调研的基础上，对与研究问题相关联的文献和成果进行整理、分析、归纳，并对这些参考文献和研究成果进行评价，提出所研究问题的研究方向。文献综述部分反映了研究生对于本课题相关研究成果的了解程度和评析能力。文献综述撰写的好坏，很大程度上影响学位论文的质量，直接体现了研究生是否掌握本学科研究问题的深度和广度，以及是否发现问题的深层次所在。在文献综述上，存在着文献引用年限陈旧和数量不够，没有对研究的问题进行深入分析和调研，文献归纳的能力较差，致使其对所研究问题的国内外现状流于表相[8-9]。

1. 文献综述没有紧扣主题，只是简单罗列堆砌文献

有相当一部分学位论文没有围绕论文的主题进行研究，以致文献综述部分反映不出学位论文研究的主题。同时，文献综述写作上存在简单罗列的问题，看不出在综述部分作者所参考的文献之间的关联性和演进的内在逻辑，也没有根据所引用文献提出要研究的问题。

2. 文献综述缺乏权威性

在有些文献综述中，作者没有对要研究的问题进行深入分析和研究，不了解所研究问题的理

论背景和技术发展脉络，缺乏对一些权威性和经典性文献的研究，对文献的掌握和理解不到位。

3. 文献综述只述不评

有些文献综述，仅仅是对一些参考文献的简单介绍和叙述，缺乏作者自己对所研究问题的理解和看法，缺乏对一些参考文献的优缺点和贡献的分析[9]。

（三）学位论文结构存在的问题

在学位论文审阅中我们发现，一些学位论文在结构上安排不合理，论文存在着前后脱节，缺少内在的逻辑性，内容逻辑比较混乱。学位论文整体结构上缺乏严谨性和科学性。如果学位论文的层次不清，内容的叙述上就会混乱，也就抓不到所研究问题的本质，重点不突出。

（四）学位论文规范化存在的问题

在学位论文审阅中，发现许多研究生撰写的学位论文不符合写作规范。在撰写技能上表现欠佳，主要是写作不规范，遗漏标点符号，文献引用不规范、格式不正确，计量单位前后不一致，数据前后矛盾，图的注释与图片内容脱节，错别字等问题。

三、产生上述问题的相关因素分析

造成研究生学位论文产生上述问题的原因是多方面的，分析起来，主要有以下一些因素。

（一）研究生导师的因素

研究生导师担负着培养高层次人才的重任，这就要求研究生导师不仅要有较强的专业能力，同时也要具备先进的教育意识和教育方法。研究生导师所具有的专业能力和学识，在一定程度上限制了研究生的认知，直接影响研究生对所研究问题的深度和广度，是影响研究生学位论文质量的重要因素。研究生学位论文质量的高低，导师负有重要的责任[10]。

（二）研究生对撰写学位论文的重要性认识因素

有些研究生对撰写学位论文的重要性认识不足，没有正确理解撰写学位论文背后所蕴含的深层次原因。撰写学位论文，体现了研究生对所学基础理论知识的掌握程度和较强的科研实践动手能力。同时，学位论文的完成，也要求研究生有较好的文字写作功底。因此，部分研究生对论文撰写的重要性认识不足，对撰写规范和标准理解不透彻，造成学位论文质量存在问题。

（三）研究生课程设置的因素

研究生课程设置对研究生学位论文的质量也有影响，设置的一些课程在内容上与社会和科技的发展脱节，不能及时地反映本学科专业知识和科研成果的发展。另外，在研究生选修课程设置上也存在一些问题，一些学生仅仅是为了满足学科专业关于学分的要求，而不是为了拓宽自身的专业知识面、提高掌握科研实践动手能力，这与课程设置的初衷相背离。这些缺陷使得研究生缺乏掌握必要知识的能力，研究视野不够开阔，从而影响了研究生学位论文的质量。

（四）研究生科研训练的因素

研究生的科研训练对学位论文的质量也有影响。研究生导师虽然对学位论文的研究方向进行了把控，但替代不了研究生自身的科学研究过程，这就要求研究生自身必须具备一定的科研意识，并具备一定的能够独立从事科学研究的能力。研究生的研究意识和能力可以经过一定的科研训练形成，如参加学术研讨会，深入导师的研究课题，撰写调研报告和科研论文等。但一些研究生在培养期间，往往缺乏这方面的训练。

四、提升研究生学位论文写作质量的建议

基于上述分析，为了解决研究生学位论文撰写过程中出现的问题、提升研究生学位论文的质量，给出如下建议。

（一）加强学科建设，重视研究生的科研训练

高水平的学科发展和学科建设，对研究生学位论文的质量有着直接影响。高水平的学科，能够使研究生及时地接触和掌握学科发展的最新动态，开阔其视野；也能够培养研究生的科研习惯，提升其科研能力。加强研究生的科研训练，让研究生更多地参与导师的研究课题，可以拓展研究生做研究的视野和实践动手能力，提升课题研究的能力和信心。

（二）加强研究生导师队伍建设，提高导师的学术水平与指导能力

强化研究生指导教师的队伍建设，完善队伍结构是保证研究生培养质量的一个重要因素[11-12]。多渠道引进国内外知名大学的高水平人才，有计划地选择和培养中青年学术骨干教师，注重导师队伍的整体性，更新导师的知识储备，提高导师的学术素养。建立严格的研究生导师遴选标准和选聘制度，实现研究生导师的动态管理机制。在研究生导师的遴选中，坚持严格的学术标准，重视对其教学工作的考核与评价。建立导师招生资格年度审核制度，根据其学术水平、科研任务和培养质量，确定研究生导师当年的招生规模。

（三）切实提高研究生学位论文写作水平

撰写合乎要求和质量的学位论文，研究生需要具备一定的理论基础和学科知识，并掌握必要的写作技巧。在论文题目的选择上，选择的题目应具有新颖性、开拓性、重要性。避免无意义的研究，研究应具有一定的现实意义。论文题目应当用最简洁的语言高度概括所研究的内容，一般不宜超过 20 个字[13]。

文献综述的撰写，应根据拟定的研究方向和论文题目，认真进行资料调研。通过阅读、消化、归纳、综合相关资料，了解熟知当前研究的方向，分析思考存在的问题，认识课题研究的意义、掌握研究背景和发展脉络。多选择近年、高质量的文献进行研究，对所引用的参考文献应进行评和述的结合，而不是简单的叙述和罗列。

在学位论文撰写格式方面，研究生应首先对学位论文格式规范进行研究，明确撰写学位论文的相关要求。学位论文的结构一般是：题目、中文摘要、英文摘要、绪论、正文、结论、参考文献。正文是学位论文的核心，也是所要研究问题的核心，其包括解决所研究问题的原理、方法，实验用到的系统，实验过程结果和实验分析等。

五、结论

研究生学位论文的质量在一定程度上反映了研究生的科研动手能力和创新精神，也是评测研究生培养质量的重要手段。在围绕学位论文展开的教学和科研环节中，受多种因素的共同影响，存在学位论文质量下降的现象。分析了研究生学位论文在选题、文献综述的撰写、学位论文的写作规范等方面存在的一些问题。而上述问题的产生，与指导教师科研方向的把控和科研的深度和广度、研究生对撰写学位论文重要性的认识、课程设置和研究生科研训练等方面密切相关。为了解决学位论文中出现的这些问题，我们认为应该加强学科建设，建立健全导师选聘制度，加强导师的队伍建设，提高导师的学术水平，重视研究生的科研训练，切实提高研究生学位论文写作水平，从提高研究生培养的整个过程的质量这一视角来考虑，以切实提高研究生的学位论文水平。

参考文献

［1］ 王茜，刘继文，李树林. 对研究生学位论文质量有关问题的探讨［J］. 新疆医科大学学报，2006，29（2）：184－185.

［2］ 曹晓璐，王罗春，徐群杰，等. 关于提高高校研究生学位论文质量的探索研究［J］. 教育教学论坛，2018（30）：11－13.

［3］ 黄子楠，丁园，张奕飞，等. 硕士学位论文中存在的质量问题初探：以南昌航空大学为例［J］. 江西化工，2012（4）：70－72.

［4］ 邢蓉，曹雷. 硕士研究生学位论文写作中存在的问题与对策：基于 H 高校商学类专业的学位论文评阅数据分析［J］. 长春师范大学学报，2018，37（1）：145－150.

［5］ 王庆海，王瑛. 从审阅硕士学位论文看研究生在写作中存在的问题及解决办法［J］. 学位与研究生教育，1998（5）：27－31.

［6］ 徐金平，韩延伦. 当前硕士研究生学位论文选题存在的问题及建议［J］. 学位与研究生教育，2006（1）：42－45.

［7］ 陈勇，钱旅扬. 研究生学位论文中存在的问题及其对策［J］. 中国高等医学教育，2003（1）：39－45.

［8］ 项东，孙浩森，赵成龙，等. 科技期刊文献综述论文的写作方法［J］. 山东建筑大学学报，2017，32（5）：507－510.

［9］ 张文杰，侯云翔. 研究生学位论文文献综述存在的问题及指导研究［J］. 继续教育研究，2014（8）：47－50.

［10］ 姚秀颖，李秀兵，陆根书，等. 研究生学位论文质量影响因素研究［J］. 学位与研究生教育，2008（1）：2－6.

［11］ 李雅琳，周春阳. 加强研究生导师队伍建设是保证研究生培养质量的关键［J］. 药学教育，2012，28（3）：19－23.

［12］ 曹珊，禄保平. 加强导师队伍建设，提升研究生培养质量［J］. 卫生职业教育，2011，29（9）：7－8.

［13］ 秦和平. 研究生学位论文的撰写亟待规范［J］. 学位与研究生教育，1999（1）：70－74.

高校研究生课程教学质量多维评价机制研究与实践*

杜晓辉

（北京交通大学建筑与艺术学院，北京 100044）

摘　要： 本文针对目前高校人才培养目标，从多角度、多主体对传统的研究生课程教学质量评价理念、评价模式进行更新，设计与探讨研究生课程教学质量评价维度，确保研究生课程教学质量监测与多维评价系统的切实可行。研究将为同类院校研究生课程教学质量评估的规范化、科学化提供借鉴与参考；为学校建立全方位、全过程的研究生课程教学质量评价与监控组织体系提供参考。

关键词： 研究生课程　教学质量　多维　评价机制

教学质量是高等学校生存和发展之本。加强学校内部的教学质量管理，是高等学校保障高水平人才培养，实现研究生教育规模、结构、质量和效益协调发展的重要举措。[1]课堂教学作为直接影响人才培养的关键环节，其教学效果评价是保证教学质量的重要途径。如何建立一套科学高效的研究生课程教学质量评价体系，切实保障研究生课堂教学的效果，为高校研究生管理提供决策支持的重要依据，是一项重要的系统工程。[2]

本文针对目前高校人才培养目标，结合教学实践，从多角度、多主体对传统的研究生课程教学质量评价理念、评价模式进行更新，设计与探讨了研究生课程教学质量评价维度，确保研究生课程教学质量监测与多维评价系统的切实可行。研究将为同类院校研究生课程教学质量评价的规范化、科学化提供借鉴与参考；为学校建立全方位、全过程的研究生课程教学质量评价与监控组织体系提供参考。

一、现行评价体系存在问题分析

（一）评价缺乏一定灵活性

我校现行研究生课程教学质量评价体系，较少考虑不同学科专业的特点。这样的标准虽然具有规范统一、操作简便、容易比较的优点，但也存在一些问题，例如很难准确地反映各专业特点。同时，制定一个统一的标准让大家去遵循，其结果只能是使大家机械地以评价条目为导向，不利于教学改革的有效开展。

（二）学生评教方法存在弊端

目前，学生评教分数是整个教学评价体系中的重要部分。显然，学生是教师教学的直接感受者，对教师的教学状况和效果有最全面的接触和了解，能基本反映学生的基本需求和教师的教学状况。然而，学生评教结果受多种因素影响，有些因素并不是教师的原因造成的或受教师控制的。美国教育学家 Eiszlz 研究发现学生课程成绩与评教分数正相关。[3]而且，课程开设的必要性、课

---

* 本文得到 2017 年度北京交通大学研究生教育研究与课程建设项目："建艺学院研究生教学质量监控的多维评价机制研究"资助，编号：134538522。

程性质、教材选择、课程内容深浅以及学生背景等因素都会影响到学生评教的有效性，而这些因素都不是教师所能控制的。根据目前现行教学评价体系，教师的学生评教分数在 95 分（百分制）时已经处于我校排名后 30%，只有评教分数达到 99 分左右才能跻身我校排名前 30% 之列，如果有的学生评教中稍微不重视或者不客观，对教师的总分数将产生直接影响。因此，目前教学质量量化评价中，仅有学生网评，是不科学的，无法综合评价老师们的整体教学效果。

（三）评价指标过于单一

衡量一门课程的教学质量，不仅仅从课堂效果一个角度，而是建立多维指标进行综合评价。教学是一个与学校所有成员相关的活动，所以，评价主体也应该是多元的，包括教师、学生、毕业生、学校职能部门等等，它们都应该参与到教学质量的评价中来，形成教学质量的多角度审视，以保证教学质量评价的客观性和合理性。[4]

（四）课程质量评价与教师教学效果评价混淆

现行研究生课程质量评价结果往往作为教师晋升职称考查的一个方面，然而对一门课程的教学质量进行评价时，既要考虑教师本身的付出，还要考虑学生的课程成果，综合才能对这门课程做出适宜的评价，而单纯地将课程质量评价作为教师教学效果的成绩，显然有失公允。[5]

因此，在我国，对于如何对研究生课程教学质量监测与有效评价，注重评价结果的监督、引导和促进作用，并能对教师教学效果进行反馈，是目前亟待探讨与解决的问题。

二、构建研究生课程教学质量多维评价维度

（一）基本原则

1. 构建多维评价维度

在教学质量评价体系中应纳入多个评价因素，既有对课程过程管理的评价，又有对课程成果考核，构建从过程到结果的全链式评价维度，例如课程平台建设、作业后评估、课程教学管理等信息都应该考虑到，以做到评教与评学相结合，定量与定性相结合。

2. 多元评价主体

在研究生课程教学质量评价方面，应建立多主体、多客体、多类型的多维评价系统。对参与评价维度的各方主体特点进行分析，主要包括学生、教师、督导组、院系领导、毕业生等，确定评价维度，从教学质量角度对评价指标进行审视，对指标确定的客观性和合理性进行论证。将外部评价与内部评价相结合，目标评价与过程评价相结合，更新完善现有评价指标体系的项目与内涵。

3. 为教师晋升考核体系提供参考依据

争取"以评促教、以评促学、以评促改、以评促建"，在实际操作时，注重评价的引导和促进作用，评价结果要与晋职、晋升与考核等实质性措施联系起来，教师有压力，教学效果改善才能更明显，使评价应有的促进功能得到充分发挥。

（二）建立多维评价维度

综上所述，在研究生课程教学质量评价体系的构建方面，需综合考虑多个维度，既能评价教师教学，又能激励教师教学；既能利于过程管理，又能利于成果产出。将评价维度分为五个维度，包括综合评教、课程管理、作业规范程度、作业后评估、教学成果 5 个评价维度（图 1）。该五维研究生课程教学质量评价系统主要针对学院的研究生课程进行相关质量评价。

1. 第一维度——综合评教（结果）

该维度侧重研究课程教学结果。该体系改变以往只有学生参加评价的现状，评价主体由学生

评教、教师自我评价与专家评教三部分组成。该评价单元具有一级指标 3 个，对每一项一级指标逐级分解为具体的 5 个二级指标，对每一项二级指标逐级分解为具体的 20 个三级指标。评价指标体系如表 1 所示。其次，在师生之间展开问卷调查，采用"权值因子判断表法"确定指标的权重，各类指标两两配对比较，确定各自权重系数。详细计算过程不再赘述，一级指标权重如表 2 所示，二级指标权重如表 3 所示。将三方评价主体分数分别输入该评价体系，计算出总分值，参评课程进行排名计入该维度计算的最终结果。

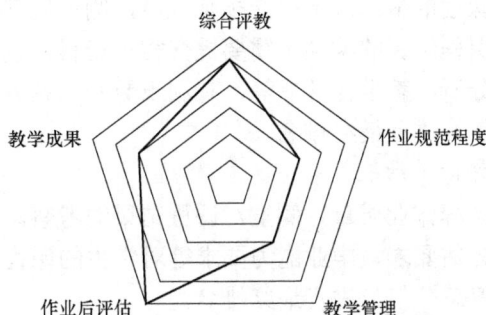

图 1　五维研究生课程质量评价体系示意图

表 1　五维研究生课程教学质量评价体系评价指标

一级指标	二级指标	三级指标
任课教师/学生/督导组专家	教学态度	1. 专业课教师课堂教学的出勤情况 2. 专业课教师的备课情况 3. 专业课教师课堂教学时间的有效利用 4. 专业课教师课下的指导情况
	教学能力	5. 专业课教师的教学表达能力 6. 专业课教师的教学组织管理能力 7. 专业课教师运用现代教学技术的能力 8. 专业课教师的学术研究能力
	教学内容	9. 专业课教学内容的系统性、前沿性 10. 专业课教学侧重培养学生科研能力的情况 11. 专业课教学内容的实用性、可操作性 12. 专业课教学内容与自身需求的符合情况
	教学方式	13. 专业课教师借助教学工具的合理程度 14. 专业课教师促进师生讨论学习的情况 15. 专业课教师的课堂教学氛围 16. 专业课课程成绩的评定方式
	教学效果	17. 通过学习，学生学习能力的养成情况 18. 通过学习，学生掌握的专业知识水平情况 19. 通过学习，学生科研创新能力的提升 20. 通过学习，学生教学设计与操作能力的提升

表 2　一级指标权重

	教师自我评价	学生评价	专家评价
权重	0.25	0.45	0.30

表 3　二级指标权重

	教学态度	教学能力	教学内容	教学方式	教学效果
权重	0.15	0.14	0.20	0.18	0.33

2. 第二维度——课程管理（过程）

该维度主要用于按照学院及研究生院要求，需加强教师课程教学管理。主要考察任课教师的调课次数，出勤情况等，督促任课教师不能随意调课，无故迟到缺勤，确定相应分值后，计算总分值，进行参评课程排名，计入该维度计算的最终结果。因此该维度作为监督机制纳入课程质量评价系统中。

3. 第三维度——作业规范程度（过程）

该维度用以考查研究生课程的最终成果提交规范程度，侧重研究生课程教学的过程管理。以笔者所在学院为例，研究生课程结课的学期末需要提交相关资料，包括教学日历、期末作业、平时成绩及期末成绩单、成绩分析、教学任务书等，有利于更好地完成教学管理与完备作业督促机制。与前述类似，计算总分值，进行最终排名。

4. 第四维度——作业后评估（结果）

该维度用以考察研究生课程作业质量，侧重对课程结果的考察。专家组将根据该门课程的教学大纲、教学任务书、专业评估要求、毕业能力要求等对学生的课程作业完成度、作业质量进行综合评价。与前述类似，计算总分值，进行最终排名。

5. 第五维度——教学成果（结果）

为进一步提升学科潜力，促进专业建设，在研究生课程评价维度中考虑了围绕课程的教学成果产出效益，以对课程教学形成激励与良性循环，具体可以包括课程建设（以教改课题为基础）、教材建设、慕课建设、精品课程、教改论文等评价指标，评价该门研究生课程的教学成果。

三、实践应用

为检验该五维研究生课程教学质量评价体系的应用效果，笔者以某学院 2017—2018 学年第Ⅱ学期的五门研究生课程为例，通过该评价体系对课程教学质量进行比较。五门课程覆盖该学院三个不同专业学科。同样，对五个维度进行权重调查与计算，各权重系数如表 4 所示。具体操作中按照课程相对排名进行度量，形成每门课程的评价维度体系，直观形象，在评价体系中，根据权重进行折合，最终成图所包含的面积越大，评价分数相应也较高，同时，通过这个评价体系，既可以发现每门课程建设情况与教学质量，也可以发现每门课程建设管理中存在的问题，便于后期调整改进。计算结果如表 5 与图 2 所示。

表 4　五维研究生课程教学质量评价体系权重系数

	综合评教	作业规范程度	课程管理	作业后评估	教学成果
权重	0.30	0.10	0.10	0.20	0.30

表 5　五门课程各项计算结果

	综合评教	作业规范程度	课程管理	作业后评估	教学成果	综合分数
A	1.5	0.5	0.3	0.8	0.3	3.4
B	0.9	0.5	0.5	0.8	0	2.7
C	0.3	0.5	0.4	0.4	0.3	1.9
D	1.2	0.5	0.5	0.6	0.3	3.1
E	0.6	0.5	0.5	0.8	0	2.4

从以上计算结果可以看出，五门研究生课程质量评价分数由高到低的排序依次是 A，D，B，

E，C。通过图 2，也可以看出每门课程所存在的问题，A 课程综合评教分数较高，但课程管理方面由于调课次数稍多，影响总成绩；B 课程各项成绩均一般，缺乏教学成果；C 课程位于最后位；D 课程各项分布情况与 A 课程类似，只是分数上略少；E 课程作业质量较好，但缺乏教学成果。该五维研究生课程教学质量评价体系计入权重系数后，研究生课程评价体系更加有所侧重，更能全面地反映课程教学中出现的问题。

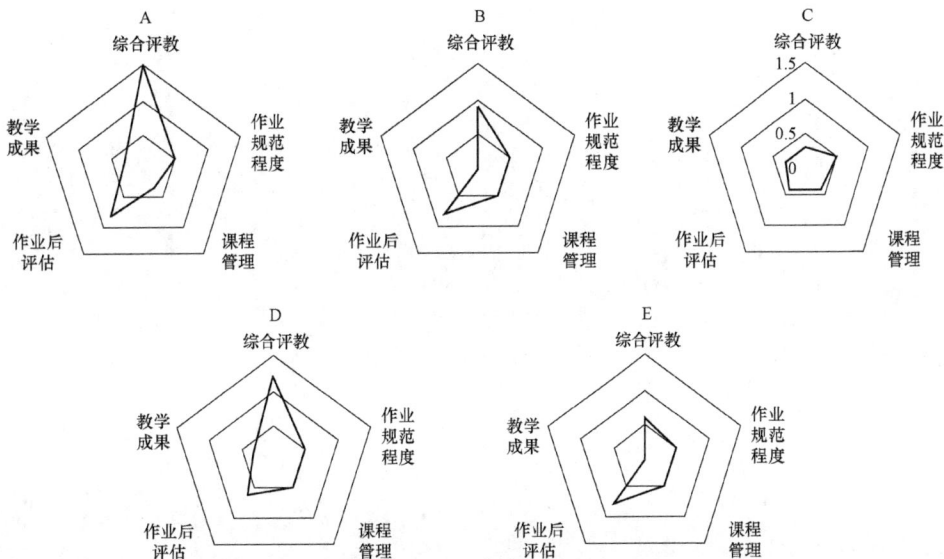

图 2   五门研究生课程教学质量评价结果

　　除此之外，由于教学管理中希望研究生课程质量评价体系能与教师职称晋升评价机制相结合，但需要注意的是不能直接应用课程评价计分结果，原因是课程质量评价与教师教学效果评价并不是同一类评价标准，教师教学效果评价可以参考所授课程质量评价结果，但此项仅作为教师教学效果评价体系的一个维度，教师教学效果评价中还应该包括所授课程总学时数、课程门数等维度指标，并考虑相应维度权重系数。

四、结语

　　研究生课堂教学质量监控并不是一个简单的研究对象，而是一个较为复杂的体系。换言之，一个完整的质量监控体系应包含监控要素、监控原则、指标体系、指标权重、监控过程等多个组成部分，且每个组成部分都值得细细研究，若充分结合研究生教学课程的特殊性，无疑将会开辟更多的研究路径。本研究仅为抛砖引玉，期求更多教学管理人员关注研究生课程教学质量评价体系这一领域的诸多问题，对课堂教学指标及其权重等深入研究，以期促进我国高等学校研究生教学质量监控的不断完善，促进研究生教育教学质量和办学水平的进一步提高。

　　本文研究针对目前高校人才培养目标，从多角度、多主体对传统的研究生教学质量评价理念、评价模式进行更新，设计与探讨研究生课程教学质量评价维度与各指标的权重系数，确保研究生课程教学质量监测与多维评价系统的切实可行。本文将为同类院校研究生课程教学质量评价的规范化、科学化提供借鉴与参考；为学校建立全方位、全过程的研究生课程教学质量评价与监控组织体系提供参考。

参考文献

[1] 董开坤，王宽全，宋平，等. 计算机技术领域工程硕士研究生课堂教学质量评价体系，计算机教育 [J]，2017

（9）：69－73.

［2］ 李蛟. 浅析高校教学质量评价存在的问题及对策［J］. 大学教育，2015（10）：20－21.

［3］ 张典兵. 高校教学质量评价存在的问题与对策［J］. 继续教育研究，2006（1）：115－117.

［4］ 王兴明. 大学课堂教学质量评价研究［J］. 青年文学家，2010（3）：34－35.

［5］ 刘拓. 国外高校教学质量监控体系分析及启示［J］. 高等理科教育，2006（1）：83－86.

研究生教育国际化研究

国际化背景下高效能研究生国际交流管理模式的构建

林　葵　刘世峰　王璟东

（北京交通大学研究生院，北京 100044）

摘　要：研究生教育国际化是研究生教育发展的必然趋势，有效的研究生国际交流管理与服务是全面提升研究生国际交流质量的内生需求。面对研究生国际化培养的高速发展，北京交通大学通过加强顶层设计，规模与效益并重，立足校情，在构建新型、高效的研究生国际交流管理模式方面进行了有益的尝试，取得了良好的效果，有效地促进了学校研究生教育国际化整体办学水平。

关键词：研究生教育　国际交流　管理模式

在世界经济全球化和社会信息化推动下，国际竞争是全球高等教育发展面临的必然挑战。培养能够在国际交流与国际竞争中发挥积极作用的人才，是世界知名大学的重要特征。

2015 年年底，我国颁布《统筹推进世界一流大学和一流学科建设总体方案》，明确将"推进国际交流合作，加强与世界一流大学和学术机构的实质性合作，加强国际协同创新，切实提高我国高等教育的国际竞争力和话语权"作为五项改革任务之一。[1]2017 年，中共中央、国务院印发《关于加强和改进新形势下高校思想政治工作的意见》，首次在国家层面把"国际交流合作"列为大学继"人才培养、科学研究、社会服务、文化传承创新"四项职能之外的第五项职能。由此可见，国际化是高等学校提升自身实力和影响力的必由之路。研究生教育的国际化作为高等学校国际化的一部分，在培养造就国际一流创新型人才方面起着至关重要的作用，提升研究生教育国际竞争力，提高研究生教育的国际化水平，是高校提升国际化水平的有效途径。

研究生教育国际化包含诸多方面，经过长期的发展，进程不断加快，内涵不断丰富，形式不断多样，深度不断加深，广度不断加大，随之而来的是对高校研究生国际交流管理提出更高的要求。以研究生教育国际化大发展的背景为出发点，研究教育国际化背景下高校如何构建高效的研究生国际交流的新模式，切实促进高校研究生国际化的发展，对提升研究生培养质量具有重要意义。本文选取高校研究生国际交流管理模式进行研究，拟通过在对高校研究生国际交流管理情况分析的基础上，结合北京交通大学实施情况，就如何构建高效能研究生国际交流管理模式进行探讨。

一、研究生国际交流管理现状

研究生教育国际化主要体现在研究生人才培养目标、培养模式以及培养过程中，即要在教育观念、导师队伍建设、研究生培养、科研产出、教育资源等诸多方面加强国际交流与合作，要在研究生培养的各个要素中引入国际化理念、营造国际化氛围，为研究生提供学习和研究的国际合作与交流条件。其中对于研究生的国际交流，目前各高校最广泛采取的形式主要包括"攻读学位"项目、"联合培养"项目、"交换生"项目、短期学术交流项目等。研究生参与国际交流的渠道主要包括"国家留学基金委公派项目"、学校研究生院国际学术交流基金资助项目（博士生公派访学及参加国际会议）、校际合作项目、学院国际合作项目、导师派出科研合作与交流等。

本文选取了国内 19 所"双一流"高校，对其研究生国际交流管理模式进行了调研，其一为国家留学基金委公派研究生项目，管理模式大体分为三种：全部由研究生院负责（12 所 63%）、全部由国际处负责（4 所 21%）和研究生院与国际处合作进行（3 所 16%）；其二为校际交流项目，均由国际处主导，在此情况下，具体细分为 5 种：研究生院负责校内选拔（7 所，37%）、研究生院参与少部分工作（5 所，26%）、研究生院不参与（4 所，21%）、研究生院与国际处各自负责各自项目（2 所，10%）以及研究生院全程参与并下设专门国际化办公室（1 所，5%）。总体来讲，由国际处主导，研究生院参与。

以北京交通大学为例，国家留学基金委公派研究生项目归口研究生院管理；学校研究生公派项目，主要利用学校研究生院国际学术交流基金经费，针对博士生联合培养和参加高水平国际会议，归口研究生院管理；校际交流项目和其他交流项目，面向全校学生，由国际教育交流中心、国际交流合作处负责，涉及研究生的内容，由研究生院协助宣传；学院国际合作项目，由学院及国际教育交流中心、国际交流合作处负责，培养方案由研究生院负责审核；导师渠道派出由研究生院业务归口管理。各种形式的研究生出国均需在研究生院学籍管理部门进行备案。国际交流合作处、国际教育交流中心牵头学校全部的对外联络，协助研究生院进行公派项目研究生的派出培训。

就目前各高校研究生国际交流与研究生国际交流管理模式来看，交流需求大、交流形式多样、交流规模大等是共同的特点。由于这些特点，各高校项目管理中大多存在项目多头管理、各部门职责划分不清、管理人员配备不足、追踪服务不到位等问题。

二、研究生国际交流管理模式构建

随着研究生国际交流形式的不断增加，规模不断扩大，对高校既有的培养模式、管理制度、配套措施等提出了新的要求与挑战。构建新型、高效的研究生国际交流管理模式是推进高校研究生国际化的有效途径。北京交通大学在这方面进行了有益的尝试，取得了良好的效果。

（一）系统设计，构建立体化研究生国际交流体系

随着研究生教育国际交流形式的不断增加、规模不断扩大，为了更好地服务与推进学校研究生参与国际交流的工作，学校从规划入手，整合校内、外资源，加强协同，对研究生国际交流的内容与管理方式进行体系化设计，形成了包括国家、学校、学院、导师、外方等各层次的资助交流项目，通过构建全方位、立体化研究生国际交流体系，以满足日益增长的研究生参与国际交流的需求。

主要措施包括：一是做好国家公派研究生与学校公派研究生项目的规划与宣传，对学校资助项目进行优化，形成与国家项目相互补充、相互协调，相得益彰的格局；二是持续增加经费投入，扩大学校研究生参与国际交流的规模；三是增加师资力量，加强师资培训，加大教学投入，改进教学方法，强化研究生英语教学，提高研究生英语水平；四是理顺机制，提高部门间协同效益。

研究生参与国际交流的类型及渠道包括：国家留学基金委公派项目、学校研究生院国际学术交流基金资助项目、国际教育交流中心和国际交流合作处项目、学院国际合作项目、导师派出以及因私出国。如图 1 所示。

（二）合作协同，创新研究生国际交流项目管理模式

在学校整体国际化进程不断加快的背景下，学校国际教育交流中心涉及研究生国际交流的项目逐年增多，为了更好地推进项目发展，通过系统梳理各类研究生国际交流项目，加强与国际处、国际合作交流处等部门的协同，理顺学校各类型研究生出国项目的管理方式与流程，明确各类国际项目的责任主体与申请、推荐、管理模式，构建协同式管理模式，使得学校研究生国际交流项目管理更加规范。

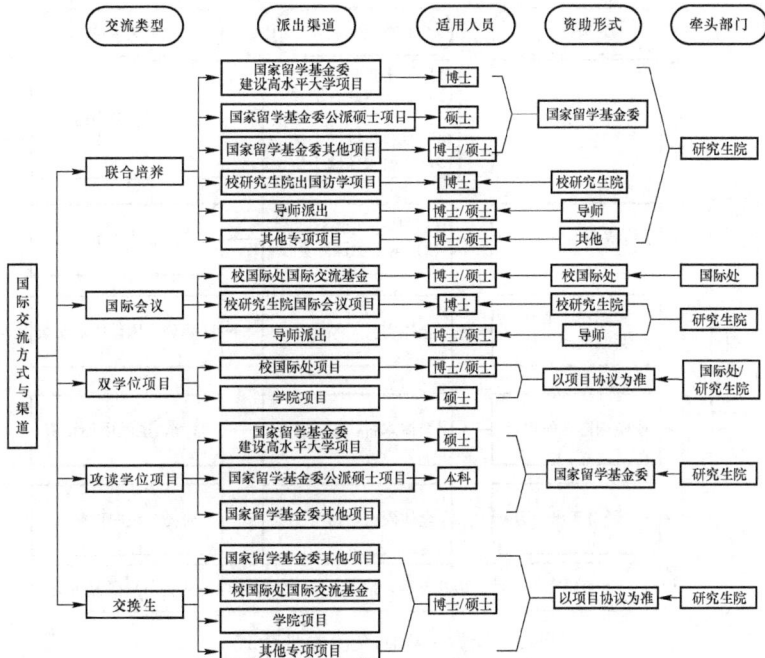

图 1　研究生国际交流渠道及类型

研究生国际交流项目按研究生交流层次的管理模式分为以下几类。

（1）博士生。博士生国际交流的项目主要由研究生院牵头，主要包括国家留学基金委的博士生联合培养项目、攻读博士学位项目，以及学校公派博士生联合培养和出国访问项目。

（2）硕士生。硕士生国际交流项目主要由国际交流合作处、国际教育交流中心牵头，各专业学院具体推进落实，研究生院负责对培养方案和学籍管理进行把关。主要形式是各类硕士联合培养和短期交流。

研究生国际交流项目按交流项目的管理模式分为以下几类。

（1）国家留学基金委公派研究生项目。此工作归属研究生院，主要包括国家建设高水平大学公派研究生项目、国家公派硕士项目等涉及研究生的项目均归口研究生院管理。

（2）学校博士生公派项目。主要利用学校研究生院国际学术交流基金经费，针对博士生联合培养和参加高水平国际会议。

（3）校际交流项目和其他交流项目。面向全校学生，由国际教育交流中心、国际交流合作处负责，涉及研究生的内容，由研究生院协助宣传。

（4）学院国际合作项目。学院及国际教育交流中心、国际交流合作处负责，培养方案由研究生院负责审核。

（5）导师渠道派出或因私出国。研究生院业务归口管理。

（6）各种形式研究生出国均需在研究生院学籍管理部门进行备案。国际交流合作处、国际教育交流中心牵头学校全部的对外联络，协助研究生院进行公派项目研究生的派出培训。具体内容如图 2 所示。

（三）管理与服务相结合，全方位推进研究生国际交流项目管理水平

明确研究生国际交流管理的服务与管理相结合的理念，从制度建设和加强服务入手，在加强制度约束与管理的同时，加强信息化建设，一方面优化流程，提高管理效率；另一方面加强对研究生在外以及归国后的后期管理与追踪，全方位推进研究生国际交流项目的管理水平。

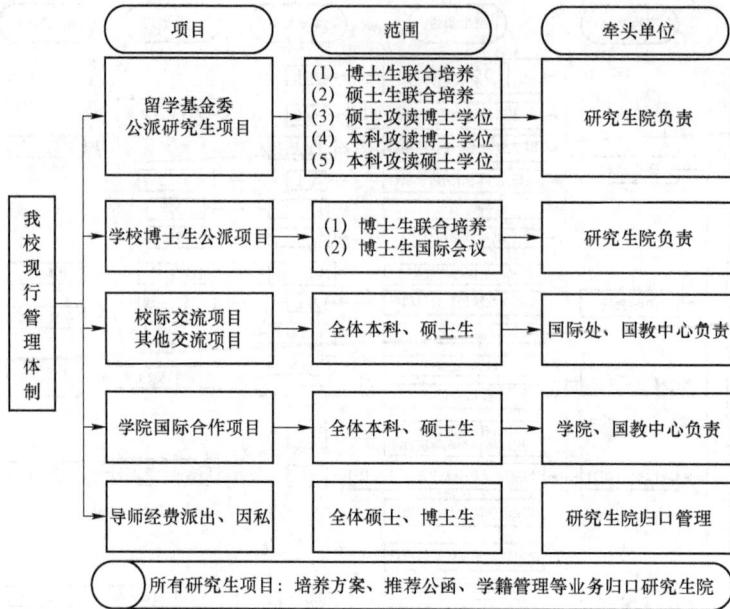

图2　研究生国际交流管理模式

在制度建设方面，为了更好地适应研究生国际交流项目类型与规模日益增长的形势，规范和加强我校对研究生国际交流的管理，2012 年出台《北京交通大学研究生出国（境）管理暂行办法》，对参与各类研究生出国（境）项目的行为进行规范。经过不断修订完善，学校国际化项目管理得到持续的补充和完善。

在信息化建设方面，2014 年研发"研究生国际交流追踪服务系统"，包括各类国际交流项目的维护、校内申请、校内选拔、派出管理、在外管理、归国报到、学术交流、后期追踪等管理模块，实现对学生报名、校内选拔、办理出国手续、国外学习生活全过程的服务与追踪。实现了校内申请、选拔、派出管理等功能，并根据需求每年进行优化、完善。通过信息化建设，提高服务水平和管理效率，让参加访学研究生的把国外前沿知识和学习心得分享给全体研究生学，同时为我校今后的师资建设储备人才档案。研究生出国管理系统框架如图3所示。

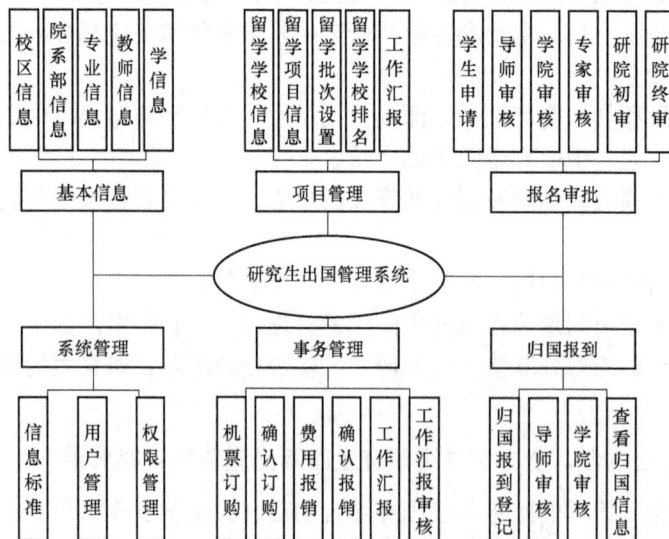

图3　研究生出国管理系统框图

三、研究生国际交流项目的实施效益

（一）推进了学校研究生国际化培养体系的形成

通过一系列的措施，逐步形成了国家、学校、导师多渠道资助，短期、中期以及长期多层次、多样化的研究生国际交流体系，为培养国际一流人才奠定了基础。在国家、学校项目的带动、引领下，在联合培养和国际学术合作的辐射作用下，进一步带动了学校其他的国际化培养项目的发展。国际化培养环境的建立和培养措施的推进，促进了人才培养的国际化水准，通过开展国际学术交流项目、双语（全英文）课程的建设、加强留学生工作等工作，使得学校研究生教育逐步与国际接轨，推进了学校研究生国际化培养体系的建立。

（二）促进了学校与世界一流大学的国际合作

学校公派的留学生分布在 20 多个国家，近 200 所大学、科研机构。通过这些研究生有效加强了与国外高水平大学的交流与合作，同时促进了国内外导师之间的国际交流与合作，联合培养博士生成为中外导师及所在科研团队之间联系的纽带，为双方未来的深入合作打下基础，形成了中外联合培养的长远效应。通过选派优秀学生出国留学，进一步促进了学校开放式研究生培养体系的建立，扩大了学校的国际影响力，为开展多层次、全方位的交流与科研合作，建设世界一流大学搭建了重要的平台。

（三）研究生学术水平创新能力得到提升

通过参与各类学术交流活动，研究生的英语应用能力得到显著提升，建立了广泛的国际学术联系，拓宽了学术视野，在科研能力提升及创新能力培养方面获得全面提升。据不完全统计，公派研究生在留学期间，70%发表了 1 篇以上的学术论文，平均发表篇数为 3 篇；70%参加了国外导师的前沿课题。派出研究生中许多研究生取得了优异的成绩，为未来的学术发展奠定了基础。

（四）促进了国际文化交流

通过参与联合培养和国际学术会议这种培养经历，公派研究生在利用和引进国外优质学术资源的同时，也为我国学术资源走向世界做出了贡献。同时，在国外多元文化的环境中，派出研究生对所在国的政治、文化、经济、教育等现状有了直观的较为深入的了解，使研究生学会用更多的视角认识世界，思考中国，而通过交流，使外国友人对中国的文化和现在的中国有了新的认识。

四、结语

研究生教育国际化是一个系统工程，在这一系统工程中能施加影响的是这个系统的诸多参与者。在当前研究生国际化培养成为必然趋势的背景下，有效的研究生国际交流管理服务和质量监测保障工作是全面提升研究生国际交流质量的内生需求。目前各高校均采取了有效的管理模式，并在实施中不断完善，而面对研究生国际化培养的高速发展，高校应进一步加强顶层设计，注重规模与效益并重，立足校情，不断完善体制机制，建立起适于自身发展的研究生国际交流管理体系与管理方法，通过转变管理机制，提高学校的研究生教育国际化整体办学水平。

参考文献

[1] 周连勇."双一流"建设背景下高等教育国际化的发展路径探究 [J]. 世界教育信息，2018，31（20）：38－42.

美国交通运输工程类专业学位研究生教育分析

孙　强[1]　夏胜利[2]

（北京交通大学研究生院[1]，北京交通大学交通运输学院[2]，北京　100044）

摘　要：本文对美国交通运输工程类专业学位研究生教育情况进行调研分析，并对我国交通运输工程类专业学位教育提出借鉴建议。首先介绍美国高校交通运输工程类学科设置及专业学位研究生项目设置概况；接着结合收集到的美国高校交通运输工程类专业学位研究生招生项目信息及学位计划内容，分析其在招生、课程设置、实践要求、导师、论文要求等方面的特色；最后分析美国交通运输工程类专业学位研究生教育经验对我国的借鉴意义。

关键词：美国　交通运输工程　研究生教育　专业学位

一、引言

交通运输是国民经济发展的重要基础产业。进入 21 世纪以来，随着国家社会经济的迅速发展，我国交通运输行业也迎来了难得的发展机遇。政府部门加大了对交通运输行业的投资力度，交通运输基础设施建设发展迅猛，对整个行业的管理水平、新技术应用、人才培养等各方面都提出了新的要求，尤其对具备较强工程应用实践能力、能解决实际工程问题的高层次、复合型、应用型专门人才的需求增大[1-2]。

研究生教育是我国高层次创新人才培养的主要环节。研究生教育分为学术学位教育和专业学位教育，虽然处于同一层次，但培养目标各有侧重，前者偏重学术研究，后者强调应用实践。我国交通运输工程领域专业学位研究生教育起步较晚，[3-4]面向现场在职人员招生的工程硕士专业学位研究生教育 1998 年开始；全日制专业学位硕士研究生教育 2009 年开始；非全日制专业学位硕士研究生教育 2017 年开始；专业学位博士研究生教育即将在 2020 年开始招生。总体而言，在培养满足社会需求的专门人才方面仍处于不断探索中。

美国是世界上开展专业学位研究生教育最早也是最发达的国家，早在 20 世纪初美国就把专业学位研究生教育列入国家学位教育系统之中[5]。其工程领域的专业学位研究生教育始于 20 世纪60 年代，是为了适应社会发展对工程管理人才和工程技术人才的需求加剧而设置的。工程硕士的培养自 1963 年开始，工程博士的培养自 1967 年开始[6]。

由于交通运输工程隶属于工程学科，为了适应新形势下我国交通运输工程类专业学位研究生培养的需要，有必要对美国交通运输工程类专业学位研究生培养体系进行调查分析，总结其特点并借鉴其合理之处。

二、美国高校交通运输工程类学科设置及专业学位设置概况

与我国的学科门类划分不同，美国没有单独的交通运输工程学科。美国高校学院建制以学科群为基础，交通运输工程（transportation engineering）只是土木工程下的分支方向或具体研究领域。交通运输工程类研究生的培养工作一般由工程学院（School of Engineering）下的土木与环境工程系（Department of Civil and Environmental Engineering）来承担，多以院系之间以及院系与交

通研究机构合作培养的跨学科教育项目形式而存在[7-8]。因为交通运输领域涉及的学科专业面非常广，在城市规划等学科也会有一些交通运输类的课程。[9]

美国的交通运输工程类研究生通常是按照土木工程专业授予学位的，仅有部分高校在学位培养信息中会进一步明确交通运输工程方向。美国的研究生学位类别包括研究型学位与专业型学位；学位级别包括硕士、博士两级。土木工程专业的研究型学位又称为工学学位，专业型学位又称为工程学位。美国高校的土木工程专业研究生学位种类齐全，包括 M.S.（工学硕士）、Ph.D.（工学博士）、M.Eng.（工程硕士）、D.Eng.（工程博士），但不同高校的具体设置情况存在差异。

由于只是土木工程下的一个专业研究方向，美国交通运输工程类研究生所占的比重并不大，而且绝大多数授予的是学术型学位，有明确交通运输工程类专业学位项目的高校不多，其中交通运输类工程博士专业学位项目相比工程硕士专业学位项目更少。有些高校的招生信息中虽然有工程博士学位项目，但却没有标注交通运输类博士学位项目。例如，加州大学伯克利分校虽然四类研究生学位项目（M.S.，Ph.D.，M.Eng.，D.Eng.）都有，但在其网页中交通运输类研究生培养项目（http://grad.berkeley.edu/programs/list/）中只找到 M.S.、Ph.D.、M.Eng.学位培养信息，并没有找到工程博士专业学位项目信息。

三、美国交通运输工程类专业学位研究生教育特色分析

从搜集到的美国不同高校交通运输工程类专业学位研究生项目招生目录和学位计划的具体内容看，美国交通运输工程类专业学位研究生教育项目在招生、课程设置、实践要求、导师、论文要求等许多方面具有自己的特色。

第一，交通运输工程类专业学位研究生教育项目的培养目标是工程实践领域的应用型高水平人才，注重工程实践能力的培养，能够解决工程实践领域出现的问题。它往往与研究生的职业发展密切相联系。如堪萨斯大学工程学院土木、环境、建筑工程系下土木工程专业交通运输工程方向的工程硕士学位项目就直接注明是面向希望获得硕士学位的在职工程师的培养项目。德州农机大学工程学院土木工程系的工程博士学位则明确培养目标是工程实践领域的最高水平人才。

第二，美国交通运输工程类研究生培养多被视为跨学科培养项目。虽然交通工程专业方向多挂靠在工程学院土木工程系，但其研究生培养往往是跨系或跨学院，同时联合学校的运输研究中心来共同培养。交通运输工程类专业学位研究生项目往往也会注明这一跨学科培养特征。如德州农机大学工程学院土木工程系的工程博士学位项目名称为"Interdepartmental Degree Programs – Doctor of Engineering（D.Eng），即跨系培养的学位项目。

第三，美国交通运输工程类专业学位项目招生时，对生源的工学或工程背景，通常都会提出明确要求。如堪萨斯大学工程学院土木、环境、建筑工程系下土木工程专业交通运输工程方向的工程硕士学位项目，就直接注明是面向在职工程师招生，这些人从事过工程实践工作，具有很强的全方位工程能力。德州农机大学工程学院土木工程系的工程硕士学位项目，虽然面向本科毕业生或符合条件的高年级本科生招生，但要求学生有工学或工程学位背景。

第四，美国交通运输工程类研究生被录取后，须成立专门的指导委员会负责研究生各方面的学业指导。通常，指导委员会的成员由学生研究领域内不少于4位研究生导师组成，其中必须包括一名外系导师，专业学位研究生指导委员会还必须包括一名在职的工程实践专家。

第五，美国交通运输工程类专业学位项目的课程设置中，尤其重视学生的现场实习要求。如德州农机大学工程学院土木工程系的工程博士学位项目，就要求学生实习时间不少于1年，并在实习过程中展示运用知识解决实际问题的能力，实习过程中预期要解决的问题，不是某一单一狭窄领域的特定技术问题，而应该是对实习单位产生多方面影响的宽广基础问题。

第六，美国交通运输工程类专业学位项目的毕业要求，侧重对知识实践应用能力及解决实践问题能力的考查。不同高校的具体要求差异较大，如德州农机大学工程学院土木工程系的工程硕

士学位项目，对论文没有要求，最后参加综合考试，符合一定条件也可申请免考。堪萨斯大学工程学院土木、环境、建筑工程系下土木工程专业交通运输工程方向的工程硕士学位项目只需修满相应学分的课程即可，不要求论文或结业考试。

四、美国交通运输工程类专业学位研究生教育的经验借鉴

（一）交通运输工程类专业学位博士研究生培养

我国工程博士专业学位设置始于 2011 年，2012 年正式开始招生。2018 年，国务院学位委员会、教育部对工程专业学位类别进行调整时，新增交通运输工程专业学位类别博士学位，将于 2020 年正式开始招生。增设交通运输工程专业学位类别博士学位，能更好地适应我国创新型国家建设对交通运输高层次工程技术领军人才的需求。

由于高校学科设置存在差异、交通运输业发展阶段不同、对高层次实践型人才培养的需求不同，美国交通运输工程类博士一般授予学术性学位，可供我国交通运输工程类专业学位博士研究生培养直接参考借鉴的信息不多。但美国工程博士培养的经验与交通运输工程类研究生跨学科培养模式，仍然可以为我国的专业学位博士研究生教育提供参考。

我国交通运输工程专业学位类别博士研究生培养，一方面，需要在实践中不断探索适合中国国情和实践型人才培养目标的培养模式，另一方面，可借鉴美国的经验，依托高水平研究平台，创新设立教学实体管理部门，构建跨学科乃至跨学院培养模式，以更好地满足全社会对交通运输领域应用型高级人才的迫切需求。

（二）交通运输工程类专业学位硕士研究生培养

我国高校交通运输工程领域专业学位硕士研究生培养项目分为非全日制和全日制两类。全日制专业学位硕士研究生教育始于 2009 年。非全日制专业学位硕士研究生有两种形式：①1998 年开始招生、2016 年取消的专门面向现场在职人员招生的工程硕士专业学位；②2017 年启动的非全日制硕士专业学位。非全日制硕士专业学位研究生教育项目在我国刚启动，本文不做深入探讨。全日制专业学位硕士研究生教育的发展历史不长，但发展很快。经过这些年，培养人数已经具备一定规模，且报考生源呈现增长的趋势。虽然在发展过程中已经积累了丰富的培养经验，不少地方仍可以借鉴美国专业学位研究生培养经验继续完善。

1. 建立专业学位研究生培养指导委员会

我国的专业学位研究生教育的校外实践环节组织相对比较分散，由校内导师负责为专业学位研究生联系校外导师及实践基地，这种校企联合的方式不稳定，而且由于联合企业的地域、行业等问题，专业学位研究生并不能很好地完成实践环节。可借鉴美国专业学位研究生培养经验，建立专门的指导委员会，负责确定专业学位研究生培养方案，完善校企联合培养制度，筛选、联络、组织校企联合工作，安排专业学位研究生企业导师，监督专业学位研究生的工程实践培养环节。专业学位指导委员会人数可根据招生规模确定，至少包含不少于 1 名由学校聘任为兼职导师的企业专职人员或企业管理人员。

2. 完善双导师制

美国的专业学位研究生教育对导师的要求很高，保证了专业和社会企业的紧密结合。我国交通运输工程类全日制专业学位硕士研究生培养，可在既有双导师指导制度下，采取各种措施，进一步发挥不同类型导师的优势与特长，实现学校导师理论指导与企业导师的实践经验指导的有效结合，共同提高专业学位研究生的培养质量。具体包括但不限于：①落实专业硕士研究生与学校及企业导师的定期见面制度，保证导师对学生的科研指导和师生间相互探讨的频次；②加大现有校内导师的培养力度，选派导师去合作企业开展实践与合作；③从激励约束机制、聘任遴选机制、评价考核机制等方面着手进行校外导师队伍制度建设，加大对企业导师指导学生的重视程度和指

导力度；④让具有实践经验的企业导师真正参与到高校专业学位硕士研究生培养的课程教学、论文选题、实践学习、项目研究中来。

3. 课程体系的优化

课程体系的设置上应尽量突出专业学位实践性特征及交通运输工程学科跨学科特征。具体包括但不限于以下几点。①结合专业学位的特色，突出专业学位与学术学位的区别。如逐步压缩传统授课方式的比例；授课内容多结合现场实际，加强案例教学、现场教学；邀请业界专家讲课，推进与企事业单位之间的实践教学；授课方式尽量采取小班授课，加强课堂师生交流；提高学生的实践能力、团队合作、创新等综合素质等。②结合交通运输工程学科的特色，开设更多的交叉学科和跨学科课程，充分考虑文理渗透和跨学科因素，增强课程内容的适用性，注重课程结构之间的专业化与个性化需求，让学生有更多的选择空间，并允许学生跨专业、跨学科、跨学院进行学习。③结合企业自身的特色，加强专业学位的实践应用性。在专业学位课程建设过程中，加入企业职工培训的部分内容，保证专业学位研究生的课程教育更切合实际，实用性更强。

4. 实践环节的落实

虽然我国交通运输工程学科全日制专业硕士研究生培养有半年到一年企业实习环节的要求，但出于多方面原因，实践效果并不理想。鉴于企业实习对于学生实践能力的培养具有至关重要的作用，宜采用各种措施，保障实践环节的有效落实。具体包括但不限于：①加强与企事业单位的合作，将学生培养目标与企业发展需求紧密结合起来，激发企业对实践人才培养的积极性；②加强对学生实习环节的考核，要求学生深入到实习单位，发现实践中存在的问题，并积极思考解决问题的方法；③鼓励学生论文选题结合现场实际问题，可采取调查报告、结项报告、工程案例等多种形式，真正凸显专业学位的职业性与实践性特质；④将专业学位研究生在企业的工程实践环节与未来就业相关联，不但落实了学生的企业实践环节、保证了培养与就业的连贯性，还为企业培养并输送优秀人才。

参考文献

[1] 严新平. 交通运输工程学科与交通行业人才培养 [J]. 交通高教研究，2004（2）：48-50.

[2] 陈方，戢晓峰，崔梅，等. 区域发展需求驱动的交通运输工程专业学位研究生培养模式探索 [J]. 昆明理工大学学报（社会科学版），2015（2）：80-85.

[3] 杜豫川，叶霞飞，杨超. 交通运输工程专业学位研究生培养体系探索与实践 [J]. 教育教学论坛，2012（37）：96-98.

[4] 石红国，郭寒英. 分层次交通运输专业硕士研究生培养探索 [J]. 中国民航飞行学院学报，2012（5）：5-8.

[5] 万淼. 美国专业学位研究生教育的发展历程及其借鉴 [J]. 河南工业大学学报（社会科学版），2014（1）：149-151.

[6] 顾建民，王沛民. 美国工程博士及其培养的研究 [J]. 上海高教研究，1993（4）：101-104.

[7] 安实，胡晓伟，王健. 美国华盛顿大学研究生培养对交通运输工程学科的借鉴 [J]. 研究生教育研究，2014（2）：88-90.

[8] 干宏程，马良. 美国顶尖学府研究生课程教学经验与启示：以交通工程专业为例 [J]. 上海理工大学学报（社会科学版），2015（3）：274-278.

[9] 鲁光泉，宋阳. 国外交通运输类研究生课程体系分析 [J]. 大学（学术版），2014（4）：73-77.

浅谈如何提升来华留学生培养质量

——以交通运输学院全英文项目留学生为例

姚恩建　刘　琪

（北京交通大学交通运输学院，北京 100044）

摘　要：中国已经成为越来越多国际学生选择留学深造的国家之一，国内各大高校的留学生比例也越来越高，这就给学校的学生管理，学院的学生培养带来了新的挑战。本文以运输学院全英文项目留学生为例，通过研读相关文献，分析了学院在留学生培养和管理方面存在的问题，并提出了相应的解决方案，以提升学院的留学生培养和管理工作，并为未来学院国际化的发展奠定基础。

关键词：培养体系　培养质量　留学生管理

一、研究背景

教育部《留学中国计划》提出：到 2020 年，使我国成为亚洲最大的留学目的地国家。到 2020 年，全年在内地高校及中小学校就读的外国留学人员达到 150 万人次，其中接受高等学历教育的留学生达到 15 万人次。根据教育部统计数据显示，2017 年，来自全球 204 个国家和地区的留学生在我国 31 个省、自治区、直辖市的 935 所高等院校进行学习，其中博、硕士达到 7.85 万人。发展来华留学生教育的目的是在全世界范围内培养一批"知华、友华、爱华"的国际人才，服务于国家的外交大局。

高校要建设一流大学和一流学科，离不开国际化，而留学生人数占总学生人数的比例又是衡量一个学校国家化程度的标准之一。交通运输学院下设的交通运输工程与系统科学系均列入国家一流学科建设的行列。建设一流学科需要学校和学院加强国际合作与交流，来华留学生的参与是不可或缺的环节之一，一方面留学生的加入可以丰富学院全英文课程项目，提高教师队伍与教学水平的国际化；另一方面，每个老师的团队中有留学生的参与既可以提升所带项目的国际化，还可以提高中国学生的外语水平，提高我院学生的综合素质。交通运输学院现共有 42 名留学生，其中 39 名硕士研究生，3 名博士研究生。其中 25 名留学生均来自学院的交通运输工程（铁道运营与管理）全英文硕士项目，其余留学生授课语言均为汉语，融入中国研究生的课堂。所有在读留学生来源于 20 个不同国家，这就导致学生们的背景具有多样性、复杂性。学生的基础也都参差不齐，特别是学院中以英文为主要授课语言的学生，该部分学生大部分为本国的政府工作人员，具有 3～5 年的工作经验，但学生的专业背景有差异，很多在入学前从未接触过和铁路相关的知识，这就给学院的培养和管理工作带来了一定困难。基于此背景，本文将就如何更好地提升留学生培养质量开展谈论，并以交通运输学院全英文项目的留学生作为案例，分析留学生培养和管理过程中的问题，同时基于存在的问题和学院的实际情况，提出相应的解决方案。

二、文献综述

通过研读国内有关留学生管理服务的相关论文，可大体分为以下几类：对于来华留学生教育的全面综合概述、留学生管理中存在的问题及如何提升、"一带一路"沿线国家来华留学生相关研究。由于本研究关注如何完善留学生培养管理体系，故将会对该方向进行相关的文献综述。

陈侃在《来华学历学生教育现状及思考》中总结到，我国学历留学生教育发展表现出以下几个特点：①发展中国家为主，发达国家偏少；②医学、工程及经管类专业更受来华学历留学生青睐；③二三线城市或普通高校的学历留学生逐年递增，但招生数量较低，生源质量参差[1]。

杨运美等在《高校来华留学生培养教育管理体系设计探讨》中提出，我国高校国际学生培养管理体系主要包含招生管理、培养管理、后勤管理。其中招生管理有三项主要问题：招生人员的紧缺；招生体系建设不完善；只追求数量不追求质量三方面。培养管理存在"教育逆差"问题，课程设置不合理，课程体系单一；教学形式单一；科研体系不完善。而后勤管理方面则是"重管理轻服务"[2]。李玉琪在《浅析提升留学生教学质量的具体对策》中提出，要提升留学生教学质量需要做到以下几点：①加强培养方案及课程体系建设；②加强教学师资遴选和队伍建设；③对招生质量进行合理控制；④建立健全留学生教育质量反馈机制；⑤完善留学生教学管理机制与规章；⑥教材和教学资料建设[3]。吴莎莎等在《"一带一路"倡议下提升来华留学研究生培养质量的实践》一文中提出研究生的培养容易出现中外研究生形成相对独立群体、群体间几乎无交流的学习状态。这一状态很大程度是由于中外学生文化和教育背景的差异。开展中外研究生互促式的培养模式，有利于增进中外学生的交流与融合，优化学生的学习体验[4]。黄山，张乐平等在《来华留学生趋同化管理研究与分析》中提出：高校来华留学生"趋同化"管理是指高校来华留学教育工作的指导思想、机构设置、教学管理等各方面与中国学生的教育管理一致化，使留学生与中国学生一样，享有相同的权利、接受相同的教育与管理[5]。

高明在《微信在留学生管理工作中的应用》中提出，来华留学生自身有以下几个特点：①自我意识强但适应在华学习生活难度大；②由于自身文化具有开放性和包容性的特点，导致学生的纪律性较弱；③由于我国来华留学生生源地较为广泛，所以留学生的文化差异较明显，导致学校的统一管理难度加大。微信在留学生管理工作中起到十分重要的作用：①是管理者发布信息的重要平台；②是留学生了解学校的重要渠道；③是师生交流合作的重要工具[6]。

三、现存问题

来华留学研究生的培养体系包括学科专业和研究方向、培养目标、培养方式、课程设置等。培养体系关系着留学生在校的学习、研究方向及未来的发展方向。但由于留学生来源国很多，学生的基础知识、学历能力存在差异，所以一些适合中国研究生的课程设置和课程难度并不适合留学生来学习。以交通运输学院为例，由于留学生的招生工作是由国教中心完成，学院无法控制留学生的专业背景和总体水平，故学院为此项目的学生特单独成班并制定相应的培养计划。这种做法的好处在于，任课教师可根据留学生的水平，实时调整自己的课程内容，小班制的教学，也方便学生在课堂上随时提出问题。这种做法虽然方便了学院进行管理，但是，一方面会给任课教师增加工作量，另一方面，隔离式的教学不利于留学生融入中国研究生群体，降低了学生的学习体验。

硕士研究生的教学质量一方面由教学本身的内容和教学方式所决定，另一方面也和课程的考核与评估体系有关联。课程考核是引导学生学习、检查教学效果、保证教学质量的重要环节，课程考核的手段和方式推动了课程教学目标的实现。学校对于全英文硕士项目的人才输出要求规定不够完善，又因留学生们的学习背景与国内学生相差迥异，任课教师在课程内容的难易程度上面难以把握，在考核方式中多使用论文考查而非考试的形式，导致无法保证课程质量达到最优，影响了培养质量。

当前，我国研究生培养实行的是导师负责制度。在学生的研究生阶段，导师不仅指导学生进行科学研究，还会对学生的心理素质及人格有很深远的影响。因此导师的作用十分重要。和中国学生不同，我院全英文项目的留学生均是入校后才进行导师的选择，加上留学生的语言、学术水平等主观原因，使留学生进入导师团队后无法向中国学生一样辅助导师的科研工作。有些留学生进入导师团队后，师生间的联系较少，对于留学生自身的学习和生活帮助不大；另外，留学生与导师团队内的中国学生沟通较少，留学生虽然是导师团队的一员，但是并没有融入导师团队中。一方面，留学生无法享受导师团队内已有的科研资源，另一方面降低了留学生提高导师科研团队的国际化的作用。

学校的管理办法与规章制度是规范学生在校行为的重要依据，它保证了校园生活的良好秩序。目前，由于交通运输学院对于留学生研究生的管理还处于起步和探索阶段，学院目前已有的各项行政管理文件和管理规定均为中文版，缺乏英文版。一些对中国学生试用的规章制度在留学生身上并不适用，特别是对于全英文项目的学生，由于语言障碍，无法准确得知学院的各项规章内容，接收通知也有延迟性，这就给学院留学生管理工作带来了一定的困难。

四、解决方法

通过研读相关文献及总结学院两年来国际留学生管理工作的经验，对以上问题提出以下解决方案。

完善教学大纲与培养计划，规范留学生的教学活动，提升留学生的培养质量。根据学生情况与特点，修改完善了相关的教学大纲。该项目第一年，学院以交通运输工程专业硕士的课程为参考依据，并根据 2016 级学生留学生实际情况，开设了基础理论课，专业技术必修课、专业技术选修课以及实践相关的共 27 门课程。根据 2016 级学生的反馈，学院为丰富全英文课程的设置结构与内容，和建筑与艺术学院进行合作，新增三门课程供留学生进行选择，让学生在本学科的基础上，拓展了其他学科领域的知识，提升了留学生的课程体验。

（一）改变单一授课与考核方式，丰富留学生的课程体验与综合素质

全英文课程原有的授课方式较为单一，大部分为老师上课讲授，学生在下边听，导致师生间互动较少。反观外国研究生的课堂教学模式，则是更加重视课堂讨论，学生为主体，参与到课堂中。大部分外国留学生更加适应这种学生为主体的课堂，因此学院老师对自己的课程和考核方式做出了相应的调整。从原有单一的讲授方式，转为教学参观、小组展示、课堂讨论等更为丰富多样的授课方式。考核方式也更具多样化和个性化，由原有的单一论文考核，转为闭卷考试、论文研读报告、小组作业等多种形式相结合。综合性的考核方法，提高了学生的综合素质与创新能力，强调了过程考核的重要性，培养了学生对本学科知识的综合运用能力，提高了学生的综合素质。

（二）灵活高效地运用信息化平台，提高留学生管理工作效率

随着信息技术的迅速发展，微信已成为即微博、QQ 之后的又一社交软件。其功能高度完善，应用群体越来越广泛，它已成为 15～45 岁群体之间交流沟通的主要方式。高校学生作为微信活跃的使用群体之一，其强大的信息流影响着学生的日常生活交流、参与活动的积极性等。正因为如此，微信被越来越多的高校学生管理工作者所使用。同理，一方面，在留学生管理的日常管理工作中，由于语言的障碍，学生和学院沟通的机会较少，会导致学生有问题不能及时反馈给学院，

学院有通知无法及时传达给学生。另一方面，来华留学生来到中国后基本都会申请微信号，将微信作为主要的社交工具。因此，微信在学院与学生之间的沟通上起到了积极的作用。学院为所有留学生建立了微信群，在微信群内传达通知，可实现信息的快速传达，实现一对多的交互，提高了信息转播的效率。

　　未来，会有越来越多的留学生选择中国作为深造的目的地，只有更加完善的留学研究生培养过程，才能提升外国学生的在华的学习体验，才能提升学院和学校的国际化程度，才能真正服务于国家外交大局。

参考文献

[1] 陈侃. 来华学历留学生教育现状及思考 [J]. 汉字文化，2017（6）：89－90.

[2] 杨运美，郭帅，朱新城.高校来华留学生培养教育管理体系设计探讨 [J]. 才智，2017（7）：217－218.

[3] 李玉琪. 浅析提升留学生教学质量的具体对策 [J]. 湖北函授大学学报，2018，31（8）：10－11＋18.

[4] 吴莎莎，赵坤，崔鬼，等."一带一路"倡议下提升来华留学研究生培养质量的实践：以北京理工大学为例 [J]. 世界教育信息，2018，31（10）：27－30.

[5] 黄山，张乐平，刘轩. 来华留学生趋同化管理研究与分析：以西安电子科技大学为例 [J]. 科教导刊（下旬），2017（4）：180－181.

[6] 高明. 微信在留学生管理工作中的应用 [J]. 西部素质教育，2018，4（8）：68－69.

博士生国际交流派出和管理方案研究

黄安强　张菊亮　张真继　刘世峰　施先亮

（北京交通大学经济管理学院，北京 100044）

摘　要：为加强博士生国际交流管理、提升外出交流效果，本文基于全生命周期思想分析了博士生外出交流的全流程，基于委托代理理论构建了不同环节委托人和代理人的效用函数，在此基础上分析了失效问题的形成机理；然后基于激励相容理论提出了问题的解决框架，通过效用函数重构分析在我校现有制度的基础上设计了具有参考意义的新增制度安排，形成了系统化的理论成果。研究成果为提升我校博士研究生国际交流成效奠定了基础。

关键词：博士生国际交流管理　委托代理　激励相容

一、研究背景

派出博士生参与国际学术交流是提高我国博士生人才培养质量的重要途径。博士研究生教育是高等教育的最高层次，承担着培养创新拔尖型人才的重任。与本科生和硕士研究生教育相比，博士研究生教育不但强调对本领域现有知识体系的继承和发展，更加强调跨学科、国际化前沿知识领域的开拓。这要求博士研究生必须具备国际视野，紧密关注国际最新学术动态、学术研究成果与学术理论前沿，派出博士生出国参与国际学术交流活动是实现以上培养目标的重要手段。

派出博士生参与国际学术交流是我国高等教育提高国际化水平和融入国际平台的必然要求。随着全球化进程的不断深入和中国国际地位的不断提升，中外教育界之间的合作交流不断加强，中国博士生出国参加学术交流在出入境管理体制上已无障碍。与此同时，我国高等教育越来越重视国际化水平，在中国教育部学位中心公布的研究生学科评估指标体系中，明确把"研究生出国交流情况"作为重要指标。除此之外，一些国际商学院认证，如 EQUIS、AACSB 和 AMBA，都赋予教育国际化以重要权重，而博士研究生参与国际学术交流是重要组成部分。为提升在研究生学科评估中的地位，或通过国际教育认证进而融入国际教育平台，各高校都非常重视博士生国际学术交流活动。

校派国际交流是当前我国博士生出国交流三种重要途径之一，另外两种途径是国家留学基金委派出和科研项目派出。国家留学基金委收到申请后，会组织专家对申请人员派出资格进行评审，科研项目负责人出于对项目负责的动机，也倾向于严格选拔派出人员，因此这两种途径的人员派出质量有一定的管控。而校派博士生采取"个人申请、导师推荐、学院评审、学校资助"的方式，虽然在选拔阶段也对学生资质进行一定审查，但是更容易受到师生感情、导师影响力的影响。一般地，只要不影响导师科研进度，又不牵涉导师科研项目，导师碍于情面更加倾向于支持学生，而在学院评审这一阶段导师的个人影响力可能发挥较大作用，这使得人员选拔质量难以得到保证。

学生一旦派出后，由于空间距离和时差原因，导师很难对学生学术进展进行督促检查。虽然学校通常也规定学生需要每周向导师汇报科研进展，但是缺乏有效监督，难以有效贯彻执行。因此，缺乏有效保障机制已成为校派博士生国际学术交流质量提升的主要障碍。

为提高校派博士研究生学术交流效果，保障交流质量，提升学校国际交流资金的利用效率，本研究针对校派博士生国际学术交流存在的问题，依据全生命周期管理和委托代理理论对问题形成机理进行深入剖析，运用激励相容理论构建系统化的解决方案，并提出富有参考价值的政策建议。

二、国内外研究现状

近年来，我国研究生学术交流越来越得到重视和加强，所以一些学者开始探讨研究生学术交流的派出和管控。史兰新和陈永平从研究生的招生、管理、培养、导师与学生的关系等几个方面比较了中国与外国研究生教育[1]。朱若晨等对研究生学术交流存在的问题及其解决方案进行探讨[2]。周晓芳比较了国内外研究生导师制度，并对我国研究生导师制度提出了建议[3]。李向军从培养目标、学习年限、课程设置、课程学习、授课方式等方面研究了美国、日本等国家的研究生培养计划，并分析了对我国的借鉴意义[4]。然而以上研究主要关注研究生培养的整体宏观机制设计，没有关注博士生学术交流的国际化问题。

钟明关注了高等教育国际化问题，但仅对日本学术振兴会、国际日本文化研究中心、东京大学、京都大学和广岛大学的国际学术交流进行了简单的描述。后来的学者分别从研究生教育国际化的内涵、策略和方法等方面进行了更深入的研究[5]。李素琴，闫效鹏等探索了研究生教育国际化的背景与动力、内涵与指标、策略与措施等[6]。邵延峰、伊宝玲针对我国研究生教育国际化的发展现状和面临的一些问题，通过分析研究生教育国际化与研究生培养质量的关系，提出了通过研究生教育国际化提高研究生培养质量的措施方法[7]。姚志友等总结了南京农业大学 2015 至 2016 年研究生学术交流活动经验，总结了"校园内的国际化"学术交流活动举办经验[8]。文献［9–13］都提出了国际学术交流的多种途径，指出应该创新国际学术交流活动的举办和参与形式，开拓参与国际学术交流活动的多种途径，完善对外交流机制来提升研究生培养的国际化水平。以上研究都没有探讨派出博士生参与国际学术交流活动的选拔和保障机制。

对国外高校的调研情况表明，博士生出国学术交流管理工作是发展中国家的独有需求。以"Doctoral student academic exchange"为关键词使用 google 学术搜索引擎进行搜索，得到的文章大多是讨论博士研究生参与学术交流活动对建立学术资本、人际网络资源等方面的论文，没有发现研究博士生国际化问题的文章。一个合理的解释是，西方发达国家本来就处于学术创新和交流的高端位置，所以他们不需要像中国这样重视国际化问题。为了获得可靠的国外大学关于博士研究生出国交流管理制度方面的信息，项目组成员通过与国外著名高校来访学者交流座谈，就相关问题进行调研访谈，包括杜克大学沃顿商学院、美国佐治亚理工大学、斯坦福大学、英国利物浦大学，获得相关信息和材料。综合现有研究成果和访谈结果，博士生国际学术交流管理是发展中国家的特有需求，虽然重要且紧迫，但是缺乏相关理论成果。

三、研究框架

本研究采用图 1 所示的研究框架，主要研究内容包括以下四个部分。

（1）通过文献调研和专家访谈总结归纳国内外校派博士生国际学术交流的现状，剖析存在的主要问题；

（2）使用全生命周期管理思想对校派博士生出国参与国际学术交流的全流程进行梳理，并分析不同环节问题形成机理；

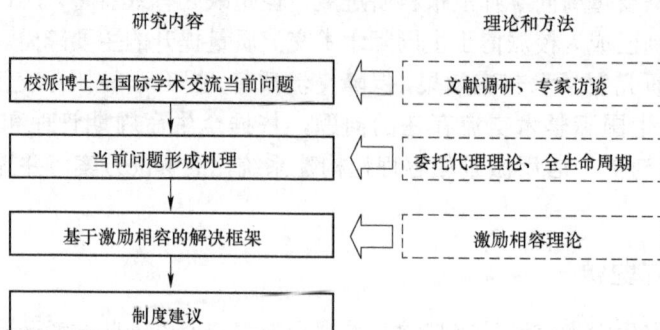

图1　研究框架

（3）在明确问题形成机理的基础上，基于激励相容提出针对性的解决框架；

（4）提出我校博士生外出国际学术交流的制度建议，包括博士研究生国际学术交流派出人员的遴选制度、派出期间的管理制度、国际交流的后评估制度。

四、基于委托代理理论的问题形成机理分析

（一）博士生外派交流的全生命周期分析

把校派博士生外出参与国际学术交流（以下简称校派交流）看作一个项目，可使用项目全生命周期管理思想对其涉及的各环节进行全流程分析。经过对校派博士生出国交流管理文件的细致阅读和系统整理，我校当前校派项目的全流程如图2所示。

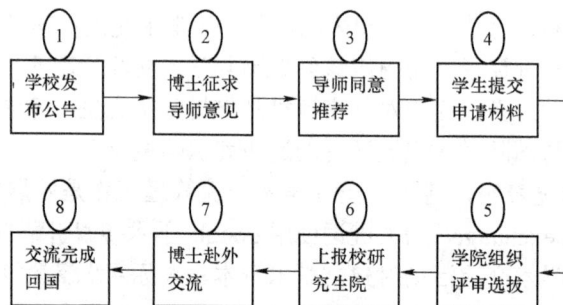

图2　校派博士生出国学术交流全流程示意图

图2所示的流程体现出以下特点：①相对国家公派出国的管理流程，校派出国管理流程大幅精简；②校派人员质量完全取决于导师意见和学院选拔结果；③缺乏交流过程的有效管控，虽然在管理文件中有要求博士生定期汇报的规定，但是并没有有力的保障手段；④缺乏交流的后评估，一般仅要求出国学生交一份总结报告即可，难以达到预期目标。

（二）博士生外派交流的委托代理分析

委托代理理论认为，委托人和代理人的个人目标（效用函数）存在不一致性，代理人的终极目标是使自身效用而非代理人效用最大化。同时，信息不对称性使得代理人的监督成本高昂，有时由于缺乏技术手段等原因甚至无法进行监督。

在校派交流活动中，学校实质上是委托人，在不同的阶段有不同的代理人。在第3阶段，导师是代理人，代理事务是推荐学生；第5阶段，学院组织专家是代理人，代理事务是资格评审；

第7阶段,代理人是外出博士生,代理事务是学术交流和研究。但是由于学校和代理人的最终目标不一致,从而导致校派交流的效果难以达到学校的预期目标。表1展示了在校派交流活动中发生委托代理问题的环节。

表1 校派交流不同环节的委托代理问题

环节序号	委托人	代理人	委托事项	委托人目标	代理人目标
3	学校	导师	推荐学生	科研产出	科研产出、情感
5	学校	学院	资格审查	公正公平	情感、公正公平
7	学校	派出博士	学术交流	科研产出	科研产出、娱乐

要特别强调的是,委托人和学校最终目标与个人道德无关,只是因为双方所处的环境和考虑的因素不同,从而导致了目标的偏差。

1. 委托人和代理人的效用函数设定

针对不同的委托事务,我们可以将委托人和代理人的效用函数设定如下:

(1) 学校的效用函数。对学校而言,派出博士出国参加学术交流的最终目标是增加科研产出,科研产出越多学校的效用越高。在本研究的背景下,可假设学校的效用函数仅受科研产出量的影响,且在各环节保持不变,函数形式为

$$U_U^3 = a_u x_s \tag{1}$$

其中:U_U^3 表示学校获得的总效用;x_s($0 \leqslant x_s \leqslant 1$)表示派出博士生的科研产出量且都标准化到单位区间上;$a_u > 0$ 表示学校对科研产出的边际效用。

(2) 导师的效用函数。第3环节,导师是代理人,代理事务是为学校推荐高品质博士生参加外派交流以增加科研产出。但是,导师在关注学生的科研产出的同时,还要照顾与学生的情感。如果推荐的是优秀学生,则不需要导师额外做工作也能顺利入选,可认为此时导师付出成本为0;反之,如果导师出于对学生的情感推荐品质不高的学生,则需要为此情感付出额外的努力,成本不为0。所以导师的效用函数可表示为

$$U_T^3(x_s, x_e) = a_T x_s + (b_T - c_T) x_e \tag{2}$$

其中,$U_T^3(x_s, x_e)$ 表示导师获得的总效用;x_s 定义同上;$a_T > 0$ 表示导师对科研产出的边际效用;$b_T > 0$ 表示导师对情感的边际效用,$c_T > 0$ 表示导师为照顾情感而额外承担的成本,$0 \leqslant x_e \leqslant 1$ 表示标准化的导师与学生的感情分量。

(3) 学院评审组的效用函数。第5环节,学院评审组是代理人,代理事务是评选出符合资质的外派博士人选为学校增加科研产出。学院评审组无疑会关注派出博士的科研产出,因为博士的科研产出属于学校的同时也属于学院,在一点上学院和学校目标是一致的。但是,除了科研产出外,评审组决策还会受一些特殊因素的影响。比如,使朋友或知名教授、领导等"大人物"的学生通过评选,也会获得效用,但同时也会为这种非常规的操作付出额外成本。所以学院评审组的效用函数可表示为

$$U_c^5 = a_c x_s + (b_c - c_c) x_p \tag{3}$$

其中,x_s 定义同上,U_c^5 表示学院评审组的总效用;$a_c > 0$ 表示学院评审组对科研产出的效用,$b_c > 0$ 是由特殊因素带来的边际效用,$c_c > 0$ 是为照顾特殊因素付出的成本,$0 \leqslant x_p \leqslant 1$ 是特殊因素分量。

(4) 被派出博士的效用函数。第7环节,派出博士是代理人,代理事务为通过参与国际学术

交流增加学校产出。除科研产出外，娱乐休闲也是派出博士生效用的重要组成部分，当然，学生也会为娱乐休闲付出相应的成本。所以派出博士生的效用函数可表示为

$$U_D^7(t_s,t_a)=(a_D-p_D)t_s+(b_D-c_D)t_a \tag{4}$$

其中，$U_D^7(t_s,t_a)$ 表示被派出博士获得的效用；$t_s,t_a \geq 0$ 分别表示标准化的博士生用于科研和娱乐的时间；$a_D>0$ 和 $p_D>0$ 分别表示博士生从单位时间科研产出中得到的效用和承受的心理痛苦，$b_D>0$ 和 $c_D>0$ 分别表示博士生娱乐休闲的单位时间效用和成本。

假设博士生的时间全部用于科研和休闲，则科研时间和休闲时间之和应是定值，不是一般性，可以将其标准化为 1，即 $t_s+t_a=1$。则表达式（4）可化为

$$U_D^7(t_s)=(b_D-c_D)+(a_D+c_D-p_D-b_D)t_s \tag{5}$$

2. 基于效用函数的外派交流失效问题产生机理分析

根据表达式（1），学校的效用函数是关于科研产出的单调增函数，所以学校期望科研产出越多越好，即 $x_s=1$ 时效用最大。但是这与三个代理人的效用函数并非一致，从而导致导师推荐、学院评审、博士生外出交流三个环节的失效问题。

（1）导师推荐失效机理。导师的效用函数形式如表达式（2）所示：$U_T^3(x_s,x_e)=a_T x_s+(b_T-c_T)x_e$。如果师生更加重视师生感情且照顾感情付出的成本低，不失一般性，可以假设 $b_T-c_T>a_T>0$。

①若学生优秀且师生感情深厚，不存在推荐失效问题。由导师效用函数可知，当 $x_s=1$ 且 $x_e=1$ 时导师效用达到最大，此时学校和导师的目标是一致的。

②感情成本过小导致推荐失效。学生优秀但师生感情淡薄，可用 $x_s=1$ 且 $x_e=0$ 表示；学生资质差但师生感情浓厚，可用 $x_s=0$ 且 $x_e=1$ 表示。计算两种情况下的效用函数可得

$$U_T^3(1,0)=a_T<b_T-c_T=U_T^3(0,1)， \tag{6}$$

这意味着情感成本小导致导师倾向于推荐与自己感情深厚而非更加优秀的学生。

③导师对外出交流科研产出的边际效用小，导致推荐失效。如果将 a_T 作为分析对象，表达式（6）意味着导师对科研产出的边际效用小，会导致推荐环节的失效。

（2）学院评审失效问题产生机理。学院的效用函数形式如表达式（3）所示：$U_c^5=a_c x_s+(b_c-c_c)x_p$。采用与导师推荐环节相同的分析方法，可得到如下结论：

①若学生优秀且与评审专家或"大人物"关系密切，不存在学院评审失效问题；

②特殊操作（照顾友情、"大人物"等）成本小，会导致学院评审失效问题；

③学院对科研产出的边际效用小，会导致学院评审失效问题。

（3）博士生外出交流失效问题产生机理。博士生效用函数为表达式（5）：$U_D^7(t_s)=(b_D-c_D)+(a_D+c_D-p_D-b_D)t_s$，其中 p_D（科研的痛苦程度）和 b_D（娱乐的快乐程度）取决于博士生自身心理因素，而 a_D（科研产出的边际效用）和 c_D（娱乐的边际成本）通过制定相关管理制度可以更改。

显然，当 $a_D+c_D<p_D+b_D$ 时，$t_s=0$ 效用最高，这意味着博士生不会将时间用于科研交流。所以有如下结论：

①学生科研产出边际效用低，可导致外出交流失效；

②学生娱乐边际成本低，可导致外出交流失效。

五、基于激励相容理论的解决框架

激励相容理论认为，为了解决委托人和代理人目标不一致问题，应该制定相关的政策改变代

理人的效用函数，从而使代理人自觉地采取和委托人目标相一致的行动。

　　基于以上理论，以代理人和委托人最优选择策略一致为目标，对导师、学院评审和派出博士的效用函数进行分析，并提出不同环节失效问题的解决思路。

　　（1）导师推荐失效的解决思路。根据第 2 部分对导师效用函数的分析，提升导师对科研产出的边际效用 a_T 和增大感情成本 c_T，可避免推荐失效问题。这意味着学校应该制定相关制度，使得导师的利益和推荐学生的科研产出挂钩，同时如果推荐学生的科研产出达不到预期，也应该由导师承担一定的成本。

　　（2）学院评审失效的解决思路。根据第 2 部分对学院评审效用函数的分析，提升学院对科研产出的边际效用 a_c 和增大特殊操作成本 c_c，可避免评审失效问题。这意味着学校应该制定相关制度，使得学院利益和推荐学生的科研产出挂钩。同时，如果推荐学生的科研产出达不到预期，应使学院承担一定的成本。

　　（3）博士生交流期间失效的解决思路。根据第 2 部分对外派博士生效用函数的分析，提高学生科研产出边际效用和娱乐边际成本可避免派出失效问题。这意味着学校应该制定相关制度，使得学生外出交流的科研产出与其自身某些利益挂钩，同时建立后评估体系，如果推荐学生的科研产出达不到预期，应使其承担一定的成本。综上所述，本研究提出如图 3 所示的解决框架。

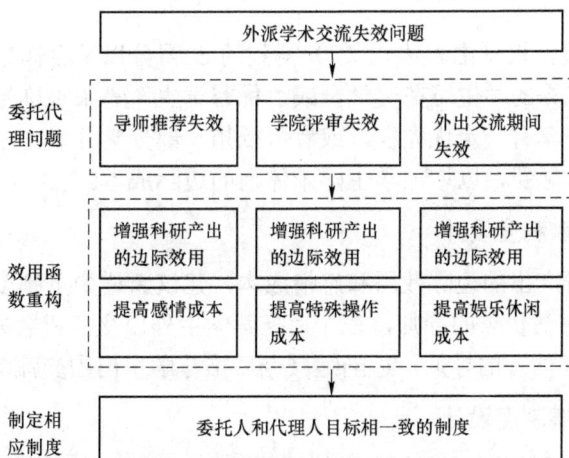

图 3　校派博士出国学术交流失效问题解决框架

六、新增制度建议

本部分以完善学校已有制度为目标，在原有制度的基础上提出如下新增制度建议。

（一）派出博士生的新增制度设计

为了增加博士生对科研产出边际效用和娱乐休闲边际成本，建议制定以下新增制度。

　　（1）博士生应在申请时上报计划科研产出量，学校建立基于计划科研产出量和计划完成度的奖励制度，具体形式如表达式（7）。为了提高博士生对科研产出的边际效应，应对科研产出进行奖励，比如可直接进行物质奖励，也可以抵扣学分，与奖学金或荣誉称号评定挂钩。

　　学术交流的条件和博士自身能力存在优劣之分，基于科研产出总量排名进行奖励的做法会挫伤交流条件不佳的博士的积极性。比如，赴学术水平较低高校交流的学生有可能认为无论如何也比不上赴世界一流名校交流学生的成果，或者认为自身科研能力比不过同一期其他交流的学生，科研产出量排名无望得奖，干脆就放弃努力。所以，需要考虑博士交流条件的优劣，允许博士自已制定符合自身实际条件的计划，然后按照计划完成度进行奖励，但是这种奖励方式也会造成学生故意少报计划产出数量。

为解决以上问题，应该设计基于计划科研产出量和计划完成度的奖励制度，具体形式可表示为

$$B = \begin{cases} \alpha x_f + \beta_1(x_s - x_f), x_s > x_f \\ \alpha x_f - \beta_2(x_f - x_s), x_s \leq x_f \end{cases}, \tag{7}$$

式中：B——奖励金额；

$\quad\quad x_f$——学生自己制定（报给学校）的科研产出计划；

$\quad\quad \alpha$——对学生科研计划量的奖励力度；

$\quad\quad x_s$——实际科研产出量；

$\quad\quad \beta_1$——对实际量超出计划量部分的奖励力度；

$\quad\quad \beta_2$——没有完成计划时的惩罚力度。

显然，当 $\beta_2 > \alpha > \beta_1$ 时，比如 $(\alpha, \beta_1, \beta_2) = (0.3, 0.2, 0.5)$，博士生有意愿上报符合自身条件的最大计划科研产出量并努力完成。学校应该根据 B 的大小进行奖励。

（2）设计标准化的学生表现评价表，学生交流回国后，由研究生院通过邮件请合作导师对学生表现进行评价。

（3）建立后评估制度，根据由表达式（7）得到的 B 得分以及合作导师评价对学生交流的总体表现进行评估。评估优秀的学生可在奖学金或"优秀学生"等荣誉称号评定方面有一定加分，在今后的外派交流活动中享有一定优先权，或者可抵扣一部分学分等。相反地，如果后评估表现很差，则在以上方面予以惩罚，以增加学生娱乐休闲的边际成本。

（二）导师推荐的新增制度设计

为了增加导师对科研产出的边际效用和感情成本，建议新增如下制度。

（1）对推荐学生后评估优秀的导师，在今后推荐学生外出交流机会方面予以倾斜。

（2）对推荐学生后评估差的导师，适当缩减今后推荐学生出国交流的成功概率。

（三）学院评审的新增制度设计

为了增加学院对科研产出的边际效用和特殊操作成本，建议新增如下制度。

（1）对推荐学生后评估优秀的学院，适当增加今后推荐学生外出交流的名额。

（2）对推荐学生后评估差的学院，适当缩减今后推荐学生出国交流的名额。

七、总结与展望

本研究针对校派博士生出国交流工作面临的现实问题，使用全流程思想分析了博士生外出交流的全流程；基于委托代理理论构建了不同环节委托人和代理人的效用函数，在此基础上分析了失效问题的形成机理；使用激励相容理论提出了问题的解决框架；最后通过效用函数重构分析，在我校现有制度的基础上设计具有参考意义的新增制度安排。

需要指出的是，本研究成果是在分析和总结北京交通大学信息管理理论与技术国际研究中心（ICIR）多年来对派出博士生评审和派出管理的实践基础上，提出的理论框架，同时，根据本研究成果已经设计出具体的制度安排并加以应用，取得了良好的应用效果。

参考文献

[1] 史兰新，陈永平. 国内外研究生培养方式的比较及探讨 [J]. 东南大学学报（哲学社会科学版），2010，12

（2）：117-121.

[2] 朱若晨，彭小凤，刘景玲. 研究生学术交流中存在的问题及对策 [J]. 湖北函授大学学报，2014，27（20）：4-5.

[3] 周晓芳. 现代中外研究生导师制度比较：兼论对我国研究生导师制度的启示 [J]. 当代教育论坛（综合研究），2010（3）：117-119.

[4] 李向军. 试论研究生培养计划的国际经验与借鉴 [J]. 学理论，2010（6）：172-173.

[5] 钟明. 日本的国际学术交流：组织与活动 [J]. 世界经济与政治论坛，1996（6）：52-55.

[6] 李素琴，闫效鹏. 研究生教育国际化初探 [J]. 中国高教研究，2003（11）：59-61.

[7] 邵延峰，伊宝玲. 研究生教育国际化与研究生培养质量提高 [C] //全国研究生院工科研究生教育工作研讨会. 2008.

[8] 姚志友，杨海峰，郭晓鹏，等. 国际化语境下高校举办研究生学术交流活动的经验与启示：南京农业大学2015—2016年研究生学术交流活动国际化探索 [J]. 中国农业教育，2017（6）：60-65.

[9] 陆居怡，胡玎. 关于研究生教育国际化的思考：研究生对外交流的启示 [J]. 教育改革与管理：研究生教育研究，2002（1）：8-10.

[10] 苑洪亮，王怀民. 提出了探索开拓博士研究生国际学术交流空间的途径和方法 [J]. 高等教育研究学报，2009，32（1）：90-91.

[11] 段斌，许骏. 关于提交流能力高研究生国际化学术的系统途径与方法研究 [J]. 文教资料，2016（11）：99-100.

[12] 李一兵，叶方，张琳，等. 加强国际交流提高研究生培养质量 [J]. 教育教学论坛，2016（3）：158-159.

[13] 叶方，李一兵，张朝柱，等. 完善对外交流机制 提升研究生培养的国际化水平 [J]. 教育教学论坛，2018（13）：55-56.

产学合作、本硕一体化
定制培养海外工程项目管理人才创新与实践

刘伊生

（北京交通大学经济管理学院，北京 100044）

摘　要： 为适应中国建筑企业"走出去"参与"一带一路"建设对海外工程管理人才的需求，北京交通大学与中国铁建、中国中铁等大型建筑企业深度合作，采用"3+1+2"本硕一体化方式培养海外工程项目管理人才，主要特点及创新体现在企业主导学生选拔、人才培养方案定制、实施校企双导师制、强化学生实践能力等方面。海外工程项目管理人才培养以企业人才需求为导向，采用产学结合的定制化方式，已取得显著成效，得到合作企业高度认可，多数毕业生已派往海外从事国际工程管理。

关键词： 海外工程　项目管理　人才培养　本硕一体化

随着经济全球化及国际工程承包市场的快速发展，中国建筑企业"走出去"的步伐不断加快。特别是"一带一路"倡议的实施，为中国建筑企业更加广泛地参与国际工程承包提供了重大机遇，由此形成对理论水平高、实践能力强、具有国际化视野的高级工程项目管理人才的迫切需求。自 2013 年起，北京交通大学与中国铁建、中国中铁等大型建筑企业深度合作，采用"3+1+2"本硕一体化方式定制培养海外工程项目管理人才，得到合作企业高度认可。

一、"海外工程项目经理"项目运行机制

纵观近 10 多年来中国企业国际工程承包状况，无论是每年完成合同额还是新签合同额，均比过去增长 10 多倍。因此，对海外工程项目管理人才的需求也是成 10 倍增长。在传统的工程管理专业研究生培养模式中，更多侧重于国内工程项目管理人才培养，尽管也开设国际工程管理相关选修课程，但并未能针对企业实际需求系统构建完整的国际工程项目管理知识体系，专业实践教学也不够系统深入，更未开设诸如葡萄牙语、西班牙语等外语课程。此外，在教学模式方面也未能实施校企合作的双导师制，更难以提供学生赴海外工程现场顶岗实习机会。

为适应海外工程承包市场需求，北京交通大学依托工程管理学科，与大型国际工程承包企业密切合作，自 2013 年起建立产学联合机制，设立"海外工程项目经理"本硕一体化项目，定制培养海外工程项目管理人才。

"海外工程项目经理"项目按"3+1+2"模式实施，即：进入"海外工程项目经理"班的研究生，在大学前三年分别在各自专业学习，在大学三年级末或四年级初根据有关推荐免试研究生的规定，结合合作企业实际需求，遵循公开透明、公平合理、择优录取的原则，由合作企业主导，从工程管理、财务管理、会计学、土木工程、电气工程等专业选拔若干名符合推荐免试研究生资格的学生，进入工业工程专业海外工程项目经理方向攻读专业硕士学位。

经选拔进入"海外工程项目经理"班的学生，从大学四年级即开始集中学习国际工程管理相

关课程及外语（葡萄牙语或西班牙语），对于本科非工程管理专业的学生还需要选修工程管理专业相关课程。同时，还要到合作企业总部或项目组进行 1 个月的专业实习。

进入"海外工程项目经理"班的学生在原本科专业毕业后，在两年研究生期间继续学习国际工程管理相关课程，强化葡萄牙语或西班牙语，还要到企业实习 6 个月，其中要由企业派到海外工程现场顶岗实习 3 个月，提升海外工程综合管理能力。

（一）培养目标

通过"3+1+2"校企联合定制培养，"海外工程项目经理"班学生除掌握本专业知识外，了解国际工程市场，掌握投标和谈判技巧，熟悉国际工程管理和运行方式，深刻理解合同的基本原理和内容并能运用所学知识进行合同管理、工程索赔、国际采购等业务，了解国际标准和规范，并具有工程外语应用能力，为毕业后从事国际工程项目管理积累知识和能力。

（二）培养和考核方式

1. 双导师制

学校与合作企业为"海外工程项目经理"班按照双向选择原则实行双导师制，共同负责学生培养。

（1）校内导师。负责学生的思想政治教育、在校学习期间的专业学习及毕业论文选题和撰写；督导学生完成培养方案规定的学习环节等。

（2）企业导师。负责指导学生在企业的实习及项目实践；讲授部分课程或进行专题讲座；指导毕业论文选题；督导学生完成培养方案规定的学习环节等。

2. 理论学习与工程实践相结合

学生实习采用学校课堂教学、案例讨论，企业实习、项目实践等方式。部分课程由企业专家讲授。学生在完成本专业课程外，须学习国际工程专业领域内相关知识。硕士学位论文选题须结合海外工程实际。

（三）教学执行计划

根据合作企业需求及海外工程项目管理发展趋势，制定的"海外工程项目经理"班"1+2"教学执行计划如下。

1. 大学第四年教学执行计划

1）大学第 7 学期学习的课程

（1）语言类课程：高级英语（听说）、工程英语（FIDIC、ICE、NEC、AIA 等合同条款）、葡萄牙语或西班牙语。

（2）专业核心课程：国际工程招投标与合同管理、国际工程项目管理、国际工程项目管理策划或案例分析报告。

对于非工程管理专业学生，尚需补修土木工程概论、工程经济、施工技术与组织学、管理运筹学等课程。

2）大学第 8 学期教学安排

企业或项目实习 1 个月，并在原专业完成本科毕业设计或论文。

2. 硕士期间教学执行计划

在工业工程专业硕士培养方案中设立海外工程项目经理方向，按照全日制工业工程专业硕士培养规格培养学生。学生需要在企业实习 6 个月，有条件的企业可选派学生到海外工程现场实习 3 个月（全日制工业工程海外工程项目经理方向专业硕士培养方案略）。

二、"海外工程项目经理"项目特点及实施途径

（一）项目特点

本项目主要特点概括如下。

1. 校企深度合作，实施定制培养

实施产学合作，每年由合作企业根据实际需求主导选拔学生，并按企业需求定制的培养方案（海外工程项目经理方向）进行培养。

2. 本硕一体化培养，实现校企双导师制

学生经选拔被录取为研究生后，实施本硕一体化培养，不仅从大学四年级就开始学习国际工程管理知识，而且在本硕阶段均实施校企双导师制。

3. 强化实践锻炼，实现产学无缝对接

合作企业为学生提供实习机会，学生除了在大学四年级到合作企业总部或项目实习 1 个月外，在研究生阶段还需到海外工程现场进行 3 个月的顶岗锻炼实习，且硕士学位论文选题能够紧密结合海外工程管理实际。

（二）项目实施途径

以企业人才需求为导向，采用本硕一体化定制及双导师培养方式，为社会及合作企业培养海外工程项目管理复合应用型人才。具体实施途径概括如下。

1. 企业主导，根据需求选拔学生

合作企业每年根据实际需求，从工程管理、财务管理、会计学、土木工程、电气工程等专业选拔若干名符合免试推荐研究生资格的大学生，进入工业工程专业海外工程项目经理方向攻读专业硕士学位。

2. 本硕一体化，定制人才培养方案

根据合作企业人才培养需求，从大学四年级开始定制相关课程。本科阶段学习葡萄牙语或西班牙语、英语等语言类课程，以及国际工程项目管理及案例、国际工程招投标与合同管理等课程。研究生阶段要学习国际工程财务及成本管理、国际工程风险管理、国际商法、国际项目融资、国际商务谈判、企业文化、演讲与口才、跨文化管理、公文写作等课程，此外，还要进一步学习葡萄牙语或西班牙语。

3. 校企双导师，紧密结合国际工程管理实际

学校与合作企业为每一位海外工程项目经理方向的研究生各派一名导师，实施校企双导师合作指导，指导研究生课程学习、国内外现场实习及毕业论文选题和撰写。学位论文紧密围绕国际工程管理实际问题。

4. 海外工程实习，提升海外工程综合管理能力

海外工程项目经理方向的研究生除了在本科阶段到合作企业总部或项目实习 1 个月外，在研究生阶段修完主要课程后，由合作企业组织学生赴海外工程现场进行为期 3 个月的现场顶岗实习，提升海外工程综合管理能力。

三、"海外工程项目经理"项目创新点及实施成效

（一）项目创新点

1. 以人才需求为导向，校企合作定制培养

适应"一带一路"倡议及中国建筑企业"走出去"战略，从人才选拔、课程设置到教学环节，

均以企业人才需求为导向。通过人才定向、课程定制，实现了高校与建筑企业的实质性合作。

2. 本硕一体化，成为"3+1+2"人才培养模式典范

在合作企业主导下，紧紧围绕海外工程项目管理实际，设计和实施本硕阶段一体化人才培养方案，充分发挥校企双方优势，创造了"3+1+2"人才培养模式典范。

3. 实施校企双导师制，组织海外工程现场实习

学校与合作企业为每一位学生分派精通国际工程管理的博士或硕士导师和企业高管担任导师，实行校企双导师制，联合指导学生完成课程学习、实习及论文选题及撰写。合作企业还组织学生赴海外进行国际工程现场实习，提升海外工程综合管理能力。

（二）项目实施成效

定制培养的海外工程项目管理人才得到合作企业高度认可，毕业的研究生输送到企业，已成为企业海外项目经理人才的重要储备。同时，海外项目管理人才培养模式，已成为实施"3+1+2"产学结合培养人才的典范。

除第一届为非定向外，本项目从第二届开始，由企业主导学生选拔、课程定制，并配备校企双导师，组织海外工程现场顶岗实习锻炼。多数海外项目经理班学生在研究生期间全部被合作企业派到卡塔尔、阿联酋等国工程施工现场进行为期3个月的国际工程管理实习，使学生得到亲身体验和切实锻炼，对国际工程项目管理有了深刻理解。毕业生多数任职于国际工程承包企业，目前大部分毕业生已被企业派往安哥拉、沙特阿拉伯、泰国等国家及加勒比、香港等地区从事海外工程项目管理工作。

本项目实施成效主要体现在以下方面。

（1）通过"3+1+2"的校企有效合作，为海外工程项目管理培养了复合型人才。

（2）以需求为导向的本硕一体化定制培养，为国际工程承包企业培养了实用型人才。

（3）企业导师的实质参与及学生实习的切实履行，为专业学位研究生培养树立了典范。

高校国际教育交流项目课程匹配的研究与探索

冀振燕　陈　婷　赵　宏　马迪芳　魏小涛

（北京交通大学软件学院，北京 100044）

摘　要：随着经济全球化的迅猛发展，高等教育的国际化已成为高校的一项重要工作。国际教育合作交流也是我院的一个鲜明特色，为了保证国际交流项目的顺利进行，需要对双方的课程进行匹配，以评价双方的课程学分是否可以进行置换，以保证留学的质量，我院在这方面积累了丰富的经验，提出了基于"课程池"的课程匹配方案。

关键词：国际教育交流　课程匹配　模糊匹配　课程池

一、引言

随着经济的全球化发展和国际交往的密切，高等教育国际化早已成为教育发展的潮流和趋势[1-2]。国内各所高校普遍设置国际合作交流部门以促进本校与国外高校的合作交流，一方面引进国外新进的教育理念和培养模式，另一方面通过开展多途径、多形式、多层次的联合办学，提升学校的国际知名度[3-4]。

我校更是把国际化作为一个重要的战略写入学校的发展规划。坚持开放办学思想、推进国际交流与合作，已成为我校建设"特色鲜明世界一流大学"的必然要求。我院作为教育部 37 所示范性软件学院之一，一直重视国际化发展，大力促进双向留学，提高人才培养国际化水平，扩大我院的国际影响力。

为了促进双向留学的顺利进行，需要对双方的课程进行匹配，以评价双方的课程学分是否可以进行置换，以保证留学的质量。国际化教育合作是我院的一个鲜明特色，我院在国际化教育合作方面积累了丰富的经验。本文主要阐述我院在国际化教育合作中积累的关于课程匹配方面的经验。

二、我院国际教育交流项目的分类

除了学校层次的教育合作，我院和国外 24 所高等院校具有院级合作，比如：
- 美国密苏里大学 2+2 双学位项目；
- 英国伯恩茅斯大学 3+1 双学位项目；
- 美国密苏里大学 3+2 本硕连读项目；
- 悉尼大学 2+2 双学位项目；
- 昆士兰科技大学 3+2 本硕连读项目；
- 美国天普大学 3+2 本硕连读项目。

虽然国际教育合作项目数目繁多，但具体主要可以分为如下几类。

（一）"2+2"双学位项目

国内学生在国内院校学习 2 年，到国外院校学习 2 年，获得双方院校学士学位证书。国际学生在国外院校学习 2 年，在我国院校学习 2 年，获得双方院校的学士学位证书。

"2+2" 双学位项目多为双向项目或针对国内学生取得双学位的单向项目。

（二）"3+1" 双学位项目

学生需要在我院学习 3 年，然后到对方院校学习 1 年，获得双方院校的学士学位证书。

（三）"3+2" 本硕连读项目

学生需要在我院学习 3 年，然后到对方院校学习 2 年，其中第 1 年属于学校交换项目内容，1 年后学生回我校拿学士学位证书，毕业后继续赴原交流院校深造学习 1 年，由外方根据其表现授予硕士学位，学生最终获得我校学士学位证书和外方高校硕士学位证书。

（四）本科生交换项目

交换项目是非学位型国际交流项目的一种，双方互派本科生到对方院校学习 1 学期或 1 年，只修学分不拿学位证书。

三、课程匹配模式的发展

无论上述何种形式的教育合作项目，在签协议前，都需要对双方课程的匹配度进行评价，只有双方的课程匹配度足够高，双方高校的教育交流才有合作的基础[5-6]。另外，课程匹配也是学生在国外高校选课以及回国后的学分认定的基础。学生在对方院校所修学分归国后都要进行学分认定，在对方院校所修的课程是否能够认定、如何认定都是课程匹配需要解决的问题。对于课程匹配，经过多年的摸索，我院总结出了一些经验。

从发展阶段来说，我院的课程匹配已经走过了 3 个阶段。

（一）准确的课程匹配

早期，我院的课程匹配策略采用准确的课程匹配，即针对我院学生未修的课程，在对方院校的课程中寻找内容匹配的课程作为我院学生在对方院校的必修课程，在学生去对方院校前签订留学协议时，指定匹配的课程作为学生必修的课程。如表 1 所示，密苏里大学的 "3+2" 项目，学生需要在我院学习 3 年，然后到密苏里大学学习 2 年，其中第 1 年属于本科国际交换项目，1 年后学生回我校拿学士学位证书，毕业后继续赴密苏里大学深造学习 1 年，取得密苏里大学硕士学位，因此学生只需满足我院四年级的选课要求，我院四年级只开设 2 门课程，"软件工程实践"和 "毕业设计"，对于这两门课程，我们在密苏里大学所开设的课程里选了课程内容最相近的两门课进行匹配。但学生去密苏里大学后，课程 Undergraduate research 无法选修，因为该课程已选满。这种指定匹配课程无法选修的情况在各合作项目中都普遍存在，主要原因有 3 个：课程已选满、学生未修过相关先修课程或课程取消。

表 1　我院与密苏里大学课程匹配

课程编号	北京交通大学软件学院课程名称	开课学期	性质	学分	对应课程	密苏里大学课程名称
A0S128Q	软件工程实践	7		8		Undergraduate research
A0S127Q	毕业设计	8		8		Senior Capstone Design

优势：学生所学课程完全满足取得我校学士学位的要求。

不足：学生到对方院校后经常因为课程已选满或者未修过先修课程的问题导致无法选修指定

课程，不能满足出国交换协议要求。仓促之中，我们需要重新为学生做一对一选课指导，并对他们选好的课程进行审核。耗时耗力，因为时差问题，联系也不便，学生觉得很困扰。

（二）模糊的课程匹配

基于前期的经验教训，我院不再指定固定的专业课程要求学生选修，只要求学生修满应修的学分，所修课程不得与我院课程重叠即可。

优势：学生根据协议指导原则自行判断选择哪门课程，学生无须受课程无法选修的困扰。

不足：学生对课程判断不准，虽然有的课程名与我院的课程名不同，但课程内容重叠度较高，导致重修了已修过的课程，没有达到留学的真正目的。

基于上述不足，我院提出了"课程池"的课程匹配方案，成功地解决了上述问题。

（三）新的课程匹配模式——基于课程池的课程匹配

为了解决上述课程匹配所存在的问题，我们从软件工程领域借鉴了"线程池"的概念，建立了"课程池"的概念。

课程池就是国内学生在国外合作院校学习时可选课程的集合，课程池是国外合作院校课程计划中课程的子集。如果将课程池定义为 P，国外合作院校课程计划中的课程集定义为 C，学生在国内院校已经修过的课程集定义为 S，那么如图 1 所示，$P=C-S\cap C$

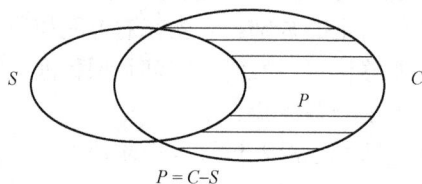

图 1 课程池

即把学生可以选修的备选课程添加到课程池里，课程池实际上就是学生可选课程的集合。采用"课程池"的课程匹配方案，对于每所与我院合作的高等院校，都建立一个"课程池"。课程池是动态的，即里面的课程可根据各高校每年的开课情况动态调整。如表 2 所示为密苏里大学"可选修课程"课程池。

表 2 密苏里大学"可选修课程"课程池

序号	课程名
1	CMP SC 4430：Compilers I.
2	CMP SC 4450：Principles of Programming Languages .
3	CMP SC 4410：Theory of Computation I .
4	CMP SC 4060：String Algorithms.
5	CMP SC 2111：Production Languages.
6	CMP SC 3001：Topics in Computer Science.
7	CMP SC 3530：UNIX Operating System.
8	CMP SC 3940：Internship in Computer Science.
9	CMP SC 4970：Senior Capstone Design I.
10	CMP SC 4980：Senior Capstone Design II.
11	CMP SC 4870：Wireless and Mobile Networks.
12	CMP SC 4620：Physically Based Modeling and Animation.

序号	课程名
13	CMP SC 4650：Digital Image Processing.
14	CMP SC 4670：Digital Image Compression.
15	CMP SC 4720：Introduction to Machine Learning and Pattern Recognition.
16	CMP SC 4730：Building Intelligent Robots.
17	CMP SC 4750：Artificial Intelligence I.
18	CMP SC 4770：Introduction to Computational Intelligence.
19	CMP SC 4990：Undergraduate Research in Computer Science.
20	CMP SC 4995：Undergraduate Research in Computer Science － Honors .

优势：由于课程池中的每门课程都经过专业老师审核，不存在课程与学生已修课程重叠度过大的问题，给学生的选课带来了方便。同时，避免了指定固定课程的弊端，学生可以在课程池中选择自己感兴趣的课程，如果有课程无法选，也可以简单方便地选择课程池中其他课程，无须与指导老师进行频繁地交流，从而避免了因时差问题导致的沟通不便。

四、课程匹配模式对比

表 3 对课程匹配模式从学生选课难度、教师指导选课难度、学生最终所选课程匹配度、学分认证难度几个方面进行了对比分析。准确的课程匹配对于学生来说，一旦所指定的课程因为种种原因不能选（譬如：课程选满、课程取消、不满足选课条件等），学生会陷入选课恐慌，因为发现课程不能选的时候，往往已接近选课系统关闭时刻，再加上国外与国内的时差，接洽负责老师解决问题会显得很紧迫。另外，指导选课也很困难，这个阶段多所学校的选课都会出问题，负责老师需要重新审视对方课程计划以及课程大纲，考虑学生的不同兴趣点，需要对学生逐一指导。由于课程选择是由专业老师指导完成，课程和国内课程的匹配度高，因此学分认证起来也简单。

模糊的课程匹配对于学生来说，选择相对准确课程匹配有一定灵活度，但学生有时判断不准对方课程是否与其所修课程重叠，觉得困惑。选课指导相对准确的课程匹配来说显得简单，因为其中大部分课程的选择，学生凭经验判断选择课程。课程匹配度低，学生经常因为判断失误修一些和以前所修课程重复的课程，或者学生会选择过多的公共任选课程，从而给学分认证工作带来难度，因为不满足毕业要求。

课程池的模式对于学生来说，选课最灵活简单，因为课程池里面的课程数目多，学生只需要在里面挑选自己感兴趣又能注册的课程即可，由于课程池里面的课程是由专业老师筛选出来的课程，因此课程符合我方的毕业课程要求，学分认证时只要确认学生选修的课程是课程池里的课程即可认定学分。指导选课的难度低，专业老师每次只需要从合作院校的课程列表里选出学生可以选的课程即可，无需对学生进行逐一指导。

表 3   课程匹配模式对比

	学生选课难度	教师指导选课难度	学生最终所选课程匹配度	学分认证难度
准确的课程匹配	很困难	困难	准确	简单
模糊的课程匹配	困难	困难	不准确	困难
课程池	容易	容易	准确	简单

五、结论

国际化办学是我院的鲜明特色，我们在多年国际交流工作中碰到了很多问题，其中包括决定国际交流项目是否能顺利进行的课程匹配问题，经过多年的探索研究，我们经历了三个阶段，并最终提出了基于"课程池"的课程匹配解决方案，解决了以前存在的问题。本文对各阶段的课程匹配方案进行了分析对比，并指出了各方案的优势与不足。

参考文献

[1] 李庆领，吕耀中. 高等教育国际化背景下的人才培养策略 [J]. 中国高等教育，2010（3）：64-65.

[2] 黄大卫. 国际交流与合作在建设研究型大学中的作用 [J]. 东南大学学报（哲学社会科学版），2005，7（5）：118-120.

[3] 高玉蓉，对我国高校课程国际化的思考 [J]. 教育探索，2010（11）：37-38.

[4] 刘新颜，高等教育国际化的探索与实践 [J]. 航海教育研究，2010，27（1）：50-51.

[5] 黄非，张长明. 关于高校学生国际交流项目实践的思考 [J]. 广东石油化工学院学报，2011，21（2）：34-36.

[6] 刘健夫，张大超. 关于高校国际化问题的思考 [J]. 华北电力大学学报：社会科学版，2010（5）：115-117.

新能源方向研究生全英文课程体系与国际化人才培养综合改革

孙丙香[1] 姜久春[1] 张维戈[1] 唐 芬[2] 苏 粟[1]

（1. 北京交通大学电气工程学院，北京 100044
2. 北京电动车辆协同创新中心，北京 100044）

摘 要：新能源方向是电气工程一级学科未来的主流发展方向，事关国计民生，其作用举足轻重。本次研究生课程体系改革考虑我国教育优势与国际先进教育理念对接，发挥产学研特色，按照国际先进教育理念设置了新能源方向研究生课程体系，同时以研究生教育改革为先导，带动汉能新能源学院的建设和发展，将国际化分层次融合到本硕博各个阶段。

关键词：新能源 国际化 全英文课程体系 综合改革

一、新能源方向研究生国际化培养的背景和发展现状

在教育国际化、全球化背景下，北京交通大学积极开展国际化教育，坚持与国外著名高校学生互换、学分互认、学位联授，开设系列全英文教学课程，并逐步探索国际化教学管理模式和管理制度、力求从体制、机制等方面有所创新，全面提高学校在新能源领域的国际化教育水平。

近年来，北京交通大学在新能源领域，尤其是光伏发电、风力发电、新能源汽车等领域的教学和研究都取得了丰硕的成果，与国外知名大学和知名教授建立了长期良好的合作。目前，每年有十几名学生出国留学，包括"2+2"等学位联授项目和一学期或一学年的短期交流项目。国外合作单位包括英国曼彻斯特大学、澳大利亚悉尼大学、美国加州大学圣地亚哥分校等。学校目前在新能源领域也有国际合作科研项目，澳大利亚新南威尔士大学、丹麦奥尔堡大学、美国夏威夷大学、密歇根大学、印度理工大学等校的知名教授定期或不定期到校为学生授课或开设讲座。学院也招收巴基斯坦、朝鲜、沙特等国留学生在校学习。因此，北京交通大学在新能源领域已经具有开展更广泛国际化教学的实力和基础。

虽然我们已取得上述国际合作交流成果，但是目前的交流与合作仍然以短期为主，项目的长期性和可持续性受到制约。此外，即使有国家或学校对本科生国际交流的基金资助，出国交流或深造也还只是少数学生，或家境殷实的学生的专利。如何在本土学习和借鉴世界先进的教育方法，引进国外先进的教学管理经验，积极探索中外合作办学新模式，引进国外优质教育资源，能够使大多数普通学生受益，使他们在国内就能享有国际化的教育，具备国际化的视野，就是摆在我们面前的课题。

新能源领域是近些年在国内发展很快的一个新领域，对新技术人才的需求量也非常大。我国现在既是新能源技术产品的进口大国，也是新能源技术产品的出口大国，所以在该技术领域，不管是"引进来"还是"走出去"，都需要具有国际化视野的复合型人才，而目前现有的传统培养

模式已经不能适应该领域技术发展和工业进步对人才的需求，特别是对国际化的需求[1-2]。

根据美国国家科学基金会发布的《美国大学博士学位获得者综合报告》，2011 年在美国获得研究型博士学位的人中，来自中国的人数占到了 26.9%。然而，还是有相当部分我国的研究生置身于国际高水平学术环境时往往表现出很大的不适应，由于在探究问题的素养和跟踪学术前沿的素养等方面的欠缺，很多人甚至难以进行顺畅的国际学术交流[3]。究其缘由，这种不适应来源于我国研究生教育在"国际化"程度以及国际交流能力培养方面的欠缺，主要表现在：

（1）高水平国际化课程设置不足；

（2）缺少国际化师资和与国外高水平学者交流的学术平台；

（3）缺少具有国际氛围的研究生学术成果展示和交流平台；

（4）研究生英语学术交流能力的欠缺。

北京交通大学经过充分调研，拟以新能源发电与应用方向作为突破口深化国际化教育改革。该教育改革项目将依托电气工程学院"国家能源主动配电网技术研发中心"和"主动配电网大数据分析与处理创新引智基地"两个国家级平台，积极发挥高水平科研平台与教学结合的优势，全面提升国际化办学能力，提升学科建设国际化水平，推进国际化教学队伍建设，提高国际化人才培养水平和科学研究实力，在国际化教学管理体制和机制方面进行有益的探索和尝试，全方位提高国际化层次和内涵，实质性地达到国际化办学标准。

二、新能源方向研究生国际化培养的主要研究内容

综合考虑新能源方向研究生国际化培养的现状基础，主要的研究内容有三方面，具体如下。

（一）制定研究生课程体系方案

以引智基地为依托，与合作的外方专家研讨确定研究生课程体系方案。

（二）完成国际化教学设计和实施

如何在教学过程中体现国际化教育理念，达到国际化教育目的，满足就业单位和学生的实际需求，关键在于教学设计和实施；教学团队充分借助外籍教师的力量，在教学设计上下了很多工夫，改变传统的以灌输为主的教学方法，开展研究性教学、启发式教学，使学生从要我学转变成我要学。新的培养方案开展纯英文教学，将国际化教学手段贯彻到每一个专业课课堂中[3-4]。

（三）创立公平、公正的学生成绩考评和学术评价标准

尝试建立与国际接轨的教学评价和考试评价体系，充分调动教师和学生的积极性。

由于现有的培养体系已经运行多年，考虑到以英语为载体的国际化教育体系，该教育改革项目的重点和难点有以下四个方面。

（1）国际化培养方案的对标和设置，其中强调了产学研合作和国际联合培养。

（2）人事制度中西方的差异。

（3）国内教师与国外教学管理团队的融合。教育教学改革内容既要与国际接轨，又要满足国内专业认证等要求，这就需要国内外教学管理团队充分协商、合理解决。

（4）利用教师考核与评聘政策，引导教师自觉贯彻执行国际化教学理念，主动与国际教育接轨[5]。

三、新能源方向研究生国际化培养改革的成果和创新点

（一）建立了新能源方向研究生国际化培养课程体系

按照国际化教育理念设置了新能源方向研究生国际化培养课程体系，引入教学理念开展培养

工作；人才培养体系充分考虑我国教育优势与国际先进教育理念对接，在国际化背景下发挥产学研特色，以研究生改革为先导，将国际化分层次融合到本硕博各个阶段。

新能源方向是电气工程一级学科领域的一个主流方向，以研究生培养为导向，按照新能源微网、储能电池、电力电子变换器和电力系统建模控制这样的体系，开设了四门全英文课程，分别是：①Renewable Energy Microgrid Systems（美国丹佛大学 David Gao 教授）；②Power Battery Application Techniques（美国西北太平洋国家实验室 Bor Yann Liaw 教授）；③Three-phase Converters-topologies and Modulation Techniques（外专千人 Poh Chiang Andrew Loh 教授）；④Modeling and Control in Power System and Smart Grid Applications（韦恩州立大学 Le Yi Wang 教授）。课程试运行三年，总体效果良好。

担任课程教学的四位教授都是国外大学的全职教授和研究生导师，有多年的全英文授课经验。同时，他们也担任我校的兼职教授和博士生导师。各门课程的建设和讲稿的建设都具备国际前沿的视角，在讲授知识的同时，能够分享很多做科研的思路和撰写科技论文的方法。课程的考核以分析问题和解决问题为主要目标，减少简单机械式的记忆问题考核。为了保证课程的后续建设和可持续性，本校为四位教授配备了四名年轻教师作为助教，协助课程的落实和持续跟进。

（二）带动了新能源方向本科生国际化培养进程

以研究生课程体系改革为先导，在外专局的项目支持以及我院的努力筹建下，在电气学院内部成立了国际化示范学院，即"汉能新能源学院"，成功引进了外籍院长，建立了校级国际化示范的管理委员会，推进落实新能源领域国际化工作，建立了中西结合的院班子、国际咨询委员会和教职工委员会，建立了符合中国国情的国际化教育管理体制，推进落实相关工作；学校在人事、财务、教学管理权等方面给予学院适度的自主权，教师考核与评聘依照国际标准单独设置，引进了一批国际化师资，目前已经到岗的全职中外籍和短期兼职教授 15 人，以 AB 轨相结合的形式运行。

汉能新能源学院电气工程与自动化专业（新能源国际班）的定位是：以新能源发展为导向，旨在抓住全球新能源发展机遇，突出电力电子技术、电力系统自动化、新能源发电等方面的学科优势和特色，发挥产学研合作优势，以"国际标准、孕育精英、校企共建"为特征，引入兴趣引导机制，提高学生自主学习能力；设置学生到国际一流企业实习或到海外名校修学的培养环节，打造全英文教学和中西文化交融的环境，强调创新创业能力与工程素养并重，培育更多具有国际视野、通晓国际规则、能够参与国际事务和国际竞争的新能源人才。

目前汉能新能源学院每届招生 60 人左右，已连续招生 3 年，全英文课程培养，学生的能力非常突出[6]。

四、新能源方向研究生国际化培养改革的实际推广应用情况

新能源方向硕士生已从 2015 年开始实施全英文授课体系，硕士、博士生的联合培养也早在 2012 年就开始执行，其中新能源方向博士生实现了 100%国外联合培养一年。未来计划本硕博全英文授课，本科生全员导师制，研究生 100%拥有出国经历，专业硕士 100%拥有企业实习实践经历，博士生参与国际合作课题。

（一）在研究生国外联合培养方面成果显著

2011—2016 年，先后与澳大利亚西南威尔士大学、悉尼大学，美国马里兰大学、夏威夷大学、韦恩州立大学、密歇根大学、加州大学戴维斯分校，美国能源部可再生能源实验室、美国能源部阿岗实验室、西北太平洋国家实验室，丹麦奥尔堡大学，英国南安普顿大学和曼彻斯特大学等建

立了项目合作、人员互访、博士生联合培养等交流机制，同时择优选派硕士研究生到国外进行联合培养，近五年来已累计派出一年期访问教师 6 人（张维戈、赵新、唐芬、李琰、鲍谚、张琳静），联合培养半年以上的硕博学生近 30 人次（博士生：时玮、马泽宇、张帝、李雪、郑方丹、陈大分、程龙、严乙桉、杨捷、李金科、刘思佳、阮海军；硕士生：林思歧、杨亚华、刁伟萍、满易川、吴法铨、盛康、刘月晨、梁家志、陈艺端、张竟雄、郝越、梁子维、徐蓓、黄松伟、肖琦、周家宇）。团队以支撑创新驱动发展战略、服务经济社会发展为导向，通过全英文教学环境、综合素质教育、创新能力与工程素养并重、中西文化交融等方式，提高教育的国际化程度，培养具有国际视野、通晓国际规则、能够参与国际事务和国际竞争的新能源领域优秀人才。

（二）与国内外一流公司合作，打造产学研基地

在变流器领域与 ABB、阿尔斯通、西门子、三菱电机等企业建立了项目合作，在动力电池测试评估领域与 Bosch、华为、中兴、格力和一汽等公司建立了长期合作，在新型轨道交通领域与中车长客和中车青岛四方建立了长期合作。在学生培养的过程中，注重研究生理论知识和实践技能的有机集合。

五、结语

在全球一体化的进程中，高校教育的国际化势在必行。由于国内外语言差异、文化差异、薪资差异和互相认可的差异而导致了国际化的螺旋式进程。方向是明确的，但是进程缓慢。以研究生教育为先导开展课程体系改革是比较容易切入的一个点。鉴于新能源领域关系国计民生，并且国际国内研究都趋于前沿、差别不大，因此在该领域先行改革，具有一定典范作用。

在国际化进程中，行政功能的服务性转型和制度的灵活性操作是急需提高的。否则，在低效办事的推进中，积极性被消耗殆尽，专家也对烦琐的办事流程望而却步，所有的想法只能原地踏步。

参考文献

[1] 于东升，笪小舒，程鹤. 国际化视野下新能源发电技术创新人才培养模式初探 [J]. 教育教学论坛，2018（8）：159–160.

[2] 郭立琦. 新能源、综合性、国际化业务成重点 [N]. 中国能源报，2012–02–06（19）.

[3] 杨倩，吴勇军，翁文剑，等. 国际化教学和互动交流：提升材料学科研究生学术素养的实践和探索 [J]. 材料科学与工程学报，2016，34（4）：685–688.

[4] 初旭新，宗刚. 我国研究生教育国际化培养的现状与对策 [J]. 研究生教育研究，2015（5）：18–22+26.

[5] 葛晓琳. 电气工程学科对接新能源战略的人才培养模式探索研究 [J]. 教育教学论坛，2015（51）：124–125.

加强博士生国际合作与联合培养的研究*

何睿斯　钟章队　艾　渤

（北京交通大学轨道交通控制与安全国家重点实验室，北京 100044）

摘　要： 高水平博士生的培养是当前我国高等学校"双一流"学科建设与人才培养的重要目标之一。借助国际合作与联合培养机制，能够有效地提升博士生的培养质量，开拓博士生眼界，培养创新能力，增长科研自信。本文针对博士生借助国际合作与联合培养提升培养质量这一问题开展分析研究，指出了博士生需要积极借助国际联合培养、国际学术会议、国际高水平科研平台等途径提升自身创新能力与综合素质，并针对相关问题提出了积极性的建议。

关键词： 博士生培养　国际合作与联合培养　"双一流"学科建设　博士生质量

一、引言

培养创新型人才是国家赋予高等学校的根本任务，当前时代，随着我国学科建设的不断推进，高等院校越来越意识到高水平人才培养的重要性，把建设一流的研究生教育体系放在重要位置。博士生培养是研究生教育体系中的重要环节，有涉及面广、影响因素众多的特点，因此，博士生教育和培养体系化建设是一项复杂的工程。在"双一流"学科发展中，重新设置好博士生的能力框架，结合"双一流"学科特点与优势，对博士生培养进行有针对性的改革具有重要意义[1]。

近年来，博士生培养引起了大量关注，与传统人才培养不同，高水平博士生培养是一项具有很强探索性和挑战性的工作。博士生具有更丰富的科研资源，也往往具备更高水平的师资团队，但如何利用好相应的优势资源，真正从博士生自身角度提升创新能力与意识，是充分发挥每一所高校学科优势的关键。国际交流是博士生开阔眼界、培养能力、增长自信的重要手段。近年来，越来越多的团队开始重视借助国际合作、学术交流、联合交换等手段加强博士生培养。在此背景下，国际合作交流与高水平博士生培养必将是相互依赖、相互促进的。借助国际合作与国内外高水平优势学科和平台建立联系机制，促进博士生培养质量的提升，激发博士生的创新意识与自身潜力，是提高高等学校研究生教学质量的重要途径之一。随着我国科教兴国战略的进一步实施，通过大力加强国际合作与联合培养机制推进"双一流"学科博士生培养工程建设必将成为学校培养高质量人才的重要手段。基于作者自身经验及调研成果，本文集中从国际联合培养、参加国际学术会议、参与和借鉴国际高水平科研平台三个方面展开讨论。

二、国际联合培养

一个优秀的博士生在培养过程中，其培养目标、方案以及过程都和以往的本科生、硕士研究生有所区别。在长达数年的博士生培养中，需要从多方面、多层次对博士生能力进行针对性的培

---

* 本文得到北京交通大学研究生教育教学研究项目："双一流学科下加强博士生国际合作与培养的研究"资助，编号：134601522。

养和提高。一个优秀的博士生所需要的主要能力可以概括为三点。

（1）发现科学问题和攻克科学问题的能力。学习专业领域知识，分析领域内科学问题，寻求攻克科学难题的方法，最后利用创新和研发能力解决科学问题，是一个博士生需要培养的基本能力。

（2）项目管理和推进能力。博士生在自我提高过程中，会因为研究目标和研究方法的多样化同步开展多个研究，同时基于不同的研究内容，博士生会负责主持或参与不同的项目研究。因此，对于自己负责项目的管理和推进能力是一个博士生需要培养的重要能力。

（3）交流合作能力。科学的发展总是离不开交流与合作，博士生在开展学术研究时也同样需要与他人进行学术交流与合作，在学习不同领域知识的同时，提高自己专业研究的深度与创新度。因此，交流合作能力是一个博士生需要培养的重要能力。

国际合作与联合培养可以有效地促进一个博士生多方面能力的发展，不仅让博士生在学术上有所建树，同时也开拓了博士生的国际视野和交流合作平台。以笔者所在的北京交通大学国家重点实验室通信团队为例，该团队在 2011—2018 年间，与国际上诸如美国加州大学洛杉矶分校、美国南加州大学、加拿大 UBC、英国杜伦大学、比利时鲁汶大学、瑞典 Lund 大学等 16 家高校建立了学生联合培养机制和学术合作关系，派出了大批博士生出国开展联合培养，这一系列举措也为博士生科研水平和培养质量的提升起到了巨大的促进作用，该团队培养中国科协青年人才托举工程入选者 2 人，电子学会优秀博士论文奖获得者 1 名，德国洪堡学者 2 人，国际无线电科学联盟青年科学家 2 人，国际会议优秀论文奖获得者 10 余人。所培养的博士生有 3 人毕业后直接以副教授身份留校任教，1 人出国完成博士后工作后直接以教授身份回校任教，并有一人破格晋升教授。由此可见，该团队借助国际联合培养极大地提升了博士生培养质量，取得了丰硕的成果。国际合作与联合培养对博士生质量的提高具体可以表现在如下几个方面。

（1）学术水平。参与国际合作与联合培养的博士生，常常会有机会进入到世界顶尖科研团队进行交流学习。在联合培养过程中，博士生可以学习世界顶尖科研团队的科研理念、学术经验、研究方法，并借助团队的高平台软硬件支持，最终极大地提高自身的学术水平。通过一到两年国际访问联合培养，博士生一般可以获得高水平研究成果。

（2）国际视野。通过国际合作与联合培养，博士生有机会与国际上顶尖团队、知名学者进行深入交流。同时在访问期间，博士生还可以借助团队平台，接触更多的国际学者，从而培养出杰出的国际视野，避免了"闭门造车"的瓶颈。通过一到两年国际访问联合培养，博士生一般可以具有较为广阔的国际视野，并能够与国际顶尖学者进行合作研究。

（3）未来发展潜力。国际合作与联合培养有效地提高了博士生的国际视野和研究平台，博士生因此拥有更为广阔的发展方向，得到了更多的发展机会。通过国际访问联合培养的博士生往往可以对自己未来的发展具有更多的思考和设计。

国际合作与联合培养对博士生具有极大的意义，但是其同样对博士生自身能力有着基本的要求。如果博士生自身能力不达标，直接参加联合培养可能就无法获得应有的收获，从而浪费了时间与机会。要充分利用国际合作与联合培养的机会，博士生应具备以下基本能力。

（1）学术研究能力。国际访问联合培养项目一般为半年到两年不等，其中一年制的交流访问最为常见。在总时间固定的交流访问过程中，并没有足够的时间留给博士生去完成科学研究的基础训练。以笔者所在团队为例，2016 年曾派出一名博士研究生远赴瑞典开展联合培养，由于访问团队所部署的工作需要一定的平台开发和软件编程能力，而该博士生在这一方面的知识和技能储备存在不足，导致其花费一年时间去学习基本的平台开发和设备调试方法，进而导致在联合培养结束时未能开展基础研究的工作，这一年取得的学术成果非常有限。因此，在参加国际联合培养之前，博士生就应该具有一定的学术研究能力，这样才能在访问期间迅速融入国际研究团队，高效地推进自己的研究。

（2）沟通能力。国际合作与联合培养项目一般通过输送博士生到海外知名研究团队进行培养，从而提高博士生各方面的能力。在这种情况下，大多数访问团队会是以英语为交流语言的团队。因此，在英语交流的背景下，良好的沟通能力成为学术水平提高的重要基石。

（3）积极的态度。博士生在海外交流访问期间，一般会接触到不同文化背景下的研究团队。此时，由于文化的区别、语言的隔阂等因素，往往会导致博士生需要较长的时间才能完全融入该研究团队。而拥有一个积极开放的态度，对博士生在这段时间内会产生非常积极的作用，可以让一位博士生快速地融入不同的研究团队，并学习到多方面的经验与知识。

（4）独立自理与应急能力。博士生一般是单独参加国际联合培养，因此在访问交流期间，博士生的独立自理能力非常重要。同时考虑到部分海外国家在国情及治安上与中国有着显著的不同，博士生自我保护意识也是必要的基本能力。

三、参加国际学术会议

近几年，国家不断强化博士生学术交流理念，推动博士生综合质量的提升[2]。在当前的博士生教育过程中，因科研压力大等原因，学生习惯于闭门造车，很少去了解别人的研究工作，也惧怕参与国际性的学术研讨活动。这导致学术信息和研究前沿知识的获取主要靠阅读论文，失去了很多获得第一手科研资料的机会。如何将参与国际学术交流理念积极地灌输到博士生的培养中，如何培养和提升博士生参加国际学术会议和相关活动的兴趣和能力，已经成为各个高校提升博士生培养质量的关键。

国际学术会议是传递和交流科技信息、学术观点的重要载体，是专业领域内重要的学术交流平台[3]。作者所在团队在高水平博士培养中积累了一定的经验，尤其重视对博士生参加国际学术会议的支持，力求保证博士生每年参与国际高水平学术研讨会的次数不少于3次，由此也在博士生培养中取得了一定成绩。在参与国际学术会议过程中，博士生能第一时间了解到专家学者的学术研究成果以及国际前沿学科发展趋势，从而进一步提高学习研究的兴趣、开阔眼界、丰富研究思路。通过学术会议广泛而深入的交流，可以激发博士生的创新能力，加速学术思维和火花的碰撞。博士生也可以借助学术会议的广泛交流，明确自己在本领域内所处的状况，看清自己与前沿研究成果的差距，树立更加远大的目标，全面提升自己的学术素养。

参与国际学术交流是培养创新型人才的重要途径，也是拓宽国际学术交流渠道，提高学院声誉的重要途径。博士生根据在国外所做的研究工作发表了影响因子较高的论文，并在高水平国际会议和学术论坛上进行宣讲，同时有较多机会参加国际学术会议，与知名学者进行充分交流，能够促进他们融入国际学术交流群体。同时，也能增进国际同行学者对学校的了解，扩大学校在国际学术界的影响。对拓展学术视野、了解本学科前沿发展动态发挥了重要作用。笔者所在的团队一直以来非常重视对博士生参与国际学术活动的支持，近年来团队已支持博士生参与本领域顶级学术会议近200余人次，包括IEEE GLOBECOM、ICC、WCNC、VTC等知名国际会议，并且每年均在本校组织一系列中、小型学术研讨会和学术沙龙，将国际名师请进门，为研究生创造了最佳的学术交流机会。在2015年和2017年，团队分别组织了北京交通大学第一届、第二届"无线丝绸之路"系列大型学术研讨会，邀请海外院士、IEEE Fellow等国际知名学者74人，组织学术研讨会及交流活动50余场，累计参会学生1 000余人次，为研究生提供了良好的学术交流平台，这一举措也极大地促进了博士生培养质量的提高。

四、国际高水平科研平台

理工类的博士生作为各专业方向科研力量的重要组成部分，肩负着扩展研究思路、践行研究设想、总结研究成果的职责，理应站在各学科发展的最前沿。为了促进博士生成长和学术水平提升，积极且合理地利用国际范围内顶级研究机构的高水平科研及实验平台是一个值得深入探索的可行方向。具体而言，可从以下几个角度进行分析。

（一）博士生培养对实验平台的迫切需求

理工类学科是一个广大的领域，主要包含物理、化学、电子、机械、工程等各学科知识的组合与综合应用。虽有部分专业方向，其研究主要建立于理论阐述和数学分析之上。但大部分理工科专业都十分依赖高水平实验平台的支持，包括但不限于实验数据的采集、理论结果的验证、工程样机的试验等。特别是一些工程属性和经验属性较强的学科，例如材料、精密制造、芯片设计等，这些学科的科研成果产出严重依赖于实验平台的先进性。众多现实的例子也一再表明，先进的高水平实验平台能够显著地提高科研效率和成果质量，是提升理工类学科整体水平和理工类博士生培养质量的重要基石和催化剂。因此博士生培养中积极借助国际范围内的高水平科研平台有其必要性和迫切性。笔者所在团队长期以来从事无线信道测量的研究工作，而该项工作急需高水平信道测试平台的支持。在国内缺乏该类平台搭建技术的情况下，团队广泛地派出博士研究生前往本领域知名学府，借助国际访问的机会提升自己的理论水平，学习顶级团队的科研平台搭建方法，回国后自力更生、刻苦攻关，最终实现了高水平测试平台的自主建设，解决了相关研究中设备平台的瓶颈问题，取得了后续一系列丰硕的科研成果。

（二）自身平台可能存在的局限性

高水平实验平台的建立和完善一方面需要人力物力的大量投入，另一方面需要经验的长期积累。客观的审视现状，虽然随着整体经济基础的提升和科研投入的逐步加大，国内高水平实验平台的建设已取得了很大成就，涌现出一系列具备世界先进水平的实验平台，例如大型射电望远镜、超级计算机等，但是这些重点学科重点项目在"点"上的突破，不能弥补在"面"上平均水平的不足。对于众多普通科研院校/所和非重点学科的广大理工类博士生，先进实验平台的缺失依旧是限制科研成果产出的主要因素之一。同时先进实验平台的建设还需要时间的积累，需要几年甚至几十年脚踏实地的投入和积累，难以实现"弯道超车"。

放眼世界，很多学科中最先进的一系列实验平台散布于各个国外科研机构中。其中有些是集一校、一国甚至数国之力建设的，而有些经过了数十年的积累，在特定领域有深厚的积淀，代表了该学科的最高水平。如果能和这些国外机构的先进实验平台建立合作关系，对本土理工科博士的培养具有十分积极的意义，包括但不限于提供先进的实验设备和实验场所、学习先进的科研经验、开阔视野并拓展科研思路等。

（三）需要注意的事项

纵然国外机构的高水平实验平台对本土理工类博士生的培养有积极的促进作用，但要真正将这些美好设想变为现实仍会面临众多问题和许多需要注意的事项，这里简单讨论如下。

● 政策限制：国际范围内部分国家和机构对国内部分学科（尤其是理工类学科）存在一定程度的限制。

● 有效的组织：对国外机构高水平实验平台的利用和合作应有统一的组织，这样可以提高效率并避免重复，减少资源的浪费，同时建立互利共赢的合作模式。

● 避免依赖性：与国外科研团队的合作和对先进实验平台的利用应立足于学习和借鉴，不宜只关注短期的成果产出。毕竟长期依赖国外机构的实验平台存在局限性且易被限制。立足点应还是积极学习、自力更生，力求全面提升自己科研实验平台的水平。

● 避免面子工程：在实际的操作过程中应脚踏实地，不宜盲目地追求本领域最大最好最贵的平台，要以能够最大限度地提升自身科研水平和博士生培养质量为出发点，不做面子工程。

● 科研成果归属：由于利用国外机构的先进实验平台，因此在科研成果的归属上应有合理的划分；特别对于一些重点学科，应做好必要的保密工作。

参考文献

[1] 黄明福，王军政，肖文英，等. "双一流"背景下的研究生教育体系化建设：以北京理工大学"666 工程"为例 [J]. 学位与研究生教育，2018（2）：11－16.

[2] 苏楠，史耀媛，陈晓莹. 论学术交流对研究生质量提升的推动作用 [J]. 陕西教育高教版，2013，11（11）：33＋39.

[3] 王建江，康喜兵，田艳霞. 鼓励参加学术会议，促进研究生素质提高 [J]. 文教资料，2010（29）：191－192.

美国大学图书馆支持研究生创新能力培养研究*

袁乐乐[1]　任福民[2]

（1. 国家图书馆，北京 100081；2. 北京交通大学土木建筑工程学院，北京 100044）

摘　要：对美国大学图书馆支持研究生创新能力培养进行多方面总结，阐明大学图书馆在大学办学理念、课程设置、课程体系及教学评估等方面的影响。借鉴美国高校图书馆的先进经验，提出优化我国大学图书馆的措施，以进一步增强其在我国研究生创新能力培养方面的支持力度。

关键词：美国　大学图书馆　研究生　创新能力培养

研究生教育作为教育的最高层次，在培养创新人才中起这重要的作用[1-3]。美国研究生教育100 年来形成了完整规范的教育、培养、管理体系，取得了世人公认的优异成绩[4]。本文对美国大学图书馆在研究生创新能力培养方面的具体做法进行阐述，旨在借鉴其先进经验，改善我国大学图书馆在研究生创新能力培养方面的不足，并为我国研究生教育今后的发展、提高人才培养质量和效益方面提供一些有益的启示和建议[5-6]。

一、美国大学办学理念与社会需求紧密结合，大学图书馆支持大学办学理念，在图书情报方面做师生坚强后盾

加州大学伯克利分校之所以能够成为世界顶尖学府，其根本原因是目光远大。在建校之初，校方在加州大学伯克利分校的发展目标上就达成了共识：采取兼收并蓄、自由开放的方针。坚持学术本位和自由的传统，加州大学伯克利分校才能够保持常新和不断进取的精神。加州大学伯克利分校充分尊重教授会决定的学术方针是它成功的关键，在自由主义的熏陶下，加州大学伯克利分校新学科的建设特别引人注目，学校也非常注意对交叉学科、边缘学科的研究从而在各领域取得了领先地位。

在美国各大学根据社会需求调整办学理念的过程中，美国大学图书馆所起的作用不容忽视。美国大学图书馆作为大学的心脏，作为学校的教学和科研中心，以其丰富的馆藏体系支持大学办学理念，在图书情报方面做师生坚强后盾。斯坦福大学的校友们的反馈证明，使命感是他们职业生涯中指引方向的航标。硅谷与斯坦福成就了美国国家科技创新和复兴大任。

二、美国大学图书馆积极支持大学课程体系建设和研究生自主学习能力培养，及时补充、调整、更新现有图书资料

课程体系是高等学校实现培养目标的核心与灵魂，建构创新型的课程体系离不开教材体系、教学方法与技术手段的创新。课程体系设置的科学与否关系到研究生的知识、能力与素质的结构，

---

* 基金资助：（1）中国学位与研究生教育学会"中美研究生创新能力培养的对比研究"，编号：C－2015Y0501－006。
　　　　　　（2）北京交通大学研究生教改项目"中美研究生创新能力培养的对比研究"。

特别是关系到研究生创新思维和创新能力的培养。

　　美国研究生课程设置特点[7-9]。①开设大量的交叉性课程和选修课，开拓学生知识面，培养学生综合分析问题能为，锻炼学生创新思维，提高学生创新能力。②教学计划注重实际，强调科研与实践紧密结合，紧跟时代前沿，在尖端领域发挥引导作用。结合专业特点设置特殊问题研究，以问题为核心教学特点，传递核心理念，不纠结细枝末节。③重视跨学科研究中心，协调跨学科科研工作和促进产学交叉学科发展。④重视探究和创新精神及创新能力培养，强调独创性的新技术、工艺、方法、思想、理论开拓。⑤注重创新能力培养的教学评估制度，社会评价是教育评价体系的主体。人才培养和社会融合，与行业沟通。⑥以课程为突破口，改革课程结构，增加新的职能，重视教材体系、教学方法与技术手段的创新。⑦利用网络课程，调动研究生主动学习的积极性。⑧讨论课在美国研究生课程教学中十分常见。现代教学也越来越强调学生之间合作的重要性，培养学生的团队精神和合作精神。

　　美国大学图书馆注重新学科及交叉学科图书期刊（包括电子期刊和书籍）的征订，并积极支持大学课程体系建设和研究生自主学习能力培养，及时对现有的图书资料做必要的补充、调整和更新。以辛辛那提大学工学院图书馆为例，每次允许师生借阅100本书，极大地方便了师生教学和科研。

三、美国大学图书馆重视学位论文的收集，并确立完备的学位论文质量保障体系

　　学位论文是体现科技领域原始性创新活动的主要文献之一，是研究生创造性劳动成果智慧的结晶。研究生学位论文创造性成果的内容主要包括：①在学科理论上有创造性的见解并有充分的科学论证；②对已有的科学理论有较重要的发展；③提出新的优越的计算方法和设计方法；④提出新的工艺技术，有较大的经济效益；⑤提出新产品或新型工艺设计，有先进的性能和经济效益；⑥在实验基础上发现有重要意义的新现象或新规律；⑦创造新的先进的实验技术或设备。

　　一篇高水平的论文，作者首先必须有足够的文献阅读量，增加自己在本研究领域的知识储备，足够了解该研究领域的研究现状，明确自己所做的工作对该研究领域的贡献；然后确定研究目标，设计研究方案，研究方案要有系统性，研究方法要有足够的理论支撑；最后分析研究结果，在与导师的数次交流中修改出来，形成论文。在这个过程中，大学图书馆的图书期刊情报服务，发挥了其他部门无法替代的作用。

四、美国大学图书馆利用馆藏资源优势，为高校创新能力培养教学评估制度建设提供理论支撑

　　研究生培养质量的评价是研究生教育过程中的一个重要环节。科学的评价体系有利于各高校对研究生培养质量进行准确的评估，而评估的结果可以促使被评估单位针对问题对培养工作进行改进。通过评估可以广泛调动研究生课程任课教师的竞争意识和积极性，为提高研究生课程教学质量提供坚实的保障。社会评价是美国研究生教育评价体系中的主体。美国高校积极引导和鼓励行业部门以及企业用人单位参与学校相关专业的人才培养方案的设计、课程建设以及教学计划的制定，使其在人才培养的社会性效果评价中占有一席之地。在美国，企业不仅对高等院校的创新教育提供积极的支持，如企业资助设立"斯坦福大学实验室"，用于鼓励与教育创新相关的研究；微软公司设有"捐助项目"，支持高等及中等教育、人文与科技的发展，并长期资助华盛顿大学、麻省理工学院等五所大学的创新研究[10]。

　　在社会参与研究生创新教育课程设计以及创新教育质量评估的过程中，一套完善的评估制度必不可少。制度的设计离不开大量的调研，这时大学图书馆的馆藏资源优势便凸显出来，其丰富

的馆藏为高校创新能力培养、教学评估制度建设提供了强大的理论支撑。

五、美国大学图书馆既是创新人才培养的重要基地，也是创新思想诞生的摇篮

美国 1995 年颁布的《教育与培训战略计划》提出政府将把培养具有创新精神和创新能力的科研人员乃至国民作为确保美国领跑 21 世纪世界科技和综合国力的最重大举措。美国公立大学的教育经费大部分来源于政府，约占 55%，其中仅科研经费一项便高达每年 100 多亿美元。美国政府对创新人才的培养不仅做到高调，还做到高目标、高投入、高产出——截至 2000 年，美国诺贝尔奖获得者为 204 人，其中 170 人为大学教授。人才培养方面的成绩之斐然，世人瞩目。

美国为什么在科学研究的原创性上表现突出，一个重要的原因就是，美国普遍实行本科通识教育。这种普遍实施的多元知识结构会诱发多元的创新思维。加州理工就提出自然科学提供知识而非智慧，智慧的形成，必须借助人文科学的协助和支撑。哈佛大学的学士学位课程中，人文学科占近 50%。麻省理工学院为了培养学生的人文素质和修养，开设了几十门音乐和艺术课程供学生选择，使学生保持科学与艺术的平衡，有效促进了学生创造力的培养和发挥。富有创造性的人才所具有的创造性思维特征并非来源于天赋，而是具有多元知识结构并能形成多元思维的结果。

美国大学图书馆既是知识的传播者，也是知识创新的助推器。创新型、思辨型人才必须具备较高的综合素质，图书馆从人才培养的需求出发，有针对性地制定文献资源采访计划，丰富馆藏体系，优化资源配置。

六、结论

研究生创新能力的培养是一个系统工程，大学图书馆对研究生创新能力培养具有重要支持作用，贯穿在研究生培养的整个过程。通过对美国大学图书馆支持研究生创新能力培养的研究，为我国研究生教育今后的发展、提高人才培养质量和效益提供一些启示。

第一，大学图书馆应积极支持大学办学理念，注重新学科及交叉学科图书期刊（包括电子期刊和书籍）的征订，在图书情报方面做师生坚强后盾。

第二，积极支持大学课程体系建设和研究生自主学习能力培养，及时对现有的图书资料进行必要的补充、调整、更新。

第三，大学图书馆应充分利用馆藏资源优势，为高校创新能力培养、教学评估制度建设提供理论支撑与资料支持。

第四，国家应加强对创新型人才培养的重视，加大大学图书馆的科研经费支持力度，为研究生创新能力培养提供政策保障与经济支撑。

参考文献

[1] 中国学位与研究生教育发展报告课题组. 中国学位与研究生教育发展报告，1978－2003 [R]. 北京：高等教育出版社，2006.

[2] 李昌新. 研究生课程教学的研究性及其强化策略 [J]. 中国高教研究，2009（4）：24－25.

[3] 何方. 博士研究生创新能力培养模式的研究 [J]. 西北农林科技大学学报（社会科学版），2005（1）：98－103.

[4] 张建功. 中美专业学位研究生培养模式比较研究 [J]. 华南理工大学学报（社会科学版），2012，14（6）：145－152.

[5] 廖文婕. 我国专业学位研究生培养模式的系统结构研究 [J]. 华南理工大学学报（社会科学版），2010，13（6）：146－152.

［6］　施宏，韩颖，孟奕伶. 中国内地与香港研究生培养模式的比较研究［J］.　教育教学论坛，2013，14（8）：189－194.

［7］　AITKEN M D，NOVAK J T，CHARACKLIS G W，et al. Final report［C］. //Workshop on the evolution for environmental engineering and professional discipline. Toronto，Ontario，Canada；association of environmental engineering and science professors and national science foundation，2002.

［8］　BISHOP，P L. Environmental engineering education in North America［J］. WaterSci. TechnoL，2000，41（2）：9－16.

［9］　BISHOP P L，KENER T C，KUKRETI A R，et al. The ACCEND program：a combined BS and MS program in environmental engineering that includes CO-operative work experience［J］. Water Sci. Techno1，2004，49（8）：73－79.

［10］　曾光明，刘云国，袁兴中，等. 论环境科学与工程创新型人才培养途径［J］. 实验科学与管理，2007，24（3）：8－10.

留学生"铁路运输现代化技术"全英文教学探索与实践*

董宝田

（北京交通大学交通运输学院，北京 100044）

摘 要： 随着国家"一带一路"倡仪的推进，我国将同步实施"一带一路"人才培养战略。我校有幸成为承担这一任务的高等教育学校。本文介绍了在为"一带一路"留学生进行"铁路运输现代化技术"全英文教学的过程中涉及教材选择、讲义准备、课堂教学、结课考试等教学实践环节遇到的困难与解决办法，提出了今后努力的方向。

关键词： 留学生　全英文教学　铁路运输现代化技术　探索与实践

一、引言

随着国家"一带一路"倡议的推进，我国将同步实施"一带一路"人才培养战略。我校有幸成为承担这一任务的高等教育学校。2016 年 9 月起交通运输学院承担了硕士全英文项目"交通运输工程（铁道运营与管理方向）"培养任务。该项目学生的培养目标为：系统地学习并掌握铁路运营与管理的基础理论、技术和方法，通过参与科学研究和工程实践，面向铁路运输领域，培养具有独立科学研究能力的高层次、复合型、应用型专业人才。其基础学制为 2 年，采取理论学习与专业实践相结合的培养方式。学生在第一学年完成理论学习，在第二学年进行实践与研究。在 2016 年 7 月份学院给我下达了承担其中的"铁路运输现代化技术"全英文教学的任务。由于我以前从未进行过全英文教学，接到任务后感觉困难重重。但面对学校分配的教学任务，个人在其中没有选择，只能知难而行，最终在教学团队的帮助下完成了第一次教学任务，为以后的教学打下了基础。

二、教材的选取与讲义的准备

按照"铁路运输现代化技术"教学计划的要求，课程应涵盖铁路客运营销、货运营销、运输组织、调度指挥、行车控制、车站作业、行车安全监控、安全管理、运力资源管理等现代化技术。经查阅学校图书资料，基本没有涉及铁路技术这样宽泛内容的英文教材，找到一本教材 *Railway Operation and Control*，也只能作为参考材料，且内容与其他课程内容有交叉。最终只能选择我曾经编写的中文版《铁路信息化概论》作为教材蓝本进行翻译。教材的翻译工作量巨大，由于时间紧迫，开课前根本来不及完成翻译工作。这样就更加大了全英文教学的难度。在这种情况下，我只能在讲义上下功夫，让讲义能部分起到教材的作用。

由于时间紧，我动员自己的博士、硕士研究生参与讲义准备工作。这样，一方面让他们参与

* 本文由北京交通大学 2017 年研究生教育教学改革项目资助。

"一带一路"建设，另一方面也可训练他们英语翻译与写作能力。根据以往经验，直接写英文讲义困难大、耗时长，所以讲义准备工作分两步走：先按照大纲要求编写中文讲义，经审查通过后再翻译成英文。最后由我统一稿定稿。

由于讲义要部分起到教材的作用，所以要求每章内容的背景、概念、基础技术部分要做较详细的介绍，其他部分可提纲挈领。这样便于学生准确理解所学内容与课后复习。在讲义翻译过程中，工作量较大的部分是图片的翻译与制作。为了美观，要求图片内容直接用英文呈现而不是在中文旁加注英文。由于中英文的差异，所有中文图片几乎都要重新制作一遍。基于翻译、排版、美观的要求，一张图片可能要反复进行多次修改才能定稿。讲义翻译中工作量最大的部分是专业词汇的翻译与统一。由于本课程内容涵盖铁路客运营销、货运营销、运输组织、调度指挥、行车控制、车站作业、行车安全监控、安全管理、运力资源管理等业务，涉及的英语专业词汇宽泛，翻译与统一词汇工作量巨大。为了找到最恰当的英文专业词汇，要从词典查阅、中英文互译、英文原文文章多个角度反复论证后确定。有时为了找到一个地道的专业词汇，需要耗时一个上午。由于在讲义上下了功夫，学生在学习中没有出现理解上的歧义与分歧，为教学的成功打下了很好的基础。

三、课堂教学

教师的口语与听力能力是全英文教学的基础。虽然作者曾出国学习一年，但这已是 26 年前的事了。为了恢复口语与听力，我在业余时间抓紧多听英语广播，适当练习口语表达。该硕士全英文项目"交通运输工程（铁道运营与管理）"班的学生来自加纳、巴西、肯尼亚、南苏丹、委内瑞拉、埃塞俄比亚、泰国、柬埔寨、卢旺达、阿尔及利亚等国家，其中有的国家英语是官方语言，有的不是，所以留学生英语水平参差不齐，有的学生发音与标准英美英语差距较大。为了能在教学中顺利进行交流，我在课余时间尽量与学生多接触多对话，以适应他们的发音。

在教学中对相关技术背景、概念、基础技术部分以严格的文字翻译为准，放慢讲解速度，力求让学生全部听懂。针对关键技术词汇进行课堂提问讨论，这一方面是为了引起学生的重视与兴趣，发现他们学习、理解中的问题，另一方面是为了让他们彻底明白这些词汇的含义。在教学中发现，由于大部分学生原专业不是铁路专业，他们并不熟悉课堂中用到的铁路专业词汇，因此在后续的教学工作中，我增加了涉及铁路基础知识的词汇图片，以结合直观图像讲授的方式让他们彻底听懂。

留学生大部分学习积极性高，听课认真。但有的有迟到、缺课现象。为了制止这种现象的发生，我采取了签到与点名的方法，因此提高了课堂的凝聚力。

留学生思维活跃，听课中遇到问题会随时提问，老师要停下来认真解答，必要时展开讨论，这样可起到及时答疑解惑、活跃课题气氛的作用。对于延误的教学时间，可通过适当加快讲授进度来弥补。

由于教学准备充分，针对性强，全英文教学取得了良好的效果。根据课后对大伟、乌乐等同学进行的调查，了解到他们对课程内容满意，能听懂课程教授的内容，课堂教学达到了预期的效果。

四、结课考核

离结课还有一个月，就陆续有学生来询问考试的方式与时间。经过了解，是因为他们要提前购买回家的机票。我组织课堂讨论，学生们几乎一致要求以写研究报告的形式进行结课考核。考虑到该课涉及的铁路业务技术面广，又着重于信息系统技术，而大部分学生没有相关知识背景，如果以课堂考试的方式进行结课考核，虽然可以强化学生对基础知识的记忆，但不利于他们建立系统性思维，所以最终确定以写研究报告的形式进行结课考核。但提出了对研究报告的具体要求。首先，给出选题范围，一人一题，先选先得。其次，有大纲要求。大纲中既包含基础理论部分，如目标、基本功能、技术架构，又包含技术部分，如系统关键技术、技术名词深入阐述，还要求学生对系统进行深入思考，如系统的优缺点评价、系统性能或效率提升的可能措施、系统在自己国家落地应用的适用性及改进意见等。最后留学生全部按时提交了研究报告。经批改，三分之二的学生得分在 80 分以上，三分之一的学生得分在 90 分以上。

五、课程建设进一步改进和提高的途径

在各方的帮助与努力下，针对留学生的"铁路运输现代化技术"全英文教学工作顺利结束。反思该课程的教学，还有两方面需进一步提高：一是急需组织力量进行教材的翻译，由于原中文教材有近 400 页，英文翻译、图片编辑、校正、通稿工作量巨大，需立项并投入大量人力；二是已有留学生提出现场参观相关的硬件系统，以便深入了解并建立直观印象。但这需要投入参观与交通经费。如该项目持续进行，这是需要继续完善的地方。

中美联合项目驱动的 MBA 国际化实践教学模式研究

左 莉　张秋生　郝生跃　施先亮　高红岩　李 娜

（北京交通大学经济管理学院，北京 100044）

摘　要：以国际商学院和 MBA 项目认证为标准，北京交通大学在 MBA 教学中，引入美国著名大学商学院的 EMBA 实践学习项目，通过整合两校优质教学和社会资源，以市场导向为基础，以特定行业的企业咨询项目为驱动，激发中美两校学生的自我建构和参与性学习。为 MBA 的实践教学和国际化探索出一条有特色、有价值和多方共赢的教学模式。

关键词：国际化　实践教学　教学模式　MBA　中美联合　项目驱动

当前 MBA 教育面临的主要挑战，一是如何适应复杂多变的外部环境，尤其是全球化的挑战；二是学生群体的差异化和多样性[1]。北京交通大学经管学院树立了建立国际一流商学院的战略目标，MBA 教育作为商学院的重要组成部分，在教学中必须追求创新突破，为行业发展贡献商业智慧，培养具有国际导向和领导能力的商界精英。

以国际商学院和 MBA 项目认证为标准，北京交通大学经管学院在 MBA 教学中，引入美国著名大学伊利诺伊大学香槟分校（UIUC，2016 年 U.S. News 排名 41）的 EMBA 实践学习项目，通过整合两校优质教学和社会资源，以市场导向为基础，以特定行业的企业咨询项目为驱动，激发中美两校学生的自我建构和参与性学习。通过植入产业和社区的本土化需求以及国际化的发展要求，积极打造 MBA 实践教学互动平台，确保实现将 MBA 学生培养成为具有全球视野、适应本地情境、拥有社会使命感的未来商界领袖的培养目标。

一、MBA 国际化实践教学模式的设计

（一）MBA 国际化实践教学模式的筹备

MBA 国际化和实践学习是北京交通大学经管学院 MBA 项目一直以来不断追求的目标，自 2012 年以来，从国际化师资培养、学生国际化交流以及课程国际化氛围建设等方面，学院都投入了大量精力和经费进行建设。每年选派 10 名左右 MBA 任课教师前往美国、英国等国家的优秀商学院进行为期 6～12 个月的访问学习；同时也邀请国外合作院校的优秀专家学者来我院进行合作交流、邀请美国辛辛那提大学、迈阿密大学、杜肯大学的 MBA 访问团来我院与 MBA 师生座谈，并派出 MBA 访学团前往美国加州长滩分校、辛辛那提大学等学校进行为期 21 天的访问交流。这都为中美联合咨询项目在师资、学生国际化思维、国际化氛围方面打下了较扎实的基础。

具体中美联合咨询项目驱动的 MBA 国际化实践教学模式框架如图 1 所示，逐阶实施过程如图 2 所示。

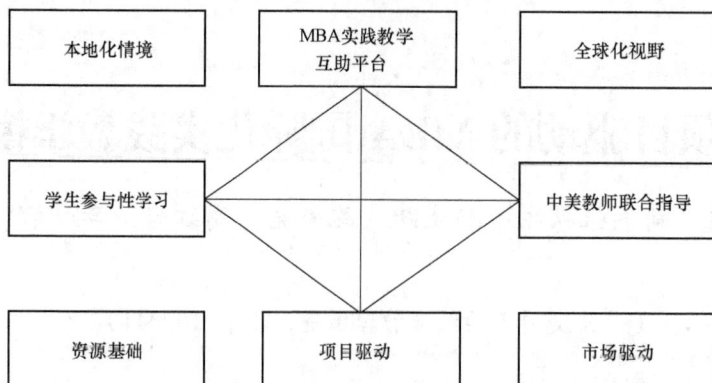

图1　中美联合咨询项目驱动的 MBA 国际化实践教学模式框架

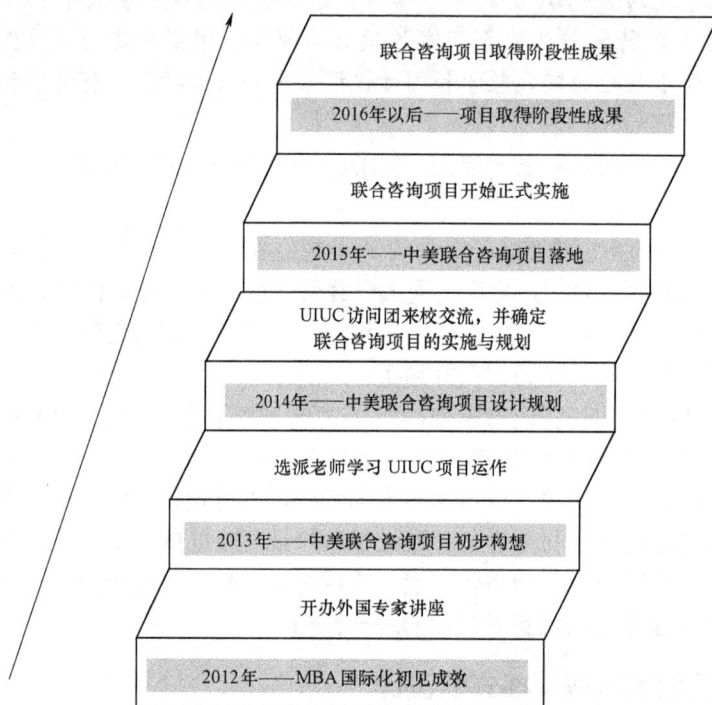

图2　中美联合咨询项目驱动的 MBA 国际化实践教学逐阶实施过程

1. 2012 年——MBA 国际化初见成效

2012 年首次邀请美国教授走入北交大 MBA 课堂：美国罗彻斯特理工学院的 Raj S Murthy 教授讲授搜索引擎营销的问题；美国杜肯大学的 Jan Napoleon Saykiewicz 教授讲授营销战略与国际营销；美国伊利诺伊大学香槟校区的方二教授讲授了企业竞争力与商业模式。营造了 MBA 课堂的国际化氛围。

2. 2013 年——中美联合咨询项目初步构想

2013 年 4 月邀请美国伊利诺伊大学香槟分校商学院教授为 MBA 学生讲授营销课程并介绍其国际咨询项目的成功经验；随后选派老师前往美国伊利诺伊大学香槟分校商学院访问学习其 MBA 教学的先进经验，尤其是关于国际化与实践教学，全程参与了其国际咨询项目，并与美国伊利诺伊大学香槟分校商学院 MBA 中心洽谈进一步合作进行中美咨询项目的设想，包括如何发挥各自优势，如何协调中美学生的合作与沟通。

3. 2014 年——中美联合咨询项目设计规划

2014 年北京交通大学经济管理学院与美国伊利诺伊大学香槟分校商学院的合作取得了实质性进展，美国伊利诺伊大学香槟分校商学院的方二教授、William Qualls 教授和副院长 Ronald Watkins 先后来我院为 MBA 学生授课，并带领美国伊科诺伊大学香槟分校商学院 EMBA 访问团来北京交通大学经济管理学院与 MBA 学生座谈交流，并为联合咨询项目进行了详细规划和设计。

4. 2015 年——中美联合咨询项目落地

2015 年中美联合咨询项目开始启动，在 2015 级新入学的 MBA 学生中，根据其英语水平选拔出 21 名同学参与美国伊利诺伊大学香槟分校商学院的联合咨询项目；同时，为了营造国际化氛围，邀请美国伊利诺伊大学香槟分校商学院的教授带领 EMBA 学员与我院 MBA 学生进行联合案例讨论。

5. 2016—2017 年——中美联合咨询项目取得阶段性成果

具体见后面实施情况。

（二）国际化实践教学模式平台的设计

企业咨询实践项目是北京交通大学经济管理学院 MBA 的一个独立的实践环节，是 MBA 课程的总结和实践。这个项目以企业咨询项目为依托、以团队合作为基础，结合所学理论，对现实企业遇到的问题进行诊断和提供解决方案。这个项目以企业和指导教师的综合评价作为最终评价结果。

这个实践项目搭建了学生学习中"知"与"行"的桥梁，帮助学生把他们所学的 MBA 课程、工作经验、行业敏锐、企业知识与技能以及职业网络运用于真实的企业中，从而使 MBA 学生置身于一个直接的学习环境中，提升发现问题、分析问题、解决问题、沟通和团队合作的能力[2]。

国际化的团队合作与国际化的企业咨询又为学生提供了国际化的学习背景[3]，使学生能真正理解和感受到国际化的真实本质，亲身体会不同国际背景的环境差异、文化差异、市场差异，对比不同国家的经营战略差异，以及培养应对不同环境快速反应的能力[4]。这个项目选择的企业主要有两类，一类是开拓中国市场的美国企业，一类是开拓美国市场的中国企业。这样两类企业的对比更能让学生直观地感受同一个企业在面临发达国家与发展中国家两个不同的市场时如何进行战略调整。

这个项目是个多方共同参与的项目，通过中美教授的共同指导，使学生掌握了基础理论并学会了如何运用相关理论发现问题、分析问题并解决问题；通过中美学生的合作，使来自不同国家、不同行业、不同职位的学生结合各自的工作经验共同学习，提升了沟通能力和复杂团队合作能力；通过一个真实的国际企业的咨询项目可以使学生在实践中了解国际经营环境的差异性和对不同环境下营销、战略以及国际贸易的理解与管理应用，从而体验到理论与实践的结合[5]。

因此，这是一个中美联合、项目驱动、多方协同的国际化实践学习平台（见图 3）。

（三）国际化实践教学模式的具体内容

北京交通大学经济管理学院 MBA 项目秉承行动学习的思想，致力于打造 MBA 实践性这一突出特色，利用广泛的企业资源，搭建学生理论联系实际的广阔舞台。为了提升 MBA 学员管理咨询能力，同时更好地为企业提供服务，协助企业解决企业发展过程中面临的实际问题，实现学员与企业的双赢，北京交通大学经济管理学院 MBA 学生联合美国伊利诺伊香槟分校商学院 EMBA 学员特开展国际企业咨询服务。

1. 咨询流程和方式（见图 4）

（1）每年 9 月~10 月，合作企业提供企业发展过程中需要解决的问题，并提供相关基础性数据资料。同时，北京交通大学经济管理学院和伊利诺伊香槟分校商学院双方教师联合为北京交通大学 MBA 学生和 UIUC EMBA 学员进行企业咨询基础知识的讲授，并进行分组，每个企业的咨询团队由双方学生和教师共同组成联合咨询团队。

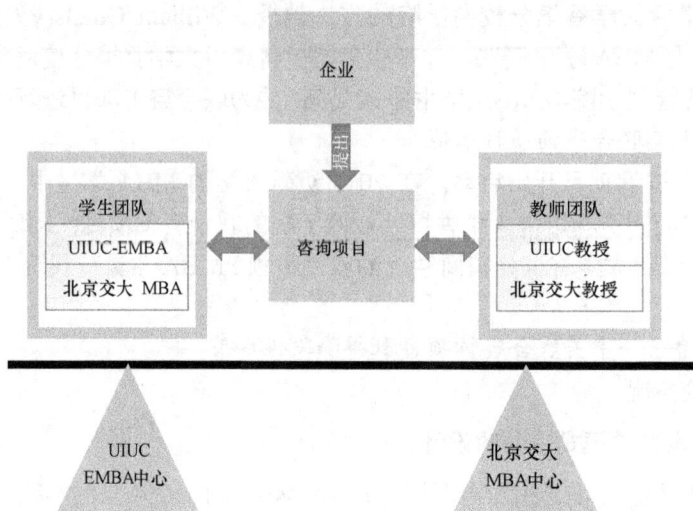

图 3　以企业咨询项目为平台的多方协同的中美联合咨询

（2）每年 11 月～3 月，北京交通大学经济管理学院 MBA 学生与美国伊利诺伊香槟分校商学院 EMBA 学员对企业提供的问题进行分析，整理并收集相关资料，并开展相应的调研工作，针对问题与相关教授协商交流，提出咨询解决方案，并形成规范的咨询报告。

（3）每年 4 月，学校与企业协商时间，学生到企业汇报咨询报告，并与企业针对报告进行沟通交流。

（4）中美教师团队结合企业的反馈对每个小组的报告进行总结和点评，学生进行总结经验与教训，并形成咨询案例报告。

（5）学生将在后续两年时间内跟踪被辅导企业执行中遇到的问题。

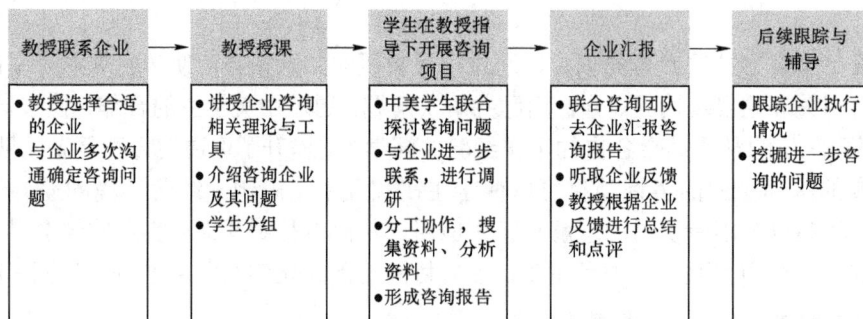

图 4　中美联合咨询项目的咨询流程

2. 咨询人员的构成

（1）北京交通大学经济管理学院 MBA 学生：具有扎实的管理理论、一定的管理经验、优秀的英语沟通水平，尤其是了解中国企业和中国市场。

（2）美国伊利诺伊大学香槟分校商学院 EMBA 学员：具有扎实的管理理论、丰富的管理经验、均为知名企业的高管。尤其了解美国企业和美国市场。（2016 年 U.S. News 排名 41）

（3）美国伊利诺伊大学香槟分校商学院和北京交通大学经管学院的教师作为项目负责人并提供全程指导。

（4）美国伊利诺伊大学香槟分校商学院 EMBA 中心和北京交通大学经济管理学院 MBA 中心工作人员提供项目支持和保障工作。

3. 各方职责

（1）企业职责。

① 提出咨询课题，以开拓国际市场为目标的管理咨询问题[①]，内容可以涉及发展战略、营销、品牌、商业模式、国际化等管理问题。

② 提供企业相关资料。

③ 指定负责人与咨询小组对接，安排相关访谈和资料收集事宜。

④ 相关负责人听取咨询报告并提出意见和建议。

（2）学员职责。

① 根据企业提出的咨询需求通过分析调研完成咨询报告。

② 遵循保密规定，不向无关人员透露企业咨询的相关内容。

③ 完成报告后持续跟踪 2 年，保证咨询报告的有效执行。

4. 各方收益

（1）企业可以通过咨询解决企业的管理问题，提升管理水平，不需要为此咨询支付费用。

（2）学员通过实际咨询课题提升咨询管理能力，实现学以致用。

二、国际化实践学习模式实施情况

（一）本项目已在北京交通大学 2015 级、2016 级 MBA 成功应用，并将在 2017 级 MBA 启动

2015 级 MBA 21 名同学和 UIUC 35 名 EMBA 学员参与到此项目中，该项目在美国伊利诺伊大学香槟分校行政副院长和教授以及北京交通大学经济管理学院 MBA 教育中心主任左莉副教授的带领和指导下，自 2015 年 10 月正式启动。中美双方各分为四个小组，每一对小组对接一家企业，共四家企业。各小组针对其所对接企业提供的发展方向、业务目标和遇到的问题进行讨论，最后给出切实可行的咨询方案。其间，中美学生通过邮件、微信或是其他社交工具进行交流讨论，大家搜集本企业及本行业的数据信息，认真分析本企业目前所处形势，并对其有意开拓的新市场或是开展的新业务进行各种可行性分析，最后在大量资料的基础上，给出自己的观点建议及具体措施。于 2016 年 4 月全体学生在老师的带领下分别到四家企业进行汇报，并听取企业的反馈和意见。7 个月来，通过相互间的协作，中美学生对彼此都有了更加深入的了解，也都产生了很强的信任，这对最后汇报的顺利完成起到了极大的推动作用。汇报得到了四家企业的高度认同，并确定了 2016 年的咨询内容。

按照同样的形式，2016 年的项目也取得圆满成功，除了上述的四家企业还增加了美国约翰迪尔公司（John Deere）、神州高铁、江森自控（Johnson Controls）以及雅培（ABBOTT）四家企业。共有 2016 级 MBA 国际班的 35 名同学和 UIUC 的 38 名 EMBA 学员参与到此项目中。所有学生和企业都对此种形式的咨询给予了极高的评价，表示收获非常大，个别企业还与参与咨询项目的学生建立了长期合作关系。

美国伊利诺伊大学香槟分校对北京交通大学经济管理学院 MBA 学生的成绩进行了充分肯定，并为每个同学颁发了证书。

---

① 以开拓国际市场为目标的管理咨询问题：指国外企业在中国开拓市场，或国内企业开拓国际市场。

（二）提升了北京交通大学经济管理学院 MBA 的国际化品牌形象，吸引了更多优质生源

此项目受到了北京交通大学经济管理学院 MBA 学生的极大肯定，并在社会中进行了广泛传播，由此提升了北京交通大学经济管理学院 MBA 的社会影响力和品牌形象，报名北京交通大学经济管理学院 MBA 项目的学生人数呈直线上升，从 2015 级第一届 25 人，2016 级的第二届人数上升到 38 人，2017 级第三届的报名人数达到了 53 名。同时也提升了北京交通大学经济管理学院 MBA 的国际化形象，吸引了更多的优质生源。留学生数量也实现了零的突破，2017 年有 4 名留学生进入了北京交通大学经济管理学院 MBA 项目学习。

三、国际化实践教学模式的效果

本项目针对 MBA 教育在创新人才培养模式、推动优质资源共享、有效提高教育教学质量等方面进行了有效的探索，实现了知行统一的教学目标。

（一）创新人才培养模式

实现了专业学位教育案例教学与实践训练一体化、知行合一的培养目标[6]。将 MBA 课程理论学习与企业实践紧密联系，实现了学以致用。尤其是选择的企业都是国际企业，因此增加了学生对国际经营环境的认知和对不同国际环境下营销、战略以及国际贸易的理解与管理应用[7]。拓宽了 MBA 师生国际视野，提升了 MBA 师生国际合作水平。学生来自不同国家、不同行业、不同职位、不同背景，面对的企业也来自不同行业和不同市场，学生需要在多样化的团队中工作，并分析和解决复杂的国际经营问题，从而提升了学生在国际环境中处理问题的能力、沟通能力和团队合作能力。通过国际咨询项目的训练，培养了学生的全球视野及全球性思维模式和国际化运作能力及管理水平；帮助他们熟悉中外多元文化，培养良好的跨文化沟通能力及国际交流与合作能力[8]。

（二）推动国内外优质资源共享

嫁接国际优质教学资源，建立了世界高水平大学的深度国际合作[9]。美国伊利诺伊大学香槟分校（UIUC）是国际知名大学，这个企业咨询项目作为其 EMBA 课程体系中的一个重要实践内容已成功运作三年，获得学员和企业的高度认可。搭建了由 UIUC 教授团队、北京交通大学教授团队、UIUC 商学院 EMBA 学员、北京交通大学经济管理学院 MBA 学员以及国际知名企业等多方参与、以咨询项目为依托的 MBA 国际企业实践平台。

（三）有效提高教学质量

在教学策略探索中，我们充分考虑北京交通大学经济管理学院 MBA 学生与美国伊利诺伊大学香槟分校商学院的 EMBA 学员的差异性以及中美两国社会文化环境的差异性，并对两校的教学资源和实践基地等基础设施进行充分整合，选择了富有多样性的教学方法，包括：讲座、示范、学生参与教学、小组练习、角色扮演、模拟（包括游戏）与案例研究等七种方法。这七种方法根据教学目标、时间要求、班级规模、学生理解水平、资源设备需求、学生参与程度要求、师生之间以及学生之间的互动程度要求等变量的不同，进行灵活选择运用。同一教学方法不能贯穿于整个课程始终，需要根据学生的具体条件、特定的实践要求、教学资源的配备情况以及教学目标的动态评价效果，进行教学方法和教学策略组合[10]。

（四）探索多向互动合作的 MBA 教学模式

从项目计划准备、到项目启动和执行以及项目监控与评价的整个过程中，不仅建立了中美教师之间的教学方法和模式的相互交流与互动，而且促进了中美学生之间的相互学习和交流[11]，同时，基于企业咨询项目，为产学研的深度交流与合作构建了平台和网络[12]（见图5）。

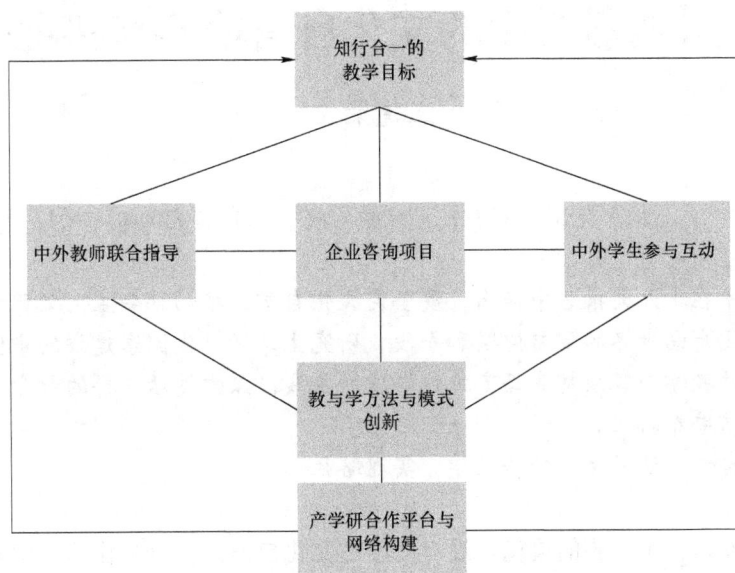

图5　基于项目的中外互动教学模式创新框架

参考文献

[1] COLBERT A，SHANER M C，LEVARY R R. Determining the relative efficiency of MBA programs using DEA [J]. European journal of operational research，2000，125（3）：656－669.

[2] 陈晓红. MBA 教育的起源、本质和发展趋势 [J]. 现代大学教育，2002（3）：29－30.

[3] 陈志祥. 我国 MBA 教育发展与教学改革探讨 [J]. 中国高教研究，2009（4）：26－28.

[4] DATAR S M，GARVIN D A，CULLEN P G. Rethinking the MBA：business education at a crossroads [J]. Journal of management development，2011，30（5）：451－462.

[5] J J L SCHEPERS，VAN RAAIJ M. The acceptance and use of a virtual learning environment in China [J]. Computers & education，2008，50（3）：838－852.

[6] 何志毅，孙梦. 中国工商管理案例教学现状研究 [J]. 南开管理评论，2005（1）：91－95.

[7] 陆根书，康卉，闫妮. 中外合作办学：现状、问题与发展对策 [J]. 高等工程教育研究，2013（4）：75－80.

[8] 刘健夫，聂国欣. 中外合作开展 MBA 教育的现状分析和对策建议 [J]. 中国电力教育，2006（6）：23－26.

[9] 王玉东. 案例教学：哈佛商学院 MBA 教育的基本特征 [J]. 大学教育科学，2004（3）：86－89.

[10] 卫志民. 中国 MBA 教育国际化的思考和展望 [J]. 学位与研究生教育，2013（2）：50－56.

[11] 岳庆峰，郑永彪. 对中国 MBA 教育创新与改革的几点思考 [J]. 高教探索，2007（1）：86－87.

[12] 赵万霞，赵伟. MBA 课程国际化与本土化现状及问题分析：以清华大学经济管理学院 IMBA 课程为例 [J]. 清华大学教育研究，2004（6）：106－112.

研究生外语教学中的文化自信培养与实现路径

（北京交通大学语言与传播学院，北京 100044）

摘　要：习近平在十九大报告中提出，要坚定文化自信，推动社会主义文化繁荣兴盛。外语是中华文化走向世界的重要桥梁和手段，研究生是新时代国家建设的中坚力量。研究生外语课程的教学内容应贯穿坚定文化自信的主线，探索灵活多样的教学手段，搭建可行的文化自信培养路径。

关键词：文化自信　研究生　外语教学　实现路径

文化是一个国家、一个民族的灵魂。没有高度的文化自信，没有文化的繁荣兴盛，就没有中华民族伟大复兴。习近平总书记在十九大报告中发出"坚定文化自信"的号召，对于中华优秀传统文化，我们要做忠实的传承者和弘扬者，这样才能以更加自信的姿态，坚定地走中国道路，坚持"和而不同、兼收并蓄"的理念，坚持与不同文明之间进行对话，让世界人民感受中华文化的魅力。

研究生是中华民族伟大复兴和未来社会建设的中坚力量，是我国多元高层次人才的代表，其成长成才的道路应当与国家发展目标保持一致，与民族精神的培育传承和发扬光大保持一致。研究生较之大学生思想更加成熟，探索能力更强，因而研究生外语教学不应再被简单地看作大学外语教学的延伸。语言学习是研究生外语教学的介质、手段，目标则应服务在知识维度、方法维度、发展维度和伦理维度[1]的研究生综合能力的培养。对于非外语专业的研究生外语课程的教学，更要跳出单纯强调外语技能训练的局限性，提升学生多元文化认知能力、跨文化交际能力、本土文化输出能力，培育高度的文化自信，为研究生成长为勤于学习、善于研究、锐意创新、有家国情怀的人才助力。

一、"中国文化失语症"与文化自信

（一）中国文化失语症

加大外语教学的文化含量已成为我国外语教学改革的一个重要方面，不过在此过程中存在着一种共通的片面性，即仅仅加强了对外语尤其是英语世界的物质文化、制度习俗文化和各层面精神文化内容的介绍，而对于作为交际主体一方的文化背景——中国文化之英语表达，基本上仍处于被忽视状态[2]。"中国文化失语症"是现在大学生在英语学习和交际中普遍存在的一种现象，到了研究生阶段情况并没有明显的改观。不少硕士生、博士生将外语学习的目标瞄准各类出国考试的准备或英语学术论文的写作，还有不少研究生谈到西方文化仿佛如数家珍，对于本土文化如儒道思想、唐诗宋词、传统建筑、非遗传承反倒讳莫如深，言之无物，不能够实现有效交流。

面对英语强势下的中国传统文化失语，自然接触或浅尝辄止是远远不够的。优秀传统文化在教育中的缺失、创新性挖掘以及国人传播意识的欠缺是导致这一状况的一个主要原因[3]。研究生这个优秀群体在促进中华优秀文化的国际传播中如果出现整体缺位或能力不足，将会对本土文化在多元文化交流中的平等参与造成莫大的损失，多元文化的不均衡发展状况将可能持续甚至恶化。

（二）外语教学中的文化自信

语言是外语教学的具体内容和生动展示，文化则是外语教育的最终目的和内在灵魂[4]。然而长期以来，我国外语教学中的中国文化失语状态反过来又从深层次、多维度上制约了外语教育的发展。尤其是研究生外语教学应开启文化自觉的理念，培育坚定的文化自信，探索中西方文化间的差异与共向，从而彰显外语教学的文化功能，开辟外语教学发展的新方向。

1. 时代的要求

我国虽有强大的文化根基，当下文化发展势头强劲，但要承认我国还只是一个文化大国而不是一个文化强国，我们文化软实力的表现与物质硬实力的日益强大并不相称，仍然有人对本土文化缺少底气、不够自信，有的轻视传统、丑化民族文化，有的言必称美国、用西方理论削足适履。此外，以信息技术为核心的新一轮科技革命使当今世界变成"鸡犬之声相闻"的地球村，国家间各种思想文化交流交融交锋更加频繁，只有不断培育和壮大主流文化，我国才能在多元中立主导、在多样中谋共识。文化自信的提出也是对未来的一种要求和期许，研究生作为时代的弄潮儿，必然要迎潮流而上，所以时代要求作为文化桥梁的外语课程为研究生成长为有坚定文化自信的一代青年学者创造条件。

2. 教育改革的要求

《教育部关于改进和加强研究生课程建设的意见》强调，要立足研究生能力培养和长远发展加强课程建设。坚持服务需求、深化改革、立德树人，以研究生成长成才为中心，以打好知识基础、加强能力培养、有利长远发展为目标，尊重和激发研究生兴趣，注重培育独立思考能力和批判性思维，全面提升创新能力和发展能力。要高度重视课程学习在研究生培养中的重要作用，把培养目标和学位要求作为课程体系设计的根本依据，提供丰富、优质的课程资源。对于非英语专业研究生外语课程，贯彻基于文化的综合语言应用能力和国际交流交往素质的培养，必须依托课程体系的系统设计和整体优化，培育基于文化自信的人文素养，加强阶段性课程的整合、衔接，重视文化与语言的有机支撑互动，增加研究方法类、研讨类和实践类等课程内容。

3. 教学对象发展变化的要求

随着我国"大学英语教学水平及大学生的英语综合应用能力的不断提高，研究生公共英语教学的对象发生着变化"[5]，学生英语整体水平不断提升，但是实际跨文化交际能力差距拉大，容易出现强者愈强弱者愈弱的两极分化倾向。研究生因年龄、阅历、素养等因素使自身学习动机得到强化，基于学业完成要求、就业取向和个人发展等原因，学习目的明确，对国家发展状况更加关注，投身国际交往实践的愿望更加强烈，所以对于文化自信的渴望更加强烈，教师已经无法继续把课堂打造为单纯的语言技能训练场，文化认知及身份认同在外语课程中的参与度必须有相应的跟进。

二、外语教学中的文化自信培养路径

外语教学中的文化自信培养首先要打破教师与学生两个主体的路径依赖。道格拉斯·诺斯著名的"路径依赖"理论指出："今天和明天的选择是由过去决定的。"[6]历史上形成的一些规则和规范能够降低人际关系成本，正如惯性的力量，这些制度不断自我强化，变迁的路径几乎被锁定。刘丽群认为，教师角色转变困难的深层次原因在于教师自身对其传统角色所产生的路径依赖，是历史的惯性、文化的锁定和利益的博弈使得教师角色的转变陷入了锁定的、低效甚至无效的状态[7]。相似的是对于研究生外语教育的内容和方法也容易套路化，不敢尝试新颖的更有效的教学改革。跳出路径锁定，实现路径创新才是转变的真正突破口。在培养文化自信的研究生外语课程改革中，针对学生特点可从教学内容建设和教学方法探究实现综合突破。

（一）内容建设

十八大以来，习近平反复强调文化自信，从中国特色社会主义事业全局的高度做出许多深刻阐述，强调文化自信更基础、更广泛、更深厚的地位，号召弘扬中华优秀传统文化，以古人之规矩，开自己之生面，提倡革命文化，主张文运同国运相牵，文脉同国脉相连。党的十九大更是把"文化自信"写进党章。事实上，近年来我国的文化对外传播在努力打破资本主义话语体系道路上取得了显著的成绩和进步，很多特色成果可以在研究生外语课堂上拿来直接用作学习材料，还有更多的有时代感、有利于提升学生文化自觉和自信的资料需要老师引导开展学习。

1. 跟进国家文化建设

例如，十九大报告被翻译成了英、法、俄、西、日、德、阿、葡、老挝 9 种语言；《习近平谈治国理政》已出版 21 个语种；《习近平谈治国理政》第二卷除中英文版，法、俄、西、阿、德、日、葡等语种的版本正在陆续翻译出版；《中国关键词》共计 9 册，包括英、法、俄、西、阿、德、葡、日、韩等 9 个语种，分 5 个专题，以中外文对照的方式呈现；《中国关键词："一带一路"篇》以英、法、俄、西、阿、德、葡、意、日、韩、越南语、印尼语、土耳其语、哈萨克斯坦语等 14 个语种对外发布。这些文件、书籍都是由高水平专家团队精心翻译，研究生作为肩负我国民族复兴的人才储备，有必要及时学习掌握。教师对材料的筛选、提炼和讲解可以在文化上和语言上同时协助学生文化自豪感和自信心的提升。

2. 主动设置议程

研究生外语教师应积极摆脱闷头站讲台的状态，放下传统观念抱着开放的心态与时俱进，不断为学生设置文化学习议程。2017 年"一带一路"国际合作高峰论坛举办之际，教师可引导学生展开关于"加强国际合作，共建一带一路，实现共赢发展"、"丝路精神"、多边外交艺术和技巧等相关内容的外语学习和讨论。美国总统特朗普访华之际，可筛选 *China Daily* 编发的英语报道如"习近平特朗普同游故宫"，用英文详细解读"宫阁楼殿""京剧""工匠精神"等中华传统文化精髓，也可以观看特朗普外孙女阿拉贝拉用中文背《三字经》和古诗的视频，研究中华文化对外传播的路径和外译方法。

我们所处的信息时代要求外语教学内容不断更新，跟得上时代的变迁，合得上国家发展的节拍。研究生外语教师的知识储备和教学内容更要有文化有议程，避免老旧化和程式化。

（二）方法探究

研究生外语课程的文化自信培养不单依靠文化信息的渗透穿插，还要讲究教学方法的科学性和灵活性，强调交流实践环节，打开教学、研究、运用的协同渠道，强化激励机制，追求学以致用。

首先，课程应搭建以学生为中心的课堂学习平台。例如，课堂活动形式可以包括：中国优秀文化展示模块，由学生以小组合作形式完成，强调文化语汇的外语表达的流畅性；中西文化对比辩论模块，强调对中西方文化的深层次认识，培养学生文明交流意识，懂得坚持博采众长、转化再造、洋为中用的原则；传统文化创意设计演讲，强调讨论文化精髓的综合能力，激发学生文化自信，把有益的外来文化同优秀传统文化结合起来，融入中国元素，打上中国烙印，形成新颖别致的中国风格。

其次，课程应搭建以学生兴趣为出发点的课后交流平台。例如，充分利用第二课堂形式，组织形式活泼多样的外语文化节，可以包括：以"一带一路"、"工匠精神"、中国高铁"走出去"等坚定文化自信为主题的外语演讲比赛；围绕不断增强社会主义先进文化的创造力和感召力为中心的翻译比赛、外语写作比赛、辩论赛等；以弘扬中国特色、中国风格、中国气派的社会主义文化为主题的外语文艺晚会；以研究生学术外语课程学习为基础的关于坚定文化自信的小型外语学术研讨会等。当研究生外语教学团队成功打造出多个有特点可传承的校园外语文化品牌项目时，学生对于优秀文化的外语实践积极性和主动性将得到整体性的显著提升。

最后，学校可以为研究生提供大量的综合实践平台。从课程开始，最终走出课程、走向社会，才是学生跨文化交际能力的培养目标。对于研究生而言，这样的实践渠道和平台比较容易构建。

例如，跨国的校际交流已经成为我国高校发展的常态，其中的日常接待任务、中国文化介绍、校园文化、校史名人介绍均可交由研究生完成。又如，学校各个部门和各个学院都建设有官方网站，在高校国际化的进程中，门户网站的国际化建设是一项重要指标，而囿于人力物力能力所限，很多网站依然不能做到国际化，主要表现即网站外译率极低或缺位。而这恰恰为研究生的跨文化实践提供了大量的机会，如外国专家的交流新闻、国内专家的文化讲座介绍、学生社团活动等，都可以交由研究生担任第一翻译，最终由外语教师审核把关。

事实上，校企合作、服务社区、科学研究等活动也为研究生创造了大量走向社会的综合实践的可能，同样为研究生培养真正具有国际眼光的文化自信奠定坚实的实践基础。

要坚定文化自信，推动社会主义文化繁荣兴盛，外语课程的工作实践与此紧密相关。外语虽然来源于其他国家，但恰恰是中国文化走向世界不可或缺的桥梁和手段，用外语更好地表达和阐释中国特色，这是文化自信的表现。研究生是新时代的栋梁，外语课程更要注重优秀文化的表述和传播方式，应创新性建设教学内容、改进教学方法，为培养能够更好地向世界说明中国、推进中外交流水平、有高度文化自信的年轻一代做出实质性的贡献。

参考文献

[1] 苏君阳. 研究生培养目标的四维度分析 [J]. 学位与研究生教育，2006（11）：22-25.

[2] 从丛. 中国文化失语：我国英语教学的缺陷 [N]. 光明日报，2000-10-19（C01）.

[3] 赵彩红. 英语强势下的中国优秀传统文化传播 [J]. 山东社会科学，2014（10）：177-181.

[4] 张珊. 中国外语教育的文化自觉 [J]. 外语教学，2017（2）：7-11.

[5] 潘海英，刘晓波. 基于输出驱动假设的研究生公共英语教学模式研究：以吉林大学直博研究生公共英语教学为例 [J]. 中国外语，2015（3）：73-79.

[6] 诺斯. 制度、制度变迁与经济绩效 [M]. 刘守英，译. 上海：上海三联书店，1994.

[7] 刘丽群，欧阳志. 路径依赖：教师角色转变的深层困境 [J]. 教育学术月刊，2012（6）：74-77.

英文覆盖全面 中文阐述骨架*

——"交通规划"双语教学模式探索研究

马 路 陈 慧

（北京交通大学交通运输学院，北京 100044）

摘 要："交通规划"作为交通专业的一门核心课程，对于提升从事交通行业人员的专业素养、融入国际学术氛围、拓展国际视野等具有重要的意义。本文结合该课程开展几年来的教学经验对双语教学模式进行探讨和研究，从双语教学的背景、国内外现状以及调查问卷三方面进行阐述，提出了"英文覆盖全面、中文阐述骨架"的"交通规划"双语教学模式，对于教学目标的实现和教学效果的改善具有重要意义。

关键词：双语教学 交通规划 问卷调查

一、研究背景与意义

（一）研究背景

随着"一带一路"倡议的提出，双语教学作为各国之间语言的桥梁起着重要的沟通作用。"交通规划"作为一门国家级精品课程，其双语课程是我校国际班的必修课，也是我校交通运输学院的主干课程。目前国内各高校均大力开展"交通规划"的双语教学，但现阶段双语教学的类型繁多，还没有一个公认的教学模式，"交通规划"课程的双语教学模式正处于不断摸索的阶段。

（二）研究意义

综合国力竞争的核心归根结底是人才竞争，国际交流能力成为当代大学生迎接经济、科技、信息等全球化所带来的挑战必备的能力之一。为了培养能够顺利进行国际交流、及时获取和掌握本专业前沿动态，准确识别、解读、研究交通问题的专业人才，实施双语教学成为交通专业教学的重要选择之一。通过双语教学可以使学生提前适应国际学术环境，具备流畅的语言交流能力，为后续的研究工作奠定扎实的专业基础。

"交通规划"作为交通专业的一门核心课程，对于提升从事交通行业人员的专业素养具有重要的意义。"交通规划"双语教学模式的探索，旨在形成一种老师易于讲解、学生易于接受的专业课教学方法，培养具有国际视野的专业人才，使学生的语言与思维能力得到协调发展。

二、双语教学模式

双语教学是 20 世纪 60 年代北美一些移民国家或多元文化国家为了使外来移民或难民更快融入当地社会而采取的用两种语言作为课堂媒介的办法[1]。目前，国际上最具代表性的双语教学模

---

* 项目支持："交通规划理论与方法"全英文课程建设，编号：134512522。

式有三种：沉浸式双语教学、过渡式双语教学和维持式双语教学，各自的特点如表1所示。

表1　三种双语教学模式特点分析

序号	双语教学模式	特　点
1	沉浸式双语教学	用非母语进行教学，学生直接用外语交流和学习，完全沉浸在外语环境中
2	过渡式双语教学	外语逐步导入，前期母语为主，外语为辅；中期双语并重；后期外语成为唯一的教学语言
3	维持式双语教学	外语作为教学语言的同时，母语作为辅助学生理解的语言一起并用

通过双语教学让学生在母语和外语这两种语言环境下学习、理解并掌握课程本身的内容，在掌握专业知识与技能的基础上帮助学生提高外语表达、理解专业术语和专业知识的能力。专业课双语教学不同于专业外语教学[2]，前者更侧重于对专业学科知识的传授和把握，教学过程中专业是主要的，处于领导地位，语言形式是次要的，处于从属地位，而后者与之相反。因此，在进行"交通规划"双语教学的过程中，应分清楚教学的主次，注重专业知识的传授，以学生的最佳接受水平为准，采用合适的双语教学模式，从而取得最佳的教学效果。

三、"交通规划"双语教学模式探索

（一）现状调查与分析

为了更清楚地了解"交通规划"课程双语教学的现状及存在的问题，本研究于 2015 年 7 月–2015 年 12 月展开了为期半年的调研活动，主要包括对国内设有"交通规划"课程双语教学的其他高校的走访调研，了解他们课程开设的基本情况和实施效果等；与本校参与"交通规划"课程学习的学生进行访谈，了解他们对双语教学的要求和对该课程授课模式的建议等。

一方面通过对调研资料的整理和分析发现，目前国内关于"交通规划"双语教学还存在着许多问题，如缺乏成熟的"交通规划"外语学习教材和工具书，试题库的建设匮乏等，但是最主要的一点还是学生的外语水平参差不齐。如何选择一种可以兼顾大多数学生的双语教学模式及外语教学比例，以保证"交通规划"课程的教学效果，成为双语教学组织的难点。

另一方面，通过收集学生的反馈建议可以发现，大部分同学赞同"交通规划"课程以中英文相结合的双语教学形式进行授课，并建议以英语授课为主，重难点内容辅助以中文讲解，在具体的教学中建议多增加实践部分，充分发挥学生的自主性。表2是选取的部分学生的调查结果。

表2　学生对"交通规划"课程开展双语教学的要求和建议调查结果（部分）

序号	对"交通规划"双语教学的要求	对该课程授课模式的意见和建议
1	希望老师使用中英文交替授课，强调专业词汇，布置作业将实际与理论紧密结合	老师授课与学生展示相结合，实践作业给学生更大自由度，充分发挥创新能力
2	希望能用英语教学，对专业词汇给出双语解释，能将作业题目给出双语表述	建议能够提供 ppt 供学生预习，同时可以提供作业详解，学生可在课后自行研读
3	要求用中英文教学，对专业词汇和各项公式给出详细解释，严格要求实践作业的地点、方法和内容	建议课前预习，学生自主学习，上课时学生自己展示学习成果，老师指导。多增加实践教学环节，给学生更多自主学习的时间
4	对较难理解的专有单词、公式用中文做深入解释。学生课堂展示也要用英文	多增加一些国外现状内容，与时共进，多一些课上讨论、课后答疑的时间

（二）"英文覆盖全面、中文阐述骨架"的双语教学模式

"交通规划"作为交通运输规划与管理学科的核心课程，其实施双语教学具有较高的连续性

和持久性，既能保证教学任务的实现，又有利于双语教学自身的发展。针对我校学生的特点，结合调查分析的结果，通过对"交通规划"双语教学模式进行的一系列探索，最后提出了"英文覆盖全面、中文阐述骨架"双语教学模式。该模式以英文授课为主，重难点内容以中文辅助讲解，帮助学生更好地理解和掌握专业知识，并增加定期回顾和先进案例的引入环节，提高学生学习的兴趣和积极性，其具体的实施要求主要包括以下几点：

（1）英文全面讲述课程的内容；

（2）中文讲述课程中起框架作用的部分和重难点内容；

（3）根据具体内容，可以用英文重复讲述中文授课的内容；

（4）定期使用英文给大家回顾并复习承上启下的重点内容。

"交通规划"双语教学是一个循序渐进的过程，从最初的基础英语学习转变成现阶段的专业英语学习，具有较大的跨度和难度，需要一段过渡期来逐渐适应这种转变，所以应该有步骤有条理地进行。初期是一个简单渗透的阶段，应以中文为主，课堂上穿插英语教学，如一些重要的定理和专有名词可以用英语讲述，让学生可以多一些机会接触专业外语。从学生回答调研报告的结果来看，国际班的学生基本适应了"交通规划"双语教学的第一阶段，所以可以直接采用第二阶段的双语教学，即老师讲课时交替使用中英文，让学生学会如何使用外语表达中文内容，最后逐渐达到双语教学的后阶段，即双语思维层次，教师基本用英语讲授，学生能用英文来思考解答问题。

该双语教学模式在"交通规划"课程实际教学中已经开始初步应用，通过学生们的反馈，对整体教学效果较为满意。学生们普遍认为这种"交通规划"双语教学模式，能够更加深入地把握住教学中的难点和重点，课前复习和课后练习巩固了知识点。在整个授课过程中教师与学生能充分互动和沟通，课堂气氛活跃，教学效果好。

四、总结

根据我校目前交通学院学生的外语水平特点以及专业双语教学的实际情况，采取"英文覆盖全面、中文阐述骨架"的双语教学模式是快速提升专业教学效果、准确实现教学目标、培养学生语言与思维能力协调发展的有效手段，同时对于其他专业学科开展双语教学具有重要的借鉴意义。经济、教育全球化的发展，使专业课程双语教学成为不可逆转的发展趋势，随着专业教师对全外语授课驾驭能力和学生外语能力的全面提高，我国专业双语教学必将向着更高的层次发展。"交通规划"作为交通专业的核心课程，对其进行双语化的教学是培养面向现代化、面向世界的交通领域人才的有效途径之一，同时也是一项艰巨的工程。实现双语教学不是一时之功，它是一个循序渐进的过程。我们坚信随着实践的不断深入，"交通规划"的双语教学必将对我国交通工程教育的国际化起到越来越重要的作用。

参考文献

[1] 黄小荣. 双语教学及其实验研究 [D]. 桂林：广西师范大学，2004.

[2] 杨孝宽，曹静，赵晓华. 交通工程双语教学模式的探讨 [C]. 2009 土木建筑教育改革理论与实践研讨会，2009.

关于研究生英文文献研读的国内外经验分析

——以"产业经济学"为例

李红昌　武剑红　李津京

（北京交通大学经济管理学院，北京 100044）

摘　要：英文文献阅读是研究生提高学术素养，了解国内外前沿新知的重要手段，本文以研究生产业经济英文文献为例，说明了英文文献阅读的五大功能：一是了解前沿，二是学习思想，三是英文思维，四是学习写作，五是总结经验。在国际化发展的大背景下，提高北京交通大学研究生英文文献研读能力成为提高学生和学校竞争力的重要手段。结合国内外经验，提出了北京交通大学改善英文文献阅读的若干建议。

关键词：研究生　英文文献　国内外经验

一、问题的提出

英文文献阅读是英文文献阅读报告的基础，也就是说，基于大量的英文文献阅读，才能形成具有综合性、前沿性、创新性的英文文献阅读报告。英文文献阅读报告的主要组成是：针对某一些英文文献主题的总结与评述，相关研究方法与模型的分析，以及实证研究对象的综合性评价。在分析时，可以按照时间顺序、问题顺序、学术重点顺序等进行总结。在这个过程中，要特别重视对相关主题的研究动态的评述性分析。[1]

英文文献阅读是研究生提高学术素养[2]，了解国内外前沿新知的重要手段，英文文献阅读具有五大功能：一是了解前沿，也就是了解国内外的理论和方法前沿；二是学习思想，也就是了解相应的理论思想；三是英文思维，也就是了解英文文献的思考方式；四是学习写作，也就是了解如何写作高水平的英文文章；五是总结经验，也就是从别人的不同文献中，寻找可以为自己研究提供支撑的有益经验教训。在国际化发展的大背景下，提高北京交通大学研究生英文文献研读能力成为提高学生和学校竞争力的重要手段[3]。

二、英文文献阅读：产业经济学课程

"产业经济学英文文献阅读"是一门旨在提高研究生对国外产业经济学前沿英文文献掌握水平的课程。北京交通大学的产业经济学是国家级重点学科，以运输经济理论与政策研究为重要特色。在学科发展和研究生培养过程中，非常有必要掌握国际产业经济学及运输经济学前沿新知。国外产业经济学及运输经济相关理论及方法，以学术期刊形式出现的概率最高。通过阅读国际高级别英文杂志上的产业经济学英文文献，可以拓展研究生学术视野，深化理论与方法认知，提高研究生科研素质，改善研究生研究能力。

（一）产业经济学教学方式

教学方式采取教师授课、学术讨论、案例分析等形式。[4-5]①教师授课。在与我校产业经济学特色相结合基础上，教师精选产业经济学经典英文文献，在课堂上进行专题讲解。②学术讨论。针对产业经济学热点学术问题，布置学生阅读相关英文文献，组织专题讨论会。③案例分析。针对产业经济学的英文案例，运用产业经济学理论和方法，对案例进行剖析。

（二）产业经济学主要内容

"产业经济学英文文献阅读"分为三大模块，分别是基础文献阅读、专业文献阅读、专业案例阅读。

一是基础文献阅读，从 *American Economic Review*、*Journal of Political Economics*、*International journal of industrial organization* 等杂志上，选择产业结构、公用设施管制、价格、博弈、产业政策等文献进行阅读。[6]

二是专业文献阅读，从 *Transportation Research*、*International Journal of Transport Economics*、*Journal of Transport Geography*、*Transport Research Record* 等杂志及会议论文上，选摘与运输经济理论与政策相关的英文文献进行阅读。

三是专业案例阅读，从产业经济学热点问题入手，针对微软拆分、兼并重组、交通规划、土地联合开发等热点问题，进行专业英文案例阅读。

三、英文文献阅读：国内经验

以东北财经大学的产业经济学专业研究推荐的英文文献目录为例，在市场进入方面的文献，就有基础理论和实证检验两大部分，如表1所示。

表1 市场进入方面的英文文献列表

序号	基础理论	实证检验
1	Tirole，Sections 7.1－7.2	T. Bresnahan and P. Reiss，"Entry and Competition in Concentrated Markets，" *Journal of Political Economy*，99（October 1991），977－009
2	Mankiw，N.G. and M.D. Whinston，"Free Entry and Social Inefficiency，" *Rand Journal of Economics*，17（Spring 1986），pp. 48－58.	Comments on Bresnahan and Reiss，*Brookings Papers on Economic Activity: Special Issue on Microeconomics*，3（1987），872－882.
3	Anderson，S.，A. de Palma，and Y. Nesterov，"Oligopolistic Competition and the Optimal Provision of Products，" *Econometrica*，Vol. 63，No. 6，November 1995，pp.l281－1302.	T. Dunne，M. Roberts，and L. Samuelson，"Patterns of Firm Entry and Exit in U.S. Manufacturing，" *Rand Journal of Economics*，19（Winter 1988），495－515.
4	Sutton，J.，*Sunk Costs and Market Structure*，MIT Press，1991，Chapters 1－2.	Berry，S. and J. Waldfogel，"Free Entry and Social Inefficiency in Radio Broadcasting，" June 1996.
5	B. Jovanovic，"Selection and the Evolution of Industry，" *Econometrica*，（May 1982），649－670.	S. Berry，"Estimation of a Model of Entry in the Airline industry，" *Econometrica*，60（July 1992），889－918.
6	Banmol，W.K.，J.C. Panzar，and R.D. Willig，"On the Theory of Perfectly Contestable Markets，" in J.E. Stiglitz and G.F. Mathewson，eds.，*New Developments in the Analysis of Market Structure*，MIT Press，1986.	

注：东北财经大学于立教授整理。

可以看出，在英文文献阅读方面，国内的相关高校非常注重基础理论的教育，以及如何把相关的理论应用于实际问题的论证过程之中。[7]在国内各大高校的英文文献阅读的目录中，可以看出，理论基础主要是来自西方的经验产业经济学的相关理论和方法，在实证研究时会结合中国的特定产业进行研究。

四、英文文献阅读：国外经验

在国外英文文献阅读上，主要是围绕理论和实证研究的最前沿开展的。[8]例如，斯坦福大学经济学系就关心市场设计、博弈论、策略行为、谈判、价格理论、拍卖理论等研究工作。再例如，法国 Toulouse 大学就非常关注合同与组织理论、不确定经济学、保险经济学、产业组织、规制经济学、竞争政策、网络经济学等理论的研究。再例如，哈佛大学经济系就重视研究产业结构、公司治理、公私合作等。[9]

五、相关建议

在研究生产业经济学英文文献阅读课程建设方面还存在较多问题，比如研究生课程与本科生课程内容重复、专业课内容交叉重叠，计量方面的课程课时仍然较少，设置不合理，课程教学国际化程度不够、教学手段不够多样化等，因此，如何解决这些问题是下一步课程建设方面的重点工作。具体措施建议如下。

第一，完善英文文献阅读专业课程设置，加大研究生培养的深度和广度。从培养方向细化开始，认清本科生是打基础阶段，而硕士和博士培养应该更注重方向性，不同方向的研究生应有针对性地开设不同方向的课程，以避免出现上述问题。一方面需要在教材内容的设计上统筹兼顾，另一方面为了保持课程的完整性确实有必要重复的内容，应该通过任课教师之间的协调，在课时安排、授课内容的深浅程度上进行合理的设计。做好本科、研究生专业课之间的衔接，增强专业课程的整体性和逻辑性。也就是说，要从本科生、研究生、博士生阶段制订不同的英文文献阅读教学方案。

第二，增加运输经济学文献等内容。在研究生培养过程中，立足高级宏观经济学、高级微观经济学、高级计量经济学等课程，强化运输经济学相关的运量、运价、市场调查、时空经济等的英文文献研读与学习工作。

第三，英文文献课程体系设置要逐步与国际接轨。逐步开展双语教学和英文教学；要制定研究生核心课程的最低标准规格，规范授课内容；课程设置要进一步加强多学科的综合性；研究生英文课程体系设置上要处理好定量与定性、微观与宏观、理论与实务等不同类型课程之间的关系。[10]

第四，提倡以英文范文阅读与案例教学为主的教学模式。英文案例教学具有"实战性"，其分析讨论重在群策群力、集思广益，培养学生分析问题和解决问题的能力，特别是对具体管理问题的判断和决策能力。

参考文献

[1] 戴艳阳. 浅议专业英文文献阅读能力的培养 [J]. 中国电力教育，2010（28）：212-213.

[2] 姜燕，张海悦. 研究生外文文献阅读与写作课程模式研究 [J]. 农产品加工（学刊），2013（4）：75-77.

[3] 潘凌霄. 阶梯训练法对提高专业英文文献阅读水平的作用 [J]. 保健文汇，2017（11）：168.

[4] 王骏，陆军. 以英语文献阅读为导向的研究生英语阅读教学研究 [J]. 外国语文研究，2016（1）：92-98.

[5] 李桂荣，李成伟，姜立娜，等. 硕士研究生英文专业文献阅读（果树）课程教学改革探索 [J]. 中国轻工教

育，2017（1）：85－86.

[6] 郭宇，曾庆均. 产业经济学研究综述 [J]. 重庆工商大学学报：社会科学版，2012，29（2）：21－27.

[7] 陈启斐. 关于产业经济学双语教学的若干思考 [J]. 科教文汇（中旬刊），2017（12）：49－50.

[8] 刘翠蒲，张超. 基于 Google scholar 的英文经济学文献检索技巧 [J]. 图书馆建设，2007（5）：78－79.

[9] 于立，巧定位、重特色：东北财经大学产业组织与企业组织研究中心的"生存之道"[J]. 东北财经大学学报，2006（5）：85－92.

[10] 于立. 产业经济学的学科定位与理论应用 [M]. 大连：东北财经大学出版社，2002.

研究导向型的研究生经济学双语课程建设*

——以"中级微观经济学"为例

王雅璨[1]　胡雅梅[2]　贾思琦[1]

（1. 北京交通大学经济管理学院，2. 通信作者，北京 100044）

摘　要："中级微观经济学"是经济管理类研究生的基础专业课，致力于为学生打下坚实的理论基础，在"研究导向型"教学模式下着力于培养学生理论建模、学以致用和与国际接轨的能力。同时，我们采用"双语教学"，充分整合国际化资源。授课时，教学团队保持教学目标与内容一致，进一步发挥教师个人教研特色，为学生提供多种学以致用的机会。最终，本课程形成了基于"研究导向型"、"双语教学"及"多人一课"的新型教学模式，并取得显著的教学成果。

关键词：研究生　研究导向型　国际化特色　中级微观经济学

一、引言

（一）"中级微观经济学"的地位和特点

"中级微观经济学"作为经济管理类专业研究生的一门基础专业课，无论从课程内容还是从课程性质来看，都具有举足轻重的作用[1-2]。它完整的理论框架和缜密的分析方法可为学生后续的学术研究奠定扎实的经济学基础[1]。为研究生开设的"中级微观经济学"课程与为本科生开设的微观经济学课程不同。首先，它更强调理论的体系化，它并非初级课程的简单重复，而是将初级课程中的内容以严谨的科学研究的态度推广到更一般的情况[3]，将已学的知识点系统地联系起来形成框架，让学生学会站在更高的角度上提纲挈领地发现与思考问题。研究生在刚入学的第一个学期，处于从本科生向研究生角色转换的关键阶段，具有很强的可塑性。严格的、系统的中级微观经济学训练，可以培养学生对经济问题的直觉，引发他们对使用微观经济学工具研究经济问题的科研兴趣[4]。在这个过程中，通过学习教材知识与前沿理论，帮助学生树立正确的科研态度，建立研究思路，掌握研究方法。其次，中级微观经济学更加注重培养学生的建模思维，强化他们的建模能力。研究生在本科阶段已经学习了数学的相关课程——高等数学、线性代数、概率论等，相关的数学知识是解决经济学问题的重要分析方法和工具[5]，但是如何将其使用在描述经济问题、提炼模型推演的假设条件、合乎逻辑地推导结论、给出相关解释或者预测上？这些需要耐心的、扎实的技术训练，也正是研究生阶段的微观经济学课程教学要强调的地方。再次，也是最重要的，中级微观经济学更加强调对前沿知识的跟进与理解。在课程中加入新的经济学研究动态，将有助于学生不断获得新的研究方法与工具，他们会更加直观地

---

* 本教改论文得到北京交通大学研究生优质核心课程建设项目"'中级微观经济学'课程建设"的支持。

感受到现实生活中亟待解决的问题与经典理论、前沿理论之间的关联与互动，从而激发学生的研究兴趣与研究潜力。

（二）"中级微观经济学"课程的研究导向型定位

与本科生的培养要求不同，研究生的培养重心应该从单纯的授课型转变成侧重于学术研究型，应该从让学生被动接受知识转变成引导学生主动探究问题本质。因此，面向研究生的课程也要向研究型教学模式转变，仅仅以传授知识为重点的教育方式已经不能满足对研究生的培养要求。伴随信息化时代的到来，书本上学习的知识可能在短时间内就会过时，由此，陈冰等指出为了应对生活和工作中不断出现的新问题和新挑战，应在授课的同时培养学生提高发现问题、甄别相关知识和自主解决问题的能力，这就是"研究导向型"教学[6]。这种教学方式打破了传统以"教"为主、以让学生获取知识为唯一目标的定式，它通过激发学生的好奇心，引导他们主动地学习，让他们在不断探索和实践的过程中自主地应用相关的知识技能，培养他们的批判性思维以及交流、创新能力，进而逐渐完善自身综合素质[7]。具体体现在教学目标上，研究导向型"中级微观经济学"课程不只注重考试成绩，更注重平时表现，多层次多角度地培养学生认真阅读、自主学习、自主研究与准确表述自己研究结果的能力。

（三）"中级微观经济学"课程的国际化特色定位

在国际化进程不断加深的今天，社会所需要的新型人才应该具有国际视野，在国际中享有竞争力，能够参与国际事务。教育国际化是实现人才国际化的重要渠道和方式。表现在教学上，课程国际化是指将课程注入更大国际范畴的多项活动[8]，其中增设国际专题讲座和研讨活动是重要的表现形式。党的十九大指出面对日趋激烈的国际竞争，急需培养具有国际视野、知晓国际规则、有能力参与国际事务的复合型高端人才。与国家政策相呼应，北京交通大学经济管理学院也致力于国际化发展，目前正在进行国际化认证。经管学院现在已经与海内外多所知名院校开展硕士1+1项目，包括荷兰阿姆斯特丹自由大学、英国利兹大学、美国密苏里州立大学等诸多国外高校。因此，我们在课程建设上也要努力推行国际化战略，以满足学生出国进修与工作的需求。体现在教学目标上，"中级微观经济学"课程努力培养学生阅读、理解与追踪英文文献的能力，并鼓励学生用英文进行课堂展示。

（四）小结

本课程作为经管类研究生的基础专业课，其主要优势是同时具有研究型导向特色和国际化特色。在培养学生发现经济问题、对经济问题进行理论建模与预测的过程中，本课程的教学团队在如何落实教学目标、深化教学内容、突出教学特色等多方面积极进行教学方法与实践的探索，最终形成了基于"研究导向型"与"双语教学"特色下的"多人一课"新型教学模式。

二、研究导向型教学的教学实践

我们致力于中级微观经济学的研究导向型教学，在实践中取得初步进展。

（一）完成了研究导向型双语教学大纲的撰写

该大纲按理论模块安排教学内容，强调各模块之间的有机联系，引入前沿理论研究的学习。本课程着眼于引导学生掌握微观经济学的理论体系、逻辑推演过程、经济分析方法与前沿微观理论。主要内容包括：消费者决策理论、生产者决策理论、市场结构和竞争策略理论、市场均衡理论、市场失灵理论、信息经济学及行为经济学理论。其中，在行为经济学模块，我们加入了 2017 年诺贝尔经济学奖获得者理查德·泰勒的行为经济学研究，关注如何利用行为经济学解释人的"非理性"行为，并由此将学生的视野扩展到对交通运输领域的最新应用研究上去。

（二）完成了研究导向型双语教学日历的撰写

该日历在紧扣大纲要求的前提下，依据理论模块间的有机联系安排章节学习，突出模块化教学与问题导向式教学的特点。例如，我们把消费者决策理论分为确定条件下的消费者决定理论和不确定条件下的消费者最优决定理论，相应的每个分类下又细分为不同的理论模块，进行模块化教学。同时在每个模块授课的开始，我们都会详细地指出本章要解决的主要经济学问题，并将问题贯穿于整体章节的研讨中，在本章结束时强调学生自我总结大家通过学习得到的结论，引导学生关注这些结论的敏感性与应用性。问题引入、提出、研究、解释或者预测，被充分运用到教学过程的组织中去，切实体现了问题导向式教学的特点。

（三）完成了研究导向型课程考核方案的设计

该方案在保证教学目标一致性前提下，将"研究导向"与"多人一课"有效结合，突出培养学生的建模思维与能力，强调引导学生通过研究经济问题与最新文献进行自主学习。具体地，我们布置了团队专题学习的作业，要求以小组为单位，选择教材某个专题进行研究，课堂汇报自修成果。此项任务的目的在于能够掌握相关的经济理论、重要概念及分析方法，并运用相关的经济理论、重要概念、分析方法构建模型分析案例，能够向听众清晰地表述自修成果。

（四）组织学者和经济从业者走入课堂，安排学生参加前言学术讲座

学生参加了来自美国、英国、荷兰和新西兰等国家的多位学者的学术讲座，聚焦于交通，涉及交通的方方面面：出行的时间价值、城市交通管理和政策等。这些理论又不仅仅限于交通领域的应用。另外，我们还推出博弈论的基础知识讲座，展示这种新工具在研究学术性问题上的突出表现。学生们反应受益匪浅。通过接触前沿的学术研究使学生更加了解实际生活中存在的问题，并深切地感受到自己现在学习的知识可以真正用于解决实际问题（见表1）。

表1　前言学术讲座

学者	国家	讲座主题
Erik Verhoef	荷兰	Scheduling in transportation markets: endogeneity of desired arrival times
Xinyu（Jason）CAO	美国	When and how much did light rail transit increase building activities and property values in St. Paul?
Cristiano Bellavitis	新西兰	The network connections and structures in investment
Pradeep Dubey	美国	An introduction to cooperative games
Anthony May	英国	Urban mobility management: from city for cars to city for people
		The scientific approach to the design of urban road user charging

（五）指导学生进行经济学问题研究

我们指导学生做了多方面的经济学问题研究（表 2 列出了最近两年其中几个分类的研究题目）：在购物方面引入博弈分析；在交通出行方面，从经济学视角分析拥堵费、限行等政策的经济学原理和作用效果；在市场价格方面，从供给需求的角度理解市场产品价格的波动规律和反规律现象。学生可以从这些问题的研究中，将书本上学到的知识运用到实际问题中去，启发他们有意识地发现生活中亟待解决的问题并主动探究。

表 2　"中级微观经济"课程问题研究

分类	学生研修题目
生活购物	"双十一"降价促销的博弈分析
	从经济学角度分析"双十一"购物狂欢节
交通出行	北京征收交通拥堵费的经济学分析
	春运火车票价是否应当上浮的经济学思考
	中国高铁对民航市场的冲击——从弹性视角
	北京限行限购政策有效吗
	新能源汽车补贴政策研究
产品价格	煤涨油跌的经济学内涵
	大蒜价格波动的经济学分析
	药品价格虚高

（六）指导学生进行国际最新文献研读

我们选取了近 5 年来在经济管理领域的顶级期刊的期刊论文，供学生选择和研读。此方案着重考核学生应用所学经济学理论，结合切实的研究情景分析具体经济决策问题的能力；同时也借助这种方式加强学生对顶级国际期刊论文结构和研究方法的了解，培养学生对英文期刊论文的阅读能力。我们要求以小组为单位汇报研读成果，并上交该论文的文献阅读报告。同学们一致反映，在这一过程中学习和掌握了阅读英文文献的方法，掌握了如何去确定与理解论文的研究问题、理论方法和模型、主要贡献以及结论等关键部分（见表 3）。

表 3　中级微观经济学国际顶级期刊研读

研究领域	作者	文献题目	发表期刊
市场结构和产品定价	Abbey J D, & Blackburn J D.（2015）	Optimal pricing for new and remanufactured products	Journal of Operation Management，UTD 24
	Abbey J D, Kleber R et al.（2017）	The Role of Perceived Quality Risk in Pricing Remanufactured Products	Production and Operations Managements，UTD 24
行为经济学	Nan Yang, Yong Long Lim（2018）	Temporary Incentives Change Daily Routines: Evidence from a Field Experiment on Singapore's Subways	Management Science，UTD24
实验经济学	Schwanen T, Ettema D.（2009）	Coping with unreliable transportation when collecting children: Examining parents' behavior with cumulative prospect theory	Transportation research part A: Policy and Practice，交通研究顶级期刊

（七）研究导向型双语教学方案

该教学方案强调在课堂教学中运用"问题导向型"教学方法，问题先行，引发兴趣，之后，示范理论如何解释与分析问题，并且辅之以案例教学，加深对理论应用的理解与掌握。此外，该方案也突出"多人一课"的特色，将"案例研究"与"国际期刊学术训练"合理地安排进去，希望在实现一致的教学目标的前提下，各位主讲教师各有所长各有创新，在关键处能够相互补充与促进，在细节点做到百花齐放。

（八）进行教辅资源的建设

教辅资源建设的重点放在如何深化学生对理论体系的掌握、如何提高学生的专业思维能力、如何将理论与实践相联系上。

三、国际化教学实践

国际化教学如果要取得效果，应当将英文语言的使用、英文文献与理论的学习、英文研究报告的写作与展示有机结合起来，使它们在课程设计、课堂教学过程组织、综合考核等各个环节有充分的体现。我们已经采取的国际化教学实践内容如下。

（一）完成了相关教学资料的国际化

目前，我们采用了国际上普遍使用的中级微观经济学教材作为主要的教学资料，同时辅助以其他英文教材与国内通用的其他中文教材作补充。现在课程教学中所使用的教学大纲、教学日历、课程考核皆为中英文双语版；同时，课件已经完全制作成英文版电子课件。

（二）课堂授课采用英文与中文相结合的方式

我们在介绍课程、引入各章主题、讲解主要理论、展示案例应用与总结章节内容时，多采用英文，在阐述重要概念、厘清知识难点、讲解习题时，不好理解的内容，会进一步用中文进行解释。我们会在课堂中调查学生的接受意愿，同时根据学生的接受能力，适当地调整双语转换使用的比例。

（三）充分利用教师团队的学术资源，邀请国际知名学者进行英文讲座

在为学生提供国际化交流机会的同时，也与讲座教授深入合作。例如，我们已经在学术讲座与交流的基础上，促成了经管学院与阿姆斯特丹自由大学、经管学院与英国利兹大学两个经济学硕士双学位项目，如表4所示。

表4　国际知名学者讲座

学者	学校	讲座主题
Erik Verhoef	荷兰阿姆斯特丹自由大学	Scheduling in Transportation Markets：Endogeneity of Desired Arrival Times
Anthony May	英国利兹大学	Urban mobility management：from city for cars to city for people
		The scientific approach to the design of urban road user charging

四、其他教学实践

为了更好地改进课程设计和满足学生需求，我们每年都会对教学效果进行测评。首先，针对初入课堂学生特别设计学习背景调查问卷。课前的调查问卷设计的主要内容如表5所示。我们发现，在历年教学中收集与分析此问卷对于发现学生的兴趣、潜在问题与教学需求方面收效良好。通过课前调查，我们了解到学生对经济学知识的掌握程度，这有助于我们恰当地衔接中级微观经济学的深化教学内容与经济学原理的基础知识；根据学生对本课程的预期收获，我们会随时相应地调节本课程内容的深度和广度。问卷中的部分内容，例如对于学生对"双语教学"的偏好调查，也将用于实际教学中去。

表5　中级微观经济学学习背景调查

问题分类	主要问题
基本学习背景	现在的专业，之前所修经济学的时间、学时和教材，是否学习过博弈论，自己阅读的经济学书籍
知识掌握程度	是否掌握基本概念，会解经济学习题，会分析实际问题，会建立经济学模型进行量化
教学需求	对课程的预期收获，愿意付出的课外时间，PPT 语言选择

其次，针对学生结业特别设计了教学评价与建议表，对于调整教学步骤与重点、改进教学手段、提高教学效果收效良好。通过问卷，我们了解到学生对于"国际顶级期刊文献阅读"的方式评价很好，绝大多数学生认为这种方式可以有效地培养起阅读英文期刊的习惯，帮助掌握阅读英文文献的方法；学生对于"经济问题研究"的研究报告也给予了高度的评价，认为在发现有价值的经济问题、寻找恰当的经济模型方面给出了有效的指导。同时，为了更加有效地推进团队学习，我们也针对学生的团队学习与合作活动特别设计了团队合作调查问卷。我们调查了学生从小组学习中获得的收获和教训，对自己和其他小组成员贡献的评价，以及对小组学习的评价和建议。问卷结果显示，在小组作业设计合理、教师与学生的互动足够的前提下，小组学习对于激励学生合作学习、推进研究性学习收效良好。

五、展望

我们通过建设研究导向型的研究生经济学双语课程，致力于引入与推进卓有成效的教学方法与教学模式，以切实培养研究生的经济学学习与学术研究能力、与国际接轨的能力。从目前的教学实践与取得的教学成果来看，突出"研究导向型"特色与"国际化教学"特色的课程教学体系的建立，在实现培养学生相关能力方面已经表现出很强的生命力。不过，由于这种新型的教学模式，强调必须有机地整合教学与科研，强调多种教学手段与教学方法的综合运用，强调教学团队与个人的有效合作与互补，因此，尚需要更多的努力与教学思考。我们下一步将深化研究如何继续完善"多人一课"模块化教学与研究导向、双语教学的有机结合。就目前而言，首先，能主动积极地参加双语授课的教师人数还偏少，需要进一步培养和吸纳经济学教师参与课程建设；其次，双语的立体化教学资源建设所涉及的许多资料都从零开始，远未成体系，需要进一步规划和完善。

参考文献

[1] 田园. 中级微观经济学课程教学研究 [J]. 河南农业，2009（12）：20+40.

[2] 李创. 研究生中级微观经济学教学改革刍议 [J]. 山东纺织经济，2008（2）：101-102.

[3] 谢超峰. 中级微观经济学混合教学模式探索与实践 [J]. 金融教育研究，2016，29（3）：81-84.

[4] 邱强，刘莹. 中级微观经济学实践性教学探讨 [J]. 经济视角（下），2012（3）：141-143.

[5] 杨丽，文淑惠. 高校宏微观经济学课程实施分级教学的探索 [J]. 未来与发展，2012，35（8）：55-59.

[6] 陈冰，张澄，伊琳. 互联网+高等教育：深化研究导向型教学改革 [J]. 建筑创作，2017（5）：166-169.

[7] 陈冰，常莹，张晓军，等. 研究导向型教学模式的应用研究 [J]. 中国现代教育装备，2018（5）：40-43.

[8] 熊淑平. 高等教育课程实施内涵与国际化理念 [J]. 张家口职业技术学院学报，2018，31（2）：12-15.

略论美国MBA教育的新动向及对我国
商学院案例教学的启迪

赵 杨 赵颖斯 马雨明

（北京交通大学经济管理学院，北京 100044）

摘 要：当前美国的 MBA 教育越来越重视学生决策能力的培养。美国商学院在培养学生决策能力方面主要采取以下举措：推行泛案例教学，注重情景模拟；精心选择经典或热点的决策型案例；注重决策情境的营造与设计；引入案例大赛机制等，切实提升了 MBA 学生的实践决策能力。我国商学院应敏锐意识到这种动向，并从思想上高度重视对 MBA 决策能力培养与案例教学，多给学生决策和体验决策过程的机会，教学中要积极营造决策情景，重视群体互动，还要充分认识案例教学的运用前提，多实践，多反思，使教学实践更加符合高校 MBA 教育是培养合格的职业经理人的终极目标。

关键词：美国 MBA 教育 新动向 决策能力 案例教学

一、引言

决策是人类意识能动性的最高体现。随着社会科学技术的飞速发展，决策能力已成为衡量社会所需人才的标准，也是人类生存和发展的必要能力。决策能力是管理能力的重要组成部分，而作为影响力最为广泛的专业学位教育，MBA 教育具有鲜明的实践导向，以培养适合企业管理实践需要的高级实务型人才为基本目标。因此，通过 MBA 教育提升学员的决策能力是 MBA 教育的重要目标与任务。

在 MBA 的教育体系中，对于决策能力的培养广泛分布在各门课程中。对于教学内容，各门课程都有详细的教学大纲统一规定，但是对于决策能力培养而言，更多地需要从教学手段的创新上培养学员的决策能力，而不是教学内容。换句话说，决策能力的培养是一种工作技能的培养，各门课程的内容是决策技能培养的载体，只有通过多元化的教学方法，才能使学员在知识吸收的同时提升自身的决策能力[1]。

当前，我国的 MBA 教育制度已逐步由记忆型、知识型的考评转向通识型、能力型、创造型的考评，教学方式由灌输式转向启发式、激励式，强调教育内容的基础性、针对性和教学过程的引导性、应用性，强调学生在学习中的主动性、主体性地位，强化案例教学和情景模拟教学的改革[2]。我国商学院 MBA 学生已经基本具备运用所学知识分析经济管理问题的能力，并提出了自己的看法和建议。然而，大多数学生对在现实当中的复杂决策环境中做出决定的能力仍有待提高。除了先天素质外，决策能力教育和培训更为重要。因此，在 MBA 教学中应予以重视。

笔者于 2018 年 8 月至美国辛辛那提大学 Carl H. Lindner College of Business（以下简称"Carl 商学院"）进行为期一年的访学。Carl 商学院通过了 AACSB 认证，2017 年，代表商学院教学水平的 Full Time MBA 项目被 Bloomberg Business week 评为"全俄亥俄州第 1 位"、"中西部公立学校第 6 位"、"全美第 34 位"；在 U.S. News & World Report ranks 的评比中，其 MBA 项目在全国最好的 100 个顶级商学院中获得了"第二大排名跃升"。Carl 商学院主管研究生教学的副院长 Lawrence Gales 先生认为，商学院排名的迅速提升，与其近年来对 MBA 的教学重点大幅转向"培养 MBA 在复杂情境下的决策能力"密切相关。

据 Lawrence 先生介绍，全美 MBA 项目排名竞争非常激烈[1]，其中的重要指标是校友满意度及薪酬提升度，而这两个指标本质上与雇主对 MBA 毕业生的认可度密切相关。Carl 商学院 MBA 项目这两项指标一度排名比较落后，经过长期、持续、多样化的雇主调研，发现雇主对其 MBA 毕业生最不满意的是他们所学习的理论知识与现实有所脱节，特别在动态、复杂的现实情境下难以做出正确决策，整体表现普遍不如具有 3～5 年工作经验的本科毕业生。通过对企业的调研，特别是雇主对学生有哪些方面的需求的调研，Carl 商学院发现学生的诉求与教授的研究之间差距非常大。学术研究往往是把某些问题简单化或复杂化，把不现实的问题做出一个精确的解；而雇主（包括学生）却希望能够有效地解决企业所面临的现实问题。这对其后商学院的改革有重要的指导意义。

在其后的教学改革过程中，Carl 商学院将学院的教学理念改为"引领学生进入一个真实的世界"。围绕这一理念，Carl 商学院为 MBA 的教育实践设计了一种"将真实世界的情景与学生的学习进程相结合"的教学体系，并将 "培养学生在复杂的现实情境下的决策能力"作为其教学设计的核心指导方针。

二、文献综述

1960 年，美国学者 Shirley H.Engle 明确提出决策教学理论，这标志着决策教学在美国的兴起。在当时的情况下，Shirley 的重要任务是批判，她对当时在社会科学中占统治地位的教学理念，教学内容以及教学方法进行了反击，指出"仅仅关注知识是无意义的，甚至是有害的"，[3]旗帜鲜明地确立了决策教学在社会科学中的统领地位。她在理论上奠定了决策教学的地位，对决策教学实践给出了一些建议，但并没有给出决策教学在具体课堂实践中的实施步骤。在 Shirley 的影响下，更多的人参与到决策教学的理论与实践之中，后继者们在 Shirley 的研究基础之上，发展出了基于教学实践的各种各样的决策教学模型。随着决策理论的发展和后现代主义的影响，人们开始思考经典决策教学模型的不足，各种新的决策教学模型随之出现[4]。这些模型的一个共同特点是力图克服传统决策教学模型过度强调理性和个人选择的缺点，开始注重决策教学过程本身，看重决策成员在决策过程中的互动，注重公民价值观的培养，注重真实情景、不确定性，关注在快速、大量信息的冲击下做出决策的现状[5]。

1978 年，Louise M.Berman 在 *More Than Choice* 中提出要关注决策过程，认为决策意义重大，教师和家长要有意识地给学生提供机会让其去做决策，不要对学生的决策进行绝对性的极端评价。1983 年美国国家学院前数学、理科和技术科学理事委员会提出："课程必须围绕问题解决技能、真实生活问题以及个人和社会决策而组织。"而美国卓越的教育工作者赫德等人也认为"决策必须是所有课程的一部分，每个人在各种环境中都要做出决策"。

近年来，各个国家对决策能力的培养目标在纲领性文件中也有所体现。综上看来，国外对决策的研究起源较早，并且对决策教学比较重视，尤其是在商学院教学中，培养学生的决策能力已经成为最核心的教育目标。

经过将近 60 年的发展，决策教学在美国社会学科中占有越来越重要的位置，尤其对美国商

---

① 因为排名在很大程度上决定了 MBA 项目的招生规模与收费水平。

科教育产生了深刻的影响。

吴庆麟指出，作为教学内容，决策是可教的。而且国外社会科学的实践发展也证明，学生的决策能力是可以培养的[6]。决策教学的关键就在于多给学生以实践决策的机会，而实践决策的机会，恰恰存在于间接的决策教学之中，因为间接的决策教学，就是将决策当作学习方法来促进学生的学习，在这个过程之中，恰恰就给学生提供了决策机会。

三、Carl 商学院在 MBA 教育中培养决策能力的举措

（一）推行泛案例教学，注重情景模拟

案例从 19 世纪开始运用于哈佛大学的法学教育以来，逐渐被引入到医学、管理学的教学中。在哈佛、斯坦福等大学的顶尖商学院，所有课程都用案例教学，而肯尼迪学院 60% 的课程运用案例教学。

案例教学法是一种理论联系实际、启发式的教学相长的教学过程，以案例为基本教材，运用多种形式启发学生思考，对案例所提供的材料和问题进行分析研究，提出见解，做出判断和决策，从而提高学生对现实问题的决策能力[7]。

李明武和张天勇认为，与传统的教学方法相比，案例教学具有以下优势：①使学生运用理论解决实际应用中的问题；②使学生练就归纳式的思维方式；③教会学生在复杂的条件下决策；④使学生从近期和远期的"系统"角度进行思维；⑤使学生懂得集体判断与决策的重要性[8]。

Carl 商学院高度重视案例教学对于 MBA 学生决策能力的培养，但其坦承无论从授课传统、师资力量还是学生素质方面，是无法同诸如哈佛、沃顿、毅伟商学院相比的，即缺少推行全案例教学的基础，因此其采取了泛案例教学（Extensive Case-based Teaching）法，即鼓励教师在授课中尽量采取案例教学，并且针对不同的课程性质，规定了某些课程中案例教学的学时比重。比如，据笔者了解，其所设置的课程中，国际营销、企业战略管理、危机管理、公共关系管理、品牌管理、渠道管理等课程要求全案例教学；市场营销、财务管理、商业伦理、公共政策分析、人力资源管理等课程的案例教学学时比重不得低于 50%；即使是商务统计、会计学、管理经济学等理论性较强的课程，案例教学的比重也不得低于 30%。

除了广泛推行案例教学外，Carl 商学院还为 MBA 教育实践设计了一种"将真实世界的情景与学生的学习进程相结合"的教学体系，即采取情景模拟教学法。情景模拟教学法就是在课堂教学中将事物与事件的发生、发展过程虚拟再现，根据教学目标的要求，选择相应的案例，通过讨论或角色扮演来深化对专业基础知识的掌握、吸收及运用的教学方法[9]。

为了达到与现实更为贴近的情景模拟，Carl 商学院在设施设备的投入上可谓不遗余力。案例分析室的布置与大型企业的会议室几无差别。团队会议、视频会议、电子邮件、演示汇报、角色扮演——现实中的商务活动要求员工进行多种沟通和互动，Lindner Fast Track 和 Lindner Professional Experience 等现实世界的学习机会确保 MBA 学生能够在会议室中学习他们所需的专业沟通技巧，无论是虚拟还是面对面。

除此外，Carl 商学院在情景模拟方面为了最大限度地模拟现实的决策环境，往往将所有的案例信息进行分拆，提前发给学生的仅仅是案例的基本信息，各类补充信息在学生讨论过程中不断地通过各种上述渠道发给学生，使其始终处于一种动态的决策环境当中。往往一条新的信息，就会使得讨论小组推翻前面刚刚形成的解决方案而重新决策。

总体而言，"泛案例+情景模拟"教学法，是案例教学和情景模拟教学的融合。任课教师基于一个实际案例来模拟一个工商管理决策情景，学生在教师的引导下，通过对案例的思考、分析和

讨论，就案例所反映的问题及其情景做出判断，从而使学生理解和掌握案例情景及其所涉及的决策问题，提高学生解决问题的能力。

根据这种教学法，学生在学习中不仅可以参与讨论和情景决策，而且提前感受到现实条件下的决策环境，能最大限度地发挥学生的主观性，营造积极思考、开拓创新的学习氛围。这对于增强学生的决策思维和决策能力，提高学生的学习兴趣，调动学生的学习积极性、创造性，培养学生分析解决实际问题的能力，进而切实提高教学质量非常有利。

（二）精心选择经典案例或热点案例

丰富的案例资源储备是选择优秀案例的基础和实施案例教学的必要条件，选择切合课堂教学内容的案例是案例教学有效进行的保证。

在教学内容方面，Carl 商学院对教学案例的选择非常慎重，一般只筛选典型案例或热点案例，其评价标准如下。

（1）如果是外购案例，那么必定从哈佛商学院与毅伟商学院的案例库中选取经典案例，以使案例质量得到有效保证，为此，Carl 商学院每年都斥巨资购买顶级案例库的使用权。

（2）如果自行开发案例，那么主要是将一些及时反映时代特征的热点案例运用于教学过程之中。对于商学院教师自行开发的案例，并不是授课教师自由使用的，而是必须要经过学院"案例遴选委员会"的评估。开发者未必要向评估者证明其质量能达到上述案例库中案例的水平，但一般需要体现出明显的时代特色，能够反映当前的热点问题。比如，在企业战略管理这门课程中，授课老师就采用了其刚刚开发的一个案例《中美贸易战背景下 M 跨国公司的艰难抉择》，紧密结合当前中美贸易争端的大背景，探讨在华有巨额投资，但处于受贸易制裁行业的 M 公司，如何在继续扩大、维持、还是撤资的三种战略中进行抉择？在"国际营销"这门课程中，授课老师也开发了一个案例《在印度本土 DDR 公司激烈竞争的背景下美国星巴克公司的市场拓展策略》。该案例展示了随着印度中产阶级的不断壮大，咖啡馆消费日益成为印度人的一种生活习惯。在此背景下，面对全面复制星巴克的经营模式而同时紧密结合当地消费者需求的印度本土公司 DDR 的激烈竞争，美国星巴克公司如何成功地展国际开市场营销？上述案例由于涉及当今美国与亚洲两大经济体之间的处于热点的贸易关系问题，具有强烈的时代特色，学生们非常感兴趣，课堂讨论也非常热烈，取得了良好的教学效果。

（三）选择决策型案例并明晰决策事件的选择原则

郭文臣等人认为，描述型案例和决策型案例在提高学生能力方面有所不同。学生通过对描述型案例的学习，能够强化对管理理论和知识的理解，运用有关的理论和知识对案例中所描述的现象进行论述和评价，并且能够指出企业的成功经验或失败教训。而决策型案例旨在通过对案例的学习，"强迫"学生运用相关管理理论分析企业面临的复杂情境，分析企业的现存问题及其原因，在此基础上做出相应的决策。决策型案例以提高学生分析问题和解决问题的能力为导向[10]。为了与"锻炼 MBA 学生在现实复杂情境下的决策能力"的教学理念相吻合，Carl 商学院要求教师原则上要选择决策型案例，并对决策事件的选择原则做出了明确的规定。

1. 决策事件与教学内容有内在联系

在基于决策能力的系统的教学设计中，决策事件的确定应是以对教材知识的梳理和对知识的深刻理解为前提的，确立的决策事件与教学主要内容要有内在的必然联系。决策事件的解决以教学内容的学习为基础，要想解决决策事件中的问题，需要运用本节教学内容，脱离教学内容的决策事件解决将是空中楼阁，毫无意义。当然，倘若对决策事件准确度的把握有失偏颇，脱离了课本知识，则此事件便是一个无效的决策事件。

2. 决策事件符合学生的认知特点

决策事件的选取原则之二就是要难易适中，符合学生的认知特点。要想实现通过解决决策事件培养学生的决策能力，则所选取的事件要容易被学生消化吸收，即该事件能够被学生接受和理解。这主要体现在两个方面：其一，所选的决策事件要易于被学生感知，即尽可能地与学生有关或被学生熟知，能够吸引学生的注意，使学生有参与决策的意愿并能初步判断决策的方向；其二，决策事件能够被学生理性认知，即事件解决所需要的证据在学生已有的知识经验范围内，事件的难度处在学生的"最近发展区"，经过学习和讨论后可以得出合理的决策方案。

3. 决策事件具有广泛关注性

决策事件的选取原则之三就是要具有广泛的关注性。决策事件内部要存在足够的关注性，具备成为热点关注事件的潜质。决策事件的确定可优先考虑与当前生活密切相关的经济管理问题，尤其是对公众生活产生重要影响，已经成为公众普遍关注的、亟待解决的社会的热点问题；或者是暂时处在"潜伏期"，短时间内尚未引起足够重视的事件。决策事件不局限于公众共同关注的问题，还可以涉及不同经济群体之间莫衷一是的争议事件。

4. 确立决策事件及其与知识之间的关系

当决策事件确定后，便要进一步梳理决策事件与教材知识之间的对应关系，即提炼出隐藏在决策事件中的学科知识。倘若事件中包含多个知识点，应依据教学需遵循"优先排序，择主弃次"的原则，将容易对本节教学造成干扰且关系疏远的知识进行舍弃。此外，还需根据知识线索调整决策事件的顺序。安排决策事件的顺序时，并不一定非要与教材编排的顺序一致，可根据自己的设计做适当调整，保证教学设计各环节之间的连贯性。

（四）注重决策情境的营造与设计

为了更有效地训练 MBA 学生的管理决策能力，Carl 商学院选定的案例往往来源于现实中真实的事件，需要在这次活动中得到解决该事件的合理方案。所以，加入案例的情景模拟需要学生们在共同分析过程中考虑现实存在的众多不确定因素，在讨论之后，他们需要给出一个或者更多的解决方案。

以案例为主的情景模拟，要求教师与学生都要积极参与，也要求其共同培养出新型的师生关系，即教师在模拟过程中扮演着导演、教练、评论员和仲裁者的角色，而学生才是问题的分析者、决策者和演员[11]。

在情景模拟阶段，教师与学生要兼顾案例与情景模拟，也就是说要注重案例的讨论分析，同时要尽可能地遵循模拟场景所应该遵循的议事程序。这样的课堂模拟的是一次具体的管理决策活动，学生与教师被分配不同的角色。

为了明确是基于提升决策能力，Carl 商学院总结出了案例教学过程中的一些情境设计方法。

1. 基于决策能力的情境设计

情境设计是教师通过一定的方式创造适宜学生参与的教学实践活动或适合学生思考的情感氛围，帮助学生较为快速地理解知识，获得某种情感体验。学习不是知识由教师向学生的传递，而是学生建构自己的知识的过程。知识存在于具体的、情境性的、可感知的活动之中，学习应该与情境化的活动结合起来。因此，在梳理决策事件与知识的对应关系后，教师需要围绕决策事件为学生创设理想的教学情境，为知识创建运用环境，即将知识对应的决策事件情境化，设置生活片段，让学生在生活情境中运用经济管理学知识对相关问题进行决策。

2. 基于决策能力的问题设计

创设决策情境只是基于决策能力教学设计考虑的一个方面，除此之外还需要驱动性问题的辅助。在案例教学中所讨论的驱动性问题包括两种类型：常规问题和决策问题。决策问题是指针对决策事件提出的有决策倾向的问题，一般配合决策事件进行提问，可以看作是培养决策能力的"点睛之问"，基于真实情境提出驱动性问题，能够将学生置身于真实的情境中，在社会争议问题驱动下展开思考讨论，主动深入到相关知识的学习中，在形成社会责任感和理性思维的同时，深刻体会科学决策在经济生活中的重要作用，不仅激发学生在真实的情境中展开积极的思维活动，更进一步促进他们在协作与会话中达成对新知识的意义建构。

3. 基于决策能力的活动设计

在一个完整的教学设计中，活动也是必不可少的一部分。尤其是在基于决策能力的教学设计中，活动更是培养学生决策能力的有效教学途径。在活动中，学生基于学科知识针对某一经管议题提出可能的决策方案，通过交流讨论发现不足，进而对方案进行甄选或完善，在实践中内化为知识，实现能力的提升。

决策活动的类型可以根据所依赖的具体知识进行设计：如交流讨论等活动简单且易组织，适合课上进行；而知识预习、资料收集等体现自我收获的活动，耗时耗力，适合课下进行。除此之外，还要考虑活动的最佳实施时机。如课堂情境表演等活动，虽然看似比较耗费时间，适宜在课下进行，但实则相反，这些活动在课上进行的效果反而要比在课下进行显著，它能够对学生的记忆产生冲击，使其加深印象。

（五）引入案例大赛机制

为了更好地激发学生进行案例学习的积极性，Carl 商学院将案例大赛机制引入了案例教学之中，将由业内专家组成的校外评价机制和校内教师主导的内部评价机制有机结合起来，形成由前期评价、过程评价、结果评价构成的全程评价体系。前期评价和过程评价主要由指导教师完成，指导教师应在参赛之初给予学生分析框架和方法上的指导，在完成案例决策方案（商业计划书）的过程中定期和学生进行交流。学生完成的作品只有首先通过了指导教师的考察，才能提交大赛组委会审查。

在初赛阶段，大赛组委会组织业内专家对参赛计划书进行再评价，同时也是对指导教师评价的一次再检验。

决赛阶段，对最终案例决策方案（商业计划书）或者说是学生管理决策能力的评价则主要由校外专家来完成，是在更广阔的范围内和更高的层次上进行的结果评价。整个大赛的评价体系由报告内容、沟通技能、文字表达三个部分构成，以全方位地考察学生的综合决策能力。由于竞赛机制的引入，这种全方位、全过程的评价机制极大地调动了学生的主观能动性，有助于学生综合素质的提升，参赛的学生们无论获奖与否，都纷纷表示获益匪浅。

四、对我国 MBA 案例教学的启迪

美国的 AACSB（国际高等商学院协会）国际认证标准清楚地建议商学教育要提供高质量的课程及教学方式，以利于师生间的互动[12]。而 MBA 课程具有典型的"知易行难"的特征，教师在课堂上教授相关理论和分析技术的时候，学生感觉较容易理解和接受，但是在进行实际案例分析的时候，很多理论考试分数很高的学生往往成绩不佳，甚至不知道从何入手。这实质上是理论知识不扎实、分析技术运用不熟练以及决策能力不足的集中体现。

随着我国专业学位研究生教育的迅速发展，国内各商学院为了培养企业和社会需要的专业管理人才，在培养模式上开展了大量的探索工作。经管类学科中社会性的知识难以被结构化地表达出来，而案例教学能够构建起无限接近社会与企业的真实管理情境，在案例课堂中教师引导学员

与情境进行反复碰撞，让他们亲历企业家和企业管理者的决策过程，对所涉及的管理问题进行深层次思考，最终形成科学的、行之有效的思维方式和行为能力，完成知识和能力的自我建构。这使得案例教学法成为目前被国内外商学院广泛接受的一种教学方式。

从美国辛辛那提大学 Carl 商学院的教学实践来看，其以"培养学生在复杂的现实情境下的决策能力"作为其教学设计的核心指导方针显然获得了成功，其核心举措，就在于其在对 MBA 的培养过程中采取了高质量的案例教学。

总体来看，围绕提升学生决策能力的案例教学在美国商学院已经是一个相对成熟的体系，给我们提供了丰富的借鉴经验。下面笔者就在这方面做一些尝试性的建议。

1. 未来我国应在观念上高度重视对 MBA 决策能力的培养

美国一直把决策教育放在重要位置。从 1960 年 Shirley 的文章发表以来，决策在社会科学中的地位日渐重要，尤其在商科中能处处发现决策的影子。比如，社会科学的定义中，把决策放在突出的位置；在课程目标的确定上，"美国则要求年轻人具有在互相依赖、文化多元和民主的社会中，做出富有见地的、合理的决定的能力"。决策成为统领社会科中各学习领域的框架。决策能力的培育成为整合商科各种教学方法的中心。在商科的课程目标和能力结构体系中，决策处处得到体现。正是这种在思想上的重视，才使基于决策能力提升的案例教学的理论和实践得以繁荣。

然而，在我国的 MBA 教学中，案例教学的主旨似乎是通过一种更为有效的方法进行知识的传授，更加侧重于教会学生在实践中"如何运用知识"而非提升决策能力。相比于美国，不能不说，我国 MBA 教育在观念上是"落后"的。

2. 提高案例教学质量，使学生深度参与并体验决策过程

Carl 商学院的案例教学，可以说是从两个维度展开，一个是数量，就是通过"泛案例教学"，多给学生做决策的机会；另一个是质量，就是多采用经典与热点的决策型案例，让学生能够充分利用所学知识，解决现实中的实际问题，并在此过程中，越来越强调决策过程本身。

笔者认为，目前国内案例教学的"痛点"还是质量有待提高。对学生参与决策过程重视不够，使之无法深度体验决策过程。在案例教学的过程中，尽管通过小组展示、分组讨论等传统手段让学生参与决策过程，但最后还是以"教授"为中心，以教师所掌握的"教学手册"为基准来评价学生的决策方案。对学生决策过程中的许多非理性因素，如个人的直觉，情感因素，价值观，没有给予应有的尊重；同时，并不强调个体在决策过程中与他人的协商和对话，不看重决策成员之间的互动及其相互影响，无法使学生充分体会自己和他人和社会的相互关系，自己的决定可能带来的影响。

今后的教学中，教师要把教学的重点放在决策教学的过程之中，注重学生在这个过程之中的参与情况，让学生充分认识每种方案可能带来的后果，在和其他人的互动中，体会每一种选择对他人造成的影响，反思选择某种方案背后所持的价值观，进而反思这种价值观的合理性。总之，关注学生怎样选择了一个方案，而不是学生选择了什么方案。最终，在教师的指导下，在和同学的互动中，慢慢提高决策的质量。

3. 案例教学中要积极营造高度"仿真"的决策情景，提升群体互动水平

情景教学模式作为一种普遍的教学方式，在美国高等教育历史上有着至关重要的影响，由于学生在课堂上能够"沉浸"到与现实非常接近的情形下，带着导向性非常强的问题与教师展开深层次的讨论与分析，因此，情景式教学具有探究性、互动性和灵活性等特点。在情景式教学模式中，通过学生之间、学生与教师的交流和讨论，使学科的相关观点以及前沿知识能够得到充分的资源共享，进而迸发出创新思维的火花。

情景式教学更关注决策过程，营造了一个更加真实的决策环境。它更加注重在真实的情景中、

在充满不确定性的情况下，在快速、大量信息的冲击下以及在有限的时间内做出决策，让学生学会在不确定性，或者信息不足的情况下如何决策。实际上，可以预见这些情况就是现实商业生活状态的一部分，并能找到方法及时解决，来弥补不确定性所造成的差距。正是在这样的过程中，学生们的决策能力才能得以提高，也有了进行真实决策的经验和能力。

美国 MBA 教学目前越来越重视决策情景的营造。教学过程中的决策信息往往是授课教师精心设计，"动态"传递给各个小组——基本信息课前给出，补充信息则在授课过程中"分次"发送给学生。这种信息传递机制与动态变化的现实情境高度吻合，将决策看成是一个持续不断的商业谈判对话的模型，引导学生们根据最新出现的情况不断展开讨论。这个讨论，不但可以形成高度"仿真"的决策情境，也是参与者共建共同体的一个关键因素。通过讨论或者对话及有意识的共享，他们关于共同体的理解就会形成、重建，决策过程中的群体互动也就高质量地形成了。

4. 充分认识案例教学的运用前提，多实践，多反思

根据笔者在国内高校开展案例教学的实践与在 Carl 商学院观摩其在 MBA 案例教学中的做法，对比之下，笔者感到尽管案例教学在 MBA 教育中具有不可替代的地位，但是，其有效使用的前提，就是要和很多种教学方法结合使用。因此，我们对案例教学要有以下几点认识。

首先，案例教学并不是一个万能模式。即便是在美国，即便是 MBA 教育，也不是仅仅使用案例教学一种方法。在一些课程内，理论教学也许更适合一些。

其次，案例教学方法常常和其他方法结合使用，比较费时费力。案例教学要求教师和学生具备大量的前提技能。在和其他学习方法结合的时候，往往会使教学的节奏变得难以把握。案例教学要求关注决策教学过程本身，注重在决策过程当中让学生在角色扮演或者人际互动中，谋求知识技能以及情感价值目标的达成，这对教师提出了很高的要求。所以，当教师在进行案例教学时，充分准备，就显得十分重要。

最后，就是多实践，多反思。案例教学理论在某种程度上摒弃那种学会某种技能后才能使用这种技能的观点。正如决策教学的鼻祖 Shirley 所说：让思想家一定要在思考之前知道所有他所要知道的，更不用说记住这些，会完全禁锢他的智力发展，更不用说去思考问题了!从美国案例教学本身也可以看到，学生学决策的过程也就是用决策的过程。对于教师，也是一样，学习是必经之路，也永无止境! 多实践，多反思，在案例教学的过程之中学好如何决策，用好决策教学，也许，就是最好的教育决策! 这时，不禁想起了深深影响过决策教学的鼻祖 Shirley 的权威的一句话：干中学!

参考文献

[1] 宋思远，齐捧虎. 提升 MBA 决策能力的教学目的、方法与效果研究 [J]. 人力资源管理，2016（4）：140−141.

[2] 彭小兵，符桂清. 公共管理学科 "案例+情景模拟" 教学法研究：基于学生决策能力培养的视角 [J]. 高等教育研究学报，2014（1）：100−103+106.

[3] ENGLE S H. Decision making: the heart of social studies instruction [J]. The social studies, 1960, 94（1）：7−10.

[4] HOUDE J. Analogically situated experiences: creating insight through novel contexts [J]. Academy of management learning & education, 2007, 6（3）：321−331.

[5] ARMSTRONG S J, MAHMUD A. Experiential learning and the acquisition of managerial tacit knowledge [J]. Academy of management learning & education, 2008, 7（2）：189−208.

[6] 吴庆麟. 教育心理学 [M]. 北京，人民教育出版社，1999.

[7] 史美兰. 体会哈佛案例教学 [J]. 国家行政学院学报，2005，（2）：84−86.

[8] 李明武，张天勇. 我国管理学科案例教学存在的问题及对策 [J]. 经济与社会发展，2004，2（4）：173−174.

[9]　常伟，吴建南，邬连东. 情景模拟法应用的几个核心问题：以 MPA 绩效管理教学为 9 例 [J]. 高等教育研究，2007，24（4）：60－62.

[10]　郭文臣，王楠楠，李婷婷. 描述型案例和决策型案例的采编[J]. 管理案例研究与评论，2014，7（5）：427－435.

[11]　刘雪明. 情景模拟法在公共政策课程教学中的应用 [J]. 教育评论，2011（1）：94－96.

[12]　张健儒，赵平. 美国 AACSB International、英国 AMBA 及欧洲 EQUIS 高等管理教育认证机构的比较对我国 MBA 项目的启示 [J]. 学位与研究生教育，2006（6）：74－77.

英国伯明翰大学铁路类专业研究生教学及其启示*

刘金涛¹ 唐 涛² 郑 伟¹

（1. 北京交通大学国家轨道交通安全评估研究中心，北京 100044；
2. 北京交通大学电子信息工程学院，北京 100044）

摘 要：英国伯明翰大学铁路相关专业的硕士研究生教育经过多年变革和发展，已经形成一整套完整有效、具有国际水准的教学体系。本文分析其教学的特点，为发展和完善我国铁路相关专业的硕士研究生教学模式提供有价值的参照。进一步，对比我国与伯明翰大学在铁路类硕士研究生教学中的差异，以期从完善课程设置、增强教学团队建设、改善教学方式和丰富考核机制等方面入手，从而有效推动我国铁路类硕士研究生教学模式的完善和教学质量的提升。

关键词：教学模式 硕士研究生 英国硕士教学

中图分类号：G643   **文献标识码**：A

研究生教学是研究生培养过程中至关重要的一个环节。英国作为具有悠久研究生教育历史的国家，自从第二次世界大战之后，更加重视对研究生的培养。英国经过百年的发展与完善，已经形成一整套完整有效、具有国际水准的培养模式[1]。就铁路相关专业的研究生培养而言，涌现出一批具备雄厚实力的大学及机构，比如伯明翰大学、哈德斯菲尔德大学等。其中，伯明翰大学作为世界百强大学，其铁路研究及研究生教育已成为全球轨道交通研究和教育的典范。因此，研究并借鉴伯明翰大学铁路类专业硕士研究生教学模式，对于提高我国铁路相关专业的硕士研究生教学质量、创新教学方式和教学内容具有重要意义。

一、英国硕士研究生教育背景

根据培养目标和模式的不同，英国硕士研究生教育分为两类：课程硕士研究生教育[2]和研究型硕士研究生教育[3]。其中，研究型硕士作为传统的硕士教育模式，期限一般为两年，其培养过程侧重学术研究及写作，当然也包括课程学习等基本内容。这与我国的学术型硕士类似。而课程硕士作为后起的硕士教育模式，期限一般为一年，其培养过程侧重通过课程学习的方式传授给学生与未来职业紧密相关的专业知识，当然也包括学位论文的写作。这与我国近些年兴起的专业型硕士类似。

实际上，英国硕士研究生教育两种模式的构成，即课程硕士研究生的出现，有其深层次的原因。一方面，是英国社会经济发展的需要。20 世纪 60 年代，英国经济发展迅速，从而扩大了对既具备深厚理论知识，又具备实用性知识和专业技能的人才的需求[4]。另一方面，受英国研究生教育经费缩紧的限制，课程硕士研究生教育所需经费相比传统研究型硕士要少一些。此外，也由于现代社会中新型技术和知识不断出现，促使各种新学科新专业的出现，而课程硕士研究生教育

* 本文得到北京交通大学研究生教育教学项目资助，编号：134598522。

这种周期短、经费较少且面向就业的紧凑型模式，有利于新型知识的快速传播[5]。

无论是课程硕士研究生教育还是传统的研究型硕士研究生教育，其培养过程都包含最基本的研究生教学环节，尤其是以课程教学为主的课程硕士研究生更是注重教学环节的实施。

二、伯明翰大学铁路类研究生教学特点

经过多年的发展，伯明翰大学铁路类相关专业的硕士研究生教学无论在课程设置、教学团队组成，还是在授课方式、考核等方面都已较为成熟和完善。其铁路研究与教育中心已经成为全球轨道交通研究和教育的领导者，在过去的 20 年中已经培养了数百名铁路行业的专家，并且还与业内诸多机构（例如，国际铁路信号工程师协会、英国铁路安全标准委员会等）展开合作并联合培养学生。

本节对伯明翰大学铁路类相关专业的硕士研究生教学特点进行整理总结，以期取长补短进而促进我国铁路类专业硕士研究生教学的发展。

（一）与行业紧密关联的课程体系

伯明翰大学铁路相关硕士课程的设置目的是为了在学生本科阶段所积累知识的基础上，扩充学生的知识面，尤其是满足当下行业内对相关技术知识的需要。因此，伯明翰大学在设置相关课程时充分考虑行业对专业的需求。以该校"铁路安全风险管理专业"的课程设置为例，该专业的研究生主要学习面向铁路领域的安全相关知识，但除去安全知识相关的课程，伯明翰大学还设置了牵引供电、人机工程学、铁路经营策略等课程。这些课程所涉及的知识一方面有助于学生系统性地解决铁路安全问题，另一方面也是铁路行业要求该专业的工程师应该具备的知识。实际上，该专业课程体系的出现也是应行业的需求。国际铁路信号工程师协会要求铁路信号工程师应具备多学科交叉的知识，其中就包括对安全工程技术知识的掌握。因此，伯明翰大学除了设置"铁路系统工程与集成专业"相关的课程，还开设了该专业即"铁路安全风险管理专业"的课程。而且这两类课程体系，既具有共同的专业课程（例如，铁路运营管理、系统工程与集成等），又具有各自独特的课程（例如，机车专业的牵引系统设计课程、安全专业的系统安全评估课程）

另外，除了学位相关的课程，伯明翰大学还兼顾与行业活动的实时衔接。比如，伯明翰大学与国际铁路信号工程师协会共同合作，设置铁路信号控制系统课程。通过该课程的学习，学生除了能够获取相关的专业知识，在课程顺利结束之后还能获得参加工程师协会认证考试的资格。

（二）多方位的教师团队

伯明翰大学铁路类硕士研究生的授课教师团队，具有构成层次鲜明、分工明确、人尽其才的特点。以伯明翰大学铁路安全风险管理专业的课程硕士教学过程为例，一门课程的授课过程先后会有至少四至五位教学人员参与，其中有就职于伯明翰大学的经验丰富的教授、讲师负责部分理论内容的讲授，更有就职于相关行业部门（比如英国国家铁路公司）的高层次技术人员或专家负责案例及应用方面内容的讲授。而且在授课过程中的讨论展示环节，会有科研团队的其他教师、博士后等人员参与评讲。此外，除了专业课的授课，学校还定期组织由行业专家主讲的学术讲座，通过讲座的形式由专家将当前最新的技术发展情况传授于在校的研究生。这种多方位的教师团队构成，分工明确，充分地发挥了每位教学人员的特长，在合理的授课组织形式下，最大限度地保障了课程内容以立体的形式展开，从而使得看似"杂"的教师团队达到了"专"的效果。

（三）灵活的授课方式

伯明翰大学铁路类专业硕士研究生课程的授课方式灵活，层次非常丰富。通常，课堂教学分

为演讲课和辅导课。其中，演讲课就是由主讲教师通过课堂讲授的方式进行授课，课前讲师会提前将课程讲义和辅助材料发放给学生，课后讲师会把相关材料上传至教学系统供学生查看复习。辅导课则主要由讲师承担，授课方式一般也采用课堂讲授的方式，但讲授内容主要是对演讲课内容的补充、难点答疑，以及学术研究技能的讲解。除了演讲课和辅导课的课堂教学形式，还有小组实践/实验合作的教学形式。小组合作也作为课时的一部分，学生自由分组，完成课程之初就布置好的实践或实验题目。小组合作一般是在当日的课堂讲授结束后，在指定的实验室或场所于规定的时间内开展。其中，主讲教师以及助教会随时对每个小组的工作进行实时指导。通常，一门课程会有一个小组工作的实践/实验题目，该题目基本会与本次课程的内容紧密相关。这种灵活丰富的硕士研究生课程教学形式，在一定程度上避免了单一课堂讲授方式的枯燥、乏味的情况。

（四）多样的考核机制

伯明翰大学铁路类专业硕士研究生的课程考核组成形式多种多样，包括课程测试、作业打分、学术报告打分、期末考试。其中，课程测试是在每门课程结束就立即进行。一方面是为了测试学生对课程内容的掌握情况，另一方面也便于教师及时获取学生学习情况的反馈。通常，每门课程结束后两周内，学生还需按时提交该课程的大作业。同时，如果学生参加了指定的学术讲座，还要按时提交相应的学术体会报告。另外，对于前述提到的小组合作，学生还要在课程结束时对合作成果进行展示答辩。以上课程测试、作业、报告、答辩通常占总成绩的百分之五十，剩下的百分之五十，则由期末考试来承担。无论是课程硕士研究生还是研究型硕士研究生，课程学习周期一般都不到一年，课程的密度比较大，而平时的测试、作业、报告和答辩所占比重又很大。因此，学生在平时就会针对各种考核付出努力，而不是只在期末考前临时抱佛脚。这种多种形式的考核机制，既能实现对学生学习情况的评价，又能最大限度地促使学生积极面对学业，从而保障了该专业硕士研究生教育的质量。

（五）完善的教学软硬件设施

教学设施虽然对研究生教学只起到辅助作用，但伯明翰大学完善的教学软硬件设施对多样化的教学活动顺利开展提供了保障。该校特别注重对于教学设施的建设，在每间教室内，至少有两套教学投影设备，包括教师实时手写投影装置，为每位教师的教学开展提供了最大的便捷。对于学生而言，教室的前后位置均有显示屏幕，确保了学生坐在教室任何位置都能看清老师所讲内容。此外，在教学楼的每一层都提供资料打印复印室，学生只需凭借自己的学生卡就可激活设备并使用。另外，该校还提供充足的计算机仿真实验室和用于讨论的教室，这些设施为课程小组合作的开展提供了合适的场所。正是这些完善的软硬件设施，才保证了伯明翰大学硕士研究生多种灵活教学方式的开展。

三、对我国铁路类研究生教学的启示

结合伯明翰大学铁路相关专业硕士研究生教学的特点，针对我国铁路相关专业硕士研究生教学的情况，可得到如下几方面的启示。

（一）进一步增强课程体系与行业的联系

我国铁路相关专业硕士研究生教学是根据指定的教学大纲和培养方案开展进行的，其内容具有较高的专业针对性，基本围绕研究生专业来设置。这样保证了研究生所学知识的专业性和针对性。在此基础上，可以借鉴伯明翰大学铁路相关专业硕士研究生课程，比如工程学院的"铁路安全风险管理专业（Railway Safety Risk Management）"的研究生课程，不仅设置本专业的与安全知识相关的课程，还设置牵引供电、人机工程学、铁路经营策略等课程。以这样的方式，及时参考当前行业对铁路人才的技术知识需求，在原有课程的基础上增加与行业衔接更加紧密的新课程或教学内容，从而一方面及时满足行业对铁路专业人才的技术知识需求，另一方面不断丰富的课程体系也有助于研究生掌握不同的学术思考方式，在一定程度上有利于扩展研究生的学术研究视野。

（二）完善教师团队的构成

在我国，硕士研究生教学大多仍采用传统的主讲教师负责制，由高校教职人员完成课堂教学。伯明翰大学"铁路安全风险管理专业"硕士研究生教学采用授课教师团队模式：由伯明翰大学的教授、讲师负责部分理论内容的讲授，由就职于相关行业部门（比如英国国家铁路公司）的高层次技术人员或专家负责案例及应用方面内容的讲授。参考这样的模式，我们可以在保证基本理论知识由教职人员开展的基础上，聘请铁路行业的高层次技术专家结合现场情况来讲解案例内容。这样既能由专业的高校教职人员保证基本的教学活动质量，又能让学生了解当前最新的情况。此外，一门课程完全由一位教师从头讲到尾，虽然能保证讲授的连贯性，但往往研究生课程的覆盖面较大，任课教师都有自己较为专一的学术研究方向，不一定对所有方向都有所擅长。因此，可以探索由多位老师组成授课团队，根据各自的研究领域，由教师选择自己在该门课程中最擅长的部分进行专项授课。

（三）进一步增加教学环节的灵活性

受我国传统文化思想的影响，教师一般被定位于教学活动的实施者和管理者。授课教师严格按照研究生教学计划和指定教材，以讲解知识点和基础理论为主，形成以教师为中心的教学方式。虽然近些年研究生教学活动也不断增加课堂互动和讨论的比例，但还需进一步的完善。在伯明翰大学"铁路安全风险管理专业"硕士研究生教学过程中，尤其是小组合作的过程中，教师和助教只是向学生提供参考信息，并强烈鼓励学生提出自己的想法进行讨论，并于当日的课堂讲授结束后，在指定的实验室或场所于规定的时间内开展集中性的分组展示和讨论。其中，主讲教师以及助教会随时对每个小组的工作进行实时指导。我们可以逐渐借鉴这种模式，进一步增加讨论课或实践课的比例，促使学生更加主动地进行学习，这有助于研究生的独立创新思考。

（四）丰富考核机制

我国铁路相关专业研究生课程考核通常会以结课后的一篇论文或报告的形式开展。这有利于增强学生的研究能力，但就课程基础知识而言，相对缺乏考查作用。我们可以借鉴伯明翰大学"铁路安全风险管理专业"硕士研究生教学的考核模式：采用课程测试、作业打分、学术报告打分、期末考试对学生进行考核。其中，课程测试是在每周的课程结束就立即进行。每门课程结束后两周内，学生还需按时提交该课程的大作业。此外，对于前述提到的小组合作，学生还要在课程结束时对合作成果进行展示答辩。类似的，我们可以在课程中间采用报告、测试的方式，在结课后采用论文或试卷的方式，综合从课程知识掌握、学术写作能力等角度进行考察。

（五）完善研究生教学设施

每所高校的研究生教学设施情况均不同，但基本上都存在研究生采用本科生教学设施的情况。由于本科阶段教学相对传统的特点，原本灵活和自由的研究生教学模式容易受到限制。所以，借鉴伯明翰大学对"铁路安全风险管理专业"硕士研究生教学设施配置的情况：在每间教室内，配备教师实时手写投影装置，为每位教师的教学开展提供最大的便捷。此外，在教学楼的每一层都提供凭借学生卡就可激活设备并使用的资料打印复印室。另外，还提供充足的计算机仿真实验室和用于讨论的教室，这些设施可为课程小组合作的开展提供合适的场所。当然，以上措施应在不过于增加学校财政负担并不造成浪费的前提下，适当的增加或完善。

四、总结

我国铁路相关专业的硕士研究生教学水平不断发展和进步，教育质量也在不断提高，为社会提供了大量的创新型的人才。但"取人之长，补己之短"，借鉴英国伯明翰大学硕士研究生教学的优点，从课程、教师、方式、考核以及设施等方面进一步完善研究生教学过程，能够使我国铁路相关专业的硕士研究生教学水平再上新的台阶。

参考文献

[1] 裴辉儒. 英国研究生创新与实践能力培养对我国的启示 [J]. 教育教学论坛，2015（37）：190－191.

[2] 蒋春洋. 英国课程硕士研究生教育探析 [J]. 研究生教育研究，2012（4）：91－95.

[3] 代馨. 中英硕士研究生教学模式比较刍议 [J]. 民族高等教育研究，2017（1）：88－92.

[4] 李杰，黄先海，马虹. 创新型研究生培育的国际比较和经验分析 [J]. 教育教学论坛，2014（3）：19－23.

[5] 李英祥，杨燕，佘乐韬. 专业学位研究生创新能力培养模式探索 [J]. 教育教学论坛，2018（3）：132－134.

法国研究生培养体系调研

苗田田　沈玉红　王小妮　李周霞　杨　凤

（北京交通大学计算机与信息技术学院，北京 100044）

摘　要：本文通过对法国高等教育机构中研究生的培养机制和体系结构的调研，来分析和研究法国的硕士、博士研究生培养模式的现状及特点。通过调查研究、总结分析，并与我国硕士、博士研究生培养体系及其特色作对比，寻求两者的共性和差异，以期对我国及我校硕士、博士研究生培养模式有所启示。

关键词：法国高等教育　研究生　培养模式

一、引言

随着我国硕士、博士研究生培养规模的增长和社会对高层次应用型人才需求的增加，对硕士、博士研究生培养模式提出了改革的需求。我校目前在硕士生培养方面已经分别进行学术型硕士和专业型硕士两种类型硕士的培养，然而这样是否能适应并符合我国当前经济及科技的快速发展，以及当前高校师资和科研机构人才培养的需求？本文调研教育历史悠久的法国高等教育机构中研究生的培养机制和体系，对法国的硕士、博士研究生培养模式的现状和特点进行分析研究，对比我国硕士、博士研究生培养体系与其的特色，寻求两者的共性，以期对我国及我校硕士、博士研究生培养模式有所启示。

（一）法国硕士研究生概况

1. 法国硕士研究生分类及培养过程

法国硕士研究生主要分为三类：传统的研究型硕士（Master de Recherche）、工程师硕士（Master de Ingenieur）和专业型硕士（Master Professionel）。

研究型硕士主要是针对基础科学的高等教育，其培养主要是在大学和工程师大学校里进行。与我校现有的学术型硕士类似，学制两年。

工程师硕士主要针对应用科学，是指工程师大学校中的硕士培养，学制两年。

专业型硕士是专业性非常强的硕士，其培养是在大学里进行，课程培养与实习均与前两种硕士有很大差别，学制亦为两年。

2. 法国硕士研究生培养的导师指导模式

法国硕士生的培养采用导师制，导师在硕士研究生的培养过程中起着指导与监督的作用，硕士研究生根据类型的不同决定其主要培养过程是在行业内公司实习或跟随导师在实验室内完成实习。

（二）法国博士研究生培养

博士生教育是高等教育的最高层次，其质量和数量是衡量一个国家高等教育发达程度和文化科学发展水平及其潜力与前景的重要标志[1]。博士学位是法国现行学位制度中的最高学位。2005

年法国全国统一实行新的学制"LMD"（简称"358 学制"），取代 20 世纪 80 年代以来实行的高等教育的三段制。"358 学制"即进入高等教育阶段，经过 3 年学习可获得学士文凭，经过 5 年学习可获得硕士文凭，经过 8 年学习可获得博士文凭。

1. 法国博士研究生的培养过程

按博士的修业过程分，法国的博士学习分为两个阶段。第一阶段即深入学习文凭阶段（博士第一年），有严格的课程培养要求，必须修习规定的基础理论、研究方法和有关研讨课程，撰写一篇小论文并答辩，合格者可取得深入学习文凭阶段。第二阶段即博士论文阶段，是博士培养的核心部分，通常需要 2～4 年的修业时间。博士在导师和导师小组的培养指导下学会探索、研究、发现和写作，最后完成博士学位论文。

2. 法国博士研究生培养的导师指导模式及经费来源

法国的博士生培养也是采用导师制，通常由一个博士生培养组负责实施。博士生培养组包括一个教学小组和一个或几个研究小组。小组一般是综合性的学科组合，目的是培养学生相互交流、协作的能力并且保持博士生培养在某个学科领域具有宽广的研究范围[2]。

法国博士生培养经费主要来源于以下渠道：国家有关机构、企业研究中心和实验室、各种科研基金会、担任大学助教工作、与科研机构或企业签订研究合同等。国民教育、高等教育和研究部、国家科学研究中心、国家农业科学研究所、国家保健和医学研究所等国家机构是博士生培养经费的主要来源之一。

二、里昂国立应用科学学院研究生培养与管理

（一）法国里昂国立应用科学学院简介

法国国立应用科学学院（Institut National des Sciences Appliquées，INSA）是法国著名的教育部直属培养工程师的大学，又称大学校。该学院共有六个校区，法国里昂国立应用科学学院（Institut National des Sciences Appliquées de Lyon，INSA–Lyon）是其中的一个校区，于 1957 年建于法国第二大城市里昂，连续多年位列全法工程师学院前五甲，在欧洲高等教育学校中排名前十。现任校长 Eric Maurincomme。目前约有 5 400 名学生（其中外国学生占 30%），684 名研究人员/教师，624 名行政管理人员，以及在 31 所研究实验室工作的 650 名研究生。共 12 所工程院系，如计算机科学、电气工程等。其网址为：www.insa-lyon.fr。INSA 提供为期五年的高水准工程师教育，学生毕业后获得法国高教部授予的工程师文凭，为国家统一文凭，文凭颁发受全国工程师职衔委员会（CTI）的监督检查，以保证这一文凭的质量。根据正在实施的法国高等教育体制改革，工程师文凭获得者同时被授予新制硕士学位，即英美国家的 MASTER'S DEGREE OF SCIENCE。

（二）招生与录取

法国 INSA Lyon 实行秋季入学制，法国高考生不仅要参加国家的 BAC 考试及高考，此外还需要参加 INSA Lyon 的入学筛选考试。而法国博士生教育阶段不设入学考试，被看成是研究生阶段的自然延续。然而，"零考试"并不意味着"零考查"。法国的博士生招生相当严格，不求"多"但求"精"，只有真正高水准的学生才有获得攻读博士学位的机会[3]。

在法国，如果一名学生想读博士学位，必须要过三关：论文关、导师关和学校关。论文关即申请人需查阅相关资料和书籍写出专业论文，并通过论文展示自己知识结构中的"精华"；导师关即导师根据申请者所提交的论文对其做出初步评价之外，还要对申请者进行面试，以了解申请人的基本素质、科研能力、教育背景、爱好以及表达能力；学校关即申请者还要面对学校的最终考核，以防止博士生导师在招生时出现的无意偏差。纵观法国博士生招生的整个过程，导师和学

校突出的都是一个"专"字，即注重专业能力和研究能力的考核[4]。申请者即使有偏科现象，但只要他的专业水平过硬，同样会被录取。

（三）培养与考核

1. 课程训练

大学一、二年级称为工程师基础阶段学习，侧重于专业基础课和综合课培养。学生成功完成这一阶段课程之后，才能进入 INSA 各学校进行后三年工程师专业阶段的学习，并最终取得工程师证书和理科硕士学位。毕业生们有机会在 INSA 的实验室继续从事研究，攻读博士学位，博士阶段学习为三年。

2. 论文写作

对于硕士研究生，在第五年学习中要求学生完成规定的实习，并撰写实习报告，或在实验室完成实习，完成相应论文。

对于博士研究生，撰写学位论文是博士生培养阶段的核心部分。主要是在实验室进行研究工作并撰写博士学位论文，期限一般为 2～3 年，也可延长至 4～5 年。法国十分重视对撰写学位论文的指导，属于典型的宽进严出[5]。

（1）严格审查博士学位论文。审查论文的主要标准是评估其质量和价值，论文必须是一个"有特色的科研成果"[6]。研究者只有通过寻找新的概念、新的方法、新的算法、新的原理或者新的装置，运用新方法解决新问题，撰写出创新水平的博士学位论文，才能得到好的评价和高分。

（2）公开进行博士学位论文答辩。博士学位论文答辩委员会由校长指定，答辩一般公开进行。答辩后，由答辩委员会主席主持开会讨论，对论文提出意见并进行评定，经过评估和商议，成员认为论文符合要求，随即宣布授予博士文凭，并在该文凭上注明评语和等级。

3. 就业服务及双学位研究生

INSA 注重培养学生的创造性和在实际工作中的操作能力。因此，INSA 的毕业生能适应多种领域，如项目管理，项目研究与开发，质量控制与管理等。另一方面，INSA 的毕业生既具有坚实的知识基础又拥有国际化背景经验，在企业界受到高度评价，享有极好声誉，并多次被《新经济学家》评选为法国十大工程师学院之一。

INSA Lyon 自 2012 年与我校签订中法"3+2"双学位联合培养项目，目前我校参与的专业是电子信息、工业工程和计算机科学。前三年我校本科生在我校学习，同时辅修法语，法语达到对方要求 350 分（或 B2）后，于三年级结束后的暑假前往 INSA Lyon 进行 100 小时的法语强化学习，第四年、第五年在 INSA Lyon 学习，修满 120 个 ECTS 学分，同时第五年完成课程设计，在经过 INSA Lyon 所在系专家组审议后授予 INSA Lyon 工程师文凭。

三、法国研究生教育模式对中国研究生教育的启示

（一）国际国内高校间的竞争、学习和效仿是推动研究生培养模式形成、改革、发展的基本动力

法国实行中央集权式的高等教育管理制度在西方发达国家中是最突出的。从 19 世纪到 1984 年法国政府多次颁布法令规定或修改博士文凭的类型、博士培养和授予博士学位的条件。中国研究生教育近几年在培养规格、类型、层次、科类等方面都进行了较大的改革，呈现出多样化的特征与发展趋势[7]。跨入新世纪后随着科学技术的发展和人类社会的进步，研究生教育活动进一步呈现出多样化趋势，在传统使命的基础上其内涵增加了"促进整个社会的可持续发展和进步"这

一新的使命。可见国家的公共政策直接影响、推动研究生教育模式的形成和转变。

（二）培养创新型人才需多样化的研究生教育模式

研究生教育模式的多样化意味着研究生培养目标的跨度更大；不同层次、不同类别的人才培养其模式与方法不尽一致，甚至会大相径庭。研究生教育模式的多样化需要多样化的学位类型来保障，而学位类型是"单一"还是"多样"取决于社会需求和研究生教育发展实践的双重影响[8]。学位类型的多样化也是研究生教育的培养模式、培养目标和培养方式多样化的反映。研究生教育模式的转型应具有继承性和创新性，应是一种吸收、包容、创新和发展而非对原有模式的完全摒弃。

（三）研究生教育应走社会化、国际化道路

中国研究生教育一直以研究生所达到的学术水平作为衡量研究生教育质量的主要的甚至是唯一的标准。各研究生培养单位都意识到了在研究生招生规模迅速扩大的同时保证其质量的重要性[9]。因此，从社会上找资源打破学校与学校、学校与社会的界限，实现高校与社会资源共享，通过产学研联合体共同培养研究生实现大学与社会的双赢正在成为一种发展趋势[10]。联合办学对大学来说，既能增加学校资源包括科研资源、师资资源等，又能使学生提前接触社会、了解社会、适应社会；对社会上的企事业单位来说，联合培养既能提高其知识层次、促进科研，同时也有利于引进人才。

研究生教育还应走国际化道路，包括教师国际化、学生国际化、教学内容国际化等。要鼓励研究生在国际期刊杂志上发表高水平论文，积极参加国际会议，参与国际竞争和国际比赛等。

参考文献

[1] 黄济. 教育哲学通论［M］. 太原：山西教育出版社，1998.

[2] 杜威. 民主主义与教育［M］. 王承绪，译. 北京：人民教育出版社，2001.

[3] KERR C. The uses of the university［M］. 4th ed. Cambridge：Harvard University Press，1995.

[4] 顾明远. 现代生产与现代教育［J］. 外国教育动态，1981（1）：1－8.

[5] PASCHAROPOULOS G. Returns to education：a further international update and implications［J］. The journal of human resources，1985，20（4）：36－38.

[6] 鲁洁. 超越与创新［M］. 北京：人民教育出版社，2001.

[7] 潘懋元. 开展高等教育理论的研究［N］. 光明日报，1978－12－07（4）.

[8] 陈洪捷. 德国古典大学观及其对中国的影响［D］. 北京：北京大学高等教育科学研究所，1998：7－8.

[9] 魏新. 关于扩大高等教育规模对短期经济增长作用的研究报告［R］. 北京：北京大学高等教育科学研究所，1999.

[10] TROW M. The transition from elite to mass higher education［R］. Paris：OECD，1974.

香港中文大学的研究生教育调研与借鉴

郑敏华

（北京交通大学机械与电子控制工程学院，北京 100044）

摘　要：香港研究生教育在发展过程中博采国际研究生教育的众家之长，具有灵活多样且严谨稳重的特点。本文以香港中文大学工程学院为例，详细调研了其研究生教育的入学资格和培养过程，深入分析了香港中文大学研究生培养的特点，提出了供我国内地高校改进研究生教育的建议，以促进研究生教育水平的提升，提高研究生的综合能力。

关键词：香港　内地　研究生教育

随着我国经济社会的发展，内地研究生教育逐渐形成庞大的规模，高校研究生教育在高速发展过程中，出现了一些研究生学风问题、培养质量问题等，国家、教育部和各高校对研究生教育教学研究及改革高度重视，制定了一系列的方案和措施。本文对香港中文大学的研究生教育进行调研，以学习和借鉴香港的教育体制与理念，推动内地高校国际化研究生人才培养教育的发展，保障教育教学及相关改革的发展，落实教育目标，为国家提供充足的人才储备。

一、香港中文大学研究生教育调研

本文主要调研香港中文大学（The Chinese University of Hong Kong）工程学院的相关情况。香港中文大学工程学院包含六个学系：生物医学工程学系、计算机科学与工程学系、电子工程学系、信息工程学系、机械与自动化工程学系、系统工程与工程管理学系。香港中文大学的工程学研究生教育分为授课式项目（taught programmes）和研究式项目（research programmes）两种，研究式项目又分为哲学硕士（master of philosophy，MPhil）和哲学博士（doctor of philosophy，PhD）两种。本文主要调研了研究式项目，即 MPhil 和 PhD 的教育和培养，简要介绍入学资格，对培养过程进行重点介绍。

（一）入学资格

香港中文大学没有统一的研究生入学考试，一律采用申请的方式。对于申请研究型硕士学位的学生，要求具有学士学位；对于申请研究型博士学位的学生，要求具有硕士学位或者学士学位。其他申请条件包括通过相关英语水平考试、提供两至三封推荐信、撰写一份英文研究计划等。符合上述条件者通过审核则有可能进入面试，面试通常由接受申请的院系组织，通过面试即被录取。

（二）培养过程

入读研究式项目的研究生通常都可以获得每月 16 270～16 790 港元的奖学金（2017—2018 学年标准）[1]，相应的，研究生需要为所在学系担任助教或助研。研究型博士生要经历一个候选时期（candidacy），在经过课程考核、候选考试、论文选题和答辩等考核之后，才能成为正式的博士候选人。学校在博士研究生的候选时长、硕士研究生和博士研究生的修读时长上都有规定，如表 1 所示。

表 1　哲学硕士（MPhil）和哲学博士（PhD）的修读时长

学位	模式	最大候选时长/月	标准修读时长/月	最大修读时长/月
MPhil	全日制	—	24	48
	兼读式	—	36	60
PhD（入学前有硕士学位）	全日制	24	36	72
	兼读式	32	48	84
PhD（入学前无硕士学位）	全日制	36	48	84
	兼读式	48	64	100

在研究生的培养过程中，有多种考核进行过程监控，下面以香港中文大学工程学院电子工程学系为例进行详细介绍。

1. 课程考核和培训

（1）研究生课程（graduate-level courses）。硕士研究生需完成至少 4 门研究生课程，其中至少包含一门工程学院核心课程（由学院规定），该门课程的成绩不得低于 B。博士研究生在候选时期需完成至少 5 门研究生课程，其中至少包含一门工程学院核心课程，该门课程的成绩不得低于 B。博士研究生成为正式博士候选人后，还需完成至少 2 门研究生课程。这些课程的选择均需研究生导师同意。

（2）论文研究课程（thesis research course）。该项课程分数由研究生的导师掌握，导师每学期末根据学生的研究工作进展情况和表现给出该项分数。

（3）研究生学习提升课程（improving postgraduate learning courses）。学校设置有学能提升研究中心（Centre for learning enhancement and research）[2]，帮助在校老师和学生提升学习和教学相关能力，该中心每学期都会面向研究生开设一系列课程，主题涵盖学术研究相关技能、写作和报告技能、教学技能等，例如，科研中应遵守的知识产权和著作权法、科研和论文写作指导、通用安全（实验室安全守则）、助教专业发展课程（大部分研究生在校期间需担任助教）等。上述这些课程研究生需要在指定时间内完成并通过相关考核。

（4）研究规范培训（research ethics training）。该项培训主要为了预防学术不端行为，通过网上培训和考核的方式进行。这里学术不端行为不单指学术方面的剽窃、造假等行为，还包括其他违背学术伦理或者安全规则的行为，比如以动物或者人作为实验对象的研究，需要经过严格的调研和审批。

2. 筛选测试（screening test）

在研究生入学 9 个月时进行，意在考查学生是否具备足够能力在其选定的领域进行研究。为此学生需撰写一份研究工作总结，并向评审委员会进行 20 分钟的口头报告。该项测试有两次机会，如果仍无法通过，将被停发奖学金。

3. 资格考试（candidacy examination）

该项考试只针对博士研究生，需要在入学 24 个月以内通过，意在考核学生在电子工程学领域的基础知识，通过该项考试是成为正式博士候选人的必要条件之一。考试形式为 4 小时开卷考试，从 10 道题目中选答 5 道题目。这 10 道题目来源于 5 门课程（高等工程数学 A&B、信号与系统、电子电路、半导体器件），题目综合性很强，对基础知识考查十分全面。连续两次无法通过资格考试的学生将被要求退出博士研究生培养计划。

4. 开题答辩（thesis proposal defense）

该项考核只针对博士研究生，通常在入学 12 至 18 个月期间完成，意在评估学生是否适合博士层次的研究工作，以及帮助学生发现其研究工作的缺陷和弱点。为此学生需要撰写一份研究进展报告，并组织一次公开的口头报告会，评审委员会据此评估学生能否继续博士研究工作，如果评估不通过，学生将被要求退出博士研究生培养计划。

5. 毕业论文及毕业答辩（thesis oral examination）

硕士研究生和博士研究生都需要完成符合要求的毕业论文，并向评审委员会进行口头报告，由评审委员会决定学生能否毕业并获得相应学位。香港研究生入学和毕业的典型特点是"宽进严出"[3]，宽松的入学机制保证了各方面的生源，而严格的毕业过程保证了培养质量。通常答辩评审委员会的评委都是各个研究领域的知名专家，只有毕业论文达到指定要求且得到评委的认可才能过关。

二、香港研究生教育可资借鉴之处

通过对香港中文大学研究生入学资格和培养过程进行调研，分析发现有三点值得内地高校借鉴，即优厚的奖学金、较高的国际化程度、注重综合学术能力的培养。优厚的奖学金保证了研究生无须担心生活问题，可以全身心地投入到科研和学习中。研究生是国家和社会的高端人才，国际化视野为学生提供与时俱进的思想和能力，较高的研究生教育国际化程度有利于人才素质的培养和高校的高水平发展。在研究生培养过程中，注重通过多种举措实现研究生综合学术能力的培养，可以实现人才与高校发展的良性循环。

（一）优厚的奖学金

政府拨款和社会捐款是香港高校的研究生奖学金的两个主要来源[4]，如前文所述，入读香港中文大学研究式项目的研究生通常都可以获得每月 1.6 万港元以上的奖学金。如果可以入选香港特别行政区政府大学教育资助委员会的"香港博士研究生奖学金计划"，每月可获得港币 2 万元的奖学金，远高于香港普通民众的月收入。硕士研究生的资助年限一般为 2 年，博士研究生的资助年限为 3 至 4 年。大学还设有名目众多的捐赠奖学金，通常颁发给学习成绩优异或者学术水平突出的学生。另外，学院或者学系设有多种海外交流奖学金，用于研究生参加学术会议、到国际高校进行交流访问等。

奖学金制度在资助学生的过程中也建立了一个激励机制，可以激发研究生学习与研究的动力。由于奖学金通常比较优厚，足够研究生完成学业、实现交流访问、参加国际学术会议等，研究生在校期间可以将全部精力投入到学习和科研中，不会由于生活困难而导致学业受到影响。

近几年内地不断提高研究生资助水平，但相比香港的资助情况，内地研究生的资助力度仍然较低。研究生的学业奖学金通常用于抵扣学费，个人经济来源主要包括国家补助和导师发放的劳务费。导师所能支配的劳务费主要来源于科研项目，但很多科研项目严格限制了劳务费所占比例，导致研究生收入无法满足个人生活所需，一些研究生被迫参加社会兼职，从而对学业造成不良影响。

随着教育发展与改革，内地高校的奖学金种类和金额不断增加，例如国家奖学金、各类社会捐款奖学金等，改善了部分学生的经济状况，但相关资助机制仍有待改革。例如，博士研究生在培养期限结束后将不再发放补助，延期毕业学生的生活无法保障，导师的负担也将增加，这将导致研究生为早日毕业而进行功利性的研究，一心争取早日满足毕业条件，不利于高水平科研成果的产出。

政府相关部门和高校应该继续深化改进研究生资助体系和培养机制，提高奖学金的资助比例和发放额度，减轻在校研究生的生活压力的同时，激发学生学习与研究的热情，实现体系完善与学生能力提升的良性循环。

（二）较高的国际化程度

研究生教育的国际化发展有利于提升国家科技竞争的优势，从而转化为经济竞争的优势。香港在研究生教育中贯彻开放的理念，与国际充分接轨，其国际化程度较高[5]。香港高校注重与国际知名高校、科研机构的交流与合作[6]，通过科研合作、学术会议、访学交流等多种方式与国际保持密切联系，有利于及时获取国际领先的科研进展，促进研究生与学校的发展。以香港中文大学为例，学校为交流与合作提供了各种保障条件，例如规章制度与奖学金支持等，通过制度和经费支持等条件鼓励研究生参加国际学术交流。

在生源方面，香港高校的研究生来自香港、内地、欧洲、美洲等，仍以香港中文大学为例，其 2017 年的留学生比例达到 33%，远超过内地的高校。表 2 列出了内地与香港代表性高校的留学生比例[7]，可以看出，香港高校的留学生比例均在 30%以上，而内地高校的留学生比例则低于10%。

表 2　内地和香港代表性高校留学生比例

内地代表性高校					
清华大学	北京大学	浙江大学	中国科学技术大学	上海交通大学	复旦大学
10%	9%	7%	2%	8%	9%
香港代表性高校					
香港中文大学	香港大学	香港科技大学	香港城市大学	香港理工大学	香港浸会大学
33%	51%	38%	45%	36%	44%

香港中文大学注重提升师资的国际化水平，其教师招聘机制具有典型的国际化特点，面向全世界招聘不同教育背景的教师，由于香港地区的教师待遇及学术氛围良好，吸引了大批具有国际知名高校博士学位的教师，一方面提高了研究生教育的学术水平，另一方面由不同风格和教育背景的教师将丰富的文化带到香港，促进香港研究生教育的开放式发展。另外，从国际引进的教师具有良好的海外背景，通常与国际高校和研究院所保持合作与交流，推动了香港研究生教育的国际化发展。

在国际化方面，内地高校积极进行教育改革，招聘毕业于国际知名高校的研究生导师，采纳国际领先的授课教材等，但具体的研究生培养理念和教学细节尚有待提高。借鉴香港中文大学的具体做法，内地高校在促进国际化发展方面可以尝试如下举措：①国家和学校提供政策和资金支持，鼓励研究生积极参加国际学术会议、国际交流活动等，就国际最新学术进展进行交流与讨论，提高交流能力与学术能力；②教学方面要增加现有课程的国际化内容，并开设国际教育课程，采用双语或者英语授课，同时开放招收国际留学生，提升内地研究生的国际化视野和国际交流能力；③提升研究生导师的国际化水平，通过聘请知名学者或者客座教授来校讲学，加强与国际高校的合作交流往来，提供条件供研究生导师进行国际访学，促使教师国际化能力的提升；④建立与海外高校的合作关系，互派学生进行合作研究或者联合培养，逐渐提升科研视野和科研能力的国际化。

（三）注重综合学术能力的培养

香港中文大学的研究生教育坚持"宽进严出"的原则，研究生入学采用申请的方式，面试通过后即可获得录取资格。在研究生培养过程中，坚持严谨务实的原则，且注重研究生综合能力的培养。研究生入学后，要想获得学位需要"过五关斩六将"，经过层层筛选和测试。例如，前文提及的资格考试，题目的综合性较强，全面考察研究生的基础知识，如果连续两次无法通过会被要求退出研究生培养计划；博士研究生需要完成开题答辩，接受领域内权威学者的评估，如果评估不通过也将被要求退出研究生培养计划；严格的毕业论文审查及毕业答辩要求学生不但需要完成高水平的研究工作，还要具备良好的英文写作能力和口头表达能力。研究生在面临这一系列的考查时压力较大，基础知识与学术高度需要兼顾，听、说、读、写各种能力都要协调发展，在这一过程中个人综合素质自然能得到锻炼和增强。

香港中文大学的研究生培养注重创新和发展。首先，根据研究生的个人发展意愿和兴趣爱好确定研究课题和方向，导师深度参与研究过程，但整个研究思路、研究细节等由学生把控，充分发挥学生的创新能力。其次，注重个人全面培养，引导与发展研究生个人的兴趣与能力，加强个人身心、技能、价值观等全面教育，不仅注重科研能力的培养，还强调树立正确的科研作风。例如，针对知识产权保护和学术伦理及规范，进行专门的培训和考核，杜绝学术不端行为，使每个研究生发展成为一个健全的研究者。

内地高校研究生一般通过考试或者推免，研究生的培养过程往往形式化，例如开题答辩、中期考核等缺乏严格的资格考核与淘汰机制，学生面临的压力较小，导致研究生培养的质量和科研成果的质量无法得到有效保证。另外，由于一些研究生缺乏明确的科研目标，对创新性课题有畏惧心理，研究课题通常选择较易出论文的，忽略了对自身科研能力的培养，较难产出高水平的科研成果。同时，论文抄袭等学术不端行为在研究生毕业论文中屡见不鲜[8]。

借鉴香港中文大学的经验，为培养研究生的综合学术能力，内地高校可从以下几点进行考虑：①改进研究生毕业要求，从单一学术标准向多样化能力培养转变，强调培养研究生的创新能力、技术能力、科研素养等综合能力；②对培养过程的考核和评价体系进行改革，重点培养创新精神与能力，且注重应用能力的提升，落实培养过程中的考核制度，增加末位淘汰机制等，给研究生适当的压力有助于个人潜能的发挥，提升培养质量；③建立健全的培养质量监督机制，学校到导师形成多级的管理机制，对科研情况、阶段进展等进行监督，同时结合奖惩机制促使质量监督过程切实发挥作用。

三、结语

随着我国经济和科研水平的进步，内地研究生规模逐渐扩大，研究生教育质量仍亟待提高。本文调研了香港中文大学的研究生培养过程，分析了其优势及可借鉴之处。本文重点从三个方面展开讨论，即优厚的奖学金、较高的国际化程度和注重综合学术能力的培养，为促进内地高校研究生教育改革与发展，分别从上述三个方面提出了如下的改进意见和建议。

（1）政府相关部门、高校以及社会各界应共同努力，加大研究生资助力度，提高奖学金的资助比例和发放额度，减轻在校研究生的生活压力，使研究生能够全身心投入到科研和学习中。

（2）为提升研究生教育的国际化水平，在学校、教师和学生三个层面都要做出努力，在学校层面，应积极建立与海外高校的合作关系，进行合作研究和联合培养，同时开设更多英文授课和双语授课课程；在教师层面，除了招收具有海外教育背景的教师之外，还应通过国际访学等方式，积极提升现有教师的国际化视野和交流能力；在学生层面，除了开放招收国际留学生，还应通过资金支持等方式，鼓励研究生积极参加国际学术会议和其他学术交流活动。

（3）要使研究生过渡成为独立健全的研究者，不但要培养研究生的实验、编程等研究技能，更要注重培养研究生的研究兴趣和创新精神，同时要加强知识产权保护、学术伦理规范方面的教育。这要求高校甚至社会层面改革相应的考核和评价体系，同时建立合理的监督和奖惩机制。

参考文献

［1］ The Chinese University of Hong Kong. Postgraduate studies，Faculty of engineering ［EB/OL］. ［2018－12－30］ http:// www.erg.cuhk.edu.hk/erg/PostgraduateStudies.

［2］ The Chinese university of Hong Kong. Improving postgraduate learning，centre for learning enhancement and research ［EB/OL］［2018－12－30］. http://www.cuhk.edu.hk/clear/prodev/ipl.html.

［3］ 鲍毅玲，吴姗. 论香港研究生教育管理的借鉴价值 ［J］. 山东理工大学学报（社会科学版），2010，26（5）：95－98.

［4］ 汪洋，高久群，汪华侨，等. 香港中文大学研究生教育的特点及其启示 ［J］. 学位与研究生教育，2013（6）：54－58.

［5］ 刘春芝，宋锦萍. 研究生教育国际化的比较研究与经验借鉴 ［J］. 辽宁师范大学学报（社会科学版），2014（6）：817－821.

［6］ 陈艳兰，冯军娟. 香港硕士研究生教育的特点与启示 ［J］. 大理学院学报，2016，1（5）：90－94.

［7］ 最好大学网. 软科中国两岸四地大学排名 2017 ［EB/OL］. ［2018－12－30］ http://www.zuihaodaxue.com/Greater_China _ Ranking2017_0.html.

［8］ 奚应红. 抄袭泛滥成灾，硕士毕业论文可以取消 ［EB/OL］. ［2016－06－05/2018－12－30］ http://view.news.qq.com/original/intouchtoday/ n3547.html.

中西交融　协同创新

——物流管理类博士生培养模式探索与实践

张真继　张润彤　刘世峰　施先亮　张菊亮　华国伟　黄安强　尚小溥

（北京交通大学经济管理学院，北京 100044）

摘　要：新时期物流相关行业发生了巨大变化，国际化色彩日益凸显，北京交通大学信息管理理论与技术国际研究中心团队在深入分析当前物流行业特点的基础上，结合当前物流管理类博士生人才培养现状，提出了"中西交融、协同创新"的人才培养模式。本文主要介绍了团队在该培养模式上的探索、实践与阶段性成果。

关键词：中西　协同　创新　博士生　培养模式

一、现状与问题分析

北京交通大学物流学科方向具有悠久的历史和积淀，在人才培养与科学研究方面取得了丰硕成果。但随着社会经济发展，特别是在我国"一带一路"倡议背景下[1-2]，现代物流业国际化色彩日益凸显[3-4]，越发强调全球供应链管理协同，并呈现出多学科、多领域和多技术交叉的"三多"特点[5-6]，这对人才培养提出了新的需求。

物流管理类博士生培养过程中面临以下新的问题：①如何创新理念，构建系统的培养体系，培养博士生的国际化视野、学术精神、学术志向、批判性思维和独创性等科学素养；②如何创新方法，设计严谨的学术训练范式，激发博士生的学术潜能，提升博士生的多学科融合、国际合作交流、研究与实践、协同与创新能力；③如何配置资源，搭建多层次的科教融合平台，为进一步提升博士生培养质量提供支撑环境。

二、解决问题的方法

为解决物流管理类博士生教育教学中的"理念、方法、资源"三个核心问题，团队构建了"中西交融、协同创新"物流管理类博士生培养模式。总体可归纳为以下三条。

（一）多样化的途径，构建国际学术交流环境

1. 聘请境外知名学者为博士生导师

为每一名博士生配备境内导师和境外导师，通过境内外双导师，指导团队博士生进行相关科研工作。境外导师包括美国科学院院士、IEEE Fellow 等领域内知名教授。

2. 邀请国际知名学者定期开展讲座

团队通过邀请国际知名教授，定期开展"大师面对面"、"国际期刊主编进校园"等活动，给博士生带来最前沿的行业与学术动态、思想与理念，熏陶和引导博士生逐渐形成符合国际学术范式的科学素养。

3. 提供国际化的师生交流互动平台

团队通过设立开放课题，面向国际物流管理相关学科方向的教授征集选题，要求团队博士生选择并加入获资助的选题，由主持教授带领其团队与本团队博士生共同开展研究工作，对于境外教授负责的课题，鼓励博士生以此为依托出国交流或进行联合培养。

（二）境内外协同，形成跨学科研究环境

1. 跨学科中外导师指导团队

由学生选择团队中不同学科方向的第二导师，指导博士生开展科研和实践工作。加上境外导师参与，形成跨学科的中外导师指导团队，设计符合学生个性化发展的学术范式，培养学生的多学科交叉思维与学科融合应用能力，提升博士生的学科交叉创新能力。

2. 学术例会与创新基金资助

团队定期开展学术研讨会，每次至少有两名不同二级学科的教授参加，从自己的学科方向角度提出学术建议，提升博士生思辨能力与逻辑能力；团队同时设立博士生创新基金资助制度，资助具有创新性思维、预期能够取得较好成果的自主选题预研究。

（三）多元化支撑，全方建设人才培养环境

1. 省部级科研平台

团队申请并建设的北京物流信息化研究基地、物流管理与技术北京市重点实验室，依托智慧物流实验室，拥有相关企业及行业的原始大数据，购买了十余种当前主流的数据挖掘与仿真工具，博士生可以使用这些数据自己选题并申报基金项目，开展科研实践活动。

2. 国际学术交流平台

团队申请并负责建设的中欧博士生院是实施双导师制、中外导师团队、中外博士生交流的重要平台；团队主办的 LISS/IEIS 国际学术年会，是指导博士生开展学术论文评阅、讲演与学术交流活动的平台，培养博士生对学术事务基本惯例与规则的认知与良好的国际交流与沟通能力。

3. 国际学术引领与传播平台

团队申请和建设的 IEEE 专委会，是国际物流信息化领域的学术引领组织，通过该平台，提升博士生接触学界、业界前沿，培养学生的国际学术研究能力；同时团队主办、合办了十余本国际学术刊物，在导师团队指导下组织博士生开展论文审阅培训、学习优秀稿件、邀稿投稿等学术工作，培养学生的国际学术交流与传播能力。

三、实践创新之处

团队首次提出并且实践了"六位一体"的物流管理类博士生培养模式，其创新之处具体体现在以下几方面：

（一）理念创新——构建了中西融合的培养体系

充分考虑我国现代物流业的发展状况、国际学术前沿与行业发展趋势，考虑当前我国博士生的群体特征，基于每一名博士生的兴趣偏好，构建系统化的培养体系。通过大师面对面、国际期刊主编进校园、境内外双导师制度、开放课题和出国联合培养等方式，充分调动每一名学生的学习研究主动性，创造性地综合运用多种方式，在学术训练的过程中，培养博士生的国际化视野、学术精神、学术志向、批判性思维和独创性等科学素养。

（二）方法创新——提出了协同创新的培养方式

充分考虑现代物流业的"三多"特征，考虑物流管理类国际研究与实践中的群体协作特征，基于每一名博士生的能力特长与学科背景，设计覆盖全过程的培养方法。通过中外导师指导团队、学生自由组合研究团队、师生双向选择机制、学术例会和博士生创新基金资助制度等，充分激发博士生的学术潜能，调动教与学的积极性，在科研实践的过程中，提升博士生的多学科融合、国际合作交流、研究与实践、协同与创新能力。

（三）手段创新——打造了多元交叉的培养平台

充分考虑如何打造系统化的科教融合平台，为培养理念和培养方法的创新提供全方位的实践环境。创造性地从省部级科研平台、国际学术交流平台、国际学术引领与传播平台三个角度搭建支撑先进培养理念和培养方法的环境。团队申请并获批建设北京物流信息化研究基地、物流管理与技术北京市重点实验室；申请获批并建设中欧博士生院、IEEE 物流信息化与产业安全系统专业委员会；创办并连续成功主办 LISS/IEIS 国际会议 7 届/4 届（曾由加州大学伯克利分校、悉尼大学等世界著名大学承办）；主办与合办国际学术刊物，为博士生科学研究实践、国际合作交流实践提供了沃土，进一步促进了博士生培养质量的提升。

四、探索实践效果

（一）博士研究生培养效果显著

团队累计聘请了校外教授 21 人，其中境外教授 18 人，包括美国工程院院士、迈阿密大学工程学院院长 James M. Tien 教授，欧洲运筹学联合会、德国运筹学会前任主席、马格德堡大学 Gerhard Wäscher 教授等国际知名学者，这些教授来自不同的学科方向，均与物流管理有着密切的交叉与关联，校外教授与校内教授一起，联合参与博士生的科研指导工作。目前境外教授联合指导和培养的博士生中，已经有 4 名博士生在西班牙加泰罗尼亚理工大学完成了博士论文开题，预期将分别取得北京交通大学与加泰罗尼亚理工大学的双博士学位。

目前团队已经毕业和在读博士生 107 人，近年来加大了国际合作交流力度。2013 年以来，二年级以上在读博士生人均出国出境交流在 2～3 次，交流学校包括：加州大学伯克利分校、京都大学、加泰罗尼亚理工大学、悉尼大学等国际知名学府。

团队所培养的全日制博士生全部均获得过国家奖学金或学业奖学金（自国家设立该类奖学金以来）；在读期间独立申请各类博士生创新基金项目 15 项，其中一项获得"2016 年中国科协高端科技创新智库青年项目"资助；获得国家发明专利 19 项，登记软件著作权 14 项；发表 SCI/SSCI、EI 检索的国际学术期刊论文 236 篇，文章发表数量和质量逐年递增，其中一些论文发表在 OMEGA 等物流管理类顶级期刊。

（二）人才培养与平台建设进入相互促进的可持续发展阶段

团队申请和建设的"中欧物流、信息化、管理与服务科学博士生院""IEEE 物流信息化与产业安全系统专业委员会""物流管理与技术北京市重点实验室""北京物流信息化研究基地"均运行良好，起到了巨大的辐射作用。比如，中欧博士生院通过暑期学校，已经累计为全球 12 个国家和地区的高校培养了近 140 名境内外的非本校博士生，北京物流信息化研究基地发布了 10 项开放课题，专项支持境外教授带领博士生团队参与申请。LISS/IEIS 系列年会已经举办 7 届/4 届，成为博士生与全球物流类相关学者交换学术观点、传播学术思想的可持续平台。

（三）教改成果丰富、社会影响积极

团队在建立和应用该培养模式的过程中，主持和承担了一系列教育教改项目、发表了 14 篇教改论文，并获得了 10 余项各级教育教学类奖项。在以博士生为主参与的科研实践活动中取得

了丰硕成果，如：自主研发了"IOT 智能运行机器人"等产品，所实施的"顺丰速运机场建设吞吐量测算"等项目成果，已经被采纳应用。博士生具备了较好的国际化视野，能够快速适应现代物流的学术与实践要求。本团队的博士生培养理念和实践得到了国内外高校和研究团队的广泛关注，并通过多种形式的交流、访谈，起到了积极的带动示范作用，对我国博士生的培养实践起到了重要的推动作用。

参考文献

[1] 张雪青. "一带一路"区域物流协同发展分析 [J]. 统计与决策，2016（8）：108–110.

[2] 盛毅，余海燕，岳朝敏. 关于"一带一路"倡议内涵、特性及战略重点综述 [J]. 经济体制改革，2015（1）：24–29.

[3] 宋志刚，梅赞宾. 国际化运作与外资入境考量：透视物流企业 [J]. 改革，2016（11）：139–149.

[4] 王文娟. 新形势下中国物流业海外布局分析 [J]. 国际贸易，2016（1）：39–42.

[5] 王晋. 供应链管理环境下商流与物流的模式创新与再融合研究 [J]. 物流技术，2015，34（23）：38–40.

[6] 刘洋，马艳，宋韧. 物流供应链中物联网技术的影响作用 [J]. 电子技术与软件工程，2015（17）：22–22.

行业特色的国际化信息类专业学位
研究生培养机制研究

张振江　沈　波　刘　云

（北京交通大学电子信息工程学院，北京 100044）

摘　要： 随着信息技术的高速发展，人工智能、大数据等新兴技术已经广泛应用于信息类学科。针对目前信息行业的发展现状，为了更好地培养面向企业、服务社会的专业性人才，本文对信息类专业学位研究生的培养进行了优化和调整。提出以国际化为特色，注重前沿科技，建设研究生课程体系和国际化队伍；注重实践教学，以实习基地为依托，培养研究生的动手能力；以信息行业需求为导向，引导学生多参与重大工程，培养学生实践能力，从而构建高水平、有特色的信息类专业学位研究生培养机制。

关键字： 行业特色　专业学位　培养机制

专业学位教育旨在培养具有一定的职业相关技能、对工程熟悉的应用型人才[1]，培养的是面向企业、服务社会的专业型高端人才，这也是我校研究生教育的重要组成部分。

从信息科学角度看，北京交通大学相关的学院有电子信息工程学院、计算机与科学技术学院和软件学院，其中涉及的一级学科包括信息与通信工程、计算机科学与技术、软件工程、网络空间安全等。这些专业和学科也是我校专业硕士教育的特色之一。随着信息技术的飞速发展，人工智能、大数据等新兴技术已经在信息类的多个学科中展示出广泛应用、深度融合的趋势。针对目前信息领域发展的现状，结合行业型大学的特色，对专业学位研究生的培养需要进行优化，做出适应现状的改进与调整。该类型培养的研究生要契合国内行业发展趋势，并且能够与国际行业发展保持同步、具有坚实的专业基础和工作能力、优秀的职业素养[1]。故如何培养社会急需的人才，构建高水平、有特色的信息行业专业学位研究生教育体系，是目前研究生教育教学的改革热点。

一、注重前沿科技，以国际化为特色，建设研究生课程体系和国际化教师队伍

目前大部分教学存在的现状为，教学的主要目标是培养研究生具有扎实的专业理论基础和系统地了解专业概况，而深入了解行业在国际上的最新发展，实际投入科研培养实践能力和培养科研思维主要应该在后期的科研阶段进行[2]。而对于专业硕士研究生而言，课程结束后企业实习更注重实践能力培养，国际视野和前沿科技则必须在课程教育中培养。准对上述问题，需要做出以下变革。

（一）针对国际前沿信息技术，修订培养方案

这些课程体系不仅需要明确课程建设的目标与标准，并且对教学目标、课程设计与课程内容进行对比、研讨，找出国际环境下自身的优势和劣势。研究提高国际化教育水平需要的因素，在

学科基础教学中，着重优化高水平课程的教学设计，在专业教学中，着重引入行业相关课程，优化课程体系，合理布局高水平国际化课程在各模块中的比重。

（二）引进国际化师资，以全英文课程和国外师资为牵引，取得让学生满意的教学效果

课程的"高水平"应当体现在三个方面：教师、教学内容、授课方式。在"三高"[2]中，不仅要强调高水平的国外大学学者，这些学者活跃在科研一线，取得了知名的学术成果，拥有较高的学术地位和较广泛的学术影响；而且要强调国外企业教师，他们的英文高水平实践课程，可使学生接触国际最新科技和工程。此外，国际化师资和高水平教材，除了应当具有与行业高度相关的专业性和创新性的特点，更重要的是在教学中应当有机地融合课程教授者自身的经验，例如，教师自身的优秀科研实践和工程实践经验成果。同时，国际化师资把各种文化、各种案例和工程技术融为一体，能够培养学生国际视野和技能，使学生毕业后能够适应现代社会国际化、文化多元化的要求。

（三）扩大研究生层次的留学生招生，让中外学生同课堂，共同学习，实现一体化，国际化统一的研究生培养

国外，尤其是部分欧洲国家，工程师教育（研究生层面）是非常有特色的，因此我们在招生中应该优化留学生招生政策，例如，以提高校级奖学金和院级奖学金的方式，使优质的自费留学生生源更多地流向我校，在此基础上，加强留学生管理，增强院系与留学生的联系，鼓励导师招收和培养留学生的意愿[3]。同时扩大研究生层次的交流，并做好这部分学生的管理服务工作，以期得到学生数量与质量的不断提升。

二、注重实践教学，以实习基地为依托，培养研究生的动手能力

专业学位研究生进入企业中，其工作中的实践和创新的能力是职业生涯中体现专业素质和竞争力的决定因素。因此在专业学位研究生教育中，实践教学是需要重要优化的环节，实习基地是需要重点建设的场所[4]。由于学生的实践能力和创新能力均需要在实习基地的实际工作中获得，研究和探索实习基地如何进行投建、管控和运营，提高实践教学的质量，使学生有实质性的实习收获，具有重大的意义和价值。

（一）专业实习基地的投建

为了使学生有能力适应国内外经济环境和前沿科技的不停发展，应当对专业学位研究生的实习方式进行有针对性的改进，重视实践、创新能力，以及职业和创业竞争力，并将对这些素质的提高融入实际的教育中。实习基地的工作和培训内容应当有机地融合理论和实践，其中实践不仅包括科技实践，还包括社会实践[4]。在专业实习基地的建设过程中，不仅要强调学生专业素养培养，也要注重实习基地的收益，做到学生和基地共同成长。

（二）实习基地师资聘任

为了提高实习基地研究生培养质量，学校应有计划地引进和聘用促进专业发展的企业人才充实到导师队伍中来，实行专业学位研究生双导师制，学校导师和企业导师密切配合，从理论、实践等环节提升研究生创新实践能力，为国家培养高素质专业硕士。

（三）学生实践环节

为了达到实践教学培养学生动手能力的效果，学院反复强调提高实习实践教学质量的重要性，进一步优化实践教学各个环节。由学院教师、企业教师、国外教师协同进行实践环节的设计，

并由学校和企业教师合作进行实践项目的开发与指导，完善实习质量监督体制，改革校外培养基地的考核方式，遵循培训—实践—产品研发三个阶段的培养模式，从学生、教师、企业等多方面提高研究生培养效果。

三、以行业需求为导向，多参与重大工程，重视实践能力培养

（一）参与重大工程

专业学位研究生是一批高素质人才，是学位需求，也是国家科研工作需要。北京交通大学紧随前沿科学技术的革新趋势，以及国家重大发展战略的需要，依托信息科学技术和交通科学技术等我校优势特色学科，为中国轨道交通发展的重大问题（如川藏铁路、京张铁路等）[5]进行技术支持、人才输送和专业维护，为服务国家交通、信息等行业以及北京经济社会发展做出了贡献。

（二）重视交叉学科的实践能力

除轨道交通相关的重大工程外，北京交通大学也参与了智慧司法、空天地一体化等重大项目。智慧司法项目以提升法院资源优化和多业务协同能力，促进审判体系和审判能力现代化，建成内外贯通、透明便民、安全互联的协同支撑体系为目标，研究解决：跨域跨层级法院业务协同支撑理论与机制；面向审判执行与诉讼服务的信息融合共享和服务高效协同的方法；跨域跨层级协同的智能服务一体化体系等科学问题。空间信息技术的研究包括卫星导航定位系统、空间遥感、卫星通信和地理信息系统的理论和技术。同时，将计算机技术、物联网、大数据、云计算相结合，对空间数据进行采集、测量、分析、存储、管理、显示、传播和应用[6]。

在这些重大项目的研究与实现过程中，包含了许多新兴技术，同样也有许多对行业未来的思考。让专业学位研究生到重大项目的研究岗位上，增加专业学位研究生的参与度，使他们真正了解国家、社会和行业对技术的需求状况，在实践中掌握理论，能够更好地培养有职业背景、高层次的应用型人才。

总之，只有做到注重前沿科技，以国际化为特色，建设研究生课程体系和国际化教师队伍；注重实践教学，以实习基地为依托，培养研究生的动手能力；以行业需求为导向，多参与重大工程，重视实践能力培养，才可以培养出真正站在学科的前沿，有创新的想法和能力，具有全球观念，足够面向企业、服务社会的专业型高端人才。

参考文献

[1] 黄宗明，张宗益，郑小林，等. 以生为本 提升质量 着力构建高水平有特色的研究生教育体系：重庆大学研究生培养机制改革的思考与实践 [J]. 学位与研究生教育，2012（11）：5－8.

[2] 刘劲松，徐明生，任学梅，等. 研究生高水平国际化课程建设理念与实践探索 [J]. 学位与研究生教育，2015（6）：32－35.

[3] 兰海帆，吴鹏，刘晓青，等. 高校外国研究生招生政策与管理办法探讨：以中国石油大学（北京）为例 [J]. 科教导刊（下旬），2016（2）：15－17+76.

[4] 赵军.加强实习基地建设提高实践教学质量 [J]. 教育教学论坛，2015（11）：47－48.

[5] 张勋.浅析行业特色高校基金项目类“基础研究” [J]. 中国高校科技，2017（S2）：23－24.

[6] 李德仁. 论空天地一体化对地观测网络 [J]. 地球信息科学学报，2012，14（4）：419－425.

研究生培养模式与管理模式研究

完善体制机制，构建激励导向的
创新型人才培养支撑体系

——以北京交通大学为例

刘世峰　林　葵　姜晓华

（北京交通大学研究生院，北京 100044）

摘　要：研究生奖助体系是研究生教育制度的重要组成部分，良好的研究生奖助体系可促进研究生教育的发展。本文以北京交通大学研究生奖助体系的构建为例，分析总结了研究生奖助体系设计、实施的情况，提出了改革建议，以期进一步完善奖助体系，保障研究生利益，激发研究生潜能，提升研究生的培养质量。

关键词：研究生　奖助体系　激励导向

研究生奖助体系是一个国家研究生教育制度的重要组成部分，也是促进研究生教育资源分配的公平与效率、提升研究生教育质量的一个重要财政手段[1]。

1978 年恢复研究生招生后，我国研究生奖助体系经历了多次转变，由研究生无须缴纳任何费用、国家实行单一的助学金模式；到录取类别分为计划内、计划外，其中计划外类别研究生不再由国家财政进行承担；到 2006 年试点进行研究生培养机制改革，由公费向学费自筹过渡；再到 2013 年，围绕研究生教育综合改革，国家颁布了一系列政策文件，包括《教育部　国家发展改革委　财政部关于深化研究生教育改革的意见》（教研〔2013〕1 号）、《财政部　国家发展改革委　教育部关于完善研究生教育投入机制的意见》（财教〔2013〕19 号），明确指出了研究生教育投入机制改革的指导思想和基本原则：完善研究生教育财政拨款制度，完善研究生奖助政策体系，建立健全收费制度等。由此，在全面收费改革的背景下，与之相配套的全新的研究生奖助体系应运而生[2]。

研究生培养的根本目标是培养具有持续学习和创新能力的人才。为实现这一目标，适应研究生教育改革发展的新形势、新要求，北京交通大学确立了"激励导向"的创新型人才培养理念，以人才培养为根本，以提高质量为核心，以改革创新为动力，以研究生奖助体系设计为重要抓手，不断完善体制机制，系统构建了创新型人才培养支撑体系，实现了研究生奖助政策的平稳过渡，对提高研究生学习和科研的主动性起到了良好的支撑作用。

一、北京交通大学研究生奖助体系的基本构成

（一）明确目标，构建分层次的研究生基本奖助学金体系

根据国家文件精神，通过系统梳理、统筹各类奖助经费，以"稳中求进、收支平衡、激励导向、兼顾公平"为原则，以"吸引优质生源、保障学生基本生活支出，激励学生努力学习、潜心

研究、勇于创新"为目标，一体化设计北京交通大学研究生基本奖助学金体系，如图 1 所示。

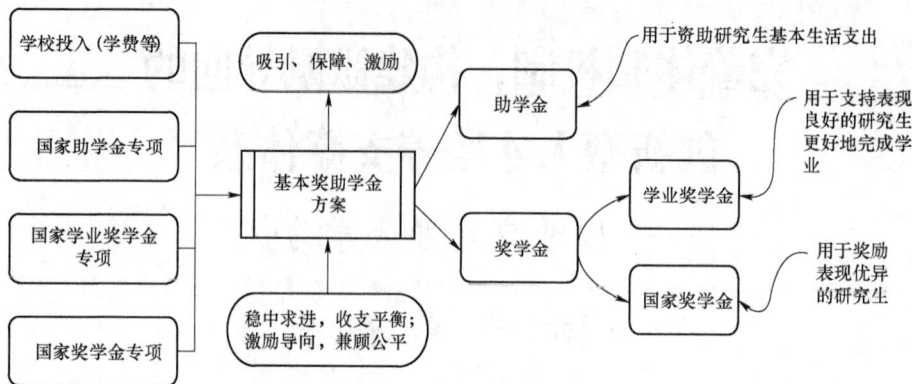

图 1　基本奖助学金结构

基本奖助学金由助学金和奖学金两部分构成。其中，研究生助学金是通过国家统筹拨款、学校专项资金、导师科研津贴以及学校统筹的其他各类经费，用以保证研究生的基本生活；奖学金是依照"政府投入，学校主导，多方集资，面向社会"的原则，充分调动和发挥各方面的积极性来筹集教育经费，用于奖励支持学业成绩优良、科学研究成果优秀、社会公益活动表现良好的研究生更好地完成学业。

（二）统筹规划，系统构建一体化研究生激励体系

通过多年的实践与不断完善，学校系统构建起一体化的创新型人才培养激励体系，形成多元化、多样化、多阶段、多层次的激励机制，极大地激发了研究生的学习热情，对提高研究生综合素质、推动研究生教育综合改革进程起到了极大的支撑作用。

1. 激励体系基本构成

研究生激励体系主要包括：研究生基本奖助学金中的奖学金，包括国家奖学金、学业奖学金；校研究生个人奖；各种专项奖学金，包括知行奖学金、企业或校友在学校设立的各种奖学金；学校设置的创新激励基金，包括创新研究、国际学术交流、高水平论文奖励等。经费主要来源于国家奖学金专项、学费，以及学校统筹的其他各类经费，如图 2 所示。

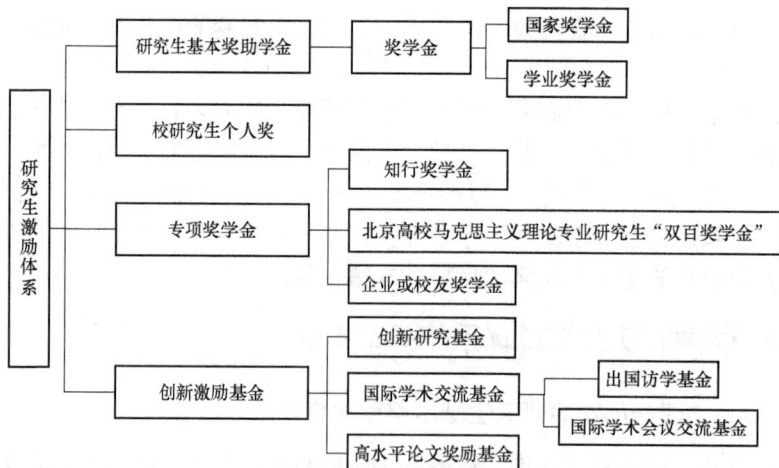

图 2　研究生创新人才培养激励体系

2. 强化科研导向，动态调整，注重创新能力培养

以培养创新能力为目标，学校 2004 年开始实施"北京交通大学研究生教育创新工程"，注重将博士生培养与科研和实践相结合，在项目研究和社会服务中锻炼实际能力，培养高素质的创新型人才。2008 年学校专门设立优秀博士创新研究基金，动态递进选拔资助对象，建立起博士研究生独立从事创新研究的动态竞争激励机制。2014 年，为进一步完善以提高创新能力为目标的学术学位研究生培养模式，加强本硕博一体化培养，增设学术型硕士研究生创新研究项目类别。2015 年起加大学科评审立项自主权，至 2018 年，研究生科技创新项目经费达到年 290 万元。

3. 强化国际学术交流，拓宽渠道，培养具有国际视野的创新型人才

在"研究生创新工程"总体框架下设立研究生国际学术交流基金，开拓研究生的学术视野，拓宽科研思路，启迪创新思维，不断推进完善博士联合培养项目、短期国际学术交流等研究生培养国际化项目。通过一系列的措施，逐步形成了国家、学校、导师多渠道资助，短期、中期以及长期多层次、多样化的研究生国际交流体系，专项经费不断提高，至 2018 年，研究生国际学术交流资助经费达到年 560 万元，为培养国际一流人才奠定了基础。

4. 强化激励，设置高水平论文奖励

公开发表学术论文的质量和数量是衡量各高校研究生培养质量和学术水平的重要标志之一。为提高我校研究生的培养质量，进一步调动研究生的学习积极性，完善激励制度，鼓励研究生发表高水平学术论文，2012 年学校出台《北京交通大学研究生发表高水平论文奖励办法》，奖励研究生为第一作者、北京交通大学为第一作者单位和通信作者单位发表的高水平论文，每篇奖励 0.18 万~12 万元不等，2018 年奖励额度达到 330 万元。

北京交通大学立足研究生教育特点，遵循研究生成长成才规律，深化研究生教育综合改革，坚持系统设计，完善体制机制，构建了一体化研究生奖助体系，如表 1 所示。

表 1　北京交通大学研究生奖助体系设置

资助类型	奖助项目名称		奖金来源	资助对象		资助额度	覆盖范围
助学金	基本助学金		国家、学校	博士		国家拨款范围内：1 750 元/（生·月） 国家拨款范围外：1 500 元/（生·月）	100%
				硕士		600 元/每生每月，按 10 个月发放	100%
	"三助"岗位	助研岗位津贴	导师	博士		工学：不低于 800 元/（生·月）； 理学/经管：不低于 500 元/（生·月）； 人文：不低于 300 元/（生·月）	100%
		助教/助管岗位津贴	学校	从事助教助管岗位的研究生		12 元/时	
奖学金	知行奖学金		学校	获得国家奖学金，表现优异的研究生		知行奖：2 万元/人 提名奖：1 万元/人	20 人，其中知行奖不超过 10 人
	国家奖学金		国家	学业优秀、科研成果突出的研究生		博士 3 万元/人；硕士 2 万元/人	按国家指标确定
	学业奖学金		国家、学校	博士	1 年级	1.4 万元/（生·年）	100%
					2-4 年级	一等 1.6 万元/（生·年）	40%
						二等 1.2 万元/（生·年）	60%
				硕士		一等 1.2 万元/（生·年）	40%
						二等 0.8 万元/（生·年）	30%
						三等 0.2 万元/（生·年）	30%

续表

资助类型	奖助项目名称		奖金来源	资助对象	资助额度	覆盖范围
奖学金	专项奖学金		政府、学校、企业、个人	博士、硕士	按专项奖学金协议	
	创新激励基金	创新研究基金	学校	博士、硕士	Ⅰ类1万元/项；Ⅱ类3万元/项	
		国际学术交流基金	学校	博士、硕士	往返交通费、访学生活费6万元/人，论文宣读0.2万元/人	
		高水平论文奖励基金	学校	博士、硕士	0.18万～12万元	

三、北京交通大学研究生奖助体系的特色

（一）构建了一体化的奖励资助体系

明确各种奖励和资助制度的目标和定位，一体化设计了包括研究生基本奖助、研究生教育创新基金、高水平论文奖励和国际交流基金等创新激励体系，动态调整、持续优化，不断完善和加强奖助体系与荣誉制度相协调的一体化的创新激励支撑体系建设。

（二）完善了科研导向的博士资助体系

2008年研究生培养机制改革，学校着重建立以科研为导向的博士生奖助体系。自2012年以来，持续改进和完善学术学位研究生创新激励机制，以研究生创新基金为抓手，不断完善助研津贴、科技创新项目、国际交流项目资助制度，充分调动博士研究生参与科学研究的积极性，鼓励研究生自主提出具有创新价值的研究课题，发掘研究生创新潜能。

（三）建立了多元化资助体系

依照"政府投入，学校主导，多方集资，面向社会"的原则，充分调动和发挥各方面的积极性以筹集教育经费，建立了国家、学校、导师、企业等多方投入，包括"国家奖学金""学业奖学金""校长奖学金""企业奖学金""创新研究基金""国际学术交流基金""国家助学金"等在内的多元资助体系。

四、研究生奖助体系改革实践与启示

（一）奖助体系实施情况

1. 助学金

2014年9月起，国家设置研究生国家助学金，截至2018年，共有4.5万余人次研究生获得国家助学金，覆盖全体在校研究生。累计发放3亿元。

2. 奖学金

① 国家奖学金。2014年至2018年我校共有1316名研究生获得国家奖学金荣誉，其中博士研究生430名，硕士研究生886名。累计发放奖金3062万元。

② 学业奖学金。2014年开始设置研究生学业奖学金，至2018年共计3.7万余名研究生获得学业奖学金，累计发放奖金3亿元。

③ 知行奖学金。2017年学校设立"北京交通大学知行奖学金（研究生）"，至2018年共评选出20名知行奖学金获得者，15名知行奖学金提名奖。奖励金额40万元。

3. 创新激励基金

2014年至2018年，博士研究生科技创新基金立项900余项，资助金额1450万元；资助了

500余名研究生开展国际学术交流活动；高水平论文奖励高水平论文3 400余篇，奖励金额1 130万元，资助领域覆盖学校的大部分学科专业，为优秀博士研究生的成长创造了良好的条件。受资助的博士生在发表国际三大检索论文、获得国家发明专利以及获得科研奖励等方面取得突出成绩。获得研究生创新项目资助的学生中，3人入选全国优秀博士学位论文（占学校全部的60%），6人获得全国优秀博士学位论文提名（占43%），5人入选北京市优秀博士学位论文（占学校全部的56%）。

（二）思考与启示

1. 坚持多方协同推进奖助体系建设的原则

科学合理的研究生奖助体系设计不仅能够吸引更多的优秀学子进入研究生教育阶段继续深造，而且能够激励在校研究生更加专注于学习和研究，从而形成生源质量高、学业满意度高的良性循环[3]。体系内容涉及研究生招生、培养、学位、研工、资助中心等多个部门，因此多部门协同是奖助体系一体化建设的重要前提与保障，应做好体系的顶层规划，坚持多方协同。

2. 坚持奖助项目目标定位与人才培养目标契合的原则

现行的研究生奖助体系，具有普惠制的助学金用于为研究生安心生活和学习提供基本保障；助学贷款和困难补助用于资助家庭经济困难及遇到突发事件的研究生顺利完成学业；激励基金用于激发优秀研究生的创新能力。随着研究生教育改革的不断深入，社会需求的不断变化，人才培养目标的不断发展，为了更好地激发研究生教育活力，应进一步明晰各类研究生奖助项目的功能定位，根据不同学位类型研究生的培养定位构建多元化的奖助模式，提高奖助的针对性、有效性和整体绩效。

3. 坚持发挥奖助导向与引领示范作用的原则

奖学金的评定具有极强的导向性作用，应强化奖助政策的价值引领和导向作用，在实践中持续优化设计，不断完善奖助学金的公正性、科学性和合理性。同时，应积极构建奖助学金的宣传平台，增加信息渠道，加大宣传力度，充分发挥先进典型的示范作用，使奖助学金在立德树人、吸引优秀生源、激发学生努力学习、勇于创新等方面发挥更大的作用。

参考文献

[1] 孟卫青. 研究生奖助体系设计的理念、模式与策略 [J]. 学位与研究生教育, 2013 (12): 53 - 57.

[2] 翟思阳. 研究生奖助制度的历史演变、缺陷与发展路径 [J]. 教育评论, 2018 (8): 28 - 32.

[3] 高华. 奖助体系视域下研究生教育管理模式的探索与实践：以沈阳农业大学为例 [J]. 高等农业教育, 2018 (2): 109 - 113.

基于需求调研的轨道交通行业计算机创新型人才培养改革的探究*

赵宏伟　刘吉强　林友芳　郭祎华　杨晓晖

（北京交通大学计算机与信息技术学院，北京 100044）

摘　要：轨道交通行业的跨越式发展需要强有力的人才储备和技术支撑。其中，计算机技术与相关创新型高级人才的储备越来越成为铁路安全、高效运营的支撑和保障。本文以北京交通大学"双一流"专业建设为龙头，以研究生教学培养改革项目为依托，以提高研究生创新型人才培养质量为核心，开展对轨道交通行业人才的需求调研，并在计算机专业创新型人才的培养模式、核心课程群建设、教学案例与专业实践、培养质量监控体系等方面提出了若干改革建议。

关键词：轨道交通　需求调研　创新型人才　培养改革

中图分类号：G643.2　　**文献标识码**：A

当前，中国高铁正在编织世界规模最大、速度等级最高的交通网络，并将随着高铁"走出去"战略的实施有望改变世界交通乃至经济格局[1]。跨越式发展的高速铁路和城市轨道交通建设需要更加强有力的人才储备和技术支撑，这其中，信息技术与相关高级专业人才的储备越来越成为铁路安全、高效运营的支撑和保障，对相关高层次创新型人才的需求也呈现数量大、层次高、类型多的特点，其中对技术能力突出或高复合型人才的需求最为突出[2]。

一、轨道交通行业计算机专业人才需求调研与分析

做好人才需求调研是培养符合国家、行业发展需要的专门人才的重要途径，是进一步做好研究生人才培养模式、课程体系、专业实践体系改革的重要支撑[3]。在行业领域中广泛开展企业人才需求调研，了解企业人才结构、人才需求状况等，使高校人才培养工作更加有的放矢，培养的人才更加满足社会、行业需求。

通过对多家轨道交通行业相关企业的实地走访调研，开展了《轨道交通计算机专业建设和高层次创新型人才需求》的问卷调查。形式上采用自编调查问卷，包含企业对人才需求、评价相关的调查问题共 21 道，每道问题采取单项打分制，分值为 1~5 分，通过分数来反应需求或重要程度。调查的范围包括北京、武汉等 7 家铁路局、铁道科学研究院、北京全路通信信号研究设计院、北京地铁运营有限公司、深圳地铁集团以及铁路总公司信息中心，共 12 家轨道交通领域重点企事业单位。为每家单位分别发放调查问卷 4 份，调查的对象为各单位人事部门、技术部门、科研部门相关主管领导与职员，共发放问卷 48 份，由于是实地调研交流，各单位问卷回收率 100%，

* 基金资助：1. 北京交通大学研究生教育研究与建设项目，编号：134349522。
　　　　　　2. 轨道交通行业信息技术人才需求研究，编号：275063529。

问卷有效率100%。通过调研，进一步明确企业对轨道交通领域计算机专业创新型人才的需求。

（一）企业紧缺人才需求程度

从各调研单位紧缺人才调研结果来看，技术型与技术管理复合型人才更受单位青睐，研究型人才需求在路局等运营类企业需求相对较弱，在研究型企业需求较高，这与运营企业相关项目开展更加注重实际运用，而研究型企业有更多科学研究的需求有关（见图1）。

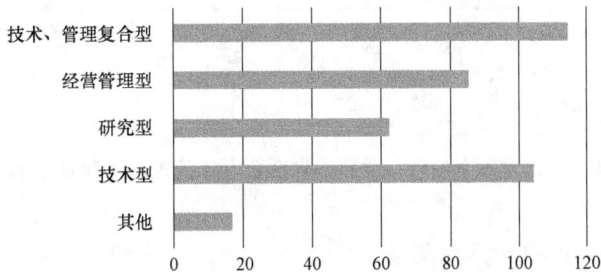

图1　企业紧缺人才需求程度

（二）企业要求计算机专业研究生应该加强的基础知识领域

在计算机专业研究生从事轨道交通信息技术领域工作所需加强的基础领域方面，企业在软硬件开发测试与维护、数据库理论、网络原理等方面提出了更高的要求。专业基础知识与能力的培养仍然是毕业生立足企业长期发展的重要基础。同时也反映出高校该专业在此领域的教学培养仍然有所不足（见图2）。

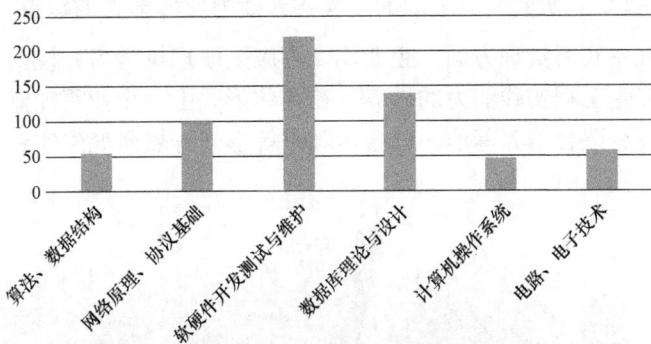

图2　企业需求计算机专业研究生应该加强的基础知识领域

（三）企业认为计算机专业高层次人才应该关注的新技术领域

从调查结果来看，随着轨道交通行业高速发展，越来越多的企业涉足计算机高新技术领域，如Web服务与集成软件开发、大数据存储与分析、云计算与移动互联、高性能计算等。企业对集成化、智能化的产品技术需求逐渐增加，同时对信息安全的关注程度也在增加。这也反映了轨道交通行业对新技术领域高层次人才的需求日趋紧迫（见图3）。

（四）企业要求计算机专业毕业研究生应具备的能力

在学生综合素质能力方面，企业更看重工程技术、团队协调的能力，其次是经营管理、外语与创新能力。这说明，工程技术即工程实践能力是企业出于工程需要对于计算机专业人才的核心关注点，而团队合作是企业运行过程中经常要面对的，因此，团队协调能力也同为企业重点关注的要素。此外，外语能力与创新能力在研究型企业和经营型企业研发部门更受青睐，这与该类型企业或部门承担的创新研究角色是一致的（见图4）。

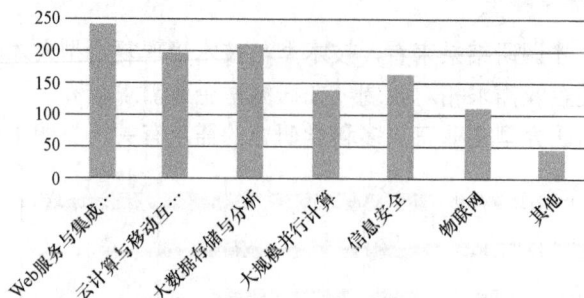

图3　企业认为计算机专业高层次创新人才应关注的新技术领域

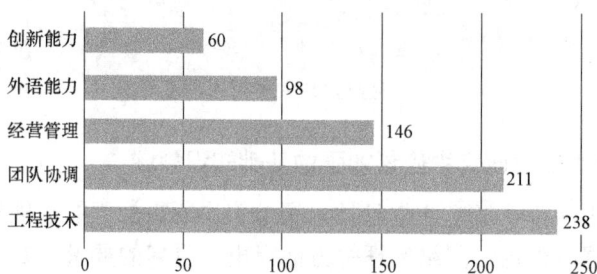

图4　企业要求计算机专业毕业研究生应具备的能力

（五）企业对计算机专业研究生应采取的工程实践能力培养形式的建议

在计算机专业研究生实习实训方面，企业均认为应采取理论学习、校内项目实训与企业实习相结合的方法开展研究生工程实践能力的培养。在具体形式上，企业更加倾向于校企项目合作，其次是以企业实习、校企联合培养基地、联合实验室等形式开展研究生实践能力培养（见图5）。

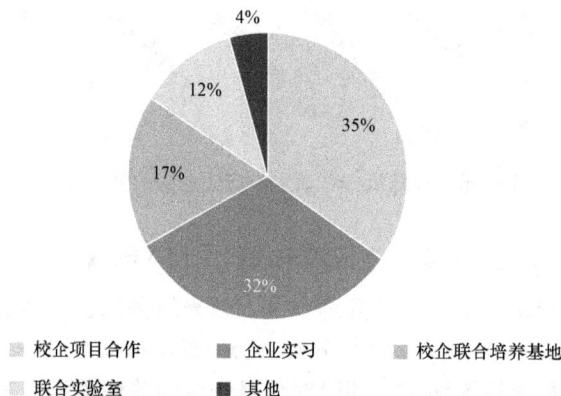

图5　企业对计算机专业研究生工程实践能力培养形式地建议

在高校、学生本人方面，企业认为高校应该在研究生课程体系建设、工程实践平台搭建、教学案例引入等方面有所加强。而研究生应更加注重综合能力的培养，同时加强职业素养的养成。

从以上分析来看，建设符合轨道交通行业计算机专业创新型人才需求的高层次人才培养体系具有重要的现实意义。

二、创新型人才培养改革

（一）轨道交通行业高层次创新型人才培养模式

作为轨道交通行业特色鲜明的高校，北京交通大学以"双一流"专业建设为驱动，以研究生教学培养改革项目为依托，以提高研究生创新型人才培养质量为核心，在广泛的行业需求调研的基础上，围绕人才培养模式、课程体系与核心课程建设、教学案例与专业实践、培养质量监控体系等方面开展了计算机专业研究生创新型人才培养改革的探索。构建了"1个模式、2个体系、2个平台、1个机制"的轨道交通领域计算机专业创新型人才培养体系，如图6所示。

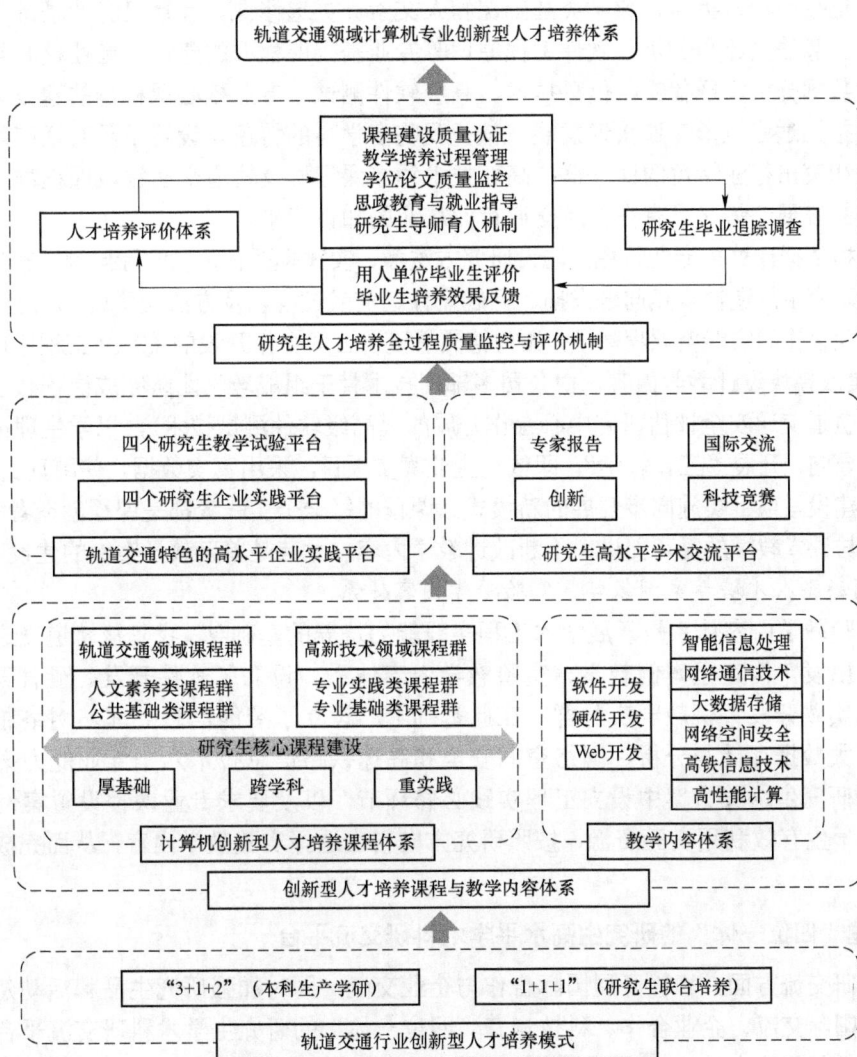

图 5　轨道交通领域计算机专业创新型人才培养体系

结合轨道交通特色和专业优势设置"3+1+2"（本科生产学研）和"1+1+1"（研究生联合培养）的人才培养模式。其中，产学研模式在本科培养阶段重点开展轨道交通行业通识教育与专业实践，在研究生阶段着重学生在实际科研项目中创新能力的培养。研究生联合培养模式是通过研究生联合培养基地的建设，将企业重大科研与工程项目引入实验教学体系，积极组织研究生参与科技专项及重大工程项目，鼓励研究生选择项目中的前沿技术、关键技术和共性技术作为研究方向。研究生通过参与企业重大科研与工程项目，可提升研究起点，拓宽研究视野，增强工程实践能力和创新能力。该模式要求研究生第一学年完成全部课程学习，第二学年参与企业工程项目校内科研训练，第三学年进驻企业实习实训。

（二）构建创新型人才培养课程与教学内容体系

为适应轨道交通行业的快速发展，设计了"厚基础、跨学科、重实践"的计算机专业创新型人才培养课程体系，同时设计了轨道交通案例教学库与实验教学内容体系。

1. 构建厚基础、跨学科、重实践的创新型人才培养课程体系[4]

厚基础主要是指通识教育公共基础课、计算机专业基础类、专业核心类课程的设置。通识教育公共基础课包括政治、英语、数学类基础课和人文素养类选修课。计算机专业基础类课程包括高级操作系统、算法设计与分析、软件工程原理等专业基础课程群的建设。专业核心类课程包括数据挖掘、大数据分析、现代铁路信息技术、高级软件测试等专业核心课程群的建设。

跨学科是指为适应轨道交通快速发展，依托我院多学科的特色，设置了具有适应学科发展、发挥专业优势和突出行业特色的课程群：高新技术领域课程群及轨道交通领域课程群，使学生既掌握信息学科的发展趋势又具有在轨道交通行业从业的知识背景。

重实践是指依据计算机专业特色，增设研究方法类、实践类课程，以实际问题、教学案例为教学内容，鼓励研究生创造性实践问题发掘、问题设计、实践过程以及方法论研讨[5]。近年来，我院不断探索与企业合作的实践类课程建设，如与德国思爱普公司合作开设的《SAP 工程原理与企业实践》，按企业实践模块设计教学内容，由公司多部门技术骨干组成教学团队完成课程教学、项目实训等。与国家轨道交通安全评估研究中心合作开展的《高级软件测试技术》，以学生理论与实践能力双向提升为导向，开展"三真教学"，即依托企业真实项目，采用真实数据，使用真实开发环境，试点实现课程建设与项目实施同步开展的新模式。课程的每一个实践者都是课程创造者和开发者，通过项目实践与课堂教学的循环促进，不断改进教学内容，尤其是单元教学案例的建设。

2. 构建创新型人才培养案例教学、实验教学内容体系

完善的实验教学内容体系是开展学术工程实践能力培养的基础[6]。我院从轨道交通创新型人才培养的特点出发，构建了案例教学、实验教学内容体系。设立了软件开发、硬件开发、Web开发三个基础实践开发案例教学实验群，在此基础上，设立了智能信息处理、网络通信技术、高性能计算、大数据存储与分析、网络空间安全和高速铁路信息技术六个专业能力案例教学实验群。通过在研究生培养方案中设立工程实践必修环节，以及要求专业课程设置案例教学与实验环节，促使学生有效利用实验资源，按照研究方向自由选择实验教学内容，从而完成环节学分与课程考核。

（三）搭建"四位一体"的研究生高水平学术科研交流平台

在学术科研交流方面，积极开展国际合作与企业交流，同时加强研究生品牌活动建设，建立了专家报告、国际交流、企业合作、科技竞赛"四位一体"的研究生学术科研交流平台，有效促进了研究生学术创新能力的培养。

通过重点实验室、共建实验室和教师的对外学术交流，建设"大师面对面""院士校园行""博士论坛"等品牌活动，邀请国内外知名专家开展学术报告。

通过研究生联合培养国家公派项目、国际会议、国际短期交流等形式，推动研究生参与国际高水平学术交流，开拓学术视野。

通过申报、遴选与专家评定，每年资助一定数量的博士、硕士研究生开展研究生创新基金的申请，以高水平论文、创新成果转化作为评审目标，推动研究生的创新研究工作。

鼓励并资助研究生参与国内外学术科技竞赛，通过与业内高校师生竞赛比拼，激发学生开展学术科研实践的兴趣，培养学生的创新能力、实践能力及团队合作能力。

（四）搭建具有轨道交通特色的高水平企业实践平台

计算机专业实践性较强，研究生阶段着重科研实践与创新意识的培养，需要有良好的科研实验条件支撑[7]。依托高水平学科建设能力，我院长期与轨道交通行业企业开展人才培养和科研项目合作，积累了丰富的资源与经验。近年来，我院以现有北京市重点实验室、校企共建实验室、研究生联合培养基地为基础，整合教学与科研实验资源，不断深化校企合作人才培养的广度和深度，通过资源整合、持续建设、构建运作高效的轨道交通领域计算机创新型人才培养实验平台。

该平台现有"动车组健康监测技术及应用""铁路危险品在途运输监测技术与应用""铁路大数据技术及应用""铁路企业资源计划管理技术及应用"四个研究生轨道交通教学试验平台；同时建成"北京交通大学–兰州铁路局铁路通信运维大数据工程实验室"（兰州通信段）、"北京交通大学–上海铁路局高铁动车组运维技术中心"（上海动车段）、"北京交通大学–中国铁路信息技术中心编组站信息系统试验平台"、"高铁信息技术联合实验室"（北京交通大学、中科院、曙光）四个轨道交通研究生企业实践平台。

通过高水平实践平台的搭建，将科研团队的最新科研成果融入研究生实验教学中，培养过程中更加注重学生创新能力与实践能力的培养，强调研究生参加科研项目的深度与广度，切实提高研究生科研创新能力与团队协作能力，为研究生从事轨道交通行业工作奠定了良好的基础。

（五）建立研究生人才培养过程管理与质量监控机制

建立完善的人才培养质量监控体系和过程控制机制，是确保人才培养质量符合培养目标的重要抓手[8]。我院坚持"育人为本、质量为先"的育人理念，重视研究生人才培养过程管理与质量监控，逐步建立了研究生培养过程管理、研究生课程质量认证、研究生学位论文过程管理与质量监控、研究生思政教育与就业指导、研究生导师育人机制等研究生全过程培养管理体系。通过研究生毕业追踪调查，对用人单位、毕业研究生两大主体通过电话、宣讲、座谈、走访、调研等形式产生人才培养质量效果性评价，并将评价结果与建议作为学院进一步改革人才培养工作的重要依据，逐步形成了完整、有效并且良性循环的人才培养质量监控与评价体系，为不断提升我院高层次创新型人才培养质量提供强有力的制度保障（见图7）。

图7　研究生培养过程管理与质量监控平台（左）和研究生课程建设与服务支撑平台（右）

三、结语

高等学校担负着培养和造就高素质创造型人才的历史使命，建立创新机制、培养创新型人才是摆在高校面前的一项迫切任务。通过积极开展轨道交通行业调研，结合我院几年来计算机专业创新型人才培养改革的探索与实践，取得了一定的成果和经验，仍有诸多不足，将在今后的改革实践过程中逐步完善。

参考文献

[1] 曹国永. 北交大是如何服务于轨道交通发展的 [N]. 光明日报，2015-03-24（13）.

[2] 华容. 基于"卓越一线工程师"轨道交通人才培养模式研究与实践 [J]. 中国科教创新导刊，2012（5）：52-54.

[3] 郑锂，黎新华，刘星材，等. 珠三角地区轨道交通行业中高级技能型人才需求调查研究 [J]. 物流技术，2015（19）：302-306.

[4] 杨燕，李天瑞，张翠芳，等. 轨道交通专业计算机创新型人才培养探索 [J]. 实验科学与技术，2015，13（2）：154-156.

[5] 吴仕勋，王宏刚. 轨道交通通信信号专业人才培养体系新探 [J]. 中国电力教育，2014（12）：23-24.

[6] 王伟，孟祥贵，安寅. "创新人才培养模式"下的实验教学改革探索 [J]. 实验科学与技术，2013，11（2）：144-146.

[7] 张乐，李佳洋，肖倩. 基于校企合作协同育人机制的转型发展时期人才培养模式探索：以沈阳大学城市轨道交通学院特色专业建设为例 [J]. 辽宁经济，2016（10）：76-78.

[8] 隋竹翠，徐新，贺赛先，等. 电子信息大类人才培养教学过程管理与质量控制 [J]. 实验科学与技术，2016，14（4）：15-17.

交通运输专业研究生跨学科培养模式的分析

武 旭

（北京交通大学交通运输学院，北京 100044）

摘 要： 在"双一流"建设背景下，北京交通大学交通运输专业研究生跨学科培养模式是学科得以不断生长、演化和发展的重要支撑，也是双一流学科建设中不可或缺的关键。本文通过对跨学科现象的验证，梳理跨学科培养的理论基础，借鉴麻省理工学院 STEM 教育培养模式，对交通运输专业研究生跨学科培养模式进行了思考。

关键词： 交通运输专业 研究生 跨学科 培养

交通运输学科是一门成熟的学科，也对应一门"常规科学"，拥有本学科的研究范式。在研究生培养过程中，采取跨学科培养模式，能够融合不同学科的范式，打破专业化壁垒，培养学生多学科发展能力，以适应现在社会需要。在 20 世纪 80 年代，钱学森先生就曾指出，交叉科学是非常有前途、非常广阔而又重要的科学领域。跨学科学习研究就是科研主体在科学分化的基础上，打破不同学科之间的界线，跨越不同研究领域而进行的学习和科学创造活动。随着人们面临的一系列社会问题与自然问题的复杂化，不同学科间相互联系、彼此渗透的趋势越来越明显。跨学科不仅是新学科的生长点，更是适应当今社会经济发展趋势的重要举措。

一、交通运输领域研究的跨学科特点

交通运输是国民经济的命脉，是关系国计民生的重要产业。《国家中长期科学和技术发展规划纲要（2006—2020 年）》[1]将交通运输学科相关基础问题，作为重点领域及优先主体进行规划与布局。我国交通工程已发展为涉及计算科学、数学、经济、自动控制、系统工程等多学科交叉研究的领域。

从交通工程论文自身学科属性出发，对交通工程领域的学科交叉进行实证研究。在 Web of Science 数据库平台上，按检索主题="Transport*"，检索时段为 2000—2019 年，限定文献类型为"article"或"meeting"进行高级检索，共检索到交通运输领域 SCI 论文 70 558 篇。每篇论文可能对应多个不同学科方向，经统计，这些英文文献同时属于其他学科方向，分布情况如图 1 所示。

一篇 SCI 论文，可能同时归属到多个学科门类下，因此基于单篇文献的多学科属性共现是学科交叉的最直观体现。根据图 1 的论文所属学科，交通工程领域的 SCI 论文还同时属于计算机科学、数学、经济学、自动控制、运筹学等其他学科，论文所属学科的多样性，也说明了交通运输学科有必要对学生采取跨学科培养模式。

二、研究生跨学科培养模式的理论依据

跨学科活动首先在美国等发达国家兴起。第二次世界大战时期，为美国的"曼哈顿计划"引致诸多研究所和实验室的建立和大规模合作项目的形成以解决当时最为紧迫的军事问题。20 世纪 60 年代末，经济合作与发展组织（OECD）组织了"大学跨学科教育与研究活动调研"，并在

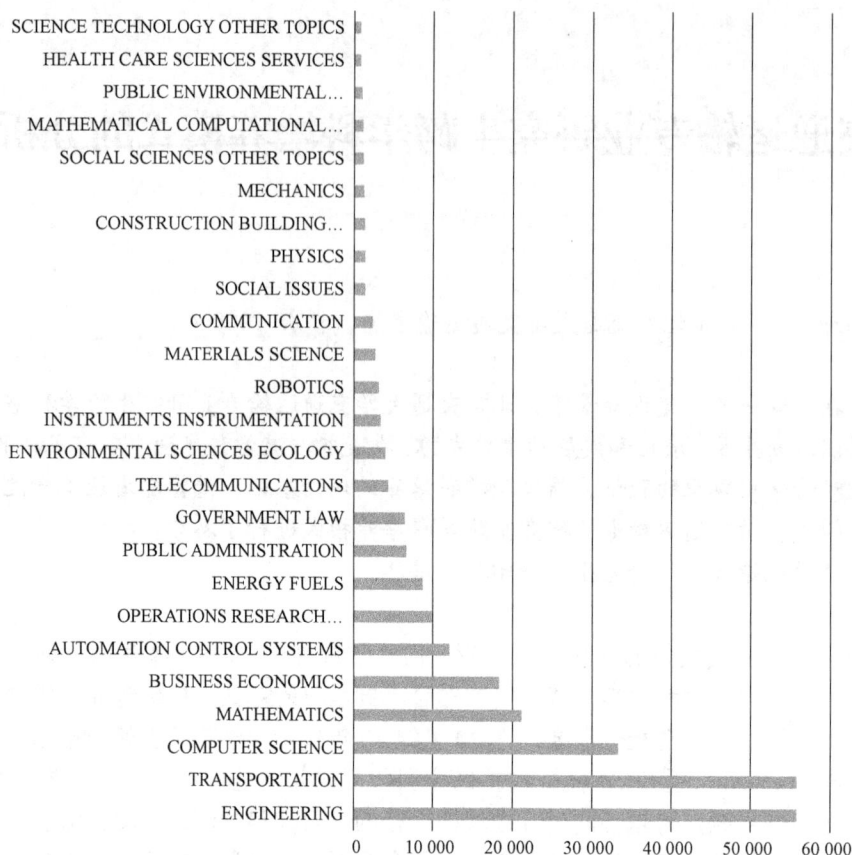

图 1　交通运输专业 SCI 论文交叉学科分布

这一调研基础上出版了文集《跨学科：大学中的教学与研究问题》。按文集中定义[2]，跨学科是指两门或者两门以上不同学科之间相互联系，从思想的简单交流到较大领域内教育与研究的概念、方法、程序、认识论、术语、数据以及组织之间的相互联系。该文集把跨学科教育的来源归结于五种需求的驱动。一是科学发展需求。这种需求源自科学专业化发展的趋势，促使学科领域的发展范围越来越狭窄，使得许多专业都开始采取跨学科的形式。二是学生发展需求。这种需求多体现为学生对具有世界性和多面性的学科分割和人为划分学科的反对，在这种情况下，跨学科的出现是一种让各种学科得到相互弥补的机会，其作为学科教育的抗衡力量，试图改变教育现状，满足学生发展需求。三是职业训练需求。这种需求源自社会的"专家"是指在某个问题面前具有几种解决办法的人，而非钻研某一单独专业或某一专业中很小的一个范围的人，跨学科教育是培养这种人才的最好途径。四是社会革新需求。这种需求是指新出现的诸如环境研究、城市化研究等社会问题研究领域，其所涉及的学科数量难以估量，由此产生将跨学科教育引入到本科教育的需求，或取代通识教育，或将其纳入研究生教育。五是大学管理需求。这种需求产生于一些在职能问题或大学管理上涉及多个学科的大学，跨学科教育和研究是更有效地利用资源和财产、提高管理效率的手段。

三、北京交通大学交通运输学院交通运输专业研究生跨学科培养简介

北京交通大学交通运输学院设有五个一级学科（及八个二级学科），分别是交通运输工程（交通规划与管理），系统科学（系统分析与集成，复杂系统控制理论与应用），安全科学与工程（交通安全测控工程，运输安全工程），控制科学与工程（系统工程，交通运输智能自动化），管理科

学与工程（电子商务）。由于学科的融合，科研项目也呈现多学科、多元化的融合特点。不同的研究方向也便于导师根据学生的特点因材施教。来自不同专业背景的学生，根据导师的研究课题强化所学知识并拓展。交通运输学院跨学科培养的主要方法如下。

（1）开设跨学科课程体系。学院的研究培养过程强调学术与专业并重，理论联系实践，科研结合服务，强调跨学科知识和能力的培养，不仅重视研究生研究能力，而且注意训练其实践能力，将研究生的培养目标和社会需要以及毕业后的实际工作紧密结合。学院根据学科的特色科学设定了课程培养体系，制定了学生跨学科选课的要求与办法，在基础知识储备上为研究生的跨学科培养提供了保障。

（2）建设跨学科实验平台。学院建立了国家重点实验室、国家工程中心等 5 个国家级教学科研平台，为提升研究生的创新能力提供了条件。并在平台上探索资源整合机制，打破系所壁垒、学科边界，实现资源利用效能的最大化。不同系所在人才培养平台上出台了多项合作机制，通过取长补短，以共赢的方式实现跨学科教育目标。

（3）多学科的科研课题。跨学科教育必须依托学科建设而发展，满足社会、经济和科技发展需求的学科融合是跨学科教育的重点。学科间不同领域方向交叉互动的科研课题是跨学科科研能力提升的载体，是培养学科发展的重要途径。学院的导师每年承担大量的科研课题，课题研究多需要各学科知识的综合运用，学生在参加课题的过程中，提升了科研能力，拓宽了视野。

（4）举办各种层次学术会议与讲座。学院经常组织专题讲座，举办或承办多个学术会议，如第十届交通运输研究国际学术会议（ICTTS'2018）等。为交通运输专业的研究生提供了学习交流的平台，对促进相关领域的学术交流和科技合作，提升研究生培养水平具有重要的作用。应继续鼓励研究生多参加学术讲座和学术会议，以拓宽学术视野，培养研究生的创新意识，增加研究生的科研动力。

（5）实施国际化发展战略。2017 年学院获批"交通运输"专业本科教育中外合作办学项目，由学院和代尔夫特理工大学土木工程与地球环境学院合作举办。国际化办学是实现由研究型大学向世界一流大学转型的重要手段，我院同世界知名的代尔夫特理工大学开展合作项目，引进其优秀学者和研究人员，分享其科学、工程、技术等优势学科交叉融合的成功经验，实现全球优质教育资源的共享。

四、以麻省理工学院 STEM 教育为代表的跨学科培养模式分析

麻省理工学院作为世界理工大学之最，能培养出许多在世界上享誉盛名的精英和领袖，与其独特的 STEM 学科整合方式和创新人才培养模式密不可分。STEM 是指科学（science）、技术（technology）、工程（engineering）和数学（mathematics）四门学科的交叉与融合，体现了一种跨学科教育统合模式[3]。STEM 教育即根据社会需求和学科结构，将科学、技术、工程和数学这四个领域有机整合，旨在培养学生的综合素养、创新精神和实践能力的活动。

（1）麻省理工学院的研究生教育理念和培养目标。麻省理工学院的校训是"既学会动脑，又学会动手"，学院的办学原则是基础科学与应用科学并重、教学工作与科研活动相结合、学校教育与社会需要相联系。麻省理工学院的研究生培养目标是使研究生在学校接受富有力量的、令人激动的和具有改革意义的教育，从而使研究生能够获得创造未来的能力。在麻省理工学院研究生教育院长办公室制订的战略计划《从想象到影响：赋予研究生创造未来的力量 2011—2016》（*From Imagination to impact：empowering graduate students to create the future* 2011—2016）[4]中，明确提到了研究生教育有五大战略主题：①促进研究生教育的创新和卓越；②加强对研究生的资助；③完善行政管理和政策保障；④满足多样化和建设合作友好的氛围；⑤推动全人教育。目标与战

略计划的制定保证了其教育理念的落实，形成了独特的 STEM 研究生培养模式。

（2）弹性、灵活、自由、与实践紧密结合的跨学科课程体系。麻省理工学院以理学院和工程学院为基础，各院系都开设弹性、灵活、自由的跨学科课程，做到文理渗透，基础和应用、科学和人文紧密结合。学院各部门都包含一些跨学科项目和融合众多学科的研究领域，并广泛设置跨学科课程，从而充分满足研究生的不同兴趣和需要，课程体系除了设有与专业紧密相关的基础课、讨论课，还包含了大量的实践课程，每个院系也要求学生进入不同专业或学院的实验室进行实际的学习和操作，这使得学生有机会与自己专业领域的优秀工作者一起工作，学会与他人进行合作研究，巩固专业知识和技能，形成研究思维与能力。

（3）全方位、多层次、多样化的研究生协同培养项目平台。麻省理工学院采用科系合作、校企协同、校所联合及校际联盟等协同方式，将学科与学科、高校与企业、高校与科研院所、高校与高校的合作纳入研究生培养体系。通过资源整合，逐步构建起系统完善的研究生培养协同机制，将研究生培养的目标具体化、明确化，研究生的招生选拔、课程体系的构建、导师团队的构成都是基于项目需要而形成的，且协同培养的各方都能全程参与研究生培养方案的制定与实施。

五、交通运输工程跨学科培养的思考

对比麻省理工学院 STEM 跨学科研究生培养模式，我校交通运输专业研究生跨学科培养还存在以下问题。

（1）跨学科理念缺少目标理念支持。跨学科教育改革，不仅需要多开设几门选修课程、多设置几个交叉性专业，而且需要从理念、思维及传统习惯等诸多方面看待跨学科培养问题，从根本上说是一种系统的、全面的、整体性的变革。科学合理的培养目标可以回答"培养什么样的人"的问题，是培养模式的核心，也是培养活动的出发点和落脚点。而培养目标的不明确，又会导致在培养方式和质量考核贯彻执行上的错位，出现课程、教学和科研等方面的成果滞后于社会环境的变化和及时需求，造成培养过程中的很多环节被虚化抑或流于形式。

（2）教育资源共享受限。从交通运输领域的论文所属研究方向可以看出，不仅涉及交通运输学院专业，而且还涉及数学、经济等其他专业，因此跨学科的交通运输专业研究生培养不能仅限于学院，应是多个学院的协作。目前研究生招生和培养是以学院为边界，行政与学术权利都归属于学院，师资，资金等资源条件都归院系所有所用，学院将资源局限于自身熟悉的专长领域。因为学院行政属性的独立，使不同学科间的资金分配、成果归属、个人考核等利益问题变成跨学科教育推进的障碍，而且这种限制还使得教学实体组织向愈来愈专业化的方向发展，更不利于跨学科培养。

六、交通运输工程跨学科培养的思考

随着我国高等教育"双一流"建设的推进，"双一流"建设高校的研究生培养模式也受到密切关注，通过对比麻省理工学院 STEM 研究生培养模式，为交通运输专业研究生培养模式提供了借鉴和启示，具体包括如下几点。

（1）更新研究生教育的理念，设置多元的培养目标。面对社会外界环境的日新月异，知识经济时代先进技术的迅速发展，各行各业对高层次、高素质人才，尤其是对科技和工程实践领域的高层次创新型人才的需求日益迫切。高瞻远瞩的教育理念和独特多样的培养目标是跨学科研究生培养的基础。必须以服务国家利益与促进国家经济和科技的发展为办学宗旨，强调研究生教育的重点必须随着国家利益、经济和科技的发展而时刻变化，确立明确的、多元的、与时俱进的人才培养目标。

（2）扩大学科融合范围，构建多样、融合的课程体系。打破学院学科壁垒，深入挖掘各学科间的联系，充分利用各学科的优势和特色，从学科交叉中找到创新点。加强优势学科同其他学院、学科的交叉与融合，在工程、技术、计算机、自然科学等领域构建跨学科组织结构，开设跨学科课程，开展跨学科研究。

（3）搭建协同培养项目平台，提供跨学科学习载体。广泛地开展跨学科、跨学院、跨学校的研究生协同培养项目，并建立跨学科实验室、跨学科研究中心、跨学科计划或课题组等跨学科组织形式，广泛搭建基于项目的涵盖科系合作、校企协同、校所联合、校际联盟等多种形式的协同平台。同国内外其他院校、研究机构广泛开展合作与交流，通过互联网，跨越学校、地区乃至国家的界限，广泛开展网络平台之间的交流与互通。

（4）建立科学合理的评价体系，保证跨学科培养质量。对研究生培养过程中的各方面实施工作进行监督考核、评价反馈，以及时改进研究生培养方式，从而保障研究生培养质量。根据跨学科研究生培养要求，需建立包括学位论文制度、教育激励制度、考核及淘汰制度在内的质量保障机制，保证研究生培养工作的有序开展。

参考文献

[1] 中华人民共和国国务院. 国家中长期科学和技术发展规划纲要（2006—2020 年）[Z], 2006.

[2] 项蓓丽. 跨学科研究：研究生教育亟待解决的问题 [J]. 广西大学学报（哲学社会科学版），2003，25（1）：95-98.

[3] 刘潇濛. 美国麻省理工学院 STEM 研究生培养模式研究 [D]. 保定：河北大学，2018.

[4] MIT. Office of the dean for graduate education. from imagination to impact: empowering graduate students to create the future. [EB/OL] [2017-10-18]. http://odge.mit.edu/wp-content/uploads/2012/09/ODGE-Strategic-Plan-web. pdf.

物理学、光学工程研究生培养环节问卷调查及问题分析

彭继迎　富　鸣　孙玉朋　由凤玲　吴海燕

（北京交通大学理学院，北京 100044）

摘　要： 为了发现物理学、光学工程学位点研究生培养环节存在的问题，提升研究生培养质量，对 81 名硕士和 29 名博士研究生进行了校内的问卷调查，对 7 所高校进行了校外问卷调查。对调查结果进行统计、分析，发现了一些问题，并提出了改进建议。

关键词： 物理学　光学工程　研究生培养　调查问卷　问题分析　改进建议

一、引言

近几年教育部及学校出台的一系列政策对研究生培养提出了更高的要求，也提出了更大的期望，同时也给学位点的建设带来了更大的挑战。典型的政策如学位论文的后评估，研究生导师的师德师风建设，通过学位点评估来以评促建，研究生的末位延期制度，招生与培养挂钩等。类似政策严重冲击着非一流学科的研究生招生，给相关学位点的建设带来了严峻的考验。

为了更好地发现问题、解决问题，应对各类政策下的挑战，使得学位点建设更进一层，对理学院的物理学、光学工程两个学科进行了摸底调查，得到了有意义的数据。

理学院物理学、光学工程两个一级学科博士点由物理系和光电子所共建，很大一部分导师既招收物理学硕士，也招收光学工程硕士，所以两个学位点有很强的共通性，鉴于以上现状，将两个学科合并在一起进行分析。

二、问卷设计内容

（一）校内问卷内容

1. 你认为研究生培养环节中哪些方面需要改进？
2. 你认为研究生培养环节中哪些方面值得保留（称赞）？
3. 所有的课程中，你认为上课质量最好的（或者说收获最大的）的是哪一门课？
4. 所有的课程中，你认为最需要改进的是哪一门课？
5. 据你所知，真正去听讲座的学生有多大比例？
6. 你觉得应该怎样提升学生对学术讲座的参与热情？
7. 你觉得组织研究生学术论坛是否有必要？
8. 提出你对研究生学术论坛组织形式的建议。
9. 你觉得研究生末位延期制度是否能促进研究生培养质量的提升？
10. 你们课题组例会多长时间召开一次（包括正式与非正式会议）？

11. 你平均每月与导师的交流时间是多少?

12. 提出你对研究生培养环节的改进建议。

(二)校外调查问卷内容

1. 本校是否开展研究生(硕士、博士)论坛?研究生论坛多长时间开展一次?研究生论坛的开展形式?

2. 除了研究生论坛外,还有没有其他报告自己科研进展的途径?简要说明。

3. 本校硕士研究生毕业对发表学术论文有什么要求?

4. 本校是否有硕士研究生的末位(按比例)延期制度?

三、问卷调查结果统计

(一)校内调查问卷结果统计(硕士)

1. 你认为研究生培养环节中哪些方面需要改进?

无:18 人;增加实习、实践机会:19 人;课程设置更合理一些:12 人;开办各类学术活动,提高学术氛围:6 人;更加重视对科研能力的训练:5 人;提供继续深造、就业方面的交流会:4 人;毕业制度需要改进:4 人;综合素质的提高:4 人。

2. 你认为研究生培养环节中哪些方面值得保留(称赞)?

课程体系设置:20 人;实习和实践:10 人;学术讲座:9 人;开题、中期等:8 人;导师负责制:7 人;实验室动手能力培养:4 人;开放式课堂作业:4 人;都好:2 人;无:9 人。

3. 所有的课程中,你认为上课质量最好的(或者说收获最大的)的是哪一门课?

激光与光电检测技术:7 人;现代显示技术:7 人;激光技术:6 人;光电子材料与器件:4 人;信息检索:4 人;研究生英语课程:3 人;光学:3 人;太阳能电池:3 人;半导体物理:3 人;发光学:3 人;固体物理:2 人;高等量子力学:2 人;数值分析:2 人;光纤传感器技术:2 人;中国特色社会主义理论与实践研究:2 人;光纤通信网:2 人;专业实践课:2 人;表面化学:2 人;都好:2 人;量子力学:1 人;科研训练与创新能力培养:1 人;随机过程:1 人;高等光学:1 人;薄膜制备与表征技术:1 人;光纤通信技术:1 人;固体光谱学:1 人;光通信导论:1 人;高等无机化学:1 人;材料化学基础:1 人;电化学:1 人。无:3 人。

4. 所有的课程中,你认为最需要改进的是哪一门课?

无:28 人;英语:19 人;政治课:5 人;信息检索:3 人;数值分析:3 人;薄膜制备与表征技术:2 人;群论:1 人;光电子材料与器件:1 人;专业选修课及部分专业课:1 人;随机过程:1 人;半导体物理:1 人;固体物理:1 人;运筹经济学:1 人;跨专业选课:1 人;太阳能电池:1 人;科研训练与创新能力培养:1 人;知识产权:1 人;高等有机化学:1 人;实验室技能培训:1 人;前沿讲座:1 人。

5. 据你所知,真正去听讲座的学生有多大比例?

10%不到:9 人;20%:15 人;50%:21 人;60%:3 人;70%:3 人;80%:2 人;90%~100%:5 人;与研究方向的相关性有关,比例是不定的:7 人;不了解:9 人。

6. 你觉得应该怎样提升学生对学术讲座的参与热情?

多举办和大家研究方向相关的课题讲座:24 人;多开展,多宣传:14 人;奖励机制:10 人;邀请一些知名学者,权威人士:9 人;丰富讲座形式:8 人;增加互动:6 人;提升学生对学术的参与热情:3 人;不清楚:2 人。

7. 你觉得组织研究生学术论坛是否有必要？

有必要：61 人；没有必要：13 人。

8. 提出你对研究生学术论坛组织形式的建议。

无：26 人；以学生为主体，以会议报告的形式，多表达多交流：13 人；多征集大家意见：12 人；分类清晰，学生可以根据兴趣酌情选择：8 人；鼓励每位同学发言，提出自己的见解：6 人；以班级或课题组为基本参会单位，并给予一定的学分或课时要求：3 人；以学生为主导，指导老师帮扶：3 人；请行业专家举办讲座：3 人。

9. 你觉得研究生末位延期制度是否能促进研究生培养质量的提升？

能：36 人；不能：38 人。

10. 你们课题组例会多长时间召开一次（包括正式与非正式会议）？

每周一次：58 人；两周一次：6 人；一周两次：4 人；一周到两周一次：2 人；不定期：2 人；无：2 人。

11. 你平均每月与导师的交流时间是多少？

每周一次：15 人；几乎每天都交流：11 人；交流较多：9 人；一周 2~3 次：9 人；有问题会交流，不限时间：7 人；几个小时：5 人；一个星期至少交流 3~4 次：4 人；每月 10 次左右：3 人；交流较少：3 人；20 小时：2 人；无：2 人；不少于 4 小时：2 人；24 小时以上：1 人。

12. 提出你对研究生培养环节的改进建议

无：26 人；增加实践训练，理论与实验相结合：9 人；加强个人技能的培养：8 人；改进毕业制度：6 人；改进课程设置：5 人；关注学生心理健康：4 人；加强导师队伍建设：4 人；提高研究生综合素质：4 人；注重培养学生的科研能力：4 人；提高学生参与学习与研究的积极性：2 人；完善评价制度：2 人；研究生的招生能严格起来：1 人。

（二）校内调查问卷结果统计（博士）

1. 你认为研究生培养环节中哪些方面需要改进？

无：8 人；英语授课方式：3 人；去掉无关紧要的活动：2 人；应更加重视研究生的学术交流活动：2 人；需要提高硬件（实验设备）支持，增加对公共实验设备的维修：1 人；出国交流的机会应该多一些，还有对于出国以后发的文章能否用于毕业的相关政策需要多改进：1 人；图书馆的数据库有好多优秀期刊的论文不能下载：1 人；增加对所做方向的研究兴趣，增加同学间互帮互助，共同解决所面临的科研难题：1 人；办理各项事务手续烦琐，且无法找到明确的办理流程、注意事项、填表模板等。很多事情都需要去教学科或研究生院进行询问：1 人；开题和中期考核时间最好可以根据个人实际情况进行调整，或者以一种工作报告的形式进行：1 人；多组织政策活动宣传，加强沟通：1 人；缺少应用类的课程，如光学工程学科必要软件的学习使用：1 人；加强导师与学生的交流：1 人；老师的课程应该上：1 人；多培养学生创新意识：1 人；老师讲课请讲些有意义的东西：1 人；学制年限问题，强烈要求去掉博士 4 年的硬性要求：1 人；按专业明确划分同学们需要上的课程，减少不必要的课程以及要求，真正做到课程对学生的科研起到实质性帮助，课程数少而精才是培养专业人才的有效方法：1 人。

2. 你认为研究生培养环节中哪些方面值得保留（称赞）？

科学讲座：6 人；开题和中期报告：6 人；无：5 人；现有各个环节都可以：3 人；灵活的毕业时间：1 人；去公司走访学习：1 人；使用英文开题答辩：1 人；学分制：1 人；学术例会：1 人；资格考试：1 人；鼓励研究生进行创新科研项目：1 人；量化指标明显：1 人；老师负责：1 人；邀请报告：1 人；博士论坛：1 人。

3. 所有的课程中，你认为上课质量最好的（或者说收获最大的）的是哪一门课？

英语：7人；无：5人；半导体物理：3人；现代光学科学与技术：3人；科学前沿：3人；半导体器件：3人；固体物理：2人；发光学：1人；非线性光学：1人；导波光学：1人；光谱学：1人；科研训练与创新能力培养：1人；数学物理方法：1人。

4. 所有的课程中，你认为最需要改进的是哪一门课？

英语：13人；无：10人；政治：4人；方向专业课：2人；全部：1人。

5. 据你所知，真正去听讲座的学生有多大比例？

0～10%：4人；41%～50%：7人；51%～60%：1人；71%～80%：11人；90～100%：1人；方向相关很多，方向无关很少：4人；不好统计：1人。

6. 你觉得应该怎样提升学生对学术讲座的参与热情？

举办专业相关的前沿讲座：17人；请本领域知名专家教授来讲座：12人；及时通知，积极宣传：4人；让学生感受到对自己有用：2人；给予奖励：2人；无：1人；学术讲座的时间不宜过长：1人；强制要求：1人；适当增加学生展示环节：1人。

7. 你觉得组织研究生学术论坛是否有必要？

有：25人；没有：4人。

8. 提出你对研究生学术论坛组织形式的建议。

无：8人；以学生为主体，以会议报告的形式，多表达多交流：4人；研究生学术论坛以学习交流为主，可以更多地介绍自己的学习心得，新的技能，前沿文献，软件，画图，编程，实验设计逻辑，文章撰写心得，组织形式灵活，参会人员有目的地去参加：3人；可以针对每个学科，小范围的组织：2人；奖励机制：2人；按专业划分版块，成立文献互助专区：2人；非必须制：1人；按所分配：1人；定期（如每月某个时间）召开不同学科类型的学术论坛，让学生养成定期参加学术论坛的习惯：1人；可提前征求学生需求，投票制选出邀请专家：1人；报告加party：1人；预先报名，再组织：1人；希望论坛的范围可以不仅局限于本校，可以联合多所高校共同举办：1人；学院和学校定期组织，自愿参加，参加的同学加入考核参考：1人；每年发表高质量文章较多的同学可以展示他们的成果，与同学们交流经验，搞研究的方式方法：1人。

9. 你觉得研究生末位延期制度是否能促进研究生培养质量的提升？

不能：14人；能：6人；有利有弊：5人；不确定：4人。

10. 你们课题组例会多长时间召开一次（包括正式与非正式会议）？

每周一次：19人；两周一次：7人；每周两次：3人。

11. 你平均每月与导师的交流时间是多少？

0～2小时：1人；2～3小时：4人；3～4小时：1人；6小时：1人；10小时：1人；8次以上：1人；每周一次：5人；两天一次：1人；每天：14人。

12. 提出你对研究生培养环节的改进建议

无：7人；为了提高毕业率而把博士正常毕业时间由三年改为四年是不合理的，这并没有从本质上提升博士生水平：3人；每个环节的时间节点应该提前尽早告知学生和老师：2人；招生太多，人多了导师管不过来，研究内容重叠不易出成果：2人；增强同学们的沟通能力：2人；增加交流，对其他组的技术、资源有充分的了解，并且对其他组的成员熟悉，有利于科研工作的推动：2人；公共实验设备需要维修，需要增加公共实验室的维护费用，公共实验设备坏了不能快速有效地修好：1人；激励比惩罚的效果更明显：1人；希望多增加一些各个课题组之间交流的机会。很多时候，科研工作自己组内资源不足以完成。而这些技术可能正好是其他组擅长的。增加导师对学生的评价的重要性：1人；取消强制发表学术论文制度：1人；在条件允许的情况下，定期组织学生到相关研究产业进行实地参观学习：1 人；注重培养研究生的创新科研能力和语言表达能力，开展各种形式的学术交流活动，注重学术道德教育：1 人；通知明确一些，时间提早一些：1 人；加大管理强度，增加上下班打卡制，旷工现象直接扣除工资甚至开除学籍处理：1 人；多一点科研经费：1 人；加强对学生的督促，给研究生提供更大的发展空间：1 人；课应该上，加强对于基础知识、基础理论的学习，自学固然需要，但是上课是帮助学习事半功倍的重要组成部分：1 人；针对研究生研究需要的内容进行培养，不必要的课程建议取消：1 人。

（三）校外调查问卷结果统计

1. 本校是否开展研究生（硕士、博士）论坛？研究生论坛多长时间开展一次？研究生论坛的开展形式？

北京航空航天大学	是，一年一次，申请报名制
暨南大学	是，一学期 5～6 次，学术沙龙和科研成果汇报和学术交流
中科院物理所	无
华南师范大学	是，1 至 2 周一次，讲座，学术报告
清华大学	是，一年一次，系所有研究生参加
天津大学	是，一年一次，口头报告
中科院上海光机所	是，两周一次，报告人就科研工作和科研经历做 30 分钟报告，随后有 15 分钟提问互动环节

2. 除了研究生论坛外，还有没有其他报告自己科研进展的途径？简要说明。

北京航空航天大学	投稿各类会议，组会，小组预答辩
暨南大学	各种光学会议，博览会
中科院物理所	组会
华南师范大学	组会，参加国际会议，发表学术论文
清华大学	组会，参加会议，其他学校论坛
天津大学	组会，投稿参加会议，口头报告或张贴海报
中科院上海光机所	组会，实验室内会议

3. 本校硕士研究生毕业对发表学术论文的要求？

北京航空航天大学	学硕：一篇核心期刊论文及以上；专硕：一篇核心期刊论文及以上
暨南大学	学硕：SCI 核心期刊论文一篇；专硕：不要求
中科院物理所	学硕：一篇核心期刊论文；专硕：一篇核心期刊论文
华南师范大学	学硕：一篇 SCI；专硕：一篇三作以内文章或者专利
清华大学	博士：一篇一区或两篇二区文章或成果突出
天津大学	学硕、专硕：至少发表本校界定的"一般学术期刊论文"一篇，且各学位评定分委员会可根据具体情况提出更高的要求，并形成书面规定上报研究生院学位与学科建设办公室备案后执行。研究生发表或录用的学术论文均要求本人为第一作者或者导师为第一作者、本人为第二作者，并且第一署名单位为天津大学
中科院上海光机所	学硕：一篇以上 EI 收录文章；专硕：一篇专利以上

4. 本校是否有硕士研究生的末位（按比例）延期制度？

北京航空航天大学	无
暨南大学	有
中科院物理所	无
华南师范大学	无
清华大学	无
天津大学	无
中科院上海光机所	无

四、问题分析及改进建议

（一）问题分析

不同的学生反映的问题有一定的差异性，这里列出反映人数较多的问题。

（1）组织专业内的学术论坛，非常有必要。

（2）增加研究生的锻炼、实践、学术报告机会。

（3）学术讲座的落实情况不好，真正好好听的学生较少。

（4）研究生培养政策有些细则还需要好好讨论、改进。

（5）研究生课堂教学水平参差不齐，要更加规范化。

（6）研究生与导师及相关负责人的沟通渠道不畅通，很多问题不能及时反馈。

（7）部分同学对课程设置提出问题；英语课程需要改进。

（8）学生对末位淘汰制度并没有持特别赞成的态度；调查的 7 所外校也只有 1 所学校实行了末位淘汰制度。

（9）研究生组会以及研究生与学生的交流时间参差不齐。

（二）改进建议

（1）组织专业内的学术论坛，让学生多参与。

（2）鼓励学生参加学术会议、学术论坛；联系相关企业和科研院所，为学生提供更多的实习实践机会。

（3）出台学术讲座组织细则，落实讲座的实施效果。

讲座备案；学生签到存档、备查；每年邀请院士、千人、杰青等各方面专家；课题组导师讲解。

（4）改进研究生招生及培养相关细则，提升研究生培养质量。

修改培养方案（发表论文档次提升等）；修改研究生招生科目，提升研究生报考率和生源质量；凝练研究方向，导师重新分组，增进导师和学生之间的交流；细化公开答辩方案，增进专家评分的合理性；细化导师招生名额分配方案，合理分配研究生招生名额，同时将导师招生名额分配与研究生培养质量进行挂钩。

（5）提高研究生教学的监管力度，保证课堂理论课教学的教学效果。

（6）通过例会制度、专业内的不定期会议等，对学生的情况进行及时跟踪。

（7）修改、完善课程设置；和英语课课程设置小组进行深入沟通、交流。

（8）对末位淘汰制度带来的效果要做进一步跟踪访谈、统计、研究。

（9）进一步落实导师例会记录制度，确保研究生一周至少与导师交流一次。

高标准　严要求

——高质量硕士、博士研究生培养实践

赵　耀　朱振峰　倪蓉蓉　韦世奎　林春雨　白慧慧

李晓龙　刘美琴　常冬霞　宋亚男

（北京交通大学计算机与信息技术学院，北京 100044）

摘　要："数字媒体信息处理"科技部重点领域创新团队肩负着前沿技术研究和高层次人才培养的双重重任，在高层次人才培养中，团队始终坚持"高标准，严要求"的培养理念，并在培养过程中贯彻"严进严出，勤于讨论，学术平等，扩大交流，质大于量"的具体措施。在此理念和具体措施的支撑下，团队的研究生培养取得了丰硕的成果：已培养毕业博士研究生 20 名，硕士研究生 70 余人。其中，1 名获北京市优博奖，1 名获中国计算机学会优博奖，1 名获中国人工智能学会优博提名奖，1 人获中国电子学会优博论文奖，1 人获北京市图像图形学学会优博论文奖，7 名博士生获北京交通大学优秀博士论文奖，14 篇硕士研究生论文获北京交通大学优秀硕士论文奖。

关键词：学科　研究生培养　创新能力　信号与信息处理

一、基本内容

近年来，得益于计算机、网络、通信等技术的快速发展，以文字、图形、图像、声音、视频为代表的大量数字媒体信息已渗透到国家安全和人民生活的众多方面。与之相关的采集、存储、传输、安全等数字媒体信息处理的理论与关键技术是当今信息科学领域的重要发展方向。"数字媒体信息处理"团队紧跟媒体处理研究的国际前沿，依托"信号与信息处理"国家级重点学科，研究方向主要包括图像视频编码与传输、数字水印与取证、媒体内容分析与理解等。该团队是教育部创新团队和科技部重点领域创新团队。团队对学生的培养，并不是将各个方向的内容进行简单整合，而是以各个研究方向凝练的基本理论体系为指导，系统化、全面化地进行培养。

数字媒体信息处理的知识体系如图 1 所示。

自本团队组建以来，承担了高层次人才培养和前沿技术研究的双重重任。在培养高素质、高层次、创新型的研究生实践中，总结了一些先进教育教学经验和培养模式，总结如下。

（一）坚持"高标准、严要求"的培养理念

在国务院学位委员会对博士学位授予的条件中，明确要求博士生要"掌握坚实宽广的基础理论和系统深入的专门知识"。其中，"系统深入的专门知识"是高层次人才培养不同于其他人才培养的所在，也是研究生、博士生培养的真谛。本团队从 1998 年开始招收研究生以来，就一直以"高标准、严要求"作为自己的培养理念。以高质量的研究成果作为研究生培养的主要追求，团

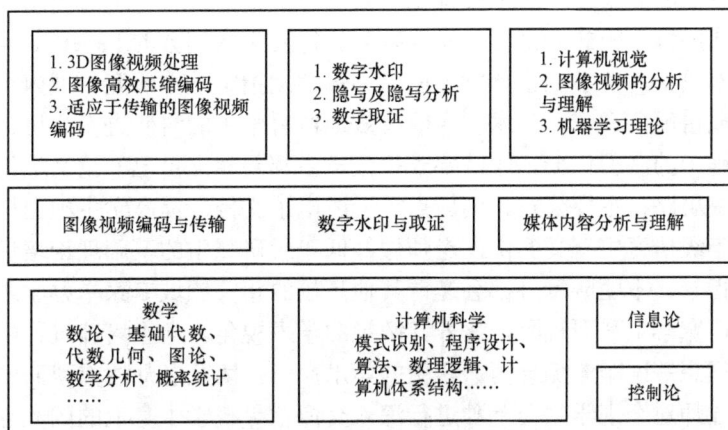

图1 数字媒体信息处理的知识体系

队从教师到研究生统一思想，清晰认识到高质量培养对学生培养、教师发展、科学研究、学科建设等方面的重要性，从内心深处理解研究生高质量培养的重要性。团队制定了高于学校和学院的毕业标准，从选题、项目支撑、研究内容的讨论、研究成果的深度把控、发表期刊和会议选择、高质量的研究成果的激励政策等方面进行认真把关，制定了一系列保障措施，改革创新研究生课程体系，每学年都组织团队教师对研究生课程设置和内容进行评估，各课程互为支撑，融会贯通，例如在"多媒体数据压缩"中引入常见多媒体数据的压缩、编码方法和目前业界的标准，让学生对数据压缩有全方位的认知，在"计算机视觉"中加入了近些年来随着机器学习的快速发展出现的大量新的方法和成果，帮助学生紧跟学术前沿。在"媒体大数据压缩技术"课程中，结合媒体大数据的新特点和数据压缩新技术更新课程内容，提高学生动手能力。提供确保使学生掌握数字媒体信息处理方向专业的理论体系知识，同时提高其综合运用所学理论知识分析和解决问题的能力，培养具有创新思维的高质量人才[1]。

（二）严进严出

在研究生的选拔中，严格把控学生质量，所有要进入团队的学生除了通过学校的考核考试外，还要经过导师组的面试，面试包括英语口语测试，上机编程测试，专业知识问答、心理素质测试等内容，尽量将"数学好、英语好、编程好"的"三好"学生吸收到团队中来。每年团队老师都会带领学生们在学院的夏令营本科生中宣传和面试一部分优秀学生参与课题组的研究，并鼓励这些同学继续深造，以吸纳更好的生源。在培养中，本团队注重学生全方位、多样化发展，鼓励学生积极参与各类专业竞赛，从教育教学、学术研讨、人文关怀、全面发展等角度，实现教学、科研、人文三者融合体系[2]。为了保证学生培养质量，团队制定了研究生行为手册，从团队研究生日常行为准则、培养计划、奖惩措施、日常出勤、请假等方面做出了明确规定，积极推进了团队学生培养的规范化、有序化管理。同时团队为每个实验室配备了智能指纹考勤机，并有专门人员负责记录考勤。每月的考勤和奖助学金挂钩，让每位学生至少保证每天不少于8小时的基本科研时间，形成良好的学习习惯。严把毕业关，以培养具有学术创新能力和符合社会需求的高层次创新人才为目标。选拔时就明确告知学生以质量作为毕业的标准，而不是以年限作为毕业的依据。质量不达标的同学延迟毕业，提前达到要求的同学可以提前毕业。

（三）勤于讨论，学术平等

在研究培养过程中，及时交流讨论是促进学生进步的重要举措。通过交流，及时发现科研中的问题，并提供指导性的建议。团队中每周至少要召开学术例会和讨论班一次，实行以学生为主体，开放式、交互式的讨论模式，推行启发式教学。每周学术例会的 Paper Reading 由 1~2 名研究生讲解最新的学术论文，使学生了解学术前沿。每学期指定一本研究领域内经典的书籍或基础课程，由研究生轮流讲解各章节。学术例会能有效地监督学生的科研进度，讨论班则侧重于学生相互交流在科研过程中的心得体会。团队要求每位学生都要建立自己的论文笔记，对于每篇论文的背景、问题、解决思路、主要公式、创新点等形成电子文档，提高学生独立思考能力，培养学生的创新思维。高年级研究生有义务协助老师做好低年级研究生的基础理论培训和技术培训，为其提供力所能及的指导。本团队每月都会邀请其他高校的相关领域专家举办学术报告会，为团队内学生答疑解惑，拓宽学生科研视野，培养其敏锐的学术视角。学生培养过程中，科研环境较为单一，实验结果不理想等困难难免会消磨学生的学术激情。团队老师注重科研的同时，也会关注学生的内心世界，导师对个别学生会单独进行深入交流，寻找学生身上的闪光点和兴趣所在，增强学生的自信心，提高学生的心理承受能力。让学生之间互帮互助，形成一种良好的学术氛围。在交流中，导师与同学之间相互平等，导师积极鼓励学生敢于说话，敢于提出质疑，促使科学研讨深入到本质。

（四）扩大交流

学术研究需要广泛的交流，通过各类交流，既扩大团队的学术影响力，又及时掌握国际前沿的学术动态。本团队通过主持的国家自然科学基金重大国际合作项目和科技部国际合作项目以及"111"引智计划等课题，每年邀请 10 余名国际学者来校进行学术交流合作，主要以开展英文课程教授、科研探讨、专题研讨会等多种形式展开。借助与国际专家学者的交流合作，深入开展前沿问题研究，积极参加国际学术竞赛，进一步提升团队科研创新能力，增强科研实力，取得了实质性的成果。本团队博士生刘婷、阮涛、赵杰参加计算机视觉领域顶级会议 CVPR 2018 "Look Into Person"国际竞赛（简称 LIP）三项人体精细化解析竞赛单元（Track1：Single-Person Human Parsing，Track2：Multi-Person Human Parsing，Track5：Fine-Grained Multi-Human Parsing），获得三项冠军。同时，团队也积极承办国际学术会议（ICSP2018）等，扩大团队在国际上的影响力。本团队每年利用国家公派、学校、学院、科研课题资助等形式资助博士生到国外研究机构访问学习，拓宽学生的国际视野，提高了学生的培养质量。

（五）质大于量

在研究生培养过程中，本团队一直坚持将问题研究透彻，不急于发表成果，积极追求高质量的成果产出，积极营造以发表高质量的成果为荣的学术氛围，并以高质量的成果作为毕业标准。学生学位论文也要求选定在本学科具有前沿性和创新性的选题，选题过程中，团队指导老师把握大的方向，指定参考文献，提供建设性意见，制定研究大纲。学生本人根据指导老师指定的参考文献，细化研究思路，制定研究计划。在培养过程中，鼓励学生积极参加学术活动、学术竞赛等。本团队教师指导的大创项目"停车场场景下基于视觉的自动寻找车位算法"（指导老师：林春雨、赵耀）和"环形采集拼接及显示系统"（指导老师：林春雨）被评为北京交通大学国家大学生创新训练项目。同时本团队也资助学生参加国际学术会议，培养学生多元化发展。科研成果方面，不以论文为唯一指标，也要求学生积极参与国家级科研项目的研究，包括国家重点研发计划，国家自然基金等，全方位提升学生能力。同时执行高质量研究成果奖励制度，对高质量的成果给予奖励，质量越高，奖励越大。从氛围、措施等方面严把质量关，培养出综合专业素质高，实践能力创新能力强的全方位人才，为社会主义现代化建设提供坚实的后备力量[3]。

二、应用情况

本团队一直将"高标准，严要求"的理念贯穿于各届研究生的培养中，并收到了很好的效果。目前已培养毕业博士研究生 20 名，硕士研究生 70 多名，其中，1 名获北京市优博奖，1 名获中国计算机学会优博奖，1 名获中国人工智能学会优博提名奖，1 人获中国电子学会优博论文奖，1 人获北京市图像图形学学会优博论文奖，7 名博士生获北京交通大学优秀博士论文奖，14 篇硕士研究生论文获北京交通大学优秀硕士论文奖。到目前为止，所培养的硕士、博士生均正常毕业。表 1 是团队获奖的硕士、博士论文名单。

表 1　团队硕士及博士获奖论文名单

姓名	导师	论文题目	获奖年度	奖励级别
翁绍伟	赵　耀	数字图像的高容量可逆水印的研究	2010	北京市年度优秀博士论文
韦世奎	赵　耀	基于信息融合的多媒体内容搜索	2011	中国计算机学会年度优秀博士论文
肖延辉	赵　耀	基于矩阵分解的图像表示理论及其应用研究	2015	中国人工智能学会年度优秀博士论文提名奖
魏云超	赵　耀	跨媒体数据的语义分类和检索	2016	中国电子学会年度优秀博士论文
姚　超	赵　耀	三维视频的视点绘制与编码	2017	北京图像图形学会年度优秀博士学位论文奖
白慧慧	赵　耀	多描述图像/视频编码的研究	2008	北京交通大学年度优秀博士论文
翁绍伟	赵　耀	数字图像的高容量可逆水印的研究	2009	北京交通大学年度优秀博士论文
林春雨	赵　耀	图像/视频的多描述编码及传输	2011	北京交通大学年度优秀博士论文
韦世奎	赵　耀	基于信息融合的多媒体内容搜索	2011	北京交通大学年度优秀博士论文
田华伟	赵　耀	抵抗去同步攻击的鲁棒水印技术研究	2013	北京交通大学年度优秀博士论文
欧　博	赵　耀	高保真的可逆信息隐藏	2014	北京交通大学年度优秀博士论文
魏云超	赵　耀	跨媒体数据的语义分类和检索	2016	北京交通大学年度优秀博士论文
王　铮	赵　耀	自由视点视频的数字水印技术研究	2011	北京交通大学年度优秀硕士论文
段红帅	朱振峰	基于机器学习的人脸美感分析研究	2011	北京交通大学年度优秀硕士论文
辛沛露	朱振峰	基于图模型的协同过滤推荐技术研究	2012	北京交通大学年度优秀硕士论文
程宝田	倪蓉蓉	基于精细认证和迭代补偿机制的数字图像认证与恢复算法	2012	北京交通大学年度优秀硕士论文
张鹏雁	赵　耀	基于商标匹配的视频广告识别	2012	北京交通大学年度优秀硕士论文
周佳玲	朱振峰	基于分值传递的协同过滤推荐技术研究	2014	北京交通大学年度优秀硕士论文
陈　倩	朱振峰	显著性区域检测算法研究	2014	北京交通大学年度优秀硕士论文
杜琳琳	朱振峰	基于共享子空间的多视角数据分析	2014	北京交通大学年度优秀硕士论文
刘　凯	韦世奎	基于语义的跨媒体一致性研究	2015	北京交通大学年度优秀硕士论文
刘　瑞	倪蓉蓉	可逆水印技术及其在加密域的研究算法	2015	北京交通大学年度优秀硕士论文
李剑炜	赵　耀	基于操作历史的数字图像取证研究	2015	北京交通大学年度优秀硕士论文
高　静	白慧慧	基于压缩感知的三维图像视频编码	2015	北京交通大学年度优秀硕士论文
王锐拓	赵　耀	图像集压缩算法研究	2016	北京交通大学年度优秀硕士论文
王培英	朱振峰	社会网络中的社区发现及协同过滤推荐技术研究	2016	北京交通大学年度优秀硕士论文

这一理念的坚持也促进了团队建设和学科建设，团队每年都有 5～6 篇的研究成果发表在 IEEE Trans.等国际顶级杂志上，学术成果也得到了国际学者的好评。团队主持承担了国家重点研发计划、973、国家自然科学基金重点项目等重要项目，所在团队入选了教育部创新团队和科技部重点领域创新团队。本团队通过二十余年的经验摸索，在培养具有学术创新能力和符合社会需求高层次创新人才的目标下，实现了可持续性进阶的人才模式[4]，有效地解决了长期以来我国高等院校计算机类人才培养模式和持续增长的需求背景之间的"瓶颈""脱节""桎梏"问题[5]。

参考文献

[1] 高超，张自力，李向华. 浅谈计算机专业研究生创新能力的培养 [J]. 西南师范大学学报（自然科学版），2013，38（5）：158-163.

[2] 夏小娜，禹继国，罗文伟. 计算机专业研究生创新培养体系研究与实践 [J]. 计算机教育，2018（9）：35-39.

[3] 李晖，张宁. 网络空间安全学科人才培养思考 [J]. 网络与信息安全学报，2015，1（1）：18-23.

[4] ADACHI C，TAI J H M，DAWSON P. Academics' perceptions of the benefits and challenges of self and peer assessment in higher education [J]. Assessment & evaluation in higher education，2018，43（2）：294-306.

[5] 冯永，钟将，李学明，等. 大数据高级技术人才协同创新培养研究与实践：以计算机全日制专业学位研究生与本科生协同创新培养为例 [J]. 中国电化教育，2017（6）：35-44.

多模式培养环境下研究生培养
过程管理体系优化与完善

李森荟　姚恩建

（北京交通大学交通运输学院，北京 100044）

摘　要： 为提升多模式培养环境下研究生培养管理体系，本文结合北京交通大学交通运输学院研究生工作管理组的实践经验，分析现行培养管理体系存在的问题，采用资料查询、实地调研和学术交流等方法，提出改进措施，探索同时有利于管理者和被管理者的最优排课方法，建立核心算法的实现方法与步骤，开发交通运输学院研究生自动排课系统，同时制订相关管理文件，加强研究生培养过程质量的有效监控，形成制度建设成果，全方位提升研究生培养质量。

关键词： 多模式培养　研究生　培养过程管理体系　自动排课系统　制度建设

一、概述

我国从 2017 年开始正式在全国高校展开非全日制研究生的招生及培养工作，非全日制与全日制研究生的学历学位证书具有同等法律地位和相同效力[1]。随着研究生招生规模不断扩大，培养模式越来越多样化，教学资源的配置速度跟不上学生增长的速度。以我院为例，从 2017 年开始，我院启动交通运输工程领域、控制工程领域的非全日制研究生招生和培养工作[2]，目前已经有各类非全日制研究生 120 余名，同时在今后还计划继续扩大非全日制研究生的招生规模[3]。我院为 2017 级非全日制非定向的硕士研究生制定培养方案并建设独立的课程体系；2016—2017 学年，我院为交通运输工程领域城市轨道交通方向硕士研究生、商务部全英文项目铁道运营与管理方向留学生建设独立的课程体系。

受多模式培养的影响，2017—2018 上半学期计划开设研究生课程 82 门，与 2014—2015 全年的开课数量相当。但在实践工作中，教师的教学任务越来越繁重，研究生工作组的管理工作也越来越困难。因此，本文结合我院研究生工作组管理实践，针对教学管理软件和培养环节考核方式[4]等方面进行建设和完善，希望对各高等学校研究生培养过程管理体系[5]的研究建设有所启迪。

二、多模式培养环境下研究生培养管理体系存在的主要问题

结合研究生培养过程管理实践以及调研同类高校培养环节管理模式及考查办法，认为我院研究生培养过程中主要存在以下问题。

（一）课程管理效率较低

在教学计划编制环节，需要严格执行各专业培养方案、立足教师教学需要和学生学习需要、合理配置现有的教学资源。我校现行的"先本科生后研究生"的排课模式增加了研究生管理者的

排课难度，采用人工方式很难编制出一份合理可靠并且可以充分利用学院现有师资的课表，后期不断地调整也给管理者带来大量重复性的劳动。因此，坚持以人为本，充分运用现代计算机技术，开发一套自动排课系统，在综合考虑各种因素的前提下进行课表编排工作，可以极大地提高课程管理效率，提高学院课程管理水平。

（二）培养过程管理办法相对滞后

目前我院对研究生从培养环节到答辩阶段的考核方式均沿用早期制定的办法，由学院统一集中组织，各系所具体负责实施。为加强学位与研究生培养教育质量保障和监督体系的建设，不断提高研究生教育质量，学院应根据学科特点、结合实际、制定贯穿开题、中期、送审、答辩所有环节相关管理规定，并在实施过程中配合信息管理系统进行数据管理。

三、研究生培养过程管理体系优化方案

（一）交通运输学院研究生自动排课系统设计

1. 研究思路

排课是教务工作中的一项基本工作，即根据各专业要求的授课计划制定出合理、可行的课表。排课问题涉及课程、时间、教师、学生等众多因素，导致排课过程相当复杂。因此，计算机自动排课系统的研究十分必要。与此同时，排课问题为 NP 完全问题，根据国内外相关资料显示，遗传算法[6]、模拟退火算法、神经网络算法、贪婪算法[7]和回溯算法[8]等众多算法[9]都被逐步用来解决排课问题，并取得了一定成效。因此，本文在前人研究的基础上，综合多种算法的优缺点，最终采用基于贪婪算法与回溯算法相结合的方案对自动排课系统进行设计。

自动排课系统设计研究的整体思路如下所示：

（1）基于北京交通大学交通运输学院的实际情况，分析研究生排课流程，总结自动排课系统的约束条件；

（2）分析自动排课系统主要业务流程和功能需求[10]；

（3）通过查阅文件，分析对比各种排课算法的优缺点，设计基于贪婪算法与回溯算法相结合的自动排课算法；

（4）根据排课系统的功能需求，完成系统设计，采用 C#语言编程实现排课系统[11]，并通过实际案例对系统进行测试。

2. 排课问题的复杂性分析

课程表是学生课堂学习和教师教学进程的具体实施方案，是对专业教学培养方案实施的教学安排，排课就是对课程、教师、学生、时间进行综合统筹安排，课程安排应尽量合理且符合教学要求。此外，应协调好公共课，基础课、专业课和选修课自身及其相互之间的关系，从而最大限度地为学生提供获取知识和技能的空间。

同时，排课问题所面临的各种规则和约束也需要加以考虑。根据规则和约束程度，本文分为两类约束。

（1）基本约束条件。排课的基本约束条件是在排课过程中必须遵循的基本要求，主要包括如下几点：

① 在同一个课程安排的时间段，同一位教师不能安排两门以上的不同课程（包括本科和研究生课程）；

② 在同一个课程安排的时间段，不能同时安排某专业的基础课与该专业预设的公共课；

③ 在同一个课程安排的时间段，不能同时安排某专业的专业课与该专业预设的公共课；

④ 只有一个教学班的基础课和基础课，不能安排在同一个时段；

⑤ 只有一个教学班的基础课和专业课，不能安排在同一个时段；

⑥ 只有一个教学班的专业课和专业课，不能安排在同一个时段；

⑦ 课程安排应满足教师在课程申报信息中的周次、周学时和是否连排等要求；

⑧ 如果教师要求将课程安排在周末，则将课程安排在周末；

⑨ 对于周学时不小于 4 的课程，如果教师要求课程连排，则课程应连排。

（2）其他约束条件。

① 如果教师未明确要求将课程安排在周末，则尽量不将课程安排在周末；

② 对于周学时不小于 4 的课程，如果教师未明确要求课程连排，则课程尽量不连排，且尽量将一周内的多次课隔天安排。

分析可知，自动排课系统应尽量达到两个目标，一是课程表中没有基本约束冲突，二是尽可能满足其他约束条件，即排课系统必须满足第一类基本约束，否则容易导致教学事故的发生，阻碍教学活动的正常进行；为了获得更好的教学效果，排课系统应尽可能满足其他第二类约束条件。因此，在排课组合问题中，既要必须完全满足基本约束条件，又要尽量兼顾"科学、合理、人性化"的原则，在两者兼顾的基础上实现优化排课方案的目标。

3. 自动排课系统主要业务分析

自动排课系统的业务主要包括课程数据预处理、预排课与自动排课等部分。其中，课程数据预处理包括：课程申报信息设置、本科课程信息设置、公共课程信息设置等模块。预排课、系统自动排课部分业务流程如下。

（1）课程数据预处理流程。如图 1 所示，课程申报信息设置流程为：首先导入课程申报信息，然后根据实际情况增加、删除或者编辑某些课程申报记录，再根据教师对所授课程的要求设置课程是否连排并自定义周学时，直到所有课程申报信息都完整，最后保存课程申报信息。

如图 2 所示，公共课程信息设置流程为：首先导入公共课程信息，然后根据实际情况增加、删除或者编辑某些公共课程信息，设置课程所属专业并自定义周学时，直到所有公共课程信息都完整，最后保存公共课程信息。

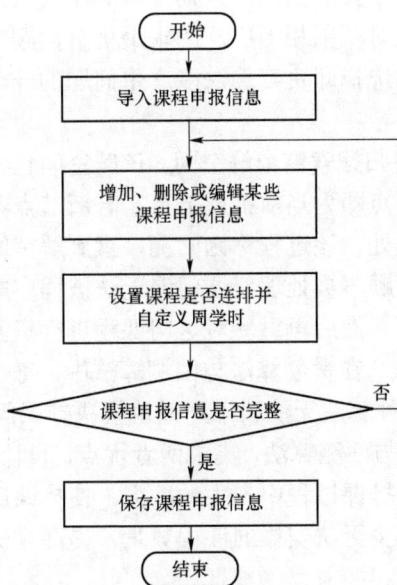

图 1　课程申报信息设置流程图　　图 2　公共课程信息设置流程图

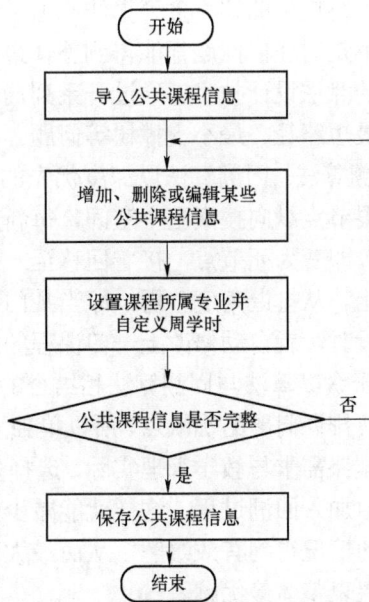

（2）系统自动排课流程。如图 3 所示，系统自动排课的流程为：系统按照学期教学任务书中的课程所划分的教学班，考虑课程、时间、教师、学生等相关因素，应用自动排课算法进行自动排课。如果当前所排课程与其余已排课程均不冲突，则该门课程排课成功；如果所选课程由于与已排课程冲突无法安排或未排完所有课程，则继续选择其他未安排的课程进行排课，直到全部课程排完后，保存课程表。

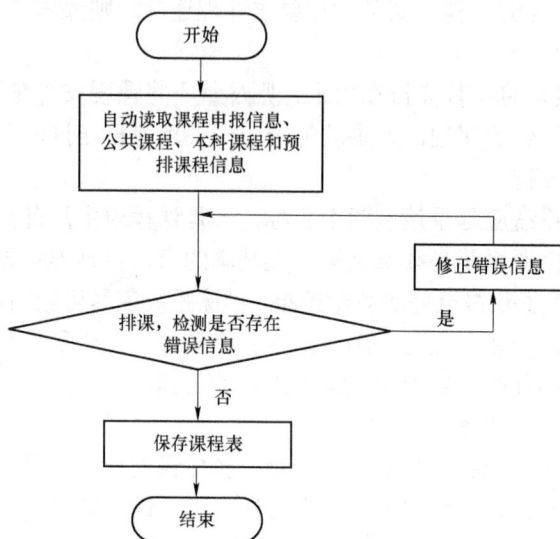

图 3　系统自动排课流程图

4. 排课算法分析

排课问题是一个 NP 问题，通过确定性算法无法在多项式时间内求出最优解，需借助启发式算法求解[12]。本文以贪婪算法与回溯算法为基础进行系统设计。

（1）贪婪算法。贪婪算法对所要求解的问题，总是做出适合目前问题的最好选择。它从问题的某一个初始解出发，通过一系列贪婪选择做出当前状态最优选择，逐步逼近给定目标，以尽可能快的速度求得更好的解。贪婪算法不追求最优解，不要求回溯，只期望得到比较满意的解。虽然贪婪算法不是对任何问题都能得到整体最优解，但对范围相当广泛的求最优解问题来说，它是一种最直接的算法设计技术，通过一系列局部最优的选择即贪婪算法能产生问题的一个整体最优解，如单源最短路径、最小支撑树等问题。

（2）回溯算法。回溯算法以深度优先的方式来递归搜索整个解空间。该解空间包含至少一个最优解，从根节点纵向搜索整个空间，每新到一个节点即为当前扩展节点，若新节点不能继续进行纵向移动，即变为死节点，接着回移至一个活节点处，该过程称为回溯，直到解空间中搜索不到活节点为止。从排课角度分析，即当某门课按一定顺序被处理但这门课无法被程序成功分配到合适的时间段时，就自动修改上一门课程的排课结果，然后再重新对这门课程进行资源配置。

（3）基于贪婪算法与回溯算法相结合的改进算法。在贪婪算法与回溯算法中，每一种算法都有其自身解决排课问题的优缺点，所以单独采用某一种算法无法科学严谨地解决排课问题。因此，结合本学院排课需求与教学管理实际，选择贪婪算法与回溯算法，集中两者优点，设计排课系统，在贪婪算法中加入回溯过程，这样就能减少系统自动排课过程中产生的冲突，使排课后期各种教学资源紧张的情况得到有效缓解，从而最大限度地减少无法安排的课程数量，提高排课质量，尽可能地得到课表整体最优解。

5. 排课算法设计

借鉴国内外在排课问题上的研究成果，结合贪婪算法与回溯算法，排课算法设计思路如下。

（1）读取相关数据，包括课程申报信息、本科课程信息与公共课程信息。

（2）删除待排课程备选时段中与已排本科课程时段、已排公共课程时段、预排课程时段冲突的时段，冲突检测的原则是同一位教师所授的本科课程或研究生课程是否在同一时间段；某专业的基础课与该专业预设的公共课是否在同一时间段；某专业的专业课与该专业预设的公共课是否在同一时间段；只有一个教学班的基础课和基础课是否在同一个时间段；只有一个教学班的基础课和专业课是否在同一个时间段；只有一个教学班的专业课和专业课是否在同一个时间段。

（3）初始化课程表。

（4）随机从所有未排课程中取出一门可选时间段最少的课程，包括该课程的课程名称、任课教师、周次、周学时等排课信息。

（5）从所选课程的周学时备选时间段中选取时间段，选取原则为：如果教师要求将课程安排在周末，则从周末备选时间段中随机选取相应时间段；如果教师要求不将课程安排在周末，则从工作日备选时间段中随机选取相应时间段；如果教师没有明确要求课程安排在周末，则尽量从工作日备选时间段中随机选取相应时间段，当工作日备选时间段无法满足要求时，再从周末备选时间段中随机选取相应时间段；如果教师要求课程连排，则从备选时间段中选择连排时间段；如果

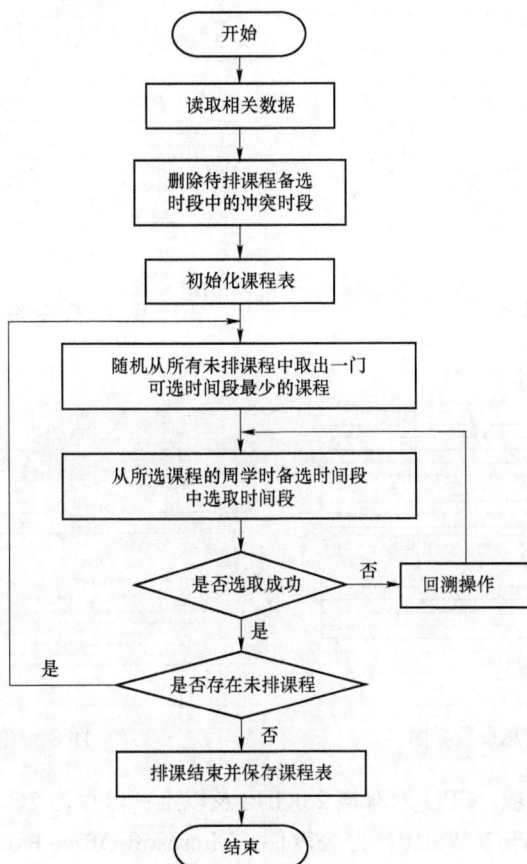

图4　自动排课算法

教师要求课程不连排或未明确要求连排，则从备选时间段中选择不连排时间段，且一周内的多次课尽量隔天安排；如果当前课程选取时间段成功，则将该课程填入课程安排表，并将该课程选取的时间段记录到排课历史记录表中，接着删除与当前已排课程时间段冲突的未排课程备选时间段，冲突检测的原则同步骤（2），接着判断是否存在未排课程，如果存在，则进入步骤（4），否则排课结束，保存课程表。

（6）如果当前课程选取时间段失败，则进行回溯操作，清空上一轮安排的课程在课程安排表中的排课记录，并恢复步骤（5）中删除的未排课程备选时间段，进入步骤（5），重新选择排课时间段，同时避开该课程曾选取的时间段。考虑到如果所排课程过多或教师整体要求过高，则会导致课程安排冲突较多，比较容易出现回溯过多的情况，影响排课系统性能，严重时甚至会导致系统排课出现死循环。所以在每次回溯时都要随时记录连续回溯的次数，当回溯次数达到阈值时，即终止回溯。这样可避免由于个别课程无法被安排而影响整体排课进程的问题出现，进而提高系统运行的性能和效率（见图4）。

6. 排课系统实现

（1）排课系统各流程设置界面见图5至图8。

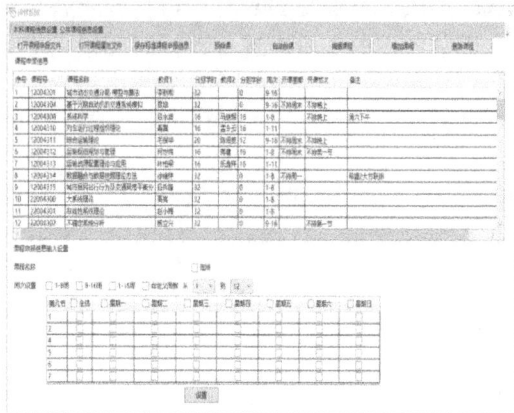

图5　主界面

图6　公共课程信息设置界面

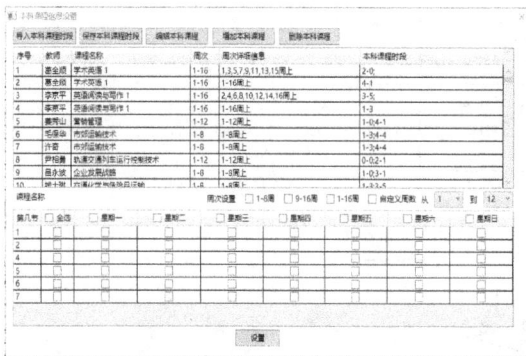

图7　本科课程信息设置界面

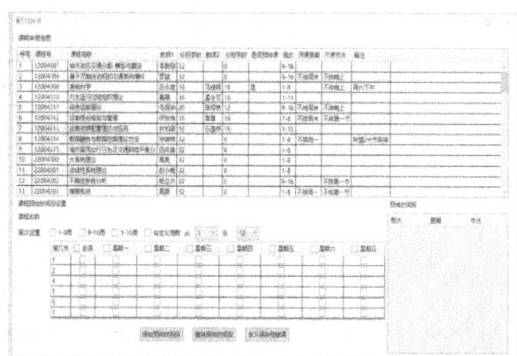

图8　预排课界面

（2）系统环境。标准环境：CPU为双核2.0GHz及以上；内存为2G及以上；硬盘为100G及以上；操作系统：WinXP/ Win7/ Win10；办公软件：Microsoft Office Excel 2007以上。

（3）为了测试自动排课系统的科学合理性，本文选取北京交通大学交通运输学院2018—2019学年第二学期研究生课程数据对本系统自动排课功能进行测试。

（4）排课结果。应用自动排课系统对 2018—2019 年第二学期研究生课程教学执行计划进行编制，可以看出，一方面，排课结果满足排课基本约束条件，课程安排没有发生冲突，课程合理性较高；另一方面，排课结果满足其他约束条件，使课程上课时间符合教学规律。本系统排课效果较好，使课程安排更加合理，同时缩短了工作人员的排课时间，具有较高的排课效率（见图 9）。

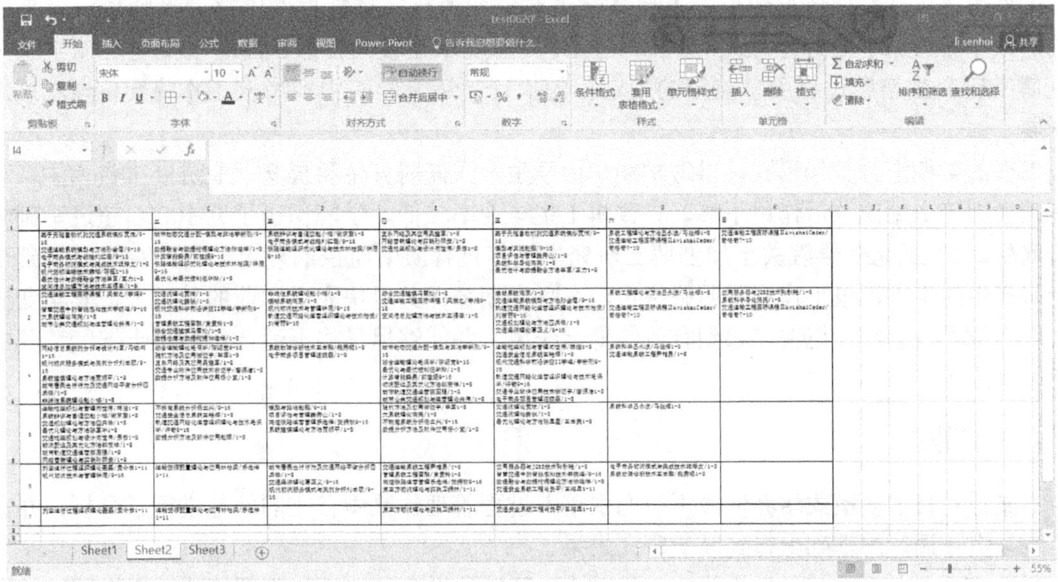

图 9　排课结果

（二）培养过程管理办法制定

交通运输学院于 2017 年 9 月分别制订了针对学术型硕士研究生、专业型硕士研究生和博士研究生的培养过程管理规定。

1. 学术型硕士研究生培养过程管理规定

《交通运输学院学术型硕士研究生培养过程管理规定》以研通〔2017〕43 号《北京交通大学关于加强硕士研究生培养过程质量监控及提高论文质量的规定（试行）》为依据，针对学术型硕士研究生的文献综述与开题报告、中期考核、前沿讲座、公开答辩等环节制订了管理规定，相似性检测未通过、匿名送审两次未通过、小组答辩未通过和公开答辩成绩排序在后 10% 的研究生均纳入末位延期范围。2017 年学术型硕士研究生各培养环节能够按照以上文件要求有序展开，进展顺利。

2. 专业型硕士研究生培养过程管理规定

《交通运输学院专业型硕士研究生培养过程管理规定》以研通〔2017〕43 号《北京交通大学关于加强硕士研究生培养过程质量监控及提高论文质量的规定（试行）》为依据，针对专业型硕士研究生的文献综述与开题报告、实践环节、前沿讲座、公开答辩等环节制订了管理规定，相似性检测未通过、匿名送审两次未通过、小组答辩未通过和公开答辩成绩排序在后 10% 的研究生均纳入末位延期范围。2017 年专业型硕士研究生各培养环节能够按照以上文件要求有序展开，进展顺利。

3. 博士研究生培养过程管理规定

《交通运输学院关于加强博士研究生培养过程质量监控的规定》以研通〔2017〕42 号《北京

交通大学关于加强博士研究生培养过程质量监控的规定（试行）》为依据，针对博士研究生资格考试、开题报告、中期检查、前沿讲座等环节制订了管理规定，未通过者，将按规定予以分流。2017年博士研究生资格考试环节进展顺利，80%的学生都能够通过学院考核，其余学生将于下学期参加补考。2015级及以前博士生的开题报告答辩工作进展较好，约60%的学生已完成开题并取得成绩。其余环节考核过程中存在以下问题。

中期考核工作完成情况较差，主要是学生对中期考核的重视程度不够，老师也没有形成严格的时间节点观念，近年学院对该环节完成时间的要求也较为松散。随着《交通运输学院关于加强博士研究生培养过程质量监控的规定》的执行，运输学院中期考核工作将会日渐正规地有序开展。

以往的学期汇报工作形式，以每学期初由学生本人向研究生科提交学业进展报告为主，对超过基础学制博士生的警示作用不够，导致博士生毕业率较低，学院积压了近100名超过基础学制的研究生。《交通运输学院关于加强博士研究生培养过程质量监控的规定》文件对超过基础学制博士研究生的学期汇报工作有了明确规定，在每学期督促其尽快完成学业的基础上，其学业进展将由院学位委员会严格把关，起到有效的警示作用，并能够尽早将不适合作为博士继续培养的学生予以分流。

四、结语

本文针对目前多模式培养环境下研究生培养过程管理体系中存在的问题进行了分析，并在管理实践与实际调研的基础上得到以下研究成果。

（1）在坚持培养方案、以人为本的基础上，开发了以贪婪算法和回溯算法结合为基础的交通运输学院研究生自动排课系统。

（2）制定了交通运输学院关于研究生培养环节质量监控、提高论文水平、培养环节考核办法的系列文件。

上述研究成果在实际应用中都保证了教学稳定，提高了教学质量，推进了教学管理工作的高效性，同时保证了研究生培养质量，能够有效地提高学位论文水平，全面提升了研究生管理者对研究生培养过程的管控能力。与此同时，本论文存在以下几个方面需要进一步改进，比如，在研究生自动排课系统实现排课结果反向检查功能以及未来建立一套针对研究生导师评价和考核的机制等方面都需要进一步深入研究。因此，本文研究成果会在不断地推广应用中继续完善，逐步发挥促进研究生人才培养质量提升的作用。

参考文献

[1] 高一华. 关于新政策下非全日制研究生教育发展的现状及建议 [J]. 高教学刊，2018（9）：191-193.

[2] 周佑勇. 论高校自主设置研究生招生条件的正当性及其限制 [J]. 苏州大学学报（哲学社会科学版），2018，39（3）：41-51+40.

[3] 舒伟. 新增硕士学位授予单位研究生培养质量保障体系的构建 [J]. 当代教育理论与实践，2018，10（1）：115-118.

[4] 刘波. 基于全面质量管理的高校研究生培养质量保障 [J]. 创新与创业教育，2015，6（6）：149-152.

[5] 洪流. 树立一流目标　强化内涵建设　推动江苏学位与研究生教育高质量发展 [J]. 学位与研究生教育，2018（5）：1-6.

[6] 刘腾，吴仁协，李毅. 基于遗传算法的高校排课问题探讨 [J]. 重庆电子工程职业学院学报，2018，27（3）：91-93.

［7］ 刘明. 贪婪算法在排课问题中分析与应用［J］. 信息与电脑（理论版），2012（1）：125 – 126.

［8］ 王浩. 高校自动排课系统的设计与实现［D］. 北京：北京工业大学，2014.

［9］ 郭亮，余燕，许雅琳，等. 高校自动排课系统算法比较分析［J］. 现代计算机（专业版），2014（35）：17 – 20.

［10］ DIMOPOULOU M，MILIOTIS P. An automated university course timetabling system developed in a distributed environment：A case study［J］. European journal of operational research，2004，153（1）：136 – 147.

［11］ 杨利娟，朱杉杉. 基于 C#的高校排课系统［J］. 电脑编程技巧与维护，2018（10）：23 – 27.

［12］ MIRHASSANI S A，HABIBI F. Solution approaches to the course timetabling problem［J］. Artificial Intelligence review，2013（2）：133 – 149.

学科、科研和校外基地三位一体研究生培养模式研究

胡准庆　张　欣

（北京交通大学机械与电子控制工程学院，北京　100044）

摘　要： 研究生培养工作承担着为社会输出适应国家建设所必需的高素质、高能力人才的艰巨任务，探索提升研究生综合能力的培养模式具有重大的意义。本文从学科、科研、校外基地三方面出发，分析了目前我国在研究生培养工作中所存在的问题与影响因素，从学科专业体系、创新实践能力培养、师资队伍、激励机制、实践教学体系五个方面探索了提升研究生综合能力的方法与路径，为研究生的培养与教育提供了参考。

关键词： 学科　科研　校外基地　研究生培养模式

我国自从 1978 年恢复研究生招生工作以来，对研究生招生的规模持续增加，在校研究生数目也不断过大，截至 2017 年，我国在学研究生数目已达到 263.9 万人[1]，研究生教育规模仅仅低于美国[2]。并且我国的高校研究生已经呈现出多元化和个性化的特征，对研究生培养模式的创新也提出了多元诉求[3]。传统的研究生培养模式很难适应社会发展的新需求，对研究生的创新培养和管理正面临着新的机遇和挑战[4]。为此，建立多层次、多渠道和多形式的研究生创新培养体系，对研究生多元化和个性化的培养日益重要[5-6]。

一、当前研究生培养模式存在的问题

（一）教学科研失衡

2018 年 9 月 10 日，习近平总书记在全国教育大会上重点强调，教育的首要问题是培养什么样的人。我们国家是在中国共产党领导下的社会主义国家，我国教育的根本任务是培养社会主义的建设者及接班人，培养拥护中国共产党领导、热爱社会主义制度和立志为了中国特色社会主义而奋斗终生的爱国人才。

近年来，SCI 论文和科研课题数量已经跟学校的地位和荣誉直接挂钩，从而导致众多高校为追求国际、国内排名而轻教学、重科研，总是强调发表更多、更高影响因子的 SCI 论文，申请更多的国家级、省部级课题基金。对教师的考评也集中体现在 SCI 论文和科研课题的数量，为此，许多教师致力于 SCI 论文撰写和课题的申请、研究。学校科研实力日益强大，获得的荣誉卓著。然而有名望的教师基本不上课或者象征性地去教室，在学生面前露个面。很多重要的专业基础课，一般都是由经验相对不足、水平参差不齐的年轻教师承担。事实上，年轻教师更需要发表科研 SCI 论文和申请课题才能够晋升职称，所以他们更不愿意也无心花费过多的时间和精力去备课和上课，从而使教学质量满足不了要求。

（二）科研训练不足

对于研究生的培养，需要注重这几个方面：一是专业知识的培养，二是理论联系实际的培养，三是科研结合生产的培养。只有这样，才能使研究生所学的理论知识能够应用于工程实践，实现科技促进生产的目的。但当前高校为了研究生培养而成立的校企生产实习基地非常少，使得对研究生的培养现状犹如纸上谈兵，研究生科研数据一般是建立在一定的假设基础之上的，如果研究生的科研成果在工程实践中得不到检验，那么就难以及时完善这些科研成果。一旦这些不完善的科研成果投入到工程中使用，可能会造成很严重的后果，会给使用者带来灾难性的损失。

（三）基地实践、科研和学科三者脱节

学科建设往往孤立而行，经常与科研和基地实践相脱节，科研与基地实践相脱节，以及重视科研、轻视教学的现象在高校广泛存在。因为科研和教学之间的地位是不对等的，教学很明显处于弱势，主要表现在"以科研为导向"和"以教学为中心"的口号在实际执行时，二者之间是矛盾的、冲突的、甚至是对立的。因为科研经费投入往往是不计成本的，而教学经费的投入是难为维持的；教师显然对科研精力的投入非常多，而对教学投入的精力非常少。如果不能把科研成果和学科建设高效地转化成研究生培养资源和优势，而是把研究生培养的办学理念退化成事实上的科研取向，其结果反而导致科研对于教学的巨大冲击。这就造成科研和教学之间各自为政的现象，存在科研的新成果充实不到教学中、科研的新动态反映不到教学中、科学研究的专注精神融入不到教改中，那么，教学的中心地位也就得不到充分体现，至于以研促教和培养高素质的研究生也就成为空谈。

二、学科、科研和校外基地"三位一体"研究生培养模式规划

北京交通大学机电学院依托自己的优势学科，立足于行业背景，正确地认识及把握了高等教育的本质问题，理顺了教学与科研的关系，促进了科研与教学的融合，强化了科研训练，深化了教学改革，并分别从学科、科研和校外基地"三位一体"的学科专业体系、实践教学体系、师资队伍、创新实践能力培养、激励机制这五个主要的方面着手，深入探讨了有利于高素质研究生培养的平台，具体规划的示意图见图1。实现的路径分为以下几条。

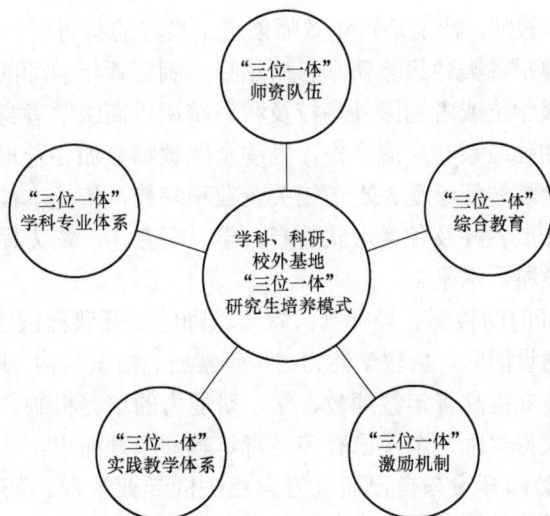

图1　学科、科研、校外基地"三位一体"研究生培养模式规划示意图

（一）建立"三位一体"学科专业体系，体现培养研究生的教育优势

针对北京交通大学机电学院机械工程、材料科学与工程、动力工程及工程热物理、交通运输工程构建完整的主干学科群，进一步明确这四个专业所面向的行业领域，完善研究生培养目标的针对性。而且借助学院，例如学院具有的省部级以上教学平台——轨道车辆国家级工程实践教育中心、机械工程国家级实验教学示范中心、车辆工程国家级特色专业、工业工程国家级人才培养模式创新试验区，教育部创新团队——载运工具关键设备的磁性液体密封研究团队，省部级教学团队——北京市教学优秀团队等资源，在各专业培养方案中设计面向工程领域的课程模块，开展研究生培养工作的探索和实践。把这四个专业的教学培养环节充分优化和整合，逐步完善研究生培养工作的方案体系，重构各个专业的综合研究生教学体系。只有这样，才能培养出视野宽广、基础扎实、综合素质高、实践能力强、具有创新精神和社会责任感的工程应用型优秀人才。

（二）完善"三位一体"实践教学体系，提高研究生科研能力

研究生进行科学研究面临的主要难题，是学校的实验室条件比较单一，而科研情况是复杂多样的，学校的实验室难以模拟纷繁复杂的现实环境状况，研究生在实验室通过实验取得的科研结果明显趋于理想化，应用于实际时常常会出现或多或少的误差。建立研究生生产实习基地，不仅提升了工程硕士的动手能力和实践能力，对于学术硕士的科研成果应用于生产实践、在实践中完善成果，起到了现实的作用。研究生通过在实习基地学习及锻炼，不仅可以提高自己的实践能力及创新能力，并将所学到的知识服务于社会，还能增强团结、协作的精神。为此，机电学院除了建立多个国家级科研平台和省部级科研平台外，还在多个高铁制造厂、汽车制造厂、机械制造厂等建立校外研究生培训基地，构建了全方位、综合化的实践创新能力培养体系。

（三）打造"三位一体"的师资队伍，完善科研对教学的促进作用

北京交通大学机电学院依托自己的优势学科，整合、调整师资队伍，不仅对外校高素质人才的引进工作高度重视，而且对本校现有教师的培养更加注重。机电学院通过这些年对青年教师的培养工作以及日见成效的培养成果，逐步形成了自己的特色。机电学院采取的培养措施具体如下。

（1）引导本学院教师积极参加科学研究，努力提高自己的学术水平和科研工作能力。采取学科项目资助的方式，机电学院设立了教学改革研究项目、科研启动基金、优秀青年教师人才培养基金等，为机电学院的全体教师，特别是青年教师创造了良好的科研平台研究基础，指导、鼓励、引导机电学院的全体教师申报各类各级教研和科研项目，制订青年教师的年度进修计划，支持和鼓励青年教师继续攻读高级学位或者到国外高校及科研院所以高级学者身份进行访问、进修；鼓励全院教师与国内外高校加强联系和交流合作，推动全院教师参加各种形式的教学经验交流或者科研学术交流活动；组织全院教师参观、走访相关企业和院校，依托本校和企业的现有科研平台以及所承担的科研项目，开展各种及各类形式的产、学、研合作，竭力提升全院教师的工程实践意识、工程实践能力、教学科研水平。

（2）落实贯彻青年教师的助教制、导师制；青年教师的新开课程试讲制、课堂教学评审制；把青年教师纳入相关教学建设团队，从教学能力、科研素质、知识结构、职业素养等方面系统化、全方位地进行培养；快速建立提高青年教师教、学、研能力的培养机制。机电学院的教师在近年来各级讲课的比赛中多次获得奖励，全院已有多名青年教师脱颖而出。

（3）引导并鼓励全院教师开设与自己研究方向相关的专业课程。基于本学院的工科研究背景，在各类工程技术专业课的教授中，充分发挥本学院教师对自己研究方向的深入理解及实践知识，结合所在实验室的设备条件，开设面向研究生的难度适中的专业课程。其中课堂教学在内容

上，要做到专业知识科普化；在教学手段和方法上，结合理论与实践、教室与实验室、课堂与非课堂等启发式教学方法和手段的组织及实施，开展创新教学的模式，充分调动研究生学习的主动性，深化培养研究生具有独立性和批判性的辩证思维模式。

（4）鼓励全院教师通过科研活动，逐步完善理论教学的内容。教师们只有通过科研活动，才能始终站在本学科的制高点和最前沿，才能为相关课程教学注入最为鲜活的内容，从而实现教学内容的现代化，促使教学和科研发展的与时俱进。教师们通过科学研究，把握学科的发展方向，提高自己的科研学术水平，并将自己的科研经历、方法、心得融入理论教学中，从而能够对所授课程准确定位，明确本课程的知识与所在学科的相关逻辑关系，把在科研过程中获得的新成果、新方法、新知识，及时生动地融入教学中去，使得理论课堂教学在内容上得以充实、丰富，从而极大地提高了课堂教学效果。

（5）鼓励全院教师通过科研实践，改善实践性教学的形式和内容。鼓励全院教师根据自己的科研进展和成果，结合自己的实践课程教学内容、目标、特点，进行创新教学方法的改革，依托本学院所有实验教学平台和团队，通过实验教学方法的改革、实验教学内容的更新、实验教学手段的创新，完善和丰富实践课程教学的形式和内容。教师们的阶段标志性科研成果，可以引入到实践教学中，作为研究生必要的、有益的实践补充，激发研究生的实践兴趣、培养研究生的科学研究方法。从而提升了研究生的综合实验能力，加深了研究生对理论知识的灵活应用和融会贯通。

（四）开展"三位一体"的综合教育，提高研究生的综合能力

1. 加强政治理论学习，提升研究生的综合素质

习近平总书记在 2016 年 12 月 7 日全国高校思想政治工作的会议上，强调高校坚持把立德树人作为教育的中心环节，并把思想政治工作贯穿在教育、教学的全过程中，实现全方位育人、全程育人，开创我国高等教育事业发展的新局面、新气象。习近平总书记的重要讲话，为我国高校思政教育工作明道，更为全面深化改革高校思政教育各项工作的实施提供了理论和方法。

对思想政治工作的教育，是培养以及提高研究生对客观世界的认识能力，目的是培养研究生树立正确的价值观、人生观、世界观，是研究生综合素质提升的基石。因此，北京交通大学机电学院构建了以研究生导师和研究生辅导员为主体，机电学院各级党、政部门相结合的政治思想教育队伍。对于研究生导师以及研究生辅导员，要时刻教育并引导研究生沿着正确的社会主义政治导向，培养出研究生良好的品德修养和人格魅力；对于教学、科研以及科学实践中的不正学风，要及时纠正；深入了解研究生的科研、生活、学习情况，努力掌握研究生的思想道德水准和状况，定期开展有针对性的交流和谈心等活动，时刻关注研究生的学习、生活、思想等方方面面。当然，不能忽视对研究生群体的教育，要注重搭建优质的思想、政治、教育平台，并引导研究生开展自我教育，努力提升研究生自我把控能力和思想政治水平。

2. 加强国际合作与交流，促进研究生教育的国际化发展

伴随着全球的经济化，研究生教育的国际化步伐逐步加快。国家之间的学术交流和科技交往日益频繁，基于国际人才培养的合作和科研活动也越来越密切，国际合作与交流已经成为提高研究生培养质量的有效途径。所以，开展国际合作与交流，顺应现代教育的国际化发展趋势，拓展国际合作的渠道，提高国际合作的水平和层次，对培养高质量的研究生明显具有积极的促进作用。因为，北京交通大学机电学院建立了很多种类的国际合作与交流模式，包括研究生的联合培养、学生赴境外学习、教师高级访问、教师境外研修、教师和研究生的学术交流活动、国际各种科研项目的合作等方式。结果表明，通过国际合作与交流，研究生的科研水平、管理能力、人际交往能力、外语水平、综合能力等都得到明显的提升。通过国际合作与交流，一方面，研究生有机会

直接与国外专家和学者探讨、交流各类学术问题，能及时了解所在学科领域的最新研究进展，深入学习、吸收最新的科学理论和方法，甚至还能了解处在萌芽状态的科技进展，这是查阅任何参考文献都无法获得的优势。另一方面，研究生通过参加国际合作交流，有机会了解国外最新研究动向，能迅速掌握国外最新科研成果，增长了见识，开阔了思路，拓宽了视野，增强了科研能力，还能促进研究生新思想和新方法的开发，促进科研成果的创新研究，从而提高了研究生的国际竞争力和创新能力。

3. 深入开展社会实践，提升研究生的综合素质

北京交通大学机电学院对所有在校研究生开展多项有计划有目的地走出校门、深入社会实践的活动。通过组织社会实践活动，可以有效地帮助研究生深入了解企业的生产实际以及社会百态，也是帮助研究生锻炼自我提高综合素质的重要平台。这是因为，一方面，通过参加社会实践活动，可以让研究生深入社会，了解民俗民情，正确地认识当前的国际形势以及我们国家的发展状况，增强他们的使命感以及社会责任感，激发他们的爱党、爱国热情；另一方面，通过参加社会实践，可以让人亲身参与管理、科研开发、技术改造、生产等各环节，既锻炼了他们的人际沟通以及协调合作的能力，同时也培养了他们解决实际问题的能力，而且让他们能够把所学知识应用于实际，并将科学研究及社会实践紧密结合，在实践中发现和探索问题，极大地激发了研究生们的创新意识，增强了研究生们的创新能力。

（五）构建"三位一体"激励机制

北京交通大学机电学院为了兼顾教学和科研，平衡教师们的教学时间和科研时间，避免在有限的精力下顾此失彼，重新对教学以及科研工作量进行了量化计算，总结出了工作量折算设计方法，实现了教学工作量以及科研工作量之间的互补互通，并对全学院不同系列（如行政、实验、教师岗位）、不同类型（如科研型、科研教学型、教学科研型、教学型岗位）的教师，按照所在岗位级别，科学地设定了最低教学以及科研工作任务量，并鼓励多劳多得。同时，为了激励研究生的科研创新，以及教师们指导科研活动的热情，学院设立了智瑾奖学金、汉能李嘉宁奖助学金、西门子奖学金、克尔诺奖学金、万桥奖学金、新联铁奖学金、康明斯奖学金、太原重工奖学金、轨道车辆奖学金等多种专项奖学金。并且，机电学院在满足学校激励政策的前提下，对教师以及学生又分别增设了一定的激励措施。例如，教师指导的学生参加学校"挑战杯"竞赛获奖、各类学科竞赛获奖、学生第一作者发表 SCI 学术论文、获得知识产权等，均给予一定的指导工作量和奖励。机电学院设立了学生科研创新计划项目，并组织学生积极申报各类科技、创新项目，并为参加各类学科竞赛、申请知识产权、发表学术论文的学生报销全部参赛经费、材料费、版面费等各类费用，而且学生获得的科研成果也记入第二课堂学分，可以择优推免攻读博士学位。

三、研究生培养的效果

北京交通大学机电学院依托自己的优势学科，解决社会发展的急需，以研究生创新能力的培养作为教育核心，实现了科学研究、学科建设、人才培养的有机结合以及良性互动，现已形成了具有机电学院特色的研究生培养方案。在校研究生参加国际国内学术交流日益增多，以动力工程及工程热物理专业研究生为例，2015 年参加国际交流 2 人次，国内交流 21 人次；2016 年参加国际交流 11 人次，国内交流 25 人次；2017 年参加国际交流 21 人次，国内交流 29 人次。研究生赴境外学习交流、获得的资助也逐年增加，赴境外学习交流目的地主要集中在北美洲、欧洲、亚洲其他国家。

学院研究生科研创新活动成效显著，在高水平研究成果方面，近 5 年来，机电学院研究生以

第一作者发表 SCI 论文近 190 篇，以第一发明人发明专利近 20 项。2018 年，我院研究生获得第十二届"西门子杯"中国智能制造挑战赛全国总决赛特等奖，第十一届全国大学生节能减排社会实践与科技竞赛一等奖，美国大学生数学建模竞赛一等奖。2017 年，在北京市人民政府教育督导室公布的 2014—2015 学年度硕士学位论文抽检通信评议结果中，我院共抽检了 9 名硕士毕业生的硕士学位论文，评审结果均为优秀或良好，均顺利通过了北京市抽检。我院"新能源汽车产业链及整车技术调查与研究"研究生暑期社会实践队荣获"2015 年度首都大中专学生暑期社会实践优秀团队"和"2015 年度首都大中专学生暑期社会实践优秀成果"。

同时，机电学院通过搭建高水平的创新平台，培养出一批又一批优秀毕业生，在党政机关、高等教育单位、科研设计单位等逐渐成长为具有良好科研素养与学术研究能力的综合型创新人才，有的现已成长为单位的重要成员。

四、结语

北京交通大学机电学院立足于行业发展的需求，正确把握和认识到了高等教育的根本任务以及本质特征，学院以学科建设作为基础，将科学研究和人才培养二者紧密结合，并深化了学科的内涵建设层次，促进了科教融合关系，开发了适用于研究生创新能力培养的科研平台，建立了具有本学院特色的校外基地、科研、学科三位一体研究生培养创新模式，增强了本学院的办学活力，有利于培养高素质、高能力的社会主义拔尖创新人才。

我国研究生的教育工作，承担着培养适应社会主义现代化建设急需的高素质、综合性拔尖人才的重任，因此，探索、挖掘提升研究生综合能力的路径以及方法具有重要意义。当前我国经济高速发展，研究生的培养与教育应该从校外基地、科研、学科三个方面出发，着重突出在政治思想素质、创新、科研、适应社会能力等方面的研究生培养工作。结合当前的研究生培养模式，本研究从上述三个方面有针对性地进行了探索和分析，提出了提升研究生综合能力的路径和方法，为研究生的教育事业提供了理论和实践支持。当然，对于特定学科的研究生，还应结合本学科领域的特点，进一步分析和借鉴。

参考文献

[1] 国家统计局. 中华人民共和国 2017 年国民经济和社会发展统计公报 [R/OL]. [2018-02-28]. http://www.stats.gov.cn/tjsj/zxfb/201802/t20180228_1585631.html.

[2] 撒文清，任娟，林雁冰，等. 研究生课程教学存在的主要问题及解决途径探讨 [J]. 高教学刊，2018（22）：113-117.

[3] 王应密，程梦云，温馨，等. 人才、学科、科研三位一体培养创新人才 [J]. 中国高校科技，2013（4）：13-16.

[4] 张治宇. 研究生综合能力培养的路径研究 [J]. 高职教育教学改革，2018，11（4）：66-68.

[5] 袁雪雯. 刍议"翻转课堂"模式下促进学生综合能力养成的形成性评价体系 [J]. 中国成人教育，2016（13）：109-111.

[6] 郝庆云，张蕾. 全日制教育硕士研究生"三位一体"的人才培养模式探究 [J]. 黑龙江高教研究，2014（9）：135-136.

新工科背景下信息管理类博士生培养模式探索

张润彤　张真继　朱晓敏　夏梅梅　尚小溥

（北京交通大学经济管理学院，北京 100044）

摘　要： 新工科专业，主要指针对新兴产业的专业，以互联网和工业智能为核心，包括大数据、云计算、人工智能、区块链、虚拟现实、智能科学与技术等相关工科专业。未来新兴产业和新经济需要的是实践能力强、创新能力强、具备国际竞争力的高素质复合型新工科人才。"新工科"教育主要面向本科生培养，但相关理念与思想同样适用于当前博士生的培养。本文分析了新工科教育理念与传统人才培养理念的区别，并重点针对信息管理类博士生人才培养分析了当前的问题，进而提出了在新工科背景下如何实现信息管理类人才培养的探索性建议，为相关专业的博士生人才培养提供借鉴与参考。

关键词： 信息管理　新工科　博士生　培养模式

一、引言

2017 年以来，教育部积极推进新工科建设，先后形成了"复旦共识"、"天大行动"和"北京指南"，并发布了《教育部教育司关于开展新工科研究与实践的通知》《教育部办公厅关于推荐新工科研究与实践项目的通知》，全力探索形成领跑全球工程教育的中国模式、中国经验，助力高等教育强国建设[1]。这一系列的行动，标志着我国高等教育开始全面进入新工科建设的时代[2]。尽管当前"新工科"并未有明确的定义，但各界对其已经达成了基本的共识。一般认为，新工科主要是指在当前时代背景下针对新兴产业与新兴技术结合的相关学科，利用先进的技术实现对既有产业、新兴产业的升级与改造，这些新的技术包括智能制造、大数据、云计算、人工智能、物联网、机器人等[3]。

新工科虽然是面向本科教育提出的新理念，但这样的理念同样适用于新时期硕士研究生与博士生人才的培养，尤其是对具有交叉学科特色的专业人才培养具有重要意义。基于新工科背景下培养出的优秀本科生，将继续深造[4]。因此，如何在当前情况下，实现博士生人才培养的衔接与创新，如何快速实现传统培养模式在新工科背景下的快速转型，以及如何培养出符合新工科学界与产业界要求的优秀博士生，是当前面临的主要问题[5]。新的人才培养要求与培养目标，是实现我国各类战略发展规划的重要人才基础，直接关系到我国在当今先进技术领域的世界影响力与话语权，直接关系到我国国民经济与社会发展的状况[6]。

信息管理专业作为一门综合了管理学、信息科学的综合性学科，学科发展与技术发展密切关联，虽然该专业没有列入狭义的"新工科"范围内，但在"新工科"建设中，如何实施面向新时期的信息管理专业博士生人才培养模式变革，对信息管理专业的定位以及今后发展，具有举足轻重的意义。

二、新工科与传统工科的区别

新工科是在传统工科学科基础上提出的。本文通过对新工科内涵的研究，分析相关文件与精神，认为两者的区别主要体现在以下几个方面：学科交叉的特征、学以致用的特征、工程与管理实践的特征。

（一）学科交叉的特征

传统工科强调专业性，人才培养过程主要聚焦在特定领域方向的特定问题。但当前的学科与技术发展呈现出极强的专业交叉性，这对专业人才发挥特长提出了新的要求：必须具备一定的复合型知识与技能，不仅在某一专业领域具有精湛的学识与技术，而且能够综合运用多学科多知识解决特定场景下的实际问题。在缺少必要知识与技能的情况下，应该能够快速定位所需要补充的专业技能，实现问题定位后的快速学习。因此，新工科与传统工科相比，无论在知识与技能储备、知识更新与快速学习等方面，都提出了学科交叉的要求。

（二）学以致用的特征

新工科的典型特征之一在于面向具体需求，所学习的相关知识与技能能够快速引用于生产生活实践，解决复杂的现实问题。传统的工科教育，重点强调理论学习。但新工科提出，学生必须能够将相关理论与技术应用于解决实际问题当中。这其实凸显了工程教育的本质，明确了理论学习与实际应用之间的关系。同时，新工科教育还强调自主发现实际应用中的新问题，并且能够将这些新问题转化为解决问题所需要的理论知识层面的内容。因此，新工科教育与传统工科相比，更加强调学科的实用性，即将所学习的相关理论知识，服务于解决实际问题。

（三）工程与管理实践的特征

与传统工科教育相比，新工科教育所培养的人才，需要具备在未来新兴产业和新兴经济需求背景下较强的工程实践能力、创新能力以及国际竞争能力，属于复合型人才。因此，工程实践与管理实践，均是新工科教育人才培养的重要内容。很大程度上，专业的管理人员必须具备极为扎实的专业素养。因此，新工科所培养的学生，必须明白如何将工程、技术与经济、社会和管理进行融合，如何在融合的基础上实现对未来技术与产业的引用。只有这样，才符合新工科建设的初衷。

三、新工科背景下信息管理类博士研究生培养现状和问题分析

信息管理专业也常被称为信息管理与信息系统专业。该专业在不同的院校常被设置为管理学或者计算机科学的二级学科，学生会被授予管理学或工学学位。从学科设置来看，属于典型的交叉学科。本文通过调研与分析发现，在新工科背景下，当前信息管理类博士生人才培养过程中存在专业定位不明确、培养过程不聚焦、知识结构不合理、科研实践不充分、创新能力不突出等问题。

（一）专业定位不明确

该学科随着我国社会经济以及信息技术的发展，在不同时期具有不同的特征。比如一些院校主要是基于图书情报专业对该专业开展建设，一些院校基于行业和领域的信息化对该专业进行建设，比如农林信息管理等，还有一些院校主要从计算机架构与软件开发的角度对该专业进行建设，还有的院校从商务智能以及商业信息系统的角度对该专业开展建设。但无论从哪个角度对该专业进行建设与定位，信息管理类博士生目前在培养过程中一般都必须经历管理学相关课程、计算机类相关课程以及数据分析等相关课程的学习。但这些课程与理论学习界限较为明显，管理学的相关理论与知识，无法与计算机相关的理论与知识产生有效结合，成了并行的两门学科。新工科强调学以致用，强调学科交叉，但这并不等于将不同的学科机械地组织在一起，而是要以解决具体

和实际问题为目标，根据这一目标选择所需要的学科知识与理论，从而以应用实践为中介，将这些不同的学科理论有机融合起来。要实现这一目标，就需要对本专业人才培养进行明确定位，阐明所培养博士生人才面向的学界与产业界的具体方向。

（二）培养过程不聚焦

由于信息管理专业本质上就属于交叉学科，因此其人才培养的过程中容易出现学科理论与知识过渡发散的情况，信息管理专业的培养目标并不是培养专门的计算机人才，也不是培养专门的管理人才，而是培养具备计算机相关理论与技术，能够解决管理相关问题的高水平复合型人才。因此，在培养的过程中，需要时刻以人才培养目标为依据，审视当前相关的培养工作是否脱离了目标。新工科鼓励交叉型人才培养，但交叉型人才必须具备解决实际问题的能力。因此，交叉本身并不是目的，而是如何通过交叉学科与不同学科理论的有机结合，实现创新解决实际领域问题，这就要求在信息管理类博士生人才培养的过程中，必须聚焦在特定领域，避免多学科知识理论融合带来的不聚焦问题。

（三）知识结构不合理

信息管理专业诞生的初衷即依托具体的技术发展背景，利用信息技术实现对数据、资料乃至组织等的高效率管理。当前信息技术发生了巨大的进步，因此信息管理学科的知识理论结构需要与技术同步乃至超前更新。当前很多院校信息管理类博士生课程设置并未充分体现出革新性的技术内容，多是停留在传统的基础技术课程，但随着计算机软硬件设备性能的提升，随着硬件价格的下降，如何在实际管理中应用新的信息技术以及如何实施信息化战略的相关思考与研究，都需要充分结合技术发展的实际情况，领悟与学习最先进的依托技术，从而实现先进技术为管理服务，研究技术如何促进管理能力的提升等。新工科背景下，博士生人才培养急需重新构建其学科知识结构，在学习经典管理与技术理论的基础上，必须具备最先进技术的理论知识，从而才能培养出新技术背景下的优秀信息管理类博士。

（四）科研实践不充分

尽管信息管理是一门从应用中发展而来的学科，但是博士生必须具备的重要能力是独立开展科学研究的能力。这也是博士生人才逻辑思维能力、知识综合运用能力、问题发现与创新能力的综合体现。因此，信息管理专业博士生必须具备良好的科学研究能力。而科学研究能力的培养，需要依托具体的科研实践。当前大多数信息管理专业博士生的科研活动，更多地集中在解决实际的现场问题，缺少对问题的深入剖析，缺少从方法论层面开展的研究活动。虽然新工科强调以解决具体问题为培养导向，但是这一培养目标也必须遵循博士生人才培养的重要目标——科学研究能力。因此，必须增强博士生的科学研究实践，培养其研究创新能力。

（五）创新能力不突出

新工科要培养的人才是能够解决复杂领域的工程技术与管理问题的复合型人才。因此对人才的创新能力提出了极高的要求。传统信息管理专业的博士生人才培养，多是采用信息管理理论与技术，解决经典的管理与信息技术相关问题。在新工科的背景下，如何培养博士生的创新能力，解决具有挑战性的新问题、复杂问题，是目前需要考虑的重要议题。创新能力也是提升人才的国际化竞争能力、体现培养效果的重要方面。

四、新工科背景下信息管理类博士生人才培养

在充分分析了新工科特征、当前信息管理专业人才培养与新工科要求之间存在的距离的基础

上，本文将进一步思考和阐述如何实现信息管理专业博士生在新工科背景下的培养创新。

（一）加强专业定位

新工科背景下，有必要加强对信息管理专业博士生培养的专业定位，明确交叉学科所培养博士研究生的目标与领域方向。博士生培养首先必须注重的是在该学科领域与方向上的学术研究深度，并需要聚焦在特定方向领域。在此基础上，再探索建立和培养以特定方向领域为中心的相关学科与知识面，实现宽基础、方向专、有深度的博士生能力培养，这是信息管理专业博士生培养过程中需要关注的基本问题，也是避免信息管理专业博士生出现专业方向不明确，研究领域过于宽泛的重要约束。

（二）聚焦过程管理

新工科背景下，需要关注博士生培养过程的管理。在博士生所在的专业定位基础上，必须将专业方向的深入挖掘与培养和新工科的宽基础重实践结合起来，将这些目标转化为培养过程的不同阶段与不同培养内容。避免在一个时间段内只注重专业深度或是知识广度的培养，这两者在培养过程中的不匹配极易阻碍博士生创新与学术能力的良性发展。尤其是信息管理专业博士生，在培养过程中，需要时刻关注学术与实践以及专业方向与知识广度的平衡，通过精确的培养过程管理，实现最终培养目标。

（三）优化知识结构

新工科背景下，博士生的知识面广在某种程度上并不等同于具备利用这些知识进行学术与实践领域创新创造的能力。若想达到新工科所要求的多学科交叉创新创造能力，必须将知识结构的优化作为扩充知识广度的与知识深度的前提，即不同方向的知识深度与知识广度需要有具体的定位，从而在知识结构层面，建立起坚实的创新创造能力。因此，建立起良好的知识结构，是培养面向新工科需求的信息管理专业博士生的重要内容。

（四）创造科研平台

新工科背景下，博士生的学术与科研创新创造能力，更加强调依托实际科研项目来进行培养。因此，需要加大科研平台的建设能力，并以科研平台为重要的实践环境，培养和指导博士生在实际科学研究过程中掌握相关的学术知识、优化知识结构、建立具有广度和深度的专业特长。信息管理专业，作为以应用为终极目标的学科方向，更需要注重实际科研项目在博士生学术能力培养中的重要作用和地位。

（五）提升创新能力

新工科背景下，创新创造能力被进一步凸显。博士研究生作为创新创造的最前沿学生群体，需要具备较好的创新能力。而创新能力的培养一直是博士生培养中不容易直接作为目标的、进行有针对性地培养的内容。在新工科背景下，应该结合具体的学科方向，从研究细节着手，为博士生设定合理的研究目标，在研究目标不断实现的过程中，培养其自身的创新创造能力，充分在科研学习的过程中全面体验创新过程，直到将这些创新体验内化为自己的创新能力。信息管理专业博士生，更需要以信息技术的发展趋势为背景，提升自己在技术发展背景下的超越技术本身的科研实践与实际应用实践等多方面的创新创造能力。

参考文献

[1] 钟登华. 新工科建设的内涵与行动 [J]. 高等工程教育研究，2017（3）：1-6.

［2］ 李华，胡娜，游振声. 新工科：形态、内涵与方向［J］. 高等工程教育研究，2017（4）：16-19.

［3］ 林健. 面向未来的中国新工科建设［J］. 清华大学教育研究，2017，38（2）：26-35.

［4］ 杨洪勇，王福生. 新工科背景下产学研协同创新研究生培养机制的研究［J］. 中国现代教育装备，2017（23）：18-21.

［5］ 蒋宗礼. 新工科建设背景下的计算机类专业改革［J］. 中国大学教学，2017（8）：34-39.

［6］ 姜晓坤，朱泓，李志义. 面向新工业革命的新工科人才素质结构及培养［J］. 中国大学教学，2017（12）：13-17+23.

经济管理类博士研究生拔尖创新型人才
培养模式及培养质量保障体系研究

宋光森　施先亮　张　京

（北京交通大学经济管理学院，北京 100044）

摘　要：近年来，随着我国研究生招生规模的扩大、培养规格和层次类型的多样化，提高博士研究生教育的质量面临着更大的挑战，目前博士研究生培养过程中存在选拔标准简单化，课程设置单一僵化，导师队伍建设滞后，考核重结果、轻过程监督等问题。因而，本文构建一套经济管理类博士研究生拔尖创新型人才培养模式及质量保障体系，内容涉及人才选拔机制、定制式课程体系、导师团队建设、考核评价体制等方面，以期为提高博士研究生培养质量提供参考与借鉴。

关键词：拔尖创新人才　质量保障体系　博士研究生　人才培养模式

现阶段，我国经济处于转型时期，正在向更高级、结构更合理的创新型阶段演化，经济发展进入新常态。为适应新阶段的需求，我国部署了推进世界一流大学和一流学科建设的战略。新战略中重要的一环就是加强培养拔尖创新型人才。博士研究生教育作为国民教育体系的顶端，承担着培养高层次拔尖创新型人才的重任，是拔尖创新型人才培养的高地和"双一流"建设的重要引擎与助推器。

近年来，随着我国研究生招生规模的扩大、培养规格和层次类型的多样化，提高博士研究生教育的质量面临着更大的挑战，其中创新能力的培养是博士研究生教育的核心问题。目前，我国博士研究生培养的模式较为单一，实际的教学中，课程设置、培养方案等大多采用普适的原则，仍然延续着传统灌输式的知识填充和技能讲解培养模式。除了较为"程序化"的课堂教育外，在博士研究生培养的投入机制上，也是以学生的平均接受程度为标准，忽略了拔尖学生的高层次需求。

因而，设置以践行知行合一，服务国家经济发展需求，将寓教于研、激励创新作为根本出发点，在学校优势基础学科上建立博士研究生拔尖创新型人才为培养目标，从人才选拔、设计科学高效的定制式课程体系、导师团队建设、优化考核评价体制、国际视野建设、创新激励机制及培养管理机制设置等方面构建一套经济管理类博士研究生拔尖创新型人才培养模式及质量保障体系，以期为提高博士研究生培养质量提供理论依据，缓解博士研究生毕业率低等现实问题。

一、基础理论

（一）拔尖创新型人才

拔尖创新型人才是我国对高端人才的一种自我定义，拔尖创新型人才一词最早出现在 2002 年党的十六大报告中，"要全面贯彻党的教育方针，造就数以亿计的高素质劳动者、数以千万计的专门人才和一大批拔尖创新人才。"[1]

目前对于"拔尖创新型人才"这一概念并没有统一的理解和认识，各位学者从不同的侧面进行了不同的阐释。陈希认为，"必须要转变传统的人才观念，即在各方面都能够均衡发展的优秀人才，而在某个方面拔尖，在其他方面达到基本要求的也应该是优秀人才。人才的培养不能求全责备，没有多样性和个性，就谈不上拔尖人才"。[2]杨叔子指出："知识越高深越渊博，思维越精邃越巧妙，方法越有效越卓越，精神越向上越高尚，文化就越先进越精湛，由这一文化而教育而培养而造就出的人才，其素质、其层次就越高，其品位、其格调就越醇，其影响、其作用就越大。显然，我们所要培养的研究生特别是博士生，应是这样的拔尖创新人才。"[3]

综上，拔尖创新型人才可概括为在各自领域内具有拔尖的专业造诣、创新精神和能力，同时具备高度的社会责任感，能够为国家和社会发展做出重大贡献的杰出人才。

（二）人才培养模式

刘明凌 1994 年在其主编的《大学教育环境论要》中首次明确对人才培养模式这一概念做出界定："人才培养模式是指在一定的办学条件下，为实现一定的教育目标而选择或构思的教育、教学式样。"[4]

1998 年教育部《关于深化教学改革，培养适应 21 世纪需要的高质量人才的意见》中首次从高等教育管理层面对这一概念做出阐述："人才培养模式是学校为学生构建的知识、能力、素质结构，以及实现这种结构的方式，它从根本上规定了人才特征并集中体现了教育思想和教育观念。"[5]

之后，龚怡祖在 1999 年出版的《论大学人才培养模式》的学术专著中，系统地论述了这个概念："在一定教育思想和教育理论指导下，为实现培养目标而采取的培养过程的某种标准构造式样和运行方式，它们在实践中形成了一定的风格和特征，具有明显的系统性与范型性。"[6]

综上，学者们基于不同的研究视角对人才培养模式的构成要素进行了不同归纳，便于研究者对人才培养模式进行分析。

二、拔尖创新型人才培养国内外研究现状

（一）国外拔尖创新型人才培养

拔尖创新型人才的培养在各个国家均有积极的探索，各国根据自身的特点采取了不同的培养模式。

美国施行的是荣誉教育模式，专门为才智出众且立志在学术领域创造高成就的部分本科生设计个性化的教育模式。这种模式的主要做法是通过配备高水平学业导师、设置荣誉课程等方式组建专门的荣誉学院对拔尖的学生进行集中培养，或者是在各学院中集中一部分学生单独培养，学生毕业后不仅可以获得所学专业的学士学位，还可以获得荣誉学位。

法国的大学拔尖创新型人才的培养目标为"高、精、尖"，"本硕连读－2+3"贯通培养，非常重视实践训练，在校期间安排大量的阶梯式实习，与企业的联系紧密。其办学模式小而精，既重视基础也强化实践，既培养符合双技能的高级人才，也注重高层次人才的双向交流。

德国高等教育在拔尖创新型人才培养上侧重的是学校与社会的实际联系。1985 年联邦政府设置了天才教育署，慕尼黑大学等高校也开设天才教育课程，培养天才教育师资。自此德国各地广泛开展了天才学生课后研习和夏令营活动。

日本在 2002 年部署了"21 世纪 COE 计划"，目标是从引进合适的评价机制和竞争机制入手进行一流研究型人才的培养以及造就顶尖大学。自 2007 年开始，其又启动了"全球 COE 计划"，

旨在进一步充实和强化研究生院的教育研究机能，并在世界最高水准的研究基础上培养引领世界潮流的具有创造力的人才。

综上所述，每个国家都有一套系统的拔尖创新型人才培养模式，体现了拔尖创新型人才在人才培养上的超然地位以及拔尖创新型人才在国际上的重要性。

（二）国内拔尖创新型人才培养

我国高校最早探索拔尖创新型人才培养可以追溯到中国科学技术大学在1978设立的少年班。少年班的学员是通过精挑细选的来自全国的优秀青少年，实施入学暂不分专业的宽口径式通才教育，打破了传统的专业对口型人才培养模式，这是精英教育在我国高等教育改革中的首次尝试。之后，众多高校陆续通过设立理科基地班等方式进行拔尖创新型人才培养。

2009年教育部联合中组部、财政部出台了"基础学科拔尖学生培养试验计划"，目的是在高水平研究型大学的优势基础学科建设一批国家青年英才培养基地，建立拔尖人才重点培养体制机制，吸引优秀的学生投身基础科学研究，形成拔尖创新型人才培养的良好氛围，努力使受计划支持的学生成长为相关基础学科领域的领军人才，并逐步进身国际一流科学家队伍。基于此选择北京大学、清华大学等19所高校进行具体实施。

随后，我国许多高校开始进行拔尖创新型人才培养的探索，基于实践形成了多种拔尖创新型人才培养模式，通过查阅相关文献，主要集中于对实验班、创新基地、创新团队等拔尖创新型人才培养模式。各高校主要有以下几个方面的措施：一是重视培养学生的实践动手能力及团队协作能力；二是注重科研能力训练，提倡自主式学习；三是创造开放式教学环境，健全培养与管理制度。前面论述的我国高校创新人才培养基本是面向本科生，对一个以创新为理念，人才为基础的国家而言，能够探索立足更高层次（博士）人才培养对于国家则更有积极的现实意义。

三、我国博士研究生培养模式现状

（一）选拔方式

选拔博士研究生作为博士培养的开端，起着至关重要的作用。科学精神、人文素养、创新意识、专业基础、知识结构、科研经历等都是成为一个创新型博士研究生的基本素质和重要保障。

我国目前的博士研究生选拔可分为统考招生和免试招生两种方式，统考招生又分为公开招考和申请考核两种方式，设有各自相应的入学考试，包括基础考试（英语）和专业考试，入学考试成绩作为进入下一阶段的评价标准。在考试结束后，申请者将进一步接受面试考查，主要是所报考专业的博士研究生导师团队对考生专业知识的掌握情况及科研水平进行考查，最终确定录取结果。

免试招生分为直博和硕博连读两种方式，申请者需满足基本申请条件（直博为获得推免资格，硕博主要从所在学校内部选拔并有一定的成绩排名要求），通过资格审核后参加所报考专业的博士生导师团队的面试，确定录取与否。

无论是通过统考或免试，申请者的申请材料主要是在本科或硕士阶段的学位证书、学习成绩单、参加科研经历以及所取得的研究成果，对于申请者在博士阶段的学习动机以及研究规划考查较弱，面试阶段也多流于形式，未注重对学生创新能力的考察。

（二）课程设置

课程设置体现了博士研究生的培养理念，直接影响到博士研究生学术研究能力的形成以及创新思维的培养。我国目前高校博士研究生课程设置中，专业基础知识授课居多，体现学科交叉的选修课较少；授课方式上，传统授课居多，前沿学术讲座及专业学术讨论会较少；博士课程本科化、灌输倾向严重，研究方法论的指导欠缺。上述这些存在的问题都对博士研究生扎实与广博基础知识体系的构建造成了不利影响，且不利于博士研究生科学研究能力的培养和开拓创新潜能的开发。

（三）单一导师制

导师是影响博士研究生培养质量的关键因素，而博士研究生教育的核心是创新能力培养。导师的学术道德、学术水平以及指导水平直接影响博士研究生的创新能力与培养质量。

目前，我国的博士研究生培养主要采取"单一导师制"，即每名博士研究生由一名导师负责指导。因此，导师的师德师风与学术水平对博士研究生培养质量起着十分重要的作用。近些年，随着博士研究生招生规模的扩大，博士研究生导师队伍建设相对滞后，使生师比的比例较高，且在导师间科研项目、科研经费不均衡的客观环境下，博士研究生创新能力的培养面临着严峻挑战。

（四）考核评价

课程学习和导师指导是博士研究生创新能力培养的必备基础，而合理且严谨的考核评价体制则是博士研究生创新能力培养的必要监督环节。

目前我国高校对博士研究生实行开题答辩、中期考核、资格考试、论文等考核制度，但是考核多流于形式，开题答辩和中期考核通常只是为了完成学分走一个过场，博士研究生并没有对自己的研究课题展开深入的研讨，因此课题的可行性和创新性均没有得到很好的确认。

我国博士研究生考核重结果、轻过程监督，且淘汰率很低，只要在博士最后阶段发表论文数量达到学校要求即可，因此降低了博士研究生培养过程中的约束和创新的积极主动性。此外，目前高校鼓励学生参加国际会议的力度仍然较小，降低了博士研究生通过与研究领域高水平学者交流讨论接触学术前沿的机会。

综上所述，目前的博士研究生考核评价体制整体不利于博士研究生创新思维的激发和创新开拓能力的提升。

四、经济管理类博士研究生拔尖创新型人才培养模式及质量保障体系构建

（一）选拔机制

1.选拔对象及范围

目前博士研究生共有直博、硕博、申请考核及公开招考四类招生方式，从这四类生源中确定选拔对象。

2.选拔原则及要求

（1）科学公平，信息公开。

建立健全选拔工作制度，制定公开、科学透明的选拔标准、方案和选拔程序，强化对申请材料审核和能力考查等环节监督，保证选拔工作信息公开、申诉渠道畅通。

（2）注重能力，择优筛选。

对个人综合素质进行全面考查，使优秀博士研究生能够被选入拔尖创新型人才试点班。

（3）过程管理，强化监督。

加强选拔工作管理与监督，依据所在学科的情况，组建选拔工作领导小组，通过笔试、面试等方式选拔创新型人才培养对象，选拔环节设置监督小组，确保选拔质量。

3. 选拔标准

根据"践行知行合一，服务国家经济发展需求，将寓教于研、激励创新作为根本出发点，在学校优势基础学科上建立博士拔尖创新人才"培养目标，按照"三高"的标准（高质量的生源、高水平的导师和高级别的科研项目），择优选拔创新型人才。

（1）高质量的生源。参选研究生必须满足身心健康、专业基础扎实、知识面广、思维活跃、具有优秀的科研潜质，综合素质好，沟通协作和国际交流能力强，立志为科学研究献身。

（2）高水平的导师。拔尖创新型人才的指导老师应具有较高的学术水平、优秀的师德师风、学术造诣深厚、精心指导学生、有丰富的研究生指导经验。

（3）高级别的科研项目。拔尖创新型人才的培养应有国家级科研项目或重大、重要科研课题做支撑，能提供给学生科研实战的机会和论文选题的背景。

4. 选拔程序

（1）个人申请。拔尖创新型人才对象人选的产生，一般首先由符合条件的个人提出申请。

（2）学科小组考察。由学科组对博士研究生申请人的学习成绩、知识结构、科研水平、外语应用能力、导师意见等情况进行考察，确定人选。

（二）创新型博士研究生培养模式及质量保障体系

1. 制定学术研究活动计划

学术研究活动计划是为实现创新博士人才培养目标而设计的学术研究活动计划，以及按照计划逐步实践的过程。根据此计划，博士研究生可根据各阶段的目标长期地有预见地开展学术研究活动，计划也可以产生引导和调控博士研究生学术研究活动的作用。

博士研究生的培养，需要有组织有计划地实施持续的、系统性的学术研究训练。博士研究生通过制度化的学术研究活动计划积极主动地参与到学术研究活动中，会对其在读期间的学习态度产生积极的心理影响。

课程学习、课题研究、学术交流、撰写论文等，组成了博士研究生培养的全过程，这种由不同阶段、不同学术活动构成的培养过程，使博士研究生的培养过程具有多变性，变化的产生易打乱学术研究训练的秩序，因此，需要学术研究活动计划，阶段性的指导博士研究生的学习和学术研究活动，将偏离的轨道拉入正轨。

2. 设计科学的定制式培养方案

培养方案是人才培养的关键，既体现出人才培养的目标和特色，也内在地规划了一个学科专业领域的知识结构和学术结构，因此，一个学科专业设置什么样的培养方案以及该培养方案是否科学合理，直接影响并制约着人才培养的质量和特色。

专业性、学术性是博士研究生培养的本质属性和要求，因此，博士研究生的培养方案设置尤其是课程设置，既要体现学科专业性，也须反映出对博士研究生在学术能力培养上的要求。在课程体系设置上，不能一股脑似的堆积专业的课程，而是必须体现学科特色的需要，所以，"定制"是设置课程体系的前提和方向。此外，经济管理类专业主要培养具有扎实的经济学、管理学专业基础及相关学科知识，具有较强的创业能力和实践能力，具备全球眼光和社会责任感的复合型、应用型、技能型创新人才。因此，博士研究生课程体系设置，既要强调学术导向，还必须强化实践应用，必须把理论与实践融合于课程体系中，合理地构建"政产学研用"相结合的课程体系平台。

3. 建立导师团队

构建一支教学能力强、学术研究水平高并具有团队合作精神的导师团队，是培养高质量博士研究生的强有力保障。

导师团队的整体教学能力，可以为提升博士研究生培养质量奠定坚实的基础。而导师团队的研究方向、团队协同合作的学术研究方式、团队研究的集体智慧和力量以及凝聚而成的团队学术氛围等，都对博士研究生学术研究能力的提升产生积极的影响力。

以导师团队中所有导师的科研项目为依托，构建以责任导师为主要指导老师，从学科内学术造诣较深的教授或相当专业技术职务的教授中选出责任导师，导师组其他成员组成可以是项目的参与者，也可以是具有高水平科研能力的年轻老师。由知识背景和研究领域不尽相同组成团队，团队中各个导师以不同的视角针对拔尖创新型人才进行指导。这样，在导师团队的联合培养下，每位博士研究生都能得到充分的指导，及时与导师团队成员沟通遇到的研究问题，达到资源的充分共享，开阔学生的研究视野，完备学生的知识结构，激发学生创新思维，进而提高创新能力和科学研究实力。

4. 培养环节国际化

博士研究生作为国家的高级人才，应具备国际视野，并掌握国际前沿动态，在国际学术领域具备良好的竞争力，仅参加短期的国际会议和覆盖面较小的公派留学是不够的，应该使博士研究生在国内也可以接触到国际学术热点问题。为了提高国际化相关的综合素质，在拔尖创新型人才培养环节中可采取以下措施。

（1）课程环节。在课程环节增加全英文课程比重，请外籍学者进行授课，同时在研讨型课程（如前沿讲座）中采用英语互动和学生英文报告等方式，提高学生的英文水平。

（2）实践环节。加大与国际一流公司或企业的合作，联合建立实践基地，通过实践环节引入国际化管理和技术要求，使得学生能够实际感受国际化的迫切需求。

（3）国际学术交流。拔尖创新型人才的核心任务是培养具有国际视野的行业学术领军人，因此，除了在国际学术杂志上发表论文以外，鼓励学生参加各种国际会议，通过国际学术平台提高国际交流水平，宣传学校和自己。

（4）联合培养。对拔尖创新型人才提供公派留学联合培养的方式，增加"研究生国际交流基金"投入力度，促进博士研究生出国学术交流，实现博士研究生在读期间至少有一次出国经历，并将其作为毕业条件之一。

（三）质量保障体系

1. 学术研究活动质量监控

为使博士研究生学术研究规划有效落实并贯穿于培养全过程，有必要建立博士研究生学术研究活动质量监控制度，通过制定明确的学术研究指标体系，提出规范要求，定期对各环节进行质量检查和评价，及时进行信息反馈和指导改进等方式，形成博士研究生学术研究活动质量监控长效机制，以制度和机制推进博士研究生学术研究规划的有效实施。

2. 优化考核评价体制

针对我国目前存在的重结果轻过程的考核评价体系，由培养过程切入，建立分段考核、分段淘汰的博士研究生考核评价机制，规范学生论文开题答辩、中期考核以及毕业论文答辩评价环节，对上述环节考核不合格的博士研究生实行严格的淘汰制。

论文开题答辩环节，评审专家需侧重考查博士研究生的研究内容的可行性和创新性是否论证到位，对于创新立意不足的答辩报告给予及时的反馈和正确的引导，对于一次开题答辩不合格的学生要进行二次开题答辩，考核合格后才可以开展下一步的研究。

中期考核环节，评审专家应重点对博士研究生已经开展研究内容的创新性进行审核，评价其是否按照开题报告完成相应的研究内容，是否取得了阶段性、创新性研究成果，同样对于不合格的学生给予及时的反馈和正确的引导，学生可以申请二次甚至三次中期考核，对于三次中期考核都不合格的学生要执行严格的淘汰制度。

毕业论文答辩评价环节，答辩委员会成员应做到严格把控"出口关"，在严格执行"双盲"评审制和评审答辩专家责任追究制的基础上，规范博士研究生毕业论文末位淘汰制度，以保障博士研究生论文质量，培养出高素质的创新型博士研究生。

在论文答辩阶段，要严格把控"出口关"，在严格执行"双盲"评审制和评审答辩专家责任追究制的基础上，进一步设立针对论文创新性的明确考核条例，规范学位论文末位淘汰制度，以保障博士论文质量，培养出高素质的创新型博士。

3. 创新激励机制

创新是一个民族进步的灵魂，是一个国家兴旺发达的不竭动力。创新能力是博士研究生培养的核心，在资源有限的条件下，学校应整合各种优势资源，创新产学研平台，建立科学的博士研究生创新激励机制，创造良好的创新环境，从而鼓励博士研究生主动进行科研创新工作。

（1）优秀博士学位论文评选、奖励。优秀博士学位论文评选、奖励机制可鼓励博士研究生的创新精神，提高博士研究生教育的质量。为了引导博士研究生选择具有前沿性、创新性和开拓性的研究课题，促进高水平、高质量博士学位论文的产生，应设立专门的校级优秀博士学位论文创新基金，受资助的博士研究生每年将获得3万元的科研津贴，以期培养和激励在学博士研究生的创新精神，促进我国博士研究生培养质量的提高。

（2）建立创新创业基金。以创新创业基金为激励，推动博士研究生创新能力提升。以发表高水平论文创新基金、优秀博士研究生奖励基金、创新实验基金等为支持和依托，进而鼓励学生在科研和学术中奇思妙想，营造原始创新、自主创新的氛围。

4. 管理队伍建设机制

在管理队伍建设机制中，着力加强管理队伍的素质建设工作，提升管理队伍的素质，包括年龄结构、专业知识结构、外语水平、计算机应用水平等；组织管理队伍开展对国内外重点知名大学的调研，加强管理队伍的培训和交流；在高素质管理队伍的基础上，加强管理信息系统规划、建设工作，做好信息资源的收集、规划，在此基础上，建立高效的管理决策机制。

参考文献

[1] 江泽民. 全面建设小康社会，开创中国特色社会主义事业新局面：在中国共产党第十六次全国代表大会上的报告 [N]. 人民日报，2002-11-18.

[2] 陈希. 按照党的教育方针培养拔尖创新人才 [J]. 中国高等教育，2002（23）：7-9.

[3] 郝克明. 造就拔尖创新人才与高等教育改革 [J]. 北京大学教育评论，2004（2）：5-10.

[4] 刘明梭. 大学教育环境论要 [M]. 北京：航空工业出版社，1993.

[5] 李亚萍，金佩华. 我国高校本科人才培养模式理论研究综述 [J]. 江苏高教，2003（5）：103-105.

[6] 陈洪玲，于丽芬. 高校扩招后人才培养模式的理论与实践 [M]. 北京：北京师范大学出版社，2011.

经济管理学院博士研究生培养中若干问题的思考

李孟刚　卜　伟

（北京交通大学经济管理学院，北京 100044）

摘　要： 建议修改博士/硕士学位论文正文引用标出出处的方式，提前毕业的细节规定，以及奖学金评选中论文加分的规定。

关键词： 夹注　提前毕业　论文加分

近几年在讲授博士研究生"经济学研究方法"和硕士研究生"应用经济学研究方法论"课程中，以及与博士研究生/硕士研究生的交流中遇到了几个问题，与自己的思考一并提出来供参考。

一、关于博士/硕士学位论文正文引用标出出处的方式

《北京交通大学博士、硕士学位论文撰写规范》[1]（p.12；以下简称《撰写规范》）规定：参考文献以文献在整篇论文中出现的次序用［1］、［2］、［3］……形式统一排序、依次列出，即只能用顺序注（顺序编码制）。

但是北京交通大学经济管理学院制定的《0202 应用经济学学术硕士基本标准》[2]（p.9；以下简称《基本标准》）规定：无论英文文献还是中文文献，文献列表中的顺序都要按照姓氏（拼音）的字母顺序由前向后进行排列，即标出出处，只能用夹注（著者–出版年制）；国务院学科评议组成员袁卫、林桂军和张维迎等制定的《应用经济学一级学科博士、硕士学位基本要求》[3]（p.29；以下简称《基本要求》）也是这样规定的，亦即只能用夹注（著者–出版年制）。事实上，《基本标准》参考了国务院学科评议组成员制定的《基本要求》。

显然，《撰写规范》[1]规定的引文标出出处方式与《基本标准》[2]和《基本要求》[3]是矛盾的。咨询了经济管理学院研究生科，研究生科又请示研究生院，得到如下回复（原文）：

您邮件中提到的《北京交通大学博士、硕士学位论文撰写规范》（以下简称《撰写规范》）是根据国家标准《学位论文编写规则》编写的，国标中提出："可采用顺序编码制，也可采用著者–出版年制，但全文必须统一。"因此研究生院在制定《撰写规范》时，听取专家的意见采用顺序编码制，并细化。我查阅了北京交通大学其他两个一级学科——工商管理和管理科学与工程的学位论文基本要求，发现它们并未对参考文献顺序做具体要求。所以研究生院给出的答复是：您可以根据《北京交通大学应用经济学硕士标准》和《撰写规范》中的任何一个要求去排列您参考文献的顺序。

根据这个回复，建议修改《撰写规范》，采用夹注。如此，既与《应用经济学一级学科博士、硕士学位基本要求》[3]一致，也不与国家标准《学位论文编写规则》（GB/T 7713.1—2006）[4]冲突。

另外，《撰写规范》[1]"2.7　参考文献"规定：博士学位论文的参考文献一般不少于100篇，学术型硕士学位论文的参考文献一般不少于 50 篇，专业型硕士学位论文的参考文献一般不少于30 篇，其中外文文献一般不少于总数的1/2。参考文献中近五年的文献数一般应不少于总数的1/3，

并应有近两年的参考文献和一定数量的学位论文或专业名著。

这里有两个内容需要讨论：①"外文文献一般不少于总数的 1/2"的规定偏高，建议改为"外文文献一般不少于总数的 1/3"；②"一定数量的学位论文"规定不合理，因为相当一部分的学位论文尤其是硕士学位论文（如专业型硕士学位）的可靠性不够强，且学位论文中的精华部分通常会在学位论文答辩前后经过修改在期刊上发表，看发表的期刊论文已基本上覆盖有价值的文献了。因此，建议去掉该要求，改为"并应有近两年的参考文献和一定数量的专业名著"。

二、关于经济管理学院博士研究生申请提前毕业

《经济管理学院博士研究生申请提前毕业暂行规定》[5]（以下简称《暂行规定》）第一条规定：根据《北京交通大学研究生学籍管理规定》中的相关规定："博士研究生的基本修业年限为 4 年；本科毕业生直接攻读博士学位研究生的基本修业年限为 5 年。"凡在校时间未达到 3.5 年或 4.5 年（直博生）的博士研究生申请学位论文匿名送审，即为提前毕业。第二条规定：修业年限不少于 3 年，直博生修业年限不少于 4 年；且博士学位论文开题以后必须保证一年（含）以上的撰写时间。

《北京交通大学经济管理学院关于加强博士研究生培养过程质量监控及提高学位论文质量的实施细则》[6]（以下简称《实施细则》）第三章第一节规定：学位论文开题报告答辩一般应于第四学期末之前完成。

这意味着按照《实施细则》[6]要求如果按部就班于第四学期末完成开题报告后的第五学期或第六学期，发现满足《暂行规定》[5]要求的除了"且博士学位论文开题以后必须保证一年（含）以上的撰写时间"外的所有条件，也不能提前毕业。也就是说，一旦没有提前完成开题报告答辩，就没有提前毕业的可能了。但是，论文写出来后投稿，究竟多长时间能够见刊，多数情况下是没有把握确定精确时间的。因此，建议去掉该项要求，因为它使得《暂行规定》[5]的提前毕业变得不可能了。

另外，《实施细则》第六章第二节规定：我校学位评定委员会每年召开四次，分别为 1 月、4 月、6 月和 10 月，考虑到我校毕业生注册时间，学校集中提交博士学位论文网络评审时间分别为 10 月 1 日、1 月 10 日、4 月 1 日和 7 月 10 日前。没有在此时间之前完成审核的将顺延至下一次校学位评定委员会审核。考虑到《暂行规定》[5]的第一条规定，意味着博士研究生只能在第八学期（直博生第 10 学期）的 4 月 1 前和/或 7 月 10 日前送审论文。但是，根据《实施细则》[6]第六章第七节"匿名送审结果处理"中"备注：关于评阅意见 A、B、C、D 的说明"，若出现一个"C"（或"D"），基本上就不能按时毕业了。因为按照规定，最早是第 8 学期（直博是第 10 学期）3 月送审论文（寒假开学一般在 2 月底或 3 月初），若审阅结果返回时间超过 1 个月，修改 2 个月（"C"要求"申请人修改不少于两个月后重新匿名评阅"）后，再送审可能就赶不上 6 月份的校学位评定委员会审核了。《中华人民共和国高等教育法》规定，"专科教育的基本修业年限为二至三年，本科教育的基本修业年限为四至五年，硕士研究生教育的基本修业年限为二至三年，博士研究生教育的基本修业年限为三至四年。非全日制高等学历教育的修业年限应当适当延长。"因此，这就意味着该博士研究生是延期毕业了。

所以，建议《暂行规定》[5]中"凡在校时间未达到 3.5 年或 4.5 年（直博生）的博士研究生申请学位论文匿名送审，即为提前毕业"，改为"凡在校时间未达到 3.25 年或 4.25 年（直博生）的博士研究生申请学位论文匿名送审，即为提前毕业"，即允许第 7 学期（直博生是第 9 学期）的 10 月 1 日前送审，从而获得虽经二次送审但依然能按时毕业的机会。

三、关于经管学院研究生奖学金评选的论文加分

修改《经管学院研究生奖学金评选细则（2017 年修订）》[7]（以下简称《评选细则》）第七条"研究生国家奖学金评定标准"中"3. 学术论文分的计算"规定：

（2）研究生发表 As 类论文（不含人民日报和光明日报理论版，不含人大报刊复印资料）每篇加 40 分；发表 An2 或 An3 类论文，每篇加 30 分；发表 An4－An5 类、人民日报理论版和光明日报理论版论文每篇加 20 分；发表在 CSSCI 目录上的论文每篇加 15 分；发表的其他 B 类论文每篇加 10 分，其中 EI 会议检索、ISTP（CPCI）会议检索和《北京交通大学学报（社科版）》论文合并最多计 1 篇；发表的 C 类论文每篇加 5 分；被人大报刊复印资料全文转载的论文，在按照转载源期刊分类加分的基础上，再加 5 分。

《北京交通大学论文分类办法》[8]第四条 B 类论文规定：南京大学中国社会科学研究评价中心公布的中文社会科学引文索引（Chinese Social Sciences Citation Index，CSSCI）来源期刊（核心）、中国科学院国家科学图书馆公布的"中国科学引文数据库"（Chinese Science Citation Database，CSCD）收录核心期刊为 B 区期刊。在 B 区期刊上发表的论文与被《科技会议录索引》（Index to Scientific & Technical Proceedings，ISTP）收录的国际会议论文为 B 类论文。第五条 C 类论文规定：由中国科学技术信息研究所公布的中国科技论文统计与引文分析数据库（Chinese Science and Technology Paper Citation Database，CSTPCD）收录核心期刊、北京大学图书馆编制的《中文核心期刊要目总览》收录核心期刊为 C 区期刊，在其期刊上发表的论文为 C 类论文。

这样就导致发表在 CSSCI 扩展版的论文不加分，发表在北大核心中 CSSCI 来源刊以外的期刊（简称北大核心）的论文加 5 分，发表在 ISTP 上的论文则可以加 10 分。事实上，论文发表在 CSSCI 扩展版和北大核心期刊上一般比发表在 ISTP 上更困难，且在申请项目中也更有用。

又鉴于国际会议论文是否能够检索并不确定，由此带来学术型硕士研究生发表国际会议论文后，也不能保证达到毕业论文发表要求，进而影响顺利毕业，从而陷入左右为难的境地。

因此，建议对《评选细则》进行修改：论文发表在 CSSCI 扩展版、北大核心和 ISTP 上加分相同；或 CSSCI 扩展板和北大核心论文加 5 分，ISTP 论文不加分。

参考文献

[1] 北京交通大学. 北京交通大学博士、硕士学位论文撰写规范 [Z]，2014.
[2] 北京交通大学. 0202 应用经济学学术硕士基本要求 [Z]，2015.
[3] 国务院学位委员会学科评议组（应用经济学）编写. 应用经济学一级学科博士、硕士学位基本要求[Z]，2014.
[4] 中国人民共和国国家质量监督检验检疫总局　中国国家标准化管理委员会. 学位论文编写规则（GB/T 7713.1—2006）[S]，北京：全国信息与文献标准化技术委员会，2006.
[5] 北京交通大学经济管理学院. 经济管理学院博士研究生申请提前毕业暂行规定 [Z]，2018.
[6] 北京交通大学经济管理学院. 北京交通大学经济管理学院关于加强博士研究生培养过程质量监控及提高学位论文质量的实施细则 [Z]，2017.
[7] 北京交通大学经济管理学院. 经管学院研究生奖学金评选细则（2017 年修订）[Z]，2017.
[8] 北京交通大学. 北京交通大学论文分类办法（试行）[Z]，2010.

基于科研团队的研究生培养模式探索与实践

张竹茜　贾　力　杨立新　陈梅倩　银了飞

（北京交通大学机械与电子控制工程学院，北京 100044）

摘　要：创新能力培养是当前高等院校教学改革的前沿，文中探索与实践了导师科研团队集体指导研究体系的建设，从例会制度建设、导师合作互补、细化过程指导、坚持学术传承、学术论文发表和开展对外合作交流等方面，积极探索与实践研究生培养模式，建立起优秀的导师团队，使研究生的学术研究能力、创新能力、合作能力得以提升，学术氛围和研究生培养质量得到了显著的提升。
关键词：科研团队　集体指导　创新型　研究生

研究生教育与本科生教育最大的不同就在于，除传授知识外，必须加强对研究生研究意识、创新意识和研究能力的培养。从某种意义上说，目前国内高校培养的研究生与发达国家培养的研究生比较，最大的差距就在于学生的创新能力方面[1]。研究生的创新能力不足，主要是由于团队合作训练较少，研究视野不够宽广，科研信心不足[2-4]。在这种情况下，如何更好地建立和完善有利于发挥学术群体作用的研究生培养机制，显得更加重要和不容忽视。

一、团队式导师制研究生培养模式的优势

当代科学的发展趋势是学科间不断交叉和相互融合，无论是特定领域的科学发现还是现实问题的解决往往需要多领域、跨学科的合作[5-6]。作为研究生导师，其一个人的知识储备、思维方式和精力都是有限的，单靠其个人力量难以实现研究生创新能力培养的目标。通过将专业背景相近的研究生导师根据学科发展的需要有机地组合成科研团队，使得科研团队具有多元化的知识结构体系[7-8]，以便在科研和培养研究生的过程中能够从多个学科方向的角度拓展研究思路，促进相互学习，实现跨学科知识的交叉和集体的合力[9]。因此，采用研究生导师团队集体培养模式使研究生能吸收多学科的知识和研究方法，更利于研究生创新能力的培养[10]。

北京交通大学机械与电子控制工程学院热能工程研究所导师团队通过近几年在科研、研究生指导等方面的学习与实践，逐步在团队建设、论文发表、科研能力等方面摸索出团队集体培养研究生的模式。

二、基于科研团队的研究生培养模式的构建

（一）坚持实施例会制度，强化集体指导

坚持实施学术交流例会制度，每周定期举行至少一次团队内部的学术交流会，由团队所有导师和研究生参加，并选派专人负责协调安排每次学术交流的议程和议题。交流的内容包括：课题调研报告、课题研究阶段报告、研究方法介绍、答辩预演、拟发表论文研讨等。每次例会安排3～4名研究生进行报告，然后参会导师和研究生共同进行讨论和点评。

团队所有导师均参与到例会讨论和点评中来，每一位研究生可依据论文工作中所遇到的问题，请教、咨询团队中任何一位导师，尤其是对该专业问题更擅长的导师。热能工程研究所团队的贾力导师主要负责微细通道及复杂过程流动沸腾与凝结换热研究工作以及实验系统构建工作，杨立新导师主要负责流动、换热及燃烧过程的基础理论与数值方法研究工作，张竹茜导师主要负责燃料电池内热质交换与动力电池热管理理论与技术研究工作，陈梅倩导师主要负责多孔介质传热传质理论及固体废弃物应用技术研究工作。每位导师针对研究生的汇报分别从不同知识角度给出建议和解答，确保研究生课题研究工作的顺畅进行，使学生最大限度地完成知识和能力的综合与整合。

所有参会研究生都参与到报告内容讨论中来，提出自己的见解。既对其他同学所做的课题有所了解，拓宽了自己的知识面，同时又能借鉴一些研究方法到自己的课题研究中，如很多新入学的研究生通过听取汇报，从高年级同学课题的文献调研、开题准备以及实验台设计测试等工作中得到启发，为自己的研究工作做好准备。在开放和浓厚的例会讨论氛围中，激发了研究生的创新能力，特别是锻炼了研究生在研究过程中发现问题、分析问题和解决问题的能力。

（二）团队合作互补，细化过程指导

为了加强研究生学位论文的过程管理和监控，提高培养质量，团队所有导师均全程参与到团队研究生的论文指导和协助工作中。

（1）在研究生的培养过程中，各位导师除了对自己名下的研究生承担主要指导工作外，还对本团队所有研究生实施指导和协助，从文献调研到论文开题，从研究方案的制定到研究成果的提炼，直到学位论文的撰写和答辩，做到有问必答、耐心细致。在这种集体指导培养方式下，既可以充分发挥团队内每位导师的专长，利于集体智慧的生成，又可以弥补单一导师指导在知识广度和时间安排上的不足；既可以在知识宽度上对所有学生予以保证，又可以使得研究生从学习和生活中体会和领悟到团队协作的精神、实质和内涵。

（2）根据研究生的课题研究内容和研究手段划分，组建由不同年级、不同学位层次研究生课题小组，如凝结与沸腾换热研究小组、数值模拟研究小组、热管研究小组等，实施梯队培养方式，实现课题研究工作的协作与创新，如针对相关实验仪器的测试方法、实验段的加工密封手段等开展经验交流。研究生研究小组的建立，为课题研究方向相近的研究生增加了更多的交流讨论和互助协作机会。通过研究小组内博士生对硕士生、高年级研究生对低年级研究生的"传、帮、带"，不仅可以有效地发挥各个层次研究生的作用，实现研究生间的互助合作，更有助于实现科学研究工作的传承。

（3）团队所有导师本着严格要求的态度，从细节入手、身先力行，引导研究生提炼科研成果，培养研究生的论文撰写能力，帮助他们凝练科学问题，确定研究成果创新点，改正论文格式和逻辑错误，提高论文质量。

（三）贯穿创新理念，坚持学术传承，营造学术国际化

从导师的科研探索出发，引导学生开展自主课题研究，在取得初步研究成果的基础上，从研究深度、研究方法上指导研究生提炼出更多的选题，让更多有兴趣的学生参与到后续课题研究中来，逐步形成相对稳定的研究方向。如贾力教授指导的硕士研究生是团队内最早开展典型生物质燃烧特性研究工作的，取得的研究成果发表在 *Bioresource Technology* 期刊上，他引次数达到 50 次。在此基础上，陈梅倩教授继续指导研究生拓宽了研究内容和研究方法，对多种典型生物质的燃烧以及城市生活污泥的干燥机制展开深入研究。在大功率动力锂离子电池热管理研究方向，贾力教授指导的硕士研究生任保福最先开始单个电池的充放电实验，在他的发热量测试平台基础上，张竹茜副教授开始指导研究生从动力锂电池的电化学产热机理入手，开展动力电池热管理理论与技术研究，进而拓展到相变蓄热与泡沫金属复合相变材料的研究领域。她指导的硕士研究生徐蒙和王子晨分别以第

一作者身份在 *Energy* 期刊和 *Applied Thermal Engineering* 期刊上发表了 ESI 高被引论文。

与此同时，团队积极开展对外国际合作，通过与国外大学及科研院所建立紧密的合作关系，与国外的知名教授和学者进行学术交流和讨论，让他们参与到研究生的论文指导中来，联合发表论文。近年来，团队指导的研究生多次赴美国、英国、加拿大、比利时、日本和韩国等开展学术交流，积极开展国际合作，与美国、日本、英国等国家多所大学建立了紧密的合作关系；与美国新泽西州立大学、普渡大学、肯塔基大学、日本东北大学、英国伯明翰大学等多所大学联合培养博士、硕士研究生。通过上述活动的开展，拓宽了团队的科研视野，实现了联合发表论文，培养了研究生的学习兴趣，营造了学术国际化氛围。

三、实践效果分析

在团队导师的集体指导下，团队所有博士和硕士研究生均能够深入到相关科研工作中，在创新性地完成科研和学位论文的同时，其科学研究和创新能力、团队合作能力等综合素质得到了全面培养和提升。

（一）研究生培养质量明显提高

近五年团队内研究生以第一作者身份发表 SCI 高水平论文共计 60 余篇，累计他引次数逾百次。博士研究生张田田在微通道内气体流动、液体流动与换热特性研究领域取得重要进展，关于入口段效应、黏性加热效应和滑移壁面条件的理论解等方面的研究处于国际前沿，他在该领域国际主要学术刊物上发表论文多篇，并被引用多次，其学位论文被评为北京市优秀博士学位论文，并获得全国优秀博士学位论文提名论文。此外，多名研究生在导师和国外教授的集体指导下，联合发表论文近 10 篇。

（二）研究生创新能力取得显著成效

多名研究生获得国家奖学金。博士研究生付毕安等获得博士研究生国家奖学金；硕士研究生徐蒙等获得硕士研究生国家奖学金。博士研究生彭启的"汽车尾气余热回收温差发电系统的实验研究"申请获得校级立项。博士研究生彭启、付毕安和黄友旺及硕士研究生魏远航等成功申请到了研究生创新校基金。

参考文献

[1] 岳国峰. 基于导师团队模式的研究生创新能力培养研究 [J]. 南京医科大学学报（社会科学版），2015（5）：401－402.

[2] 倪艳波，张妍霞，张立霞，等. 构建团队式导师制研究生培养模式之探索[J]. 价值工程，2014（18）：242－243.

[3] 张志军，李广悦，刘永. 基于导师团队培养模式的研究生培养现状分析 [J]. 科教文汇，2016（4）：22－23.

[4] 许晶，付颖. 基于导师团队的应用化学专业研究生培养模式的探讨[J]. 高师理科学刊，2015，35（9）：101－103，110.

[5] 陈连军，黄美荣. 基于导师团队模式的导师队伍建设研究 [J]. 黑龙江教育（理论与实践），2016（6）：22－23.

[6] 李树茁，靳小怡，刘慧君，等. 基于国际科研平台的团队学习型研究生培养模式 [J]. 学位与研究生教育，2008（4）：14－17.

[7] 龙红明，李家新，王平，等. 团队式导师制研究生培养模式探索 [J]. 中国冶金教育. 2012（4）：41－43.

[8] 邓琥，马有良. 基于团队导师制的实践教学模式探索 [J]. 实验科学与技术，2011，9（6）：162－163，185.

[9] 王军会，李雷鸣，车城. 从中外研究生培养谈基于团队学习的研究生培养模式 [J]. 中国石油大学学报（社会科学版），2011，27（2）：98－102.

[10] 姚佳良，郝秀清. 在论文发表过程中提升研究生综合素质 [J]. 教育教学论坛，2015（51）：48－49.

管理类研究生创新能力个性化培养实践研究

——对接行业重大需求，产学研用协同推进

叶 龙 郭 名

（北京交通大学经济管理学院，北京 100044）

摘 要：研究生教育是培养高层次创新型人才的主要渠道。随着研究生教育规模迅速扩大，研究生培养过程中出现的种种问题已引起教育界和学术界的广泛关注。当今新形势新时代对研究生培养提出了新任务新要求，以往单一的人才培养模式已难以满足社会对创新型人才的需求。因此，本文立足现实，结合实际教学与研究，发现当今研究生培养过程中存在的问题，结合时代背景提出并运用创新性解决方案，以期实现研究生个性化培养和创新能力的提升。

关键词：管理类研究生 创新型人才 个性化培养

一、引言

伴随着全面深化改革的推进，"一带一路"倡议以及京津冀协同发展、长江经济带等国家重大战略的实施对轨道交通行业的高水平人才培养提出了新的要求。在新一轮的产业革命中，创新成为前进的新动力。提升研究生创新能力，促进科研学习成果转化落地成为研究生培养过程中的重点。当代管理类研究生，尤其是以 90 后为主的新生代研究生，个性鲜明，思维活跃，传统的培养方式难以培养出满足时代需求的个性化人才。[1-3] 基于此背景，通过多年的实际教学与研究，依托北京交通大学的行业特色优势，建立了一套以轨道交通行业重大需求为导向，通过产学研用协同推进，针对管理类研究生创新能力的个性化培养方案。

二、管理类研究生个性化培养存在的问题

社会的迅速发展导致对个性化、多样化的创新型人才的需求急速扩大，衡量一个国家核心竞争力的关键因素就是创新型人才的综合水平，当前是一个塑造个性、展示个性的时代。研究生群体是国家重要的人才储备库，对研究生展开个性化培养是提升国家创新能力的重要途径之一。[4]而不同学科由于其内在特点的差异需要针对性的研究生培养方案，依托近年来创新型国家建设的不断深入，本文针对管理类研究生进行研究，发现新时期培养高水平管理类研究生过程中存在以下三个问题。

（一）研究生培养未能满足社会的多样化需求

研究生群体是国家的重要人才储备库，自我国经济腾飞以来，国家对于人才的需求，尤其是对高水平管理类人才的多样化需求日益增加，但是各高校的研究生培养模式千篇一律，招生与培养并未真正考虑到社会的多样化需求。[3]

于学生而言，受生活环境和认知态度的影响，近些年愿意走进基层的学生越来越少，追求物质和功名，导致对于某一行业尤其是自己所在学校专业优势了解甚微的学生越来越多。在繁重的课程学习和丰富多彩的日常生活之间，身为年轻人的研究生难以取得平衡，进而产生舍鱼而取熊掌的现象，研究生放弃参与学校精心准备的行业了解活动，对于与行业相关的基础内容"嗤之以鼻"，对表面光鲜亮丽的企业单位"蜂拥而上"。同时，研究生在开展研究时，研究问题不够聚焦，难以集中于对行业领域重大问题的解决，无法产出实际有效的科研成果。[5]

于校方而言，肩负着育人成才、为国家各行各业输送人才的艰巨使命。然而，教师在教书育人、传授知识的过程中，有时仅重视本学科、本领域的理论基础知识，忽略了国家政策和社会需求的导向，致使所培养的学生面临着成为"井底之蛙"的危险，对本学科以外的知识了解少之又少。此外，部分院校在各专业的课程设计方面存有很大的局限性，不允许学生选择非本专业、本院校开设的课程，阻碍学生对知识的融会贯通和多面涉猎，造成管理类研究生只能掌握管理相关的理论知识，难以运用于实践操作中，进而无法满足时代需求。[6]

因此，如何对接国家、行业需求，培养出满足时代要求的高水平管理类研究生是目前管理类研究生培养过程中面临的问题之一。

（二）研究生培养模式难以突出个性化

自高校连续扩招以来，研究生招生规模一直保持快速增长的势头，研究生的培养目标和生源结构日趋多样化，但现行的培养标准却整齐划一，制定的培养方案和培养计划往往口径过窄，不能体现学科交叉的发展趋势。[7]

首先，现期我国高校研究生个性化培养仍处于起步阶段，诸多高校尚未形成系统的、科学的个性化培养模式，一方面是由于缺少系统、完整的理论知识，另一方面是因为没有将个性化教育与共性教育融会贯通，实践教学中不能做到两者统筹兼顾，往往顾此失彼。具体表现在：课程设置与安排方面，如在倡导学生发挥特长、培养兴趣，引导他们更加全面客观地认识与评价自身，将优点长处发挥至极致的情况下，高校会开展较为丰富和全面的课外课程。由此导致的结果便是学生因欲多方猎奇而迷失方向，甚至部分教师和学生会因无法多方面兼顾而将时间、精力和资源倾斜于兴趣探索，进而忽略了公共基础课和理论知识学习的重要性。[8]

其次，培养内容亟待与时俱进，眼界有待扩展。受社会环境和文化氛围的影响，德育教育和扎实的理论知识的重要性再次成为学术界和教育界的关注热点。现期在校研究生多为 90 后新生代，他们追求自由、关注自我、急功近利、重视精神追求，其形成的多元化价值观对目前德育教育提出了挑战，同时也对以往推崇的夯实基础、钻研理论知识等观念产生强烈冲击。为缓解问题的严峻程度，各高校纷纷开展并制定了形式不一的德育教育课程和授课制度，然而，核心教育方法仍然是以"道德劝告"加"纪律规训"为主，难以引起新生代学生的共鸣，甚至激发其逆反心理。因此，无论是道德教育，还是理论基础课程的讲授，教师均需要以社会热点事件为切入点，引导学生对此进行分析并循循善诱以纠正不良价值观，从而开阔学生视野，鼓励他们立足国际。[5]

最后，评价标准较为单一。忽略个性化教育会阻碍学生综合能力的提升。虽然高校积极响应"个性化"培养方案的号召，但实际上，大多数高校和用人单位在对学生进行评价和评估时，更多的仍旧是侧重于所取得的学业成绩，对于课外活动、社会实践甚至是出国留学等方面的重视程度较轻，客观上不利于学生综合能力和核心竞争力的提升。体现在课程设计和职业规划上，一方面，缺少个性化的、"量身制定"的课程安排，虽然为学生提供了性格测试，但主要流于形式，难以达到效果；另一方面，目前高校的"师生关系"或"导学关系"耐人寻味，双方期望存有差距，实际中各自追求自己的目标而难以实现心理契合，因此个性化职业规划也更是天方夜谭。

鉴于此，如何转变培养模式，更好地适应 90 后新生代研究生培养需求，突出个性化发展，提升管理类研究生核心竞争力是高校研究生培养亟待解决的一大问题。

（三）研究生创新能力的培养力度较弱

不同高校在科研资源和科研水平方面存在较大差距，科研资源薄弱、科研经费不足以及缺乏创新意识和攻关能力的科研团队难以培养出研究生的创新能力和科研能力，而科研力量和科研水平也影响了研究生科研实践的参与度。[8]

一方面，受东方文化和教育制度的长期影响，我国研究生的思辨和创新思维较为薄弱，在科研开展过程中，难以出现学术观点的思维碰撞，研究生多是服从导师的安排和任务分配，尤其对于权力距离较高的成员更是如此。这一现象可能是由于学校教育忽视了共性化与个性化、统一性与多样性、开设的实践创新课程较少，也或许是由于学术交流和沟通过程中师生双方对创新思维的重视程度都不高，同样也可能是由于学生知识储备较少，难以从多角度、多方面对问题进行分析和探讨。[9]

另一方面，受资源有限和分配不均的制约，高校研究生对于企业实际运作过程了解较少。理论而言，课题的申请和研究的开展需要以实际问题为导向，以理论与实践相结合为原则，寻求实质有效的解决措施和途径。不过，实际而言，无论是学校开设的创新创业实践课程，还是学生自己寻求的实习机会，真正令学生深入了解并将理论知识运用于企业的生产、管理和运营等流程的机会几乎为零，更何况科研成果的转化。以此恶性循环，更不用说当代研究生创新能力的提升和促进。[10]

总之，如何提升研究生创新能力，以产学研用协同推进，带动研究生能力提升，促进成果落地转化，是目前培养管理类研究生高水平人才的过程中必须解决的另一问题。

三、解决实际问题的对策

（一）对接行业发展需求，培养创新型管理人才

1. 聚焦轨道交通行业，服务行业重大需求

北京交通大学是一所以交通行业为特色的大学，长期服务于轨道交通行业，推动了一次次轨道交通行业的发展。北京交通大学管理类研究生的培养，以服务轨道交通行业、推动轨道交通行业繁荣发展为己任，致力于培养服务于轨道交通行业的高水平管理类人才，将培养重点聚焦在轨道交通行业上。

随着中国高铁"走出去"战略的不断推进以及"一带一路"倡议的落实，轨道交通行业得到了迅猛发展，但发展的同时，也对高水平人才培养提出了新的要求和目标。北京交通大学将服务轨道交通行业重大需求作为人才培养的目标和动力，积极参与轨道交通领域课题项目，鼓励学生深入轨道交通一线，提高了学生对轨道交通行业实际情况的分析与理解能力，通过参与现场实际的科研项目，获得大量的一手资料。基于此，一方面可以从现场发现问题，挖掘问题，解决问题，帮助学生培养科研思维，同时促进科研成果的产出；另一方面，通过与现场的对接培养了学生对轨道交通行业的感情，毕业后更倾向于在轨道交通领域就业，为推动轨道交通行业发展、服务轨道交通行业重大需求发挥重要作用。

2. 打破学科界限，培养创新型人才

在轨道交通发展日新月异的今天，传统的培养模式已经难以满足当下社会对轨道交通管理人才的需求。单一以管理学为背景的研究生难以很快切合行业需求，学生培养应当以全方面提升学生知识能力为出发点，结合管理学和工学的特点，创造性地将人力资源管理专业和安全技术与工

程专业进行融合，对学生进行跨学科的联合培养。使管理学研究生在服务管理需求的同时结合工学知识，了解轨道交通行业实际情况，更好地服务于行业发展，为轨道交通行业提供知识全面、知行合一的高水平管理学人才。具体体现在以下几个方面。

1. 培养方案的融合

在管理类研究生培养方案上，强调要结合轨道交通行业的需求，以行业需求为导向，制定了包括管理学及工学基础知识在内的培养方案，要求研究生在保证管理学相关知识完备的同时，了解并掌握一定的工学知识，使管理学研究生在进行管理工作的同时，不脱离实际，可以更好地服务于行业发展。

2. 课程体系的结合

在课程设置上重视专业基础课程，不仅包括管理学的相关课程，同时还融入了多元统计、数值分析、矩阵分析等工学基础课程。在课程培养目标中也明确了理工科相关知识的重要性，要求管理学研究生在拥有深厚的管理学知识背景的同时，掌握相当水平的理工知识，为管理学研究生独立解决轨道交通行业的实际问题提供了可靠的保障。

3. 导师团队的构成

在导师团队构成方面通过吸收不同专业背景的优秀教师，组成了积淀深厚、知识能力互补的研究生指导老师团队，在科学研究与人才培养的过程中不断壮大队伍，在跨学科的研究中不断碰撞创新的火花，以此为动力，推动科研发展和人才培养。

4. 团队平台的建设

组建高水平科研团队，采用团队式培养方式，利用团队的优势，将管理学研究生和工学研究生共同培养，促进学生间通过跨学科合作发表论文，跨学科团队导师参与指导、研讨。形成了以团队为平台，多学科背景导师共同指导的模式。

（二）重视基础理论教育，促进个性化培养

1. 以理论教育为基础，对接国际前沿

（1）重视基础理论教育。培养真正有学问又善于用理论解决实际问题的高水平研究生。

所有的研究生都必须经过严格的课程体系学习，打下扎实的理论基础。定期组织研究生进行理论基础知识研讨，让他们在交流中获得提升。强调温故而知新，重视运用理论基础知识解决实际问题，使他们真正将理论知识内化为自身实力，做到知行合一。

（2）立足国际拓宽视野。鼓励研究生开拓国际视野。

积极带领研究生参加国内外学术活动，组织并参加一系列国际学术会议。同时与国际顶尖大学建立合作关系，开展联合培养项目。通过多种渠道派遣研究生出国进修交流学习，开拓视野，提升研究生综合能力。

2. 推行因材施教，提升学生核心竞争力

面对思维非常活跃、个性特别鲜明的 90 后新生代研究生，在对个性特征理论和新生代理论进行大量研究的基础上，依据管理类研究生的个体特征和职业兴趣，积极推行因材施教，推动符合学生个性特征的个性化培养，充分发挥学生特长，提高学生的核心竞争力。具体体现在以下几个方面。

（1）个性化课程选择。学生进行课程选择时，除要求的专业必修课外，充分考虑学生个性化发展，给予学生充分的自主选择权，让学生根据自身个性特征选择课程。同时还在培养方案中设置前沿讲座、素质拓展等项目，使学生可以依照自身喜好，选择更多内容充实、形式丰富的课程与讲座，拓宽知识面，强化自身优势，提高学生的核心竞争力。

（2）个性化授课方式。将个性化培养运用在日常授课中，除传统的老师讲授外，还将案例教学（通过企业真实案例，让学生进行分析讨论，学习综合运用知识灵活处理实际问题）、读书报告（让学生自主选择专业领域相关文献、书刊等在课上进行分享，提升自主学习能力）、实验教学（基于学生个性进行分组，展开无领导小组讨论、角色扮演、行为观测等实验活动，并进行总结分享，充分发挥学生各自特长）以及自由交流（学生与老师进行零距离交流，互动式讨论，因材施教）等授课方式添加进来，使授课形式更符合学生的个性特征，提高学生学习兴趣，使学生真正从个性化教学中受益。

（3）个性化职业生涯规划。聘请专业职业生涯规划指导老师，为学生职业生涯规划进行个性化制定。注重学生早期职业生涯规划，在基础教育培养阶段，导师与学生进行一对一探讨，深入了解学生个性特征与职业兴趣，进行专业化早期职业生涯规划。同时在日常的教学科研中，根据学生的初步职业生涯规划，进行相应的培养，让学生参与到理论研究、课题实施、实际调研、项目成果运作、单位实习等多种性质不同的工作中，进一步凸显学生优势，为良好的职业发展做准备。

（三）提升创新能力培养，产学研用协同推进

1. 重视学生创新能力培养

（1）培养创新思维。导师要转变传统教学思维，引导学生正确认识创新理念，关注学生个性化发展，充分发挥学生主体的地位和作用，提高学生学习的积极性、主动性和创造性，激发学生创新内在动力，形成良好的创新思维。带领学生了解创新创业基地，感受创新带来的实效。同时还将创新思维融入实际培养过程中，鼓励同学不拘泥于常规，充分发挥新生代研究生思维活跃的特点，提出新的观点，并对新的观点进行深入探讨。以此培养学生良好的创新思维。

（2）营造创新环境。建立了开放式实验室，依托跨专业科研平台的优势，为学生提供创新的平台。同时注重营造浓厚的学习氛围，不定期举办各种形式的研讨会、报告会。鼓励并指导学生参与多种形式的创新创业大赛。

2. 建立产学研用协同推进的育人模式

（1）产业实践与理论学习相结合。依托科研优势，积极与轨道交通领域企业开展双边多边合作，将企业实际生产中的案例融入学生课程当中，同时让学有余力的同学到企业挂职锻炼。这样形成良性互动，使得学生所学的理论知识不脱离实际，更好地服务于轨道交通行业发展。

（2）科研优势转化为培养优势。首先，贯彻服务轨道交通行业的思想，引导学生坚持从轨道交通管理的实践中提炼问题，对问题进行科学研究进而上升到理论创新，再用研究中获得的思想、方法指导解决轨道交通管理中的难题。其次，注重把科研成果转化为可以学习的资料，出版专门教材。最后，通过多种形式的讲座，将前沿知识带给学生。

（3）促进成果转化落地应用。提升学生成果转化意识，将产学研与应用真正结合起来。支持学生运用所学知识，将科研结果以及所解决的行业实际问题联系起来，形成完整的成果体系。并将成果落地、实施，使其真正服务于行业需求，推动行业发展。将成果转化和实际应用作为学习和研究的动力，只有这样才能更好地实现创新，从根源动力上提升研究生的创新能力。

（4）产学研用协同推进的育人模式。在人才培养的过程中拓展培养路径，将行业实际、理论学习、科学研究以及成果应用形成一张有机的关系网，将人才培养贯穿于整张关系网中，依据学生不同的个性特征与个人职业生涯规划，实施多样化的协同育人路径（如图1所示）。并以此为契机，提高学生理论创新、实践创新水平，培养出满足新时期轨道交通行业需求的高水平管理学人才。

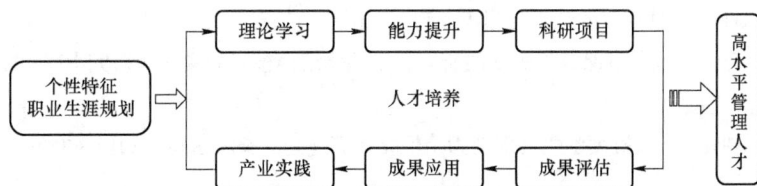

图1 产学研用协同推进的育人模式关系网

经过多年的实际教学与研究，形成了以基础理论教育为根基，以符合新生代研究生个性特征的个性化培养为手段，将服务轨道交通行业重大需求贯穿研究生培养始终，重视创新能力培养，产学研用协同推进的育人模式，为轨道交通行业提供高水平管理类人才（见图2）。

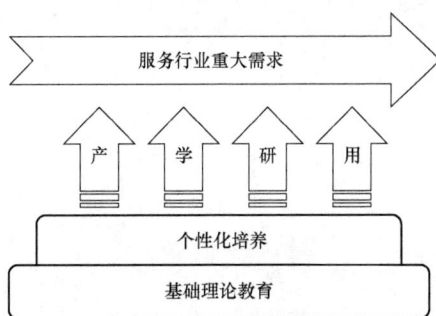

图2 总体路线图

四、结语

近年来，提升高等教育质量已成为当前高等教育改革与发展的核心，个性化的培养模式是造就创新型人才的必然选择，尤其在人才强国战略的背景下，高校学生个性化培养的重要性进一步凸显，已经成为高校共识。管理类研究生创新能力个性化培养体系的构建，有三个创新点。①构建跨学科联合培养，培养创新型管理类研究生；紧密联系轨道交通行业，构建服务于行业重大需求的轨道交通特色管理类研究生培养机制。②重视基础理论教育，把握国际前沿，并在此基础上构建符合新生代管理类研究生个性特征的个性化培养模式。③将行业实际与理论学习相结合，把科研优势转化为培养优势，注重成果落地转化，形成注重创新能力提升、产学研用协同推进的新时期管理类研究生育人模式。

参考文献

[1] 刘苏强，黄莎. 学术型硕士研究生个性化培养的调查与思考 [J]. 金融教育研究，2014（3）：72-75.

[2] 万洪英，万明，裴晓敏. 研究生个性化培养的思考与探索：以中国科学技术大学研究生个性化培养实践为例 [J]. 学位与研究生教育，2013（1）：31-35.

[3] 郭必裕. 跨专业研究生个性化培养方案的设计初探 [J]. 研究生教育研究，2016（6）：39-43.

[4] 龚自禄，党延伟. 研究生个性化培养中存在的问题与对策探讨 [J]. 课程教育研究，2014（24）：7-8.

[5] 周峰. 面向新生代学生的德育教育 [J]. 科教文汇，2012（27）：9-9.

[6] 宋海玉，李厚杰."特需"专业学位研究生个性化培养模式的研究与实践 [J]. 计算机教育，2015（23）：14-17.

[7] 赵军，蒲波，房洪全. 研究生个性化教育扫描：问题、原因与对策：基于研究生培养机制改革的视角 [J]. 学

位与研究生教育，2012（6）：14-18.

[8] 雷涛，陈俐. 对大学生个性培养的认识与思考 [J]. 中国电力教育，2007（7）：105-107.

[9] 吴彦文，龚自禄，李诗. 以科研课题为驱动的研究生个性化培养模式的实践与研究 [J]. 图书情报论坛，2014（6）：13-18.

[10] 叶玮，胡欣欣，刘爱辉. 浅析大学生创新能力个性化培养 [J]. 长江丛刊，2017（35）：172.

工科类非全日制硕士研究生分类培养模式探索

赵宏伟　董晓娜　林友芳　袁中兰　周　亮

（北京交通大学计算机与信息技术学院，北京 100044）

摘　要：非全日制硕士研究生的出现引发了各大高校对非全日制硕士研究生培养的思考。如何在非全日制硕士研究生教学等环节中保持与全日制硕士研究生统一标准，将培养质量提升到新高度，如何探索总结出新形势下适合非全日制硕士研究生的培养及管理办法成为各高校亟待解决的问题。

关键词：工科　非全日制　专业硕士　分类培养

一、引言

目前国内对非全日制硕士研究生培养方面的研究多集中在对培养模式的探索上。在对非全日制与全日制硕士研究生培养模式进行研究和比较，以及对国内外专业学位硕士研究生培养模式进行研究与比较的基础上，各高校基本都在参照全日制硕士研究生教育培养模式的基础上形成各具特色的非全日制研究生教育培养模式。

国外很多高校已经将研究生教育拓展到非全日制培养中，学生可以根据自己的实际情况自由选择培养形式。但在培养质量上，坚持统一标准。欧美国家对于非全日制硕士研究生实行"学分制"的培养模式，自由灵活成为其最大的优势[1]，同时又严格按照全日制模式下的要求执行，确保培养质量。

我国的在职研究生教育主要面向在职人员。在职人员虽然有提高个人知识水平、认知结构，以及提升个人专业能力的愿望，但无法选择全日制模式进行学习，所以更多人愿意选择在职就读的形式，利用周末或集中授课的时间完成学业。受限于时间和精力，加上在校时间短，在职硕士研究生无法得到各种科研、创新、协作等能力的锻炼。这种学习模式直接影响了在职研究生的培养质量。有的高校放宽培养标准，降低质量门槛，导致整体非全日制硕士研究生的培养质量下滑，社会认可度下降

为改变这种局面，应参照全日制硕士研究生培养模式，将非全日制硕士研究生纳入统一管理。为提升教学质量，实行分类培养，还非全日制硕士研究生以应有的社会认可度。

二、工科类非全日制专业硕士研究生培养问题

（一）培养质量需提高

《教育部办公厅关于统筹全日制和非全日制硕士研究生管理工作的通知》（教研厅〔2016〕2号）规定[2]：非全日制硕士研究生是在"从事其他职业或者社会实践的同时，采取多种方式和灵活时间安排进行非脱产学习的研究生"，非全日制硕士研究生与全日制硕士研究生相比只是在学习方式上有所不同，而在招生录取、质量标准及证书管理等方面并无不同。因此要求同等质量标

准，这与之前的在职研究生有了本质的差别，同时工科类的非全日制硕士研究生的来源主要是应届本专业毕业生及毕业 3 年内从事相关专业工作的在职人员，生源质量高，非全日制专业硕士研究生毕业颁发的学历学位证书，同全日制研究生具有同等效力，无论是从公平竞争的原则还是从研究生教育整体要求出发，非全日制专业硕士研究生的培养质量要求提高，将直接影响我国研究生教育的整体质量与社会声誉。

（二）管理难度增加

非全日制专业硕士研究生生源复杂个人追求目标不一，有脱产学习的应届生，也有在职读研的社会人员。由于他们要兼顾工作与学习，因而课堂出勤率低；在校时间较短，难以集中管理；学习精力分散，学习年限较长；年龄跨度较大，专业水平参差不齐，这些问题给非全日制专业硕士研究生的管理带来很大难度[3]。另外非全日制硕士研究生政策刚实施，各个学校对政策细节的理解略有差异，学生问题多，报考专业分散，与全日制研究生不同的个性化问题多等无疑也增加了管理的范围及难度。[4]

（三）培养侧重不一

由于实行考试准入制度，目前工科类非全日制研究生生源多数来自本科应届生和毕业 3 年内的本科毕业生，这就要求高校在短期内考虑不同类型学生的培养需求和特点，进行分类管理。根据学生攻读意向可分为 4 个类型，具体如表 1 所示。

表 1　工科类非全日制硕士研究生攻读意向分类及描述

类 型	描 述
学术追求型	立志于专业学习研究、科研训练由全日制调剂为非全日制的学生
工程锻炼型	希望得到更多工程锻炼的、在专业学习的同时开展企业实习、就业锻炼的学生
素质提升型	希望继续依托于高校学术、人文环境提升个人素质能力的学生
职业能力养成型	无明确自身培养目标的、希望在高校养成个人职业能力的学生

（四）培养环节复杂

（1）学籍管理。非全日制硕士研究生同全日制研究生一样有学籍，按照学籍管理规定有注册及学生证、火车乘车优惠卡等。另外对于非定向的学生档案及户口均需调入学校管理（与之前的在职研究生不同），但是此类学生修业年限较长，档案及户口管理成为问题。

（2）教学管理。非全日制硕士研究生要求与全日制研究生统筹管理、统一教学质量，如果全部利用业余时间即晚上及周末单独排课，就会面临课程选择余地小，师资资源浪费的情况，在混合课堂中涉及协调师生时间，施行差异化管理等问题。

（3）环节考核。非全日制硕士研究生的生源是在职研究生及全日制研究生生源的混合，因此在设置考核中应区别对待。[5] 例如，社会实践、专业实践、实习鉴定等，高质量的专业实践是保障专业学位教育质量的重要手段，也是专业学位硕士研究生培养过程中的特色与重要环节。但这一环节的问题是，在职学生有工作单位，可以不把专业实践作为考查的重点，但非全日制硕士研究生并不全部具有实践环境，需要各高校针对不同学生制订不同的考核计划。

（4）论文写作。非全日制硕士研究生毕业论文选题应来自工作中的实际问题，综合运用专业领域中的理论知识解决该问题而形成论文选题。而实际情况中非全日制硕士研究生根据不同的学习情况，选题来源有以下情况：①导师科研项目；②实际工作内容；③学生根据研究方向与导师确定选题内容。

（5）就业出口。在职研究生不必担心就业问题。但非全日制硕士研究生大部分来源于应届毕业生，多数学生毕业时需要自主择业。虽然部分高校对非全日制非定向硕士研究生入学时调档调户，毕业时进行就业派遣，在一定程度上有助于学生拓宽就业面，但社会、用人单位对非全日制研究生培养质量持观望态度，仍然会给非全日制研究生的就业带来不确定因素。

三、工科类非全日制专业硕士研究生分类培养模式探索

（一）分类设计非全日制硕士研究生教育管理的各个环节

为了确保非全日制硕士研究生与全日制硕士研究生统一标准、分类管理的效果，在非全日制硕士研究生从招生到培养、毕业的各个环节中需要专门设计相应的管理机制。目前北京交通大学计算机与信息技术学院（以下简称"北交大计算机学院"）在以下方面进行了探索。

（1）管理环节。设立有经验的专职管理人员，实行从招生到入学、培养、学籍管理、毕业、就业的一体化全流程管控。目的是针对不同学习时间学生的具体情况进行分类的、有针对性的管理，以探索出更加科学的管理办法。

安排专职人员咨询服务，非全日制硕士研究生生源复杂，问题多样，学生入学后的学生待遇，学籍管理，答辩规定，毕业时间，就业情况，社会认可度等问题存有各种疑虑，需要专人耐心解答。学校在确认录取时会为每一级学生建立对应的 QQ 群、微信群，实时解答学生问题，并将其作为教务管理、发放实习就业通知的辅助工具。

（2）招生宣传环节。加大宣传力度，从招生时的宣传、政策制定到入学都传达非全日制跟全日制统一标准，同等质量的培养理念，让学生从思想上端正学习态度，改变过去在职研究生混文凭、混日子的现象。

入学后对非全日制硕士研究生专项学前教育，从学校层面系统地讲解关于非全日制硕士研究生在学期间的各项管理规定、常见问题、注意事项等。从学院角度系统细致地介绍关于学院对于非全日制硕士研究生的管理及培养办法，包括整体要求，培养方案，课程学习，排课选课，毕业答辩，就业服务等。

（3）培养环节。实施班主任、辅导员、导师协同一体，全流程管理。

①班主任辅导员责任制。设立专门的非全日制硕士研究生班主任及辅导员（专职管理人员），根据非全日制硕士研究生的实际情况选举班干部，成立班委会，包含班长（脱产在校学习及在职人员各一人）、党团负责人、学习委员及文体委员，不定期地举办学生座谈会、班会、专业交流等集体活动。让非全日制学生有组织可依，改变过去在职研究生无组织、无纪律的状况，让他们真正回归学生状态。辅导员工作贯穿学生的整个培养过程，在思想、就业方面给予学生更多的服务帮助。

②导师负责制。非全日制硕士研究生常利用业务时间上课，可集中管理的时间比全日制硕士研究生少，因此更需要导师多参与学生的学习、管理及论文指导。因此，非全日制硕士研究生导师的遴选更为重要，要细化对导师的要求，要求导师参与招生环节，了解学生的实际情况。

（4）计划制订环节。导师参与培养计划制订。培养计划要对课程、实践要求、论文选题、论文研究的内容与方法及工作进度等进行具体安排。执行开题答辩申请制，导师必须了解学生的具体科研或者工作内容、论文来源，对学生的开题及答辩申请做出判断，确保论文的真实性及质量，为非全日制硕士研究生培养创造条件，提供科研项目、实验环境，资助、指导、组织、督促学生

开展研究，承担培养质量出现问题时的责任。

非全日制硕士研究生教育管理的各个环节及要求如图1所示。

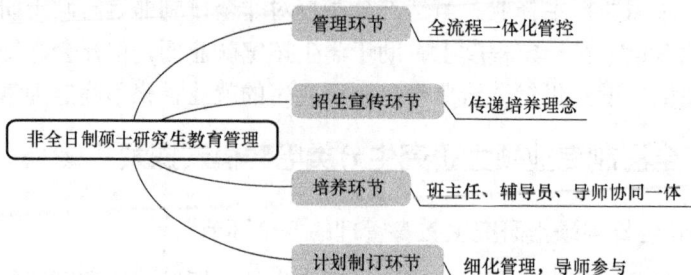

图1　非全日制硕士研究生教育管理的各个环节及要求

（二）弹性学制，以学分制为核心，制订分类培养方案

（1）全日制硕士研究生与非全日制硕士研究生需制订不同的培养方案，强调在"坚持同一标准，保证同等质量"的前提下，并不是将非全日制硕士研究生的培养及管理简单全日制化，也不是简单地将非全日制硕士研究生直接纳入全日制硕士研究生的培养体系，这不符合在职学生的实际情况。非全日制硕士研究生培养体系下的课程设置及授课时间的安排应根据在职学生要兼顾工作及学习的特点而定，适当延长非全日制硕士研究生的学业年限，同时兼顾非全日制硕士研究生的不同学习状态，确保脱产学习的学生能安心完成科研项目，在职学习的学生既能安心实习、确保论文质量又不影响工作，减少师生矛盾及实习单位与学生之间的矛盾。[6]如北京交通大学计算机学院实行弹性学制，即2～5年毕业，学生根据自身情况选择开题答辩时间，通常在第五学期或第六学期学校组织较为集中的答辩，如学生选择在第四学期答辩则需要更加严格的审核，保证培养质量。

（2）实行学分制，以培养目标为导向。根据非全日制硕士研究生的不同需求和特点，结合全日制硕士研究生的培养方案重新修订非全日制硕士研究生的培养方案。按照"统一标准，同等质量"的要求，确保上课形式及授课时间都更加灵活。主要做法：将零散或师资力量不足的课程进行调整，在满足学分要求的基础上合理配比。适度增加应用型、研究型课程，培养非全日制硕士研究生的学习能力、应用能力及研究能力；加大专业特色课学分比例。[7]

（3）课程设置。考虑到非全日制硕士研究生生源复杂，增设非全日制硕士研究生入学前的培训课程，并计入学分。建立培训题库，课程安排包括：①入学前学生自学与教师辅导，完成各项训练内容；②入学后前4周为理论强化阶段，由相关辅导老师安排4次大课，主要为重点模块讲解、训练结果分析、技术答疑等；③入学后5～8周为考核阶段，按培训内容出题，学生以作业设计形式参加考核。课程内容包括：算法设计与实现强化训练（训练平台为ACM-ICPC训练平台）、应用系统设计综合训练、高级研究训练（可选）、IT公司提供的岗前培训（可选）。整个课程在时间安排上更加灵活，周末课程可满足学生的基本学分要求，晚上开设前沿选修课，学生可自主选择。

（三）重视非全日制硕士研究生的学籍管理

学籍管理是非全日制硕士研究生与全日制硕士研究生并轨管理后，出现的又一重大变化。以往在职研究生实行学位教育，没有学历要求，也无须进行学籍注册。现在的非全日制硕士研究生与全日制硕士研究生一样，都要求进行学籍管理：每年两次学籍注册，退学、休学、请假都要求严格执行学籍管理相关规定。

（四）重视非全日制硕士研究生毕业出口、拓宽通道

（1）毕业出口。根据教育部办公厅 2016 年印发的《教育部办公厅关于统筹全日制和非全日制硕士研究生管理工作的通知》，非全日制硕士研究生毕业时获得毕业证、学位证，但由于社会及企业对于在职研究生的固有印象，非全日制硕士研究生就业时容易受到区别对待，这严重打击了非全日制硕士研究生学习的积极性。实际上，这种偏见不符合教育部培养政策中"同等质量，统筹管理"的初衷，特别是工科类非全日制硕士研究生培养的重点不是科研而是在实践、动手能力上，相比全日制硕士研究生，非全日制硕士研究生在实践能力上应该更具优势，因此学校应该加大宣传及服务力度，在处理好同等培养质量的前提下让更多企业正确了解非全日制硕士研究生，切实扩大其毕业出口。

（2）拓宽通道。研究生教育体系仅有非全日制硕士专业学位教育是不够完善的。从职业发展需求的角度考虑，仍需要更高层次的博士专业学位以完善研究生专业学位教育体系的构建。[8] 同时，也需要打通从专业型硕士向学术型博士提升的通道。非全日制硕士研究生在培养过程中，在独立科研能力、创新能力等方面都应加强与博士研究生培养的对接。除了确保非全日制硕士研究生报考博士的常规渠道外，还可以参考全日制硕士研究生教育，尝试建立非全日制硕博贯通培养的渠道，这样可使优秀的非全日制硕士研究生有更加完备的提升通道。

四、结语

高等学校承担着培养和造就高层次人才的历史使命。从培养方案制订、人才培养过程管理、质量保障机制等方面，探索和实践非全日制硕士研究生的分类培养模式是一项意义深远的工程。

参考文献

[1] 陈谦. 非全日制与全日制研究生教育并轨实施路径的思考 [J]. 江苏高教，2018（1）：73-76.
[2] 教育部办公厅. 教育部办公厅关于统筹全日制和非全日制研究生管理工作的通知 [EB/OL]（2016-9-14）[2019-4-1]. http://www.moe.edu.cn/srcsite/A22/moe_826/201609/t20160914_281117.html.
[3] 马明. 新招生制度下非全日制专业学位硕士研究生培养模式的探索 [J]. 煤炭高等教育，2018（1）：50-53.
[4] 陈闻. 王现彬，李久东. 非全日制硕士研究生教育质量保障体系的完善：基于全面质量管理的思考 [J]. 广西师范大学学报（哲学社会科学版），2014，50（6）：131-137.
[5] 吴志伦，陈姝雨. 推行弹性学制加快硕士研究生教育改革步伐 [J]. 中国高教研究，2005（6）：25-27.
[6] 刘大双，魏萍. 非全日制硕士研究生学位论文质量全程监控研究 [J]. 科教文汇，2018（409）：119-120.
[7] 王顶明，杨力苈. 统一标准与规范管理：非全日制硕士研究生教育的新阶段 [J]. 中国研究生，2017（1）：4-8.
[8] 郑湘晋，王莉. 关于专业学位研究生教育改革的若干思考 [J]. 学位与研究生教育，2012（4）：15-19.

充分利用图书馆信息资源提升专业学术水平*

袁乐乐 [1]　任福民 [2]

（1. 国家图书馆，北京 100081；2. 北京交通大学土木建筑工程学院，北京 100044）

摘　要： 图书馆书刊（包括电子期刊书籍）资料是高校教师获取新的知识和信息，提升自己业务水平的有力工具，对凝练自己已有知识体系，了解国内外科研发展现状，提出新的观念和研究思路，都起着其他部门无法替代的作用。本文通过案例说明高校教师可以充分利用图书馆资源提升自己的业务水平。

关键词： 图书馆　信息资源　学术水平

高校图书馆联机检索，可为教学和科研查新检索、专题索引、资料收集汇总方面提供支持服务。本文通过对某高校教师利用图书馆信息资源完成教学和科研案例的介绍，说明高校教师充分利用图书馆资源可以提升自己的业务水平，希望对高校师生充分利用图书馆资源，提升业务水平有所启发。

一、利用现代图书馆，跟踪学科前沿并引导学科前沿

控制论的奠基人维纳说过，要有效地生活就要有足够的信息。……一个人的智商越高，他的信息流通量就越大。在研究生培养过程中，激励研究生树立原创创新的理念，跟踪学科前沿并引导学科前沿。发表一篇高水平的论文，首先必须有足够的文献阅读量，增加自己在本研究领域的知识储备，足够了解自己研究领域的研究现状，明确自己所做的工作对研究领域的贡献；然后确定研究目标，设计研究方案，研究方案要有系统性，研究方法需要有足够的理论支撑；最后分析研究结果，形成论文。在这个过程中，大学图书馆的图书期刊情报服务，发挥着其他部门无法替代的作用。

二、利用国家图书馆馆藏资料，编制"交通环境规划与管理"案例教学及研究性教学训练载体

环境规划学是正在发展中的环境科学分支，交通环境规划与管理是一门多学科交叉的新兴学科，旨在借助新思维、新工具解决交通领域新出现的环境问题。

作为《铁路环境监测与管理规划》一书的作者，笔者从事交通环境规划及管理的教学和科研工作多年，在教学科研方面积累了一些素材，利用国家图书馆馆藏资料系统查阅资料，在吸取国内外大量相关的研究成果之后，编写并出版了《铁路环境监测与管理规划》一书，本书的出版，填补了市场上交通环境规划理论相关论著的空白[1]。

笔者通过收集国内环境监测现状和环境监测管理方面的资料，对国家近年来环境监测方面的

---

* 基金资助：（1）中国学位与研究生教育学会"中美研究生创新能力培养的对比研究"，编号 C–2015Y0501–006 资助。
　　（2）北京交通大学研究生教改项目"中美研究生创新能力培养的对比研究"资助。

标准、规范、管理办法等文件进行全面梳理，从铁路环境监测站的作用和现状、环境监测方案制定、监测控制指标的选取方法、环境监测质量管理体系几个方面进行调研和归纳总结，提出铁路环境监测站监测因子和频次的建议。

该书内容翔实，科学性、实用性、可读性和指导性强，可作为交通领域相关专业、环境科学与管理等专业的本科生教材使用，也适合于交通领域、环境管理工作人员使用。

三、完成研究性教学案例

笔者根据专业特点设置了特殊问题研究、教学研究和独立研究讨论的案例课程，培养学生独立研究的能力。"大气污染控制工程"课程研究性教学载体——"机车使用代用燃料对站场环境影响的研究"，是"大气污染控制工程"课程"第十一章城市机动车污染控制"、"第二章燃烧和大气污染"教材内容的应用与深化，是结合我校教师承担科研项目及取得的成果设计的研究性教学案例[2-7]。通过课堂使用电子教案、观看录像、课后阅读文献、参观北京交通大学机械与电子控制工程学院柴油机实验室和北京交通大学运输学院车载遥感测试监测车以及论文写作环节，构建形式恰当的研究性教学训练载体。该研究性教学训练载体，将科研成果或科研课题与教学内容有机结合，学生自主学习研究工作量较大、训练内容完整成熟，使用效果良好。该案例获北京某重点大学2016年研究生教学成果二等奖。

四、充分利用图书资料，成功完成国际学术交流

在美国访学期间，笔者主持美国三名研究生和导师组的创新科研课题。美方教授安排做 PBCs 的加氢脱氯反应，这是美国国家环保局资助的可持续发展与人才培养课题，该项目和笔者过去从事的环境催化研究工作连续性很强，在研究过程中，笔者充分利用专业经验，从一个失败的实验中找到解决问题的关键点。在这期间笔者阅读了很多加州大学伯克利分校、麻省理工学院知名学者有关异相催化动力学和传质过程的英文文献和著作，解决了多氯多环芳烃室温加氢脱氯难题，提出反应机理和反应速率方程，采用扫描电镜和能谱（SEM-EDX）的研究手段及方法，分析了 Pd/C 催化剂有效荷载的分布对催化加氢脱氯的影响，为其在工业领域的应用奠定了基础。笔者所承担课题顺利结题，并于 2017 年 5 月 15 日—17 日在华盛顿世界科技博览年会进行展示和路演。相关论文已整理完成并在美国空气与固废管理协会学术年会上宣读（匹茨堡 2016 年 6 月 6 日）。美方合作教授在给中国驻美纽约总领事教育组的证明信中说："感谢北京交通大学为他们提供对他们研究问题有实质帮助的访问学者。"

清华大学李亚栋院士所在团队，在博士生培养过程中，通过每周的学术组会，激励研究生跟踪学科前沿并引导学科前沿，树立原创创新的理念，在团队承担的国家重大科技项目中让博士生负责一定的前沿课题，所培养的研究生在国际顶级刊物上发表论文数十篇，培养数名百篇优秀博士论文获得者和国家自然科学基金优秀青年奖获得者。李亚栋院士在研究生创新能力培养方面的成功经验，反映我们国家已经取得了双金属纳米晶催化剂研究国际领先地位，掌握了纳米晶结构表征的高分辨电镜分析的先进技术。

五、结语

发表一篇高水平的论文，首先必须有足够的文献阅读量，增加自己在本研究领域的知识储备，足够了解自己研究领域的研究现状，明确自己所做的工作对研究领域的贡献；然后确定研究目标，设计研究方案，研究方案要有系统性，研究方法需要有足够的理论支撑；最后分析研究结果，形

成论文。

　　图书馆信息资源（包括电子期刊书籍）是高校教师获取新的知识和信息，提升自己业务水平的有力工具，对凝练自己已有知识体系，了解国内外科研发展现状，提出新的观念和研究思路，都起着其他部门无法替代的作用。高校教师要充分利用图书馆资源，提升自己业务水平。

参考文献

[1] 任福民，许兆义，尹守迁，等. 铁路环境监测与管理规划. 北京：北京交通大学出版社，2015.

[2] GAO M，REN F M. Study on emission factor of internal combustion locomotive [C].//The proceedings of the China association for science and technology. Beijing: Science press，2008，4（3）：168-171.

[3] 牛牧晨，任福民. 北京市铁路站场大气颗粒物的特征与来源分析 [J]. 环境工程，2007，25（5）：78-81.

[4] 任福民，张玉磊. 铁路站车垃圾衍生燃料制备工艺的正交试验研究 [J]. 北京交通大学学报，2008，32（4）：75-77.

[5] 张玉磊，任福民. 铁路煤扬尘抑尘试验研究. 环境科学与管理 [J]. 2008，32（12）：88-90.

[6] REM F M，RU Y H，XU Z Y，et al. Investigation and countermeasures on heavy metal in passenger trains garbage [J]. The proceedings of the China association for science and technology，2004，1（2）：339-341.

[7] 任福民，汝宜红，许兆义，等. 旅客列车垃圾理化及污染特性的研究 [J]. 铁道学报，2002（4），17-20.

提高研究生创新能力的研究

——北京交通大学与美国大学的比较研究

田洪现

（北京交通大学电子信息工程学院，北京 100044）

摘　要：随着教学质量的逐年提升，北京交通大学毕业生受到用人单位越来越高的评价。本文通过对近 5 年用人单位对我校毕业生的评价研究，在肯定我校教学成果的基础上，从三个方面对北京交通大学与美国理工类一流大学进行对比研究，并提出切实可行的教学改革方法，以便进一步为社会培养优质的毕业生。

关键词：教学成果　创新能力　自主学习能力　课程设置　教学方法

一、北京交通大学教学成果

作为教育部直属的全国重点大学，"211 工程""985 工程优势学科创新平台"，北京交通大学每年源源不断地向社会输送高素质的毕业生。从表 1 可以看出，近 4 年来，随着教学方法、教学理念的不断改进，用人单位对我校毕业生的满意度总体呈上升趋势，但对学生实干与执行能力、口头表达能力的评价明显不高。

表 1　用人单位对我校毕业生评价情况

	硕士研究生		博士研究生		用人单位对毕业生能力评价 （满意度）/%			
	毕业人数	就业率/%	毕业人数	就业率/%	非常满意	满意	实干与执行能力	口头表达能力
2014	2 680	99.40	202	99.5	73.09	26.91	—	—
2015	2 663	99.29	173	98.27	65.3	34.7	—	—
2016	2 758	99.02	233	99.57	78.3	21.7	25.1	14.1
2017	2 778	99.46	256	98.82	29.4	49.1	14.8	12.9

学生实干与执行能力、口头表达能力的欠缺总体归结为以下三方面的原因。

首先，从课程设置上来讲，我校课程设置偏重于理论教学，对学生动手能力的培养重视不够。

其次，因资金方面的原因，相关的实验设施比较陈旧、不足，难以保证所有学生都有充足的、现代化的硬件实验条件。

最后，传统的教学方法下学生的实干能力与口头表达能力也不容易得到锻炼。

下面就这三个方面的问题，结合北京交通大学与美国一流大学课程进行比较论述。

二、比较研究

（一）大学课程设置比较

1. 北京交通大学电子信息工程学院课程设置（见表2）

表2　北京交通大学电子信息工程学院课程设置

课程类型	课程名称
公共课	中国特色社会主义理论与实践研究，自然辩证法概论，电子与通信工程专业外语，信息检索，知识产权
基础课	随机过程 I，数值分析 I
专业课	通信网理论基础，计算机网络体系与协议，数字通信理论，电磁场理论，光波导理论，光电子器件理论与技术，电波传播原理与应用，光接入网技术，电磁兼容测量技术，无线通信新技术，移动自组织网络，高等路由原理与技术，大数据存储与处理，近世代数与编码技术
选修课	跨学科课程
补修课程	导师指定
实践环节	工程实践训练
论文环节	前沿讲座
	开题报告

2. 美国高校课程设置

由于篇幅有限，表3列出了部分美国高校的相关课程与北京交通大学不同之处[1]。

表3　美国高校的相关课程不同之处

学校名称	美国理工类大学排名	课程设置独特之处
麻省理工学院（MIT）	1	1. 硕士研究生录取条件 必须曾经在公司或组织工作过，以确保曾经接受过电气工程与计算机科学（EECS）的监督与指导，上述公司或组织须出具相关的文件证明学生在该公司或组织所完成的工作 2. 研究生课程特点 （1）人工智能； （2）工程创新与设计； （3）工程学企业家能力培养； （4）特殊实验项目
加州大学伯克利分校	3	1. 指导独立学习； 2. 小组学习、研讨或小组研究
佐治亚理工学院	7	ECE 研讨
伊利诺伊大学厄巴纳－香槟分校	9	1. 工程实践； 2. 职业实习； 3. 研讨

从以上对比可以看出，美国大学对所录取研究生的实践能力提出了非常高的要求（如麻省理工），这就为研究生动手能力的培养奠定了坚实的基础。此外，上述 4 所美国高校的课程有一个

共同的特点就是均注重学生独立学习、动手能力的培养，研讨课的设置则为学生提供了充足的口头表达的机会。此外，美国高校的课程更新速度也非常快，比如麻省理工学院已经将时下最热门的"人工智能"纳入研究生课程。

（二）科研经费投入比较

1. 美国教育经费投入（见表4）

表4　美国教育经费投入（2000—2016）

年度	教育支出（按当年汇率）（10亿美元）	教育支出（按2016—2017年汇率）（10亿美元）	占GDP比例/%
2000－01	705	977	6.9
2004－05	876	1 109	7.1
2005－06	925	1 128	7.1
2006－07	984	1 170	7.1
2007－08	1 055	1 209	7.3
2008－09	1 090	1 232	7.4
2009－10	1 101	1 233	7.6
2010－11	1 124	1 234	7.5
2011－12	1 137	1 212	7.3
2012－13	1 154	1 210	7.1
2013－14	1 193	1 232	7.1
2014－15	1 242	1 273	7.1
2015－16	1 293	1 317	7.1
2016－17	1 342	1 342	7.2

数据来源：移动教育统计摘要2017（Mobile Digest of Education Statistics，2017）.

2. 我国教育经费投入（见表5）

表5　我国教育经费投入

年度	国家财政性教育经费支出（亿人民币）	国家财政性教育经费支出占GDP比例/%
2010	14 670.07	3.66
2011	18 586.70	3.93
2012	22 236.23	4.28
2013	24 488.22	4.30
2014	26 420.58	4.15
2015	29 221.45	4.26
2016	31 396.25	4.22
2017	34 207.75	4.14

数据来源：教育部 国家统计局 财政部关于全国教育经费执行情况统计公告.

从以上数据对比可以看出，虽然与美国相比，我国的教育经费支出还有很大差距，但自 2010 年以来我国教育经费支出逐年增长，自 2012 年起教育经费支出始终保持在占 GDP 4%以上。

（三）教学方法比较

我国传统的教学模式主要以老师讲课、学生听课为主，课堂上学生很少主动发言；此外，学生课后作业并不是太多，学校对研究生作业完成情况的监督也相对宽松，这就导致许多学生课前不准备，对课程内容不熟悉甚至完全不预习，完全凭上课去听讲。这样一方面学生上课很难形成与老师的积极互动，另一方面其自身的听课效果也大打折扣。所以，平时学习不努力，考前集中学习的现象，在我国高校普遍存在。

相比之下，美国的教学方式就相对灵活，学生的参与度也特别高[2]。

（1）高强度的作业大大地培养了学生的自学能力和分析问题的能力。美国高校无论是本科生还是研究生的作业任务都非常繁重，这种高强度的要求不仅针对理工科学生，文科学生也是如此。以美国伊利诺伊大学厄巴纳－香槟分校法学院为例，研究生一学期最高学分是 20 分，也就是 5 门课，表面上看一个学生每天只上两三节课（每节课至少 75 分钟，最多 2.5 小时），但课后作业非常繁重。每天的阅读量至少 100 页，有时可能一门课的阅读量就要达到 100 页。通过这样大量的阅读，学生的自学能力得到了极大的提升。

（2）课堂互动的教学方式不仅促进学生课前认真完成作业，而且对学生的表达能力、创新思维都有很大的帮助。所有的课程老师都会提问或组织大家讨论，而且学生参与课堂讨论的情况会记入期末的成绩，所以学生非常努力地预习，尽可能在课前就把主要的知识点搞清，即使自己没看懂，也会查阅大量的相关资料或与同学一起讨论来搞懂，这样课上就可以积极地参加讨论。对于课堂讨论老师重在考核学生的参与程度，而不是回答的准确度，这样学生讨论很轻松，发言的时候也很自由，不必担心回答错了会被老师批评（事实上即使答错老师也不会批评）。在这一点上我们中国的留学生就相形见绌，中国留学生上课发言不积极的原因主要是缺乏自信，怕答错了被人取笑。很多时候美国同学答了，中国同学就会想，这个问题我也会！但我们的留学生缺乏的恰恰就是举手的勇气。

（3）学校还经常组织各种辩论赛，院方鼓励大家积极参加，学生参与的热情也非常高，与中国学生不同的是，美国学生参加这种活动是因为觉得有趣、而不在乎是否拿奖。这样，没有拿奖的压力，参加起来就轻松许多。

（4）除此之外，美国教育体系从小就培养孩子的自信、鼓励孩子发言，即使说错了，老师、同学也会热情地予以鼓励。这种自信的能力在其进入大学、研究生阶段就表现得特别明显。

三、继续深化教学改革，为社会输送更优质的毕业生

在以上对比研究的基础上，笔者建议对我校研究生教育进行如下改革。

（一）增加实验、实习机会

一方面在现有基础上逐步增加实验课课时，提高学生动手能力[3-5]；另一方面学校在实习方面引入竞争机制[6]，在竞争机制下，只有那些真正能干活的学生才能找到实习的机会，激烈的竞争可以促进学生实实在在地利用在校学习的机会提高自身的综合能力，尤其是动手能力。经过实习后再回到课堂，学生对课本知识会有更深的认识，这样才能够真正做到学以致用[7]。

（二）加大教育投入，为学生创造更好的学习条件

通过以上对比可以看出，虽然我国近几年教育投入已经占到 GDP 的 4%以上，但与发达国家

相比仍有很大的差距，资金的有限必然对学习条件造成影响，实验设备的及时更新对理工科学生尤为重要，因此，有必要在条件允许的情况下继续加大资金投入[8]。

（三）改进课堂教学方法[9]

如前所述，美国的课堂教学方法大大地提高了学生的主动性，通过积极参与课堂讨论，不仅加深了学生对课程内容的理解，而且对于其口头表达能力也有非常大的帮助。实践中我们很多优秀的学生虽然研究生毕业，但不敢在公众面前讲话，如果我们可以借鉴美国的教学方法，使学生敢于、勇于在课堂发言，"不敢在公众面前"讲话的问题就可以迎刃而解[10]。

参考文献

[1] 刘海飞. 盖丽. 林树. 基于能力本位视角的工程类人才创新培养体系国际比较研究 [J]. 江苏高教, 2018 (9)：77-80.

[2] 张永合, 卢葱葱, 王永, 等. 国内外信息与通信工程学科研究生课程体系比较研究 [J]. 工业和信息化教育, 2018 (6)：14-18.

[3] 卢葱葱, 张永合. 科教融合教育体系下的教学督导工作实践探索 [J]. 人才培养和机制创新, 2017 (8)：23-41.

[4] 蔡小春, 刘英翠, 熊振华. 全日制专业学位研究生项目式实践课程的创新探索 [J]. 学位与研究生教育, 2018 (4)：20-25.

[5] 关硕, 齐超, 刘洪臣, 等. 创新型人才培养模式下的研究生教学改革探析 [J]. 教育教学论坛, 2018 (8)：78-79.

[6] 秦秀娟, 唐永福, 郭文峰. 科教结合提高研究生课程教学质量的探索 [J]. 黑龙江教育（高教研究与评估）, 2018 (9)：60-61.

[7] 杨军, 周资伟, 张炜. 电子通信类研究生课程授课思想与方法的思考 [J]. 科教信息, 2009 (31)：277.

[8] 袁本涛, 延建林. 我国研究生创新能力现状及其影响因素分析 [J]. 北京大学教育评论, 2009 (4)：12-20.

[9] 郑燕林, 秦春生. 研究生课程"探究型-混合式"教学模式的构成与教学设计 [J]. 现代远距离教育, 2018 (4)：69-75.

[10] 陈举, 熊岚, 纪曼然, 等. 研究生课堂教学参与的价值理性与社会学反思 [J]. 研究生教育研究, 2017 (12)：57-62.

新工科背景下的研究生创新型人才培养模式研究[*]

——以工业工程专业为例

李 琦 朱晓敏 鄂明成 蒋增强 陆一平

（北京交通大学机械与电子控制工程学院，北京 100044）

摘 要："新工科"的概念肇始于 2016 年，意指在新时代培养多元化、创新型卓越的工程人才。在新工科背景下，培养什么样的人，怎样培养人，成为研究生教育亟待解决的问题。工业工程专业的专业定位和培养模式与新工科的发展理念十分契合。本文通过梳理国际知名大学工业工程专业的培养目标、培养模式、研究方向，并与我国知名大学工业工程专业进行对比，以点带面，见微知著，提出了新工科背景下的研究生创新型人才培养模式的实施框架。

关键词：新工科 培养模式 研究生培养 工业工程

一、新工科与工业工程专业

为主动应对新一轮科技革命与产业变革，支撑服务创新驱动发展、"中国制造 2025"等一系列国家战略，教育部积极推进新工科建设，先后形成了"复旦共识"、"天大行动"和"北京指南"[1-3]。在"天大行动"中把新工科内涵与特征表示为：新理念——应对变化，塑造未来；新要求——培养多元化、创新型卓越工程人才；新途径——继承与创新，交叉与融合，协调与共享[4]。简而言之，相对于传统的工科人才，未来新兴产业和新经济需要的是实践能力强、创新能力强、具备国际竞争力的高素质复合型新工科人才。"创新""实践""国际化""复合型"成为新工科背景下的研究生创新型人才培养目标的关键词。

工业工程（industrial engineering，IE）起源于 20 世纪初的美国，它以现代工业化生产为背景，在发达国家得到了极为广泛的应用。美国工业工程学会对工业工程的定义为"工业工程是对人、物料、设备、能源和信息等所组成的集成系统，进行设计、改善和实施的一门学科，它综合运用数学、物理和社会科学的专门知识和技术，结合工程分析和设计的原理与方法，对该系统所取得的成果进行确认、预测和评价。"1997 年，教育部将 IE 正式设立为管理科学与工程一级学科下属的二级学科，时至今日，几乎所有重点大学均设立 IE 类专业。

北京交通大学工业工程专业隶属于机械与电子控制工程学院，依托"国际化创业型工程与管理复合人才培养模式创新实验区（国家级）"，以北京交通大学办学特色为指导，贯彻"做中学、产学合作、国际化"的教学理念，致力于培养拥有工程背景，管理和技术相融合，注重实践、创新的国际化复合型人才[5]。可见，工业工程专业的学科定位、人才培养模式比较契合新工科发展理念。本文将从新形势下工科研究生的培养特点及社会需求入手，通过对国内外知名大学工业工

---

* 本论文由北京交通大学研究生教育教学研究项目"新形势下工科研究生创新型人才培养模式研究"资助。

程硕士阶段最新的培养模式的特点、规律和效果进行梳理与对比，探讨新形势下工科研究生创新型人才培养的有效途径。

二、研究生创新型人才培养模式

研究生培养模式是教育主体在一定的教育理念引导下，按照社会的需求和高层次人才成长的规律，为研究生构建的包括知识体系、能力体系、素质体系和运行方式的总系统[6]。创新型人才的含义较为广泛，尚无统一定论。具有扎实的专业知识，广博的知识体系，强烈的创新意识，良好的综合素质，以及把握专业前沿的能力，都是创新型人才的重要特征[7]。探究工科研究生创新型人才培养模式，就是从培养研究生的求真务实、尊重科学的精神入手，围绕科研创新的核心，以增强学生获取并处理有用信息以及强化学生科研实践能力为主要方式，达到提高研究生创新能力的目的，从而使研究生能够适应科技飞速发展的新形势，使研究生不仅成长为合格的求职者，更能成为兼具科研创新能力与顺应时代发展需要的创业者，担负起实现国家振兴的重任。

明确的专业定位与培养目标，特色鲜明的办学理念，丰富有效的培养过程，交叉融合的研究方向，业内认可的培养质量，都是进行研究生创新型人才培养的重要组成部分。其中，专业定位与培养目标，也就是研究生教育应该达到的结果，是回答"培养什么样的人"的问题[8]。培养目标不同，意味着培养模式的构成变化，它对研究生培养过程中的形式选择、培养方式、质量标准都有指导作用。培养过程与培养形式，是为了实现培养目标而采取的明确具体的规定和要求。而培养质量是研究生培养模式的评价与改进手段。研究方向，是培养研究生综合创新能力、交叉融合能力的基石，具有跨学科、跨专业背景的研究生更能适应社会的需求，也更要求研究生具有扎实而广阔的基础及综合知识。在新工科背景下，科研创新能力、国际化合作能力、交叉融合能力，已成为衡量研究生教育质量的重要方面[9]。

我国的新工科建设与创新型人才培养方兴未艾，还没有形成体系。工业工程专业跨领域的专业定位，跨学科的知识体系，重实践的培养过程，重创新的培养理念，可作为新工科背景下的研究生创新型人才培养模式研究的探路者。本文将分别梳理国内外知名大学工业工程硕士研究生培养模式，明确工业工程研究生创新型人才培养的现状与新工科的需求，从而提出新工科背景下的研究生创新型人才培养模式的实施框架。

三、国内外知名大学工业工程研究生培养模式对比

欧美等国对创新型人才培养有较为成熟的做法，而我国的研究生创新型人才培养又有其自身特点，需要进行有选择的借鉴。本研究借助"标杆管理"的理念，研究同专业世界名校的最佳实践，并以此为基准与我国工业工程专业进行比较、分析、判断，从而不断改进自身培养水平。笔者对工业工程发祥地美国的数所顶级工业工程研究生培养高校进行调研，梳理其专业定位及特色、培养目标、培养形式、研究方向等信息，汇总信息如表1所示。

表1　国际知名高校工业工程硕士培养目标与主要研究方向

高校名称	培养目标	主要研究方向
佐治亚理工学院	（1）成为成功的工业工程师； （2）能尽自己最大的努力展现领导能力； （3）学会终身学习，不断更新自己的知识； （4）在专业和教育领域取得成功	（1）先进制造业； （2）分析与大数据； （3）经济决策分析； （4）健康医疗行业； （5）运筹与优化； （6）随机与模拟； （7）供应链工程； （8）可持续系统工程； （9）系统信息与控制

续表

高校名称	培养目标	主要研究方向
加州伯克利大学	（1）能够对涉及经济效率、生产力和质量的一系列广泛的系统级决策问题进行定量建模和分析，开发和创造性地使用分析和计算方法来解决这些问题； （2）收集和分析数据，以及使用数据库和决策支持工具，以及理解和分析生产系统中的不确定性； （3）期望毕业生能够在迅速变化的全球经济中获得成为有效专业人才所必需的更广泛的技能、背景和知识	（1）优化算法； （2）随机建模与仿真； （3）控制理论； （4）供应链管理； （5）健康系统工程； （6）金融与市场工程； （7）机器人与自动化； （8）创新、创业与工程项目管理
密歇根大学安娜堡分校	（1）对职业道德责任的理解；为社会和企业的经济发展做出贡献； （2）拥有广泛的知识和动力，通过不断的学习来继续发展职业技能；理解学习工程解决方案中所需的广泛知识；认识到需要终身学习的能力； （3）具备应用数学、科学和工程知识的能力；具备设计和进行实验、分析和解释数据的能力；具有识别、制定和解决工程问题的能力；有能力设计和改进人、材料、信息、设施和技术的集成系统； （4）具有作为多学科团队成员的能力；在第一份工作或博士研究中担任领导角色	（1）职业安全工程与人机工程学； （2）生产、配送与物流； （3）质量工程与应用统计学； （4）运筹学优化； （5）集成医疗工程研究
西北大学	（1）整合技术和商业技能，可以解决可持续发展和环境保护等全球性问题； （2）用语言清楚地传达给不同的受众群体； （3）展示管理和领导技能； （4）了解企业运营的基本原理，采用工业工程的技术在世界范围内参与竞争	（1）应用统计学与建模； （2）金融工程； （3）生命健康工程； （4）运筹优化与管理科学

具体来说，佐治亚理工学院的专业定位及特色为：重点关注建模、分析和解决在传统的制造、仓储和供应链系统领域中出现的问题。它融合了数学、物理学和商业应用等知识。学科交叉，多种学科知识在生产系统中的共同应用是工业和系统工程领域的核心，并提供工业工程毕业生广泛的职业选择。培养形式包括理论课程和技术实用性课程，其中理论课程30学分，包括制造、仓储和供应链系统的核心课程，以及一些核心研究方法的课程，如建模仿真、运筹优化和建立概率模型。技术实用性课程和选修课9学分，课程具有灵活性，允许学生集中学习特定的领域。西北大学专业定位及特色为：工业工程是在复杂和不确定环境下基于算法、统计和数学建模的一门决策科学。通过提供数据分析、运筹优化、物流和金融工程方面的知识，将学生培养成为优秀的现代决策者。培养形式包括：①学位课程至少需要45个学分；②强调发展分析能力，做出更好的决策，制定和执行战略，同时还应具有领导和创新能力；③课程主要针对运营组织和复杂系统的技术和行为挑战，强调定量分析技能和创业精神；④以数学、工程以及行为科学为学科基础，通过实验来设计更好的系统、组织和工作流程。加州伯克利大学专业定位及特色为：满足工程或数学科学背景的学生的需要，希望增强他们对设计、分析、风险管理，以及对决策的定量模型的理论开发和使用的能力。课程体系包括基础科学、专业课程、科学编程语言等。

通过以上分析可以看出，美国顶尖大学的研究生培养模式存在以下特点：培养目标的全面性、培养过程的多元性、研究方向的跨学科性。在培养目标中，各个学校都强调领导能力、学习能力、专业技能、社会责任等四方面。而研究方向则体现了多学科融合和理论联系实际的特点，注重知识的实用性和系统性。除此以外，各个高校还根据自身的特点，设计了专业定位和培养形式。培养形式以课程为主，结合实践类课程、科研项目、实习等环节提供工科学生解决实际问题的能力。

表2梳理了国内数所知名高校的工业工程专业的培养目标、办学理念、培养过程、研究方向等内容。

表 2　国内部分知名高校工业工程研究生培养信息汇总表

培养信息	学校名称	清华大学	天津大学	上海交通大学	东南大学	哈尔滨工业大学	同济大学	西安交通大学	中南大学	北京交通大学
培养目标	社会责任	✓	✓	✓	✓	✓	✓	✓	✓	✓
	学习能力	✓	✓	✓	✓	✓	✓	✓	✓	✓
	专业技能	✓	✓	✓	✓	✓	✓	✓	✓	✓
	领导能力	✓								
办学理念	国际化	✓	✓	✓		✓	✓			✓
	产学合作（企业）					✓			✓	
	行业特色		✓	✓						
培养过程	导师责任制	✓						✓	✓	
	科研项目	✓	✓	✓	✓					
	企业实习	✓					✓			
研究方向	运筹学	✓								✓
	人因工程	✓	✓							
	物流与供应链			✓	✓					✓
	质量与可靠性	✓	✓		✓			✓	✓	
	先进制造方法	✓	✓	✓	✓	✓		✓		✓

从表 2 可以看出，从培养目标上看，大多数国内高校缺乏对领导力的明确强调。从办学理念上，国内高校普遍重视国际化，但是对产学结合，即产业界参与办学还不够重视，依托行业进行个性化办学也仅局限于部分高校。从培养过程来看，大部分高校都重视科研项目与企业实践环节在人才培养中的作用，近半数采用了导师责任制。从研究方向上看，部分高校在工业工程研究生教育阶段的研究方向偏窄。

总的来说，我国知名高校工业工程研究生人才培养模式基本与国际接轨，但是还存在较大的提升空间。从培养目标上看，对领导能力与执行能力的强调不够；从办学理念上，对产学研联动的重视不够；从培养过程上看，培养学生解决实际问题的环节较少；从研究方向上看，跨学科融合发展能力还需要提高。

四、工业工程研究生培养模式的实施框架

基于以上分析，我国的研究生创新型人才培养还不完善，一方面要借鉴美国研究型大学培养创新型人才的先进经验，另一方面要结合新工科背景下的需求。重视培养目标、培养过程、方向设置等要素的衔接性；突出创新、实践、国际化、复合型等人才培养关键词，从而构建新型研究生培养模式的实施框架。

结合中国工程教育改革三大战略（产学合作、做中学、国际化）[10]与联合国教科文组织提出的 21 世纪教育的四大支柱“四个学会”（学会求知、学会做事、学会共处、学会做人）的人才培

养总目标[11]，借鉴工业工程专业"精益生产屋"的展现形式，提出了工业工程研究生培养模式的实施框架，如图1所示。

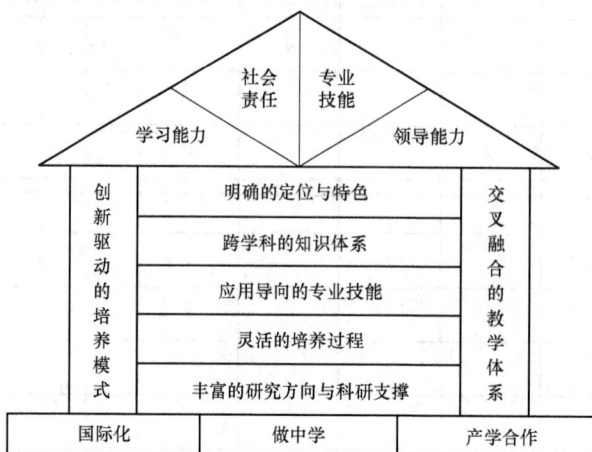

图1 工业工程研究生培养模式实施框架

　　首先，从培养目标层面，既要重视对学生承担社会责任的培养，也要重视对学生专业技能的培养，即德才兼备。其次，要重视自主学习能力和终身学习能力的培养，以及领导能力与执行能力的培养。这些目标，与联合国教科文组织提出"四个学会"目标是十分契合的。创新驱动的培养方式与交叉融合的教学体系，是实现目标的两大支柱，是该框架的主要特色。最后，明确的定位与特色、跨学科的知识体系建设、应用导向的专业技能培养、灵活的培养过程、丰富的研究方向与科研支撑，是实现这些目标的具体途径。从另一个角度看，这些支撑和途径，都暗合中国工程教育改革三大战略。因此，把产学合作、做中学、国际化作为总的战略基石。笔者提出的这一研究生培养模式的实施框架，不仅适用于工业工程专业的研究生培养，推而广之，也可以为新工科背景下的研究生创新型人才培养模式建设提出思路。

五、小结

　　本文以工业工程专业为案例，梳理了国内外知名高校的培养目标、培养过程、办学理念、研究方向，从而总结出新工科背景下的研究生创新型人才培养模式的实施框架。新时代，新工科，新模式。以新工科建设为契机，应当坚持育人导向、问题导向、实践导向、国际化导向，深入调研，细化培养方案，结合实际，切实推进研究生创新型人才培养模式的实施。

参考文献

[1] 焦以璇，李薇薇. 新工科建设形成"北京指南"[N]. 中国教育报，2017-06-12（1）.

[2] 张大良. 新工科建设的六个问题导向 [N]. 光明日报，2017-04-18（13）.

[3] 李薇薇. 聆听"新工科"建设春雷 [N]. 中国教育报，2017-04-17（5）.

[4] 冯亚青，杨光. 理工融合：新工科教育改革的新探索 [J]. 中国大学教学，2017（9）：16-20.

[5] 查建中，徐文胜，顾学雍，等. 从能力大纲到集成化课程体系设计的 CDIO 模式：北京交通大学创新教育实验区系列报告之一 [J]. 高等工程教育研究，2013（2）：10-23.

[6] 崔秀梅. "互联网+"时代下的研究生培养模式研究 [J]. 商业会计，2017（1）：127-129.

[7] 马瑾. 研究生创新型人才培养模式探析 [J]. 中国市场，2017（15）：23-24.

[8] 柳夕浪. 从"素质"到"核心素养"：关于"培养什么样的人"的进一步追问 [J]. 教育科学研究，2014（3）：5－11.

[9] 钟登华. 新工科建设的内涵与行动 [J]. 高等工程教育研究，2017（3）：1－6.

[10] 查建中. 论"做中学"战略下的 CDIO 模式 [J]. 高等工程教育研究，2008（3）：3－11.

[11] 黄河. 文化产业管理本科专业实践教学体系构建的理论思考：以"四个学会"为目标 [J]. 内蒙古师范大学学报（教育科学版），2014，27（11）：98－100.

研究生创新、创业能力培养方法研究

——以北京交通大学建筑与艺术学院为例

陈　岚　佘高红　盛　强　李旭佳　张　曼

（北京交通大学建筑与艺术学院，北京　100044）

摘　要： 本文以北京交通大学建筑与艺术学院为例，通过对该学院建筑学、城乡规划学和艺术学各学科的研究生创新创业能力培养现状的调查研究，分析了存在的问题。继而针对这些问题，从创新创业的目标入手，在课程建设、教学方式改进、创新平台设计以及创新创业成果认定标准制定等方面，探讨并提出了研究生创新创业能力培养方法体系设计方案。

关键词： 研究生　创新　创业　培养方法

一、前言

一直以来，高等学校比较重视在校研究生的专业课程学习与实践。相比较而言，对于在校研究生的创新和创业教育重视不足，研究生在走上工作岗位后缺乏创新和创业的能力。这一问题的出现，需要高等学校开展对于研究生创新创业教育的研究和探索，寻找切实可行的创新创业培养的措施和方法。2015 年《国务院办公厅关于深化高等学校创新创业教育改革的实施意见》（国办发〔2015〕36 号）指出："深化高等学校创新创业教育改革，是国家实施创新驱动发展战略、促进经济提质增效升级的迫切需要，是推进高等教育综合改革、促进高校毕业生更高质量创业就业的重要举措。"[1]

二、研究生创新创业能力培养现状和问题分析

通过对建筑与艺术学院建筑学、城乡规划学和艺术学各学科和专业研究生历年创新与创业情况的调查和统计，发现存在以下问题。

（一）未充分认识到研究生创新创业教育的意义

随着知识经济的到来和进一步发展，创新创业能力逐步成为全社会关注的焦点，但尚未成为建筑与艺术学院师生的共识和行动。首先是师生各方的认识尚未真正到位。多数在校研究生对于创新和创业教育的重要性认识不足，需要学校和导师进行引导。同样，对于很多研究生导师而言，因为长期在高校工作，对于实际工作中需要的创新能力和创业能力也不清楚。不少研究生及其导师认为，创新与创业能力不需要在学校里进行培养，研究生走入社会，通过社会实践自然就能获取这方面的能力。

（二）缺乏较为系统的研究生创新创业培养体系

在校研究生创新创业能力的培养是一项系统性工程，在人才培养目标中居于核心地位。如果

没有形成系统化的研究生创新和创业教育体系，将阻碍创新和创业人才的培养[2]。

通过调查发现，当前建筑与艺术学院建筑学、城乡规划学和艺术学各学科和专业研究生的培养方案、课程设置和考核评估各项内容中都没有体现出创新和创业教育的培养目标和培养方法。

（三）培养方法缺乏针对性，重理论轻实践

目前部分高校将创新创业能力培养聚焦在本科生，片面地将本科生创新创业的扶持机制和培养内容复制到研究生当中，忽视了研究生与本科生的不同特点。另外，学生在校期间的创新创业大多停留在申报书、论文或模型阶段，创新能力和创业计划很少转化为创业实践。

（四）创新创业支持平台需要整合企业和社会资源

研究生具备较为全面的知识结构，具备一定的科研与产品研发能力，需要学校或学院建立有效协调企业和社会等各方资源的创新创业支持平台，才能形成持续有效的创新机制。

（五）导师队伍创新创业实践能力不足

创新与创业需要学生具备综合能力，掌握多方面的知识。能力培养可能涉及不同的专业和学科，需要学校不同专业的导师进行配合，因此需要相关的政策与规定，协调不同院校的导师资源，形成合力，从而有效实施针对性的能力培养课程。

（六）创新创业评价体系缺乏

建筑与艺术学院各学科和专业研究生的评价方式没有充分体现创新创业教育的内容和目标，必修课程体系未包含创新创业课程和创新创业实践。

三、研究生创新创业能力培养方法体系设计

（一）创新创业教育顶层规划设计

创新是创业活动的前提和基础，创业基于创新，创业推进创新，培养融创新与创业为一体的"双创型"人才是当今研究生教育人才培养的重要方向。

1. 把培养"双创型"人才作为研究生教育的明确目标

培养目标对研究生教学起着重要的指导作用。明确"双创型"人才培养目标，才能有针对性地开设课程，组织实践并提供相应的评价体系。在人才培养过程中，应该把创新创业相关的能力要求作为目标之一。同时应该培养学生勇于承担社会责任的意识，为今后的创新和创业活动打下的思想基础。

"双创型"人才不仅需要创新意识和创新能力，创业过程中还需要不怕困难的坚韧精神；需要具备持续学习、善于学习的能力和习惯；具备善于发现问题、灵活处理问题的能力以及善于沟通、协作的团队意识；具备敢于创新、敢于实践的探索精神以及较为完备的知识结构和专业知识。

按照培养目标的侧重点研究生分为研究型（学术型）研究生和应用型（专业型）研究生，二者创新创业教育目标应有所不同。首先，创新能力对于二者都是必须具备的，只有通过创新才能有所收获。其次，对于应用型研究生，未来从事创业的可能性更大，需要在学校做好充足的准备。

2. 构建创新创业教育体系

（1）构建系统化的创新创业教育课程体系。课程体系是培养或提高研究生创新和创业能力的基础。首先，根据研究生不同的知识结构和能力，可以将创新创业课程分为基础课程、中级课程和高级课程，满足学生的个性化需求。其次，可以采用独立设置创新创业课程的方式，也可以在

专业课程中采用融合方式，将创新创业的课程内容与相关的专业课相结合，作为增加的课程模块补充进原有课程来实施。此外，创新创业课程要注重实践性与现实性。课程模块的设计需要与社会需求和未来发展保持一致，采用基于项目的 PBL 的模式，吸引研究生主动参与，以提升教学效果。

（2）创建灵活多样的创新实践平台。创新创业实践能力的培养强调理论与实践相结合。实践需要灵活多样的创新研究生平台来满足。实践平台可以采用多种形式、多种层次的方式促进研究生的参与。首先，学校要坚持学科方向的科技社团、兴趣小组的建设。这类平台能够激发研究生创新创业的兴趣，培养研究生创新创业的意识。其次，积极建立校企合作的平台，鼓励研究生积极参与企业实际项目的工作[3]。研究生阶段能够了解企业项目的运作和实施，可以有效提高研究生创新创业的成功比率。再次，学校鼓励研究生参与各类学科竞赛或者举办学科竞赛，尤其是动手实践类项目竞赛。通过竞赛促进研究生创新能力的提升。除此以外，学校或学院可以设立小规模的创新基金，对有条件的创新创业项目进行资助，解决研究生在创新或创业初期的资金需求和物质条件支持。

3. 提高教师的创新创业教育能力

首先要转变教师的观念[4]，让他们认识到研究生创新创业教育的意义，理解教师所应承担的责任，转变教育观念，从而主动参与改革教学模式、内容和手段。

提供创新创业教育内容的师资培训，方便教师们系统学习创新创业的理论、知识、技能及创新创业教育方法。

支持教师开展基于本专业的创新创业教育理论的相关研究，通过开展课程建设项目和科研项目，深入研究提升创新创业能力的有效方法和策略并将其融入专业和实践课程的教学中。

支持教师参与各类社会实践，帮助教师获得和积累创新创业实践经验。对有条件的教师，允许其进行社会兼职或创业实践。

支持教师指导或参与研究生的创新创业活动，教师具备丰富的理论知识并且了解本专业的前沿信息，能够给予研究生创新创业很好的帮助。教师参与到研究生的创新创业活动中，也是对研究生一种外在的激励。

要利用和开发校外资源，以优势互补、注重实效为原则聘请兼职教师[5]，尤其是那些有创新经验与成果并且身处行业一线的各类人才，他们可以带来学校缺乏的创新与创业实际经验，弥补大学教师缺乏实践经验的不足。

（二）创新创业空间与文化环境建设

1. 培养研究生的双创能力，需要学校开展创新创业空间和文化建设

建筑与艺术学院于 2017 年 10 月正式成立了实践创新中心，该实践创新中心采用工作室的组织和运行模式，学院为工作室制定了具体制度、日常管理规范。

实践创新中心的工作室制采取以项目为导向，让学生加入教师科研团队，通过项目过程的全方位参与获得知识和经验，这种制度更符合高级人才培养规律。

2. 通过工作室制创造一个科研团队明确化、学生课业实训化、科研教学一体化、对外合作团队化的教研平台

已建成的实践创新中心拥有多个工作室，工作室各具特色。学习内容均为实际项目，聘请校外导师和国际导师联合教学，在实训内容上鼓励以工作室为单位发展校企合作。进入工作室的学生，将依托工作室完成设计专业实习、施工图实习、毕业设计及研究生相关实训课程环节，取得相应学分。

（三）创新创业教育活动设计

鉴于建筑与艺术学院的研究生普遍存在的动手能力和实践能力不足的特点，需要设计一些培养实践能力的活动。通过开展这类有针对性的活动，可有效提升研究生的动手实践能力。活动设计可以借鉴目前较为流行的"创客"活动的思路，通过创客空间为学生提供日常动手实践和探索的空间；通过创客竞赛，提高学生主动参与的积极性；通过基于网络的在线创客空间的设立，提供学生拓展学习内容和交流的平台。

四、创新创业成果认定标准制定

创新创业成果是研究生创新和创业能力的直接体现，也是重要的人才培养质量评价指标。学院针对建筑学、城乡规划学和艺术学各学科的不同培养目标，制定了合理的创新创业成果认定标准，作为评价研究生创新创业能力、成果奖励以及反馈创新创业教育成果的依据。

为鼓励研究生通过多种方式参与学术与专业的创新、创业实践活动，创新创业成果认定标准从学科竞赛、科技创新项目、期刊论文、会议论文和实践活动等方面制定了各类型成果的合格或优秀认定标准，并详细列出了分级评价的成果目录。

五、结语

研究生创新创业能力培养需要从目标、课程、教学方式以及评价体系入手，发挥不同学科和专业导师团队的作用，为在校研究生提供创新创业教育必要的学习和实践平台。通过创新创业成果认定标准的制定，有效促进在校研究生创新和创业能力的提升。

参考文献

[1] 中华人民共和国国务院办公厅. 国务院办公厅关于深化高等学校创新创业教育改革的实施意见：[2015] 国办发 36 号 [Z/OL]. (2015-5-14). http://www.gov.cn/.

[2] 张琨. 论我国研究生的创新创业教育 [J]. 考试周刊, 2015 (70): 148-148.

[3] 钱慧荣. 研究生创新创业能力培养的探究与实践：以华南理工大学材料科学与工程学院为例 [J]. 人力资源管理, 2017 (8): 324-325.

[4] 王志鹏, 高晟, 张启望. 美国高校创新创业师资队伍建设的启示 [J]. 黑龙江高教研究, 2017 (1): 63-65.

[5] 刘树春. 高校创新创业教育师资建设的困境与突破 [J]. 科技创业月刊, 2017, 30 (16): 63-65.

立足原创研究方向　培养科研创新和工程应用拔尖人才

姚燕安　刘　超　刘阶萍　郝艳玲　张　英

（北京交通大学机械与电子控制工程学院，北京 100044）

摘　要： 立足于"连杆式整体闭链移动系统"方向的原创研究，以研究生创新能力和工程应用能力为培养目标，搭建了完善的研究生知识体系培养模式。首次提出并建立了包括总管、副主管、财务主管、工程主管、资料主管、采购主管、文体主管等一系列岗位的研究生自我管理机制，通过项目、论文、专利、样机、指导本科生科研小组等训练过程，培养研究生的项目组织和管理能力；通过全方面成体系的培养过程，形成了一系列创新性的理论和实践成果。

关键词： 原创研究　创新能力　工程应用能力

创新能力的培养是研究生教育的核心[1]，欧美及日本一些发达国家研究生培养模式着重培养学生自主创新性学习能力[2-3]。目前，我国研究生阶段的课程教学依旧偏重理论知识学习，实践类课程开设少[4]，为了满足新形势下现代企业的迫切需求，我们需要能够培养出具有创新与实践能力的复合型高水平专业型研究生[5]。

一、原创理论研究和工程应用

（一）原创理论研究

创立"连杆式整体闭链移动系统"研究方向，开展了突破经典学术概念的基础理论研究、针对重大国防需求的前沿技术攻关以及面向科学文化教育的社会推广普及，形成了国际原创、自成体系、特色鲜明的学术方向。

在基础理论创新方面，课题组提出和命名了"连杆式整体闭链移动系统"，其定义是指一个地面移动系统在整体上为严格闭链的唯一一个在经典机构学意义上的连杆机构。连杆式整体闭链移动系统，打破了传统的开链构型，为将机构学者长期研究的大量结构巧妙的闭链连杆机构整体用于构造地面移动系统打开了思想闸门。据此理念，机构学中所有连杆机构均有可能设计成为或滚动、或步行、或滑行的地面移动系统。此外，由于取消了地面移动系统必需一个稳定机身的限制，故可获得更大的设计空间及更灵活的移动模式，以实现更多样和更强大的移动性能。这为特种车辆与移动机器人的构型创新提供了一个极其丰富的概念源泉。

课题组全面系统地布局研究了各种基础、组合以及拓展连杆机构实现地面移动的可行性，迄今发明出一百余种新构型地面移动连杆系统，在概念及应用层面均属首创。主要包括：①单元及组合型地面移动连杆系统；②并联及多面体型地面移动连杆系统；③单动力可转向型地面移动连杆系统。

（二）重要工程应用

针对复杂山地环境物资运载需求，为弥补我军现役山地后勤保障车辆的短板，课题组主持研制出我国原创概念和完全自主知识产权的整体闭链多足步行运载平台武器装备，解决了载重越障的技术难点。该装备具有高可靠性及低成本的显著优势，为我军山地后勤提供了支撑。近年来，以美军"大狗"为代表的四足机器人异军突起，其所展示的性能令人震惊，但其控制系统极其复杂，且驱动器和传感器数量众多，成本高昂，距军事应用还需相当时日。课题组研制的整体闭链多足步行运载平台，核心设计思想是首先以闭链连杆机构组成一条腿，然后用"非桥连杆"将两条腿耦合连成闭链步行单元，最后再将若干闭链步行单元组合形成多足系统。与仿生腿式装备相比，该装备在灵活性方面有所不足，但是驱动器和传感器数目显著减少，在大载重能力、高可靠性和低成本方面具有显著优势。2014 年 10 月，该装备参加了原总装备部地面无人平台装备展，接受了军委领导的检阅。目前，该装备已列入后勤装备体制，正在总后安排下进行与指挥系统和物资保障系统的体系融合作战演练，在我军后勤系统率先开展地面运载机器人的军事应用，目前该装备是我军唯一与指挥系统对接应用的地面无人机动平台。2016 年 9 月，陆军装备部在黑龙江塔山装甲车基地组织仿生步行平台挑战赛，以检验当前技术状态，进行决策摸底。课题组研制的"铁马"步行机成功经历竞速、机动、载重等单项指标比赛以及泥泞、砾石、垂直墙、断崖、纵横斜坡等综合地形比赛的严苛检验，以大比分技术优势领先各队获得总分第一名。铁马步行机不仅技术指标领先，而且在噪声、可靠性以及成本方面具备显著优势，引起军方和各界强烈反响。铁马步行机的成功研发是基于课题组历经 15 年持续研究所提出的"连杆式整体闭链地面移动系统"的设计理论、"连杆式整体闭链多足步行机"的核心技术以及步行机武器装备与民用产品的实践应用创新突破的结果。

（三）创新培养模式

课题组原创研究受到国内外学者的关注和肯定，一致认为本课题组的研究开辟了一个新方向。课题组立足于这些原创研究，着重对研究生进行创新能力和工程应用能力的培养。同时搭建了完善的研究生知识体系培养平台，课题组每位研究生均需经历项目、论文、专利、样机、指导本科生科研小组等严格训练，使研究生理论研究水平、发现问题及应用所学解决问题、撰写技术文件和工程应用的能力都得到了很大的提升。

课题组建立起有效的研究生自我管理机制，包括总管、副主管、财务主管、工程主管、资料主管、采购主管、文体主管等，培养了研究生的项目组织和管理能力，为研究生走向工作岗位或从事更深层次的研究工作打下了坚实的基础。课题组建立并完善了以"科研创新和工程应用"为主，从精神层面和学术层面全方面培养高水平研究生的培养体系。

二、科研创新和工程应用拔尖人才培养模式的实践情况

课题组研究生针对"连杆式整体闭链移动系统"研究方向中"单元及组合型地面移动连杆系统"进行研究，创新点如下：发明了可独立实现地面移动功能的平面四杆机构家族（滚动、步行、滑行和爬行四杆机构，翻滚反平行四边形机构，滚动过约束四杆机构）、空间四杆机构家族（滚动球面、空间 Benett 和 RSSR 机构，步行空间 4U 和 RCCR 机构）、平面六杆机构家族（三自由度滚动六杆机构、滚动瓦特链六杆机构、滚动斯蒂芬森链六杆机构）、空间六杆机构家族（滚爬移动 Schatz 机构、步翻移动 Altman 机构、爬行 Bricard 机构，滚动 3 球面 RR 链六杆机构，步行 4R2C 六杆机构），以及二十余款多杆机构。进而，研制了基于四边形机构单元的平面和空间正交组合型、基于四面体和六面体缩放单元的立体网格组合型以及内置驱动机构的内外组合型等系列移动系统。

课题组研究生针对"连杆式整体闭链移动系统"研究方向中"并联及多面体型地面移动连杆系统"进行研究，创新点如下：发明了 6U、8U、3RSR、4RSR、3URU、4URU 等十余种移动并

联机构（即将静平台解除固定，则动静平台均可离地运动，当两个平台着地时视为与原并联机构等效，当支链着地时则为新机构）。此外，将传统两平台并联机构视作两点并联的图形，拓展提出将多顶点的多面体视为多平台并联机构，以多支链连接多个动平台，而将着地的一个或几个平台临时视作静平台，研制出四面体、五面体、六面体以及削楞截角多面体等系列多面体移动系统。

课题组研究生针对"连杆式整体闭链移动系统"研究方向中"单动力可转向地面移动连杆系统"进行研究，创新点如下：考察地面移动系统的自由度，若具有一个自由度暨一个动力机即可实现移动，而若要转向则还需增加一个自由度，即至少要用两个动力机来进行驱动和控制。课题组在世界上首次发现了单动力转向控制移动机制，并首次发明出单自由度、单动力机，并且仅用此单动力机同时进行移动驱动和转向控制的地面移动系统，共提出和发展了三类单动力控制地面转向机制：①奇异位形转向机制；②概率移动转向机制；③运动及形状控制转向机制。单动力地面转向机制的发现和发明，可极大简化地面移动系统的动力及控制系统，显著降低成本、提高可靠性。

三、科研创新和工程应用拔尖人才培养模式的实际实施效果

课题组研究生立足于"连杆式整体闭链移动系统"原创研究，1 位博士研究生于 2009 年在 ASME Transactions－JMD 上发表第一篇论文，之后此创新研究方向逐渐获得学术界认可，课题组研究生深入钻研，开始在机构学国际权威期刊 MMT、JMD 和 JMR 上发表成体系的研究论文。研究生取得了优异的成绩：4 位博士生获得博士创新基金资助，2014 年 1 位研究生获得第三届 IFToMM 亚洲机构与机器科学会议暨第十九届中国机构与机器科学国际会议最佳学生论文奖，2013 年 3 位研究生获得国家奖学金（2 位硕士生，1 位博士生），1 名研究生获得北京市三好学生，并获得智谨奖学金，校三好学生，校优秀学生干部等奖励。2012 年 1 篇硕士论文被评为校优秀硕士论文，2013 年 1 篇博士论文被评为校优秀博士论文。2013 年 1 位博士毕业生获得北京市优秀毕业生。近年毕业 3 位博士生，均发表 SCI 检索本领域著名国际期刊论文 3 篇以上。近 5 年内，课题组研究生以第一作者共发表论文 55 篇（16 篇 SCI，24 篇 EI，此外 2016 年已在线发表和录用 SCI 论文 5 篇），迄今为止研究生共发表 SCI 论文 26 篇、EI 论文 68 篇。近五年内，课题组研究生共获授权发明专利 49 项，共承担 60 余项各类科研课题。

课题组培养的研究生毕业后均去向良好，所从事的工作包括：6 位继续攻读博士学位（1 位在比利时鲁汶大学、1 位在清华大学、4 位在本校），5 位作高校教师，7 位就职我国国防重要单位，2 位作重点中学教师，3 位在国家机关，10 位在大型国企、民企、外企。

综上所述，课题组立足于原创研究，培养和输送了满足时代和行业需求的科研创新和工程应用拔尖人才。

参考文献

[1] 何德忠，方祯云，张素荷. 研究生创新能力培养的探索与实践 [J]. 中国高教研究，2004（1）：28－30.

[2] 董俊虹，王润孝，程智勇. 从中外研究生教育模式看创新型人才的培养 [J]. 西北工业大学学报（社会科学版），2005，25（1）：67－71.

[3] 王衡生. 论创新教育与高校研究生创新能力培养：英国大学研究生培养模式的启示[J]. 高教探索，2003（1）：34－37.

[4] 范文静. 研究生创新能力培养探索 [J]. 山西青年，2016（18）：134.

[5] 王海军，王天雨. 企业需求导向的专业型研究生创新能力培养模式研究 [J]. 高等工程教育研究，2017（3）：154－157.

高校工程专业学位研究生联合培养基地建设研究

——以北京交通大学为例

孙　强　李国岫

（北京交通大学研究生院，北京　100044）

摘　要：以北京交通大学为例，总结培养基地建设经验，针对培养基地建设和管理出现的问题与挑战，提出完善培养基地建设机制、强化实践育人作用的相关建议。

关键词：校企合作　培养基地　专业学位　研究生　实践育人

2003 年，北京交通大学正式通过签订协议的方式建立校企联合研究生培养基地以来，学校已经与一百多家企业正式建立了校企联合研究生培养基地。培养基地在培养研究生的实践能力方面所发挥的重要作用已在学术界达成共识[1-3]，特别是 2009 年开始全日制专业学位研究生招生以来，研究生培养基地建设因被赋予弥补高校实践能力不足而再次得到广泛关注[4-5]，成为深化校企合作、提升专业学位研究生培养质量的重要抓手。2014 年，全国工程专业学位教指委启动"全国示范性工程专业学位研究生联合培养基地"评选工作，带动全国范围内研究生培养基地的建设热潮。北京交通大学因密切结合以高铁、地铁为代表的轨道交通行业的迅猛发展，创新"面向国际、立足行业、回归工程、发扬特色"的工程硕士教育理念，形成以培养基地企业工程实践和高水平科技攻关项目为依托的研究生实践能力培养理念，在轨道交通领域选取技术国际领先或行业龙头企业，建设高水平、有特色的研究生培养基地，连续三届每届获得"全国示范性工程专业学位研究生联合培养基地"称号，为学校培养基地的下一步建设奠定了良好的基础。

一、培养基地建设经验

培养基地改变了以往单独以学校内培养为主的传统，强化了人才培养与技术改造、生产实际的紧密结合，建立起多方位、立体式联合培养研究生的新格局，即校企双方在专业相通、自愿合作的基础上，遵循互通有无、互惠互利的原则，共同制定研究生培养方案，按约承担研究生培养任务，分享研究生培养成果。在十多年的实践中，培养基地拓宽了研究生的科研视野，培养了研究生解决实际工程问题的能力，加强了学校、学院与企业的交流沟通，促进了学生及老师与企业的科研合作，积累了一定的经验。

（一）紧密结合学校专业特色，选取轨道交通行业优势企业建立培养基地

我国通过"引进、消化、吸收再创新"，在短短几年之内，建设和运营了世界规模最大、等级最高的高速铁路网络和城市轨道交通网络，实现了跨越式的大发展，也急需通过专业学位研究生教育快速提升工程技术和管理人员对行业新技术的适应性。北京交通大学是以交通运输、特别是轨道交通为特色的国家 211、985 创新平台及"双一流"建设高校，顺应国家战略发展需求，深入轨道交通领域，与行业企业开展密切合作，是学校的重要发展战略。对于全日制专业学位研究

生，培养学生独立从事工程技术研发的有效途径，就是直接参与企业高水平的工程实践项目，因此与行业领域领军企业共建联合培养实践基地具有重大的实际意义。关注轨道交通行业大发展，密切校企合作，通过企业工程实践项目提升专业学位研究生实践能力与职业素养，是我校建设高水平的专业学位研究生培养基地的基本原则。

（二）以企业实践为导向，实现三方共赢

根据国家对研究生教育要"服务社会需求"的总体要求，与基地企业联合培养研究生是学校面向社会需求与企业工程实践、改变以往传统完全校内教育教学模式的一次创新。根据国家对全日制工程硕士专业学位研究生的培养要求，结合企业研发与生产实践需求，学校将企业工程实践环节纳入全日制专业学位研究生培养方案中，将企业培训课程纳入学校课程体系，实施学分互认，将企业专家讲座纳入研究生前沿讲座考核范畴。学校与企业导师共同制定研究生培养计划，共同设计实践教学环节，共同指导和完成研究生实习实践与学位论文撰写。

围绕企业实际工程技术需求，实施校企联合培养研究生，学校锻炼了队伍、培养了人才；企业深化科技合作，提升科研实力，利用学校教育资源，量身定制所需人才，使学校成为向企业输送人力资源的有效渠道，同时，还可以培训企业员工，进行系统化的再教育，学生在校期间直接参与企业工程实践，全面接受职业教育，得到了具有国际技术前沿水平的工程实践锻炼，提升了专业实践技能，提高了自身的竞争力。从而形成学校、企业、学生三方共赢的培养模式，为学校开展专业学位研究生教育提供了有力支撑，实现可持续发展。

（三）高水平双导师队伍，实现理论与实践的完美结合

导师是研究生培养的第一责任人，专业学位研究生的导师一方面需具备较高的专业理论水平，另一方面又要有一定的工程实践经验并了解企业的技术需求与行业最新发展动态。而学校同时具备这两个条件的导师不足，不能满足大量培养全日制工程硕士的需要。为此，学校进行了深入研究和努力，并采取一系列行之有效的措施，比如学校鼓励青年教师加强企业实践，要求他们亲身参加企业工程实践，在职称评定、晋级和专业学位导师遴选办法中增加工程实践内容的考核；同时，在与企业建设研究生联合培养实践基地的合作中，多渠道宣讲、渗透研究生培养规律与要求，并要求校内导师与企业导师定期沟通研究生培养过程的环节和问题，促进企业导师提高培养研究生的意识和水平。通过双方向的努力，校内导师和企业导师各取所长、相互促进，实现工程实践与研究生培养完美结合。高水平的基地企业具备的研发生产一线的高水平科研队伍弥补了校内导师工程实践经验的不足，提高了专业学位研究生导师团队的指导水平，成为提升专业学位研究生培养质量的重要保障。

（四）务实沟通与协作，完善日常管理制度

实践基地的建设虽然源于校企双方科研人员之间的合作传统，但毕竟是松散的、不稳定的、没有制度保障的。制度建设与过程管理是研究生培养基地日常运行工作的精髓，是提高研究生培养质量的根本保障。培养基地建立时要在学校培养基地管理制度框架下，签署培养基地联合建设协议，明确校企双方管理职责，细化双导师指导规范。培养基地建设实施过程要根据自身特点，制定培养基地管理办法，明确学生进入基地工作流程与管理考核办法。每个培养基地明确校企双方建设管理责任人，学校实施校院两级管理，建立实施学院培养基地建设学期进展报告制度，定期汇报学院所有培养基地建设与运行情况。同时，开展具有一定规模的、稳定的、可持续的研究生培养基地建设，还需要校企双方开展深入合作。双方领导、科技人员和管理人员频繁互访，建立定期沟通机制，务实解决现实问题，能够为双方深入开展人才培养、科研合作与产品研发奠定

良好的基础。学校持续投入培养基地年度经费，用于支持新建培养基地建设和现有培养基地提高建设水平，成为培养基地日常运行的重要经费保障。

二、培养基地建设面临的问题与挑战

经过长期的努力，研究生培养基地建设在探索中取得了明显的进步和卓越的成效，但是，实际工作中，仍然存在一些需要解决的问题，面临着一些新挑战。

（一）高水平培养基地分布不均衡

紧密结合学校专业特色，选取轨道交通行业优势企业建立培养基地已成为选取培养基地的共识，但在实践中，由于往往缺少有动力的合作单位，基地建设存在重数量轻质量的现象，对重点行业企业基地建设的投入不足、管理不到位。同时，产出难以定量衡量、人事变动等带来的不确定性也给培养基地的可持续发展带来挑战，使得高水平培养基地分布不均衡。依托中车集团，学校已经建设了长春轨道客车和青岛四方两个"全国示范性工程专业学位研究生联合培养基地"，而在计算机、经济管理、交通运输、土木建筑等传统优势特色专业领域，高水平培养基地却十分匮乏。

（二）培养基地评价机制有待完善

随着培养基地的建设数量不断激增，各基地之间的发展水平存在较大差异，管理水平参差不齐。有的基地已建设成为全国示范培养基地，有的基地还停留在协议签署阶段而无从下手。除了管理不善、宣传推广不足的原因外，没有一套完整的培养基地建设评价体系，严重制约了对基地建设投入的考评机制建设，成为培养基地全面建设发展的瓶颈。

（三）培养基地实践育人作用有待进一步发挥

高水平的科研或工程实践项目和有育人经验的双导师队伍，是确保培养基地研究生培养质量的重要条件。一些培养基地企业有良好的合作意识和积极性，并对联合培养研究生有明确的定位。但在实际运行中，有些企业对校企联合培养研究生的定位不明确，有时将研究生作为廉价高级劳动力使用，实践育人的积极性不高，适合研究生培养的科研任务不足，落实研究生参与科研活动或实践环节不到位，培养基地实践育人作用有待进一步发挥。

三、进一步加强和改进培养基地建设与管理的建议

让更多的专业学位研究生进入高水平的培养基地，提升工程实践能力，保障培养质量，是下一步培养基地建设的工作目标。为此，学校应进一步完善有关政策，拓展高水平的基地企业，建立完善培养基地评价机制，鼓励更多的导师参与基地建设，构筑培养基地实践育人体系，引导专业学位研究生进入培养基地培养，取得高水平的实践成果。

（一）进一步拓展与轨道交通行业高水平企业的合作

与行业内技术领先的企业合作建设研究生培养基地，是建设高水平培养基地的基础。学校应立足学科优势和特色，面向轨道交通"走出去"、"中国制造2025"、"一带一路"、"京津冀一体化"发展等的重大需求，重点与北京地区一些大型企业、高新技术企业和科研机构合作，在交通运输工程、建筑与土木工程、电子与通信工程、计算机技术等领域拓展建设高水平培养基地，进行产学研联合研究生培养模式的探索与实践，使基地建设能够进一步站在国家发展的主战场，引领我国轨道交通先进技术发展方向，为研究生参与工程实践搭建一流技术平台，以点带面提升培养基地工程实践质量。

（二）建立完善培养基地评价机制

在实施培养基地学期报告制度，运用管理信息系统实现培养基地信息动态采集的基础上，学校和学院应进一步完善涉及研究生、导师、基地校企各方的管理人员有关政策，加强基地建设考核，鼓励导师参与基地建设，引导专业学位研究生进入培养基地培养。研究建立培养基地评价机制，及时发现解决现实问题，为培养基地的建设投入提供科学参考，进一步提升经费使用效率，并在实践中持续完善评价指标与评价方法，最终建立切实反映基地建设和运行等各方面的有效评价体系，实现对基地的综合评价，为基地的持续改进提供依据和动力，充分发挥培养基地的作用，为专业学位研究生创造良好的实习实践环境。

（三）构筑培养基地实践育人体系

《教育部等部门关于进一步加强高校实践育人工作的若干意见》指出，"进一步加强高校实践育人工作，对于不断增强学生服务国家服务人民的社会责任感、勇于探索的创新精神、善于解决问题的实践能力，具有不可替代的重要作用；对于坚定学生在中国共产党领导下，走中国特色社会主义道路，为实现中华民族伟大复兴而奋斗，自觉成为中国特色社会主义合格建设者和可靠接班人，具有极其重要的意义"。培养基地是专业学位研究生参与实际工程实践项目、提升创新与实践能力的重要渠道，同时也是了解社会生产实际并在实践中认识自己、锤炼自己的练兵场。因此，构筑培养基地实践育人体系，充分发挥培养基地的实践育人作用，对高校加强实践育人工作、完善实践育人体系有重要的意义。

一是培养基地的产学研合作要立足于传承知识、创新知识以及转化与应用知识，构建一个互融、互补、互促的职业化人才培养系统；同时，关注专业学位研究生的不同特点，注重因材施教，努力构建满足研究生个性化成长所需要的培养体系。二是构建可持续发展应用型人才的知识体系，建立基于问题式、探索式的教学模式。在理论教学、实践教学以及教学内容、方法和组织形式上，加强对学生探索精神的培养，紧紧抓住创新精神和工程实践能力培养。三是构建可持续发展的实践训练体系，以实战化实践教学环节为突破点，建立以认知实践、体验实践和专业实践构成的实践体系，积极深化研究生在就业前实训、实操，使研究生有机会亲历企业的技能培训、资格考试，实现学校课程教学与企业实训、实操的无缝衔接。四是进入培养基地的工程专业学位研究生应纳入企业思想政治与企业文化教育体系，使研究生在参与工程实践的同时，树立正确的人生观、价值观，自觉成为社会主义合格建设者和可靠接班人。

参考文献

[1] 初旭新，黄玉容，杨庆. 产学研联合培养研究生基地建设模式研究：基于北京工业大学污水处理研究生联合培养实践基地的分析 [J]. 学位与研究生教育，2018（10）：31-35.

[2] 陈小平，孙延明，曹蔚，等. 全日制硕士专业学位研究生联合培养基地治理机制探析：基于利益相关者的视角 [J]. 学位与研究生教育，2015（8）：15-20.

[3] 董增川，刘平雷，周林，等. 工程类别专业学位研究生培养基地建设探析 [J]. 学位与研究生教育，2016（8）：21-24.

[4] 马永红，张乐，高彦芳，等. 我国工程硕士联合培养实践基地状况分析：基于28个工程硕士示范基地 [J]. 学位与研究生教育，2016（4）：7-11.

[5] 陈小平，罗文标，曹蔚，等. 全日制工程硕士研究生培养基地建设的思考与实践 [J]，学位与研究生教育，2012（2）：46-49.

工程专业研究生校企联合培养管理接口的研究与实践

杨少兵　吴命利　叶晶晶　李　腾　吴振升

（北京交通大学电气工程学院，北京 100044）

摘　要： 校企联合培养在研究生教育中越来越受到重视，提高培养质量受制于多种现实因素。本文分析了校企联合培养中存在的关键问题，介绍了我国开展校企联合培养所面临的困难。借助于电气工程专业开展的联合培养基地建设和研究生教育经验，本文围绕联合培养管理接口，在设计、推动、考核三个方面提出了具体措施。经过四年的探索和实践，所提出的管理接口及相关举措促进了研究生联合培养质量的提升。

关键词： 创新能力　工程专业　校企联合培养　研究生教育

一、研究背景

工程专业研究生的培养应当跟随行业人才需求动态调整，培养目标也应全面考虑国家层面的行业发展规划及战略。以电气工程专业为例，无论是工学硕士还是工程专业学位硕士，毕业之后主要服务于电力和铁路两个行业。近些年来，上述两个行业正在发生重大转变。在管理层面，电力行业处于深化体制改革阶段，铁路行业则完成了机构调整并全面转向公司化运作；在技术层面，电力行业积极开展大数据研究并推进能源信息化和互联化，铁路则抓住机遇推进全面电气化和高速铁路建设，并探索铁路运营管理的智慧化。研究生培养是要解决行业专业人才的紧缺问题，而且要着重提高学生的实践能力、创新能力及岗位适应能力[1]。显然，校企联合培养是提升上述能力的有力途径，这在国内已经形成了广泛的共识。

然而，经过几年校企联合培养的实践，这种培养模式也暴露出一些不足之处。其培养方案、课程内容、实践环节、论文选题、评价机制等往往照搬传统的研究生培养模式，难以适应联合培养的新模式[2]。部分研究者建议单独设立有针对性的应用性和实践性的课程体系，从而达到培养应用型人才的目标。与上述观点有所不同，本文认为课程体系并非影响联合培养效果的关键因素。学校和企业在研究生联合培养的管理接口不匹配以及缺少务实的管理方法，已经成为阻碍联合培养效果的核心问题。

在当前"创新驱动发展"的大背景下，校企联合开展切实的协同创新和产学研合作是优化研究生培养管理接口的有效途径。但是，导师与企业合作不紧密，联合实验室有名无实，导致实践培养的环境条件成了"空中楼阁"，如何将实践能力培养落到实处是学校和企业应当共同探讨的问题[3-5]。本文将结合校企联合培养研究生的实践过程，探讨如何响应企业需求、提高实践能力、优化管理机制，从而提出管理接口的设计、推动方法及考核机制。

二、研究生联合培养存在的关键问题分析

（一）校企之间的黏合力偏弱

如果学校导师与企业之间存在明确的课题合作，那么研究生联合培养效果往往较好。学生会

有明确的任务、清晰的目标、合理的进度规划，校、企、生三者在培养过程中能紧密配合，成果显著。反之，如果没有课题合作，那么联合培养容易流于形式。多项已有研究也指出了这个实际问题，其根本原因是缺乏长久稳定的制度支撑，没有激发学校导师、企业导师和学生参与联合培养的积极性。

（二）企业导师的指导时间偏少

学校所遴选的企业导师往往具有丰富的工程实践经验和较高的专业技术水平，同时对行业发展前景非常了解。这些遴选要求是为了确保研究生的后续培养过程有一个高起点和高质量。然而，实践表明研究生培养效果与导师的指导时间有极大关系。满足高标准要求的导师通常是企业管理层或技术部门的领导，处于重要岗位，在研究生指导上往往难以保证充足时间。

（三）缺乏激励研究生参与联合培养的措施

在联合培养过程中，应重视研究生的参与积极性。多数学生需要长期或定期在企业开展研究工作，需要投入较多精力。如果没有完备的培养方案，联合培养就会缺乏吸引力，也难以达到预期效果。尤其是专业学位硕士研究生仅有两年培养时间，第一年在校完成课程学习，进入第二学年后就马上面临求职。在较大的就业压力之下，研究生缺少精力参与联合培养，这是难以规避的现实问题。

三、联合培养管理接口的国内外现状调研

校企联合培养模型最早产生于 19 世纪末，例如德国实行"双元制"教育，美国实行"工学交替"模式，英国则称为"三明治"学制，日本采用了"产学研一体化"培养方式。我国在 20 世纪 60 年代初提出了"半工半读"的高等教育模式，延续至今日演变成非全日制本科及硕士研究生教育。就工程专业学位硕士研究生的培养而言，相比于欧美发达国家，我们起步较晚。英美在这方面的经验值得借鉴，尤其是他们在联合培养计划的制定上更成熟、更务实。例如，英国倾向于依托科研项目开展联合培养，由此研究生可以深入到工业界和企业界的具体课题中，这些课题所隶属的专业方向往往长期得到社会各界的经济资助。也就是说，切实落地的科研合作可以为联合培养提供清晰可控的管理界面，这在国内外都得到了实践和验证。

我们的邻国日本非常重视校企联合的职业教育体制。日本通过立法支持大学教师暂时离职参加企业的合作研究，保证其养老金等待遇不受影响，打破了产学研的人才交流屏障。这不仅大大提高了教师的职业技术水平，也使得联合培养在导师遴选方面有了保障。从管理接口上来看，日本在校企联合培养方面的一系列举措激活了校、企、师、生的积极性，建立了互动频繁、互惠互利的运行机制。

我国的研究生联合培养主要面向专业硕士研究生，近些年得到了较快的推动和发展。然而，从整体而言研究生联合培养仍然高度依赖于传统的教育方式，多数高校在政策落实上没有脱离学校为主、偏重学术的培养框架，这显然与国家教育部门的初衷大相径庭。提高校企联合培养质量，革新联合培养机制，越来越受到关注。以我校电气工程专业所开展的联合培养为例，非常重视培养模式的可行性和实效，当前所采用的联合培养模式主要有以下几种模式。

1. 课题合作模式

导师与企业签订明确的科研项目，研究生则结合具体的课题任务开展紧密合作。根据研究内容不同，学生或以学校实验室为主，或以企业研究室为主。必须承认，该模式提供了明确的管理接口，研究内容在合同中得以明确，进度则有较清晰的时间节点。因此，该模式的培养效果较好。在参与课题研究过程中，学生的实践能力得到了锻炼和显著提高。

2. 依托联合培养基地或联合实验室的模式

校企共同建设联合培养基地，或共同申请国家级或省部级实验室。初衷是筹建一个共享平台，既有利于科研成果的转化，又能使联合培养落地生根。多数企业非常重视联合实验室或培养基地的建设，提供了专项资金支持和专人管理，取得了良好效果。然而，部分企业未足够重视共享平台的建设，也缺乏实质性推动，人才联合培养自然也流于形式。

3. 定向或委托培养模式

一方面，学生愿意毕业后去企业工作，并与企业签订协议；另一方面学校和企业则为学生的培养在政策或经济等方面提供支持。该模式解决了学生的就业焦虑，让学生能有更多精力和积极性关心应用领域的具体问题，取得了较好的效果。

总之，虽然校企联合培养引起了教育界的广泛重视和讨论，但是高校和企业并未从根本上提供制度保障，缺乏长远规划和深层次合作。如果长期没有科研项目落地，联合培养就容易流于形式。究其根本，多数高校仍然存在重课题、轻培养的现象，在联合培养方面仍然缺乏强有力的政策支撑和经费支持。

四、联合培养管理接口的探索

如前所述，虽然联合培养模式存在诸多问题，但多数关键问题需依赖政策和制度方面的深入改革及推进。本文在以下内容中重点探讨联合培养管理接口的设计。一个标准规范的管理接口不仅有利于缓解或部分解决当前联合培养中存在的问题，而且对于制度化改革有积极的推动作用。

（一）管理接口的设计

多数已有研究非常重视制定一个适用于校企联合培养的特色方案，部分研究人员提出要配套特定的学位授予条件。然而，在当前研究生教育政策下，仅仅革新培养方案可能达不到很好的效果。不同于本科教育，导师在研究生的培养过程中起着至关重要的作用。如果没有切实的合作项目或定向培养协议，多数导师缺少让研究生加入到联合培养计划的积极性。因此，在管理接口的设计上应考虑问题导向，或者说是需求导向，应当充分考虑导师在专业领域发展方面的看法。针对上述要求，研究生联合培养管理接口的设计需要考虑以下几个方面。

1. 选题需求分析

选题至少要满足三个条件：①导师要有参与联合培养的积极性，要从专业方向和行业发展的角度归纳出需要调研、跟踪或解决的问题；②选题要有明确的目标，以工程应用为导向，要符合企业的技术急需；③选题要符合学生的发展意愿及专业特长。

2. 企业导师遴选

企业导师至少要满足三个条件：①在专业技术能力方面满足所选题目的指导需要；②要有充足的精力和时间对学生进行指导和督促，如每周安排一次会面；③能积极承担校企技术交流任务，如至少每学期安排两次学术讲座或授课任务。

3. 管理方式

建立灵活有实效的日常管理制度，包括两种：①企业主导方式，面向参与定向培养或实践类课题的研究生，纳入企业考勤管理；②学校主导方式，面向参与委托类课题的研究生，由导师制定校企考勤方案，企业考勤一般需满足最低要求。考勤是执行日常管理的必要条件，不仅要制定细致可考的方案，也要坚持执行到位。

4. 研究任务及进度规划

研究任务包括四项具体工作：①针对调研、实践、科研等不同类型，制定务实可行的研究任务，细化到每月每周；②建立定期汇报制度，提前制定在企业和学校的汇报日程及议题；③如未结合具体课题，应建立定期总结制度，如每个月向导师汇报，从而对任务和进度进行调整；④建立培养过程的动态调整预案，根据情况变化，及时调整研究任务的细节。

实践表明，由于企业人才培养方式与学校差异大、导师指导时间不足，导致参与联合培养的研究生长期无法进入研究状态，或不能实质性地参与到企业研究活动中去。上述所提出的四项建议目的是完善联合培养的管理接口，是培养方案的补充，是培养效果的保障。所以，研究制定一套特色鲜明、完备合理的联合培养方案是非常有必要的。

（二）联合培养的推动策略分析

在课题合作模式下，学生实践能力的提升能得到较为可靠的保障，培养过程可以跟随课题进度得以顺利推进。依托联合实验室或培养基地，培养过程则需要更为具体的推动措施。总结而言，下列举措能收到较好效果。

1. 筹建战略研究基金

电力和铁路行业都正在积极推动制度改革和科技进步，尤其是在信息化、智能化方向。例如，电力行业所推动的能源互联网需要大量的工程技术人才和知识积累。校企双方经研究分析确定未来研究方向，企业投入财力、学校投入人力在战略方向上开展研究合作，是一个可行性较高的合作思路。当然，这也为联合培养提供了一个很好的平台。既能保证长远规划，又能保证充足的投入。

2. 建立产学研互助小组

工程专业研究生的实践能力常常包括仿真建模、硬件调试和软件开发，企业在这些方面往往有大量的专业人才，他们拥有丰富的实践经验。学校急需企业的专业技术人员来协助完善实验室的仿真平台、指导软硬件研发；企业也需要学校的研究人员提供理论指导。校企通过交叉互助响应对方的需求，也就是学校多个专业可以联合为企业提供理论指导甚至授课服务，企业则专门为联合培养和课题研究提供实践支持。这种举措在联合培养实践中收到了很好的效果。

3. 联合申报课题及实验室

联合申报国家或省部级的课题及实验室是校企合作的另一个务实途径，同时高度符合国家所倡导的协同创新理念。申报过程能极大促进双方的深入合作，也能显著提高研究生的专业视野和团队协作能力，有利于提升人才素质。实践证明，联合申报课题及实验室容易得到校企高层的重视和支持，从整体上促进联合培养的深化合作。

（三）考核及保障机制讨论

在已有研究中，很少探讨联合培养的考核与保障机制。制定完备合理的联合培养方案固然重要，但实际执行效果主要依赖于一系列务实可行的考核及保障措施。时至今日，由于校企隶属两个不同的管理体制，很难形成统一有效的考核机制。虽然如此，尝试以学校为主导建立效果评价及闭环反馈达到有效促进研究生联合培养质量的目的。可在学校、企业、学生三个方面分别采取激励措施。

1. 学校设立联合培养督导

借鉴本科教学督导的模式，建立联合培养的督导小组，定期评价联合培养的效果，评估企业在联合培养中的作用，并提出改进措施。当然，这需要学校加大在联合培养方面的人力投入。

2. 企业设立联合培养的管理专岗

建议企业设立联合培养的管理专岗，明确职责和待遇，推动企业对联合培养的管理，加强对联合培养的考核。但是在实践中发现，督促企业建立专岗有一定难度。如果落实了前述一系列的推动策略，就会极大地提高企业管理层对联合培养的关注度，管理专岗的设立便会顺理成章。这同样需要学校与企业在发展战略层面形成共识，乃至实现脚踏实地的利益融合。

3. 联合培养研究生单独进行毕业答辩

应在毕业答辩中侧重考察研究生在联合培养中的收获，如行业视野、实践能力、工作关联度等，突出联合培养的特色。同时，可以借鉴国外高校在毕业支撑材料方面的一些激励措施。例如，根据联合培养中的表现和成果评价专业学位研究生的实践能力，给出具体水平等级并标注于毕业证上。

4. 招生向优秀指导教师倾斜

导师的管理方式和重视程度同样会影响培养效果。考虑到校企联合培养主要面向专业学位研究生，应在专业学位研究生招生中优先考虑有实际课题、评价效果较好的导师。

总之，考核与保障制度是确保联合培养效果的关键，应侧重于激发校、企、师、生的积极性，从多方共赢的角度建立保障机制，脱离学校、企业、学生的具体立场是不现实的。

五、案例分析

在牵引供电专业方向上，电气工程学院已与多个企业筹建了研究生联合培养基地。已经开展的联合培养涵盖了多种合作方式：定向培养、科研项目合作、产学研互助、联合共建实验室。在具体培养过程中，根据前面提出的管理接口进行了方案设计、组织协调和质量控制，取得了一定成效及经验教训。

1. 定向培养方式

就定向委托培养而言，由于学生不存在就业选择且已经确定专业方向，能充分调动学生的学习积极性，联合培养的效果最为显著。例如，在与北京铁路局开展的联合培养中，研究生顺利完成了"铁路接触网张力补偿装置（坠砣）监测装置"的研究和开发，企业方为该项研究成果提供了试用环境。在这个过程中，研究生在理论分析、技术开发、实践验证方面得到综合性锻炼，显著提高了实践能力。该方式仍存在不足之处，由于企业在培养过程上没有具体协议约束，企业没有义务指导研究生，需要依靠学校导师推动，实践能力的培养效果存在一定的不确定性。

2. 项目合作培养方式

就科研项目合作方式而言，优点是校企双方的分工具体、接口明确、进度可控，经验丰富的企业技术人员能提出细致的工程化需求，研究生的培养过程更为稳定有保障。例如，依托与中铁电气化局所建立的联合培养基地，签订了"牵引供电系统计算机仿真软件开发"课题，企业方使用人员提出了非常详细的技术需求，并对研究与开发过程进行监督和指导，极大促进了研究生解决工程化问题的能力。同时，也让企业深入了解了我校研究生的综合水平，积极为我校研究生提供就业机会。该方式的不足之处在于课题合作往往不具有连续性，导师在决定是否安排研究生进入培养基地上常常处于两难境地。

3. 互助方式

相比而言，产学研互助和实验室共建这两种方式在管理上比较松散，校企合作的高层设计对培养效果往往起到决定性作用。例如，在与某企业所开展的产学研互助中，学校承担仿真建模，企业负责电力电子装置开发。为了落实培养计划，建立了以博士研究生和硕士研究生组成的团队，明确了借助企业的工程经验开发"电气化铁道谐振频率测量装置"的目标。得益于双赢目标的设定，该装置研发成功且被纳入了新建高速铁路的综合测试项目中，参与项目的多个研究生的实践能力也得到了极大锻炼，同样直接促进了毕业生就业。相反，在与某企业进行的实验室共建项目中，由于实验室的申请过程存在不确定性，虽然制定了详细的培养计划，但是许多条款难以落地，未能及时支撑专业研究生的实践能力锻炼。

总之，无论采取何种方式都需要建立切实可行的管理接口，接口的有效性还要依赖于校企双方在联合培养方面的考核与保障措施。目前，研究生校企联合培养的管理接口亟待完善，其保障措施有待完善。

六、结论

在前期大量调研基础上，通过参与校企联合培养基地建设，本文分析了校企联合培养中存在的关键问题。结合国内外情况，介绍了我国开展校企联合培养所面临的困难。系统性地制定校企联合培养计划，改革课程设置，对研究生的联合培养有着积极意义。虽然如此，校企联合培养的效果仍然深受现实条件的约束，如何提高校、企、师、生的积极性才是重中之重。由此，借助于电气工程专业开展的联合培养基地建设和研究生教育经验，本文围绕联合培养管理接口，在设计、推动、考核三个方面提出了具体措施。经过四年的探索和实践，我校电气工程专业研究生的联合培养质量得到了一定提升，毕业生展现出较强的实践能力和行业认知，得到了用人单位的积极评价。

实践证明：①构建务实可行的管理接口能有效提升校企联合培养水平，尤其在选题和导师遴选上应注重校企互利共赢；②深化校企合作关系是推动联合培养工作的有效途径，包括科研项目合作、科技互助及实验室共建等；③学校和企业应从更高层面制定保障制度和激励措施，提高师生参与联合培养的积极性。此外，未来应关注如何落实所提出的推动举措和考核方案，充分挖掘校企双方的资源，在研究生联合培养过程中实现多方共赢。

参考文献

[1] 贾倩，周长峰. 基于创新能力培养的车辆工程专业实践教学体系改革 [J]. 科技视界，2015（7）：58−75.

[2] 夏秀峰，范纯龙，李佳佳，等. 依托校企联合实验室的工程专业学位研究生创新能力培养研究与实践 [J]. 沈阳航空航天大学学报，2017（34）：27−31.

[3] 施尚明，张庆国，刘吉余等. 全日制地质工程专业学位研究生培养模式探索 [J]. 中国地质教育，2014，12（4）：38−40.

[4] 衣伟宏，张庆国. 全日制地质工程专业学位研究生的协同创新实践基地建设 [J]. 教育教学论坛，2015（10）：127−128.

[5] 王贵，俞国燕，赵娟，等. 全日制专业学位研究生创新能力培养改革探索 [J]. 当代教育理论与实践，2015，8（8）：41−43.

机械工程专业学位研究生培养实践基地的建设与思考

杨江天　　史红梅

（北京交通大学机械与电子控制工程学院，北京 100044）

摘　要：校外实践基地是实现专业学位研究生培养目标的重要保障。本文以专业学位研究生实践基地建设的重要意义为出发点，分析了北京交通大学研究生实践基地建设的现状与存在的问题，开展了机械工程专业研究生实践基地建设实践研究。针对实践基地建设及使用中的关键问题，提出了转变教育观念、优化结构和布局、加强双导师队伍建设、构建校企联合培养机制等建议，对进一步提高专业学位研究生的培养质量进行了有益探讨。

关键词：专业学位研究生　实践基地建设　机械工程

一、引言

深化研究生教育改革以来，专业学位研究生教育蓬勃发展，良好的职业素养和较强的解决实际问题能力是专业学位研究生培养的重要目标[1]。为了满足深化全日制硕士专业学位研究生培养机制改革的需要，北京交通大学联合郑州铁路局工务检测所建立了全日制硕士专业学位研究生培养基地，创建高校与行业共同育人的平台，通过加强实践教学环节实现机械工程专业硕士培养目标。总结基地建设与应用经验，规范基地管理是一项紧迫且具有现实意义的工作。

二、机械工程硕士研究生实践基地建设的重要意义

（一）保证研究生培养的质量

建立全日制硕士研究生联合培养实践基地既是北京交通大学机械工程学位与研究生教育工作的重要组成部分，也是培养高层次复合应用型人才的必备条件。因此，机电学院联合郑州铁路局工务检测所等站段组建专业化导师团队，聘任郑州铁路局高水平工程师为实践导师，形成实践导师与校内导师共同指导研究生的双导师培养模式，以校内导师指导为主，实践基地导师参与实践过程、项目研究、课程学习以及论文答辩多个环节的指导工作，把研究生培养成为符合国家需求的高素质研究人才，不仅掌握扎实的理论知识，而且具备较强的实践、应用以及创新能力。

（二）产学研合作育人模式提高人才培养与社会需求的契合度

北京交通大学机械工程研究生培养模式以提升职业能力为导向，培养研究生特定职业领域专业岗位需求的综合素质，形成"产、学、研"结合的培养模式。该模式以研究生的全面素质、综合能力以及就业竞争力为培养重点，利用高校不同于科研机构与企事业单位的教育环境和教育资源，采取理论教学与实践训练相结合的方法，培养具有全面素质和创新能力人才且满足不同用人需求[2]。实践证明这种教育模式，能够更好地满足社会发展对于人才类型的多样化要求。学生能够在实践基地将理论知识用于社会实践工作，不仅积累了实践经验，而且获得了接触和了解社会的机会，进而端正求职心态并及时调整职业规划[3]。同时，合作加强了北京交通大学和郑州铁路

局的相互了解，从而根据铁路运用部门的人才需求和市场导向不断调整研究生培养方案，培养社会需求的针对性人才，提高人才培养与社会需求的契合度[4]。

三、以产学研合作培养模式为基础，建立实践基地

北京交通大学–郑州铁路局工务检测所研究生基地借鉴"产学研一体化"培养模式，将铁路运输产业需求、实践教学和科学研究充分融合，探索了以研究生联合培养基地为载体的应用型人才培养模式，构建机械专业学位研究生实践教学体系。主要完成了以下工作。

（一）郑州铁路局工务检测所研究生培养基地深化建设

郑州铁路局工务检测所承担繁重的铁道检测任务，随着高速铁路、城际铁路的不断延伸，工务检测所现有的检测方法已经不能满足需求，愿意和北京交通大学合作引进新的检测技术。北京交大教师带研究生到工业现场参加了铁路桥梁检测，在实践中发现了一些问题，找到了解决问题的初步方案，正在利用学科优势、理论优势帮助解决现场实际问题。争取让郑州铁路局工务检测所参与研究生培养后获得相应回报，把企业参与研究生培养的积极性转化为与企业切身利益相关的主动行为和自主行为，有效地增强了专业硕士研究生实践能力的培养，提高了其科研素质。

（二）双导师制建设初见成效

遴选了 6 位科研能力强、工程经验丰富的技术骨干作为企业导师，报研究生院备案。北京交通大学与郑州铁路局初步建立了全面的合作伙伴关系，实行研究生与学校导师组、企业导师组之间的三方交流机制，加强了指导老师与企业的直接联系，充分利用学校与企业不同教学环境和教学资源以及在人才培养方面的各自优势，采取以课堂传授知识为主的学校教育与直接获取实际经验、实践能力为主的生产、科研实践有机结合的方式培养研究生。研究生通过参加教师的科研活动，提高了动手能力、创新能力和实践能力，为今后的工作打下坚实的基础。教师与研究生通过双方积极主动的参与，教学相长，正在形成一种全新的教与学的关系。

（三）开展了以合作项目为依托的联合培养人才探讨

北京交通大学和郑州铁路局合作，正在共同承担铁路总公司的科技攻关项目。今后联合申请国家科研项目，并以此作为研究生培养的平台和载体，使学生有机会参与科研创新活动，提高学生的创新能力。

（四）开展工程信号处理案例教学

工程信号处理经典内容多，理论性强，传统教学通常都是理论为主，实践训练不足。教学过程设计跟不上能力培养需要，导致学生面对具体应用问题无从下手。为提高教学效果，应采用以案例教学为主要手段的教学方法。工务检测所的导师带领学生参加了铁路工务实际检测，能使学生在真实铁路运行中亲身体验测量与信号处理需求，加深学生对本课程理论知识的理解。从铁路工程实际测试中，开发了多个教学案例，基本实现了工程信号处理主要知识点有实际工程案例支撑。工业现场实际采集的数据已经源源不断地提供给专业学位研究生分析，每年教学都有可用新数据。

四、存在的问题与对策

（一）运行现状

截至 2018 年，机械与电子控制工程学院与长春轨道客车股份有限公司、大同电力机车有限

责任公司、中车青岛四方机车车辆股份有限公司、太原重工轨道交通设备有限公司、郑州铁路局等企业合作，建设了12个研究生培养基地（研究生院备案）。实践表明，参加工程实践对研究生培养帮助很大。研究生通过在培养基地的锻炼，提高了就业竞争力：一是在实践中接受教育，锻炼能力，增长才干，并用所学知识服务社会，促进理论与实践相结合；二是从实践实习中获得新的素材和灵感，为专业学习和科学研究提供宽阔的视野和思路。

（二）存在的问题

北京交通大学机械工程专业研究生的培养实践基地建设尚存在以下问题。

1. 实践基地的数量不够多，专业覆盖面不够全

北京交通大学机电学院能够为研究生指定实践场所，完成实践环节。但是这些场所一般由导师利用自身的工作资源独立安排。长期稳定的校外实践基地数量不够多、专业覆盖面不够全，使得研究生只是以个体而不是群体参与实践环节，校外导师只能"单兵作战"，未能形成稳定的培养模式和运行机制[5]。

2. 学校对实践基地建设的投入不足

《教育部关于做好全日制硕士专业学位研究生培养工作的若干意见》指出，各专业学位研究生培养单位要切实加大投入，加强教学基础设施、案例库以及教学实践基地的建设。有可能是学校认为实践基地建设属于校企合作，不必支付费用。目前培养基地没有日常运行经费和专门的研究生实践经费，使有些导师对工业实践重视不够。

3. 企业缺乏联合高校共建实践基地的动力

目前机械工程专业的实践基地多为企业，企业更看重经济效益，认为校企合作共建无助于其解决面临的重大生产问题，也没有设立具有实质意义的科研合作项目，培养研究生不仅不能带来更大的效益与社会影响力，而且需要额外安排研究生的学习、生活、生产实践甚至管理考核，以至于企业的付出与回报不成比例，因此，企业对实践基地建设缺乏合作热情[6]。

4. 双导师合作落实不力

机械工程专业学位研究生的校内导师大多出自学术型研究生导师队伍，存在实践经验严重不足与校外导师缺少科研项目合作等问题，以至于并未真正建立校内外导师联合指导专业学位研究生的平台。由于时间、经费缺乏等原因，个别导师只能自己来发挥双导师的作用，并未配备研究生双导师。

（三）思考与对策

目前机械工程专业学位研究生实践基地建设中存在诸多问题，只有进一步深化改革和优化培养模式，才能真正提高研究生的培养质量。

1. 转变教育观念，优化研究生教育结构和布局

要深刻理解专业学位研究生教育的重要性和作用，认同专业学位研究生教育的重要性，真正做到专业型与学术型研究生教育并重，不仅要积极探索并健全特色人才培养模式，而且要加强师资队伍建设、加大经费投入以及持续完善专业学位教育体系。

2. 加强双导师队伍建设，建立导师资格评定机制

机械工程专业学位研究生的培养采取双导师制，即学校和企业各配一名导师，共同指导学生。专业学位研究生导师的遴选，其资格评定中注重应用水平的考核，这与学术型的导师资格认定有所区别，除有职称等要求外，应要求校内导师要承担相关企业横向合作项目或有在企事业单位工作多年的经历，对无应用型项目，仅承担国家等基础理论研究的导师，不允许培养专业型硕士研究生[7]。同时可以灵活变通对企业导师的遴选标准，企业导师不局限于一个人，可以组建企业指

导小组，由多名经验丰富的不同工段的工程师组成，实现各导师间的优势互补，并可保证其充足的指导时间。

3. 构建联合培养机制，实现合作共赢

共赢是高校与实践基地合作的动力源泉。因此，机械与电子控制工程学院应当加强校内导师培训，引导校内导师开展校企合作科研项目；学院应当推进开放式办学，邀请铁路行业专家为研究生培养出谋划策，包括研究生培养方案制定、培养考核与质量反馈，使人才培养不脱离市场需求；铁路局要加强科研人员培训，全面了解专业学位研究生培养目标，吸纳专业学位研究生深度参与铁路局科研合作项目，为企业解决更多的技术难题。

五、结论

国家规划振兴装备制造业、增强制造业核心竞争力，这对机械工程专业技术人才培养提出了更高的要求。机械工程专业学位研究生的培养需要做实基础，重在实践，关键在于动手能力和解决问题能力的提高。

实践基地建设及其实践内容的制定直接影响到机械工程专业学位研究生的培养质量。制定良好的制度，是做好基地实践及人才培养的基础。其重点是结合高校和企业双方的优势，确立基地实践的目标方向，做到专业学位研究生的方向选择与企业目标需求的有机融合，保持校企间持续长久的合作。

北京交通大学机械工程专业学位研究生数量在不断增加，按规划与学术型研究生相比要达到1:1 的比例。专业学位研究生的校企联合培养工作仍在不断探索中。做好专业学位研究生联合培养过程的经验总结与交流，开展优秀专业学位研究生培养评比，加强实践基地建设，是提高研究生培养质量的重要举措。

参考文献

［1］教育部. 教育部关于做好全日制硕士专业学位研究生培养工作的若干意见［EB/OL］.（2009－03－19）. http://old.more.gov.cn/publicfiles/business/htmlfiles/more/s3493/201002/xxgk82629.html.

［2］教育部，国家发展改革委，财政部. 教育部　国家发展改革委　财政部关于深化研究生教育改革的意见［EB/OL］.（2013－03－19）. http://old.more.gov.cn//publicfiles/business/htmlfiles/more/A22zcwj/201307/154118.html.

［3］郭跃显，侯维磊. 全日制专业硕士研究生实践能力培养评价［J］. 合作经济与科技，2018（18）：153－156.

［4］乔薇，何键，刘树郁. 基于"产学研一体化"培养的大学生创新创业实践基地建设探索［J］. 高教学刊，2018（4）：43－44.

［5］李瑞丽，路方平，王洪峰. 全日制硕士专业学位研究生校外实践基地建设的现状与思考［J］. 兰州教育学院学报，2018，34（4）：73－74+77.

［6］陈铖，刘望，刘忠. 全日制专业学位硕士研究生教学实践基地建设状况的调查研究［J］. 教育教学论坛，2017（17）：162－164.

［7］王俊，刘若泳. 全日制专业学位研究生教学现状调查与分析：以武汉七所"211工程"高校为例［J］. 学位与研究生教育，2012（7）：18－22.

机械工程专业学位研究生校内创新实践基地的建设

杨江天　岳建海

（北京交通大学机械与电子控制工程学院，北京 100044）

摘　要：实践环节是机械工程专业学位研究生培养过程中的重要环节，面对企业实践基地建设过程中存在的一些约束和制约，北京交通大学、中车青岛四方机车车辆股份有限公司、NI 公司三方开展深入合作，提出了校内实践基地建设的措施，探索了一条校内实践基地的建设模式。运行结果表明，校内实践基地的建设丰富了全日制工程硕士实践能力培养的途径，弥补了校外实践基地的不足，在机械工程专业学位研究生实践教学中发挥了重要的作用。

关键词：校内实践基地　机械工程　专业学位研究生

一、引言

专业学位研究生教育作为我国培养高层次工程人才的重要途径之一，在推进国家科技创新、促进经济发展、提升国际竞争力等方面起着举足轻重的作用。工程硕士专业学位已经成为我国专业学位研究生教育中学科门类最广、人才培养规模最大的专业学位类型[1-2]。

不同于学术型硕士和非全日制工程硕士，全日制专业学位研究生培养更注重技术技能的提升，实践教学是专业学位研究生培养过程中的一个重要环节[3-4]。与欧美国家相比，我国培养的研究生实验能力强，工程能力弱，理论功底强，创新能力弱。因此对于工程类专业学位硕士研究生的培养要特别强调创新能力和专业实践能力的训练。这些将依托与企业共建的校外实践基地开展的实践教学活动，将研究生的实践课堂延伸到企业，能够充分利用培养基地的资源优势和环境条件，有效增加了专业学位研究生培养的教学实践环节。但随着招生规模的扩大和培养机制的日益完善和复杂，这种依托校外实践基地开展实践能力培养的模式的不足也日益凸显。首先企业接收能力有限，一些企业会因对正常生产秩序的影响而不愿接收研究生；研究生在校外实践的安全问题无法得到保障；企业建立的实践基地实践范畴较窄，使得研究生能力的培养不够全面；企业缺乏研究生培养经验和学术氛围，仅仅把研究生作为劳动力使用[5-6]。

为满足应用型人才对教学环节的需求，北京交通大学采取了多种渠道建立了研究生校内实践基地。交通运输是北京交通大学优势特色学科，机械工程专业特别强调立足铁路交通运输行业培养学生的专业综合素质及动手能力。为此，机电学院建设了传动试验台、牵引电机试验台、动车组制动试验台、列车控制试验台等许多模拟铁路机车车辆关键系统运转的实验装置。这些实验装置在课堂教学和培养学生动手实验等方面发挥了重要的作用。但是目前存在的一个问题就是对应的测试系统落后，且不统一。大多数实验装置只能演示系统运转，缺乏测试平台来连续检测特征参数的变化规律。为了适应北京交通大学学科专业建设和发展的需要，有必要在现有实验设备基础上新建测试技术实验室，组建一个既能面向学生实验，又能有助于教师进行科研的具有先进水平的测试技术实验室。

我们申请了 2017 年（第二批）美国国家仪器（NI）公司支持教育部产学合作协同育人项目——高铁车辆预测性维护实验室建设。虚拟仪器具有模块化及开放性和互换性的特点和资源复用性，同时可方便、经济地组建或重构自动测试系统。NI 的虚拟仪器平台处于行业领导地位。因此，我们希望与 NI 合作建立联合实验室，以 NI 平台建设改造现有的实验装置，建立易于更新、功能强大的测试系统。这种测试系统能与中国铁路实际测试无缝对接，满足专业教学和科研的需求。

北京交通大学和中车青岛四方机车车辆股份有限公司有良好的合作关系，培养基地建成以后，北京交通大学、中车青岛四方机车车辆股份有限公司、NI 公司三方开展深入合作，北京交通大学学生到实际高铁动车组生产、运用现场实习，在四方公司和 NI 工程师的指导下现场学习数据采集信号，分析故障诊断，共同参加工程项目或科研合作项目，将产学研推向深入。

二、校内实践基地的定位与建设

专业学位研究生培养计划中的课程实验、实习实践、学位论文 3 个主要实践环节，承担着不同的实践教育任务，课程实验的任务是加深对课堂知识的理解和掌握，围绕某一具体知识点进行感性认识训练。通过学位论文训练研究生综合运用科学理论、方法和技术手段解决某一具体工程技术问题的能力。因此，在目前的实践教学环节中，校内实践基地主要是完成实习实践的教学任务[7-8]，其功能定位为：培养研究生熟悉本领域产品研发全过程，综合运用所学知识进行创新性研发工作；熟悉生产和管理模式以及设备和工艺流程配置；在实践中培训学生发现、提炼和总结学术问题的能力。通过在校内实践基地的训练，使研究生基本熟悉机械工程领域的各类典型工作流程、关键核心技术的实现途径、相关职业及技术规范，培养研究生实践研究和技术创新能力，并结合实践内容完成论文的选题指导工作，为其进入企业深入实践奠定前期必要的技术基础和知识储备。为了实现上述功能定位，校内实践基地在构建中遵循以下原则。

（1）特色性。综合考虑到我校机械工程学科的主要研究方向和优势，在平台的建设上围绕铁道机车车辆方向进行实践环节建设，通过整体平台的构建为专业学位研究生提供一个系统接触铁道车辆检测先进技术和方法的实践场所。

（2）综合性。在平台所完成的实践教学功能的设计上，注重依托校内实践基地将培养方案内的实验、实践等各环节单元知识进行综合运用与具体实施。

（3）开放性。为发挥研究生在实践中的创造性，构建了自行设计、自由探索的开放环境，培养研究生进行自主创新能力的实践。

（4）示范性。作为实践教学环节的硬件平台，在保证其教学功能实现的基础上，应最大化地体现出其对交通运输装备制造与运用领域典型企业的示范作用。

（5）学术性。面向研究生的实践教学环节，更为注重的是通过实践培养学生从中总结规律、发现科学问题的能力，因此实践环节应具有一定的学术内涵。

在校内实践基地硬件平台方面，建成动车组传动实验台，模拟 CHR2 型动车一根轴的传动，如图 1 所示。NI 公司为实践基地提供了与青岛四方高铁列车运行监测与故障诊断系统相同的数据采集系统软硬件平台（青岛四方机车车辆股份有限公司制造研制开发高铁列车运行监测与故障诊断系统，采用 NI 的 cRio 和 NI9423 数据采集系统和车载的 InsightCM 数据服务器采集处理数据）。运用该实验系统可以用实验的方法研究检测电机、齿轮箱和车轮轴承振动状况和运行规律，模拟产生多种典型的机械与电气故障，进行特征分析。

实验设备能模拟动车组从接触网取电，经变压、变流、变相，驱动牵引电机旋转，齿轮箱减速，驱动车轴转动，带动摩擦轮（模拟轨道加载）旋转。车轴转速、传动比和实际机车一致。实

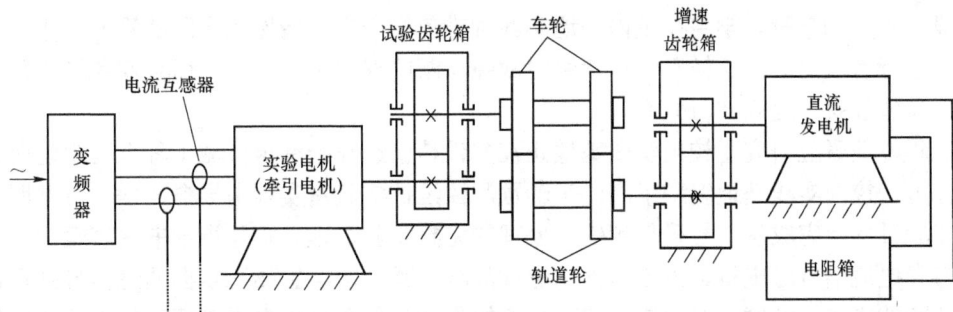

图1 动车组传动实验台

验测量传动轴转速，电机定子电压电流和电机、齿轮箱、车轴各轴承振动，研究轴承等关键部件故障发展规律。实验台换装故障元件，可以通过振动信号和电流信号，分别完成齿轮箱齿轮故障诊断，齿轮箱轴承故障诊断，轴箱轴承故障诊断和电机电气故障诊断等实验。使学生在实验室条件下掌握诊断动车组转向架关键部件故障的基本方法，为后续的校外工厂实践打下坚实的基础。研究生在校内基地实践后参加校外工厂实践，学生可以充分利用自己在校内实践基地掌握的实验经验，在校外工厂实践中可以更有针对性地进行实践，避免了以往实践时的盲目性和无目的性，使校外工厂实践的效果更好。

校内实践基地实现了教学与科研、理论知识与实际工程应用无缝衔接。不仅可使学生在学校实验室就接触到高速铁路列车研制开发与运用所用的先进系统构建方式和技术手段，同时为学生学习数据采集、信号分析等提供实验平台，锻炼学生实际动手能力、创新能力。

三、校内实践基地的运行办法和运行现状

只有不断加强校内实践基地的建设，才能使其满足研究生的培养需求，运行办法如下。

（1）加强管理运作机制建设。校内实践基地按照高校实验室的相关政策和规定运行，根据高校与企业相结合的原则，实行动态管理。学校负责制定基地的政策、规章、规划等，并组织实施；各学科可以联合企业专家负责研究制定符合学科特点的实践基地发展规划和配套政策、措施；实验室管理处对校内实践基地建设工作进行指导、协调和监督，负责筹措工作经费和培训管理人员，管理基地日常工作，制定具体管理办法，配备专门管理人员。

（2）开发分层渐进的实践教学体系。利用学院已有的科研资源，精心开发分层渐进的实践教学体系建设。在必修实践课程建设的基础上，进一步规划实践教学内容的深度。分别构建研究实验、自主研发、创新研究，深入研究、确定不同实践教学阶段学生需要掌握的核心内容，建立联系紧密、分层渐进的实践教学内容体系。

（3）以校内基地为平台结合科技竞赛开展创新活动，鼓励有兴趣的本科生参加。积极开展创新教育活动，完善包括大学生创新计划、开放性实验、科技竞赛、专题讲座以及参与教师科研课题等多种形式的创新教育和科研活动体系。参与科技创新活动，一方面可以提高学生的学习兴趣，使学生能在必修课所学知识的基础上进一步加深和拓宽；另一方面也能提高设备的利用率，增加了老师和学生的交流和互动。学生可以根据自己感兴趣的研究课题，每年定期向基地提出项目申请，在经实践基地专家审批后，可以无偿利用基地条件开展实践研究，并能得到学校研究生创新实践基金的支持。同时，允许学生根据自己的兴趣，积极申报参加校外较高水平的科技竞赛活动，获批后可以带着创新课题进入实践基地。

（4）积极拓展校外实践平台。要给学生提供更多机会到机车车辆工厂和动车组运用部门实习实践。校外实践的企业不会仅限于青岛四方机车车辆有限公司。可以与更多单位进行合作，比如

北京动车段、郑州动车段。学生在校内基地实践时难免会产生一些比较实际的疑问，可以就近到北京动车段进行参观交流，这样不但使学生对故障诊断的理解更深一层，而且避免了来往青岛的舟车劳顿，节省经费，提高实习效率。

机械工程专业学位研究生校内实践基地正在建设，已经开始承担机械工程专业学位研究生的实践教学任务。校内实践基地编制了高铁车辆预测性维护实验室实验指导书，学生可参照实验指导书，在实验设备上完成从信号采集到信号处理的完整实验过程。实验指导书内容全面，分别通过振动信号和电流信号对电机、齿轮和轴承进行故障诊断。使学生熟练掌握通过信号处理诊断机械和电气故障的方法。机械与电子控制工程学院的车辆工程和机械电子工程系的部分研究生已经在校内实践基地实习，进行了大量的实验，掌握了诊断动车组传动轴轴承齿轮等故障的基本方法，有多篇学术论文发表。为进一步到校外工厂实践打下了基础，也为以后的就业打下了技术基础。

四、结论

通过面向机械工程专业学位研究生培养的多元实践平台的建设，北京交通大学、中车青岛四方机车车辆股份有限公司、NI 公司三方开展深入合作，北京交通大学学生到实际高铁动车组生产、运用现场实习，在四方公司和 NI 工程师的指导下现场学习数据采集信号分析故障诊断，共同参加工程项目或科研合作项目，将产学研推向深入。形成校内教学、创新竞赛、企业实践"三位一体"的人才培养机制，使研究生的专业实践能力和职业技能的获取方式由被动参与向主动实践转化，显著提升研究生的创新能力和综合素质，以适应专业学位研究生培养计划的要求。

参考文献

[1] 教育部. 教育部关于做好全日制硕士专业学位研究生培养工作的若干意见 [EB/OL]. （2009 – 03 – 19）. http://old.more.gov.cn/publicfiles/business/htmlfiles/more/s3493/201002/xxgk82629.html.

[2] 教育部，国家发展改革委，财政部. 教育部　国家发展改革委　财政部关于深化研究生教育改革的意见 [EB/OL]. （2013 – 03 – 19）. http://old.more.gov.cn//publicfiles/business/htmlfiles/more/A22zcwj/201307/154118.html.

[3] 郭跃显，侯维磊. 全日制专业硕士研究生实践能力培养评价 [J]. 合作经济与科技，2018（18）：153 – 156.

[4] 李献斌，刘晓光. 全日制专业学位研究生实践基地建设研究 [J]. 中国农业教育，2012（5）：22 – 25.

[5] 林桂娟，於朝梅，王恬. 专业学位研究生实践基地建设模式研究 [J]. 学科与专业建设，2012（1）：50 – 52.

[6] 贝绍轶，崔伟，赵景波，等. 机械工程领域专业学位硕士研究生多元实践平台构建研究 [J]. 江苏理工学院学报，2016，22（2）：69 – 73.

[7] 王伟，赵茜，朱记伟. 工程领域研究生校内创新实践基地的建设：以土木工程为例 [J]. 新西部，2017（28）：137 – 139.

[8] 黄文涛，赵学增. 机械工程领域研究生校内实践基地的构建 [J]. 实验室研究与探索，2013，32（8）：375 – 379.

产学研联合研究生培养基地建设研究与实践

李　强　杨广雪　孙守光　王文静　王　曦　王斌杰　殷　怡

（北京交通大学机械与电子控制工程学院，北京 100044）

摘　要：通过与企业建立产学研联合研究生培养基地，校企双方在人才培养、科学研究以及企业职工培训等方面开展了广泛合作，切实达到了校企联合培养的目的。产学研联合培养基地的建设为三类创新型人才培养提供了良好的实践平台，促进了高校与企业的实质性合作，实现了优势互补、资源共享，推进了研究生培养模式的进一步改革。

关键词：轨道车辆　产学研　校企联合培养　研究生培养模式

迎接知识经济挑战，改革和完善人才培养尤其是高层次人才的培养非常必要和紧迫[1]。我国《高等教育法》第五条规定："高等教育的任务是培养具有社会责任感、创新精神和实践能力的高级专门人才，发展科学技术文化，促进社会主义现代化建设。"一是强调创新，二是强调实践。研究生教育作为高等教育的最高层次，要在全面建设小康社会的新时期无愧于自己的历史使命，就必须在培养具有创新精神、创新能力和实践能力的应用型创新型人才上做出更大贡献。

产学研合作教育是应用型人才培养的重要途径，对学生实践能力、应用能力、创新能力和综合素质的培养具有重要意义[2-4]。建立产学研联合培养基地，使高校共享企业的部分资源成为一种长期行为，能够形成优势互补、资源共享、利益共赢的研究生培养新体系，从而促进研究生培养模式创新与改革，提升研究生培养质量。

一、联合培养基地创建的必要性

（一）国家呼唤创新型人才

习近平总书记指出，国家创新的事业呼唤创新型人才。实现中华民族伟大复兴，必须大力培养造就规模宏大、结构合理、素质优良的创新型科技人才。而今我国工程类的科技人才队伍存在结构性的问题，尚未融入国际人才评价体系，培养和引进国际化优秀人才存在着机制、观念和环境等方面的障碍，成为制造业创新发展的掣肘。面对当今新一轮科技革命和产业变革，在高等院校中占有最大比重的工程类教育，怎样抓住机遇，培养经济社会发展急需的工程科技人才，更好地服务产业的转型升级，既是高等院校迫切需要寻找的答案，也是工业界最关心的问题。

产学研合作教育，从根本上讲就是要解决学校教育与社会需求脱节的问题，缩小学校对人才的培养与社会对人才的需求之间的差距，增强学生进入社会的竞争力。产学研联合培养研究生，利用学校和社会两种教育环境，合理安排课程学习、科学研究与社会实践，使研究生培养方案、教学内容和实践环节更加贴近社会发展的需求，促进研究生科研能力、实践能力和整体素质的提高，达到培养高层次创新型人才的目的。

（二）传统研究生培养模式的缺陷

高等学校作为人才培养的教育系统，其教育资源丰富，条件优越，教育过程与方式高效简洁，优势明显，但其培养的方式和过程存在理论与实践脱节的缺陷，这是因为构成人才的知识、能力和素质的获得，需要一个真实的环境，实施教学不能从书本到书本，必须在教学过程中直接与生产一线的关键技术问题接触，从而获得真正意义上的知识和能力的提高。

针对研究生中普遍存在的理论素养与实践能力相脱节的问题，产学研联合培养研究生的模式让研究生有更多机会接触到实际中需要攻克的难题，这样就有助于他们带着问题深入到企业中去学习[5]。

研究生教育并不仅仅要求发一两篇公开发表的论文，更要求在培养过程中能够锻炼学生的动手能力，这样才能有利于学生毕业以后在短时间内适应企业发展的需要，适应社会的需要。从这个角度来看，产学研联合培养研究生的模式，其最大的受益者实际上就是研究生个人。研究生通过在学校和企业的学习，能够系统掌握实验方法和先进的实验手段，获得提高创新能力的必要条件，其创新能力将大大增强。鉴于研究生在企业工作期间拥有到企业多个部门工作的机会，他们能了解企业的运作机制、创业文化、管理体制，获得创业经验，因此，在培养其创新素质的同时也培养了创业能力。

无疑，采用校企联合培养模式将更易使研究生面向社会、面向市场，提高其就业竞争力和为社会、为国家做贡献的能力。

（三）校企优势互补、资源共享的迫切需要

建立产学研联合培养基地，使高校共享企业的部分资源成为一种长期行为，形成优势互补、资源共享、利益双赢的研究生培养新体系，并可有效解决高校教育资源紧缺的问题。按照联合培养协议要求，企业需为研究生提供必要的研究经费、实验室和食宿条件。联合培养期间，研究生在必要的时候可返校利用学校的仪器和图书资料开展课题研究。

鉴于一个大型企业每年只要跟学校联合培养数名研究生，研究生的工作和生活环境宽松了许多；而相关专业只要多联系一些大型企业，学校资源（包括指导力量、研究条件、科研经费等）紧张局面将大为缓解。另外，校企联合培养研究生的模式有利于"产学研"结合，有利于企业利用学校的科技资源，实现企业的产品、技术更新。

（四）区域经济发展的必然要求

创建产学研研究生联合培养基地是区域经济发展的必然要求。研究生教育应该从地方实际需要出发，更好地为地方经济建设服务。但是，长期以来研究生培养制度、培养模式还不能完全适应区域经济发展要求，还是在"象牙塔"中进行研究生培养，因此迫切需要面向生产实际培养研究生。建立研究生培养创新基地就是为研究生教育与生产实际相结合而搭起的产学研一体化的基础平台。

建立产学研研究生联合培养基地不仅有利于知识转化和创新，有利于培养区域经济或行业经济的适用性人才，而且联合培养基地还能够起到以点带面的作用，能带动整个产业与高校的全面合作。一方面，会使高校的先进知识资源得以充分发挥作用，使其教学科研领域得以全面拓展，为学校和企业创造一个知识共享的环境。同时，也为企业的技术人才创造了知识更新以及全面提高与发展的平台。使研究生教育真正做到了将知识传递给最需要掌握、又能迅速转化为现实生产力的人，使企业重视人才，以人为本的管理思想和人才资源的深度开发得以更好地实现。

二、联合培养基地建设的内容

北京交通大学机电学院车辆工程学科从 2008 年开始陆续与中车青岛四方机车车辆股份有限公司、长春轨道客车股份有限公司、大同电力机车有限责任公司、包头北方创业股份有限公司、

北京地铁厂相关企业建立了产学研联合研究生培养基地，双方在人才培养、科学研究以及企业职工培训等方面开展了广泛合作。

（一）促进产学研的结合

紧密结合产学研研究生联合培养基地的培养目标——以求职为导向，培养具有国际竞争力的工程师——建设校外联合培养基地。依靠载运工具运用工程国家重点学科、轨道车辆可靠性与检测技术重点实验室的资源优势，结合中车青岛四方机车车辆股份有限公司、长春轨道客车股份有限公司、大同电力机车有限责任公司、包头北方创业股份有限公司、北京地铁厂等我国重要的轨道车辆生产企业的需求，将教师承担的企业科研项目的研究内容和成果带进课堂、教材、学位论文中，达到研究内容源于生产需求、实验平台和系统，源于科研成果转化、实验数据和场景源于工程现场实际的目的，全面提升教学质量和培养水平。

在人才培养方面已经落实了企业导师，实现了学校导师和企业导师共同指导毕业设计，切实达到了校企联合培养的目的，为理论创新、技术创新、管理创新等三类创新型人才培养奠定了良好的实践平台。

（二）构建高素质创新型工程应用人才培养的实践环境

完善特色鲜明、内容丰富、具有推广价值的"轨道车辆联合培养基地"，增加研究生的实践时间、规模并更新内容，在激发学生学习积极性、提高学习效果方面发挥突出作用。利用与企业科研合作十分密切的关系，完善和巩固校外实践基地建设，构建高素质创新型工程应用人才培养实践环境。

1. 建立组织管理体系

"北京交通大学–中车青岛四方机车车辆股份有限公司工程实践教育中心"依托双方共同建设，由校企双方主要领导担任实践基地的负责人。为更加有效地推进基地的建设工作，合作双方计划建立三层组织机构。最高层是基地建设领导小组；第二层是基地建设组，根据专业特点分为"车辆工程"和"轨道牵引电气化"两个小组，组长由校方和企业的专业负责人担任，负责实践计划制定、实践安排和教师队伍建设；第三层是车辆工程学科与四方股份技术中心合作以科研项目为背景进行研究生的联合培养工作。

2. 建设规章制度

根据人才培养目标，结合实际情况探索建立可持续发展的管理模式和运行机制，建立有关校外实践教育的教学运行、学生管理、安全保障等规章制度。

（三）增进教师科研与工程实践能力

改革教师培养和使用机制，建设具有爱岗敬业和教书育人高尚师德风范、掌握动车组、重载列车最先进的技术、与企业和研究单位有密切的合作关系的师资队伍，提升特色专业团队的整体教学与科研水平。

通过与基地企业的科研项目合作，拓展教师的知识领域，促进教师对课程的理解；鼓励教师走出去，到境外大学、研究机构开展学术和教学交流，开拓思路、改进教学方式方法；鼓励教师下现场，改善教师的工程实践背景，为更好地完善教学内容、提高教学质量创造条件。

实践基地的指导教师队伍，由学校教师和基地企业的专业技术人员、管理人员共同组成，实践基地将采取有效措施，结合科研项目，以项目为载体调动指导教师的积极性，不断提高指导教师队伍的整体水平。对于校内的年轻专业教师，通过工程实践的锻炼，可增加教师的工程实践经历，提高工程实践能力；企业教师由在企业一线工作5年以上，具有与本专业相关的丰富工程实践经验，且具有工程师及以上技术职称的企业工程技术人员担任，参与学生的研究指导。

三、联合培养基地建设的创新成果

（一）形成了科研支撑的研究生模式

将科研创新与人才培养有机结合，双方的合作项目平台也不断提升。从最初以科研项目为载体的合作已转为在共建实验室、开展学科领域集群式发展等应用领域的合作。到目前，双方在共同研发的基础上，结合国家和行业发展重大需求，共同申请、承担政府计划项目和国际合作项目。

（二）打造了校企融合的高水平教学团队

教学团队教师掌握了动车组、重载列车、城轨车辆等先进的理论与技术，与企业和研究单位合作密切，实现了教学骨干与科研骨干的统一，把研究生培养"双导师制"这一新模式向纵深推进；在培养模式上，通过"先期介入"的模式，使更多的优秀专业人才"直通"企业，让学生们能提前参与企业的研发，保证了学生知识结构与工程实践能力的协调发展。同时企业选派优秀员工到学校攻读学位，为企业的发展培养和储备人才。

（三）建立了校企共赢的人才培养长效机制

通过与行业企业共同制定培养方案、出资建设校内实践平台、共建校外高水平实践基地、联合指导学生，实现企业对人才培养的深层次参与，建立了校企互动的人才培养长效机制；通过科研联合攻关、卓越工程师计划实施和企业人员培训，培养了研究生以及企业需要进行知识更新的在职人员，实现了校企共赢的人才培养长效机制。

四、应用效果与成果推广

近几年，北京交通大学车辆工程系与中车青岛四方机车车辆股份有限公司、长春轨道客车股份有限公司、大同电力机车有限责任公司、包头北方创业股份有限公司、北京地铁厂等企业，在轨道车辆零部件静强度和疲劳性能试验研究、动应力测试与可靠性评估、载荷谱测试与编谱技术、结构失效分析、结构优化等方面开展了广泛、深入的合作；与企业联合申报国家支撑计划、863计划、铁道部科技发展计划项目以及与企业联合攻关的科研项目共计 50 余项，这些合作课题的开展为企业和学校培养了大量人才，提升了科研实力，研究成果为企业所用，解决了企业难题，提高了市场竞争力。

如联合攻关项目"CRH3 型动车组转向架电机吊架疲劳可靠性研究"，实验室与长春客车股份有限公司技术人员在京津、武广和京沪线对电机吊架进行了数万公里的动应力测试，准确预测了其疲劳寿命，通过载荷识别技术得到电机吊架运用中的实际载荷，并对新改进结构的疲劳强度在吊架疲劳试验和线路动应力试验中进行了确认，新改进电机吊架不仅替代了原有结构，消除了安全隐患，而且在此基础上自主设计的 350 千米速度等级电机吊架成功应用于 CRH380B 型动车组，成为高速列车自主创新的典范。此外，双方合作开展的"CRH5 型动车组转向架制动梁可靠性提升研究""209P 型转向架构架疲劳可靠性研究""北京地铁 2 号线转向架关键部件疲劳评估"等项目，一方面解决了轨道车辆运用中的故障，确保了列车运行安全，另一方面为企业减小了经济损失、创造了经济效益。

北京交通大学车辆工程系与北京地铁车辆装备有限公司就双方技术合作进行了洽谈，就"北京地铁 6 号线转向架构架疲劳评估""北京地铁 10 号线转向架构架可靠性评估""北京地铁 8 号线车体结构强度分析"等项目的技术问题进行了讨论，为项目的顺利完成打下了基础。

　　每年约有 20 余名车辆工程专业的研究生和机械工程车辆方向的专业学位研究生结合上述企业的研发项目进行研究选题，研究生通过研究企业实际需要的问题，不仅提高了自身的研究能力，而且解决了企业的研发问题，实现了联合培养的预期目标。同时企业选派优秀员工到学校攻读学位，为企业的发展培养和储备人才。

五、结语

　　北京交通大学机电学院车辆工程学科依托学科和科研优势，与中车青岛四方机车车辆股份有限公司、长春轨道客车股份有限公司、大同电力机车有限责任公司、包头北方创业股份有限公司、北京地铁厂等我国重要的轨道车辆生产企业共同建设了产学研联合研究生培养基地。

　　产学研联合培养基地的建设为三类创新型人才培养提供了良好的实践平台，促进了高校与企业的实质性合作，实现了优势互补、资源共享，推进了研究生培养模式的进一步改革。

　　建设产学研联合研究生培养基地增强了企业研发能力和高校成果转化能力，帮助企业零距离选择新员工，积聚人才，同时降低研究生的培养成本和就业压力，使学生在深入一线参加研发的实践中提高综合素质和创新能力，最终形成了高校、企业、学生多赢的局面。

参考文献

[1] 黄绍臻. 迎接知识经济挑战 加快高层次人才培养 [J]. 发展研究，1999（6）：10－14.

[2] 陈兴文，王晓华，王庆春，等. 应用型本科院校产学研合作教育模式下的课程体系建设研究 [J]. 教育教学论坛，2018（37）：183－185.

[3] 许青云. 应用型本科院校产学研合作教育模式存在问题及对策[J]. 平顶山学院学报，2013，28（4）：123－125.

[4] 林雪明. 课程集群嵌入产学研合作教育模式的思考与实践 [J]. 中国高教研究，2013（1）：108－110.

[5] 聂建平. 产学研合作教育培养创新型人才存在的问题及对策研究 [J]. 农村经济与科技，2018，29（16）：281－282.

基于卓越绩效理念的工程管理硕士（MEM）专业学位研究生联合培养基地管理模式研究

双　晴　刘伊生

（北京交通大学经济管理学院，北京　100044）

摘　要：推动研究生培养与经济社会发展的有效互动，是当前专业学位研究生教育迫切需要解决的问题。为建立"多元、融合、动态、持续"的协同创新型人才培养模式，本文将卓越绩效模式应用于研究生联合培养基地管理，构建了适用于工程管理硕士专业学位研究生联合培养基地管理模式。该模式有利于校企双方进行全过程、全方位人才培养管理，使基地不断改进、追求卓越，积极开展产学研联合培养制度创新，有利于培养高素质国际化的工程管理骨干人才。

关键词：产学研联合培养　专业学位硕士研究生　卓越绩效理念　管理模式

一、研究生联合培养基地管理现状分析

在国民经济快速发展的推动下，社会对高层次人才的需求逐步由学术型向应用型转变。依托行业企业，建立联合培养实践基地，进行校企联合培养是当前中国高校培养专业学位研究生实践能力的主要渠道[1]。要求学校注重吸纳和使用社会资源，合作建立联合培养基地，联合培养专业学位研究生，改革创新实践性教学模式[2]。目前，我国全日制专业学位硕士研究生已经有相当的规模，如何有效地推动研究生培养与经济社会发展的有效互动，成为当前专业学位研究生教育迫切需要解决的问题[3-4]。

因此，建立高校与行业企业联合培养人才的新机制，既是研究生联合培养的重点任务，也是增强毕业生对行业企业适应性的核心要求[5]。有必要通过加强产学研联合培养基地建设，分类完善企业学习培养方案和实践课程体系，整合校企双方资源，形成人才培养的合力[6]，从而达到提升学生专业素养，培养学生创新和实践能力目的。

二、卓越绩效模式应用于研究生联合培养基地管理的合理性

为建立"多元、融合、动态、持续"的协同创新型人才培养模式，有必要将卓越绩效模式应用于研究生联合培养基地管理。卓越绩效的定义为："通过综合的组织绩效管理方法，使组织和个人得到进步和发展，提高组织的整体绩效和能力，为顾客和其他相关方创造价值，并使组织持续获得成功[7]。卓越绩效管理模式是当今世界上一种先进的经营管理模式，由领导、战略、顾客与市场、资源、过程管理、测量分析与改进、经营结果等方面内容构成。

由于卓越绩效总结了大量企业的成功经验[8]，体现了企业管理的"制胜之道"。研究生联合培养基地可以把卓越绩效管理作为诊断仪，从研究生联合培养基地整体优化目标出发，从对研究生联合培养基地创新性成果有关键性影响的"结果—过程—系统因素"关系链中发现研究生联合培

养基地在培养过程中存在的问题，提升人才培养的有效性。

研究生联合培养基地的管理是培养基地各个方面的能力的总和，包括双导师能力、资源配备能力、战略制定和实施能力、过程管理能力、结果的分析改进能力等不同能力所展现出来的总和能力水平，是各种要素相互影响和相互作用的结果。而卓越绩效能够有针对性地开展研究生联合培养基地管理模式设定、检测和持续改进[9]。因此卓越绩效能够对研究生联合培养基地的管理能力进行综合全面的评价。

此外，影响研究生联合培养基地管理能力的各个要素是不断变化的，例如，学校和企业外部的竞争环境、经济环境等是不断变化的，顾客对于研究生的需求也是不断变化的，学校和企业内部的各个方面的资源也是不断变化着的。随着各个因素的转变，研究生联合培养基地的管理水平也在可变环境下慢慢呈现出动态变化。研究生联合培养基地创新能力的动态性要求评价不能只是从静态角度考虑创新的结果，而卓越绩效能够从动态和静态角度来评价研究生联合培养基地各个方面的管理结果。

三、研究生联合培养基地管理模式构建

研究生联合培养基地需要综合考虑各利益相关方的情况，以研究生就业的需求为导向，以最终的创新型人才培养质量为目的，综合考虑各相关方对研究生联合培养基地的影响因素。通过分析各方需求，结合研究生联合培养基地自身情况构建工程管理硕士研究生联合培养基地的组织目标，通过目标管理来引导整个管理体系的运行。

（一）组织目标的构建

在"一带一路"、中国高铁"走出去"、"京津冀一体化"的驱动下，工程建设及信息化领域人才需求旺盛。为了适应国家研究生教育改革和发展需要，提高北京交通大学工程管理研究生教育水平和培养质量，增强研究生实践动手和科研创新能力，搭建学校服务经济建设和社会发展平台，建立工程管理硕士研究生产学研联合培养基地。

本研究生联合培养基地的建设是北京交通大学"产学研"高层次人才培养的社会平台，从根本上突破了传统的封闭办学的研究生培养模式，旨在促进高层次人才培养与社会经济建设的有效沟通与有机结合。因此，研究生联合培养基地的组织目标为紧紧围绕工程管理学科专业硕士学位研究生培养的需求，充分利用联合单位行业、人才、资源和科研优势，使其能够在研究生创新能力和实践能力培养过程中发挥重要作用。

（二）远见卓识的领导

北京交通大学工程管理学科以工程管理为支撑，有多年培养专业学位硕士研究生的经验，注重学生实践和动手能力的培养。学科由建设工程策划与决策、工程质量与安全管理、工程项目风险管理等领域具有较高水准的学者组成，具有较强的科研实力和丰富的工程经验。

北京华筑建筑科学研究院具有各类技术人员 60 名，其中 10% 以上有高级技术职称，有指导研究生的能力。研究院拥有较强的研发能力和先进的 BIM 领域科学技术水平，其工艺技术水平处于国内领先地位。

（三）战略导向

建设领域信息化是指将信息技术应用于建设工程全生命周期，实现信息采集与存储的自动化、信息交换的网络化、信息利用的科学化和信息管理的系统化。其中，BIM（建筑信息模型）技术，是信息技术应用于传统建筑业的必然产物。BIM 作为一种创新的工具与生产方式，引起了

建筑业的巨大变革，并被大量成功案例证明了其价值优势。BIM 是信息化技术在建筑业的直接应用，其服务于建设项目的设计、建造、运营维护等整个生命周期，为项目各参与方提供了协同工作、交流顺畅的平台，其对于避免失误、提高工程质量、节约成本、缩短工期等具有巨大的优势作用。

工程管理学科的特殊性要求培养能够综合应用工学和管理学两个学科知识的复合型人才。面对需求与挑战，有必要建设研究生 BIM 产学研联合培养基地，将理论知识和企业实践融合，加强高等教育与企事业单位的紧密结合，建设高层次人才培养基地，创新高层次专业人才培养模式，增强研究生的创新实践能力，为我国工程建设领域提供高层次复合型人才。

（四）顾客驱动

为满足工程项目各参与方对 BIM 技术的需求，研究生联合培养基地所有项目均需要依托实体工程，立足现实需求。通过本研究生联合培养基地，助推企业 BIM 建设，共同完成企业项目，使研究生培养质量获得市场认可，科研成果促进企业发展，提升企业社会效益。

（五）社会责任

研究生联合培养基地积极参与京津冀协同发展。北京华筑建筑科学研究院目前承担多项促进京津冀一体化发展的重点项目。研究生联合培养基地将参与北京新机场航站楼核心区及换乘中心工程的 BIM 咨询工程总承包，任务包括建筑、结构、钢结构、机电、幕墙、屋顶、市政、景观及其他专业的 BIM 模型模拟、复核及深化、碰撞检查及优化建议等工作。该项目助力京津冀一体化，方便京津冀三地旅客乘机，打造区域世界级机场群；并将与公路、城市轨道交通、高速铁路、城际铁路等多种交通方式整合成具有强大区域辐射能力的地面综合交通体系。

（六）以人为本

研究生联合培养基地重点明确产学研人才培养过程。与北京华筑建筑科学研究院建立产学研研究生联合培养体系，积极开展产学研联合培养制度的创新，提出基于卓越绩效理念的工程管理硕士研究生联合培养基地管理模式，为 BIM 专业领域培养高素质国际化的工程管理技术骨干人才。

首先，搭建宽阔的人才培养平台，深入开展产学研研究生联合培养工作。面向工程管理学科的服务领域和我校交通特色领域，在建筑行业的全生命周期全产业链上持续推动研究生联合培养基地的建设工作。其次，加强校企双导师队伍建设，在校内建立企业导师工作站，吸纳行业高级管理和工程人员，为研究生开设实践类课程、专家论坛或高水平讲座，共同指导研究生参与工程实践课题。最后，完善培养体系的信息反馈机制，优化人才培养模式。在研究生毕业到合作单位就业后，保持 4 到 5 年的跟踪回访，根据跟踪反馈信息，动态持续地对现行基地建设体系进行调整和改革，以保障产学研联合人才培养的可持续推进。

（七）合作共赢

研究生联合培养基地所有项目均依托实体工程，立足现实需求。研究生参与企业项目，项目涉及施工企业 BIM 中心建立，管理及评价体系，基于 BIM 的企业流程再造研究，基于 BIM 的项目进度、质量、安全与成本管理，BIM 技术与装配式建筑，基于 BIM 项目管理体系评价标准建立，BIM 与城市管理耦合机制研究等。BIM 能够服务于建设项目的整个生命周期，为项目各参与方提供了协同工作、交流合作的平台，用于避免失误、提高工程质量、节约成本、缩短工期。通过研究生联合培养基地，能够助推企业 BIM 建设，共同完成企业项目。加强双导师队伍建设，帮助学生理解联合培养的作用和具体工作的意义，使研究生培养质量获得市场认可，科研成果促进企业发展，提升企业社会效益。

与此同时，研究生在参与联合培养基地项目的同时，辅助企业梳理项目知识，使项目知识从具体的操作层向管理层转移，再由管理层向领导层传递，建立知识获得、创造、分享、整合、记录、存取、更新、创新等过程，不断地回馈到企业知识系统内，降低企业知识损失，形成不间断的积累个人与组织知识的循环，有助于企业做出正确决策。

（八）重视过程与关注结果

针对全日制工程专业学位硕士研究生开展产学研联合培养。具体培养过程拟分为两个阶段：①理论学习阶段，在学校完成，为期一年；②论文阶段，在企业完成，为期一年。双方导师定期交流，检查学生培养计划的落实进度，发挥双方优势，共同负责，有所侧重，保证培养质量。校方研究生院在培养模式、相关政策上给予关注和支持，并对过程中出现的具体问题，及时、有效地给予解决。

第一，开展研究生就业竞争力分析。对研究生就业数据进行逐年滚动统计与分析，开展研究生就业竞争力的 SWOT 分析，协助研究生明确自身就业兴趣、目标和职业规划，保证研究生联合培养基地的研究生就业率达到 100%。

第二，制定导师职责与日常沟通机制。要求导师定期参与学术沙龙和组会；审批研究生周报和月报，指导研究生学习和科研。要求青年教师参加基地的建设和研究生的联合指导。企业鼓励工程师以上技术人员和管理人员参与基地工作。

第三，制定研究生联合培养模式。每年拟接收≥6 个月的全日制工程管理硕士专业学位研究生 30 名进行实践。企业导师的选择采取双向选择、自愿结对原则。在研究生一年级，将企业行家能手请进来，采用讲座、专题报告或交流会等形式，与学生见面；另一方面，研究生走出去，到企业参观、实习。在双方基本了解情况后，进行双向选择。

第四，制定基地运行机制。要求研究生、企业导师均进行进站前培训。定期开展学术沙龙和组会，每月至少举行一次学术沙龙，由研究生汇报研究进展，双导师参会指导。每季度至少举行一次组会，双方汇报联合指导研究生情况，讨论基地运行事宜，制定下一步培养计划。同时，保证研究生周报、月报常态化。研究生每周递交周报，汇报当周开展的事务；每月提交总结报告，汇报学习及科研进展情况；双师按时批阅，指导研究生下一步学习和科研。

最后，对参与产学研联合培养的研究生开展 BIM 执业技能培训，鼓励研究生参加 BIM 执业认定。实践期间，要求研究生就施工企业 BIM 中心建立，管理及评价体系，基于 BIM 的企业流程再造研究，基于 BIM 的项目进度、质量、安全与成本管理，BIM 技术与装配式建筑，基于 BIM 项目管理体系评价标准建立，BIM 与城市管理耦合机制展开研究并撰写相关研究报告或论文。对基地中表现优异的研究生，优先推荐到企业工作。

（九）学习、改进与创新

以研究生及用人单位满意度为基础，开展产学研联合培养基地学习、改进与创新。满意度调查方法包括以下几项内容。①问卷调查。根据调查目的和产学研联合培养基地实际情况设计《满意度调查表》，并采用研究生和用人单位随机抽样发放的形式进行调查，再按照实收的有效调查表的反馈信息进行统计分析。②电话调查。定期进行电话调查和回访，了解研究生及用人单位最新需求。③研究生及用人单位座谈会。定期召开不同主题和类型的座谈会，邀请研究生和用人单位代表到产学研联合培养基地座谈，征求其对于产学研联合培养基地各项工作的意见和建议，了解需求，持续改进人才培养过程。

以调查问卷数据分析为基础，同组织目标进行对比分析。如果符合组织目标，则总结成功经验，从成功经验中总结影响产学研研究生联合培养的关键因素。如果与目标存在偏差，则找出实际人才培养水平与目标值之间的差距，分析原因，吸取教训，将影响因素层层反馈，作为日后人才培养创新能力和实践能力重点关注的部分，以此达到改进人才培养质量的目的。

（十）系统管理

系统管理是加速推进产学研联合培养基地建设的基础。校企双方负责人多次沟通协商，明确产学研联合培养的要求，要以人才培养为核心，明确研究生和行业需求，确定产学研联合培养人才过程，建立"双导师"结构队伍建设模式。

"双导师"结构队伍建设以"引进来、走出去"为原则，通过组织研究生参加 BIM 职业技能培训、深入企业实践等手段，切实提高研究生的 BIM 执业能力。聘请相关专业、具备高素质的专家担任企业导师。双方导师共同制定研究生的联合培养计划。其中，企业导师主要负责实践指导，校内导师主要负责学术理论指导，根据培养周期轮换常驻联合培养基地进行指导。通过长期规划和短期计划部署联合培养基地发展，使该研究生联合培养基地的研究生培养质量获得市场认可，科研成果促进企业发展，提升企业社会效益。

四、结语

研究生联合培养基地需要综合考虑各利益相关方的情况，以研究生就业需求为导向，以最终的创新型人才培养为目的，综合考虑各相关方对研究生联合培养基地的影响因素。北京交通大学工程管理硕士联合培养基地基于卓越绩效理念，注重基地管理，结合经管学院和北京华筑建筑科学研究院的特点，构建适用于研究生联合培养的基地管理模式，使基地不断改进、追求卓越，积极开展产学研联合培养制度的创新，为 BIM 专业领域培养高素质国际化的工程管理技术骨干人才。

参考文献

[1] 向诚，何培. 构建校企协同创新机制建设专业学位联合培养实践基地 [J]. 高等建筑教育，2017（4）：31-35.

[2] 伊璨，雍太军，詹健. 全日制工程硕士校企联合培养的探索与实践：以中国石油大学（北京）为例 [J]. 人才资源开发，2016（22）：34-35.

[3] 李智虎. 全日制专业学位硕士研究生校企联合培养基地构建研究：基于高层次应用型人才培养的视角 [J]. 现代交际，2017（5）：110-111.

[4] 吴照金. 对校企联合培养硕士研究生模式的思考[J]. 安徽工业大学学报（社会科学版），2012，29（1）：103-105.

[5] 王小宁，陈建帮，刘娜. 基于资源依赖理论的"卓越计划"校企联合培养探索：以北京科技大学为例 [J]. 高等理科教育，2016（6）：20-25.

[6] 孙健. 论"卓越计划"实施背景下高等工程教育课程体系设计 [J]. 高等理科教育，2012（1）：41-45.

[7] 薛强. 卓越绩效评价模式在产品质检机构的应用和研究 [D]. 南京：南京理工大学，2007.

[8] 朱美兵. 基于卓越绩效模式的建筑工程质量管理研究 [J]. 工程管理学报，2016，30（2）：109-113.

[9] 安景文，白莹. 卓越绩效模式与煤炭企业经营质量管理 [J]. 煤炭经济研究，2006（3）：52-53.

市政与环境工程研究生产学研联合培养
基地建设的实践与思考*

任福民[1]　姚　宏[1]　王　锦[1]　王　勐[1]　郝建芳[1]

蒋　勇[2]　王嘉伟[2]　阜　崴[2]

（1. 北京交通大学土木建筑工程学院，北京 100044；
2. 北京城市排水集团有限责任公司，北京 100044）

摘　要：结合北京产业发展及"京津冀一体化"发展，在市政与环境工程专业学位研究生培养等方面开展全面合作。通过校企导师参与培养研究生环节，提升研究生培养质量，建立一套切实可行的双导师职责与日常沟通机制、研究生培养模式等方面的制度建设，制定具体工作内容与采取的措施，形成的工作经验。产学研联合培养基地项目，对提高专业学位研究生的实践技能、创新能力发挥积极的作用。

关键词：市政　环境工程　产学研　研究生基地

根据北京市教委研究生产学研联合培养基地建设相关要求，由北京交通大学和北京城市排水集团有限责任公司建立的市政工程专业学位研究生产学研联合培养基地项目，结合北京产业发展及京津冀一体化发展要求，在市政与环境工程专业学位研究生培养等方面开展全面合作。制定具体工作内容与采取的措施，形成了工作经验。对提高专业学位研究生的实践技能、创新能力发挥积极的作用。

一、通过校企双导师联合培养，提升研究生培养质量

北京城市排水集团有限责任公司坚持"服务社会　造福百姓　企业利益与公众利益高度一致"的宗旨，充分认知自身在地区经济发展中的社会责任，以满足政府与公众对公用事业企业服务的需求为首要任务，通过"现代化的队伍、现代化的手段、现代化的设备和现代化的管理"建设运营排水设施，在保障城市公共卫生安全、建设节约型社会等方面发挥了有益的作用。双方在市政与环境工程专业学位研究生培养上互为依托，北京城市排水集团有限责任公司和北京交通大学联合制定专业学位硕士研究生、博士研究生的生产和科研实践活动计划，确定研究生企业指导老师。通过校企双导师联合培养，提升研究生培养质量，建立一套切实可行的双导师职责与日常沟通机制、研究生培养模式等方面的制度，落实双方工作内容会议纪要和形成工作细则以及企业方面支持人才培养的相关规定等。

该联合培养基地的宗旨是：①充分发挥校企各自优势，共同培养高素质、高质量的专业技术人才；②共同开展科技合作，着重解决北京城市排水集团有限责任公司在产品研发、生产中的关键问题和科技前瞻方面的问题；③加强专业学位研究生培养，促进产学研联合培养机制的形成，保障校企

---

*　本文由北京交通大学研究生院教改课题"市政与环境工程研究产学研联合培养基地建设"资助。

联合可持续发展。

　　成立由校企双方共同参加的管理委员会，该委员会对双方负责，并具体负责对该培养基地各项活动的领导、组织和管理工作，包括领导委员会和执行委员会。领导委员会由北京交通大学主管土建学院院长以及北京城市排水集团有限责任公司研发中心领导、相关部门主管组成，负责联合培养基地的各项决策工作；执行委员会由北京交通大学土木建筑工程学院主管院长、研究生秘书以及北京排水集团有限责任公司研发中心人力资源部相关人员组成，负责各项政策的落实及组织管理工作。执行委员会可根据专业领域组成分委员会，负责相关专业有关学生、导师、教学以及研究的具体工作。

　　在该联合培养基地接受培养的学生，都是北京交通大学在册的研究生。每届培养学生的数量由校企双方根据具体情况研究确定。具体培养过程可分为两个阶段：①理论学习阶段，在北京交通大学完成，为期一年；②论文阶段，在北京城市排水集团有限责任公司完成，为期一年。双方导师定期交流，检查学生培养计划的落实进度，发挥双方优势，共同负责，各有侧重，以保证培养质量。北京交通大学研究生院在培养模式、相关政策上给予关注和支持，并对过程中出现的具体问题，及时、有效地给予解决。

　　论文题目由双方导师协商提出，题目应是北京城市排水集团有限责任公司生产中急需解决的问题，或者是有关北京城市排水集团有限责任公司发展方面前瞻性的课题。题目的来源应以北京城市排水集团有限责任公司导师提出为主，北京交通大学导师参与，共同提交，最终由学院学位分委会审核确定。

　　聘请北京城市排水集团有限责任公司副总经理蒋勇为我校兼职教授，每年举行4～5次会议，研讨学科和企业发展关键问题，选拔优秀博士和硕士到研发中心开展科研合作和攻关，优秀学生通过竞聘优先进入北京城市排水集团有限责任公司工作。

二、校企产学研联合解决工程科技问题，联合申报科研课题，服务京津冀环境治理

　　针对京津冀环境治理，联合申报科研课题。依托的科研项目合作，校企产学研联合解决工程科技问题，取得以下科研成果。

　　（1）调研现有设计、规模、进出水水质、出水标准，建立统一的能耗、水耗、污染物排放标准，形成一体化的环境准入和退出机制。双方建立污水处理厂运行绩效数据的大数据分析方法和研究模式。识别出一系列影响能耗水平的因素，为城市污水处理系统的运行绩效评估提供了管理手段和工具。

　　（2）开展纳米技术在污水处理领域的应用，合成一批可重复使用的纳米催化剂，实现高浓度废水的治理。目标对准农村生活污水水质。

　　（3）小城镇污水治理成套技术：设计并开发一种填充载体的分散式、一体化处理装置，其设计思路是：利用铁碳微电解提供电子供体，使电化学作用与自养反硝化微生物耦合来进行反硝化脱氮。申报专利两项。

　　（4）城市污水处理厂污泥无害化、资源化技术。对城市污泥中重金属，PCB等有害物质进行无害化转化科研与应用推广。

　　与怀柔、密云、房山、大兴、平谷等区开展合作，为城乡一体化建设提供水污染治理综合服务和菜单式服务。

　　与北京交通大学主校区建设开展合作。北京城市排水集团有限责任公司统筹运行、研发、设计等资源，向校区提供雨水排除、调蓄及利用，以及污水处理、再生水供应等水及能源循环系统服务，为将校区建成"绿色生态功能区"打造优美的环境基础。

城市污水处理厂作为污染物集中治理单位，在国家污染物减排战略中占有非常重要的地位。进行污水处理厂能耗规律的识别及影响因素的分析，是实现污水处理厂节能降耗的重要基础。联合基地针对城市污水处理厂及配套管网运行绩效管理，通过国家重大科技项目（水专项）的合作，建立了科学适用的运行绩效数据分布规律研究的大数据统计分析方法和研究模式，通过 SPSS 数理统计软件对污水处理系统能耗数据进行处理，识别出一系列影响能耗水平的因素，针对处理规模、工艺类型、进出水质和出水标准等影响运行能耗水平的主要因素，建立了一套适用的调整修正方法和系数计算方法，有效验证了能耗指标的科学性、合理性和适用性。为城市污水处理系统运行的绩效评估提供了管理手段和工具，并对全行业运行绩效管理工作带来了有益的影响[1]。

学校和企业结合，取得产学研结合成果。由北京交通大学土木建筑学院任福民教授和北京城市排水集团有限责任公司共同完成的《中国城镇污水处理厂运行能耗影响因素研究》（2015 年 1 月《给水排水》）获第六届钱学森城市学金奖"城市环境问题"金奖提名奖。评审组专家一致认为，入围的作品紧扣"城市水资源治理与环境保护"主题，充分把握了新型城镇化进程中水污染、水安全、水利用的现状、成因、趋势、预测、对策等核心内容，言之有理、持之有据，将基础学科理论与城镇化社会背景相结合，注重监测观察、数据统计、实验模拟，模型分析，采用定量和定性相结合的研究方法，为相关部门制定政策提供了科学依据，对实现以人为核心的绿色新型城镇化建设以及完善城市环境治理等现实问题具有重要参考价值。

三、产学研联合培养基地为专业教师提供了生产实践的场所

为提高北京城市排水集团有限责任公司下属一污水处理厂的冬季污水处理能力，联合培养基地同研发中心一起提出了升级改造方案并予以实施，结合原先的污水处理厂绩效评价成果，对改造前后的绩效水平进行了评估，评估结果证明冬季处理水量明显上升，水质综合达标率有所提高，运行质量得分明显升高；由于处理水量增加，运行能耗增加，运行效率得分稍有降低，综合起来，整体得分显著提高，充分验证了原先绩效体系设置的合理性，为污水处理厂升级改造提供了评估依据，此验证结果作为案例在污水处理厂运行质量标准的贯标会上被引用。应用前期对全国污水处理厂运行能耗大数据分析的成果，参与了北京城市排水集团有限责任公司下属一污水处理厂的鼓风机节能改造工作，通过 DO 和氨氮的联合调控，辅以调节阀门的精确控制，有效地降低鼓风机曝气量，实现节能降耗，降低鼓风机电耗 10% 以上。

我国城市污水处理厂的进水中混有大量的工业废水，工业废水中所含的重金属在水处理的过程中以不同的形式由液相向固相转移，最后浓缩到污泥中。这些污泥中所含有的重金属成为污泥再利用和资源化的最大的制约因素。北京城市排水集团有限责任公司鉴于污水污泥重金属问题的急迫性，于 2014 年 12 月立项"城市重金属污泥化学钝化修复技术及工程应用研究"，委托联合培养基地针对中国最大的污水处理厂——北京高碑店污水处理厂每天产生的 1 300 吨污泥，研究解决方案。

项目研究通过现代分析测试技术，利用能量色散 X 荧光分析系统（EDXRF）和原子吸收法（AAS）对所选的污泥样品进行分析。确定污泥样品中重金属存在的种类、含量、形态。并据此进行生态风险评价[2-3]。同时对重金属的来源、毒害状态和有效处置方法的选择提出预测和可行性防治措施。联合基地创造性地使用水热法并添加尿素，实现泥水分离并钝化污泥中的重金属元素。与此同时，实现污泥的堆肥化处置。其反应时间短，集污泥脱水、重金属的转化和钝化及污泥堆肥于一身，能实现污泥的快速处理。该方法使用方便，不会引入新的污染元素，同时能增加堆肥后污泥的肥力。使用羟基磷灰石（HAP）水热法处理污泥，含磷材料能显著降低 Pb、Cd、Zn 等重金属物质的溶出和转移，降低了其植物可利用性。在小红门污水处理厂采用热解与钝化相

结合的方法，在热解试装置上对污泥所含的重金属稳定化进行研究。实验结果表明，对于 Cd、Cr、Pb、Ni、Fe、Cu 等金属来说、热解以及钝化剂的加入都提高了滤料中残渣态的百分比，提高了稳定化程度，对城市污泥资源化无害化治理具有重要意义。臭氧氧化污泥减量技术将生物与化学处理技术相结合，既能发挥传统活性污泥法的特长，又结合臭氧的强氧化性特点，可有效地降解污泥，但在对污泥降解的过程中，会释放很多新的有毒有害物质，可能会对膜的使用寿命、出水效果产生影响。基于此，将臭氧氧化污泥减量技术与 MBR 膜生物反应器技术相结合，通过测试相关参数，探索臭氧氧化与 MBR 膜寿命之间的关系。

四、由北京交通大学和北京城市排水集团有限责任公司建立的市政工程专业学位研究生产学研联合培养基地项目，对提高专业学位研究生的实践技能、创新能力发挥积极的作用

研究生孙樱珊在产学研联合培养基地工作期间，以北京龙潭西湖为例，借助排水管网模型软件 Mike urban 和辅助工具 Arcgis 技术，通过研究分析，寻找近期最有效的解决研究区域合流制溢流污染问题的方案措施，并为当下北京市老城区合流制改造以及溢流污染控制项目提供参考依据。针对北京市中心城旧城合流制管网改造区域老城区合流制管网溢流污染问题，用实际监测数据对模型进行率定，进而对龙潭西湖的水质水力情况进行模拟，分析研究区域雨水径流的瞬时浓度和时间加权平均浓度的分布变化、污染物之间相关性和径流的初期效应等污染特征。评估了降雨基本参数及雨型、城市下垫面、城市功能区和排水体制对雨水径流污染的影响。系统模拟不同暴雨重现期、降雨历时和降雨雨型下集水区地面的积水状态和管网的超负荷状态，寻找现有排水管网中的限制性管段并对其进行针对性优化，从而有效提高整个排水片区的综合排水能力。

研究生孙樱珊总结说：在产学研联合培养基地进行学习的半年，不仅对专业理论知识有了更加深刻的理解，此外对本专业在工作中涉及的一些软件使用更加熟练，对今后找工作会有很大帮助。在校外实习的几个月，通过跟随校外企业导师以及市政所排水模型组的工程师进行学习，学生还学习到社交知识，对学生步入社会奠定了基础。

北京市周边农村生活污水无法集中处理，排水管道不健全，普通的生物处理工艺、氨吹脱、汽提、离子交换、化学沉淀法等方法在操作、控制和运行成本上均不适宜在农村生活污水处理中应用，因此针对北京市农村生活污水的这一特点，开发出一种成本低、能就地处理的脱氮新技术。

北京交通大学和北京城市排水集团有限责任公司建立的市政工程专业学位产学研联合培养基地项目运行 3 年来，共有 15 名同学，6 名教师根据北京市教委产学研联合培养基地建设相关要求，开展基地的各项工作，包括结合北京产业发展及京津冀一体化发展、人才培养等方面的具体工作内容与采取的措施，取得了一定的成果，形成了工作经验。该基地今后将继续探索专业学位研究生培养模式方面的实践，总结提升，形成新的一流成果。

参考文献

[1] 任福民，毛联华，阜崴. 中国城镇污水处理厂运行能耗影响因素的研究 [J]，给水排水. 2015, 40（1）：65-70.
[2] 周玉松，任福民，许兆义，等. 化学生物絮凝工艺去除城市污水中重金属的研究 [J]，中国给水排水，2006，22（5）：10-12.
[3] 任福民. "环境案例教学的一些尝试" [C] //大学环境类课程报告论坛论文集 2009. 北京：高等教育出版社，2010.

浅谈车辆工程专业学位研究生联合培养基地建设

刘志明　任尊松　金新灿　邹　骅　殷　怡

（北京交通大学机械与电子控制工程学院，北京 100044）

摘　要：为培养轨道交通高端装备制造的领军人才，校企双方发挥各自在人才培养中的优势，建设车辆工程专业学位研究生联合培养基地，走校企联合培养、实现产学研共赢的合作发展道路。双导师制度实现优势互补，创新培养模式满足企业需求，合作科研项目提升学生研究能力，解决企业研发问题。产学研联合培养基地建设推进人才培养可持续发展，有助于提升学生综合素质和就业竞争力，为企业取得技术优势和人力资源支撑，实现学校、企业、学生三方共赢。

关键词：车辆工程　产学研　研究生联合培养　实践　可持续发展

在"一带一路"和中国高铁"走出去"的背景下，以"面向国际、立足行业、回归工程、发扬特色"为基地建设理念，对接国家重大战略需求，以培养"复合型""创新型"高层次工程人才为目标，以轨道交通对人才需求为牵引力，以行业企业高新技术为推进力，充分发挥学校和企业在人才培养中的优势，通过走校企联合培养、实现产学研共赢的合作发展道路，培养轨道交通高端装备制造的领军人才，形成可持续发展的代表国家轨道交通先进水平的产、学、研创新体制，打造轨道交通科技创新与人才培养示范基地。

产学研合作主要着眼三个方面：①充分发挥校企各自优势，共同培养高素质、高质量的专业技术人才；②共同开展科技合作，着重解决企业在产品研发、生产中的关键问题和科技前瞻方面的问题；③帮助企业选择新员工，促进企业人才队伍建设，保障企业可持续发展。车辆工程研究生联合培养基地不仅为轨道交通行业培养了一批"厚基础、强实践、重创新"的工程专业学位研究生，而且提升了企业和学校的科研实力，研究成果为企业所用，解决了企业难题，满足了企业的技术需要，提高了市场竞争力。

一、车辆工程专业学位研究生联合培养基地产生背景

在国际化和国家高铁战略的背景下，随着中国高铁装备系统技术的快速发展，产学研合作领域越来越深入广泛，尤其在承载关键技术、核心技术方面发挥着不可替代的作用。信息技术的更新速度越来越快，而大学里的教材知识则落后于时代。目前世界上一些发达国家，都在致力于高等教育的改革。虽然改革的目的、方式多种多样，但其核心之一就是要探索培养适应社会需要的，既有理论、又有实践经验和实际动手能力，毕业即能走上工作岗位、能胜任本职工作的人才。如美国等国家学生培养的针对性、应用性非常强，在接受相对规范的教育后即成为合格的工程师，可以直接负责任何一个大型项目的某个具体环节的工作。而我国的许多学生在走出校门后才不得不自学以适应社会发展，故校企携手强强合作培养高层次应用型人才[1-4]是我国高等教育改革，加速培养面向现代化、国际化人才的必然模式。产学研合作教育培养模式[5-7]恰恰符合这一要求，现已成为在各国高等教育改革中极其重要的一部分。

产学研合作教育最早产生于英美国家，走过了一个世纪的历程，经历了高潮、低潮和稳定几个不同发展阶段，从初期发展至今，其在合作模式、功能和指导思想各方面都发生了不同程度的变化。随着各国政治、经济和文化的不断发展，产学研合作教育正成为世界教育发展的热点，这说明产学研合作教育作为高等教育尤其是高等职业技术教育的一种模式，不仅与强调其应用性、实践性教学环节有关，而且与高等职业教育的培养目标、管理机制以及整个教学过程都有着密切的关系。通过开展产学研合作教育这种方式，可以更好地与国外先进教育方式接轨。

走科学的产学研合作发展道路可以进一步加强研究生实践能力和创新能力，充分发挥产学研联合培养人才优势，培养具有能够引领轨道车辆设计、制造与管理发展潜质和一定国际竞争力的复合型工程拔尖人才和高层次应用型工程人才。

二、联合培养举措

（一）导师队伍

1. 双导师制度

基地对车辆工程专业学位研究生实行产学研联合培养，采用双导师制度，即每名工程专业学位研究生需配校内导师和企业导师各1名。工程专业学位研究生的指导和培养需要导师具有丰富的工程实践背景和指导经验。校内导师具备系统完善的理论体系，丰富的教学经验，能够指导学生掌握丰富的前沿理论知识；企业导师具备丰富的工作实践经验，对于现实工作中的实际问题具有良好的处理能力，可以指导学生将所学的理论知识更好地应用到实践中[8]。即使部分学生为非铁路院校本科毕业生，对机车车辆专业无任何理论基础，通过就读工程硕士期间校内和企业两位导师悉心指导，都可以使其在车辆工程专业的理论知识和实践经验方面都取得极大的提升。

2. 实施导师遴选与培训制度

（1）严格遵守导师遴选条件。对于校内导师，要求教师本人提出申请、学院初审申报条件，经校院两级学位委员会审议通过后，方可具备指导专业学位研究生的资格。对于企业导师，要求具有高级技术职称或具有较高理论水平的工程科技人员、企业高管、技术精英，通过企业推荐、学校审核通过后聘任等举措，建设了一支多元化、"复合型"的高水平专兼职导师队伍。

（2）建立新增研究生导师选拔与培养机制。学校建立了新增导师岗前培训制度，每年定期举办培训会，对新增研究生导师进行专业培训。同时，学校重视后备硕士生导师的选拔与培养工作，鼓励青年教师到工程实践企业挂职锻炼半年或一年以上，为后续工程专业学位研究生提供更好的实践指导。

3. 协同培养、定期会商机制

在联合培养过程中，校内和企业两位导师共同确定研究生的培养计划、共同指导论文和实践。两名导师根据研究生的综合素质情况，协商确定学生的教学计划、培养计划并指导论文实践。在研究生的论文撰写阶段，两名导师从实践和理论角度共同指导。导师间保持高频度沟通交流，定期进行会商，确定下一步的教学、培养和实践计划。同时，校内导师会根据各阶段情况不定期前往企业，了解与讨论研究生的实践状况，保证培养工作按计划顺利进行。

（二）培养模式

1. 轨道交通"3+1+2"产学研联合培养模式

联合全国轨道交通领域企业，选拔优秀的本科生进行联合培养试点，建立产学研联合培养机制，校企定制联合培养方案，学生根据企业实际需求完成学位论文写作。"3+1+2"培养模式中的"3"指学生本科在校学习的前三年，"1"指签订意向性三方协议同时获得推荐免试攻读专业型硕士资格后，第四年到企业实习并完成本科毕业设计的 1 年，"2" 指研究生阶段的两年，实施学校导师和企业导师的双导师产学研联合培养，其中一年到企业进行实习实践并完成硕士学位论文写作，研究生毕业后到企业工作，从而实现人才的企业订单式培养。通过这种培养模式，使得校企合作更加紧密；学生直接参与企业的创新项目，更加熟悉企业的研发对象；企业也更加掌握学生的研究能力和水平。

2. 瞄准企业需求，实施 "1.5+0.5+1" 订单式培养模式

由企业自行在企业内部选拔工程技术骨干人员或高级管理人才，作为订单式培养对象，独立成班管理。由企业和学校共同协商制定和设计培养方案和教学计划，要求学员依次按照 1.5 年到校学习完成课程环节、0.5 年完成文献综述和论文选题、1 年撰写硕士学位论文等三个阶段实施全过程联合培养管理。坚持以 "服务需求，提高质量" 为主线，建立 "企业订单式" 培养长效机制，通过深入开展校企联合人才培养，培养更多既符合学校基本要求又满足企业具体需求的优秀人才，造就一批适应经济社会发展的高质量工程技术人才。

3. 实施暑期工程实践人才培养模式

学生在经过一年的在校专业理论学习后，利用硕士一年级暑期时间段，在带队老师的带领下通过深入企业进行暑期工程实践，学习轨道交通行业的新材料、新产品、新工艺，了解企业经营理念与管理制度，提前接受企业文化、职业道德和劳动纪律教育，培养学生强烈的责任感和主人翁意识；通过现场观摩学习企业科研工作程序、参与产品研发和项目科研研究，现场解决工程实际问题，可以有效增强学生的协作意识、就业意识和社会适应能力。学校鼓励研究生虚心向企业导师学习，加强理论对工程实践的指导，在实践应用中强化理论学习。采取 "理论教学+暑期工程实践" 的方式，有助于加强学生对工程实践的认知，帮助学生更快适应企业环境和社会大环境。

（三）实践条件

联合培养的企业拥有国家级高水平技术创新平台，这些平台提升我国轨道交通领域技术与产业的竞争能力，凝聚创新资源，提升创新水平，实现了轨道交通领域技术从跟踪到引领的跨越，为研究生培养提供了坚实的工程实践平台。同时，学生提前参与到企业的研发中，企业的先进文化氛围有利于学生进行创新实践，建立正确的核心价值观。企业拥有的现代化的研发手段，为学生进行工程实践提供了浓厚的研发氛围和良好的创新实践条件。

（四）实践项目

车辆工程专业学位研究生联合培养基地建成后，校企双方在原有协作的基础上，开展了更进一步的深层次沟通交流合作，完成了更多的大中型科研项目，典型的项目包括国家自然科学基金——高铁联合基金项目、国家科技支撑项目、国家重点研发计划项目、"863" 计划项目、铁道部科技发展计划项目以及与企业自身签订的科研项目等。大量的科研项目为学术型研究生提供大量的面向工程、解决实际问题的选题机会，同时联合培养基地也能为学术型研究生提供现场的实践机会。研究生结合上述研发项目进行选题研究，通过研究企业实际需要的问题，不仅提高了自身的研究能力，而且解决了企业的研发问题，实现了联合培养的预期目标。

针对具体的科研项目，在基地工作组的领导下，双方共同协商，提取出合适的实践项目，学校导师给予理论层面的指导，企业选派有经验的工程师作为企业导师结合现场的产品研发和生产过程进行工程实践的指导，使学生深入产品研发和生产过程，在过程中提出问题。研究生将所学的知识与生产实践紧密结合，不仅掌握了扎实的理论知识，而且学会如何将这些理论知识应用于工程实际。

（五）实践教学

联合培养基地坚持以"知识"为结合点，努力拓展产学研合作内涵，重点实施推进产学研联合人才培养可持续发展战略。建立基于问题式、探索式的教学模式，在理论教学、实践教学以及教学内容、方法和组织形式上，加强对学生探索精神的培养；以研究企业工程实际项目为载体，深入企业参与生产实践和技术创新项目研究，切实提升学生的实践能力和创新能力。

联合培养基地以培养车辆工程专业学位研究生的实践能力为重点，以实战化实践教学环节为突破点，建立以认知实践、体验实践和专业实践构成的可持续发展的实践训练体系。同时，以市场需求为原则，构建可持续发展的应用型人才知识体系，紧紧抓住创新精神和工程实践能力培养的关键，突出工程基本素质和工程研究能力的培养。

三、车辆工程专业学位研究生联合培养基地的特色与优势

车辆工程专业学位研究生联合培养基地改变了以往研究生单独以学校内培养为主的传统，强化了人才培养与技术改造、生产实际的紧密结合，建立了多方位、立体式联合培养研究生的新格局，即校企双方在专业相通、自愿合作的基础上，遵循互通有无、互惠互利的原则，共同制定研究生培养方案，按约承担研究生培养任务。

（一）对接国家重大需求，培养轨道交通行业急需的高水平人才

随着轨道交通行业的快速发展，对于绿色轨道交通生态发展、轨道交通产业升级和运营维护等方面人才的需求提出了更高的要求，行业内的高等院校更应当在人才培养方面支撑国家轨道交通系统的发展，学校以着力培养轨道车辆制造业工程实践领军人物为目标，依托联合培养基地建设，通过先后实施"3+1+2 产学联合培养计划"、"1.5+0.5+1"企业订单式培养计划、"理论教学+暑期工程实践"教学计划，为企业培养了一批典范人才或技术专家。

（二）依托国家级创新平台，创建强强联合的培养实践基地

基地依托企业提供的国家级技术创新平台，适应轨道交通行业发展需要，培养适合中国轨道交通发展的高端人才。同时，企业还具有大型综合研发与实验平台，车辆工程专业学位研究生联合培养拥有大批具有工程实践经验的高端研发人才，承担着国家多项研发与设计任务。整合校企双方优势资源，强强联合，实现联合培养目标。

（三）以国家级重大科研项目为依托，打造轨道交通领域的领军人才

工程专业学位研究生创新能力的培养离不开高水平工程技术研究与实践的训练，校企合作承担了大量国家级、省部级、企业自立项目。在双导师队伍的指导下，以校企合作的国家级重大科研项目为依托，通过长时间深入参与学校与企业联合开展的科技攻关等项目研究合作，共同攻克轨道交通装备关键技术难题，有力提升了研究生的创新实践能力，打造了一批轨道交通领域的领军人才。

（四）校企高度融合的双导师队伍，确保人才培养质量

校企高度融合机制确保联合培养的效果和质量，要求双导师做到三个"共同"：共同编制教学计划、共同确定研究生的培养计划、共同指导论文和实践。校企双方导师根据研究生的综合素质情况，共同协商确定学生的教学计划、培养计划并指导论文实践。在研究生的论文撰写阶段，双方导师从实践和理论角度共同指导。项目建立了双向沟通机制和高频度导师沟通交流机制，通过实施双导师定期会商制度，有力保障了联合培养工作的顺利开展。

（五）联合搭建就业桥梁，增加行业就业核心竞争力

产学研联合培养专业学位研究生模式改变了以往单独以学校培养为主的传统模式，强化了人才培养与科学研究及生产实际的紧密结合，形成多方位、立体式联合培养研究生的新格局。通过在实践基地的实践学习，基地研究生积累了宝贵的一线科研实践与产品生产经验，提高了科研实践与动手能力。在就业方面，通过基地培养的研究生，工程实践能力得到了显著提升，就业指标较本专业其他研究生均具有较明显优势。

四、车辆工程专业学位研究生联合培养基地的经验与示范作用

车辆工程专业学位研究生联合培养基地拓宽了研究生的科研视野，培养了研究生解决实际工程问题的能力，加强了学校、学院与企业的交流沟通，促进了研究生及老师与企业的科研合作，积累了一定的经验。

（一）选取行业龙头企业建立研究生培养实践基地

建立研究生培养实践基地应选取有一定科研能力、专业领域对口的技术密集行业内的优势特色龙头企业，企业必须符合以下条件：双方科研人员在科研方面有着较为频繁的合作，企业具有丰富的高水平科技人力资源，能满足学校对于研究生企业导师的严格要求。

（二）制度先行，保障基地正常运转

在基地正常运转之初，校企联合制定和健全规范有效的规章制度和长效机制，让各项工作推进有章可循，才能保障联合培养基地正常运转。同时，基地设工作后评估制度，构建事前防范、事中监督、事后评价的闭环监督体系，形成监督评价和持续改进长效机制，不断地提高基地建设管理水平，推进基地建设管理工作持续改进。

（三）顶层设计基地建设体系，实现三方共赢

建立一套完整的、创新型的，能够促进基地建设自我发展、自我完善、自我激励的运行机制，是实现基地建设可持续发展的必要条件。校企双方分别以激励机制为引导，提升全员参与基地建设的积极性。比如通过基地建设，校企双方科研力量可以共享资源、紧密协作，在取得了大量的科研成果的同时，学校锻炼了队伍、培养了人才、开启了工程专业学位研究生企业基地培养模式。同时，企业取得了可观的经济效益和技术优势与人力资源支撑；校内导师获得了更多的科学研究项目支撑，为学生提供了充足的硕士论文选题；学生得到了深刻的具有国际技术前沿水平的工程实践锻炼，提高了自身的就业竞争力；校内导师和企业导师在各自岗位上进行职称评定、晋级时受到一定的支持与政策倾斜，从而形成学校、企业、学生三方共赢，为实践基地的可持续发展提供了内在动力。

五、结语

随着中国高铁装备系统方面的快速发展，高速动车组产品成为国家高铁外交的靓丽名片，为我国轨道交通的快速发展起到了关键的推动作用。车辆工程专业学位研究生联合培养基地的建设对接国家重大需求，学校与企业优势互补，联合培养研究生，打造紧密合作的校企双导师师资队伍，让学生将理论知识和工程实践相结合，培养了一批轨道交通领域的高端领军人才，联合开展国家级科技项目攻关，取得了一批标志性成果，实现了联合培养基地的可持续发展。

参考文献

[1] 温全，刘亚臣，耿跃铁，等.校企联合模式下专业学位研究生的培养问题探究 [J].价值工程，2014（27）：285-286.

[2] 陈明学.校企联合培养全日制专业硕士协同发展机制探究 [J].中国成人教育，2015（16）：51-53.

[3] 易兵，曾永卫.校企联合培养"卓越工程师"新机制研究 [J].中国大学教学，2015（10）：21-24.

[4] 李延民，黄晓丹，刘治华.校企联合培养工科研究生的一种新模式 [J].中国高校科技与产业化，2010（8）：42-43.

[5] 徐科军.产学研合作培养工科研究生实践创新能力 [J].电气电子教学学报，2014（5）：11-13.

[6] 李大胜，江青艳，库夭梅.产学研合作办学与创新型人才培养 [J].高教探索，2007（5）：60-62.

[7] 宋之帅，田合雷，盛义保.强化产学研合作培养研究生创新型人才 [J].安徽科技，2012（12）：6-7.

[8] 曾兴雯，裴庆祺.加强工科研究生培养的实践环节 [J].中国高教研究，2005（1）：30-32.

研究生数学建模竞赛的组织与实践

王兵团　俞　勤

（北京交通大学理学院，北京 100044）

摘　要：通过多年指导和培训研究生数学建模竞赛的经历，介绍了如何有效组织研究生参加创新实践系列主题赛事的方法。文中的方法经过多年的实践证明是有效可行的。

关键词：数学建模　竞赛　研究生创新能力培养

一、概述

数学建模是借助数学知识和方法解决实际问题的过程[1]。具体过程是，对现实世界的具体问题，科研人员从分析实际问题入手，运用所学知识，设计和建立数学模型，并运用先进的计算工具，设计合理的计算方法，给实际问题以最佳的解决方案。数学建模在科学技术发展中的重要作用越来越受到社会的普遍重视，并已经成为现代科学技术工作者必备的重要能力之一[2]。研究生用数学知识解决实际问题的意识和能力本质上就是研究生数学建模的能力，它在当前研究生教学改革中变得越来越重要。研究生数学建模能力的提高不但可以有利于研究生的科研素质培养，而且对高水平科研论文的产出和培养拔尖人才也是很有帮助的。此外，数学建模本质上是数学应用，研究生数学应用能力培养实践可以检验研究生的创新能力和科研素质，增强研究生的数学建模和科学计算能力。在研究生层次怎样进行数学建模教育已经是有远见的研究生教育工作者追求和研究的目标。

中国研究生数学建模竞赛是由教育部学位与研究生教育发展中心主办的全国研究生创新实践系列活动的重要主题赛事，目的在于激励研究生学习和应用数学的积极性，提高学生建立数学模型和运用计算机技术解决实际问题的综合能力，以鼓励研究生踊跃参加课外科技活动，开拓知识面，培养创造精神及合作意识，推动研究生创新活动的开展和教学改革。研究生建模竞赛题目一般来源于工程技术和管理科学等方面经过适当简化加工的实际问题，题目有较大的灵活性供参赛者发挥其创造能力。参赛者应根据题目要求，完成一篇包括模型的假设、建立和求解、计算方法的设计和计算机实现、结果的分析和检验、模型的改进等方面的论文。这个竞赛是当前全国公认的可以大范围培养研究生创新能力的有效方法之一，因为它需要的软硬件环境很少，只看重学生的综合素质，可以很好地反映学校研究生的教学水平。由于该竞赛良好的效果，全国各研究生培养单位都很重视，目前参赛单位几乎涵盖了国内所有拥有研究生的高等学校和研究机构。广大研究生积极响应、踊跃报名参赛，参赛队每年有 1 万多个，参赛研究生超过 3 万多人。研究生数学建模竞赛的水平反映了研究生的数学应用和解决实际问题的能力，实践表明：研究生通过参加研究生建模竞赛，有效地提高了其数学应用能力和科研水平。经过十几年的竞赛活动效果表明，我国高校每年进行的中国研究生数学建模竞赛是进行研究生创新教育的一个很好实践。在目前全国高等学校开展双一流建设的大环境下，组织好本单位研究生参加全国研究生数学建模竞赛可以有效推进学校的双一流建设。本文是北京交通大学理学院在多年组织和培训研究生参加全国研究生数学建模竞赛方面所做的一些探索实践的总结，希望我们的工作能对相关教学工作者带来启发和帮助。

二、对国内外高校的调研

为了组织好研究生参加全国研究生数学建模竞赛，北京交通大学理学院先后调研了数学建模活动开展得很好的上海交通大学、武汉大学、中山大学、上海理工大学、解放军理工大学和西南交通大学六所高校，并与在美国华盛顿大学等一些著名高校进行学习访问的教师进行交流，了解这些学校在进行研究生数学建模能力培养的方法。调研的六所高校在研究生数学建模竞赛中做得都很好，它们每年都有 50 个以上的队参赛（上海交大甚至有 180 多个队参赛），每年都获得建模竞赛优秀组织校的荣誉，特别是这些学校的各专业研究生都非常喜欢数学建模，且研究生的数学建模参赛氛围很浓。通过具体走访以上国内高校研究生院的相关人员和负责该校数学建模竞赛的教师，发现这些学校有以下特点。

（一）把数学建模能力培养作为培养研究生创新能力的重要一环

这些学校认为数学建模能力是所有专业的综合科研能力的体现，比其他任何学科能力培养都更重要，抓住数学建模能力的培养是带动整个研究生创新能力培养的关键。为此他们鼓励学生积极参加全国研究生数学建模竞赛。

全国研究生数学建模竞赛是面向全国在读研究生的科技竞赛活动，目的在于激发研究生群体的创新活力和学习兴趣，促进研究生中优秀人才的脱颖而出、迅速成长，推动研究生教育改革，增进各高校之间以及高校、研究所与企业之间的交流与合作。全国研究生数学建模竞赛由东南大学等 26 所全国著名高校研究生院经过南京的筹备会议确定联合发起，最早开始于 2004 年 9 月，按每年一次的节奏，截至 2015 年，竞赛已经成功举办了十五届。在竞赛过去的十几年里，伴随着我国研究生教育改革探索的需要和每届竞赛的成功举办使该竞赛规模和影响不断扩大，特别在竞赛开展到第十届时改由教育部学位与研究生教育发展中心主办，并成为全国研究生创新实践系列活动参赛面最广、影响面最大的主题赛事。

（二）创造条件让研究生积极参加全国研究生数学建模竞赛

因为研究生在学习阶段还有其导师的科研课题要做或到社会上找些挣钱的工作以补足自己生活费用的需要，若没有好政策，他们是不会关心数学建模竞赛的。为鼓励研究生积极参加研究生数学建模竞赛，这些高校的研究生院对参赛获奖研究生除了给奖金之外，还在评定研究生的奖学金标准上给予倾斜，如对获得一等奖的学生只要其不出现考试挂科情况，将评为一等奖学金，解放军理工大学还给予荣立三等功的奖励。对获得二、三等奖的学生也有很诱人的奖励。

为使愿意参赛的学生不因为导师的反对而不能参赛，规定只要学生在竞赛中获奖，那么该学生的导师在申请研究生院的教改项目时给予优先考虑。同时，对没有研究生参加数学建模竞赛的学院教师在其申请研究生教改项目时给予限制。此外，学校还给参赛期间的研究生提供参赛场地并给予生活补助等。

（三）给数学建模竞赛提供较大力度的专项资金用于竞赛组织活动

因为辅导和组织研究生数学建模竞赛的参赛工作的教师本身教学工作量都很重，只给予辅导教师计工作量已经不能吸引他们参与其中。由于高校职称的评定主要看申请人申请的国家自然科学项目和发表论文数，而与教师指导学生获奖关系不大，加之当前国家自然科学基金项目资助的数额很大，且发表论文既有利于评职称，还能得到学校高额奖金，因此，现在很多有能力的高校教师都把工作重心主要放在科研写论文上。为让有能力的教师专心来做辅导和组织研究生数学建模竞赛的参赛工作，以上各校每年都拨 10 万元左右专款用于竞赛的组织工作。资金的保障可以使竞赛工作的各方面顺利展开，使学校数学建模竞赛的活动顺利开展，提高竞赛水平。

对来自美国华盛顿大学等一些著名高校进行学习访问的教师进行交谈发现，国外高校对研究生创新能力的培养主要是以导师的科研课题为主，他们没有类似国内的全国研究生数学建模竞赛，但由于导师的课题通常与实际问题联系很多，学生跟着导师完成了课题就可以较好地提高自身的创新能力。由于国外的教育侧重于应用，因此，用数学知识解决实际问题的数学建模方法已经融入国外科研人员的自觉行动中，他们推崇的是真正解决问题，而不是做纸上谈兵。由于我国的教育多注重课本理论知识的掌握，全国研究生数学建模竞赛的效果说明，借助数学建模竞赛可以更好地改变这种局面，其对培养更多的应用型人才无疑是一个成功的措施之一。

三、调研本校重点专业研究生数学建模能力

电子信息学院、经济管理学院、交通运输学院和电气工程学院是北京交通大学的重点学院，为了进行好北京交通大学研究生数学建模能力培养的实践，我们分别对电子信息、经济管理、交通运输和电气工程四个学院的研究生和相关教师进行了调研。我们共调查了 270 名学生和 20 名教师。调研的学生，包括新老研究生，新生来自所教授数值分析课程的学生，其他来自参加全国研究生数学建模竞赛的学生，包括博士生。调查的结果发现这四个学院学生在数学建模能力方面存在以下问题。

（一）学生不了解数学建模是做什么的

数学建模是数学知识与实际问题连接的桥梁，它借助数学的知识和方法来描述实际问题的主要规律，以达到解决实际问题的目的。数学建模过程中，要先用数学语言来描述实际问题，即将实际问题转化为我们熟悉的数学问题和形式，然后通过对这些数学问题的求解来获得相应实际问题的解决方案或对相应实际问题进行更深入的了解，以帮助决策者进行决策。数学建模问题不是一个纯数学的问题。被调查的学生中 60%不知道数学建模知识，他们大部分认为数学建模就是做一道数学题，不知道数学建模的内容正是科学研究工作者及在读研究生完成毕业论文要做的主要工作，是科学研究和生产实践中的重要方法。

（二）学生数学知识面较窄

北京交通大学的研究生大多来自国内二流高校，这些学生的数学知识面较窄，很多人没有学过数学课程。由于数学建模是借助数学的知识和方法来描述实际问题的，数学知识的多寡影响着研究生的数学建模能力。被调查的学生中 70%都有数学知识面窄的问题，这也是影响研究生数学建模能力的一个主要方面。

（三）学生不了解数学建模的方法和过程

对某个实际问题进行数学建模，要经过建模准备、模型假设、模型构成、模型求解与分析、模型检验和模型应用六个过程。而且数学建模是一种迭代过程，不是一次就能完成的。通常数学建模是从先建立一个简单的模型开始，然后根据模型的特点和实际需要来修改简单模型使其不断丰富，以获得所要解决问题的复杂一些的数学模型。此外，对要解决的问题如果因为考虑太多不能建立一个数学模型或不能求解已经建立的模型，对其进行简化就是我们的首选。

被调查的学生中 75% 不知道如上数学建模的方法和过程，当他们遇到实际问题时或是因为问题太麻烦不好下手来做，或是简单地给出一个结果不进行深入探索等，这些都是建模能力欠缺的表现。

（四）学生不会使用数学软件

数学软件可以在学生进行数学建模时起到辅助作用，它在某些方面可以体现学生的数学建模水平。目前常用的数学软件有 Mathematica，Matlab 和 SPSS。这三个软件可以解决90%以上的数学求解问题。然而，在调查中，发现仍有40%的学生对这三个软件不熟悉，这对一个合格研究生来说是不相匹配的。

如上调查的 4 个学院中，数学知识和建模能力最好的是交通运输学院，其次是电子信息学院和经济管理学院，最后是电气工程学院。虽然是 4 个学院的研究生建模能力的调研结果，它基本能反映北京交通大学的研究生建模水平，通过与这些学院的教师进行交谈，他们也认同这个结果。调查结果对我们指导研究生参加全国研究生数学竞赛会有很大帮助。

四、理学院所做的工作

（一）把数学建模竞赛与研究生创新教育相结合

让研究生具有用数学知识解决实际问题的意识和能力是研究生创新教育的重要一环。但目前的研究生教育状况是，大部分研究生在其数学课程学习中，只是为了通过该课程而学习，缺乏将所学数学知识应用到本专业的意识，这大大阻碍了我国研究生创新教育的开展。

当前，我国高校每年举行的全国研究生数学建模竞赛是进行研究生创新教育的一个很好实践，每年国务院学位办公室都发来贺信和参赛学生人数快速增加，都说明该竞赛的重要性得到了认可。理学院借助全国研究生数学建模竞赛的平台，研究北京交通大学研究生培养模式创新战略，探索将数学建模融入研究生教学、在研究生教学中开展数学建模公共课程和提高学校研究生数学建模竞赛的水平的战略思路和方法。

（二）编写出版了适合研究生自学的数学建模类教材

为让学生了解数学建模知识和竞赛，理学院编写了侧重数学建模知识介绍和数学建模能力培养的数学建模教材和数学软件辅助教材，利用这些教材可以有效地解决以前数学建模教学范围小和学生学习数学建模课程虎头蛇尾的问题，使了解和喜欢数学建模的人数不断增加，有很多不同专业的学生开始学习数学建模课程，同时也为学校挑选全国研究生数学建模竞赛的合格参赛队员创造了有利条件。《数学建模基础》自 2004 年由清华大学出版社出版以来一直作为北京交通大学开设研究生数学建模课程和竞赛培训的教材，并先后三次再版，同时被全国数十所高校选为数学建模教材使用。2012 年又出版了《数学建模简明教程》一书。

（三）开展了研究生数学应用能力培养的探索

研究生数学应用能力主要体现在其数学建模的能力上，因此，参加全国研究生数学建模竞赛就是研究生数学应用能力培养的一个很好的实践。研究生用数学知识解决实际问题的意识和能力就是研究生数学建模的应用能力，它在当前研究生教学改革中变得越来越重要了。研究生的数学建模能力的提高不但有利于研究生的科研素质培养，而且对高水平科研论文的产出和拔尖人才的培养也是很有帮助的。在研究生层次如何进行数学建模教育已经是有远见的研究生教育工作者的工作和研究目标。针对这种认识，理学院借助研究生主要数学学位课的内容编写了一些应用案例，案例体现数学建模的特点，具有可读性，可以帮助参赛学生快速应用数学知识，以提高数学建模的水平。

（四）优化了指导教师的辅导与培训工作

组织数学建模竞赛需要较多有能力的教师参与培训指导，但由于学生获奖对相关指导教师的奖励不如教师发表科研论文的力度大，因此很多指导教师不能全力投入到培训辅导工作中，这是当前很多高等学校所面临的问题。理学院采取事先由竞赛负责人通过调研制定培训内容和方案，然后聘请相关教师进行具体授课的方式很好地解决了培训问题。因为受聘请的授课教师有较高课时费的保证，同时不需要他们花太多的时间精力备课，因此容易实施，当然要完成这个过程要求竞赛负责人有很好的把控数学建模竞赛特点的能力。

（五）制定了研究生数学建模应用能力培养方案

根据对四个学院的调研，理学院提出了如下培养研究生数学建模应用能力的方案供学校研究生院参考。

（1）要在学院的层次制定政策鼓励学生学习数学建模知识和常用数学软件，学习的方式可以采用自学或选修为研究生开设的数学建模课。

（2）要在学院的层次鼓励学生积极参加全国研究生数学建模竞赛，这种鼓励不是口头的奖励，而是能对获奖的学生在获得奖学金等方面给予较大倾斜。

（3）要在学院的层次出台政策让研究生导师支持学生积极参加全国研究生数学建模竞赛，至少不能反对自己的研究生参赛。

（4）有条件的学院可以组织自己学院的专业教师开设本专业方面的数学建模课程。

五、取得的成绩

在北京交通大学研究生院的支持下，近十年来理学院一直尝试着适合北京交通大学研究生特点的研究生建模竞赛的组织与培训方法，完成了多项由研究生院资助的有关数学建模的教改项目，并将这些付诸实践，取得了很好的效果。先后获得了 5 个全国研究生数学建模竞赛优秀组织奖、14 个全国一等奖和 35 个全国二等奖并成功协助北京交通大学主办了第十二届全国研究生数学建模竞赛赛事和"全国研究生数学建模竞赛活动组织经验交流研究会"。

全国研究生数学建模竞赛承办权采取跨年申请的方法，由想申办的学校提出申请后再经全国研究生数学建模竞赛组委会委员单位投票决定具体承办单位。前十届的承办学校依次是南京师范大学、东南大学、同济大学、北京航空航天大学、解放军第二炮兵工程学院、武汉大学、中山大学、东北大学、上海交通大学和中南大学。申请 2015 年全国研究生数学建模竞赛承办权的多达 4 所学校，由于北京交通大学以往的表现，特别是在最近几年的表现，使其在竞争中胜出，最终获得 2015 年全国研究生数学建模竞赛承办权。

北京交通大学参加全国研究生数学建模竞赛的人数和参赛成绩在北京市同类高等学校中处于第一层次。参加过研究生数学建模竞赛的学生在写科研论文和从事科研工作时都能很顺利地完成。一些同学在自己的学习和研究工作中取得了很好的成绩，深受导师和用人单位的肯定。由于北京交通大学在数学建模竞赛活动中取得的成绩，北京交通大学组织竞赛的方法受到很多高校和研究生培养单位的认可，竞赛组织者王兵团教授被多个培养研究生的单位请去进行讲座培训，理学院编写的教材也成为国内很多高等学校讲授数学建模课程的教材或重要参考书。国内很多高校到北京交通大学取经学习数学建模竞赛指导经验。

以上工作构成的教学成果被评为北京交通大学优秀教学成果一等奖。

参考文献

［1］姜启源. 数学模型［M］. 2 版. 北京：高等教育出版社，1995.

［2］李大潜. 中国大学生数学建模竞赛［M］. 北京：高等教育出版社，1998.

基于全过程管理的课程教学质量保障体系建设

宋光森　周　艺　施先亮

（北京交通大学经济管理学院，北京 100044）

摘　要： 党的十八以来，在习近平新时代中国特色社会主义思想的指引下，我国高等教育水平得到显著提高，人才培养质量、科学研究水平都平稳上升，对社会经济的发展起到了至关重要的作用。随着研究生规模不断扩大，研究生培养在高等教育中的地位更加凸显，但研究生数量的激增对研究生教育体系也是一项挑战，在我国研究生教育体系中还存在诸如管理方法不规范、过程管理理念不强等问题，在一定程度上阻碍了研究生培养质量的提高。过程管理是保证研究生培养质量的重要手段，而课程教学贯穿研究生培养全过程，因此，严把课程教学质量是关键。本文将采用全过程管理理念构建课程教学质量保障体系，加强对课程教学进行有效的监督和管理，积极发挥课程教学对研究生培养质量的作用。

关键词： 课程教学　质量保障　全过程　体系建设

一、研究背景

课程教学是保障研究生培养质量的必备环节，在研究生成长成才中具有全面、综合和基础性作用。为强化研究生课程教学，继 2014 年 3 月教育部、国家发改委和财政部联合发布《教育部　国家发展改革委　财政部关于深化研究生教育改革的意见》后，2015 年 1 月，教育部就研究生课程建设发出专项文件《教育部关于改进和加强研究生课程建设的意见》（教研〔2014〕5 号）[1]，要求各地各研究生培养单位要更好地发挥课程教学在研究生培养中的作用，提高研究生培养质量，切实转变只重科研轻课程的现象，让研究生课程教学在培养中发挥重要作用。

然而，在我国研究生教育体系中还存在诸如管理方法不规范、过程管理理念不强等问题，导致研究生培养质量不高。研究生过程管理主要涉及以下几个环节：培养方案制定、课程教学、导师指导、科学研究、毕业论文，其中课程教学环节是我国学位和研究生教育制度的重要特征，是关系到研究生教育质量是否达标的关键因素。因此，不断推进研究生课程教学质量的提高[2]，使之不断服务于中国特色社会主义新时代人才的需求，是必须解决的关键问题之一。

二、研究生课程教学体系现状

（一）课程结构不合理，不利于研究生知识结构的构建

1. 课程设置缺乏系统性

研究生课程设置与本科生课程设置存在脱节现象，教学内容难度、范围差异不明显，界限不清晰，甚至部分课程还存在内容重复的现象，难以体现现阶段研究生教育的培养要求。课程设置缺乏系统性，一方面浪费了师生双方的精力和时间，另一方面使学生对课程失去兴趣，严重影响

到了研究生的专业素质的培养。目前硕士研究生研究方法类课程开设不足，博士研究生专业课程中前沿性知识比重过少，这种情况在北京交通大学经管学院三大学科中都有存在。

2. 课程设置缺乏实践性

硕士研究生课程教学管理实行的是学分制，我院学术型硕士培养计划中未涉及实践课程安排，或实践学分设置。培养计划中的课程由公共课、基础课、专业课、选修课几部分组成，大部分为理论课程及中、高级专业课程，各专业普遍课程安排紧凑，由于授课时间有限，我院未设置实践类课程。

3. 课程设置缺乏前沿性

现阶段我院使用的培养方案基本延续几年前的培养标准，课程体系相对单一，课程设置及内容安排都未得到及时更新，课程缺乏前沿性。该环节没有将学科领域前沿理论和学术成果与课程教学有机结合起来，导致研究生在课程教学阶段没有获得相应的知识与技能，无法适应社会发展需要。

（二）课程结构不落地，不利于研究生课程目标的有效达成

1. 课程结构传统单一

研究生课程教学的目标之一是培养学生的批判性思维，然而现阶段的研究生教育存在灌输教材内容、传授成熟观点、远离前沿研究等特点，尤其是在专业课的学习中，大部分未引入前沿知识，沿用之前的教学大纲及教学计划，未发挥出研究生课程教学环节的作用。

2. 课程内容疏于引导

研究生课程教学缺乏制度管理与引导，课程教学过程中无指定教材，教师也不能严格按照教学大纲安排教学内容，学生课前不准备、课中不专心、课后不回顾，师生在课堂中互动较差，缺乏思想碰撞，不利于研究生专业素质的养成、学术思维的培养、创新能力的提高，培养质量难以达标。

（三）重视程度不深入，不利于研究生课程质量的保证

高等教育发展过程中一直存在"重科研轻教学"理念，比起对教学质量的关注，各大高校往往将关注点更多地放在那些显而易见的"成果"上，如科研成果、研究生招生规模、硕博学位点、专家教授等方面。被科研环节占据大量的资源，直接影响教师对课程教学的投入。负责授课的教师逐渐衍生出"科研为重"、"论文为重"等价值取向，错误的引导使得教师上课不认真，学生以做项目课题、做实验研究为重，甚至不去上课。因此，无论是学校层面还是教师、学生层面，课程教学均未引起充分重视，进而影响教学质量。

三、课程教学质量的影响因素

（一）课程体系

课程体系是研究生教育的基础性工程，是实现培养目标的载体，也是保障和提高教育质量的关键。研究生分为学术型硕士研究生和专业型硕士研究生，学术型硕士研究生培养目标注重理论培养，专业型硕士研究生注重实践培养。但在很多高校，受制于学术型硕士研究生原有课程体系，以及专业学位硕士研究生开始实践较短，没有建立适应培养目标的课程体系。课程体系建设不完善，直接影响课程教学质量。

（二）教学方式

课程教学方式上我国高等教学较为规范，多采用教师介绍并讲解理论知识的方式，由于课程内容多，学生通过教师的知识传输机械记忆，缺乏独立思考的机会与时间，缺乏课程互动，使得学生的专业实践能力和思维能力得不到锻炼。因此在课程教学方式上，我国传统教学方式缺乏灵活性，教师没有充分领会研究生教学目标及研究生自身的特点。

（三）考核方式

课程考核是对教学效果的及时监督和有效控制，一方面能够检验学生的学习能力及成果，另一方面也是充分调动教师积极性的有力手段，对实现课程教学目标和保证良好的课程教学质量意义重大。我院研究生课程考核主要采用闭卷考试、撰写课程论文两种方式，前者偏重理论知识的掌握，后者偏重解答问题方法的掌握，但选择哪一种考核方式或者设置更优的考核方式并没有严格规定，因此教师随意选择性较大，出现了为了方便学生通过考核而减低考核标准的现象，没有发挥课程考核应有的作用，缺乏真实的反馈机制。

（四）监督考评机制

课程教学监督考评机制是研究生培养质量提高的重要工具，通畅的信息反馈渠道是课程教学质量提高的有效渠道。目前研究生的教学监督考评机制没有完全建立起来，没有充分发挥学生、教学主管部门、课程教学委员会等多方位、多层次的作用。学生在课程结束后，没有建立有效的评价系统，多采用问卷调查的形式，内容笼统，信息量不足，是否真实反映课程教学情况也未知。教学主管部门未尽到对课程教学过程监督的职责，往往是等到教学质量评估时才重视课程教学考评工作，存在补填查课单、补写听课记录等现象，直接影响了课程教学监督考评的真实性。课程教学情况反馈渠道不完善，使得参与到课程教学中的教师与学生，不能及时掌握课程教学效果与质量，进而更新课程内容、教学方式等较迟缓，影响课程教学质量。

四、全过程课程教学质量保障体系的构建与完善

全过程管理概念是管理专家德鲁克提出来的，全过程管理是指根据目标来设计、控制整个过程，以实现组织机构的长期目标。研究生课程教学的全过程管理需对教学每个环节提出一系列的具体目标和实施措施。不断重视和强化课程教学的全过程管理，将教学各个环节有效衔接、相互作用，保证目标一致，是提高研究生课程教学质量的关键。

（一）优化科学完备的课程体系

根据学生特点进行个性化定制的培养过程是研究生阶段教育因材施教的特点，在学科培养方案完备的知识体系基础上根据导师的研究方向、学生的兴趣点建立研究生个人培养计划的知识结构。因此，研究生课程需要合理整合一级学科，科学地安排课程，在课程教学过程中应包括基础理论、系统专业知识、实践应用课程，涵盖学科前沿的新知识、新技术，除此之外更应该注重学校特色、专业特点，将这些融入课程设置中，发挥积极作用[3]。在学科、系所内部充分研究和探讨要开设的课程的教学内容，制定出科学规范的教学大纲，区别于本科课程，使不同课程之间有联系、有层次。让研究生在科学规范的课程体系学习中掌握扎实而系统的理论知识的基础上，逐渐锻炼实践应用能力，将理论与实际紧密联系，学以致用。

（二）探索多样化的课程教学模式

教学方式方法上的多样性、灵活性在一定程度上能够有效激发学生的学习兴趣，从而促进学生学习的积极性，培养学生的创新能力。因此课程教学的方法不应拘泥于一种方式，最适合教学情境、教学内容及教学目标的方式才是最好的方式。研究生课程教学应在传统的教学方式基础上，积极探索更多教学方式，如互动式教学、启发式教学、研讨式教学。授课教师应充分认识到学生

是课程教学的主体，从而做好角色定位，给予研究生更多发声机会。课程设置上也应按照课程内容、课程特色留有一定的空间和时间，让研究生与教师展开讨论，充分发挥课堂教学的教学相长职能。在方法选择上，教师也可采用小组讨论、主题汇报、课题研究、辩论、实地考察等方式，引导学生在课程学习的过程中发挥主观能动性，积极发现问题并解决问题，逐步提高学生的学习研究能力、思维判断能力及创新能力等。

（三）改进课程考核方式方法

课程教学质量的考察因子不应局限于某些特定的指标，还应从学生的理解和应用方面入手，加强综合评定，以增强研究生对课程内容的理解程度以及应用能力为目标进行顶层设计。课程成绩的评定除了完成课程论文、课程考试等结果性导向的评定外，还需从出勤、课堂讨论、阅读文献等过程性导向的评定出发进行相关的实验和设计。

首先，应加强对研究生学习过程的考核，平时成绩所占比重应有所提高，能够使研究生更加全面地学习，重视平时的积累，扎实、系统地掌握课程理论[4]。其次，应加强对研究生运用所学知识分析解决实际问题的能力的考核，通过专题讨论和课程论文，改变以结果为导向的考核方式。再次，应加强对研究生的实践创新能力的训练，通过完成课程实验或课程设计，综合培养创新精神及实践能力。最后，应加强对研究生学科发展及研究的理论知识的培养，通过大量阅读与课程相关的文献，打下坚实的理论基础，了解最前沿的知识和学科发展状况，为从事科学研究和解决工程实际问题做好准备[5]。

（四）构建良性发展的课程评价机制

1. 完善课程评价体系

基于对研究生课程评价准确度的要求，课程评价者应当具备曾接受过培训、为评价者所接受这两项重要特征，评价过程应当重点强调专家、学生评价的重要程度，对专家、学生评价权重予以适当增加。为确保专家评价的准确性、公平性和科学性，各单位应当选取专业能力出众、教学经验丰富、对评价内容熟悉的专家进入评价小组，对评价过程进行深入指导。此外，评价者应当为人公正、诚信可靠，在教师群体中有一定的群众基础和威信。为了确保学生评价的客观公正，应当组织不同特征学生，采取多次评价相互印证的方式开展课程评价。在确保专家、学生评价准确和公正的前提下，可以将该两项评价权重设置为40%，适当降低督导组评价权重，以进一步提升课程评价质量。

2. 优化课程评价标准

优化研究生课程评价标准的基础，突出评价标准的导向性与目标性，应当结合评价岗位的基础特征和现实需求，确保课程评价的准确完成和人才培养的目标实现。

此外，课程评价标准应当重视教师群体对于个性化特征的需求，并予以肯定。在评价过程之中，应当避免过分拘泥于对规范性内容的重点考核，而忽视对于个性化内容的动态激励。

最后，课程评价标准必须立足于授课对象的具体需求，应当实时调研授课对象的群体特征、阶段需求，确保授课内容能够与授课对象需求相匹配，课程教学能够取得良好的成果。

3. 深化评价结果应用

在课程评价结果应用方面，应当对传统的以奖励惩罚、按分排序为主要目的的评价制度进行深入、系统而全面的改革。具体而言，为了避免参与课程评价的教师因课程评价结果而挫伤授课积极性情况的出现，应当对课程评价结果及其参考资料进行保密。

针对课程评价中所提出的问题，应当立足于以激励为主的原则，对具体问题进行个别交流，在交流之中提出相应的建议。此外，应当根据课程考评结果宣传优秀榜样，以榜样为标杆发挥示范作用，以确保课程教学的质量得到全面和高效的提升。

（五）加强制度管理，充分调动师生积极性

教师作为研究生课程教学的主体，极大程度上决定了该项课程的教学质量。因此，应当对教师教学的能力与资质开展动态化审核。具体而言，为避免研究生导师交由无资质教师或讲师向硕、博士授课现象的产生，应当在大力倡导研究生导师授课的同时，制定专业课程应有研究生导师授课的规范。此外，为了对研究生导师授课进行激励，应当在计算课程和核算报酬时对教学工作进行适当倾斜。

队伍建设作为课程教学的基础，对于研究生课程教育体系的健全与改善起到了至关重要的作用。有关高校为确保研究生教学质量，应当组织和建立一支专业能力出众、责任意识强烈的高素质团队，以确保规章制度等内容的制定能够准确、有效。

在研究生教学秘书管理方面，学院应当确保教学秘书人员的稳定，在岗位交接时则应当注重相关工作的妥善对接。此外，学院应当定期开展对于教学秘书的培训与指导，确保教学秘书能够全面掌握学院实际情况，了解各项工作进程，实现学院各方管理人员的信息互通。

在研究生教学管理人员管控方面，学院应当借助信息化技术对工作流程进行重新梳理、对工作效率进行不断提升，对业务知识开展深入学习，确保研究生课程教育质量的全面提升。

五、结论

在高等教育课程教学的课前、课中及课后过程中涉及课程体系、教学方式、考核机制、评价反馈等多个环节，同时关系到教师、研究生及管理部门等多方主体，也受社会发展、经济环境等要素的影响。因此，应将全过程管理理念应用在课程教学中，将多主体、多要素与各个教学环节有机集合，形成良性有效的长期课程教学质量保障体系，夯实研究生的知识水平、锤炼研究生的创新思维、提高研究生的科学能力，不断培养出符合时代发展需求的高素质人才。

参考文献

[1] 赵向华. 提高硕士研究生课程质量的若干思考 [J]. 中国农业教育，2016（2）：84-87.

[2] 赵春鱼. 高校课程质量评价存在的问题及其改进：基于全国49所高校的现状调查 [J]. 教育发展研究，2016，36（3）：44-51+79.

[3] 熊玲，李忠. 全日制专业学位硕士研究生教学质量保障体系的构建 [J]. 学位与研究生教育，2010（8）：4-8.

[4] 程光德. 论研究生教育质量保障长效机制的构建 [J]. 武汉理工大学学报（社会科学版），2015，28（4）：789-793.

[5] 邢晓阳. 地方高校硕士生课程质量保障体系建构研究 [D]. 桂林：广西师范大学，2008.

以科研创新为导向的研究生奖学金评选办法
的研究与设计

宋光森　崔永梅　施先亮

（北京交通大学经济管理学院，北京　100044）

摘　要：本文以经济管理学院学术学位研究生奖学金评选办法的重新设计为例，在研究生奖学金评定中，改变了以往研究生奖学金评定中"重学习轻科研"的评定办法，以侧重学术和科研为导向，注重对研究生创新创造能力的考核和量化。自新的办法实施以来，显著提高了研究生崇尚学术道德，积极投身学术和科学研究的积极性，获奖研究生的学术和科研成果在数量和质量上有了显著提高。

关键词：科研创新　奖学金　评选办法　设计

一、研究生奖学金评选办法改革的必要性

《北京交通大学研究生奖学金管理暂行办法》指出，奖学金分为国家奖学金和学业奖学金，国家奖学金用于奖励表现优异的研究生，学业奖学金用于支持表现良好的研究生更好地完成学业[1]。可以说，完成学业是对一名研究生最基本的要求，对完成学业给予的资助与研究生助学金相对应，而要提高学位授予质量，即支持表现良好和表现优异的研究生更好地完成学业，则在助学金的基础上，以奖学金予以支持和奖励。换句话说，获得奖学金的同学，在能够完成学业的基础上，应该有更多的学术和科研成果产出。

然而，以经济管理学院为例，在以往几年的奖学金评定中，研究生的综合评价成绩主要是按课程学习成绩（占70%）和开题成绩（占20%）以及综合素质测评成绩（占10%）来计算的，再按专业由总成绩高低排序，确定奖学金等级。对研究生学术和科研成果的评价，体现在学院综合素质测评成绩中，而本项的得分主要取决于思想政治测评，学术和科研成果在本项中仅占40%，其权重被严重稀释。也就是说，如果学术和科研成果取得了满分40分，仅在总成绩中按10%的权重计算得4分，即在总成绩100分中占4%。这种奖学金的评选办法，造成了研究生不重视学术和科研，获奖的同学没有突出的科研和学术成果，尤其是在国家奖学金和专项奖学金评选中，部分获奖研究生没有一篇学术论文或一项科研成果，这不仅降低了奖学金的含金量，获奖者在学生中也没有足够的公信力。

更重要的是，在国家学科评估和学位点评估中，我院研究生的学术和科研成果数量偏少，严重缺乏高水平的学术论文和科研成果，撰写论文的优秀在校生和优秀毕业生事迹材料单薄，没有足够的学术支撑，说服力不强，给学科和学位点的评估带来了负面影响。

为了扭转这种尴尬的局面，迫切需要引导研究生积极投身于科研和学术研究，而最好的激励办法就是切实发挥奖学金的导向作用，通过制定一套新的奖学金评选办法，鼓励研究生多产出科

研学术成果。

二、研究生奖学金评选办法的设计思路

由于研究生培养机制的改革，目前的研究生学业奖学金已经为 100%全覆盖，所以新的研究生奖学金评选办法的总体设计思路是，获高等级奖学金者应该思想政治表现良好，学习成绩优良，科研和学术成果突出。所以在设计新的奖学金评选办法时，既要考虑符合学校的基本条件，也要着重突出学习、学术和科研在评定中所占的比重。

一是改变以往测评成绩主要由学习成绩组成的计算方法，新办法的测评成绩变为主要由科研成绩组成，即测评成绩=科研成绩+学习成绩+综合素质测评成绩，而科研成绩=学术论文分+科研分+专利分。由于研究生学习成绩的差距并不明显，新办法体现了对研究生科研学术的导向与激励。

二是新办法对发表高水平学术论文加大重视力度，尤其是学科排名前20%的论文，在基于学校论文分类标准的基础上，再增加加分值。同时，对于发表高影响因子的期刊论文，包括 SCI 及 SSCI 一区内的论文，高被引论文等直接给予高等级奖学金。

三是发挥导师在研究生奖学金评定中的作用，并反向激励导师争取高层次科研项目的积极性。对研究生参加导师高层次科研项目的加分值最多可达 5 分，促进研究生投入更多的精力于导师的科研项目。

四是兼顾公平，对于学习成绩及综合素质测评成绩不能在良好以上的研究生，不论科研成绩是否突出，只能评选低一级奖学金，在高等级奖学金外，较低一级奖学金中兼顾课程学习成绩，排序后确定奖学金等级。

五是根据当前研究生实际，新制定了《研究生综合素质测评办法》，明晰测评项目，不仅包括政治素质，还包括社会工作贡献，文体活动获奖，使测评项目更加全面，合理确定各项目的加分值，使测评办法更易于实施。

三、新评选办法改革的主要内容

（一）新办法的制定，做到了有据可依

奖学金的评定，从精神和物质两方面，均涉及每一位研究生的切身利益，事关研究生群体的稳定和研究生的发展导向，所以新评选办法的制定，必须在学校管理办法的框架约束下进行。新的评选办法就是根据《北京交通大学博士研究生基本奖助学金管理办法》和《北京交通大学硕士研究生基本奖助学金管理办法》（校研发〔2014〕21 号）文件精神，为充分发挥奖学金对提高研究生创新、创造能力的导向作用，促进研究生综合素质的提高，全面提高研究生培养质量，并结合学院实际情况，特别制定的。新的评选办法，征求了学院各学科教师代表的意见，并经学院学位委员会多次讨论修改定稿。

（二）新办法对适用的研究生范围进行了界定

学校奖学金的研究生评定范围，是指中央高校纳入全国研究生招生计划的全日制非定向研究生（非全日制研究生、定向研究生除外）。全日制非定向学生身份的确定以全日制学习且档案按时转入我校为准。获得奖励的研究生须具有中华人民共和国国籍。奖学金申请年限，本科毕业直接攻读博士学位研究生最长为五年，其他博士生最长为四年，硕士研究生最长不超过其基本修业年限[1]。

在此基础上，根据学院的实际情况，对于长期不参加导师的科研和学术活动，经导师或导师

组考核不合格的研究生，以及长期请假未到校办理学籍注册者，学院有权给予其最低奖学金等级。

（三）新办法规定了申请奖学金的基本条件

即热爱社会主义祖国，拥护中国共产党的领导；遵守宪法和法律，遵守学校的各项规章制度；诚实守信，道德品质优良；注册在籍[1-2]；硕士生申请国家奖学金，所修课程无不及格记录，且学位课加权平均成绩在本专业排名前40%，且综合素质测评成绩良好及以上。

（四）明确了研究生国家奖学金评定的科研和学术成果要求[3]

科研成绩在25分（含）以上的博士生，科研成绩在10分（含）以上的学术学位研究生及科研成绩在5分（含）以上的专业学位研究生，具有参评国家奖学金资格。科研成绩=科研项目分+学术论文分+专利分。

科研项目分由导师本人根据主持或参与科研课题的最高级别，并结合研究生实际参与研究情况，给予申请国家奖学金的本人所指导的研究生打分0~5分。

学术论文分根据研究生发表学术论文的级别和数量，折合成分数进行统计。

（1）研究生发表在《管理世界》《经济研究》《中国社会科学》、SCI及SSCI期刊影响因子在1区内的论文，以及在美国商学院前100名研究能力评估参考的24种顶级期刊（UT/DALLAS 24）发表的论文，在英国商学院协会（ABS）出版的高质量学术期刊指南中的4星级期刊发表的论文，在英国金融时报界定的50种一流学术期刊（FT/50）发表的论文，属于高水平学术论文，可按第十条的发表高水平学术论文的破格条件申请国家奖学金。如果因多人发表高水平学术论文申请国家奖学金，需要折算分数排序，按每篇60分计。

（2）研究生发表As类论文（不含人民日报和光明日报理论版，不含人大报刊复印资料）每篇加40分；发表An2或An3类论文，每篇加30分；发表An4~An5类、人民日报理论版和光明日报理论版论文每篇加20分；发表在CSSCI目录的论文每篇加15分；发表的其他B类论文每篇加10分，其中EI会议检索、ISTP（CPCI）会议检索和《北京交通大学学报（社科版）》论文合并最多计1篇；发表的C类论文每篇加5分；被人大报刊复印资料全文转载的论文，在按照转载源期刊分类加分的基础上，再加5分[4]。

（3）发表当年在CSSCI目录排名前5%的论文，在原加分的基础上，每篇再加10分；排名在前20%的论文，每篇再加5分。

专利分的计算，只计算与所学专业或研究方向相关，并在学期间获取的专利。以第一作者获得发明专利每项加10分，获得实用新型专利每项加5分。以第二作者（导师为第一作者）获得的专利，折半计分。

（五）学业奖学金等级评定中，兼顾学习成绩，确定了学习成绩的定量比重

博士研究生学业奖学金评定，由班级负责计算综合评审成绩，由高到低排序确定学业奖学金等级。综合评审成绩=科研成绩+学位课加权平均成绩×20%。

硕士研究生学业奖学金评定，由班级负责计算综合评审成绩，由高到低排序后确定奖学金等级。综合评审成绩=科研成绩+学位课加权平均成绩×40%+综合素质测评成绩×20%。

（六）重新设计了研究生的综合素质测评办法

更加全面、科学地反映研究生的综合素质表现。综合考虑研究生在思想政治、文艺、文化、体育、科技、卫生等方面的表现，量化后进行综合素质测评，计入测评成绩。综合素质测评成绩=思想政治表现分+社会工作分+奖励分－处罚分。综合素质测评成绩满分为100分，其中思想政治表现分满分为40分，社会工作分满分为12分，奖励分满分为48分。按综合测评成绩的

高低，班级排名前 60%的研究生为表现优良。

四、新评选办法的应用效果

（一）研究生的学术与科研成果数量大量增加，导向作用凸显

自 2015 年本办法实施以来，激活了奖学金的激励功能，营造了浓厚的学术氛围，有利于科研学术成果的积累，有利于提高科研学术成果的质量。在 2015 年国家奖学金评定中，人均发表高水平学术论文（CSSCI 以上论文）篇数 3 篇以上，较往年有大幅度提高。

（二）高水平的学术与科研成果不断涌现

在《中国工业经济》、《管理世界》等中文期刊和 SCI 三区以上及 SSCI 等高水平刊物发表学术论文的数量也较往年大幅度增加，并呈逐年增多的趋势。博士生发表高水平学术论文的情况，可以由表 1 看出，2018 年获奖者共发表 A 类论文 21 篇。需要说明的是，这 21 篇 A 类论文中，根据校科技处的分类标准，有 An1 类论文 1 篇，SSCI 及 An2、An3 类论文 14 篇。

表 1   2014—2018 年获国家奖学金博士生发表学术论文情况表

年份	获国奖人数	B 类以上论文篇数	其中 A 类论文篇数	人均发表学术篇数
2014	15	38	6	2.53
2015	15	53	6	3.53
2016	14	46	8	3.29
2017	13	35	11	2.69
2018	12	42	21	3.50

（三）浓厚了研究生的科研与学术氛围

由于科研成绩要在班内公示，形成了比学赶超的良好学术氛围，发挥了科研先进典型的榜样作用。通过举办"国奖在我身边"讲座及经验分享座谈会，国家奖学金获得者向同学们介绍发表高水平学术论文的经验与体会，鼓励研究生在学期间尽早发表学术论文，并力争发表高水平的学术论文。

从 2014—2018 年，由于学术氛围的营造，毕业博士生发表学术论文的数量和质量以及毕业人数有了明显提高。由表 2 看出，人均发表学术篇数由 2.5 篇左右跃升为 3.5 篇左右，增长率近40%。

表 2   2014—2018 年毕业博士生发表学术论文情况表

年份	毕业人数	有效学术论文篇数	其中发表 A 类论文数	人均发表学术论文篇数
2014	37	105	28	2.84
2015	43	104	34	2.42
2016	70	238	42	3.40
2017	61	207	39	3.39
2018	64	223	50	3.48

（四）大大提高了研究生的参评满意度

由于奖学金评选成绩的指标设计明确，加分档次设计合理，班级成员参与评选计分，大大增

加了透明度，做到了公开、公平、公正，基本杜绝投诉和上访等现象的发生，提高了研究生对奖学金参评的满意度。

五、存在的不足与后续改进

一是新办法的评选成绩的计算，明确区分了期刊的层次，引导研究生在高水平的期刊上发表论文，但在一定程度上忽略了论文本身的质量，没有将论文本身的他引频次考虑在内。在以后的评选办法修订中，要将论文的他引次数作为重要的衡量指标。

二是课程学习成绩的计算贯穿于研究生在学期间奖学金的多次评选中，但实际情况是，研究生尤其是博士生在第一学年内基本修完课程，而每次奖学金评选的成果计算周期是前一学年度，是否将课程学习成绩继续纳入第三学年奖学金的评定，以及其成绩占比有待于继续研究。

三是先期获得国家奖学金的研究生，已经利用的成果不允许在以后的国家奖学金评选中重复使用，但部分获国奖研究生将利用过的成果在以后的学业奖学金评选中继续使用，增加了不公平性。在以后的奖学金评选中，学术成果的使用需要进一步规范和明确。

参考文献

[1] 北京交通大学研究生院. 北京交通大学硕士研究生基本奖学金管理暂行办法[Z]. 研究生手册, 2017: 99-103.

[2] 北京交通大学研究生院. 北京交通大学博士研究生基本奖学金管理暂行办法[Z]. 研究生手册, 2017: 94-98.

[3] 北京交通大学经济管理学院. 经管学院研究生奖学金评选细则（2017年修订）[Z], 2017.

[4] 北京交通大学. 北京交通大学学术论文分类办法（试行）[Z], 2010.

UIUC 土木工程学科博士研究生培养研究

井国庆　周长东

（北京交通大学土木建筑工程学院，北京 100044）

摘　要：美国博士教育起步早，发展快，规模大，在质量上的"金本位"制度一直是其他国家争相效仿的对象。本文基于笔者国外访学期间的观察与经历，结合伊利诺伊大学厄巴纳-香槟分校（UIUC）的实际案例，对美国博士研究生培养全过程进行调研，包括对培养目标、学制、培养方式、教学管理、导师遴选、就业和创业指导等方面进行探讨，为我国土木工程学科博士研究生培养提供借鉴和参考。

关键词：博士研究生培养　自主性　土木工程　创新　考核

一、美国研究生培养概述

（一）培养目标和特色

美国的研究生教育是其高等教育的重要组成部分，美国 2004 年培养博士研究生 42 123 名，2014 年培养博士研究生 54 070 名，处于一个缓慢的增长之中，11 年共计培养博士研究生 532 326 名，年均培养博士研究生 48 393 人。与中国不同，没有井喷式增长现象发生，保证了博士研究生培养质量和就业。与本科教育培养优良劳动力和通识人才目标不同，美国大学的研究生教育目标自始就定位在培养高层次创造型人才上，博士研究生教育更是定位于培养从事科研、教育和学术事业的精英和骨干。因此对于研究生培养尤其是对于博士研究生的培养，特别重视学科基础训练以及相关知识和方法的深厚积累。基本共识是研究生基础牢固，学科方法熟练，才有可能从事高深的、具有创造性的工作，从而达到较高的成就。

围绕这一目标，无论文科还是理科均开有大量课程。除了主干必修课程外，还有范围较广的选修课程。博士研究生课程按照学分要求，一般要修读 3 年。由本专业硕士读博士学位的，起码也要读两年的课程。课程结束后参加综合考试，尽管各大学综合考试具体形式不一，但考试范围覆盖本学科内的基本内容，有深度和广度，同时考虑到学生研究方向，内容具体和可操作性强。博士研究生综合考试通过后，多数学校在时限上均安排二至三年，用于学生写作学位论文。UIUC 研究生院规定，全日制博士研究生鼓励 6 年完成博士后论文，在学时间最长可至 8 年。同时也有在职攻读博士学位情况，也有脱产学生找到工作后，转成在职博士继续攻读学位情况。如一博士生攻读高速铁路飞砟博士研究生学位，该生找到了芝加哥交通运输管理部工作，负责芝加哥-圣路易斯高铁改造项目技术管理，因此学校保留该生博士生身份。由于有较长的学习时间保证，博士研究生因而能够获得较为长期的学术训练，这就为将来从事专业工作打下了极为坚实的基础。学制长，学制灵活，这也是美国博士研究生培养与其他国家不同点之一。

（二）培养模式

1. 集体培养和个人指导相结合

重视学科师资的集体力量对研究生提供指导和帮助，这是公认的美国和欧洲国家在培养研究生机制上的一个重要区别。研究生入学后有学业指导教师或咨询教师。另外个别学院还设有研究生指导委员会，对研究生修读的课程、研究方向、综合考试以及最后的论文答辩，负责指导、咨询、组织和把关。指导教师、指导委员会以及任课教师等人的作用，均对学生的学习和研究发生直接的指导作用。这种机制把导师个人作用和本学科师资集体的力量有效地结合起来，从而加强了对研究生的指导和帮助。值得注意的是，国外集体指导是建立在追求科学、平等、纯粹学术之上，研究生导师是第一责任人，集体指导只是提供建议。

2. 充分发挥学生的自主性和主动性

研究生有极大的主动空间是美国大学研究生培养模式的重要特点之一。其主旨是保护和鼓励学生的研究兴趣，使研究工作能够建立在个人主动性之上，鼓励学生在本学科范围内根据自己的兴趣、能力和现实条件来确定研究方向。在很多大学，教授鼓励学生带着课题研究方向、甚至奖学金来攻读博士学位。比如钱于博士，他说有的时候半年才见老师一次，老师对他研究管理相对较少，但是他博士期间发表了 8 篇 SCI，破了他导师先前学生保持 14 年的纪录，所以学生主动性是博士研究生质量控制的关键。如何选拔、发掘学生主动性和追求是最值得国内大学借鉴之处。

3. 研究生培养突出科研

突出科研贯穿于培养全过程，这是美国大学研究生教育又一大特点。美国的科学研究中心主要设在大学，大学是获得科研经费的主要机构。研究生招生数量和方向，往往和本学科师资承担的科研课题要求相联系。研究生入学后直接加入到指导教师的科研工作中，以科研为重心的机制既使学生学习了专业理论知识，又造就科研业务能力。

（三）什么人适合在美国读博士

在美国，读一个博士需要做两件事：一是完全掌握一个科研领域知识，二是在这个领域开创新理论。因此美国博士学制长、含金量高。与欧洲一样，专业领域的掌握要通过通读文献，包括看书、学术期刊、会议论文和研究报告。要开创新理论，学生必须探索、调查、思考、总结。博士和其他学位的本质区别就是一个词：科研。学术界用"科研"来表示这种行为。"科研"经常暗示着要"实验"，但是科研绝不仅仅实验，还要求解释和深层理解。

总结出学位选择的三个原则。

第一原则，如果自己喜欢搞学术、适合 PhD 生活，那么首选 PhD。

第二原则，在不确定自己是不是足够喜欢 MS or PhD 的时候，同时家里又能够轻松为自己提供留学预算的情况下，首选 MS。

第三原则，不到万不得已的情况下，不要为了钱或者学位而选择 PhD，PhD 可以转 MS。

第一条原则比较好理解，喜欢的、适合的才是最好的。自己喜欢，就不会觉得在 5～8 年甚至更长时间里在某一个小问题上做深入的研究是一件痛苦的事情。而且这种适合是能够带来丰厚的物质回报的。

第二条原则要重点解释一下，对国内学生比较有借鉴和参考意义。因为很多人所以申请 PhD 是因为觉得 PhD 比 MS 高一级，出来更好找工作（事实上在美国其实是反过来的），并不是因为自己喜欢。因为各种误解而做出错误选择的人非常多。

第三，选择 MS。这个不会损失太多时间和金钱。由于美国研究生制度的灵活特性，MS 转 PhD，PhD 转 MS 是一件比在国内容易很多的事情。很多学校，第一年 MS 和 PhD 上的课程基本是差不多的，MS 学分可以非常顺利转到 PhD 阶段。

这对国内学生有一定的借鉴意义，学生做学位选择时，须慎重考虑，需要与导师、在读博士生充分交流后，选择直博形式。

二、伊利诺伊–香槟分校研究生培养与管理

（一）伊利诺伊–香槟分校简介

伊利诺伊大学厄巴纳–香槟分校（University of Illinois at Urbana–Champaign，UIUC），建立于 1867 年，位于伊利诺伊州幽静的双子城：厄巴纳–香槟市，是美国高校"十大联盟（Big Ten）"创始成员，被誉为"公立常春藤"，是一所享有世界声望的一流研究型大学。该校在《美国新闻与世界报道》2015 年美国公立大学排名第 11 位，世界大学排名第 35 位；其工程学院在全美乃至世界堪称至尊级的地位，始终位于美国大学工程学院排名前五，该校的商学院也具有极强的实力，其会计、金融等专业为全美一流水平。

UIUC 与中国有着特殊的关系，是对中国学生最友好的大学之一。该校与北京交通大学有着许多渊源，如北京交通大学经济管理、交通运输学院早期许多老师都是毕业于此，同时该校与北京交通大学学科具有相似性，因此近年来拓展了一些合作项目如土木建筑工程学院和交通运输学院 3+2 留学项目、经济管理学院企业管理硕士项目以及该校与北京交通大学共同建设的"高速铁路运营与安全研究中心"是中美两国教育科技交流项目。

（二）管理机构与工作内容

UIUC 研究生院网址如下：http://www.grad.illinois.edu/，内容包括研究生录取、培养、管理以及支持，如国际化、学术会议。其主要特点制作了大量视频和出版物，包括往年研究生院文件，在 Youtube、Twitter、Linkin、Facebook 上进行推广。需要注明的是，博士后相关岗位需求与发布在研究生院网也可以找到。UIUC 研究生院工作内容非常广泛，包括了招生就业、培养过程和后勤支持等。如住房、奖学金、就业辅导、国际交流、文化活动、心理辅导、财务、IT 技术支持（研发运营 App）和公关与宣传等部门。研究生院管理人员相对来说较多，甚至比 UIUC 一个学部管理人员还多。

（三）招生与录取

在美国申请读研究生，手续和过程要比国内简单。除 GRE 成绩外，无须经过其他形式的全国性考试。甚至可以通过项目合作入读，不需要 GRE 成绩，如 UIUC 土木与环境工程系通过与中国优秀大学土木工程相关院系合作 3+2 留学项目，大四学生直接赴美读研究生。美国学生选择专业和学校的自由度比较大，一个人可同时申请多所大学。

博士研究生申请材料包括申请表、本科学历证书和成绩单、硕士学历证书和成绩单、GRE 成绩和推荐信（3 封），TOEFL 成绩，写作样本。这些材料可以从不同角度反映申请人的教育经历、专业基础、综合素质和接受深造的潜力。除了申请人的质量外，录取人数的多少还受其他因素的影响，包括：本系的教师资源、本系拥有的经济资源、系内各专业之间的平衡、本校的研究资源等。研究生的培养与市场需求直接挂钩，这是美国大学研究生教育的明显特征之一。

（四）培养与考核

1. 课程训练

研究生的训练包括两个阶段：课程训练和写论文。如果是读博士学位的话，写论文之前还要通过一个学位候选人资格考试。研究生的课程有必修课和选修课两种。必修课多为基础课，专业

课有 3 种类型：知识课（lecture）、研究课（seminar）和阅读课（colloquium），授课方式和训练重点不尽一致。

知识课在研究生课程训练中占的比重较小，但对打基础非常有用。这种课的最大优点是既有广度，又有深度，有助于培养学生欣赏和批判专业学术著作的能力。研究课可以说是学位论文写作的演习课，它不只训练学生的研究能力和写作能力，更重要的是教会学生如何解读原始资料，如何设计研究题目，如何回应他人的批评和建议。

2. 学位候选人资格考试

通过资格考试的博士生被称为"博士候选人"（PhD Candidate）。此后，他们就得以研究为主业了。资格考试是对研究生专业基础知识的一种抽查考试，但这个长达一年的准备过程很重要，它迫使人去读书，写读书笔记，扩大知识面，实际上为写论文做了铺垫。不同学校对资格考试的内容和形式有不同的规定。考试通常集中在一个星期或更短的时间内进行，学生就教授给出的题目现场写作。

3. 论文的写作

毕业论文毫无疑问是博士生生涯的重头戏。为了督促博士研究生合理安排时间，系里一般要求博士研究生在三年级结束前开题。UIUC 土木环境工程博士开题后（无中期答辩），随时可以毕业。博士研究生候选人通过论文委员会的毕业论文答辩后，就可以正式拿到博士学位了。

写论文分几个阶段，先是提出论文题目报告，然后是收集材料和写作，最后是修改与答辩。论文题目报告提出后，通过选题委员会的答辩，才可向美国学会的"博士论文题目摘要"（Dissertation Abstracts）注册，正式开始研究工作。

研究和写作过程中的最大挑战有两项，一是资料的收集，二是研究经费的筹集。研究经费的筹集具有挑战性。一般来说，有三种获取研究经费的途径：一是争取本系（研究中心）和本校的论文研究基金，在这方面，资源充足的学校显然有优势；二是向校外的国家政府机构如 FRA，FAA，DOT 申请，类似于国内交通运输部、国家铁路局和国家铁路总公司。这两种情况都是纯基金，即除了将钱用于论文研究，不含其他义务。三是从企业获得相关研究经费，以及从本系获得做助教（teaching assistant，TA）、助研（research assistant，RA）机会，还可向教授学习如何与学术杂志的编辑沟通、如何回应匿名审稿人的批评等。

论文初稿写出后，分章交给导师阅读评审。硕士论文一般 100～150 页，需要使用原始材料，半年到一年的时间内可以完成。博士论文的要求则比较严格，长度没有统一的规定，一般应该在 200 页左右。修改稿经过导师审阅并同意答辩后，论文初稿才可分发给答辩委员会的其他成员。

（五）online 远程硕士

美国很多大学提供 online 研究生课程，online 研究生一般不要求完成论文和研究工作。尤其值得注意的是，提供的毕业学位证与普通研究生一样，学费更高。UIUC online 学位中心网址为：https://online.illinois.edu/。

（六）双学位研究生（交叉）

不仅仅在美国，在欧洲这种情况更为普遍，有学生会不仅仅读一个研究生学位，可能会在读书过程中，根据兴趣和爱好，特长和就业趋势攻读第二个研究生学位。或者更加直白地说，只要交够了每个学分的学费，学分满足相应学院和项目的要求，即可申请授予相应学位。

（七）导师更换

硕士研究生升博士研究生更换导师比较容易，尤其是涉及导师流动、更换单位等情况。换导师总体而言都是下下之策。但是美国导师可以继续履行义务，离职不离岗或者该生跟随老师投入新学校，学分和毕业论文都被新学校认可，但是在中国，后者基本上不可行。

1. 导师特别强，学生跟着导师走

研究生阶段，已经不是看学校品牌，而是看导师的品牌。如果导师能力非常强，学生的最佳选择是跟着导师跳槽。否则学生基本上在学术界无法立足。

2. 导师不是特别强，学校特别好

这种情况可以要求导师继续在该校挂名为导师。

这种情况的好处是，学生不至于因更换导师重新开始新的研究领域。

另外，博士研究生的导师，其实很多时候可以称为博士研究生的"顾问"。因为，博士研究生学业的内容，应该绝大部分由博士研究生自己去完成，当他们遇到问题的时候，才去征询"顾问"的建议，少走弯路。

（八）职业发展支持

老师和学校对博士研究生职业发展的支持，是美国高校研究生教育比较成功的重要原因之一。

1. 学术导师制度

美国许多大学都有学术导师制度。学术导师的职责是在第一、第二学年给予博士研究生学术、生活、心理等各方面的指导。另外，每学期末教授委员会要对每位博士生的学习和研究状况进行评估。这样做的好处是大部分教授对大部分学生的情况比较了解，也增加了不同领域的教授与博士研究生之间合作的机会。

2. 职业发展计划

美国高校重视对学生职业素养的培养，大致有以下几方面的内容。首先，由专人（教授们轮流担任）负责为求职的博士研究生提供服务，包括指导准备申请材料、提供面试建议、预约试演讲的时间（每人至少有一次全系老师参加的试演讲）、如何与未来的雇主讨价还价等。

（九）教学评价

在美国教学评价是非常重要的内容，基本上是唯一可以开除或者解除终身教授职位的一个方式，在美国大学教学评价形成了一套特色体系，比如在 UIUC，并不是教学科或者同行来进行评议，也没采取所谓的教学比赛等活动。主要是通过学生每学期填写测评卡来完成。教学评价的结果和老师的工资、晋升都有直接的关系。学生缴纳高昂的学费，自然具有更多的话语权。所以，老师不仅要上好课，还要和学生维护好关系。

（十）收费与服务

UIUC 是公立学校，对州内学生收费相对较低，但呈现不断增长趋势。很多私立学校每学年学费五六万美元。一些好的商学院，学费动辄过十万美元，超出了绝大多数美国人的年收入。高昂的学费，相伴的是优质的服务。

三、土木工程博士研究生培养个案

（一）招生与录取

UIUC 土木工程招生有三个不同渠道：

1. 优质生源学校推行"3+2"

UIUC 一共在全世界高校签署了 12 个"3+2"联合培养项目协议，与中国 7 所高校签署了"3+2"联合培养项目协议包括：同济大学、浙江大学、中南大学、哈尔滨工程大学、大连理工大

学、西南交通大学、北京交通大学。

2. 本校直升，类似保研

本校毕业读研究生很容易，申请和审核相对来说很容易，基本上没有被拒绝的。

3. 世界范围内自由申请

GPA 成绩和英文成绩很重要，教授直接录取，申请名单在系统内，每个教授自己挑选学生，剩下的学生，如果满足学校录取条件和在招生名额内，由行政管理人员来录取；如果不满足条件或者已经招满，则不能录取。

（二）培养

1. 课程

"路基压实"这门课中，Erol 教授会提前列出相应参考文献，布置论文阅读。"高速铁路建造与管理"这门课，主讲教授会布置学生进行相应大范围阅读，帮助学生了解学科背景、发展现状，培养学生思考能力。

2. 教授日常工作

我的美国博导每天坐在办公室写科研论文、写项目申请书、编辑学术刊物、看学生实验报告、回复电子邮件等，常常工作到晚上七八点。

另外，UIUC 土木和环境工程学院基本上每个教师都有自己的公司，注册在学校科技园。Erol 教授代理法国路基与岩土工程检测设备，进行推广和二次开发。

3. 学术交流和研究基金

越是知名的研究所或者教授，课题越多，学生也越多，学生可以利用教授或者研究所资助，开展学术交流等。

例如，UIUC 每年给每位博士生提供 1 800 美元的学术会议支持。系里同时要求博士生在赴会前将论文上传到公开的工作论文服务器。我认为这个细节做得很好，比较巧妙地督促学生完成学术任务，但并没有增添烦琐的官僚手续。只要认真申请，几乎所有人都能得到这笔经费。这笔钱虽然也不多，但可以用来完成一些小的数据搜集工作了。

4. 研讨会系列

博士生阶段最重要的训练，是在研讨会里完成的。UIUC 的研讨会大致有两类。一类是正式的研讨会，多邀请其他院校的教授作报告。美国甚至世界土木环境工程系有一些知名研讨会，如铁路的 William Hay 研讨会，公路的 Kent 研讨会，环境工程的 Ven Te Chow Hydrosystems 研讨会。另一类是非正式的研讨会或者组会，常常由老师或者学生自己组织。由学生主讲的研讨会在 UIUC 有不少，如 AREMA（美国铁路工程师协会）和 ASCE（美国工程师协会）。在 UIUC，大部分时候得靠学生组织——学生来选题、分析、邀请演讲者等，来迎接同行的挑战。

5. 资格考试

博士资格考试（doctoral qualifying examination）一般是每年两次，在五月份与十一月份进行。至少提前六个月，申请人就要开始做准备了。首先，申请人要与自己的导师商量，拟定三个选题，以及每个选题的三位考官（examiner），其中一位是导师本人。资格考试的形式是，申请人在一周之内基于自己领域的选题及参考文献，就三位考官的每个问题写一篇 10 页的论文。如果最终等级为合格，则申请人的级别从"博士生"（Ph.D./doctoral student）升为"博士候选人"（Ph.D. Candidate），可以正式进入博士论文阶段。如果最终等级为优秀，则被视为一种荣誉。

6. 研究条件

美国能培养出高水平的博士研究生，与完备的仪器设备、充裕的科研经费以及高水平的导师是有直接的关系的。但还有两个条件至关重要：一是研究课题的先进性，二是学术氛围的纯粹性。

所谓课题的先进性，是指研究涉及的领域往往处于世界学术的前沿，研究生接手的项目很可能就属于原发型而非跟随型研究，起点很高，一旦出成果就可能在该领域领先。他们的许多研究课题都是与企业合作的，这些课题要为企业带来新的利润就要求有新的创造和提升。可见，没有一流的企业、一流的技术和一流的产品，也就不可能有一流的课题，从而也就不可能有一流的博士研究生。大学的水平是与社会发展水平同步的，没有社会的全面进步，自然不可能有一流的大学。所谓学术氛围的纯粹性，是指导师、博士生都将对学术的贡献看成是自己人生的最大价值，将学术上的建树看成是自己终极的奋斗目标。学校对研究生在读期间没有发表论文的硬性要求，他们不会为论文而写论文，他们的许多论文都是"水到渠成"，研究有了突破，论文自然诞生了。

另外学校很多设备共享，本校生优先使用，价格优惠。

7. 论文与答辩

与国内的情况不同，美国大学很少有对于博士毕业生发表文章的规定，博士研究生能否毕业，是要根据最后毕业答辩的时候，整个博士委员会的评价，委员会的成员认为，这个学生完成了相应的工作，在某一个具体的科研领域，进行了相当程度的研究，可以博士毕业，取得学位。甚至是教授自我的规定，尽管没有任何硬性明文的发表文章的规定，但是任何一个学生都清楚地知道，文章的发表是对自己工作的一个认定。因为无论将来继续从事科研工作还是其他领域的工作，文章都是一个很重要的证明，能向新的用人单位证明自己是一个具有能力的博士。所以，双方的出发点就有明显的不同，国内更多的是因为被学校要求，有这么严格的规定，而国外更多是出于对自身发展的考虑，因此也就更能发挥主观能动性。或者更进一步讲，论文发表没有硬性条文规定，但是实际上的要求更高，质量要求更严。

四、结论与建议

总结而言，我对美国 UIUC 土木工程（环境和交通）研究生培养过程和方式有如下一些观察和感受。

1. 基础扎实、宽泛

学生根据课题研究需要，可在全校范围内选课。我的第一个感受是 UIUC 土木工程研究生培养课程虽然较少，但训练很扎实。无论是读博士研究生还是硕士研究生，都必须选够相当数量的基本课程，否则不能参加资格考试或获取学位。在知识结构上，还是很注意广度和深度的平衡。

2. 加强专业素质进行培养

除前面提到的论文和著作训练之外，专业素质训练还包括进行学术讨论的能力和技巧，按学术规范进行研究和写作的能力，对专业规范的讲解和学习等。本科生写作业、研究生写论文、教授写专著，都是以此为准。这种学术规范的训练从本科生开始，在研究生阶段又再度强化，一直到博士论文的写作，久而久之，就形成一种习惯。

3. 开放的学术气氛

整个学术气氛相对开放，因为教授来自不同的大学，具有不同的背景（在 UIUC 杜绝本校博士研究生毕业直接留校教职），在意识形态、研究方式、为师风格上给学生一种多元化的感觉，对开阔思路非常有用。师生之间的关系不像国内那样亲密和亲近，但这种关系，较少个人情感因素的纠缠，表面上公事公办，但在讨论问题时，往往能够做到平等对话。

4. 鼓励学科交叉

在美国，跨专业读博士备受欢迎，单一性专业背景的学生往往受到限制，甚至拒绝接收。具有相关的工作经验或者多元的学术和工作背景者被看重，学生读博士学位前平均工作年限为

5～6 年。

5. 能者为师

博士生导师的队伍构成和资质方面，充分体现"能者为师"的宗旨，凡具有博士学位授予资质的学校根据社会需求，均完全拥有自主招生某专业博士研究生的权利，也无恒定博导头衔的称呼，但凡具有博士学位的教授、副教授、讲师根据学科需要均有指导资质。博采众长打破门户封闭和垄断，导师学生双向选择，系所备案，研究生院负责制定政策和基本录取条件。

6. 导师更换

硕士和博士生更换导师比较容易，尤其是涉及导师流动、更换单位等情况。教师流动性高，经常有人离开去外校当院长、系主任或者实验室主任，也不断有新老师流入。导师离开后不影响学生毕业和答辩，依据学生意见来选择不同解决方式。

7. 服务无处不在

学校给学生提供的服务也让人印象深刻。出行有免费的公交，图书馆有免费的扫描仪，学院办公室有免费的打印机，开研讨会有免费的食物，有很多对学生的奖励、资助，连研究生会每年都有近 20 万美元的经费，研究生会主席有 7 000 多美元的补助。虽然很多服务看似免费，实际上都包含在学费之中。

8. 国内学费太低

关怀和服务，才能培养学生对学校的归属感和忠诚度，才会让学生走到哪里都会记着、爱自己的母校。我甚至认为，提高学费也可以提高学生的学习积极性。在美国的大学，学生积极上课、积极参与，不可否认的一个因素就是他们是花了很多钱来修这个学分，我如果不认真上课，其实是遭受了很大的损失。付了很多钱的东西和免费或低价的东西，一个人对待它的心理是不一样的。是否中国的大学生交的钱多了就会更加努力地学习，我不得而知，但是我确信如果可以把其中的一部分钱用来提高老师的待遇，老师会有更大的热情和精力投入教学工作。

特此鸣谢

特此鸣谢 Erol Tutumuler 博士、钱于博士、翟刚学博士、门玉洁、王赫博士及侯文婷、马超伦同学。

对在北京交通大学开展风景园林硕士专业学位教育的建议与思考

张红卫　蒙小英　高　杰

（北京交通大学建筑与艺术学院，北京　100044）

摘　要：风景园林硕士专业学位是培养应用型、复合型专门人才的专业性学位，具有良好的发展前景。在北京交通大学开展风景园林硕士专业学位教育，可以满足社会对该专业的高水平人才的需要，可以完善北京交通大学建筑与艺术学院的学科布局和交叉发展，以及满足特色塑造的要求。充足的生源保障、完备的师资力量、良好的教学基础设施可为北京交通大学开展风景园林硕士专业学位教育提供充分的保障。

关键词：风景园林　硕士专业　教育

一、我国风景园林硕士专业学位发展情况

风景园林硕士专业学位的英文名称为 Master of Landscape Architecture，简称 MLA。为全面建设小康社会，加快城市化建设进程、保护生态环境，改善人居环境，促进人与自然的和谐发展，更好地适应我国风景园林事业发展的需要，2005 年 1 月 21 日国务院学位委员会第 21 次会议审议通过决定设置风景园林硕士专业学位。风景园林硕士专业学位是与风景园林事业相关行业任职资格相联系的专业性学位，具有特定的职业背景，主要为风景园林事业相关行业培养应用型、复合型专门人才。

（一）风景园林硕士专业学位简介

风景园林学科是一门保持和创造人及其活动与周围的自然世界和谐关系的艺术和科学，是人居环境科学的三大支柱之一。优美的、生态平衡的人类生活境域需要城乡规划学、建筑学和风景园林学三个学科的有机结合和协同创造。在新型城镇化建设和一带一路共建中，风景园林学是引领城市系统性健康发展的法宝。

风景园林硕士专业学位的培养任务是培养协调人居环境中的自然环境和人工环境建设与管理，改善人居环境，传承和弘扬优秀风景园林文化的高级专门人才。

风景园林硕士专业学位主要围绕我国的城市化建设，人居环境的规划、设计、建设与管理等领域服务开展人才培养。

（二）风景园林硕士专业学位发展情况

2005 年以来，相关院校积极发展风景园林硕士专业学位教育，截至 2014 年，全国有风景园林学一级学科硕士点 66 个，风景园林硕士专业学位（MLA）授予点 59 个[1]。

二、在北京交通大学开展风景园林硕士专业学位教育的必要性

（一）专业人才的需求

近年来，我国城镇化程度越来越高，城乡建设力度逐年增大，由此而造成的生态问题和环境问题十分突出。据预测，我国的城镇化率在 2050 年将达到 81.6%，届时将有近 11 亿人居住在城市[2]，城镇化的发展使城市人居环境的压力面临着严峻的考验。而致力于保护生态环境，改善人居环境，促进人与自然的和谐发展的风景园林行业就面临着很好的发展机遇，对高水平专业技术人员的需求十分旺盛。

（二）学科布局和交叉发展的需要

北京交通大学的发展目标是"多科性、开放式、国内一流、国际知名的研究型大学。"因此，在北京交通大学增加风景园林硕士专业学位教育，符合北京交通大学中长期发展思路和战略，也有利于北京交通大学相关学科交叉发展的需要。

北京交通大学建筑与艺术学院经过多年的发展，已经从单纯的建筑学专业，发展到建筑学、城乡规划、环境设计、视觉传达设计、数字媒体艺术五个专业，学科建设初具成效。但是，在城乡建设领域与建筑学、城乡规划同为一级学科的风景园林专业，由于种种原因一直没有建立起来，这在一定程度上制约了建筑与艺术学院学科群体的协调发展和轨道交通领域特色的形成。因此，在北京交通大学开展风景园林硕士专业学位教育，可以弥补北京交通大学学科体系的不足，完善建筑与艺术学院的学科培养体系，并且有利于建筑与艺术学院形成学科并进、协同发展的格局。

（三）特色塑造的需要

经过百多年的发展，北京交通大学确立了强化和突出交通特色的发展方向，走以质量取胜、特色取胜的内涵式发展道路，在轨道交通领域积淀了雄厚的实力和影响力。北京交通大学建筑与艺术学院依托学校的学科优势，多年来不断地在交通领域进行开拓和耕耘，取得了丰富的成果。开展以交通景观为特色的风景园林硕士专业学位教育，可以继续拓展北京交通大学建筑与艺术学院在交通领域的研究方向，深化建筑与艺术学院的研究深度，强化北京交通大学建筑与艺术学院的办学特色，抓住交通大发展的机遇，塑造鲜明的学科特色，迅速走向行业的前列。

三、在北京交通大学开展风景园林硕士专业学位教育的可行性

（一）充足的生源保障

近些年来，国内外对风景园林硕士学位的需求在不断增加，包括风景园林行业比较成熟的美国，高水平的人才仍有很好的就业前景。

我国当前风景园林相关技术人员提升学术水平的基数十分庞大。截至 2014 年，我国开设风景园林及相关专业的院校数量已超过了 200 所，在良好的行业前景下，庞大在职的技术人员和在读的大学生进一步深造和攻读更高学位的需求十分旺盛。

（二）完备的师资力量

经过三十多年的建设，北京交通大学建筑与艺术学院已有可从事风景园林学方向硕士教育导师 12 人，其中教授 2 人，副教授 7 人，讲师 3 人，外聘客座教授 1 人，这些教师的学术背景深厚，教学经验丰富，所开设的课程，涵盖了风景园林硕士专业学位培养所需开设的大部分专业课程。

在长期的学院学科建设中，北京交通大学建筑与艺术学院先后开设有多门风景园林相关课

程，这些课程包括本科阶段开设的"园林与绿化""园林史""园林植物学""园林艺术欣赏""景观设计原理""风景园林规划与设计""风景区规划""城市绿地系统规划"。为研究生开设的课程包括"园林史论""风景园林规划与设计""景观学研究前沿""园林工程与竖向设计""城市景观与建筑环境设计"等[3]。

北京交通大学在风景园林学相关的建筑设计系列、城乡规划系列、自然资源管理系列、工程与管理系列、旅游规划系列课程上，都有十分成熟的教学体系，这些都为北京交通大学建筑与艺术学院开展风景园林硕士专业学位的课程教育奠定了良好的基础。

在教学过程中，北京交通大学建筑与艺术学院教师发表的风景园林类相关论文数十篇，出版相关学术专著多部，承担相关课题多项。北京交通大学建筑与艺术学院师生参加国内各种风景园林学科竞赛，获得数十项奖项。

北京交通大学建筑与艺术学院与一些大型规划设计单位及施工企业有着良好的合作关系，与这些合作单位共同完成的风景园林类课题有数十项。这些合作单位中行业团队学术水平高，实践经验丰富，能够保障风景园林硕士专业学位合作培养的顺利进行。

（三）良好的教学基础设施

北京交通大学是教育部直属，由教育部、中国国家铁路集团有限公司、北京市人民政府共建的全国重点大学，是国家"211工程""985工程优势学科创新平台"项目建设高校，是具有研究生院的中国首批博士、硕士学位授予高校，良好的教学环境能够为风景园林硕士专业学位教育提供坚实的保障。

建筑与艺术学院拥有独立的教学、办公大楼，专业教学需要的专用教室、美术教室、实验室、图书分馆、图档室等教学条件已经达到风景园林学硕士专业学位建设的要求。建筑与艺术学院还设有多媒体教室、评图室等教学空间，具备师生交流和作品展示空间，配备大屏幕显示播放设备。建筑与艺术学院近年来大力建设了数字化设计实验中心，良好的条件能够为风景园林学硕士专业教学提供充分的技术保障。

与建筑与艺术学院展开合作的单位包括中国城市规划设计研究院、中国建筑设计研究院、EDSA Orient、北京市园林古建设计研究院、天津园林规划设计院等，大多是国内知名大型规划设计单位和企业，规划设计任务充足，办公条件良好，能够满足风景园林硕士专业实践培养的需要。

四、结语

在北京交通大学开展风景园林硕士专业学位教育，符合国家生态文明建设的需要，符合风景园林事业相关行业对应用型、复合型专门人才的需要，有利于建筑与艺术学院的整体发展和学科特色的塑造，实现跨越式发展。依托北京交通大学优越的教学条件、完备的师资力量和合作单位丰富的实践经验及条件，在北京交通大学开展风景园林硕士专业学位教育十分必要，而且前景十分光明。

参考文献

[1] 李雄. 注重质量建设提升风景园林教育核心竞争力 [J]. 风景园林，2015（4）31-33.

[2] 魏后凯. 城市让生活更美好，农村让城市更向往 [J]. 探索与争鸣，2013（11）：29-31.

[3] 张红卫. 对在建筑学、艺术设计专业中开展风景园林教育的思考. 高水平行业特色大学拔尖创新型人才培养的探索与实践 [M]. 北京：北京交通大学出版社. 2012.

我国学术规范管理机构和制度构建研究[*]

朱岩岩

（北京交通大学语言与传播学院，北京，100044）

摘　要：学术规范体系的构建需要设立相应的管理机构和颁布配套的规章制度。21世纪以来我国在学术规范体系管理机构和制度建设方面投入很多，相继建立一批学术道德监督机构并颁发一系列教育法规和规章，在建立学术道德规范、法律规范和技术规范方面都取得一定成果。回顾我国对教育领域中学术规范建设的关注并总结在学术规范管理机制建设方面的工作成果，有助于了解我国学术规范管理机制建设历程和推进学术规范体系构建。

关键词：学术规范　机构设置　管理制度

在教育领域，学术规范泛指"学术实践活动中所逐步形成的被学术界公认的一些行为规则"[1]。从20世纪80年代开始，我国教育部及相关部委密切关注学术规范对教育质量的影响力，并持续不断地在学术规范管理机构设置和制度建设上做出相应努力。这些工作不仅有效促进教育领域师德学风建设，还快速推进科研活动中学术规范建设。2012年教育部学风建设委员会主任吴常信院士谈到"加强高校学风建设，提了多年，规章制度也制定了不少，当前的关键在于如何抓好落实"，我国到底设立了哪些保证学风建设和学术规范监管机构？出台了哪些相关教育法规条例呢？这些并不为人所熟知。对此，吴院士也谈到"做好学风建设的教育、普及和宣传很重要，这是抓好落实工作的一个重要前提，是一项基础性的工作，没有了解，谈何落实"[2]。因此，本研究旨在从国家层面，追溯我国相关部委设立学术规范监督机构和颁布相关教育法规条例的发展历程，以便适时总结我国学术规范管理机制构建方面已有成果，为进一步落实这些教育举措理清方向。

一、国家层面关注学术规范建设的历史溯源

我国对教育质量中学术规范建设的关注开始于20世纪80年代，在五年一届的人民代表大会的报告中都专门论述我国教育事业的发展状况和未来发展方向。

1978年后，我国教育事业发展步入正轨，在五年一届的人民代表大会报告中，对教育领域中道德教育都有所强调。1982年召开的中国共产党第十二次全国过代表大会（简称十二大）报告中，指出"教育科学文化工作正在走上正轨并得到一定的发展"。1987年十三大，在道德建设方面提出加强精神文明建设，培养"有理想、有道德、有文化、有纪律"的新人。1992年十四大提出"全面提高教育质量"和加强"道德建设""公德教育"。1997年十五大提出要"重视受教育者素质的提高，培养德智体等全面发展的社会主义事业的建设者和接班人"。2002年十六大提出"诚实守信为重点"的思想道德建设，要求"加强教师队伍建设，提高教师的师德和业务水平。"2007年

---

　　* 基金项目：2017年北京交通大学语言学院本科教学教改项目"双一流建设背景下学科发展与英语专业本科创新型人才培养研究"；2015年北京社会建设研究院课题"高校媒介素养教育与研究生诚信培养的研究"（SHJS2015006）。

十七大着重教育"质量评价制度"和"个人品德建设"。2012 年十八大提出"把立德树人作为教育的根本任务",并将"诚信"列入社会主义核心价值观体系中。2017 年十九大提出"推进诚信建设",并重点指出要"强化社会责任意识"[3]。

另外,在国家制定的三个五年计划纲要和教育部制定的更细化的专门规划中("十五"2001—2005、"十一五"2006—2010 和"十二五"2011—2015),都分别明确设立教育领域发展目标,其中也涉及教育质量中的道德建设方面。"十五"计划中,提出要加快教育事业的全面发展和体制改革,强调品德教育和学校思想政治工作的重要性。"十一五"计划中,将"育人为本、德育为先"和"立德树人"定为教育根本任务,强化"学术道德建设"和树立积极向上的学术氛围,通过制定相关教育法规和健全教育督导评估体系,推进教育监督和法制建设进程。"十二五"计划中提出"全面实施高校本科教学质量和教学改革工程",要求"健全教学质量保障体系",并"加强科研诚信建设"[4]。

二、我国学术规范体系中的机构建设

在学术规范管理中,机构建设占有重要地位。通过设立相应学术管理机构,能够明确学术规范要求,制定学术管理办法和监督学术活动。为了维护我国学术领域良好发展,21 世纪以来一些部委相继成立学术管理和督导机构,有效地促进学术活动的规范化和制度化发展。

(一)国务院办公厅设立教育督导委员会

2012 年 8 月国务院办公厅了成立"国务院教育督导委员会",专门负责研究、制定国家教育方针政策并统一审议、指导、统筹全国教育督导工作,还遴选聘任国家督学和定期发布国家教育督导报告。1991 年 4 月国务院就曾以国家教育委员会名义,发布过《教育督导暂行规定》(教育委员会令第 15 号)。该规定分为六章共二十三条,内容包括建立教育督导制度的目的、范围和职责,并详细说明督导选拔条件和行使职权,为教育工作的监督和管理提供依据。后经修订,2012 年 8 月国务院正式发布《教育督导条例》(国务院令 624 号)。在内容方面,不仅细化了《教育督导暂行规定》中教育督导的适用范围和工作原则,还明确督导的法律职权和责任,指明设立教育督导制的目的是进一步确保国家教育方针和政策的贯彻执行,推进我国教育事业的有效发展,促进教育质量和保证教育公平。教育督导委员会成立以来,在推动全国督导机构队伍建设、促进教育质量提高、强化师德师风方面贡献良多。据《2014 年教育督导报告》显示,在国家教育督导委员会统一指导下,全国已经有 21 个省市成立了独立的教育督导委员会,负责各地区的教育督导工作,进一步扩大了全国教育督导队伍。对教育质量中的学术规范检查和检测是教育督导委员会的工作内容之一,比如,组织编制本科高校教学质量报告,开展硕士、博士学位论文抽检工作和查处学位论文作假事件等,这些监督监管活动都有利地促进学术规范管理和建设。

(二)教育部设立的学风建设委员会

为了促进高校学风建设,2006 年 1 月教育部审议通过《教育部社会科学委员会学风建设委员会章程》,并依据此章程成立"教育部社会科学委员会学风建设委员会"。《章程》中明确表明成立教育部学风建设委员会的目的、原则和工作内容,主要在于促进高校学风建设的规范化、持续化和有序化发展,加强学风建设和学术纪律的组织机构设置,并制定学风建设的教育规章制度和处理学术不端行为。学风建设委员会由 30 名左右委员组成;委员主要从高校教师中聘任,还可少量聘任高校系统外专家;委员会每年召开全体会议,听取和审议委员会年度工作报告,讨论和决定有关学风建设的重要问题,还不定期举行专题会议进行具体问题研讨。2009 年学风建设委员会组织编纂《高校人文社会科学学术规范指南》,由高等教育出版社出版。该书共分为八个部分,分别从学术规范基本概念、学术伦理、选题与资料规范、引用与注释规范、成果呈现规范、学术批评规范、学术评价规范、学术资源获得与权益自我保护等方面对我国人文社会科学学科提供学术规范的指导依据[5]。2010 年学风建设委员会编纂出版《高等学校科学技术学术规范指南》，明确说明科技工作者应该遵守的学术规范和界定科研中的不端行为[6]。

（三）科学技术部设立的科研诚信建设办公室

2006 年 11 月科学技术部公布《国家科技计划实施中科研不端行为处理办法（试行）》（科学技术部第 11 号令）。此《处理办法》包括六章共三十四条，分别说明科研不端行为的类别、调查和处理机构、处罚措施、处理程序、申诉和复审等。为了深入《处理办法》的贯彻实施，2007 年3 月成立"科学技术部科研诚信建设办公室"，其主要职责包括受理对科研不端的举报、协调调查处理、提出科研诚信建设意见，并推进承担课题项目单位的科研诚信建设。科技部自成立科研诚信办公室以来，广泛协调高校、科研机构的科研活动，推进我国科研诚信建设。而且，科技部牵头联合教育部、中国科学院、中国工程院、国家自然科学基金委员会、中国科学技术协会等共六部委，建立科研诚信建设联席会议制度，确定以联席会议的形式议事，共同交流各部门开展科研诚信建设的情况，研究部署科研诚信建设的相关工作。2009 年 11 月，科技部诚信办组织专家编纂《科研活动诚信指南》由科学技术文献出版社出版。《指南》包括研究课题选择、研究资源配置、数据获取、论文发表和科研不端行为防范等内容，全面涵盖科研活动从课题申请到成果发表的整个过程[7]。科技部诚信办公室和中国科学院组织共同编写并由科学出版社出版《科研活动道德规范读本》，分别从科学与科研活动的特征、基本规范、科研不端行为的类别和科研道德的建设等角度概述科研活动中的基本学术规范[8]。

三、学术规范管理条例和法规建设

学术规范建设离不开管理制度建设，而且"制度建设是科研诚信的有力保障"，学术规范管理机制构建包括法律法规建设和一系列"教育、规范、监督、查处、奖励等"管理制度建设[9]。高等教育科研活动涉及的相关法律法规主要包括《中华人民共和国教师法》（1993）、《中华人民共和国高等教育法》（1998）、《中华人民共和国专利法》（2000 年修正）、《中华人民共和国科技进步法》（2008）、《中华人民共和国著作权法》（2010 年修正）等。这些法律条文中都有关于科研活动中的诚信和道德规范相关内容。

我国学术规范管理条例的制定主要集中在教育部和科技部等一些国家部委。教育部始终将学术规范建设作为重点工作，发布学术规范相关条例较多，主要包括《教育部关于加强学术道德建设的若干意见》（2002）、《高等学校哲学社会科学研究学术规范（试行）》（2004）、《教育部关于树立社会主义荣辱观进一步加强学术道德建设的意见》（2006）、《教育部关于严肃处理高等学校学术不端行为的通知》（2009）、《教育部关于切实加强和改进高等学校学风建设的实施意见》（2011）、《教育部关于进一步加强和改进师德建设的意见》（2005）、《关于加强学术道德建设的若干意见》（2002）、《学位论文作假行为处理办法》（2012）等。这些学术规范从道德建设、科研活动、学风教风等方面提出严格要求和处理办法。

此外，科技部在构建学术规范体系方面也做了很多工作，发布的学术规范相关条例包括《关于在国家科技计划管理中建立信用管理制度的决定》（2004）、《国家科技计划项目实施中科研不端行为处理办法（试行）》（2006）、《国务院学位委员会关于在学位授予工作中加强学术道德和学术规范建设的意见》（2010）。2009 年 8 月，科技部又联合教育部、财政部、人力资源和社会保障部、卫生部、解放军总装备部、中国科学院、中国工程院、国家自然科学基金委员会、中国科学技术协会共十部委共同发布《关于加强我国科研诚信建设的意见》。以上这些条例都表明科研诚信建设的必要性和重要性，并从不同角度推进我国科研诚信法制和管理制度建设，完善监督机制以惩戒科研不端行为。

　　总之，良好的学术规范体系既能塑造专业科研人员的高尚品德，又能直接影响学术活动能否顺利开展。通过回顾我国目前学术规范管理机构和制度建设，能发现我国教育界一直以教育质量的提升和监督作为工作重心，而学术规范的机构设立和制度建设就是确保教育质量和科研活动顺利展开的一个重要体系，相信学术规范机制建设的不断完善必将促进我国教育事业的健康发展。

参考文献

[1] 张积玉. 学术规范体系论略 [J]. 文史哲，2001（1）：80-85.

[2] 薛娇，陈礼达. 加强高校学风建设重在落实—访教育部科技委常务副主任、学风建设委员会主任吴常信院士 [J]. 中国高校科技，2012（6）：7-9.

[3] 中国共产党历次全国代表大会数据库 [OL]. [2018-11-12]. http://www.people.com.cn.

[4] 共和国的历次五年计划 [OL]. [2018-11-12]. http://www.xinhuanet.com.

[5] 教育部社会科学委员会学风建设委员会. 高校人文社会科学学术规范指南 [M]. 北京：高等教育出版社，2009.

[6] 教育部科学技术委员会学风建设委员会. 高等学校科学技术学术规范指南 [M]. 北京：中国人民大学出版社，2010.

[7] 科学技术部科研诚信建设办公室. 科研活动诚信指南 [M]. 北京：科学技术文献出版社，2009.

[8] 中国科学院. 科研活动道德规范读本 [M]. 北京：科学出版社，2009.

[9] 张欣欣. 制度建设：科研诚信的有力保障 [J]. 中国高校科技，2014（9）：4-6.

法学硕士学术研究积极性影响因素研究

彭 丽 陶 杨

（北京交通大学法学院，北京 100044）

摘 要：通过梳理、总结交大法学院法学硕士人才培养工作，发现法学硕士研究生的学术研究积极性问题已成为制约学术型法学人才培养质量的一大瓶颈。为研究该问题，以交大法学院法学硕士研究生为调查对象，通过问卷的方式对其学术研究投入情况及影响因素进行了调查，详细分析造成法学硕士研究生学术研究积极性不高的原因，并就如何提高法学硕士研究生学术研究积极性提出建议。

关键词：法学硕士研究生　学术研究　积极性　影响因素

一、研究背景

国家层面设立学术型硕士学位通常以培养研究型人才为目标，在培养过程中注重对学生学术研究能力的训练，要求学生应具备扎实的专业理论知识，并能独立进行学术研究。然而，当前我国学术型硕士研究生中却存在学术研究积极性不高的问题，主要表现为学生参与培养计划课程强制要求外的学术研究、学术活动的积极性很低，而对于完成培养计划内的学习任务，如写作与发表论文、阅读专业书籍等投入的时间与精力也比较有限。

学术型硕士研究生的学术研究积极性不高造成的负面影响主要有三点。

一是学术型硕士研究生的学术研究能力不足。学术研究能力包含学生对专业理论、基础知识、研究方法的掌握，逻辑思维的养成，学术创新能力[1]。对学术型硕士研究生而言，学位论文是其最具代表性的研究成果，也是其学术研究能力的代表。根据 2015 年教育部抽检 2014 年度毕业的学术型硕士研究生学位论文结果显示，抽检的 16 275 篇中不合格论文有 286 篇，占比 1.76%[2]，而造成学位论文不合格的主要原因之一就是学生的学术研究能力不足，表现为论文逻辑混乱、思考不够深入、研究缺乏深度等。而学术研究能力不足的主要原因就是学生没有积极参加学术研究和学术活动，导致学术研究能力没有得到有效锻炼。因此，培养过程中学生的学术研究积极性不高是导致其学术研究能力不高的根本原因。

二是学术型硕士研究生的学术成果数量、质量偏低。学生投入学术研究的时间、精力非常少，以至于很难完成并发表质量较高的学术论文。

三是一定程度上制约了高校的人才培养质量。学生作为受教育主体，其对学术研究的热情、参与度必然会影响学校人才培养的效果，例如，硕士学位论文质量是衡量人才培养质量的重要指标，学术型硕士研究生的科研产出也是学科评估中的重要指标。因此，学术型硕士研究生的学术研究积极性会间接制约高校的人才培养质量。

当前我国高等教育正着力推进双一流建设，在建设方案中进一步突出了人才培养的核心地位，明确培养高层次人才是双一流建设的重点任务之一。研究生教育是培养高层次人才的主要途径，而提高培养质量是研究生教育目前最关键最紧迫的任务之一，因此，提升研究生的学术研究积极性对提高人才培养质量至关重要。

二、问卷调查结果与分析

（一）问卷调查情况

北京交通大学法学院自2004年开始招收法学硕士，至今培养法学硕士已有14年，通过梳理、总结法学硕士人才培养工作，发现法学硕士研究生的学术研究积极性问题已成为制约人才培养质量的一大瓶颈。为研究该问题，我们以本院法学硕士研究生作为调查对象，通过调查问卷的方式对其学术研究投入情况及影响其学术研究积极性的相关因素进行了调查，希望运用实证研究方法来获得更为准确的结论。本次问卷调查回收有效问卷32份。本文将结合调查结果，分析造成学术型硕士研究生学术研究积极性不高的原因，并就如何改善该问题提出建议。

本次发放的问卷共30道题，其中选择题29道，填空题1道。主要调查结果如下。

1. 攻读研究生的主要原因

出于职业发展需要而读研的学生占比68.75%；没有特别的想法而读研的学生占比15.63%；因没有合适工作而暂时读研的学生占比3.13%；因想去更好的大学提升学历而读研的学生占比3.13%。因想做学术研究而读研的学生仅占比9.38%。这说明当前学生读研的初衷已经不是做学术研究（见图1）。

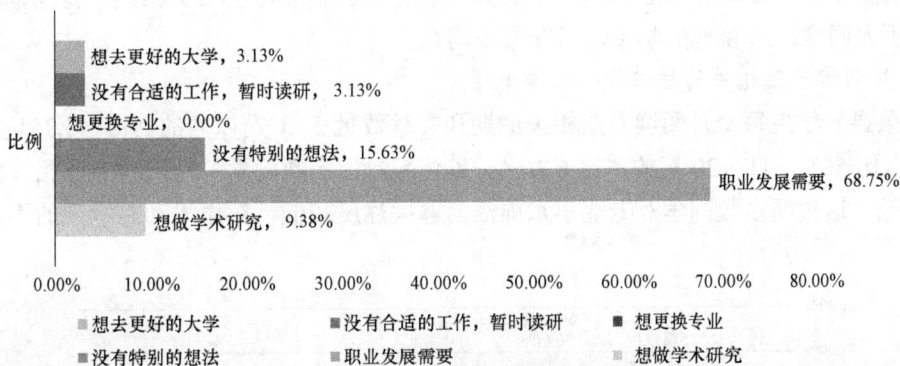

图1　攻读研究生的主要原因

2. 选择所学专业的主要原因

59.38%的学生是出于兴趣选择所学专业。40.62%的学生选择所学专业是出于别的考虑，具体来说，31.25%的学生是被调剂到所学专业，6.25%的学生是父母的要求选择所学专业，3.13%的学生选择所学专业是因为就业前景好。

3. 现在对所学专业的态度

81.75%的学生表示对现在所学专业感兴趣，并朝这个方向就业。18.25%的学生表示对现在所学专业不感兴趣。

4. 职业期望

6.25%的学生期望的职业是教师或研究人员，而93.75%的学生期望的职业是律师、公司法务、公务员。其中，50%的学生期望的职业为公务员，31.25%的学生期望的职业为律师，12.5%的学生期望的职业为法务（见图2）。

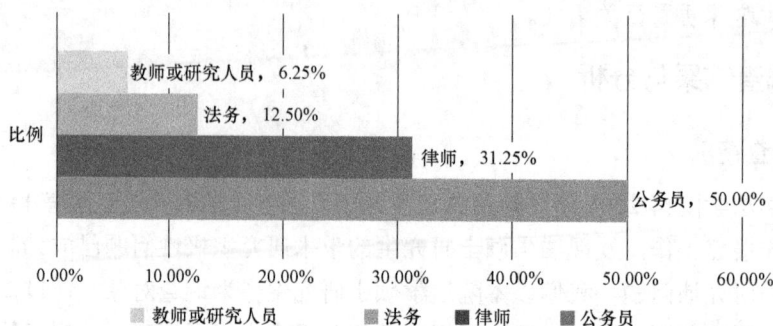

图2　职业期望

5. 研究生期间的学习规划

对"对研究生期间的学习有明确规划，并在坚持努力实现"这一陈述，9.38%的学生表示不太同意，28.13%表示基本同意，62.5%表示非常同意。

6. 学习勤奋度自评价

对"学习很勤奋"这一陈述，28.13%的学生表示不太同意，43.75%的学生表示基本同意，28.13%表示非常同意。

7. 学习态度

对"只求能应付过去即可"这一陈述，3.13%的学生表示非常同意，25%的学生表示基本同意，50%的学生不太同意，21.88%的学生表示非常不同意。

8. 每个月阅读专业相关的核心期刊文章数量

调查结果显示学生每个月阅读专业相关的期刊文章数量在 5 篇以内的占比 43.75%，数量在 6～10 篇的占比 50%，11～20 篇的占比 6.26%。整体来看，多数同学每月阅读专业相关核心期刊文章数量偏低，这说明多数同学对专业学术前沿问题关注度较低，对学术动态掌握的不全面。

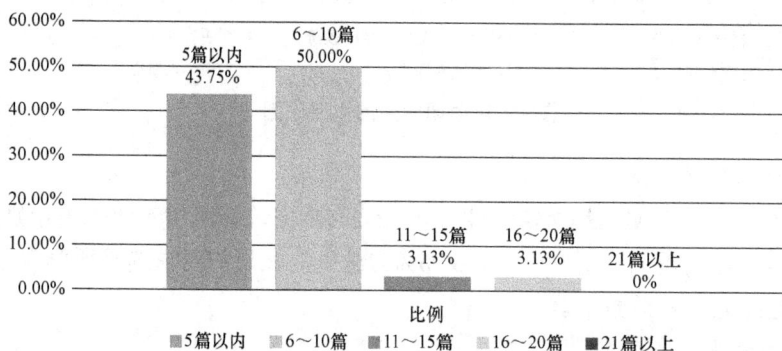

图3　每个月阅读专业相关的核心期刊文章数量

9. 每个月阅读专业相关的专著数量

34.38%的学生每月专业相关专著阅读量为零，50%的学生每月阅读量为一本，12.5%的学生每月阅读量为两本。这说明学生对专业相关专著的阅读量较低（见图4）。

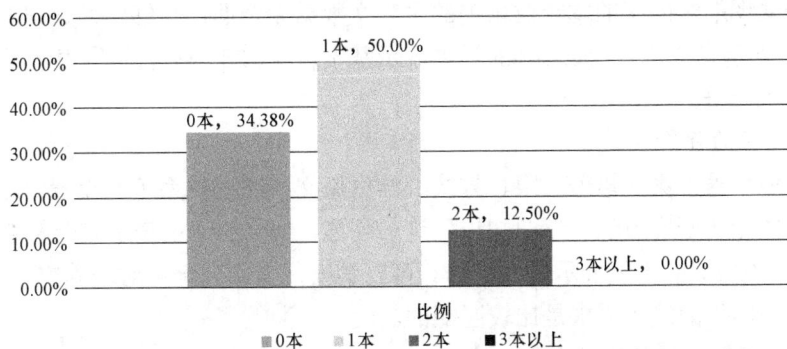

图4　每个月阅读专业相关的专著数量

10. 每天花在专业上的自主学习时间

46.88%的学生每天自主学习时间为2小时以内，18.75%的学生每天自主学习时间为3小时，25%的学生每天自主学习时间为4小时，9.38%的学生每天自主学习时间为5小时。考虑到本次调查主要人员为研二、研三的同学，其课程基本很少，所以综合来看，多数学生每天自主学习的时间投入较少。

11. 在校期间学术活动经历

调查结果显示，学生独立撰写学术论文、参加导师科研项目、接受学术规范的训练的比例较高，分别为68.75%、53.13%、50%。而在研究生学术论坛上做报告、公开发表学术论文、在学术会议上做报告、主持校级或以上的科研课题等比例较低。总体来看，各方面的学术活动参与度均有待提高（见图5）。

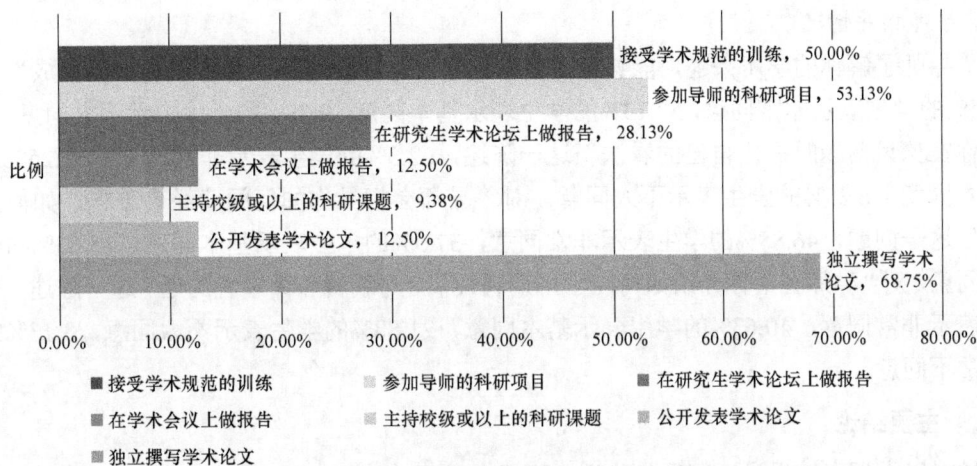

图5　在校期间学术活动经历

12. 读研期间发表核心期刊论文的数量

84.38%的学生读研期间发表核心期刊论文数为零。12.5%的学生读研期间发表核心期刊论文数为1篇，3.13%的学生论文等待发表。这说明学生读研期间发表核心期刊的数量非常少，待加强。

13. 培养条件

对"学校的图书馆收藏的本专业相关书籍和期刊丰富、充足"这一陈述，12.5%的学生表示完全符合，31.25%的学生表示基本符合，40.63%的学生表示不太符合，15.63%的学生表示完全不合符。对"学校的图书馆购买的本专业相关的中外文数据库全面，足够学习、研究使用"这一陈述，12.5%的学生表示完全符合，56.25%的学生表示基本符合，28.13%的学生表示不太符合，3.13%的学生表示完全不合符。

14. 对培养方案的评价

对"所在专业培养方案（培养年限、方式、学位论文、课程体系等）设置科学合理，能够学习到全面、深入的专业研究方法、专业知识"这一陈述，25%的学生表示完全符合，65.63%的学生表示基本符合，9.38%的学生表示不太符合。可以看出，大部分学生对培养方案的满意度较高，这说明培养方案与学生的能力需求是比较匹配的。

15. 对专业课程教学质量的评价

对"对专业课程教学质量的评价"，25%的学生表示很满意，62.5%的学生表示比较满意，12.5%的学生表示不满意。

16. 对"总是被鼓励寻找自己的学术兴趣，并按照自己的学术兴趣开展研究"这一陈述，31.25%的学生表示非常同意，53.13%的学生表示基本同意，15.63%的学生表示非常不同意。

17. 对"所在学院的多数老师对研究和学术活动表现出极大的热情，并尽其所能引导、鼓励学生开展学术研究"这一陈述，31.25%的学生表示非常同意，62.5%的学生表示基本同意，6.25%的学生表示不太同意。

18. 与导师的交流频率

37.5%的学生表示与导师每两周至少交流一次，43.75%的学生表示每月与导师至少交流一次，22.92%的学生表示与导师每学期至少交流一次。这表明学生与导师的交流频率存在较大差异，部分学生与导师交流较少。

19. 导师指导情况

对"导师了解你的学术兴趣，能够帮助你制定学习计划与任务，并督促你按时完成"这一陈述，37.5%的学生表示非常同意，53.13%的学生表示基本同意，9.38%的学生表示不太同意。对"导师鼓励你在探讨问题时提出自己的看法"这一陈述，62.5%的学生表示非常同意，31.25%的学生表示基本同意，6.25%的学生表示不太同意。对"导师会指导你如何阅读经典著作，如何进行论文写作"这一问题，46.88%的学生表示非常同意，37.5%的学生表示基本同意，15.63%的学生表示不太同意。对"导师会给你介绍如何向学术期刊投稿、与编辑和评审者沟通"这一陈述，34.38%的学生表示非常同意，40.63%的学生表示基本同意，21.88%的学生表示不太同意，3.13%的学生表示非常不同意。

（二）主要结论

通过对以上调查结果进行整理与分析，可得出以下结论。

1. 法学硕士在学术研究方面投入的时间与精力均不足

每月阅读专业相关核心期刊文章数和专著数偏少，每日自主学习时间少，在核心期刊发表学术论文数量非常少。

2. 法学硕士的学习行为与其培养目标不契合

我院法学硕士的培养目标偏重于培养理论研究人才，学生均有明确的二级学科方向，即主要的研究方向，学习研究领域更加专一，学生应以二级学科专业的理论及实践为研究重点，系统牢固的掌握所在学科方向的专业基础理论和学科知识，把握其研究领域的前沿问题和最新动态，应具有较强独立进行学术研究的能力。但实际上部分学生的学习行为与培养目标不契合。

3. 造成法学硕士学术研究积极性不高的原因是多方面的

内在因素是主要原因，而外在环境与条件是次要因素。

三、法学硕士学术研究积极性影响因素分析

结合以上调查结果以及对法学硕士研究生的访谈结果来看，造成法学硕士学术研究积极性不高的原因主要有内在和外在两方面的因素，当然与法学学科的特点也有一定关联。

（一）内在因素

1. 攻读硕士学位研究生的目的呈多样化的趋势

读研目的会直接影响学生读研期间的学习行为，只有当学生的读研目的是做学术研究时，才会愿意在学术研究方面投入更多时间与精力。然而，实际上大部分学生读研是出于学术研究以外的目的，例如职业发展需要、更换专业、去更好的学校提升学历、没有合适的工作而暂时读研等。因此大部分学生在学术研究方面投入少、参与度低。

2. 缺乏对所学专业的学术兴趣

兴趣是行为的最大内在推动力，当学生对所学专业有强烈的兴趣时，才会积极主动在该专业方向上进行学术研究。实践中，有些学生在开始研究生专业学习后才发现自己对所学专业缺乏兴趣，还有许多学生并不是出于兴趣，而是因为父母的期望、被调剂或者认为专业就业前景好才选择所学专业。因此，学生对所学专业缺乏兴趣，将影响其进行学术研究的积极性。

3. 职业期望

调查显示，仅有 6.25%的学生期望的职业是教师或研究人员，其他学生职业期望为律师、法务、公务员或者不确定。学生的职业期望会影响其对研究生期间的规划与安排，尤其是在当前普遍存在就业难的背景之下，大部分学生会以其职业期望为导向，花费更多的时间与精力让自己掌握所期望的职业需要的职业能力。即学生读研期间更多地以用人单位的需求为导向来培养自己各方面的能力，因此，绝大部分学生会将主要精力用在专业实习实践、法律职业资格考试等任务上，学术研究活动对其就业没有直接帮助，故不愿意过多投入。

4. 对读研期间学习缺乏整体合理的规划

法学硕士的学制为 3 年，第 1 学年以课程学习为主，第 2 学年以实习、论文写作为主要任务，第 3 学年的主要任务为就业和论文答辩，学生对于每一学年的主要任务较为清晰，但是大部分的学生读研期间却处于被动完成学习任务的状态，而缺乏长远的规划和发展方向，很难站在更高的角度去看待自己所处阶段并明确当前应当主动积极做的事情。这种迷茫影响其学习效率和质量。

（二）外在因素

1. 培养环境学术氛围不够浓厚

我校以理工科见长，法学院在学校属于较为年轻的学院，成立于 2012 年，前身为 1995 的北京交通大学法律系。学院历史积淀深厚，早在 1921 年就已开设国际法学专业课程。在学校的大力支持下，学院现在已形成完善的人才培养体系，各方面的工作制度规范，学科特色鲜明，具有较好的学科声誉。但是与以人文社会科学为主的高校的法学院相比，我院社会科学学科在学校地位较为尴尬，社会科学学术氛围不够浓厚。部分接受调查的学生认为学术氛围不浓导致其学术兴趣逐渐冷淡。学术氛围是在大学里以追求专门的、系统的知识为目标的人群（教师、学生）在学校活动中形成的影响人们行为的氛围，是高校通过各种学术活动长期形成的深层次的文化底蕴[3]。我院在学术讲座、学术交流、学术沙龙等方面有待加强，师资队伍科研能力有

待进一步提升。

2. 导师指导对学生学术研究积极性的影响

法学硕士在开始研究生阶段的学习后，导师的指导与带领对学习效果影响至关重要，导师需要在了解学生特质的情况下，通过有效的方法给予学生合适的指引，才能达到最佳学习效果。有些接受调查的学生表示导师指导不到位，与导师交流较少，导师不了解学生的学术兴趣，没有指导学生如何阅读经典著作、如何写论文或者如何向期刊投稿。目前我院硕士生导师共 23 名，大部分导师指导学生非常认真负责。主要的困难在于导师需要兼顾教学科研等工作，非常繁忙，压力大，能够投入指导学生的时间和精力也有限；有的导师与学生交流较少，对学生不够了解；有的年轻导师指导学生的经验不足，需要加强培训；极少数导师责任心不足，没有认真履行导师职责，需要进一步加强督促。

（三）学科特点因素

法学是一门应用型社会科学，法学理论研究不能闭门造车，而需要关注并回应现实需要，内容不断地更新和发展。法学教育的基本目标是使学生掌握法学基础理论、专业知识，并能够运用理论分析、解决实际问题。我院设置二级学科方向时，考虑到就业需求，主要偏向应用型，而没有设置法理学、法制史等专业，因此人才培养过程中非常需要把法学理论与实务紧密联系起来。但学生在实习过程中，由于主要从事一些事务性工作，很难从实践中发现、提炼研究问题，也很难获取相关问题的一手材料，难以开展理论研究。这种理论与实务的断裂，很大程度上影响了学生学术研究的积极性。

四、对提高法学硕士学术研究积极性的建议

通过对调查结果的分析，对如何提高法学硕士的学术研究积极性提出以下建议。

1. 招生环节调剂专业时，应尽量将学生分配到其有意愿学习的专业

对所学专业的学术兴趣是学生开展学术研究的最强动力，能够真正指引学生潜心于学术，激发其研究潜力。招生环节是入口，学院在招生时应吸引真正有学术兴趣和研究潜力的生源。因此，建议在招生选拔环节优化相关政策，在复试环节重点考查学生对所报考二级学科方向的理论基础、知识体系的掌握情况，尤其是在涉及专业调剂时应对学生的学术兴趣进行调查，兼顾到学生的报考意愿和学术兴趣进行调剂，这样学生读研期间的学习会更主动，参与学术研究也会更有积极性和信心。

2. 从实际情况出发，合理确定法学硕士的培养目标

对于培养单位来说，首先需要确定"究竟要培养什么类型的人才"，对此，教育部对法学硕士的培养目标定位于——培养理论研究型人才，结合对我院法学硕士的调查来看，出于想做学术研究而读研的学生仅占 9.38%，而 90.62% 的学生读研是出于别的原因。因此，建议从学院的实际情况出发，因材施教，即对培养目标的确定应当适应学生读研目的多样化的趋势。法学硕士培养过程中应当在厚基础的同时，根据学生的志趣，给予不同侧重点的培养。一方面对于真正有学术兴趣的学生，强化学术训练，使其具有较强的学术研究能力，将其培养为理论研究型人才，使其成为科学研究的后备人才；另一方面，对于其他的学生则在厚理论基础的前提下，强化对其实践操作能力的训练，使其具有较强的综合应用理论知识解决实际问题的能力，将其培养为优秀的应用型法律人才[4]。

3. 采取多种措施营造浓厚的学术氛围

良好的学术氛围能够激发学生参与学术研究的积极性，能够充分调动学生的主动性，推动学

生自觉的完善知识体系，有利于创新能力的培养与学术素养的提升。从本院的情况来看，可以从以下几方面着手。①加强对学院取得的学术成果的宣传与表彰。如可以通过官网、微信平台、OA系统等媒体宣传师生的学术成果及相关成绩，表彰奖励相关人员，让其发挥模范、引领的作用。②增加学术交流机会。通过研究生学术例会、研究生学术论坛等加强学科内导师与学生的交流；多举办高水平的学术讲座，邀请知名学者、专家来校就前沿、热点问题做学术讲座；鼓励学生多参加国内、国际学术会议，开阔学术视野。③依托学校学院的相关学术论文竞赛、研究生科研创新项目等，鼓励学生独立开展学术研究，从而激励其撰写学术论文，争取发表高水平学术论文。④组织学院研究生任课教师开展课程质量建设，转变传统单一式教学模式，综合运用教师讲授、研讨、辩论等多种教学方法，调动学生课程上的积极性与主动性，传授知识的同时，在研究方法、批判性思维等方面对学生进行深度训练，引导学生独立开展研究。⑤优化培养硬件条件，建议学校图书馆充实法学类专业书籍的收藏，购买常用的外文法律类数据库，为学生提供更好的培养条件。

4. 充分发挥导师的作用，提高指导效果

导师作为研究生培养的第一责任人，其指导的效果是影响研究生培养质量的重要因素，故研究生的学术研究积极性也需要充分发挥其作用和影响力。结合学院的情况，可以考虑从以下几方面着手工作。

（1）从学院层面形成机制，搭建平台，加强导师与学生的交流，使导师更深入地了解学生，促进学生学会与导师沟通。要使导师指导的效果达到最佳，导师需了解其学生的特质，从而运用合理的方法给予指引。因此，学院应重点推动导师与学生的交流，给导师和学生搭建交流的平台，增强师生之间的联结。一方面，依托学术例会制度，要求导师至少每两周召开一次学术例会，组织学生围绕本学科的学术前沿和研究热点问题进行交流与讨论，跟进学生的学位论文进展和取得的阶段性成果，与学生交流研究心得，指导学生阅读专业书籍并进行论文写作，检查工作计划落实和开展情况，布置下阶段工作计划等。另一方面，以二级学科方向为组，由二级学科带头人组织本学科方向的导师和学生召开集体的学术研讨会，学生在会上可围绕相关学术问题或者就自己的学位论文进行发言，由导师组进行点评，从而增强学科内部导师、学生之间的交流。还可以考虑组织召开学术沙龙，让老师、学生在更为自由、宽松、活跃的氛围里交流思想。

（2）加强导师培训，建设一支不断精进追求卓越的导师队伍。通过导师座谈会、单独谈话等形式，深入了解导师的需要，并针对导师的需求和兴趣点，组织开展专题培训，营造一种不断学习追求进步的风气，提升导师队伍的实力。

（3）加强对优秀导师的激励。导师在指导学生方面付出很多的时间和精力，学院应当对导师的付出和成绩予以肯定，而且通过表彰、宣传导师的成功经验，也能够起到模范、带领的作用，提高导师工作的积极性。

（4）以科研课题作为分配招生指标的重要标准，提升导师的学术积极性，让学生加入导师课题组，在做课题的过程中对学生进行学术研究能力训练，使学生有机会系统地学习科研方法，掌握学术前沿动态，提升学术交流能力。

5. 强化对外学术交流

与法学实务界包括法院、检察院、律所等单位开展合作，邀请实务经验丰富的法官、检察官、律师参与授课或作讲座，使学生有更多机会发现与实务相关的理论问题，从而围绕该问题开展研究，寻求问题的解决方法，有效锻炼学生运用理论知识分析、解决实际问题的能力。

参考文献

[1] 梁凤荣. 论法学研究生学术精神和学术能力的培养 [J]. 公民与法（法学版），2012（11）：17-18+21.

[2] 李敏，陈洪捷. 不合格学术型硕士研究生学位论文的典型特征基于论文抽检专家评阅意见的分析 [J]. 学位与研究生教育，2017（6）：50-55.

[3] 邓文琳，刘鸿. 大学学术氛围及影响因素理论探析 [J]. 黑龙江教育（高教研究与评估），2008（22）：18-20.

[4] 张卫平. 法学教育：反思与改革 [J]，民事程序法研究，2011（6）：381-389.

提高专业学位研究生培养满意度的结构方程模型研究

宫大庆　　徐维阳

（北京交通大学经济管理学院，北京 100044）

摘　要： 专业学位研究生培养面临新的情况和挑战，而学生的满意度评价是衡量专业学位研究培养过程的重要指标。满意度评价主要指学校专业学位研究生培养过程在多大程度上满足了专业学位研究生的感受。研究基于结构方程模型对专业学位研究生满意度测评进行深入研究，从学校的学籍管理、培养方案、课程安排、导师分工、科研过程、管理机构等六个维度出发，分析基于 PLS 算法的专业学位研究生满意度路径。

关键词： 专业学位　研究生培养　满意度　结构方程　PLS

一、引言

专业学位研究生教育经过多年的发展，已经取得了长足的进步，专业学位研究生教育制度日趋完善，为我国经济建设提供了大量的理论与实践结合的应用型人才。但是在专业学位研究生教育发展的过程中，也存在着一定的问题，主要表现在非全日制学位研究生教育和全日制学位研究生教育的模式基本一致，无法凸显非全日制学位研究生教育的特点。

专业学位研究生教育的特点是理论与工作的有机结合，目的在于将学生的学校学习过程、学术论文的写作与实际工作结合起来，各个学校的专业学位研究生培养方案基本都做了明确要求。但现实情况是，专业学位研究生参与导师科研项目的很少，并且在工作单位更没有参与课题的研究；专业学位研究生培养实行的是导师负责制，导师对学生的学术影响直接影响着学生的学术水平。近几年专业学位研究生招生的规模不断增多，相应的导师数量却显不足，直接导致导师指导学生时间的减少，也影响了专业学位研究生的培养质量。

近几年专业学位研究生的培养满意度，也日渐引起社会和学者们的关注，比如，胡玲琳、潘武玲认为，引起专业学位研究生培养满意度问题的原因，主要集中在课程设置中的重点不突出，培养管理模式不具有针对性，培养年限固定，并提出了解决方案，比如采用灵活化、弹性化、多样化的培养模式[1]。郭时印等也认为，学生组成复杂、培养过程低效、专业性质不突出、学校培养政策不完善等，导致我国专业学位研究生教育发展不足，而提高专业学位研究生培养过程的满意度，可以有效提高专业学位研究生教育质量[2]。

更多的学者提出了专业学位研究生教育的解决方案，比如 COYLE 等人认为，应该将专业学位研究生的教育与市场需求联系起来，并且应该经常评估这种培养模式[3]。DAVID 通过分析美国专业学位研究生教育的总结，认为课程改革是提高教育水平的关键[4]。CAROL 更是以软件工程专业学位硕士为例，探讨了应将专业化路径引入到课程体系中[5]。Toral Marin 指出为了适应高等教育出现的新情况，应该充分利用概念图技术、网络学习技术，提高专业学位研究生教育培养的水平[6]。Zajaczek 提出应该充分利用网络平台，整合课程内容、研讨会、专题研究等，可以让专业学位研究生实现时时学习[7]。随着理论与实践的发展，从满意形成的原因、满意度模型和满意度的结果角度出发，目前主要形成了瑞典满意度晴雨表指数、美国满意度指数以及欧洲满意度指数[8]。

总之，专业学位研究生培养面临新的情况和挑战，而学生的满意度评价是衡量专业学位研究生培养过程的重要指标。满意度评价主要指学校专业学位研究生培养过程在多大程度上满足了专业学位研究生。研究基于结构方程模型对专业学位研究生满意度测评进行深入研究，从学籍管理、培养方案、课程安排、导师分工、科研过程、管理机构等六个维度出发，分析基于 PLS 的专业学位研究生满意度路径。结构方程模型是一种可以将专业学位研究生满意度测量与分析整合为一的计量研究技术，它可以同时估计专业学位研究生满意度模型中的测量指标、潜在变量，不仅可以估计专业学位研究生满意度测量过程中指标变量的测量误差，还可以评估专业学位研究生满意度测量的信度与效度。

二、研究方法与变量分析

（一）研究方法

研究基于结构方程模型对研究生培养满意度测评进行深入研究，算法结构主要包括结构模型（1）和测量模型（2）（3）[9]：

$$\boldsymbol{\eta} = \boldsymbol{\beta\eta} + \boldsymbol{\Gamma\xi} + \boldsymbol{\zeta} \tag{1}$$

$$\boldsymbol{y} = \Lambda_y\boldsymbol{\eta} + \boldsymbol{\varepsilon} \tag{2}$$

$$\boldsymbol{x} = \Lambda_x\boldsymbol{\xi} + \boldsymbol{\delta} \tag{3}$$

式中：$\boldsymbol{\beta}$，$\boldsymbol{\Gamma}$——系数矩阵；

$\boldsymbol{\zeta}$——误差向量；

$\boldsymbol{\eta}$，$\boldsymbol{\xi}$——潜变量。

满意度结构方程模型构建流程主要包括：①模型设定；②建模技术选择；③模型识别；④模型估计；⑤模型评价；⑥模型修正；⑦模型确定。具体如图 1 所示。

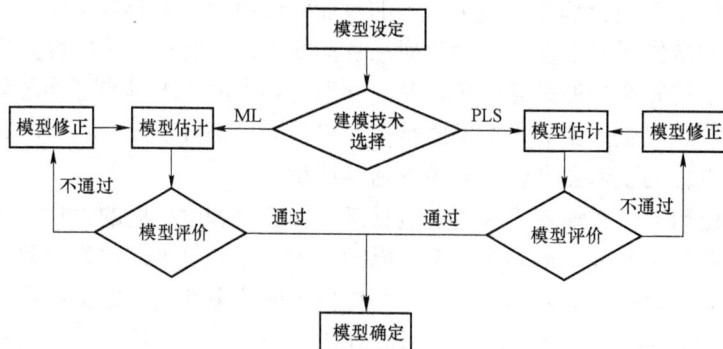

图 1　满意度结构方程模型构建流程

（二）变量分析

研究生培养满意度测评模型中包括导师分工、学籍管理、培养方案、研究生培养满意度（学生满意）、管理机构、课程安排和科研过程等七个潜变量。

1. 研究生培养满意度

研究生培养满意度是学生在学校学习一段时间后形成的对学校培养体系的总体满意程度。研究生培养满意度可以分解为以下 3 个指标的数据获取：①总体的研究生培养满意度；②与自己期望培养的差距；③与理想培养的差距。

2. 导师分工

导师分工是指学生在进入学校后，对导师在培养质量和可靠性等方面的满意度评价。导师分工通常可以分解为以下3个指标的数据获取：①对导师工作的总体期望；②对导师指导的个性化期望；③对导师指导的可靠性期望。

3. 学籍管理

学籍管理是指学生从自身角度出发，对学校培养质量的一种全面判断。学籍管理可以分解为以下3个指标的数据获取：①学校总体学籍管理质量；②学籍个性化程度；③学籍可靠性。

4. 培养方案

培养方案是学生在学校培养过程中，对所支付的学费和所掌握的实际知识形成的对比程度。培养方案可以分解为以下两个指标的数据获取：①给定培养质量的学费水平；②给定学费的培养质量水平。

5. 管理机构

管理机构的测量是指学生在培养过程中向学校管理人员沟通培养质量的过程。管理机构可以分解为以下两个指标的数据获取：①学生正式的抱怨（向学校管理人员直接抱怨）；②非正式的抱怨（向身边人员间接抱怨）。

6. 课程安排

课程安排是指学生对学校整体课程学习过程持有的肯定或否定的态度。课程安排越合理，未来学习的可能性就越大。课程安排也有两种测评方法：①学生影响其他学生入学的可能性；②学生对学校学习内容变动的敏感度。

7. 科研过程

科研过程是指学生学习过程中，逐渐积累的对学校整体培养的综合判断。科研过程可以分解为以下3个指标的数据获取：①学校总体形象；②学校发展潜力；③学校的知名度。

三、模型构建与结果分析

（一）模型建立

在研究生培养满意度测评模型中，包括导师分工、学籍管理、培养方案、学生满意、管理机构、课程安排和科研过程等七个潜变量，一个为外生变量，六个为内生变量，其路径图如图2所示。

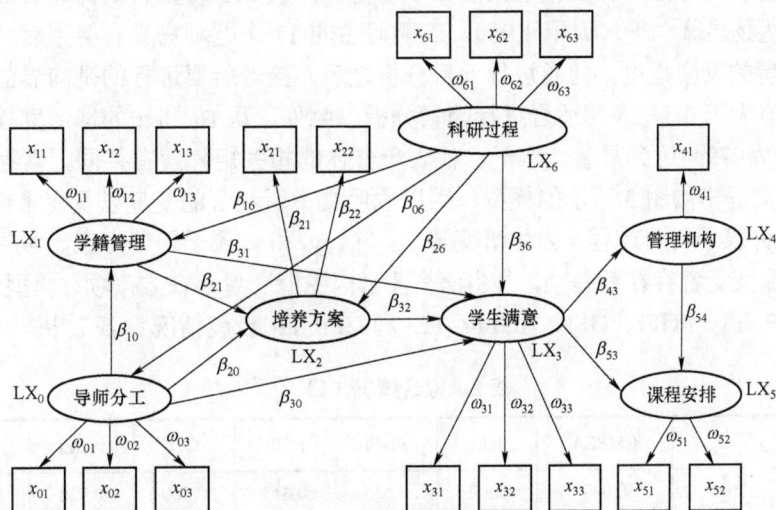

图2　研究生培养满意度测评模型路径图

模型中包括潜自变量（外生变量），潜因变量（内生变量）、显变量（观测变量）等。研究生培养满意度指数测评的一级指标定义为上述的七个潜变量，各个潜变量对应的显变量为二级指标，三级指标定义为问卷中二级指标对应的各个问题，研究生培养满意度测评指标体系见表1。

表1　模型中的潜变量与测量指标

显变量（二级指标）	潜变量（一级指标）
总体期望 x_{01}	
个性化期望 x_{02}	导师分工 LX_0
可靠性期望 x_{03}	
总体学籍管理质量 x_{11}	
学籍个性化的评价 x_{12}	学籍管理 LX_1
学籍可靠性的评价 x_{13}	
给定培养质量的学费水平 x_{21}	培养方案 LX_2
给定学费的培养质量水平 x_{22}	
总体学生满意度 x_{31}	
与期望培养的差距 x_{32}	学生满意 LX_3
与理想培养的差距 x_{33}	
管理机构质量 x_{41}	管理机构 LX_4
影响其他学生入学的可能性 x_{51}	课程安排 LX_5
对学习内容变化的敏感度 x_{52}	
学校总体形象 x_{61}	
学校发展潜力 x_{62}	科研过程 LX_6
学校的知名度 x_{63}	

本文采用问卷调查方法，此类问卷共发放 330 份，回收 275 份，有效问卷 248 份。问卷所涉及问题的 t 值均达到显著水平（大于 1.96），表明问卷的 17 个题项均具有鉴别度，所有题项均能鉴别出不同受试者的反应程度。问卷进行项目分析之后，接着所要进行的是问卷的因素分析，数据结果的 KMO 值大于 0.5，表明适合进行因素分析。此外，从 Bartlett 的球形度检验的卡方值为 129.031（自由度为 79）达到显著性水平，代表母群体的相关矩阵间有共同因素存在，适合进行因素分析[10]。本文提出如图 3 所示的模型，用以说明文中所包含的变量以及变量结构。

外生潜变量 y_1 表示科研过程，内生潜变量 y_2、y_3、y_4 和 y_5 属于培养方案、学生满意、学籍管理和导师分工。显变量都存在残差项，外生潜变量、内生潜变量存在方差项。模型运行后，χ^2/df、RMSEA、NFI、PNFI、PGFI、GFI、AGFI、TLI 和 CFI 等拟合度情况见表 2[11]。

表2　拟合情况（1）

指数名称	χ^2/df	RMSEA	NFI	PNFI	PGFI	GFI	AGFI	TLI	CFI
模型	1.765	0.049	0.911	0.535	0.445	0.960	0.928	0.924	0.957
接受值	1-5	<0.08	>0.9	>0.5	>0.5	>0.9	>0.9	>0.9	>0.9

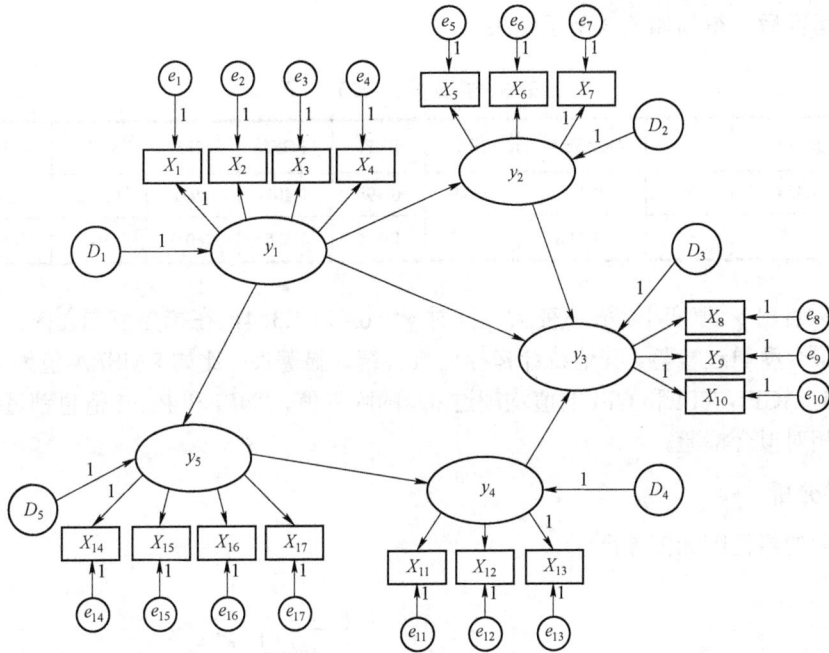

图3　变量以及变量结构

　　由于卡方过大，且具有明显的显著性水平，因此需要参考修正指数的结果（MI＞5），对模型进行修正，即增加变量之间的关联度，降低自由度，减少卡方的值（见图4）。

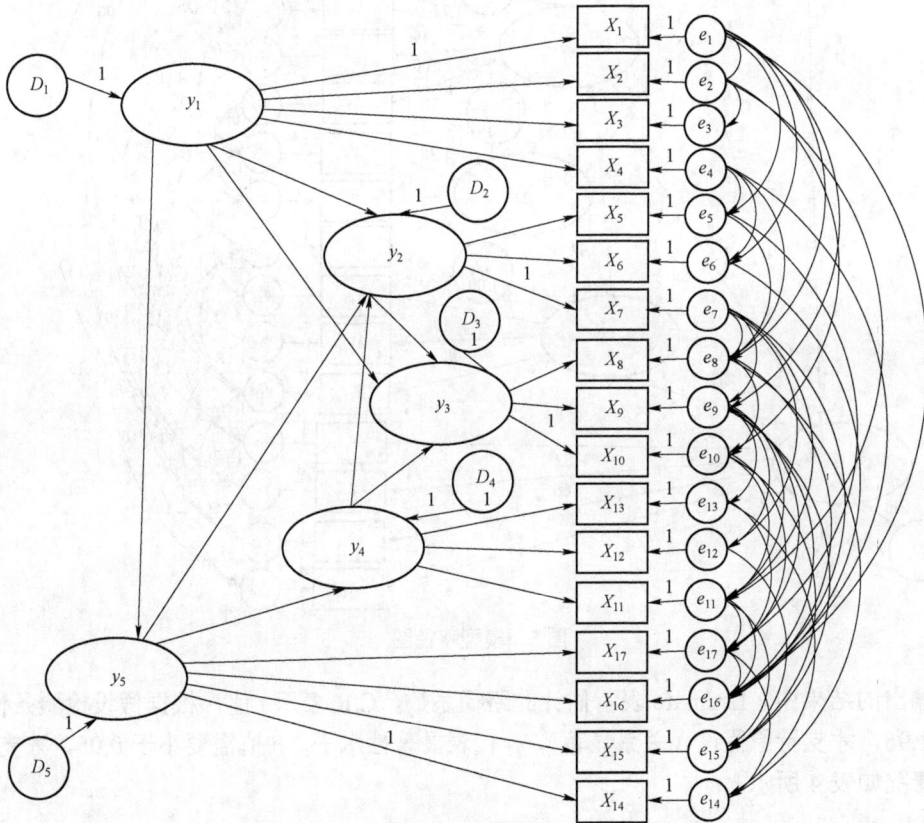

图4　修正模型

模型重新运行后，得到如表 3 所示结果。

表 3　拟合情况（2）

指数名称	χ^2/df	p	RMSEA	NFI	PNFI	PGFI	GFI	AGFI	TLI	CFI
模型	1.354	.010	0.035	0.949	0.498	0.481	0.971	0.932	0.945	0.981
接受值	1～5	—	<0.08	>0.9	>0.5	>0.5	>0.9	>0.9	>0.9	>0.9

从表 3 可以看出 χ^2 值变小，p 值变大，同时 χ^2/df 为 1.354，在接受范围之内。因此，可以认为模型总体拟合度通过检验。其他统计指标均具备统计显著性，比如 RMSEA 值为 0.035，小于 0.08，NFI，GFI，AGFI，TLI 和 CFI 的值均超过 0.9 的临界值，PNFI 和 PGFI 值也都近似大于 0.5，因此模型通过相对拟合检验。

（二）结果分析

模型运行后的路径图如图 5 所示。

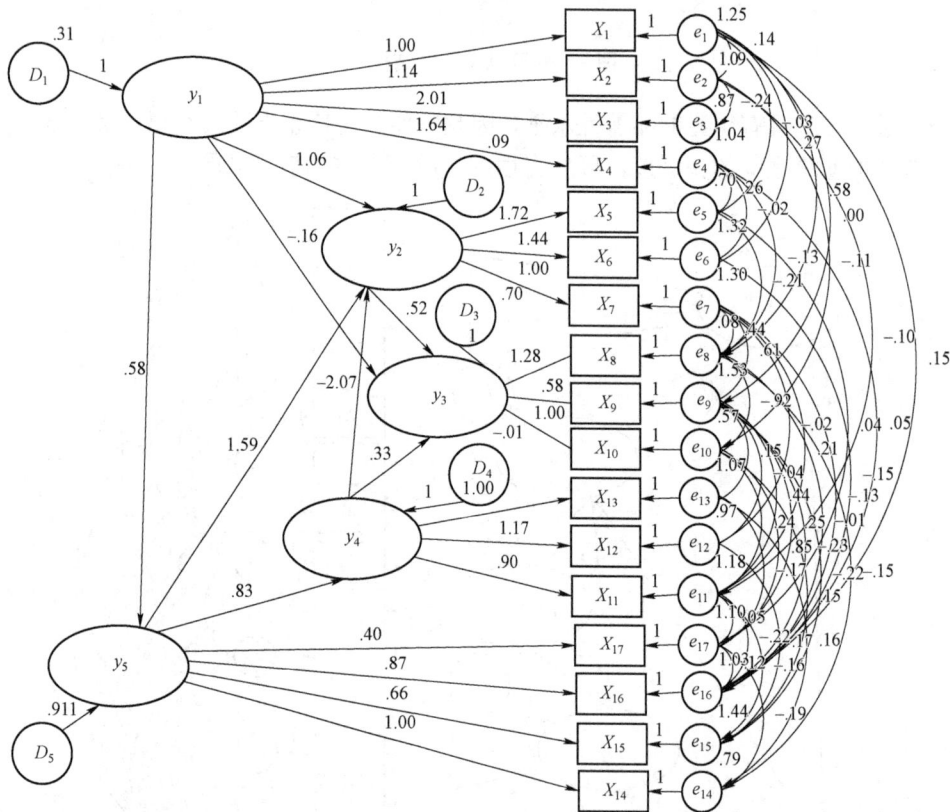

图 5　模型路径图

图 5 输出的结果中，Estimate 表示估计的路径系数，C.R.表示 t 值，根据假设检验条件，t 值需要大于 1.96，才支持原假设（关系显著），p 代表显著性水平，p 值需要小于 0.05，才支持原假设，具体情况如表 4 所示。

表4　模型输出结果（1）

测量模型结构及指标	负荷系数	t 值	p 值
科研过程（y_1）			
学校总体形象（X_1）	1.000		
学校发展潜力（X_2）	1.14	5.82	***
学校知名度（X_3）	2.01	6.54	***
管理机构质量（X_4）	1.64	6.6	***
培养方案（y_2）			
给定培养质量的学费水平（X_7）	1.000		
给定学费的培养质量水平（X_5）	1.72	7.74	***
对学习内容变动的敏感度（X_6）	1.44	6.97	***
学生满意（y_3）			
总体学生满意度（X_{10}）	1.000		
与期望培养的差距（X_8）	1.23	5.99	***
与理想培养的差距（X_9）	.58	2.68	. **
学籍管理（y_4）			
总体学籍管理质量（X_{13}）	1.000		
学籍个性化的评价（X_{11}）	.90	7.46	***
学籍可靠性的评价（X_{12}）	1.17	8.93	***
导师分工（y_5）			
总体期望（X_{14}）	1.000		
个性化期望（X_{15}）	.66	7.07	***
可靠性期望（X_{16}）	.87	9.51	***
影响其他学生入学的可能性（X_{17}）	.40	5.14	***

表5　模型输出结果（2）

协方差结构模型路径	路径系数	t 值	p 值
科研过程（y_1）→导师分工（y_5）	$\gamma_{15}=0.58$	3.96	***
导师分工（y_5）→学籍管理（y_4）	$\gamma_{54}=0.83$	9.58	***
科研过程（y_1）→培养方案（y_2）	$\gamma_{12}=1.06$	5.48	***
导师分工（y_5）→培养方案（y_2）	$\gamma_{52}=1.60$	.14	.891
学籍管理（y_4）→培养方案（y_2）	$\gamma_{42}=-2.07$	−.15	.882
科研过程（y_1）→学生满意（y_3）	$\gamma_{13}=-0.16$	−.33	.743
培养方案（y_2）→学生满意（y_3）	$\gamma_{23}=0.52$	1.20	.234
学籍管理（y_4）→学生满意（y_3）	$\gamma_{43}=0.33$	3.54	***

***$p<0.01$，**$p<0.05$

　　表5中所列测量模型的各个负荷系数以及相应的 t 值，表明各个负荷系数在 $p<0.01$ 的情况下，具有统计特征。

　　表5结构模型中的路径系数中，导师分工与培养方案的系数（$\gamma_{52}=1.60$）、学籍管理与培养方

案的系数（$\gamma_{42}=-2.07$）、科研过程与学生满意的系数（$\gamma_{13}=-0.16$）和培养方案与学生满意的系数（$\gamma_{23}=0.52$）不显著，其他条件下均通过检验。接下来分析变量的中介效用。导师分工（y_5）的中介效用如表6所示。

表6　中介效用分析（1）

协方差结构模型路径	路径系数	t值	p值
科研过程（y_1）→导师分工（y_5）	$\gamma_{15}=0.58$	3.96	***
导师分工（y_5）→培养方案（y_2）	$\gamma_{52}=1.59$	.14	.892
科研过程（y_1）→培养方案（y_2）	$\gamma_{12}=1.06$	5.48	***

从表6可以看出，科研过程（y_1）对导师分工（y_5）和培养方案（y_2）的效用作用通过检验（t值分别为3.96和5.48，远大于1.96临界值；p值都小于0.01），但是中介变量导师分工（y_5）对培养方案（y_2）的影响效用没有通过检验（t值为0.14，远小于1.96的临界值，p值为0.892，大于0.01），因此，导师分工（y_5）的中介效用不明显。培养方案（y_2）的中介效用如表7所示。

表7　中介效用分析（2）

协方差结构模型路径	路径系数	t值	p值
科研过程（y_1）→培养方案（y_2）	$\gamma_{12}=1.06$	5.48	***
培养方案（y_2）→学生满意（y_3）	$\gamma_{23}=0.52$	1.20	.231
科研过程（y_1）→学生满意（y_3）	$\gamma_{13}=-0.16$	-.33	.741

从表7可以看出，科研过程（y_1）对培养方案（y_2）的效用作用通过检验（$t>1.96$；$p<0.01$），但是科研过程（y_1）对学生满意（y_3）的效用（$t<1.96$；$p>0.01$），以及中介变量培养方案（y_2）对学生满意（y_3）的影响效用（$t<1.96$；$p>0.01$）均没有通过检验。因此，培养方案（y_2）的中介效用不明显。

同时，由表8和表9可知，学籍管理（y_4）和培养方案（y_2）的中介效用也不明显。

表8　中介效用分析（3）

协方差结构模型路径	路径系数	t值	p值
导师分工（y_5）→学籍管理（y_4）	$\gamma_{54}=0.83$	9.58	***
学籍管理（y_4）→培养方案（y_2）	$\gamma_{42}=-2.07$	-.15	.883
导师分工（y_5）→培养方案（y_2）	$\gamma_{52}=1.59$	.14	.892

表9　中介效用分析（4）

协方差结构模型路径	路径系数	t值	p值
学籍管理（y_4）→培养方案（y_2）	$\gamma_{42}=-2.07$	-.15	.883
培养方案（y_2）→学生满意（y_3）	$\gamma_{23}=0.52$	1.20	.232
学籍管理（y_4）→学生满意（y_3）	$\gamma_{43}=0.33$	3.54	***

可以发现，在科研过程中，导师与研究生沟通的重要性，应该从导师主导作用、增强学生主动性沟通、管理部门积极推动、加强学生的学籍管理等多方面着手，提高研究生的满意度。另外发现，在这一过程中，培养方案的作用不明显，因素之间的影响是直接的，并不存在影响的传导机制。

四、研究总结

专业研究生教育经过十几年的发展，在招生规模上得到了迅速发展，但人们也越来越重视专业学位研究生的培养质量。研究从学籍管理、培养方案、课程安排、导师分工、科研过程、管理机构等六个维度出发，分析基于结构方程的专业学位研究生培养满意度路径提升研究。

（1）学籍管理与满意度。目前对于非全日制专业学位研究生的学籍管理，仍然采用全日制研究生的管理规定，但在具体执行过程中，需要具体细化，就需要从非全日制专业学位研究生的特点、充分体现非全日制专业学位研究生之间的竞争激励方面着手考虑。

（2）培养方案与满意度。充分合理的专业学位研究生培养方案是保证专业学位研究生培养工作的基础。由于非全日制专业学位研究生的特殊性，人才培养方案中的实践教学、科学研究环节，对非全日制专业学位研究生培养意义重大。

（3）课程安排与满意度。课程安排是专业学位研究生掌握基础理论知识的重要途径，科学的课程教学方式有利于提高非全日制专业学位研究生的培养质量。

（4）导师分工与满意度。专业学位研究生是在导师指导下开展课题研究的，有效的导师分工扮演，可以减少专业学位研究生在学习、研究中的抱怨。

（5）科研过程与满意度。日常学术活动的开展、学位论文的定期讨论以及学位论文的撰写，组成了非全日制专业学位研究生的科研活动形式。一个运转有效的科研活动过程，是保障非全日制专业学位研究生提高科研水平的关键部分。

（6）管理机构与满意度。随着专业学位研究生招生规模的日益扩大，针对非全日制专业学位研究生的专职管理人员也逐渐增多。由于非全日制专业学位研究生受时空和地域的限制，管理机构在非全日制专业学位研究生的日常培养过程中起着重要的促进作用。

参考文献

[1] 胡玲琳，潘武玲. 学术性学位与专业学位研究生培养模式的现状调查及对策 [J]. 教育发展研究，2005（19）：20-23.

[2] 郭时印，贺建华，等. 专业学位研究生培养质量的制约因素应对措施 [J]. 湖南农业大学学报，2008（4）：10-11.

[3] COYLE F P，FOREST E，TANIK M M，et al. Meeting the needs of industry：SMU's Master's degree program in software engineering [C] //Conference on software engineering education. Berlin：Springer，1994.

[4] DAVID M. The beginning of the future：a historical approach to graduate education in the arts and sciences [J]. The journal of higher education，1973，45（5）：393-395.

[5] CAROL H. TAP-D：A model for developing specialization tracks in graduate software engineering education [M]. Pittsburgh：Carnegie Mellon University Press，1993.

[6] TORAL MARIN S，et al. Planning a master's level curriculum according to career space recommendations using concept mapping techniques[J]. International journal of technology and design education，2006，16（3）：237-252.

[7] ZAJACZEK J，et al. Learning in education and advanced training in neuroradiology：introduction of a web-based teaching and learning application [J]. Neuroradiology，2006，48（9）：640-646.

[8] FORNELL C. 美国顾客满意度指数 [J]. 刘金兰，康键，白寅编，译. 管理学报，2005，2（4）：495-504.

[9] 赵富强. 基于 PLS 路径模型的顾客满意度测评研究 [D]. 天津：天津大学，2010.

[10] 徐维阳. 区域供应链协同效应与发展路径研究 [D]. 北京：北京交通大学，2015.

[11] 徐维阳，宫大庆，刘世峰. 基于结构方程的供应链协同发展路径分析[J]. 当代经济研究，2014（8）：79-85.

非全日制研究生辅导员和班主任一体化教育管理机制探索

徐文强　姚恩建

（北京交通大学交通运输学院，北京 100044）

摘　要： 十九大的胜利召开对高校开展思想政治教育工作提出了新的要求，在深化改革、贯彻落实十九大精神的大背景下，创新当前高校教育管理体制，建设新型的非全日制研究生教育管理模式就显得尤为重要。本文在分析非全日制研究生特点及管理需求的基础上，对非全日制研究生辅导员和班主任一体化教育管理机制进行相应探索，对加强非全日制研究生思想政治教育、形成长效的教育管理机制具有重要意义。

关键词： 非全日制　辅导员　班主任　教育机制　一体化

党的十九大报告为加强高校思想政治教育工作指明了方向，推动党的十九大精神和习近平新时代中国特色社会主义精确、创新、立体、深度地融入思想政治管理体系是高校加强思想政治教育和改革创新教育管理机制的必经之路。非全日制研究生教育作为高校研究生教育的重要组成部分，更应以十九大精神为指导，推陈出新，探索新型的一体化教育管理机制。

非全日制研究生教育模式主要面向在职人员，以提高该群体的专业技能和专业知识储备为出发点，是一种为在职人员提供的以在岗学习为主要学习方式并最终获取研究生学位的终身教育模式[1]。为适应在职专业学位研究生培养质量的提升及规范化管理需求，国家从 2017 年开始，取消现有专业学位（工程硕士）的招生，启动非全日制研究生教育模式。非全日制与全日制研究生具有较大的差异性，具体表现在人员构成、培养模式和管理方式等方面，辅导员和班主任应思考如何针对非全日制研究生的特点和迫切需求，有机结合自身岗位职责，创新教育管理机制，更好地发挥思想引导和教育管理的作用，让十九大精神在高校落地生根。

一、非全日制研究生教育管理特点及需求分析

非全日制研究生教育作为国家培养高层次、创新型专门人才的重要途径，是高校研究生教育中的重要一环。作为一种全新的教育培养模式，非全日制研究生在教育对象、学习方式及管理要求等方面与全日制研究生教育具有明显差异性和特殊性，相应需求也存在较大差别。

（一）非全日制研究生的特点

通过分析并探究近年来高校非全日制研究生教育管理模式，得出非全日制研究生特点如下。

（1）人员结构相对复杂。非全日制研究生中在职研究生和委托培养研究生人数占比较大，人员结构的复杂性使得辅导员和班主任对其进行统一教育和管理具有很大难度。

（2）年龄跨度相对偏大。非全日制研究生不仅有工作多年的中年人，思想较为成熟和固定，三观基本成型，也包括本科刚毕业的非全日制非定向研究生，常规的思想政治教育方法和管理模

式很难适用于非全日制研究生。

（3）在校时间相对较少。非全日制研究生上课时间主要集中在晚上及周六日等非工作时间，住宿自理，除上课时间外学生很难集中，教育管理工作很难有效开展。

（4）心理压力相对较大。非全日制研究生很多人都是在岗学习，上课集中在周末和假期，因此会受到工作和学业带来的双重压力，导致更容易出现学业困难和心理健康问题。

（5）安全隐患相对较大。非全日制研究生主要在校外生活和工作，校外的安全隐患相对较多，容易出现各类危机事件，且辅导员和班主任不易发现并做出有效处理。

对以上非全日制研究生发展特征进行深入剖析，研究表明在该学生群体教育管理过程中仍存在很多问题。思想政治教育方面，非全日制研究生的思想政治教育相对薄弱，政治态度趋向主流化，价值取向多元化；党团班级建设方面，非全日制研究生的集体意识淡薄，欠缺归属感和凝聚力；日常事务管理方面，非全日制研究生的事务管理工作缺乏系统化和全面化，管理体制与模式不完善；心理健康教育与咨询方面，非全日制研究生的心理健康教育淡薄，受重视程度严重不足，缺少完善的针对非全日制研究生的心理健康教育工作机制；危机事件应对方面，非全日制研究生危机事件应对容易被忽视，应对能力不足，缺乏突发公共事件处理机制；学业指导方面，非全日制研究生普遍学业压力偏大，科研能力相对较弱，辅导员和班主任能否对其开展学业指导意义重大。

（二）非全日制研究生教育管理需求分析

从非全日制研究生的特点及在教育管理过程中的常见问题角度考虑，非全日制研究生教育管理需求是相对特殊的。非全日制学生培养工作的突出特征是学业与职业的紧密结合。要培养高质量的非全日制研究生，就必须正确认识和把握非全日制研究生的教育特点，牢牢抓住突出特征，注重该群体学业与职业的有机联系，紧密联系实际，转变传统教育观念，不断探索和创新非全日制研究生教育管理机制。

基于当前非全日制研究生发展特点和发展现状，当前的非全日制研究生教育管理模式亟待探索和创新。在对非全日制研究生教育管理过程中，"集中管理，专人负责"的管理模式具有较强的推广价值，优势较为明显，其一有利于深化责任意识，保障管理体制的合理运行；其二有利于保持政策执行尺度的一贯性，掌握该群体教育工作的全过程，确保工作质量[2]。

二、非全日制研究生辅导员和班主任的职责定位

非全日制研究生虽然与全日制具有不同特点，但其辅导员和班主任的职责却与全日制研究生的差别不大。如果想要在非全日制研究生的教育培养中发挥出辅导员和班主任的重要作用，首先要明确其相应职责和两者间的共性与区别，然后结合非全日制研究生特点有针对性地开展工作，才能取得良好的效果。

（一）辅导员和班主任的职责定位共性

高校作为人才培育的摇篮，是宣扬社会主义核心价值观的重要平台和核心阵地，而辅导员和班主任则是肩负着推动其思想政治教育发展重任的中坚力量，在研究生教育过程中起到了至关重要的作用。

根据《普通高等学校辅导员队伍建设规定》和《高等学校辅导员职业能力标准（暂行）》的规范和约束，总结归纳非全日制研究生辅导员的职责主要包括9个方面：思想政治教育；党团和班级建设；学业指导；日常事务管理；网络思想政治教育；职业规划与就业指导；心理健康教育与咨询；危机事件应对；管理理论和实践研究。

班主任作为班集体的领导者和管理者，一般为长期从事一线教学的专业教师。非全日制研究

生班主任职责有：班级建设；学生成才规划；学习情况检查及评价；思想政治教育；就业指导。

基于以上探讨，本文将辅导员和班主任的职责定位共性归纳为三个方面：思想政治教育，班级管理建设和辅导咨询。

（二）辅导员和班主任的职责定位区别

辅导员和班主任的职责定位互有侧重点，相互衔接，相互补充，相互影响。两者职责定位区别可以表现为辅导员侧重思想政治教育和深度辅导，在研究生的教育中起到统筹协调的作用，负责总体把握学生的思想动态和发展方向，组织班主任、任课教师等共同开展研究生思想教育工作；而班主任的工作主要关注点为研究生学习、生活等方面的班级建设[3]。

（三）教育管理中存在的问题

非全日制研究生辅导员和班主任教育管理过程中，容易出现职责任务不清、重复工作等问题。由于辅导员和班主任的职责定位有一定共性，容易导致在实际问题出现时，双方因交流不畅导致部分工作缺乏重视，也容易出现重复工作和矛盾状态，严重影响了辅导员和班主任的工作质量，导致效率低下。针对学生群体特点，过多的教育管理人员会使教育管理效果分散化，不利于对非全日制研究生进行集中教育和管理。

三、非全日制研究生辅导员和班主任一体化教育机制探索

鉴于非全日制研究生的教育管理需求分析，基于该群体自身的发展特征，结合辅导员和班主任的岗位职责，为了优化岗位设置，更好地发挥出辅导员和班主任的教育管理作用，将推行非全日制研究生辅导员和班主任一体化教育机制作为一种教育管理新尝试，选聘专人负责该学生群体的教育和管理工作，所涉教师既担任该学生群体的辅导员同时又作为其班主任，形成一体化教育机制，这样有利于其更好地掌握非全日制学生的各种情况，有针对性地开展各类教育，创新管理机制，逐渐形成一套适用于非全日制研究生的教育管理机制。

（一）非全日制研究生辅导员和班主任一体化教育机制

非全日制研究生辅导员和班主任一体化教育机制主要包括思想政治教育一体化、党团和班级建设一体化、日常事务管理一体化、心理健康教育与咨询一体化、危机事件应对一体化、职业规划与就业指导一体化、学业指导一体化等七个方面。

1. 思想政治教育一体化

思想政治教育一体化需要从方式、模式、队伍建设、制度等多方面共同推进。方式上，从单向灌输式向双向引导与交流式转变，克服以往集中"说教"式教育方式，倡导情理结合，提高非全日制研究生思想觉悟。模式上，推进该群体思想政治教育管理体制改革，建立和落实"学校统一管理，学院特色管理，学生自我管理"的多层次管理模式。队伍建设上，建立完善的非全日制研究生思想政治教育工作队伍，实现由"学校、学院、管理部门、导师、任课教师、辅导员、班主任和学生骨干"共同营造良好氛围。制度上，建立并完善一体化非全日制研究生日常教育管理制度体系，建立有针对性的考核制度、激励制度等。

非全日制研究生辅导员与班主任一体化教育机制有助于学校从观念、方式、模式、队伍、制度和形式上，更有针对性地对非全日制研究生开展思想政治教育工作。

2. 党团和班级建设一体化

党团和班级建设一体化需要从建立健全非全日制研究生党团建设与班级管理的管理协调机制入手，辅导员和班主任作为管理者和组织者，应该尽量保证党团和班级建设的"目标一致，指

导手段一致，工作重心一致"，从而加强非全日制研究生的集体归属感和荣誉感，增强班级凝聚力。同时，建立行之有效的激励政策，注重班级文化建设，提升非全日制研究生的学习动力，营造积极向上的班级氛围，促进非全日制研究生班级的文化建设。

3. 日常事务管理一体化

日常事务管理一体化需要基于将非全日制辅导员和班主任岗位合一的教育管理机制，结合非全日制研究生年龄层次偏大，流动性强，在校时间少等特点，制定一体化管理监督机制，按学生类别，学生活动等实际情况，进行分层分类分人管理，从而实现因人而异，人性化管理，通过微信和在线签到等新媒体手段让管理者做到日常事务精细化管理，虽然学生人在各地，但对情况都了如指掌。

4. 心理健康教育与咨询一体化

心理健康教育与咨询一体化体现在构建完善的非全日制研究生心理健康教育体系，将非全日制研究生的"日常生活、学习、心理辅导、职业指导、危机干预、文体活动"等结合起来，建立从"单位、家庭、学校、学院、班级"全方位一体化的教育模式，建立该群体心理健康干预网络和救助体系，实现从学生自助到老师关心、人人参与的健康成长过程。另外，心理健康教育要和德育有机融合。两者的结合可以共享资源，共同实现非全日制研究生培养目标。最后，心理健康教育与咨询一体化还体现在实施一体化的"学生帮助计划 SAP（student assistance plan）"，SAP是为非全日制研究生设置一套长期的心理支持系统，帮助应对该群体在学习生活中出现的心理和行为问题，保障该群体心理健康发展。

采用非全日制辅导员和班主任一体化教育管理机制有利于管理人员更加全面、系统地了解每一名学生，并对具体学生有针对性地开展心理教育与咨询工作，增强非全日制研究生心理自我调节能力和掌握有效减压技能。

5. 危机事件应对一体化

危机事件应对一体化体现在"预防与教育为一体"，预防为主，教育为本。要做好"摄像头"和"预防针"，非全日制研究生教育和管理时要加强教育者和管理者的洞察能力，对学生展开全面调查及时掌握动态；开展线上和线下的安全教育，提高非全日制研究生安全意识；建立健全安全管理制度和危机事件干预机制，制定非全日制危机事件预案。

非全日制研究生辅导员和班主任一体化教育机制的实施，也需要实现危机事件应对一体化，在处理和应对危机事件时起到良好的调节和"纽带"作用，尽快了解实际情况，力争控制事态的发展，避免危机事件扩大化。

6. 职业规划与就业指导一体化

职业规划与就业指导一体化体现在针对不同的学生类别实施"一体化、有差别、针对性"的区分指导。针对有就业需要或重新择业的非全日制研究生，职业规划和就业指导可结合全日制研究生的相关教育一同开展，也应针对其特点进行有针对性的特色指导，完善和提升非全日制研究生的职业竞争力。

7. 学业指导一体化

学业指导一体化的实现关键在于可以有效掌握每一名非全日制研究生的各方面动态，当学生遇到学业困难时，可以及时发现，给予有效指导和帮助。另外倡导与学生导师多沟通，不仅可以更加全面地了解学生的学业情况，同时也可以将辅导员和班主任了解到的信息反馈给导师，建立一种信息共享的交流方式，特别是针对学业困难的非全日制研究生，及时与导师协商解决效果更好。

（二）一体化教育机制优劣性分析

通过辅导员和班主任一体化教育机制，形成一个完善、统一的制度体系，优点较为明显，一人全方位管理，各种信息交流更加便捷直接，工作效率大大提升。教育者和管理者能够及时了解非全日制研究生现状，在学业和工作过程中给予更加有效的指导；辅导员、班主任也可以有针对性地开展班级活动，实现对非全日制班级有效管理，有利于非全日制班级的健康发展。反之，一体化教育机制也存在一定的弊端，主要表现为辅导员班主任教育管理压力大。非全日制研究生教育管理原本就相对特殊，辅导员班主任需要全面负责该群体的思政教育、党建、日常管理、学业指导等工作，难免力不从心[4]。但总体而言，推行非全日制研究生辅导员和班主任一体化教育管理机制有利于高校研究生教育健康茁壮发展，是利大于弊的。

（三）一体化教育机制发展要求

探究非全日制研究生辅导员和班主任一体化教育机制对加强非全日制研究生思想政治教育、形成长效的教育管理机制具有重要意义。一体化教育机制的发展和推进相应地也提出了一些发展要求和需要注意的要点。

从高校角度看，要实现非全日制研究生辅导员和班主任一体化教育机制，高校要充分重视非全日制研究生辅导员和专职班主任的选拔、培养和锻炼，将两个岗位合二为一，使其同时具备辅导员和班主任相应的岗位能力，力争在非全日制研究生的各个教育管理环节中能够事半功倍。

从教育管理者自身看，为了更好地教育和管理非全日制研究生，发挥辅导员和班主任一体化教育机制的优点，在探索过程中，需要注意一个教育管理老师负责的研究生数量应适度，避免出现因学生较多而管理不到位的情况。另外，还需要注意加强教育管理者的各项业务能力训练，提高相应老师的工作能力和职业素养，才能真正发挥出辅导员和班主任一体化教育管理模式的优势，更加高效、更有实效地管理非全日制研究生。

四、总结

探索非全日制研究生辅导员和班主任一体化教育管理机制对于贯彻落实党的十九大精神、深化教育体制机制改革、加强高校思想政治工作具有重要意义。辅导员同时担任非全日制班级的班主任是实现非全日制研究生教育管理一体化模式的有效途径，最重要的优势就是减少了辅导员与班主任的重叠职能，辅导员负责班级的管理建设工作，同时负责开展学生的思想政治教育工作，双管齐下，直接有效地实现了对非全日制研究生的全面管理。

参考文献

[1] 丁毅强，张应春. 积极发展非全日制研究生教育[J]. 广东工业大学学报（社会科学版），2002，2（2）：12-15.
[2] 童玉玲. 非全日制研究生教育的质量保障体系[J]. 重庆科技学院学报（社会科学版），2007（1）：127-128.
[3] 夏威. 正确理解把握辅导员、班主任、导师工作职责与任务[J]. 青少年研究（山东省团校学报），2011（2）：56-58.
[4] 王征，蒋笑莉. 深化改革背景下非全日制研究生教育的发展策略[J]. 研究生教育研究，2015（5）：23-26.

对非全日制硕士研究生培养管理及
质量保障体系机制建设的思考
——基于基层培养单位层面的实践经验

（北京交通大学电子信息工程学院，北京　100044）

摘　要：在教育部提出统筹全日制和非全日制研究生管理工作的要求后，原在职人员攻读硕士专业学位全国联考以非全日制研究生的形式并入全国硕士研究生入学考试，对非全日制研究生的培养过程管理及质量保障体系建设提出了与全日制研究生统一质量的要求。本文基于基层培养单位层面的实践经验，剖析当前形势下基层培养单位层面非全日制硕士研究生管理的现状和问题，并就如何构建非全日制硕士研究生的培养管理及质量保障体系提出了若干对策建议。

关键词：非全日制硕士研究生　管理机制　质量保障体系　企业合作

一、研究背景和意义

当前，加强对非全日制硕士研究生的培养管理和质量保障体系建设，对非全日制研究生的管理机制进行全面梳理研究，具有以下背景和意义。

（一）教育部对非全日制研究生管理工作提出新要求

2016 年 9 月，教育部办公厅印发了《教育部办公厅关于统筹全日制和非全日制研究生管理工作的通知》[1]（教研厅〔2016〕2 号，下称《通知》），涉及界定全日制和非全日制研究生、统一编制全日制和非全日制研究生招生计划、统一组织实施全日制和非全日制研究生招生录取、坚持全日制和非全日制研究生教育同一质量标准、做好全日制和非全日制研究生学历学位证书管理等工作，并明确要求："各省级教育行政部门和研究生培养单位要调整现有的招生计划安排办法，规范招生宣传和正确引导，加强学籍管理，完善研究生奖助体系，强化培养过程管理及质量保障体系建设，确保全日制和非全日制研究生培养质量。"《通知》带来的最直接的变化在于，将原来的在职人员攻读硕士专业学位全国联考以非全日制研究生的形式并入全国硕士研究生入学考试。2016 年 12 月，非全日制并轨后的首次全国硕士研究生入学考试进行。2017 年 3 月至 4 月，统一组织录取了非全日制与全日制硕士研究生。

（二）培养单位对于非全日制研究生的管理模式要适应新形势

国家最新政策的出台，意味着不仅仅针对招生，在现有的非全日制研究生培养环节中，整个过程管理方面的做法和制度均要做出相应调整。对于博士生的培养，由于学习阶段的特点，历来对于全日制和非全日制的学生均同等对待，影响并不大，发生变化的重点在于硕士研究生。硕士研究生招生并轨只是人才培养过程链前端的变革，更重要的是整个硕士研究生培养环节都要随之做出积极应对，以满足全日制和非全日制研究生统筹管理这个新形势下对人才培养管理模式的要求。研究生培养单位要在协同创新、优化结构、规范管理、提升质量上真抓实干、精益求精[2]。而在学院层面，需要探索一套切实可行的硕士研究生管理工作机制，既能保证非全日制和全日制研究生培养质量标准一致，又能分别符合全日制学生和非全日制学生的学习生活特点。2017年9月，第一批通过并轨录的非全日制硕士研究生已经入学，在日常管理中也遇到了一些新问题，急需总结思考。

（三）加强非全日制研究生培养质量监控，保证学位授权点质量

根据教育部相关负责人对《通知》的解读，非全日制研究生教育将纳入学位授权点合格评估范围，非全日制研究生的学位论文也将纳入抽检范围[3]。目前，很多教工还有旧观念，对于非全日制和全日制硕士研究生的培养以及学位论文水平差别对待。而根据国家最新出台政策要求，随着全日制与非全日制硕士研究生已经在招生录取环节开始进行质量统一，在培养质量上，也要对二者进行同等要求。因此在学院这个基层培养单位层面，在具体落实过程中，必须建立起切实有效的质量监控机制，抓住核心质量监控点，统筹建立全日制和非全日制硕士研究生的质量监控体系和标准。要对非全日制硕士研究生的培养质量与全日制硕士研究生同等重视，加强对于非全日制研究生培养的质量管理意识，保障非全日制研究生乃至学位授权点的培养质量。

二、基层培养单位层面非全日制硕士研究生管理的现状和问题

研究生教育是我国高等教育的重要组成部分，是培养高层次创新型专门人才的重要途径[4]。以北京交通大学电子信息工程学院为例，2017年招收研究生约560人，培养规模与本科生大体相当。每年招收全日制博士研究生约55人，非全日制博士研究生约5人，全日制硕士研究生约450人，非全日制硕士研究生约50人。

在2016年9月教育部发布《通知》以前，北京交通大学电子信息工程学院的非全日制硕士研究生主要通过在职人员攻读硕士专业学位全国联考的形式入学，一般需要4至5年的培养，毕业后获得学位证。北京交通大学电子信息工程学院具有丰富的招收培养非全日制学生的经验，重点依托铁路行业，为满足铁路信号相关单位人才深造和培养的需求，自1998年起就面向行业企业招收在职工程硕士研究生，年均招生规模100余人，远早于2009年开始招收的全日制专业学位硕士。

自2016年9月《通知》发布以来，对于非全日制研究生的培养，首先在招生环节进行了变革，原来的在职人员攻读硕士专业学位全国联考以非全日制研究生的形式并入全国硕士生入学考试。对于全日制和非全日制研究生的界定，《通知》中对二者分别给出了明确定义。全日制研究生是指"符合国家研究生招生规定，通过研究生入学考试或者国家承认的其他入学方式，被具有实施研究生教育资格的高等学校或其他高等教育机构录取，在基本修业年限或者学校规定年限内，全脱产在校学习的研究生。"而非全日制研究生是指"符合国家研究生招生规定，通过研究生入学考试或者国家承认的其他入学方式，被具有实施研究生教育资格的高等学校或其他高等教育机构录取，在基本修业年限或者学校规定的修业年限（一般应适当延长基本修业年限）内，在从事其他职业或者社会实践的同时，采取多种方式和灵活时间安排进行非脱产学习的研究生。"可见，二者的主要差异在于是否全脱产在校学习。

2017年9月，通过全国硕士研究生入学考试统考的非全日制研究生入学，北京交通大学电子

信息工程学院有约51名非全日制硕士研究生完成了2017级新生注册。同时,学院尚有300余位2016级及以前年级尚未毕业的在职工程硕士研究生。因此,对于非全日制硕士研究生的管理,北京交通大学电子信息工程学院整体处在"新老招生类型学生并存、并轨管理机制探索建设"这样的转型期。经调研,此现状与北京邮电大学、哈尔滨工业大学等兄弟院校同学科培养单位,以及本校其他工程类学科学院类似,具有一定的代表性。对于培养环节管理中存在的具体问题,可归纳为以下几点。

（一）以前非全日制硕士研究生培养的管理体系较为完备，但培养质量监控相对较松

对于北京交通大学电子信息工程学院的情况而言,以前的非全日制硕士研究生,主要指2016级及以前的在职工程硕士研究生。多年来,北京交通大学电子信息工程学院在在职工程硕士研究生培养方面已经做出了行业特色,为铁路信号相关行业企业累积输出了大量人才。依托通信与信息系统、交通信息工程及控制两个国家重点学科,依托多个国家级及省部级科研平台,主要在电子与通信工程和控制工程专业领域招收在职工程硕士研究生,重点解决培养工程硕士研究生实践能力和职业素质的问题,结合行业企业需求,发挥自身教学和科研实践优势,对学生以非全日制方式进行培养。经过多年探索,已经积累了一些培养经验,形成了"面向国际、立足专业、突出特色、回归工程"的培养理念,在职工程硕士研究生具有独立的培养方案,并配有专门的行政管理人员对培养环节进行组织管理。整体来看,在之前的培养模式下,已经形成了较为完备的管理体系。

然而,与同期培养的全日制研究生相比较而言,对于非全日制的在职工程硕士研究生的培养质量监控相对较松,在以下两个方面有所体现:一是从自查性的已毕业学生学位论文抽检结果来看,出现问题的个别论文主要来自在职工程硕士研究生。二是学业完成进度相对缓慢,对于课程学分、论文开题等关键环节的监控力度有待加强。截至2017年9月,尚有300余名在职工程硕士研究生没有完成学位论文环节,另有个别学生还未修够课程学分没能进入论文开题环节。

通过日常工作访谈,了解到出现上述情况的主要原因如下。

（1）从学生自身角度,虽然来自企业的学生具有更明确的自我成长需求,但是相比全日制同学来说,在职攻读学位的确在时间管理上面对更多困难,特别是外地学员很容易出现学业进度拖拉的情况,完成学业需要更坚强的意志力。同时,在学生的能力维度上,在职人员虽然实践经验较为丰富,但是科学研究能力相对较差,撰写学位论文的水平相对较弱。

（2）从导师和教师的角度,由于之前并没有对全日制和非全日制硕士研究生进行统一质量管理的明确要求,因此在思想认识上有所松懈,行为上不自觉对在职工程硕士的要求相对较低。

（3）从管理手段角度,虽有专门的行政人员进行管理,但是对于关键培养节点的过程管理有待加强,对于信息管理系统的设计和运用能力也有待提高。

（二）全日制和非全日制研究生的统筹管理导致生源结构变化，并对培养单位的管理机制提出新挑战

因全日制和非全日制研究生要进行统筹管理,原在职人员攻读硕士专业学位全国联考以非全日制研究生的形式并入全国硕士生入学考试,通过2017级的非全日制硕士入学新生来看,与原在职工程硕士相比,生源结构发生了巨大变化。以前生源来源较为集中,主要来自铁路信号相关行业的企业;而统考后,录取的生源来源分散,很多都是第一志愿为全日制专业但并未录取的调剂考生,应届生或没有实际工作经验的考生居多,均为非定向待就业考生,而来自企业的在职考生录取数量大幅下降,50余名考生中仅占4位。当然这样的变化可能与新政策第一年实施有关,以后是否依然会呈现相似特点有待继续观察。但从考试规律来说,企业在职生源考生的统考应试能力必然弱于本科应届考生,因此预计在相同条件下,今后即便生源结构有所变化,企业考生录取数的提高幅度也将有限，录取考生仍将以应届生源为主。

因非全日制与全日制研究生的核心差异仅在于是否全脱产在校学习，故与原在职工程硕士的管理相比，如今非全日制管理工作的内容更加复杂。通过对日常管理工作的观察总结，到目前为止，非全日制硕士研究生与之前在职工程硕士所体现出来的差异见表1。

表1　非全日制硕士研究生与原在职工程硕士的管理工作内容差异

	非全日制硕士研究生	原在职工程硕士
生源结构	生源分散，应届生居多，调剂录取居多	集中来自合作企业，往届在职人员，无须调剂
课程管理	学生自主选择平时或周末授课	周末授课
论文质量监控	与全日制同等质量	符合学位授予标准
四六级报考	需组织管理	无须组织管理
实习安排	需组织管理	无须组织管理
户口档案管理	非定向学生需调档转入学校	无须调档转入学校
党员建设	调档党员要有党组织生活	在职单位负责
班级编排	单独排班	无班级单位
就业管理	非定向学生需派遣	无须组织管理

由上表对比可知，相较于原在职工程硕士，对于非全日制硕士研究生的管理，不仅在教学培养方面的工作内容更加丰富，还加入了思政工作内容。因此，原有的仅对在职工程硕士进行培养环节管理的单一化管理模式已不适用于当前的情况，面对新情况，行政管理模式需要进行调整。

（三）专业学位研究生的企业培养基地与企业导师发挥的作用有限

多年来，北京交通大学电子信息工程学院的在职工程硕士只在专业学位硕士专业中进行招生。全日制和非全日制研究生统筹管理后，目前面向非全日制硕士的招生专业也只限于专业学位。专业学位硕士的培养目标与学术学位硕士不同，更加注重实践能力和职业素质培养，培养方案"以实际应用为导向，以职业需求为目标，以综合素养和应用知识与能力的提高为核心"，具有厚基础理论、博前沿知识、重实际应用的特点。正是因为注重实践与应用，建立了近 40 个电子信息领域和轨道交通领域的企业联合培养基地，并聘请企业高水平技术人员做兼职导师，目的是通过学校与企业的产学研联合培养以达到专业学位硕士的培养目标。

然而在人才培养的实际过程中，相比预期效果，企业联合培养基地与企业导师实际发挥的作用有限。通过专业学位授权点的自评估发现，目前通过学校兼职导师遴选程序的企业导师仅有 2 名，其余约 20 位企业指导老师只是名义上的导师。此外，通过近年来专业硕士学位的综合实践能力考核环节发现，大部分专业硕士学位研究生在校内导师团队做科研项目，还有一部分是自己联系实践单位，而到企业联合培养基地的研究生不足 50%。电子信息工程学院分别在 2013 年和 2014 年举办过联合培养基地企业导师座谈会，对于人才的联合培养，企业导师反映的问题集中在实习内容设置、实习时间长度、知识产权保护、论文技术保密、学生就业等方面。这些问题不切实解决，企业基地和导师的作用就难以充分发挥。

产生上述问题的内在原因是企业与高校的培养目标不同，类似的问题在其他高校的专业硕士培养过程中也普遍存在[4]。这需要一方面创造条件尽力解决现有问题，另一方面进一步深入挖掘校企合作的共赢点，跨越现有问题在更高层面上达到一致，进行更高维度的合作。专业学位研究生实践能力培养是院校面临的严峻挑战[5]，如何有效利用学校现有科研团队的资源对专业学位人才进行培养，也是需要深入思考总结的课题。要想保证非全日制硕士研究生的培养质量，需要解决上述专业学位研究生培养面临的共性问题。

三、学院层面非全日制硕士研究生培养管理及质量保障体系机制建设的对策和建议

为实现对全日制和非全日制研究生的统筹管理，学院层面的培养单位主体需立足现实、创新理念、优化管理、保证质量。

（一）建立协同管理机制，建立项目管理式工作团队

针对全日制与非全日制研究生统筹管理的新情况，北京交通大学认为学校研究生管理部门应会同有关部门协同推进有关工作，建立健全学费标准、奖助政策、户口档案管理、思想政治教育、住宿、医疗、就业派遣等方面的配套政策措施。在学院层面，建立项目管理式工作团队。第一，精细梳理工作分工，不再由一人独立负责非全日制研究生的行政事务，将非全日制硕士生的管理工作分解加入研究生行政管理和研究生辅导员的工作内容中去，首先从组织机构上与将非全日制与全日制硕士进行统筹管理。第二，成立项目管理式工作团队，成员包括研究生行政管理和思想政治管理的所有相关人员；并指定信息联系人作为接口与上级或周边组织进行信息交换；在明确分工的基础上，将具体工作落实到每个组员；各工作组成员充分发挥自身行政业务的协调组织功能，一方面加强对校内导师及企业导师的遴选管理和培训，另一方面充分发挥辅导员的学生工作优势，加强对非全日制硕士研究生的时间管理教育。第三，注重反馈调整。形成工作团队例会制度，对于新遇到的问题及时反馈研讨，通过实践经验不断优化管理流程，探索总结非全日制与全日制硕士研究生管理的差异，逐步建立符合自身实际情况的管理边界。第四，做好管理并轨初始阶段的过渡工作，采用新生新办法、老生老办法的管理原则，过渡期间专人负责原在职工程硕士研究生在校生的培养管理，但要加强对在职工程硕士研究生的论文质量监控。

（二）吸纳经验，体现特点，构建全日制与非全日制硕士研究生既统一又有差别的质量监控机制

要做好对非全日制硕士研究生的培养工作、保证人才培养质量，则既要重视原有的培养经验基础，又要满足新生事物的规律和特点，在此基础上扎实推进，构建非全日制研究生的质量监控体系。

一是吸纳宝贵经验，保证质量统一。对于非全日制硕士研究生的质量监控体系建设，一方面要借鉴在职工程硕士等专业学位硕士研究生的培养经验，另一方面也要借鉴全日制硕士研究生基于过程管理的质量监控机制。通过在职工程硕士研究生的培养，对理清基层培养单位适合培养什么样的非全日制硕士研究生大有裨益。例如对于北京交通大学信息工程学院来说，要发挥已经摸索和建立出来的优势特色，仍要依托行业、重视工程，在满足专业要求基础上突出实践能力和职业素质培养，那么无论在培养方案建设、导师配置、论文标准等方面均需体现上述内涵。此外，通过全日制专业硕士研究生培养试点，基于过程管理的质量监控体系已初步完善。该体系具有关键培养节点监控、分流和反馈的功能，该流程在非全日制学生的质量监控中可以参仿[6]。

二是符合培养规律，体现非全日制人才培养特点。与全日制研究生保证质量一致，是指完成各自培养方案、人才的各种素质达到的培养方案要求的程度一致，质量监控体系的完备性一致，以及质量监控的重视程度一致。但在具体培养关键节点的外延设置，如实现形式、所需时间上则可以体现差异，符合非全日制人才培养的规律和特点。例如对于必修课程，因为非全日制研究生

工作日时间可能外出实习，所以课程可以安排在周末上，可以选择将课程分布在更多的学期拉长时间以修满培养方案规定的学分要求，但是学生的每堂课必须经过与同专业全日制学生同样的考核方式，并且考核通过才能拿到学分。此外对于面向非全日制硕士研究生的开课评估条件、教学秩序检查考核等，与全日制课程同等对待。

三是进行制度建设，稳步推进实施。一则要对培养方案修订、招生、课程设置、实践训练、学位论文、论文检查等几个关键培养环节的制度进行修改。其中培养方案是根基，需组织专家针对非全日制硕士研究生的培养方案进行修订，特别要吸收企业专家的意见建议。此外对于其他各环节的制度，需要根据非全日制研究生的特点进行完善补充，或者单就非全日制研究生出台相关政策规定。二则完善信息系统建设，开发基于过程管理的质量监控信息系统，使无论是学生本人、导师还是管理人员对于学业完成进度情况都能有直观迅速地予以掌握。

（三）与企业合作，推进人才培养全价值链合作机制

正如前文所叙，目前存在专业学位研究生的企业培养基地与企业导师发挥的作用有限的情况，主要是因为企业与高校的培养目标不同，企业的目标在于节约成本用人，而学校的目标在于同样资源条件下最大限度培养人。以培养时间为例，企业认为仅实习半年学生就走了，因此没有动力去认真培养；而在学校方面，两年学制下学生要完成课程学分、完成论文，在这样的条件下要求学生拿出至少半年时间去做工程实践，已经足够重视企业实践。非全日制培养方式的出现，正好能将这样的矛盾缓和。仅就实践时间而言，非全日制研究生可以利用周末时间上课，工作日时间可以完全用于企业实践，客观上具备延长联合培养时间的条件。但是要进一步与企业达成合作，可以拓展合作模式，将与企业的合作不仅局限于人才的工程实践培养，而将合作拓展至招生—培养—就业整个人才成长价值链条。学校可以挖掘行业企业人员学业深造的需求，面向合作企业进行非全日制硕士研究生招生宣讲，这样的生源一旦录取，对于学生来说可以边工作边深造，对于企业来说对原有人力资本进行了知识升级，对于学校来说一并解决了生源质量、实践就业问题。基于非全日制研究生培养，下一步将重点研究推进该校企合作模式。

参考文献

[1] 教育部. 教育部办公厅关于统筹全日制和非全日制研究生管理工作的通知［EB/OL］［2016–09–14］. http://www.moe.edu.cn/srcsite/A22/moe_826/201609/t20160914_281117.html.

[2] 白丽新，江莹，赵仁铃. 深入领悟顶层设计　切实做好基层实践：基于全日制与非全日制研究生招生并轨的思考［J］. 学位与研究生教育，2016（12）：10–14.

[3] 教育部. 关于统筹全日制和非全日制研究生管理有关工作答记者问［EB/OL］.［2016–09–14］. http://yz.chsi.com.cn/kyzx/zcdh/201609/20160914/1554119922.html.

[4] 杜艳秋，李莞荷，王顶明. 全日制专业学位研究生实践教学存在的问题与对策：基于专家访谈结果的实证分析［J］. 研究生教育研究，2017（2）：69–74.

[5] 阎凤桥，李欣，杨钋，等. 专业学位硕士生与学术学位硕士生实践能力培养的比较研究［J］. 学位与研究生教育，2017（4）：9–16.

[6] 陈闻，王现彬，李久东. 非全日制研究生教育质量保障体系的完善：基于全面质量管理的思考［J］. 广西师范大学学报（哲学社会科学版），2014，50（6）：131–137.